W0321800

RHETORIK
ZWEI BÄNDE

ERSTER BAND
RHETORIK ALS TEXTTHEORIE

RHETORIK

ZWEI BÄNDE

Herausgegeben von

JOSEF KOPPERSCHMIDT

ERSTER BAND

RHETORIK ALS TEXTTHEORIE

WISSENSCHAFTLICHE BUCHGESELLSCHAFT

DARMSTADT

Einbandgestaltung: Neil McBeath, Stuttgart
Einbandbild: „Rhetorica". Aus: Die Tarrocchi. Zwei italienische Kupferstichfolgen aus dem XV. Jahrhundert. 2. außerordentliche Veröffentlichung der graphischen Gesellschaft Berlin. Berlin: Bruno Cassirer 1910. Tafel XXIII rechts.
Standort/Foto: Staatsbibliothek Preußischer Kulturbesitz/Bildarchiv Preußischer Kulturbesitz (bpk), Berlin (West).

CIP-Titelaufnahme der Deutschen Bibliothek

Rhetorik: zwei Bände / hrsg. von Josef Kopperschmidt. – Darmstadt: Wiss. Buchges.
NE: Kopperschmidt, Josef [Hrsg.]
Bd. 1. Rhetorik als Texttheorie. – 1990
ISBN 3-534-07518-8

Bestellnummer 07518-8

Gedruckt auf säurefreiem und alterungsbeständigem Werkdruckpapier
Satz: Maschinensetzerei Janß, Pfungstadt
Druck und Einband: Wissenschaftliche Buchgesellschaft, Darmstadt
Printed in Germany
Schrift: Linotype Garamond, 9,5/11

ISBN 3-534-07518-8

INHALT

RHETORIK NACH DEM ENDE DER RHETORIK

Einleitende Anmerkungen zum heutigen Interesse an Rhetorik

Von JOSEF KOPPERSCHMIDT

«La Retorica è morta, viva la Retorica.» Folenas [1] paradoxieverdächtiger Satz läßt mehrere Lesarten zu. Eine Lesart, die sich die notorische Vieldeutigkeit des Rhetorikbegriffs [2] zunutze macht, um diesen Paradoxieverdacht zu entkräften, könnte lauten: Rhetorik als eigenständige Disziplin ist tot; doch Rhetorik als Kennzeichnung eines noch genauerhin zu spezifizierenden Frageinteresses hat wieder (und immer noch) Konjunktur.

Diese Lesart des Zitats impliziert zugleich die These, daß, wer nach den Gründen für die so oft beschworene „Renaissance der Rhetorik" [3] fragt, eigentlich nach den Gründen für das *Interesse* an Rhetorik [4] fragen muß, d. h. nach den Gründen für das Interesse an dem rhetorischen Frageinteresse sowie – darüber vermittelt – an den Antworten, die dieses Frageinteresse seitens seiner historischen Bezugsdisziplin im Laufe ihrer über 2000 Jahre dauernden Geschichte gefunden hat. Die Renaissance der Rhetorik in diesem Sinne als Renaissance des Interesses an Rhetorik zu interpretieren,

[1] G. Folena: Vecchia e nuova Retorica, in: Folena (Hrsg.) 1975, S. 5. – Zu den Fußnoten vgl. gegebenenfalls die genaueren Angaben in der Bibliographie.

[2] Vgl. Barthes 1970, S. 173; Kopperschmidt 1976, S. 13f.; Spillner 1977, S. 94.

[3] Vgl. Schiaffini 1962; Both, W. C.: The revival rhetoric, in: Steinmann (Hrsg.) 1967, S. 1ff.; Johannesen (Hrsg.) 1971; Florescu 1970; Vasoli 1972; Schanze, Einleitung zu Schanze (Hrsg.) 1974; Folena (Hrsg.) 1975; Todorov 1974; Plett 1977; Kuentz 1970, 1975; Bann 1977; Vickers 1983; Ueding/Steinbrink 1986.

[4] So z. B. Spillner 1977, S. 97.

bedeutet für den hier vorgelegten Versuch, in expliziter Anlehnung an das Konzept der renommierten Buchreihe ›Wege der Forschung‹ die Forschungswege der Rhetorik zu dokumentieren: Die Wege dieses *Interesses* an Rhetorik zu dokumentieren. Mit der Formel „Annäherung an" hat H. Blumenberg[5] in seinem brillanten Rhetorik-Essay von 1971 präzis den Richtungssinn dieser Forschungswege spezifiziert: Es sind allemal Wege, die nicht den immanenten Entwicklungsprozeß *der* Rhetorik nachzeichnen, sondern Wege, auf denen die verschiedenen disziplinären Annäherungen *an* die Rhetorik erfolgt sind.

I

Daß die Rhetorik – zumindest in dem hier allein berücksichtigten europäischen Kulturkreis[6] – tot ist, sowohl was ihre material, methodisch, grundbegrifflich und theoriestrategisch spezifizierbare wissenschaftliche Identität und ihr Erkenntnisinteresse angeht wie was ihre institutionelle Verankerung in Hochschule und Unterricht betrifft, dürfte schwerlich zu bestreiten sein – trotz einiger neuer Rhetorik-Zeitschriften und -Gesellschaften (bzw. Rhetorik-Sektionen in etablierten Gesellschaften),[7] trotz eines Rhetorik-Lehrstuhls

[5] H. Blumenberg: Anthropologische Annäherung an die Aktualität der Rhetorik, in: ders.: Wirklichkeiten, in denen wir leben, Stuttgart 1981, S. 104ff.

[6] Daß die Situationsanalyse für die USA ganz anders ausfällt, ist unstrittig, doch kann aus konzeptionellen Gründen darauf nicht näher eingegangen werden. Vgl. u. a. Plett 1977, S. 10f. und Fischer 1973, S. 135ff. Einen Eindruck über einschlägige Aktivitäten liefert etwa die Zahl von 1280 Dissertationen über "Rhetoric and rhetorical criticism", von denen 443 Titel J. J. Murphy in ›Rhetoric Newsletter‹ 12 (1986) zusammengestellt hat.

Daß das verspätete deutsche Interesse an Rhetorik mit einer „Phasenverschiebung in der Rezeption" zu erklären ist (Spillner 1977, S. 98), leuchtet wenig ein.

[7] "International Society for the History of Rhetoric" (1977) mit der Zeitschrift ›Rhetorica‹ (seit 1983) und dem ›Rhetoric Newsletter‹ (seit 1978); "International Society for the Studies of Argumentation" (ISSA) (1986) mit der Zeitschrift ›Argumentation‹ (seit 1987) und dem ›ISSA Newsletter‹ (seit

in Tübingen, trotz einer Oberstufenreform von 1972,[8] trotz der Reprint-Programme und Rhetorik-Reihen renommierter Verlage,[9] trotz gelegentlicher Programmatik „Neuer Rhetoriken“ [10] . . . Und daß die Rhetorik sich noch einmal als *potens rerum omnium regina* [11] wird ausgeben dürfen, ist angesichts eines wachen Instinkts für die mangelnde Seriosität eines solchen superdisziplinären Anspruchsniveaus kaum zu erwarten. Entsprechend liest sich W. Jens' engagiertes Plädoyer für die Rhetorik als „alter und neuer Königin der Wissenschaften“ [12] ungeachtet seiner vielfach bestätigenden Zitation heute als das, was es vor 25 Jahren auch schon war: als ein verspäteter, nostalgischer Nachruf auf eine Disziplin, die – wenn überhaupt – nur weiterleben kann *in* den disziplinär vielfach gebrochenen und modifizierten Interessen an ihrem Frageinteresse. Denn die Rhetorik ist tot, nicht weil sich die Einsicht in diese „monströse Verirrung“ der Antike [13] endlich durchgesetzt hätte,

1987); "New Society of Language and Rhetoric". Rhetorik-Sektionen gibt es in der GAL und AILA ("Scientific Commission on Rhetoric and Stylistics" seit 1975 mit dem "Newsletter": ›Rhetorica & Stilistica‹ seit 1986). Zeitschriften außerdem: ›Rhetorik. Ein Internationales Jahrbuch‹ (seit 1980); ›Quaderni die Retorica e Poetica‹ (seit 1986); ›Pre/Text‹ (seit 1980). Zu anderen Zeitschriften vgl. Bibliographie. Die verschiedenen Studiengruppen – etwa deutsch-englische Studiengruppe „Politische Rhetorik“ oder die Lütticher Gruppe μ – können hier nicht einzeln aufgezählt werden.

[8] Vgl. E. Ockel: Rhetorik im Deutschunterricht, Göppingen 1974, bes. S. 207ff.; Dyck 1974; H. Zabel: Verordnete Sprachkultur, Frankfurt a. M. usw. 1987.

[9] Vgl. etwa die Reprint-Programme bei Scriptor (Königstein), Olms (Hildesheim), die ›Rhetorik-Reihe‹ (Editionen und Untersuchungen) bei Fink (München) oder ›Rhetorica Slavica‹ bei Böhlau (Köln/Wien).

[10] Perelman/Olbrechts-Tyteca 1958; Maccoby 1970. Zu den verschiedenen Richtungen vgl. Ueding/Steinbrink 1986, S. 166ff.; ebd. S. 186ff. wird auch eine sogenannte „Tübinger Rhetorik“ entdeckt.

[11] Martianus Capella: De nuptiis Mercurii et Philologiae (Hrsg. A. Dick), S. 427.

[12] W. Jens: Von deutscher Rede (1965), in: ders.: Von deutscher Rede, München 1969, S. 16. Ähnlich utopisch die Vorstellung bei Dubois u. a. 1974, S. 16 von der Rhetorik als „einer Wissenschaft der Zukunft“.

[13] J. Burckhardt (zit. nach Perelman 1980, S. 164).

sondern weil der „Bruch in der Wissenschaftsgeschichte dieser Disziplin" [14] mehr als ein Betriebsunfall war, nämlich die exemplarische Exekution eines „antirhetorischen Methodologismus" [15], der zwar nicht nur die Rhetorik in Bedrängnis brachte, doch sie in dem Maße besonders vernichtend treffen mußte, als sie seit Platon im Verdacht stand, sich als Spezialistin für das Ungenaue definieren zu wollen.[16]

Der Rhetorik ist das Schicksal nicht erspart geblieben, das in vergleichbarer Weise auch die verwandte Spezialistin für das Allgemeine aufgrund eines ähnlichen „Auswanderungsprozesses der Wissenschaften" [17] getroffen hat, daß nämlich ihr historisch beglaubigtes Frageinteresse von anderen Disziplinen „okkupiert" [18] und dabei zugleich so fragmentarisiert worden ist, daß sie, hätte sie als Disziplin überlebt, sich heute allenfalls als Organisatorin interdisziplinärer Gesprächsformen würde nützlich machen können.[19] Doch

[14] Ueding/Steinbrink 1986, S. 154.

[15] H.-G. Gadamer: Wahrheit und Methode, Tübingen 1960, S. 17.

[16] Diesen Vorwurf hat neuerlich mit Verve Cahn 1986 erhoben. Vgl. auch Quintilians Auseinandersetzung mit der Frage, *an rhetorica ars sit* (Institutio oratoria II 7). Dagegen G. Mainberger (in der NZZ vom 29./30. Sept. 1984, S. 69): Rhetorik ist „eine Theorie des Nichtexakten", und das ist positiv gemeint, weil eine angemessene Bestimmung des Problembereichs der Rhetorik, den Aristoteles umständlich mit dem Begriff „Möglichkeit des Andersseins" zu spezifizieren versuchte. Vgl. J. Kopperschmidt: Argumentationstheoretische Anfragen an die Rhetorik, in: Zeitschrift für Literaturwissenschaft und Linguistik 43/44 (1981), S. 44ff.

[17] H. M. Baumgartner: Artikel „Wissenschaft" in: Handbuch philosophischer Grundbegriffe, München 1974, Bd. 6, S. 1740ff., hier S. 1741.

[18] Ueding/Steinbrink 1986, S. 157. Dies ist schon das Urteil Quintilians über die Philosophie (I 16ff.). Allgemein zur Beziehung zwischen Philosophie und Rhetorik sowie zu der fatalen Trennung eines zusammenhängenden Problembereichs ebd. I 9ff. und Cicero (De oratore III 15.50f.). Mainberger (1988/2, S. 71ff.) spricht in diesem Zusammenhang von „rhetorischem Diebesgut"; denn „die Rhetorik hat sich bis zur Selbstauflösung ausgeborgt" (ebd. S. 68).

[19] Daß die Rhetorik auch ohne disziplinäre Nobilitierung diesen Koordinationsdienst im Interesse interdisziplinärer Forschung wird leisten kön-

auch dann wäre sie von dem selbstzermürbenden Zweifel wohl nicht verschont geblieben, der sensible Philosophen zuweilen bei der Betrachtung ihres Metiers befällt, daß sie nämlich nur noch ihre eigene Unzuständigkeit unkenntlich zu machen sich anstrengen, wofür O. Marquard die zitationsanfällige Kurzformel „Inkompetenzkompensationskompetenz“ geprägt hat.[20]

II

Fraglos – Rhetorik als Disziplin ist tot, und das spätestens seit dem 19. Jahrhundert. Doch das Ende der Rhetorik als Disziplin war weder zugleich das Ende einer von rhetorischer Theoriebildung ohnehin relativ emanzipierten rhetorischen Praxis (Beredsamkeit)[21] noch das Ende ihrer residualen Existenz etwa in Gestalt von Aufsatzlehren, Anstandsregeln und pragmatischen Redeanweisungen, noch schließlich das Ende ihrer subkutanen ideengeschichtlichen Virulenz in der Fremdsprache transformierter rhetorischer Kategorien und Dispositionsschemata.[22] Es gab in der Tat ein „Weiterleben“ der Rhetorik,[23] das freilich *als* latente „rhetorische

nen, hoffen Spillner (1977, S. 100), Plett (1977, S. 16), Lachmann (1974, S. 199 ff.) u. a. Entsprechend wird im Vorwort zu ›Pre/Text‹ 1 (1980), S. 1 “Rhetoric as historically ars inter-disciplinary” definiert und die Aufgabe der neuen Zeitschrift ›Rhetorik‹ sehen die Herausgeber u. a. in der Suche „nach der heutigen Rolle der Rhetorik in den verschiedenen Disziplinen“ (1 [1980], S. 8).

[20] O. Marquard: Inkompetenzkompensationskompetenz?, in: ders.: Abschied vom Prinzipiellen, Stuttgart 1982, S. 23 ff.

[21] Zur begrifflichen Klärung sei angemerkt, daß die Unterscheidung zwischen rhetorischer Theorie *(rhetorica docens)* und Praxis der Rhetorik *(rhetorica utens)* in der Regel der Differenzierung zwischen *ars rhetorica, rhetorica,* „Redekunst“ bzw. *oratoria, eloquentia,* „Beredsamkeit“ entspricht. Vgl. Jens 1971, S. 432; Kopperschmidt 1976, S. 13 f.

[22] Dazu genauer im Bd. 2 der Dokumentation.

[23] Ueding/Steinbrink 1986, S. 134 ff. Dieses „Weiterleben“ ist freilich – schon seit der Antike – begleitet von verfallstheoretischen Reflexionen, vgl. etwa K.H.O. Schönberger: Die Klagen über den Verfall der römi-

Tradition“[24] zu identifizieren oder gar als „Unterdrückungsgeschichte“[25] zu entschlüsseln ein Interesse voraussetzt, das die Rede von der „Renaissance der Rhetorik“ eben material meint. Doch so einheitlich die Faktizität dieses Interesses und seine temporale Fixierung auf die Mitte der 60er Jahre[26] konstatiert wird, so heterogen sind die Erklärungsversuche dieses Interesses und so verschieden die Versuche seiner jeweiligen inhaltlichen Bestimmung.

Was die Erklärungen dieses sich in verschiedenen Disziplinen relativ synchron artikulierenden Interesses an Rhetorik angeht, so wiederholt sich hier im kleinen, was die wissenschaftsgeschichtliche Theoriebildung als Streit zwischen „Externalisten“ und „Internalisten“ kennt, die sich wechselseitig „verdünnten Marxismus“ oder naiven „Idealismus“ vorwerfen[27]: Während nämlich die einen das Interesse an Rhetorik aus den primär ökonomisch diktierten Funktionsimperativen von Wirtschaft, Verwaltung und Ausbildung in den hochindustrialisierten modernen Gesellschaften ableiten[28]

schen Beredsamkeit im ersten Jahrhundert nach Christus, Diss. Würzburg 1951; K. Heldmann: Antike Thesen über Entwicklung und Verfall der Redekunst, München 1982; A. Müller: Zwölf Reden über die Beredsamkeit und deren Verfall in Deutschland, Frankfurt a. M. 1967; Fuhrmann 1983.

[24] Schanze in: Einleitung zu Schanze (Hrsg.) 1974, S. 12.

[25] Ueding in: Einleitung zu G. Ueding 1976, S. 4.

[26] So besonders Dockhorn 1971, S. 168ff. Daß es natürlich bedeutende Arbeiten zur Rhetorik in Deutschland (und erst recht außerhalb Deutschlands, vgl. Plett 1977, S. 10f.) weit früher gab, dafür ist Dockhorn selbst ein Beispiel: Der 1968 erschienene Sammelband enthält Aufsätze aus den Jahren zwischen 1944 (!) und 1966. Auch die mediävistischen Arbeiten von Curtius sind bereits in den 30er Jahren erschienen und sein Fundamentalwerk ›Europäische Literatur und lateinisches Mittelalter‹ bereits 1948; Arbusows ›Colores rhetorici‹ datieren aus dem Jahre 1948 und Lausbergs ›Elemente der literarischen Rhetorik‹ aus dem Jahre 1949. Zur analogen Rezeptionsverzögerung innerhalb der Barockforschung bis c. 1966 vgl. Barner 1970, S. 46ff.

[27] Vgl. G. Canguilhem: Wissenschaftsgeschichte und Epistemologie, Frankfurt a. M. 1979, bes. S. 27ff.; G. Böhme u. a.: Die Finalisierung der Wissenschaft, in: Zeitschrift für Soziologie 2 (1973), S. 128ff.

[28] So besonders Dyck in der Einleitung zu Dyck (Hrsg.) 1974, S. 7ff.

bzw. – durchaus (schein-)alternativ – aus den Emanzipations- und Partizipationsansprüchen einer sich tendenziell demokratisierenden Gesellschaft,[29] verweisen die anderen mit guten Gründen auf die wissenschaftsimmanenten Entwicklungen und paradigmatischen (im Kuhnschen Sinne) Verschiebungen in der Theoriebildung der entsprechenden Disziplinen, die eine Annäherung an die Rhetorik bzw. an das, was man jeweils darunter verstand, erleichterten.[30]

Der Streit ist schwerlich zugunsten einer Partei entscheidbar, weil Wissenschaft als gesellschaftliche Institution weder aus dem soziokulturellen und ökonomischen Interessengemenge – heute weniger denn je aufgrund ihrer wissenschaftspolitischen Beeinflußbarkeit – heraushaltbar ist noch sich als bloßer Reflex außerwissenschaftlicher Bedarfsansprüche wird rekonstruieren lassen, will man nicht den – wie tentativ auch immer nur eingelösten – kritischen Selbstanspruch von Wissenschaft vorschnell preisgeben. Will sagen: Auch im Interesse an Rhetorik mischen sich recht verschiedene Interessen[31] wissenschaftsimmanenter wie wissenschaftsexterner Provenienz, deren z. T. widersprüchlicher Charakter entweder aufgrund ihrer Synchronizität nicht bemerkt wurde oder, falls er bemerkt wurde, nicht als das durchschaut wurde, was er war: nämlich ein Widerspruch von Interessen, die sich *als* Interessen an Rhetorik zu-

(›Zur Kritik des herrschenden Rhetorikverständnisses‹), orientiert an der Politischen Ökonomie des Ausbildungssektors. Seine These ist z. T. auf erbitterten Widerspruch gestoßen, etwa bei Plett 1977, S. 17 („völlig unhaltbar"), 1978, S. 274ff.; Dockhorn 1977, S. 252ff.; Spillner 1977, S. 96f. Vorsichtiger Dieckmann 1976 und Kopperschmidt 1977, S. 55ff. Beeindrucken ließ sich Dyck von dieser Kritik nicht, vgl. Dyck 1976, S. 10ff. Plausibler als die erklärungsohnmächtige Pendeltheorie (Dubois u. a. 1974, S. 15) oder Barthes' « voyage »-Metapher (1970, S. 175ff.) ist sie allemal.

[29] Vgl. u. a. H.-G. Herrlitz: Vom politischen Sinn einer modernen Aufsatzrhetorik, in: Gesellschaft, Staat, Erziehung 71 (1966), S. 310ff.; Geißner 1975, 1978. Kritisch dazu Dyck 1974, S. 8ff. Allgemein vgl. P. Wuelfing: Rhétorique et démocratie, in: Les études classiques 43 (1975), S. 107ff.

[30] Vgl. Plett 1977; Spillner 1977; Schanze in: Einleitung zu Schanze (Hrsg.) 1974; Dieckmann 1976.

[31] Außer den in Fußn. 30 genannten Arbeiten vgl. noch Kopperschmidt 1977; Podlewski 1982, S. 1ff.; Ueding/Steinbrink 1986, S. 157ff.

gleich auch ihre jeweiligen interesseabhängigen Begriffe von Rhetorik konstruierten. Die lange Geschichte der Rhetorik hält ja genug Varianten ihrer theoretischen Formation bereit, an die disziplinäre Interessen jeweils anschließen können, so daß sich die interesseabhängigen Konstrukte *von* Rhetorik wie Rekonstruktionen *der* Rhetorik lesen lassen, wenn es auch so etwas aufgrund der prinzipiellen Historizität ihrer verschiedenen Formationen schlechterdings nicht geben kann. Es macht schon einen erheblichen Unterschied, ob man sein Verständnis von Rhetorik aus Texten eines Platon oder eines Aristoteles, eines Cicero oder einer deutschen Frühaufklärung, eines italienischen Humanismus oder eines Nietzsche gewinnt.

Die Radikalität des Dockhornschen Rezensionsverdikts über H. Lausbergs ›Handbuch der literarischen Rhetorik‹ – es hat freilich seiner klammheimlichen Ausbeutung nicht geschadet –, daß Lausberg nämlich mit seiner „fast kompletten Bagatellisierung von Pathos und Ethos" für die „falsche Weichenstellung" innerhalb der sich noch unsicher formierenden Interessen an Rhetorik verantwortlich sei,[32] ist nur ein Beispiel, an dem sich die Verschiedenheit der jeweils zugrundeliegenden Rhetorikverständnisse ablesen läßt. Und in der Tat! Wer Dockhorns These von einer der Rhetorik eigenen „Weltanschauung im vollsten Sinne dieses Wortes . . . mit eigener Erkenntnistheorie, eigener Moral und vor allem eigener Anthropologie"[33] plausibel findet, der mag sich angesichts des Lausbergschen Paragraphenwerks (1242 §§!) an „Führungen durch tote Städte" gemahnt fühlen, „die auf verfallende Denkmäler einer uralten Pracht zeigen, die uns exotisch oder kurios vorkommen mag, aber nicht als ein Ort, wo wir selber uns je zu Hause fühlen könnten"[34].

Ein ähnlich verwirrendes Bild ergibt sich, wenn man etwa Dockhorns Verständnis von Rhetorik als einer an „Wirkung" und nicht an „Wahrheit" interessierten dezidierten „Antiphilosophie"[35] mit

[32] Dockhorn 1971, S. 169 bzw. 171. Vgl. auch seine Lausberg-Rezension in: Göttingische Gelehrte Anzeigen 214 (1962), S. 177 ff.

[33] K. Dockhorn: Rhetorica movet, in: Schanze (Hrsg.) 1974, S. 17.

[34] G. W. Most: Rhetorik und Hermeneutik: Zur Konstitution der Neuzeitlichkeit, in: Antike und Abendland 30 (1984), S. 63.

[35] Dockhorn 1968, S. 51 bzw. 49.

Gadamers These von einem spezifisch rhetorischen „Wahrheitsanspruch“ [36] und spezifisch rhetorischen „Vernunftcharakter“ [37] oder mit Adornos Vorstellung von der Rollenfunktion der „Rhetorik in der Philosophie“ [38] oder mit Apels These von einer „geheimen Philosophie der Rhetorik“ [39] vergleicht, wenn man die Abonnierung der Rhetorik auf „funktionsbezogene Kulturanalyse“ [40] mit der behavioristisch orientierten Persuasionsforschung der Hovland-Schule [41] oder Perelmans argumentationstheoretisches Konzept einer «Nouvelle rhétorique» [42] mit der Figurenlinguistik der «Rhétorique générale» der Lütticher Rhetorik-Gruppe um Dubois u. a.[43] konfrontiert. Hinter dem Interesse an Rhetorik verbirgt sich fraglos eine *Pluralität* z. T. divergierender Interessen mit je eigenen Rhetorikbegriffen. Angesichts dieser Interessenpluralität wirkt Dieckmanns Urteil, daß es sich bei der „wiederbelebten Rhetorik“ um „eine widerspruchsvolle und ambivalente Erscheinung“ [44] handle, nachgerade als Untertreibung. Dieser Tatbestand ist freilich kaum verwunderlich; denn in der Pluralität der Interessen an Rhetorik spiegelt sich *auch* die Pluralität der jeweils approbierten Paradigmen, wissenschaftstheoretischen Prämissen und erkenntnisleitenden Interessen in den verschiedenen Disziplinen wie in den verschiedenen disziplinimmanenten Forschungsrichtungen. Dazu kommen gelegentlich noch – wie im Fall zwischen Literaturwissen-

[36] Gadamer 1967, S. 117.

[37] H.-G. Gadamer: Replik, in: Hermeneutik und Ideologiekritik, Frankfurt a. M. 1973, S. 314. Gleichwohl hat Dockhorn Gadamers ›Wahrheit und Methode‹ in einer großen Rezension als „befreienden Durchbruch“ gefeiert (in: Göttingische Gelehrte Anzeigen 218 [1966], S. 169ff.).

[38] Th. W. Adorno: Negative Dialektik, Frankfurt a. M. 1965, S. 65f.

[39] K.-O. Apel: Die Idee der Sprache in der Tradition des Humanismus von Dante bis Vico, Bonn 1975 (1963), S. 74; ders.: Transformation der Philosophie. 2 Bde., Frankfurt a. M. 1973, hier Bd. 1, S. 126ff.

[40] Goth u. a. (Hrsg.) 1973, S. VII.

[41] Vgl. Fischer 1973, S. 151 und die entsprechenden Titel der Bibliographie.

[42] Perelman/Olbrechts-Tyteca 1958.

[43] Dubois u. a. 1974.

[44] Dieckmann 1976, S. 25.

schaft und Linguistik[45] – Prestige- und Profilierungskämpfe zwischen einzelnen Disziplinen, die den jeweiligen Bezug auf Rhetorik noch konfliktös aufladen. Die so gern konstatierte „Ubiqität der Rhetorik"[46] ratifiziert so gesehen nur eine geltende Sprachregelung, deren konturlos-ausgefranster Rhetorikbegriff sowohl von "The rhetoric of love"[47] wie von der „Rhetorik des Schweigens"[48], sowohl von der „Rhetorik der Utopie"[49] wie von dem „rhetorischen Charakter der gesellschaftlichen Ordnung"[50] zu reden erlaubt. Und selbst der Widerspruch gegen eine solche Begriffsinflation bedient sich notwendig eines Verständnisses von Rhetorik, dessen dogmatische Beanspruchung seine Historizität nicht zu tilgen vermag.

III

Bleibt es bei diesem Befund einer in der Pluralität von Interessen an Rhetorik sich zugleich mitkonstitutierenden Pluralität von Rhetorikbegriffen, dann fällt auch unsere eigene anfängliche Rede von einem spezifizierbaren rhetorischen Frageinteresse unter den Verdacht, einem Konstrukt aufzusitzen, das sich dem Eigeninteresse verdankt, die Pluralität der Interessen an Rhetorik über deren gemeinsamen Bezug auf ein rhetorisches Frageinteresse zu verharmlosen. Gleichwohl! Dieser Verdacht kann der Vermutung nicht jede Plausibilität bestreiten, daß es vielleicht doch eine, wenn auch noch so vage, allgemeine Vorstellung von Rhetorik im Sinne eines für sie spezifischen Frageinteresses geben müßte, die sich in den verschie-

[45] Sie sind besonders in den Arbeiten von Breuer bemerkbar. Vgl. Dieckmann 1976, S. 26.

[46] Ueding/Steinbrink 1986, S. 134; Schanze in: Einleitung zu Schanze (Hrsg.) 1974, S. 16. Ursprünglich von Dockhorn geprägt („Ubiquität der rhetorischen Tradition") in seiner Gadamer-Rezension (s. Fußn. 37).

[47] A. N. Okerlund in: Quarterly Journal of Speech 68 (1982), S. 37ff.

[48] Chr. L. H. Nibbrig, Frankfurt a. M. 1981. Vgl. auch O. Seel: Quintilian oder die Kunst des Redens und Schweigens, Stuttgart 1977.

[49] P. von Bawey, München 1981.

[50] S. Wolff, Berlin 1976. Vgl. zu diesem entgrenzten Rhetorikbegriff u. a. Lerchner 1984.

denen Interessen an Rhetorik gleichsam prismatisch bloß bricht; eine Vorstellung, die so etwas wie einen geheimen Fluchtpunkt benennt, auf den hin die einzelnen disziplinären Annäherungen an die Rhetorik erfolgt sind; eine Vorstellung schließlich, die der Rhetorik – ohne ihre Geschichte als diachrone Exegese eines dogmatischen Selbstverständnisses zu mißdeuten – doch eine Minimalidentität zu sichern vermöchte: „Rhetorik ist die angestrengte Herstellung derjenigen Übereinstimmungen, die anstelle des 'substantiellen' Fundus an Regulationen treten müssen, damit Handeln möglich wird. Unter diesem Aspekt ist Sprache nicht ein Instrumentarium zur Mitteilung von Kenntnissen oder Wahrheiten, sondern primär der Herstellung der Verständigung, Zustimmung oder Duldung, auf die der Handelnde angewiesen ist. Hier wurzelt der *consensus* als Basis für den Begriff von dem, was 'wirklich' ist . . ."

Ohne die Aussageintention dieses Blumenbergschen Textes[51] überanstrengen zu wollen, scheint mir das in ihm rekonstruierte Verständnis von Rhetorik doch in besonderem Maße geeignet zu sein, relativ präzis die entscheidenden Anschlußstellen für die verschiedenen Interessen an Rhetorik zu markieren und zugleich die wichtigsten Aspekte eines sich in diesen Interessen abbildenden allgemeinen Begriffs von Rhetorik und ihres Frageinteresses zu benennen: Das Interesse an Rhetorik wäre demnach erklärbar aus dem Interesse an dem spezifisch rhetorischen Interesse an Sprache als einem in der Rede kommunikativ funktionalisierten Medium möglicher Verständigung. Oder anders gesagt: Das Interesse an Rhetorik wäre erklärbar aus dem Interesse an dem kommunikativ-funktionalen bzw. handlungsbezogenen Sprachbegriff der Rhetorik.[52]

Daß diesem Sprachbegriff die skeptische Voraussetzung zugrunde liegt, daß Wahrheiten und Werte keine sich dem Erkennenden monologisch erschließende Evidenzen sind, sondern Geltungsansprüche, die auf dem „pragmatischen Untergrund des *consensus*"[53]

[51] Blumenberg (s. Fußn. 5), S. 108.

[52] Vgl. Lachmann 1977, S. 170 ff.; Henne 1975, S. 96 ff.; Geißner 1978, S. 16 u. ö.

[53] Blumenberg (s. Fußn. 5), S. 109.

aufsitzen, liegt auf der Hand.[54] Es ist genauerhin die als sophistisch zu spezifizierende erkenntniskritische und anthropologische Voraussetzung der antiken Rhetorik gewesen, die H. Gomperz bereits 1912 präzis formuliert hat: „Die Philosophie des Protagoras ist eine philosophische Grundlegung der Rhetorik, oder wenn man lieber will, es ist eine Philosophie der Rhetorik, nicht zu verwechseln mit jenen rhetorischen Theorien der Philosophen, wie wir sie bei Platon und Aristoteles finden, sondern in ihrer Art unvergleichlich größer. Denn Protagoras hat, von der Rhetorik ausgehend und im Sinne der Rhetorik, wirklich eine Kernfrage der Erkenntnistheorie in Angriff genommen und sie so weit bewältigt, als es von diesen Voraussetzungen aus überhaupt möglich war ...“[55] Diese im „Homomensura-Satz“[56] doxographisch kondensierte Philosophie enthält genau die im Protagoras-Mythos[57] sinnfällig explizierte und von Blumenberg der Rhetorik zugesprochene Anthropologie, nach der Verständigung in und durch Rede im Interesse kooperativer und so Gesellschaft überhaupt erst ermöglichender Handlungschancen nötig wird, wenn „vorgegebene Regulationen“ und „Einpassungsstrukturen“[58] biologisch fehlen und wenn dieses Fehlen weder – so das erkenntnistheoretische Implikat der zitierten These – durch Rückbezug auf theoretische und normative Evidenzen noch – so das gesellschaftstheoretische Implikat – durch politische Zwangsmechanismen erfolgreich kompensiert werden kann.

Die Sophistik ist so gesehen eine Antwort auf die fundamentale Orientierungskrise des 5. vorchristlichen Jahrhunderts gewesen,

[54] Dies gilt unbeschadet der Tatsache, daß der rhetorische Sprachbegriff fraglos „in einer wesenhaften Funktion der Sprache selbst verwurzelt [ist]“, nämlich: „für Lebewesen Kooperation herbeizuführen, die von Natur aus auf Symbole Antwort geben“ (Burke 1950, S. 43. Übers. nach Ueding 1976, S. 190).

[55] Sophistik und Rhetorik, Darmstadt 1965 (1912), S. 258.

[56] Vgl. dazu A. Neumann: Die Problematik des Homo-mensura-Satzes, in: C. J. Classen (Hrsg.): Sophistik, Darmstadt 1976, S. 257ff.

[57] Platon: Protagoras 321aff. Vgl. dazu L. Bornscheuer: Anthropologisches Argumentieren, in: J. Kopperschmidt/H. Schanze (Hrsg.): Argumente–Argumentation, München 1985, S. 121ff.

[58] Blumenberg (s. Anmerk. 5), S. 108.

eine Antwort, die wir – entgegen ihrer durch Platon erfolgreich gewordenen Verketzerung – in den letzten Jahrzehnten erst wieder als ersten europäischen Aufklärungsschub zu lesen gelernt haben;[59] eine Antwort zumal, die den Verlust des gemeinsam geglaubten Mythos durch die Gemeinsamkeit kommunikativ hergestellter Überzeugungen und „Übereinstimmungen" aufzufangen versuchte. Unter diesen Bedingungen mußte die Sophistik einen Sprachbegriff entwickeln, der Sprache – statt sie zum Repräsentations- und Mitteilungsinstrument sprachunabhängig existierender Sachverhalte zu mißdeuten – als konstitutives Medium der Verständigung begreift, in dem über das, „was wirklich ist", entschieden wird. Dieser Sprachbegriff ist der Sprachbegriff der Rhetorik, insofern ihr – von Grammatik durchaus unterscheidbares – Frageinteresse auf Sprache unter Bedingungen konsensstiftender Überzeugungskraft zielt.

Das weder subjektivistische noch relativistische,[60] sondern „konsensualistische" bzw. „konventionalistische"[61] Paradigma der Sophistik hat sich bekanntlich gegenüber der von Platon bestimmten Erkenntnistheorie sowenig durchsetzen können wie der rhetorische Sprachbegriff gegenüber einem dieser Erkenntnistheorie verpflichteten „naiven" Sprachinstrumentalismus.[62] Die Rhetorik ist diesem Instrumentalismus schließlich selbst verfallen, nicht ohne ihn – Zeichen ihres schlechten Gewissens – mit steriler Syntheseprogrammatik (Einheit von *res* und *verba*, von *eloquentia* und *sapientia*) ständig bekämpft zu haben.[63] Vielleicht war das der Preis

[59] Vgl. neben Classen (s. Fußn. 56): W. Jaeger: Paideia. Bd. 1, Berlin 1959, S. 364ff.; W. Röd: Absolutes Wissen oder kritische Rationalität, in: H. Poser (Hrsg.): Wandel des Vernunftbegriffs, Freiburg/München 1981, S. 67ff.; F. H. Tenbruck: Zur Soziologie der Sophistik, in: Neue Hefte für Philosophie 1976, S. 51ff.; M. Untersteiner: I sofisti. 2 Bde., Mailand 1967 (1949).

[60] Mainberger 1988, S. 68ff. Dort auch der Verweis auf P. Feyerabend als den Vertreter einer „zeitgenössischen Sophistik".

[61] Vgl. Röd (s. Fußn. 59).

[62] Vgl. G. Patzig: Die Sprache, philosophisch befragt, in: Die deutsche Sprache im 20. Jahrhundert, Göttingen 1966, S. 15ff.

[63] Diese Programmatik ist hinsichtlich ihrer Denkvoraussetzungen nicht

für ihr Überleben in der Antike; jedenfalls war es der Preis für ihre philosophische Tolerierbarkeit und spätere christliche Rezipierbarkeit, was ihrer Existenzsicherung innerhalb einer *translatio artium*[64] gleichkam. Als „Antiphilosophie" hätte sich die Rhetorik weit schwieriger durch Augustin „taufen" lassen denn als eine *ars*, die es mit dem *modus proferendi, quae intellecta sunt* zu tun hat.[65] Und eine solche *ars* machte eine Synthese zwischen *eloquentia* und christlicher *sapientia* ebenso möglich, wie sie eine Synthese zwischen *eloquentia* und heidnischer *sapientia* ermöglicht hatte.[66] „So lange die Philosophie ewige Wahrheiten, endgültige Gewißheiten wenigstens in Aussicht stellen mochte, mußte ihr der *consensus* als Ideal der Rhetorik, Zustimmung als das auf Widerruf erlangte Resultat der Überredung, verächtlich erscheinen."[67] Wenn auch nicht verächtlich, so doch prekär hinsichtlich ihrer Legitimationschancen blieb die Rhetorik – trotz entgegenstehender Bekundungen – selbst bei ihren eifrigsten Verfechtern: Rhetorik ist ein „Resignationsideal"[68], eine Konzession an die intellektuelle und moralische Schwäche der Menge: Unter Menschen, die nur an Wahrheit interessiert sind, d. h. unter Philosophen gäbe es keinen Bedarf an Rhetorik.[69] Ihre Verächtlichkeit bzw. legitimatorische Anfechtbarkeit

weniger antirhetorisch als das *rem tene, verba sequentur*, vgl. Blumenberg (s. Fußn. 5), S. 133f.

[64] F. J. Worstbrock: Translatio artium, in: Archiv für Kulturgeschichte 47 (1965), S. 1ff.; Kalverkämper 1983, S. 350f.

[65] De doctrina christiana I 1.1; vgl. auch IV 1.1.

[66] Augustin wiederholt das Okkupationstheorem (s. Fußn. 18): *cum ergo sit in medio posita facultas eloquii, quae ad persuadenda seu prava seu recta valet plurimum, cur non bonorum studio comparatur, ut militet veritati, si eam mali ad obtinendas perversas vanasque causas in usus iniquitatis et erroris usurpent?* (Ebd. IV 2.3.)

[67] Blumenberg (s. Fußn. 5), S. 112. Vgl. zur Konfliktbeziehung zwischen Philosophie und Rhetorik S. Ijsseling: Rhetoric and Philosophy in Conflict, Den Haag 1976; D. Vickers: Territorial Disputes: Philosophy versus Rhetoric, in: ders. (Hrsg.) 1983, S. 247ff. (bes. Kap. III).

[68] Den Begriff hat Gadamer (s. Fußn. 15), S. 18 geprägt.

[69] Quintilian II 17.28, vgl. V 14.27ff.; Cicero: De oratore II 30; Tacitus: Dialogus de oratoribus 41.3; Aristoteles: Rhetorik 1357 a, 1404 a. Daß nach

konnte die Rhetorik erst verlieren, als dieses Konzessionstheorem nicht mehr psychologisch, sondern erkenntnistheoretisch lesbar wurde, d. h. als Rhetorik nicht mehr Konzession an die Bedürfnisposition der Menge meinte, sondern den philosophieimmanent erzwungenen „Verzicht" auf einen Wahrheits- und Wertabsolutismus.[70] Rhetorik ist dann nicht mehr nötig, um – so die selbstredende Metaphorik – „nackte Wahrheiten" ornativ im Interesse ihrer größeren Gefälligkeit zu „bekleiden"[71]; Rhetorik ist dann keine „List der Vernunft" mehr, sondern sie wird zu einer „Gestalt von Vernünftigkeit selbst", zum „vernünftigen Arrangement mit der Vorläufigkeit der Vernunft"[72].

Was die Philosophie seit ihrem "linguistic turn"[73] und seit der Nobilitierung von Sprache als ihrem Fundamentalthema besonders an der Rhetorik interessiert, ist deren sprachgebundener Vernunftbegriff, der Vernunft weder objektivistisch noch bloß instrumentell begreift, sondern in ihr das dem Menschen mögliche Maß an Vernünftigkeit zur Geltung bringt, das Mainberger mit dem Attribut

Platon Rhetorik nur Wirkung bei der unwissenden Menge haben kann, versteht sich von selbst. Und das ist keine exklusiv antike Argumentation, vgl. H.-J. Gabler: Machtinstrument statt Repräsentationsmittel: Rhetorik im Dienste der Privatpolitic, in: Rhetorik 1 (1980), S. 23.

[70] Blumenberg (s. Fußn. 5), S. 112. Vgl. ebd. S. 104: Diese Art von Rhetorik hat es „mit den Verlegenheiten [zu tun], die sich aus der Unmöglichkeit ergeben, Wahrheit zu erreichen". Vgl. auch Röd (s. Fußn. 59). Aristoteles hat für die Rhetorik zumindest den – ontologisch zwar defizienten, doch pragmatisch wichtigen – Bereich des „Anderssein-Könnens" material ausgespart (s. Fußn. 16).

[71] H. Blumenberg: Paradigmen zu einer Metaphorologie, Bonn 1960, S. 47ff.

[72] Blumenberg (s. Fußn. 5), S. 130.

[73] Vgl. R. Rorty (Hrsg.): The linguistic turn, Chicago/London 1967; H. Schnädelbach: Reflexion und Diskurs, Frankfurt a. M. 1977, S. 47ff.; H. Peukert: Wissenschaftstheorie, Handlungstheorie, Fundamentale Theologie, Frankfurt a. M. 1978, S. 145ff.; K.-O. Apel: Artikel „Sprache" in: Handbuch philosophischer Grundbegriffe (s. Fußn. 17), Bd. 5, S. 1383ff., ders.: Die Idee der Sprache (s. Fußn. 39), ders.: Transformation (s. Fußn. 39), ders.: Zwei paradigmatische Antworten auf die Frage nach der Logos-

„konjektural“ plausibel spezifiziert.[74] Angesichts neuer – aus Rationalitätsverdruß motivierter – Fluchtbewegungen in die vermeintlich Vertrautheit verheißende Welt der Mythen[75] ist das philosophische Interesse an dieser historisch von der Rhetorik verteidigten Vernünftigkeit kein geringer Gewinn.

Rhetorik auf diesen konjekturalen Vernunftbegriff festzulegen, impliziert anthropologisch, Rhetorik auf den *homo loquens* (nicht *loquax*) als ihr genuines Reflexionsobjekt festzulegen.[76] Doch die Rhetorik ratifiziert als Theorie nicht nur erkenntnistheoretische und anthropologische Voraussetzungen, die sie für einen modernen, nachsophistischen Skeptizismus attraktiv machen, der sich mit dem fälligen „Abschied vom Prinzipiellen“[77] längst ausgesöhnt hat. Rhetorik operationalisiert auch ihre Frage nach Sprache als Medium möglicher Verständigung in Rede zur systematischen Frage nach den Konstitutionsbedingungen überzeugungskräftiger (persuasiver) Rede, und eben dies macht sie für alle sprachbezogenen bzw. -interessierten Disziplinen attraktiv, angefangen von der Linguistik und Literaturwissenschaft über Sprechwissenschaft, Stiltheorie, Argumentationstheorie, Semiotik, Kommunikationswissenschaft, Hermeneutik bis zur Psychologie, Soziologie, Jurisprudenz, Theologie, Ideologiekritik, Medienforschung, Persuasionsforschung usw., ob sie nun mehr systematisch an Rhetorik interessiert sind im Sinne eines modellhaften Anregungspoten-

auszeichnung der menschlichen Sprache, in: Festschrift für W. Perpeet, Bonn 1980, S. 13 ff.; Heilmann 1978, S. 191 ff.

[74] Mainberger 1988, S. 278 ff.

[75] K. H. Bohrer (Hrsg.): Mythos und Moderne, Frankfurt a. M. 1983.

[76] Mainberger 1988, S. 287 ff.

[77] O. Marquard: Abschied vom Prinzipiellen (s. Fußn. 20), S. 4 ff. Dies und nicht die „Apotheose der Ratlosigkeit“ (ebd. S. 17) ist der Gehalt von Skepsis. Vgl. M. Meyer: Problematology and Rhetoric, in: J. L. Golden/ J. J. Pilotta (Hrsg.): Practical Reasoning in Human Affairs, Dordrecht 1986, S. 119 ff. Und Habermas formuliert im Anschluß an Adorno (›Für Nach-Sokratiker‹), „daß, nach dem Ausgang der großen Philosophie, des Sokrates Erbe in der aufklärenden Rhetorik unverbesserlicher Sophisten getreuer aufgehoben ist als bei den platonischen Schülern“ (Philosophisch-politische Profile, Frankfurt a. M. 1917, S. 176).

tials[78] oder mehr historisch an epochenspezifischen Formationen ihrer Gestalt[79] oder schließlich mehr wissenschaftsgeschichtlich, um ihrer eigenen „Traditionsvergessenheit“[80] entgegenzuwirken.

Aristoteles hat in seiner ›Rhetorik‹[81] die bis heute immer wieder reformulierte und ergänzte erste systematische Strukturierung des rhetorischen Problemfeldes versucht, die die komplexe Frage nach den Konstitutionsbedingungen überzeugungskräftiger Rede operationalisierbar und zugleich die Anschlußstellen für die oben genannten disziplinären Interessen an Rhetorik spezifizierbar macht: Die konsensstiftende Überzeugungskraft der Rede hängt (noch diesseits von spezifizierbaren Redezielen, -arten und -gegenständen[82]) von der Glaubwürdigkeit des Sprechers, von der Zustimmungsbereitschaft des Hörers und der Akzeptabilität der Aussage ab, wobei diese Akzeptabilität sowohl auf der argumentativen Stützfähigkeit ihres materialen Gehalts wie subsidiär auch auf der Wirksamkeit ihrer sprachlichen Gestalt beruht.[83] Der zuletzt ge-

[78] Vgl. die im 1. Dokumentationsblock abgedruckten Arbeiten.

[79] Vgl. etwa die seit 1966 erschienenen bedeutenden Arbeiten zur Barockrhetorik, wofür exemplarisch W. Barners ›Barockrhetorik‹ (Tübingen 1970) genannt sein mag.

[80] Mainberger 1988, S. 64. Stellvertretend seien Kalverkämper 1983 für die Linguistik und Breuers Arbeiten für die Literaturwissenschaft genannt.

[81] 1356 a.

[82] Zu den 3 Redezielen *(officia oratoris: docere, delectare, movere);* Redearten bzw. -typen *(genera causarum: genus iudiciale, demonstrativum, deliberativum)* und den die Stillage beeinflussenden Redegegenständen *(genera dicendi: genus tenue, temperatum, grande)* vgl. Lausberg 1960, S. 52ff., 519ff.; Dockhorn 1968, S. 49ff. Zur modernen Rekonstruktion von Texttypen vgl. H. Isenberg: Texttypen als Interaktionstypen, in: Zeitschrift für Germanistik (Lpz.) 3 (1984), S. 261ff.

[83] Diese 3 Überzeugungsquellen gehören zu den „entechnoi pisteis“, weil sie „dia tou logou“ zur Geltung kommen. Vgl. dazu M. H. Wörner: Pistis und der argumentierende Umgang mit reputablen Meinungen, in: Kopperschmidt/Schanze (Hrsg.) (s. Fußn. 57), S. 9ff.; ders.: Pistis als Überzeugungsmittel in der Rhetorik des Aristoteles, in: I. Craemer-Ruegenberg (Hrsg.): Pathos, Affekt, Gefühl, Freiburg/München 1981, S. 53ff. und die Arbeiten von Dockhorn. Als moderne Interpretationsfolie der Aristotelischen Problemfeldstrukturierung bietet sich besonders das Orga-

nannte Aspekt ist in seinem Gewicht für die mögliche Überzeugungskraft der Rede nur verständlich und das große Interesse an ihm in der Rhetorik nur erklärbar, wenn die zwanglose Leichtigkeit, mit der ein Gedanke sich der Sprache als Medium seiner Selbstfindung bedient, zugleich auch als Beglaubigung seiner Plausibilität fungiert,[84] d. h. wenn Sprache als „Organ des Denkens" gilt,[85] und zwar eines nichtmonologischen Denkens. Daß dieses Interesse an der sprachlichen Gestalt der Aussage während der langen Perioden eines „ästhetischen Exils"[86] der Rhetorik sich zum Interesse an einer ornativen Elokutionsrhetorik[87] verkürzte, das die handlungsbezogene Überzeugungsfunktion auch der *elocutio* längst ausgeblendet hatte, ist oft genug beklagt und mit einem politisch oder technokratisch erzwungenen „öffentlichen Schweigen"[88] in einen plausiblen Erklärungszusammenhang gebracht worden.

Daß freilich mit dem Interesse an Rhetorik und den von ihr reflektierten Konstitutionsbedingungen überzeugungskräftiger Rede auch die alten Anfragen an die Rhetorik wieder virulent werden, nämlich wie dieses Interesse vor Mißbrauch und sozialtechnologischer Beerbung geschützt werden könne, ist nur allzu verständlich. Die entsprechenden Versuche, zwischen einer „Überredungs-" und

nonmodell K. Bühlers (Sprachtheorie, Jena 1934) an, das er von Platon übernimmt (dazu Schmitterer 1981).

[84] Vgl. Dockhorns These, daß der „Redeschmuck" als bloßes „Akzidens der Substanz der Rede nicht aufgeht" (Gadamer-Rezension [s. Fußn. 37], S. 182). Zu seiner Rolle für die „Affekterzeugung" vgl. ders. 1968, S. 55 und seine Lausberg-Rezension (s. Fußn. 32), S. 189ff. bzw. Gadamer-Rezension, S. 182ff. Zu den Figuren als „Sprache der Affekte" (Gottsched) vgl. ders. 1968, S. 97f. Dieser Affekt-Aspekt erfaßt natürlich nicht die gesamte Wirkungsdimension der sprachlichen Gestalt von Rede.

[85] Adorno (s. Fußn. 38), S. 66.

[86] W. Magass: Das öffentliche Schweigen, Heidelberg 1967, S. 31ff.

[87] G. Genette: La rhéthorique restreinte, in: Communications 16 (1970), S. 158ff.; Curtius 1976, S. 79f.; Ch. Perelman: Das Reich der Rhetorik, München 1980 (1977), bes. S. 5ff.

[88] Magass (s. Fußn. 86). Vgl. Ueding/Steinbrink 1986, s. 134ff.; Müller (s. Fußn. 23); W. Hinderer (Hrsg.): Deutsche Reden. 2 Bde., Stuttgart 1973, bes. Einleitung, S. 15ff.

einer „Überzeugungsrhetorik" zu unterscheiden[89] bzw. die Bedingungen idealtypisch zu rekonstruieren, unter denen ein faktisch erzielter Konsens als wahrer, d. h. tendenziell universalisierbarer Konsens beansprucht werden darf,[90] sind zumindest ernsthaftere Anstrengungen, sich theoretisch diesem seit Platon drängenden Problem zu stellen, als es bei moralischen Appellen bewenden zu lassen, wie sie die traditionelle Rhetorik bereithält.[91]

IV

Es versteht sich von selbst, daß die bisher kurz umrissenen vielfältigen Interessen an Rhetorik und ihrem Frageinteresse[92] auch in einer zweibändigen Dokumentation nicht annähernd repräsentativ belegt werden können. Es kann sich allenfalls um eine – sicherlich subjektiv gefärbte – Auswahl aus einer fast erdrückenden Materialfülle handeln, wobei sich die Auswahl noch zusätzlich auf die letzten 35 Jahre beschränken muß und aus konzeptionellen Gründen vorrangig nur Arbeiten aus dem deutschsprachigen Raum berücksichtigen kann. (Die Bibliographie versucht diese notwendige Beschränkung ein wenig zu lockern, etwa durch Hinweise auf den "Rhetorical Criticism".) Während der 2. Band unter dem Titel ›Wirkungsgeschichte der Rhetorik‹ eine entsprechende Auswahl von Arbeiten enthält, die primär an den theorie-, ideen- und bildungsgeschichtlichen Aspekten dieser Wirkungsgeschichte interessiert sind, soll der hier vorgelegte 1. Band unter dem Titel ›Rhetorik als Texttheorie‹ einen Teilbereich der Interessen an Rhetorik gesondert dokumentieren, die in der rhetorischen Frage nach den Konstitutionsbedingungen überzeugungskräftiger Rede die Spezifizierung

[89] Apel (s. Fußn. 39), S. 64; Perelman/Olbrechts-Tyteca 1958, S. 34 ff.

[90] J. Habermas: Wahrheitstheorien, in: H. Fahrenbach (Hrsg.): Wirklichkeit und Reflexion, Pfullingen 1973, S. 211 ff.; Perelman/Olbrechts-Tyteca 1958, S. 40 ff. (L'auditoire universel).

[91] Vgl. dazu Hellwig 1973, S. 304 ff.; Quintilian II 15–17, bes. II 16.10.

[92] Sie lassen sich vereinfacht im Kern nach mehr philosophisch und mehr texttheoretisch spezifizierbaren Richtungen unterscheiden, vgl. Dubois u. a. 1974, S. 22; Heilmann 1978.

(oder auch nur die Variante[93]) der allgemeineren Frage nach den Konstitutionsbedingungen von Rede überhaupt erkennen; Interessen mithin, die die Aussagen der Rhetorik über die Rhetorizität von Texten für die Rekonstruktion der Faktoren zu nutzen versuchen, durch die Poetizität, Literarität, Ästhetizität bzw. Textualität von Texten überhaupt sich definieren lassen. Dabei kann diese rhetorische Texttheorie[94] sowohl mehr modellhaft[95] im Sinne eines methodenspezifischen Problemzugangs beerbt werden oder mehr historisch im Sinne eines Kanons der jeweils geltenden Bedingungen für Texte oder schließlich mehr praktisch im Sinne ihrer textanalytischen Applikationschancen.

Vorweg ist freilich einzuräumen, daß der Begriff „Text" kein genuin rhetorischer Terminus ist, sondern erst Ende der 60er Jahre innerhalb der Linguistik (Textlinguistik)[96] und dann auch innerhalb einer sich zur Textwissenschaft entgrenzenden Literaturwis-

[93] Damit ist die alte Frage nach der *materia* der Rhetorik angesprochen, die immer wieder „maximalistisch" bzw. „minimalistisch" beantwortet wurde, vgl. Lausberg 1960, S. 48 ff. Wenn man „überzeugungskräftig" bzw. „persuasiv" als allgemeine funktionale Bestimmung von Rede schlechthin versteht, gilt "whenever we use language, we are using persuasion" (W. R. Winterowd: Rhetoric, New York 1968, S. 4); vgl. Fischer 1973, S. 143: „Rhetorik findet in jedem Sprechen statt . . .", ebenso Plett 1978, S. 300 ff. im Anschluß an Breuer 1974.

Versteht man dagegen „persuasiv" als Spezifikation einer bestimmten Teilmenge von Texten (vgl. Kalverkämper 1983, S. 365), dann fungiert Rhetorik als Teilstück einer umfassenden Textwissenschaft (ebd. S. 367).

[94] Diesen Begriff wählen u. a. Breuer, Beetz und Lüking in ihren Arbeiten.

[95] Zum Modellbegriff vgl. Breuer 1974, S. 115 ff.

[96] Kalverkämper 1983, S. 359, ders.: Orientierung zur Textlinguistik, Tübingen 1981; E. Coseriu: Textlinguistik, Tübingen 1980; R.-A. de Beaugrande/W. U. Dressler: Einführung in die Textlinguistik, Tübingen 1981; E. Gülich/W. Raible: Linguistische Textmodelle, München 1977; W. Dressler (Hrsg.): Textlinguistik, Darmstadt 1978; ders./S. J. Schmidt: Textlinguistik. Kommentierte Bibliographie, München 1973; S. J. Schmidt: Texttheorie, München 1973; T. A. van Dijk: Textwissenschaft, München 1978; K. Brinker: Zur Gegenstandsbestimmung und Aufgabenstellung der Textlinguistik, in: J. S. Petöfi (Hrsg.): Text vs sentence. Papiere zur Textlin-

senschaft[97] gebräuchlich wurde. Andererseits bringt sich aber im Begriff „Text“ ein Interesse an transphrastischen, d. h. ein an kommunikativ funktionierenden Spracheinheiten orientiertes Interesse an Sprache zur Geltung, das mit den rhetorischen Begriffen „logos“ bzw. *oratio* weithin äquifunktional bestimmbar ist,[98] nämlich ein Interesse an Sprache in ihrer kommunikativen Beanspruchung als *Rede* (inklusive ihrer Derivatform Schreibe). Und diese kommunikative Beanspruchung von Sprache als Rede ist die eigentliche und natürliche Existenzweise von Sprache überhaupt. Mit den Worten eines der Väter der modernen Textlinguistik reformuliert: „Das primäre sprachliche Zeichen ist der Text.“[99] Entsprechend ist der „Ausgangspunkt einer Phänomenologie des linguistischen Objekts die Texthaftigkeit des originären sprachlichen Zeichens“[100].

Die innerwissenschaftlichen Entwicklungen und paradigmatischen Verschiebungen, die zu diesem Interesse an Sprache in ihrer phänomenologisch relevanten Existenzweise als Text geführt und eine entsprechende Annäherung an die Rhetorik erleichtert haben, können hier natürlich nicht im einzelnen rekonstruiert werden.[101] Ebensowenig können die vielfachen Anregungen aufgezählt werden, die eine Textwissenschaft bzw. -theorie in der Rhetorik als

guistik 20 (1979), S. 3ff.; B. Sowinski: Textlinguistik, Stuttgart 1983; Breuer 1974; Plett 1975, S. 38ff.

97 Plett 1975; K. Stierle: Text als Handlung, München 1975; J. Ihwe (Hrsg.): Literaturwissenschaft und Linguistik. 4 Bde., Frankfurt a. M. 1971 (Auswahl in 2 Bden., Frankfurt a. M. 1972), ders.: Linguistik in der Literaturwissenschaft, München 1972; B. Spillner: Linguistik und Literaturwissenschaft, Stuttgart 1974; Breuer 1974, bes. Kap. 1; H. Grabes: Literaturwissenschaft oder Textwissenschaft?, in: Anglia 91 (1973), S. 456ff.

98 Kalverkämper 1983, S. 359.

99 P. Hartmann: Zum Begriff des sprachlichen Zeichens, in: Zeitschrift für Phonetik, Sprachwissenschaft und Kommunikationsforschung 21 (1968), S. 205ff., hier S. 213.

100 P. Hartmann: Texte als linguistisches Objekt, in: W.-D. Stempel (Hrsg.): Beiträge zur Textlinguistik, München 1971, S. 12.

101 Vgl. außer den in Fußn. 96 und 97 genannten Arbeiten noch Spillner 1977 und Plett 1977, S. 11ff. (zur „dreistufigen Progression der literarischen Rhetorikforschung“).

ihrer historischen Vorläuferin für die Klärung der Textualität definierenden Faktoren finden konnte,[102] ohne daß sie den möglichen "surplus" verschweigen müßte, den sie gegenüber der rhetorischen Texttheorie methodisch einklagen kann.[103] Wichtiger ist es, noch kurz zu skizzieren, welcher spezifisch konzeptionelle Ansatz dem rhetorischen Versuch zugrunde liegt, die Rhetorizität von Texten zu bestimmen und wie dieser Ansatz in den Beiträgen des Dokumentationsteils jeweils aktualisiert wird.

V

Ungeachtet der Rolle, die die Rhetorik seit Curtius und Lausberg als Instrument der Analyse literarischer wie außerliterarischer Texte spielt,[104] bleibt die textanalytische bzw. allgemein hermeneutische[105] Beanspruchung der Rhetorik doch eine sekundäre Umfunktionalisierung ihrer originären Konzeption als einer Text-

[102] Vgl. außer Kalverkämper 1983, S. 359ff. bzw. 363ff. noch Junker 1976; Knappe 1976; Henne 1975, S. 92ff.; Hantsch/Ostheeren 1982; Heilmann 1978; Lerchner 1984; Ueding/Steinbrink 1986, S. 158ff.; Kurz 1977; die Aufsätze in Plett (Hrsg.) 1977 (bes. Lüking, Schanze, Spillner) bzw. in Schanze (Hrsg.) 1974 (bes. Kerkhoff). Hinweise vereinzelt auch in den in Fußn. 96 genannten Arbeiten, etwa bei Coseriu (S. 9): „Eine Linguistik der Texte hat es . . . immer schon gegeben in . . . Form der Rhetorik." Vgl. auch Plett 1975, S. 29f. und 139ff. Was Curtius (1976, S. 89) seinerzeit notierte, daß der „Literaturwissenschaftler . . . die Kellerräume – und Fundamente! – der europäischen Literatur entschlossen meidet", dürfte heute uneingeschränkt also nicht mehr gelten.

[103] Kalverkämper 1983, S. 352. Das betrifft etwa die Textualität definierenden Kriterien, vgl. Beaugrande/Dressler (s. Fußn. 96), S. 1ff., die verkürzt auch bei Plett 1975, S. 56 zitiert werden (Extension, Delimination, Kohärenz). Dieser "surplus" ist im Interesse der Rhetorik selbst einzuklagen, um sie vor einer kurzschlüssigen Identifikation mit einer „Sprachhandlungstheorie" zu schützen, die in Aristoteles einen „antiken Linguisten" sehen möchte, so N. Gutenberg: Pragmatik, Rhetorik und die Sprachtheorie des Aristoteles, in: Deutsche Sprache 2 (1982), S. 139ff.

[104] Vgl. bes. Breuer 1974, S. 137ff., 1977; Plett 1971, 1975.

[105] Vgl. bes. Gadamer 1967 und den 2. Bd. der Dokumentation.

Produktionstheorie,[106] d. h. einer Theorie, die aufgrund ihres „praktischen" Charakters[107] Textualität *prozedural*[108] definiert, nämlich als kompetenztheoretisch[109] abbildbare Anleitungen, *wie* Texte hergestellt werden. Diese Anleitungen *(regulae)* lassen sich als präzeptive Übersetzungen lehrbarer Einsichten *(doctrina)* verstehen, die sich der theoretischen Verarbeitung *(ars)* von kommunikativen Erfahrungen *(observatio)* verdanken[110] bzw., moderner reformuliert, als Regelinventare, in denen die konventionellen Bedingungen für Texte und ihre entsprechend konventionellen Rezeptionsmuster abgebildet sind.[111]

Besonders Breuer hat sich des rhetorischen „Modells des Redners" für seine Konzeption einer – im semiotischen Sinne verstandenen – „Pragmatischen Texttheorie" mit Gewinn bedient, um dem „Text als kommunikativen Prozeß" wie seiner „historisch-sozialen Vermitteltheit" gerecht zu werden.[112] Durchaus unter Berücksichtigung dieser auch die Regelinventare mit umfassenden „Vermitteltheit" hat Beetz an einschlägigem Quellenmaterial aus dem 17. und 18. Jahrhundert die von ihm zu Recht als antistrukturalistisch eingeschätzte rhetorische Texttheorie beispielhaft zu rekonstruieren versucht. Dagegen nähert sich Barthes, mit dessen vergleichsweise konventioneller Seminarnachschrift wir den 1. Dokumentationsblock systematisch eröffnen, mit ebenso unprofessioneller Unbekümmertheit wie erfrischender Neugier der – seinerzeit weithin vergessenen – Rhetorik und beginnt, in ihr ein metasprachliches «programme destiné à produire du discours» zu entdecken, dessen

[106] Vgl. Breuer 1977, S. 36 und Fußn. 108.

[107] Quintilian II 18.5; allgemein dazu Lausberg 1960, S. 41 ff.

[108] Plett (1978, S. 300) spricht von „prozessual" bzw. „generativ". Zu diesem Verständnis von Rhetorik als Textherstellungstheorie vgl. die Aufsätze von Lüking, Breuer, Schanze in Plett (Hrsg.) 1977; Gläser 1980, bes. S. 30; Breuer 1974; Beetz 1981; Barthes 1970; Antos 1981; Lausberg 1960, S. 48 ff. und 139 ff.

[109] Gläser 1980, S. 29 ff. Natürlich ist dies ein anderer Kompetenzbegriff als der der generativen Transformationsgrammatik.

[110] Vgl. Lausberg 1960, S. 25 ff.

[111] Vgl. Schanze in: Breuer u. a. 1973, S. 181 ff.; ders. 1977, S. 62 ff.

[112] Breuer 1974, S. 44 ff. und 159 ff.

teilweise „Modernität" ihn ebenso überrascht wie begeistert, obwohl er in der Rhetorik zunächst nur die bis ins 19. Jahrhundert gültige Theorie einer «practique du langage littéraire» suchte, die es gegenüber einer «nouvelle sémiotique de l'écriture» oppositiv abzugrenzen gelte.

Rhetorizität bzw. Textualität von Texten im Rahmen einer Textproduktionstheorie zu rekonstruieren, ist natürlich nicht die einzig mögliche Heuristik einer Texttheorie,[113] doch es ist die für die Rhetorik spezifische. Und der unbestreitbare Vorteil dieser Heuristik liegt in der Chance, die Textualität definierenden Faktoren in ihrer historischen Vermitteltheit als Regelinventare unmittelbar am Modell praktischer Redeherstellung systematisch ablesen und so das komplexe Phänomen Text operationalisieren zu können. Die einzelnen Phasen *(rhetorices partes)*, die dieser Herstellungsprozeß eines persuasiven Textes nach Anleitungen der Rhetorik durchlaufen, und die persuasionsrelevanten Faktoren, die der Redner dabei berücksichtigen sollte, werden im Dokumentationsteil (bes. von Barthes, Breuer, Beetz) ausgiebig zitiert und im Kontext ihrer jeweiligen rhetorikgeschichtlichen Formulierung erläutert, so daß sie hier nicht im einzelnen vorgestellt werden müssen.

Daß innerhalb der rhetorischen Texttheorie besonders die Anleitungen zur elokutionellen Textgestaltung[114] für eine an den Konstitutionsbedingungen von Poetizität bzw. Literarität interessierte Literaturwissenschaft, Linguistik und Stilistik besondere Bedeutung gewinnen mußten, erklärt sich einmal aus der traditionell engen Beziehung zwischen Rhetorik und Poetik seit der Rhetorisierung der Poesie in der Spätantike[115] bis zur Ablösung der Regel- und Anweisungspoetik durch eine Genieästhetik und eine Philosophie der Ästhetik Ende des 18. Jahrhunderts.[116] Zum anderen aber bot sich aus

[113] Vgl. Breuer 1974, S. 137ff.; Beetz 1981, S. 165; Beaugrande/Dressler (s. Fußn. 96), S. 32ff.

[114] Vgl. Lausberg 1960, S. 248ff.

[115] Curtius 1969, S. 79: „Das ist die folgenreichste Entwicklung innerhalb der Geschichte der antiken Rhetorik"; denn dadurch wurde ihr „kunstvoll ausgebautes System Generalnenner, Formenlehre und Formenschatz der Literatur überhaupt".

[116] Schanze in: Breuer u. a. 1973, S. 196ff.; ders. 1977, S. 66ff.

systematischen Gründen die sogenannte Figurenlehre der Rhetorik aufgrund ihrer Formalisierungschancen für eine linguistisch bzw. strukturalistisch orientierte Rekonstruktion geradezu an, mochte dabei auch die produktionstheoretische Pointe dieses Theoriestücks weithin verlorengehen. Doch an ihr war der "New Criticism" ebenso wenig interessiert wie die von de Saussure beeinflußte synchronistische Linguistik des Strukturalismus mit ihrem Begriff von Sprache als einem immanenten System von Strukturbeziehungen.[117] Sie interessierte – wie die u. a. an Jakobson orientierte Lütticher Rhetorik-Gruppe exemplarisch zeigt[118] – an der Figurenlehre das modellhafte System regelhafter *Abweichungen* (*mutatio*, Metabolie, Sekundärgrammatik) von der alltagssprachlichen Standardnorm (*vulgaris et simplex species, degré zéro*, Primärgrammatik);[119] denn in diesen Abweichungen bzw. Devianzen schien

[117] Vgl. G. Helbig: Geschichte der neueren Sprachwissenschaft, Reinbek 1974, bes. Kap. 2 und 3; Ihwe (s. Fußn. 97), Kap. 2 und 3; M. Riffaterre: Strukturale Stilistik, München 1973. F. de Saussure (Grundlegung der allgemeinen Sprachwissenschaft, Berlin 1967 [1915], S. 279): „Die Sprache an und für sich selbst betrachtet ist der einzige Gegenstand der Sprachwissenschaft."

[118] Freilich haben sie dabei den Begriff „poetisch" in Jakobsons Funktionsschema sprachlicher Kommunikation (1972, S. 103ff.) mit „rhetorisch" übersetzt, wodurch „figural" und „literarisch" fast zu äquivalenten Begriffen werden. Kritisch dazu Plett 1978, S. 295f. Noch einen Schritt weiter in der Nivellierung aller Gattungsunterschiede durch eine Verallgemeinerung der „poetischen" bzw. „rhetorischen" Sprachfunktion geht J. Derrida, vgl. dazu J. Habermas: Der philosophische Diskurs der Moderne, Frankfurt a. M. 1985, S. 243ff.

[119] Zu der unterschiedlichen Terminologisierung der Binäropposition „normalsprachlich"/„abweichend" vgl. Lausberg 1960, S. 308ff.; Dubois u. a. 1974, S. 58ff.; Plett 1975, S. 124ff.; Lachmann 1977, S. 174f.; Kaemmerling 1973, S. 190ff.; Hantsch/Ostheeren 1982. Zum Abweichungs- bzw. Devianztheorem vgl.: Dubois u. a. 1974, S. 68ff.; Plett 1975, S. 124ff.; Leech 1966, 1969; Kopperschmidt 1976, S. 163ff.; V. Erlich: Russischer Formalismus, München 1964; K. Baumgärtner: Der methodische Stand einer linguistischen Poetik, in: Ihwe (Hrsg.) 1971. Bd. II/2, S. 371ff.; M. Bierwisch: Poetik und Linguistik, in: H. Kreuzer/R. Gunzenhäuser (Hrsg.): Mathematik und Dichtung, München 1965, S. 49ff.; S. R. Levin:

die „Grammatik der Poesie“ [120] buchstabierbar zu werden als Grammatik einer Sprache, die systematisch ihre handlungsbezogene Utilität und referentielle Funktionalität destruiert, um sich gleichsam selbstreflexiv mit sich selbst zu befassen und in dieser „Intra-Kommunikation“ ihre Autotelie zu wahren. [121] Abweichung ist dabei selbstredend kein Mittel affektiver Sprachgestaltung oder persuasiver Wirkungsintentionalität, sondern programmatische Strategie transformationeller Operationen, über die sich poetische bzw. literarische Sprache in sich selbst abschließt und über diese Form der „Verdinglichung“ [122] alle Bedingungen aufkündigt, denen sie normalsprachlich sonst unterworfen ist. [123]

Das System dieser elokutionellen Abweichungsoperationen hat Quintilian unter dem Begriff *quadripartita ratio* zusammengefaßt, [124] die als vorstrukturalistisches Modell möglicher Figurenklassifikation entsprechend bereitwillig rezipiert worden ist. Wie dieses Klassifikationsmodell genutzt werden kann, ohne seine bloß partielle Relevanz für die Klärung der Konstitutionsbedingungen von Poetizität bzw. Literarität methodisch zu überanstrengen, zeigt der abgedruckte Beitrag von Plett beispielhaft. Ob man nun die rhetorische Figurenlehre mit Plett als „elokutionelle Teilkompetenz“ einer allgemeinen „poetischen Kompetenz“ abbildet [125] oder mit Breuer in Analogie zur „Topik der Argumente“ von einer „Topik der sprachlichen Wirkungsmittel“ [126] spricht, beide Autoren insistieren mit Recht darauf, daß zur Bestimmung der performativen Leistung von Figuren ihr „mikro-“ wie „makrostruktureller Kontext“ mit berücksichtigt werden muß; denn – wie die Lütticher

Statistische und determinierte Abweichung in poetischer Sprache, ebd. S. 33ff.

[120] Jakobson 1965.

[121] Dubois u. a. 1974, S. 34 und 48: „Durch die Metabolien schließt sich die literarische Rede in sich ab.“ Vgl. Jakobson 1972, S. 108.

[122] Dubois u. a. 1974, S. 47.

[123] Habermas (s. Fußn. 118), S. 234ff.

[124] Quintilian I 5.38.

[125] Zum Begriff „poetische Kompetenz“ vgl. auch Bierwisch (s. Fußn. 119), S. 56f.

[126] Breuer 1974, S. 176.

Rhetorik-Gruppe selbst eingesteht – die „psychoästhetische Wirkung" der Figuren „ist nicht allein von sprachlichen Mechanismen abhängig"[127].

Daß diese kontextuellen Bedingungsfaktoren ihrer performativen Leistung theoretisch zugänglich sind, belegt im 2. Dokumentationsblock der Beitrag von Dyck über ›Dreistiltheorie und Decorumlehre‹ an Poetik-Texten des 17. Jahrhunderts, in denen die materialen und sozialen Determinanten kenntlich werden, die die jeweilige Angemessenheit stilistischer Sprachgestaltung und damit ihre mögliche Wirksamkeit bedingen. Diese Determinanten buchstabieren einen Begriff von Stil, der nicht als Mittel authentischer Selbstdarstellung eines Sprechersubjekts fungiert,[128] sondern als Medium, in dem sich die Verbindlichkeit einer material wie sozial immer schon normativ strukturierten Wirklichkeit abbildet. Was Dyck an der rhetorischen Stiltheorie zeigt, daß sie nämlich eingebettet ist in eine „Theorie der geltenden Bedingungen für Texte"[129], das belegt Sieveke ebenfalls an Texten des 17. Jahrhunderts an einem anderen konstitutiven Teilstück rhetorischer Texttheorie, nämlich an der Topik als einer Heuristik der Gedankenfindung und der argumentativen Abstützung von Gedanken.[130] Originalität und „schöpferische Phantasie" sind so wenig ihre Ziele wie Authentizität das Ziel der Stiltheorie, sondern die methodische Erschließung von argu-

[127] Dubois u. a. 1974, S. 48. Ebd. S. 31 zur Beschränkung auf die „Invarianten des literarischen Gebrauchs der Sprache". Zu ihren zaghaften Andeutungen über eine „Transrhetorik", die das „Ethos" der Figuren zu bestimmen hätte, vgl. ebd. S. 25 und 239ff. Dies wäre gleichsam eine Ergänzung des „rhetorischen Kompetenzmodells" durch ein „ästhetisches Performanzmodell", vgl. Plett 1978, S. 295.

[128] Vgl. «Le style, c'est de l'homme même» (G. Buffon: Discours sur le Style, 1753). Als „Gegengift" gegen einen allzu schnellen „Kontakt mit der Individualität des Kunstwerks und seinem individuellen Schöpfer" verstand dagegen Lausberg sein „Handbuch" (1960, S. 8) mit seiner Abonnierung auf die «langue» als des „konventionellen Ausdrucksmittels der «*parole*»".

[129] Schanze in: Breuer u. a. 1973, S. 181ff.

[130] Die Topik kann aus Platzgründen kaum berücksichtigt werden, doch vgl. Jehn (Hrsg.) 1972; Baeumer (Hrsg.) 1973; Breuer/Schanze (Hrsg.) 1981; Bornscheuer 1976.

mentativ nutzbaren Plausibilitätspotentialen, wobei die mögliche Überzeugungskraft der solchermaßen aufgefundenen Gedanken gerade in ihrer sozial verbürgten Gewißheit gründet. Dagegen macht Lachmann in ihrem kultursemiotisch orientierten Beitrag beispielhaft deutlich, daß die rhetorische Texttheorie nicht nur immer schon einen Begriff von den geltenden Bedingungen für Texte impliziert, sondern daß sie mit diesen Geltungsbedingungen zugleich die Kommunikationschancen innerhalb eines Kulturbereichs normativ definiert. Insofern sie so als „Metasprache" dem Kultursystem die Mittel seiner „Selbstbeschreibung" zur Verfügung stellt, arbeitet sie an dessen Stabilisierung ebenso fundamental mit wie sie gegebenenfalls – etwa bei ihrem fremdkulturellen Import – eine oppositive „Redepraxis" mit entsprechender „Antirhetorik" provoziert.[131] Die „kulturkontextuelle Bedingtheit"[132] dieser Metasprache Rhetorik bleibt freilich so lange unbemerkt, wie die Rede von der „Ubiquität der Rhetorik" die durchaus kulturell bedingten Grenzen ihrer transhistorischen Geltung verwischt und Rhetorik so zur universalen Metasprache von Texten schlechthin entgrenzt. Darin bringt sich jedoch nur das ideologische Selbstverständnis eines kulturellen Systems zur Geltung, das allein eine gehaltvolle rhetorische Komparatistik tendenziell zu erschüttern vermöchte.[133]

Daß die Metasprache Rhetorik kulturalistisch so schwer relativierbar erscheint, hat neben dem genannten Verständnis von Rhetorik als konventionalisierter Beschreibungssprache eines kulturellen Systems mit transkulturellem Selbstanspruch noch einen anderen Grund: nämlich die relativ früh erfolgte und ihren Ubiquitätsanspruch (scheinbar) stützende Adoption der Rhetorik sowohl als Beschreibungssprache von translingualen Texten bzw. Zeichensystemen wie als Modell einer translingual entgrenzbaren Textproduktionstheorie. Die im 2. Dokumentationsblock abgedruckten

[131] Lachmann 1977, 1978, 1981.

[132] Lachmann 1977, S. 168.

[133] Lachmann 1977, S. 169f. und 179, 1981, S. 79. Zu einer solchen Komparatistik vgl. den informativen Beitrag von Breymayer 1977 (mit Lit.); außerdem H. Ellingworth: Anthropology and Rhetoric, in: Southern Speech Journal 28 (1963), S. 307ff.

Arbeiten von Schmitz, Spencer und Kopperschmidt belegen diese Beanspruchung der Rhetorik an Beispielen aus der Musiktheorie (Bach), Maltheorie (Alberti) und sogar an einem zunächst überraschenden Beispiel philosophischer Theodizee-Reflexion (Augustin); doch in Erinnerung an die von H. Blumenberg umfassend rekonstruierte Liber-naturae-Metapher[134] und ihre Rolle als sinnfälliges Bild für die Weltvertrautheit des Menschen wird einigermaßen verständlich, wie die Vorstellung von der Welt schlechthin als Text zur Rhetorik führt als der Instanz, die über die Struktur dieses Textes Auskunft geben und seine Lesbarkeit erleichtern könnte.

Was für den Makrotext Welt gilt, trifft erst recht für die Mikrotexte kultureller Objektivationen wie Musik, Malerei, Film, Architektur, Fotographie, Werbung usw. zu: Rhetorik galt und gilt – besonders unter semiologischen Frageinteressen – als eine translingual entgrenzbare Texttheorie, die als Metasprache für die Beschreibung sehr verschiedener semiotischer Codes beerbt und aktualisiert werden kann.[135] Daß dies auch für den Code zutrifft, dessen gleichsam fremdsprachliche (wenn auch nicht pathologische) Entstellung besondere tiefenhermeneutische Anstrengungen nötig macht, soll der Beitrag von Jaffe belegen. Freuds nicht nur metaphorisch verstandener Begriff „Traumsprache" sowie seine explizit an philologischer Text-Analyse orientierte ›Traumdeutung‹[136] lassen den Versuch zumindest legitim erscheinen, Rhetorik auch an der Rekonstruk-

[134] H. Blumenberg: Die Lesbarkeit der Welt, Frankfurt a. M. 1981. Vgl. dazu: Kopperschmidt 1985. Daß der Welttext auch ohne Präsumtion seiner göttlichen Urheberschaft entschlüsselungsbedürftig bleibt und daß der Rhetorik seine Dechiffrierung übertragen bleibt, zeigt bes. J. Derrida (Grammatologie, Frankfurt a. M. 1974; Die Schrift und die Differenz, Frankfurt a. M. 1972), obwohl aus der Rhetorik als einer originären Rede-Theorie bei Derrida längst eine „Schrift-Wissenschaft" mit metaphysikkritischem Anspruch geworden ist. Vgl. Habermas (s. Fußn. 118), S. 191 ff. und 219 ff.

[135] Vgl. die in der Bibliographie genannten einschlägigen Titel, bes. Eco 1972, S. 184 ff., 268 ff., 325 ff. und Dubois u. a. 1974, S. 44 und 260 ff.

[136] 1900 erschienen. In: S. Freud: Gesammelte Werke (London 1940 ff.), Bd. II/III. Zur Beziehung zwischen „Sprachforschung" und „Psychoanalyse" vgl. ebd. VII, S. 403.

tion der Operationen zu beteiligen, deren sich die „Traumarbeit" bedient, um dem „latenten Traumgedanken" in der Form des „manifesten Trauminhalts" seine zensurinstanzlich verordnete Unverständlichkeit zu sichern.[137]

Wie immer man zu solchen translingualen Entgrenzungsversuchen der Rhetorik stehen mag, die in der Tat oft bloß zu „vagen Analogiebildungen"[138] führen, solange Verstehbarkeit nach Gadamers hermeneutischem Grundprinzip Sprachlichkeit unterstellt (nicht im Sinne einer ontologischen Prädikation von Sein, sondern im Sinne der „spekulativen" Bedingungsangabe seiner Zugänglichkeit), so lange wird Rhetorik – Gadamers Arbeiten belegen es selbst[139] – für die Methodisierung dieser Zugänglichkeit interessant bleiben.

Die von Gadamer betonte hermeneutische Verschränkung zwischen den Universalitäten von Sprachlichkeit und Rhetorik[140] leitet zum 3. Dokumentationsblock über. Wenn Textanalyse nicht bloß der „Veranschaulichung der Texttheorie" dient, sondern die „empirische Verifikationsbasis" für die gegenstandsbezogene Angemessenheit ihrer Aussagen darstellt,[141] dann lassen sich die im letzten Dokumentationsblock aufgenommenen Arbeiten als Test des

[137] Ges. Werke II/III, S. 655; XV, S. 14f. und 8: „Der Traum ist an sich keine soziale Äußerung, kein Mittel der Verständigung." Vgl. zu Freud: J. Habermas: Erkenntnis und Interesse, Frankfurt a. M. 1973, S. 262ff.; J. Lacan: The Language of the Self, New York 1975; ders.: Schriften I, Frankfurt a. M. 1975; H. Lang: Die Sprache und das Unbewußte, New York 1986; A. Lorenzer: Sprachzerstörung und Rekonstruktion, Frankfurt a. M. 1973; ders.: Sprachspiel und Interaktionsform, Frankfurt a. M. 1977; Blumenberg (s. Fußn. 134), S. 337ff. (›Die Lesbarmachung der Träume‹). Zur „Rhetorik des Unbewußten" (Lacan) und zur bes. Rolle von Metapher und Metonymie seit Jakobson (1979) vgl. Hiebel 1978 und Ruegg 1979. Vgl. auch Scott/Brock 1973, Kap. 3B; Bornscheuer 1976, S. 196ff. und den thematischen Bd. ›Rhetorik und Psychologie‹ (Rhetorik 6. 1987).

[138] Plett 1978, S. 296.

[139] Gadamer (s. Fußn. 15), S. 450 und XX; Kopperschmidt 1985, S. 111f.

[140] Vgl. bes. Gadamer 1967.

[141] Plett 1975, S. 13.

Selbstanspruchs rhetorischer Texttheorie lesen, wesentliche Konstitutionsbedingungen von Textualität (allgemein bzw. von Poetizität, Literarität und Ästhetizität im besonderen) zu benennen; denn diese Arbeiten funktionalisieren die rhetorische Texttheorie texthermeneutisch um, indem sie mit Kategorien einer „generativen" Theorie konkrete Textprozesse zu „rekonstruieren" versuchen.[142] Ob es sich um Gryphius' Trauerspiel (Barner) oder um eine Lutherpredigt (Stolt), um eine Werbeanzeige (Fischer) oder um eine Rede Mirabeaus (Gumbrecht) handelt – die textanalytische Umfunktionalisierung der rhetorischen Texttheorie erweist sich als ein flexibles Instrument, das – verständig genutzt und kenntnisreich weiterentwickelt – an literarischen wie außerliterarischen Texten in der Tat mehr als deren mögliches figurales Profil zu entdecken hilft;[143] ein Instrumentarium, das vielmehr Texte in ihrer historischen wie funktionalen Situiertheit als kommunikative Sprechhandlungen durchschaubar und die in ihnen vermittelten Aussagen im Sinne einer „analytischen Toposforschung" auch ideologiekritisch[144] in den gesellschaftlichen Erfahrungen ihrer Kommunikatoren „lokalisierbar" macht.

Die in den drei Dokumentationsblöcken abgedruckten Beiträge sind zwar nur wenige beispielhafte Belege für das spezifische Interesse an Rhetorik als einer textbezogenen Produktionstheorie wie textbezogenen Hermeneutik; doch sie bezeugen – so hoffe ich –, daß Rhetorik auch nach dem Ende ihrer disziplinären Geschichte als Frageinteresse weiterleben und mit den aktuellen Frageinteressen sprachbezogener und sprachinteressierter Disziplinen so vermittelt werden kann, daß auch der Ertrag ihrer bisherigen Reflexionsanstrengungen in ihnen aufgehoben bleibt. So, aber auch nur so, kann sich die Hoffnung bestätigen, daß „der über zweitausendjährige Stamm der Rhetorik lebenskräftig und fruchtbar ist" [145].

142 Vgl. Breuer 1974, S. 42ff.; Lüking 1977, S. 55ff.; Curtius 1967, S. 88. Zu den Bedingungen, unter denen die „jeweilige Rhetorik des Textes zugleich seine Beschreibung liefert" vgl. Schanze 1977, S. 63.

143 Als fast abschreckendes Beispiel vgl. Lausberg 1966.

144 Vgl. neben Fischer bes. Eco 1972, S. 189ff.

145 Lausberg 1960, S. 8.

ZUM SYSTEM RHETORISCHER TEXTTHEORIE

Originaltitel: L'ancienne rhétorique. Aide-mémoire, in: Communications 16, Editions du Seuil, Paris 1970, S. 172–223. Auszug S. 173–175 und 195–222. Hier: Die alte Rhetorik – Ein Abriß, in: Semiologisches Abenteuer. Aus dem Französischen übersetzt von Michael Hornig, Suhrkamp Verlag Frankfurt a. M. 1987. – Auszug.

DIE ALTE RHETORIK

Ein Abriß

Von Roland Barthes

[. . .]

0.1 Die rhetorischen Praktiken

Die Rhetorik, die wir hier behandeln, ist jene Metasprache (deren Objektsprache der „Diskurs" ist), die im Abendland vom 5. Jahrundert vor Christus bis zum 19. Jahrhundert nach Christus bestimmend war. Auf entferntere Erfahrungen (Indien, Islam) werden wir nicht eingehen und uns im Abendland selbst auf Athen, Rom und Frankreich beschränken. Diese Metasprache enthielt mehrere Praktiken, die, je nach den Epochen, gleichzeitig oder nacheinander, in der „Rhetorik" anzutreffen sind:

1. Eine *Technik*, d. h. eine „Kunst" im klassischen Sinn des Wortes: Kunst der Überredung, Gesamtheit von Regeln und Vorschriften, durch deren Anwendung der Zuhörer eines Diskurses (und später der Leser des Werks) überzeugt werden kann, selbst wenn das, wovon es ihn zu überzeugen gilt, „falsch" ist.

2. Ein *Unterricht*: Die rhetorische Kunst, die zunächst persönlich weitergegeben wurde (ein Rhetor und seine Schüler, seine Kunden), hat rasch Eingang in die Unterrichtsinstitutionen gefunden; in den Schulen bildete sie den Kern dessen, was man heute als Gymnasialoberstufe und Hochschule bezeichnen würde; sie hat sich in Prüfungsstoff verwandelt (Übungen, Lektionen, Tests).

3. Eine *Wissenschaft*, oder zumindest eine Protowissenschaft, d. h.: a) ein autonomes Beobachtungsfeld, das bestimmte homogene Phänomene abgrenzt, nämlich die sprachlichen „Effekte"; b) eine Einteilung dieser Phänomene (deren bekannteste Spur die Liste der rhetorischen „Figuren" darstellt); c) eine „Operation" im

Hjelmslevschen Sinn, d. h. eine Metasprache, eine Reihe von Rhetorikabhandlungen, deren Gegenstand – oder deren Signifikat – eine Objektsprache ist (die argumentative Sprache und die „übertragene“ Sprache).

4. Eine *Moral*: Als ein System von „Regeln“ ist die Rhetorik von der Zweideutigkeit des Wortes durchdrungen: Sie ist sowohl ein Lehrbuch mit Anleitungen, die einen praktischen Zweck verfolgen, als auch ein Gesetzbuch, ein Corpus moralischer Vorschriften, deren Rolle darin besteht, die „Abweichungen“ der emotionsgeladenen Sprache zu überwachen (d. h. zu erlauben und zu beschränken).

5. Eine *gesellschaftliche Praxis*: Die Rhetorik ist jene privilegierte Technik (da man bezahlen mußte, um sie zu erwerben), die es den herrschenden Klassen erlaubte, im Besitz des Sprechens zu bleiben. Da die Sprache Macht bedeutet, hat man selektive Zugangsregeln zu dieser Macht erlassen und sie als Pseudowissenschaft errichtet, die denjenigen, „die nicht sprechen können“, verschlossen bleibt und eine kostspielige Initiation erfordert: Die vor 2500 Jahren anläßlich von Eigentumsprozessen entstandene Rhetorik stirbt in der „Rhetorik“-Klasse aus, der initiatorischen Weihe der bürgerlichen Kultur.

6. Eine *Praxis des Spiels*: Da alle diese Praktiken ein reichhaltiges institutionelles („repressives“, wie man heute sagt) System bildeten, war es normal, daß sich eine Verhöhnung der Rhetorik entwickelte, eine „schwarze“ Rhetorik (Argwohn, Verachtung, Ironie): Spiele, Parodien, erotische oder obszöne Anspielungen,[1] Gymnasiasten-

[1] Zahlreiche Scherze mit *casus* und *conjunctio* (die ja Begriffe der Grammatik sind), von denen diese in ›Tausendundeine Nacht‹ entwickelte Metapher eine Vorstellung geben kann: „Er verwendete die Präposition mit der richtigen Konstruktion und vereinigte den Nebensatz mit der Konjunktion; aber seine Gattin beugte sich ihm wie die Nominalendung vor dem Genitiv.“ Alanus von Lille erklärt vornehmer, die Menschheit begehe Barbarismen in der Vereinigung der Geschlechter, Metaplasmen (Ausschweifungen), die gegen die Regeln der Venus verstoßen; der Mensch entartet zu Anastrophen (Umkehrungen der Konstruktion); in seinem Wahn schreitet er bis zur Tmesis fort (Ernst Robert Curtius: Europäische Literatur und lateinisches Mittelalter, Bern 1948, S. 416); genauso kommentiert Calderon

witze, eine ganze Pennälerpraxis (die übrigens noch zu erforschen und als kultureller Code darzustellen ist).

0.2 Das Reich der Rhetorik

All diese Praktiken bezeugen das Ausmaß des Faktums Rhetorik – eines Faktums, das allerdings noch zu keiner umfassenden Synthese, keiner historischen Interpretation geführt hat. Vielleicht deshalb, weil die Rhetorik (abgesehen von dem Tabu, das auf der Sprache lastet), die ein riesigeres und standhafteres Reich als jedes politische bildet, durch ihre Dimensionen und ihre Dauer den Rahmen der historischen Wissenschaft und Reflexion so sehr sprengt, daß sie die Geschichte selbst, zumindest wie wir sie gewöhnlich vorstellen und handhaben, in Frage stellt und zum Entwurf dessen zwingt, was andernorts als Monumentalgeschichte bezeichnet wurde; die wissenschaftliche Geringschätzung der Rhetorik entspränge also der allgemeinen Weigerung, die Mannigfaltigkeit, die Überdetermination anzuerkennen. Man bedenke jedoch, daß die Rhetorik – ungeachtet der internen Variationen des Systems – im Abendland zweieinhalb Jahrtausende hindurch geherrscht hat, von Gorgias bis zu Napoleon III.; man bedenke, was sie alles ohne Erschütterung oder Abnutzung, ungerührt, gelassen und wie unsterblich, entstehen, vorüberziehen und untergehen sah: die athenische Demokratie, die ägyptischen Königreiche, die römische Republik, das römische Kaiserreich, die Völkerwanderung, den Feudalismus,

die Lage einer Dame, die überwacht wird, während sie ihren Galan aufsucht: „Das Zuschauen und Gesehenwerden ist ein großer Barbarismus der Liebe, denn als schlechter Grammatiker macht er bisweilen eine passive Person zu einer aktiven." Es ist bekannt, in welchem anatomischen Sinn P. Klossowski die Begriffe der Scholastik verwendet hat (*utrumsit, sed contra, vacuum, quidest*: „der Quidest der Inspektorin"). Selbstverständlich ist die Kollusion zwischen Grammatik (Rhetorik und Scholastik) und Erotik nicht nur „komisch"; sie umschreibt genau und gemessen einen Ort der Überschreitung, an dem zwei Tabus aufgehoben werden: das der Sprache und das des Geschlechts.

die Renaissance, die Monarchie, die Revolution; sie hat Staatsformen, Religionen und Zivilisationen verdaut; seit der Renaissance dem Tod geweiht, zieht sich ihr Sterben über drei Jahrhunderte hin; und noch ist ihr Tod alles andere als gewiß. Die Rhetorik eröffnet den Zugang zu dem, was man wohl als Überzivilisation bezeichnen muß: die historische und geographische des Abendlands: Sie war die einzige Praxis (mit der nach ihr entstandenen Grammatik), in der unsere Gesellschaft die Sprache, ihre Herrschaft (*kurosis*, wie Gorgias sagt), anerkannt hat, die auch sozial eine „Herrschaftlichkeit" war; die Einteilung, die sie ihr aufgezwungen hat, ist das einzige wirklich gemeinsame Merkmal an aufeinanderfolgenden und unterschiedlichen historischen Zusammenhängen, als existierte über den inhaltlichen Ideologien und den direkten Determinationen der Geschichte eine Ideologie der Form, als existierte – Durkheim und Mauss ahnten und Lévi-Strauss bestätigte dieses Prinzip – für jede Gesellschaft eine *taxonomische Identität*, eine Sozio-Logik, in deren Namen es möglich ist, eine andere Geschichte, eine andere Sozialität zu definieren, ohne diejenigen zu verabschieden, die auf anderen Ebenen anerkannt werden.

0.3 Die Reise und das Netz

Dieses riesige Gebiet wird hier in zwei Richtungen erforscht (im lockeren und flüchtigen Sinn des Begriffs): eine diachronische* Richtung und eine systematische. Wir werden sicherlich keine Geschichte der Rhetorik rekonstruieren. Wir werden uns damit begnügen, einige signifikante Momente zu isolieren, wir werden die zweitausend Jahre Rhetorik überfliegen und an einigen Stationen haltmachen, die gleichsam die Etappen unserer Reise bilden werden (diese Etappen werden von sehr unterschiedlicher Dauer sein). Es wird in dieser langen Diachronie insgesamt sieben Momente, sieben Etappen geben, die hauptsächlich von didaktischem Wert sein werden. Dann werden wir die Einteilungen der Rhetoren zusam-

* Sie ist im folgenden Auszug fortgelassen. – Anmerkung des Herausgebers.

menstellen, um ein einziges Netz zu bilden, einem Artefakt ähnlich, das uns ermöglichen wird, die rhetorische Kunst wie eine subtil verkettete Maschine vorzustellen, einen Baum von Operationen, ein „Programm" zur Diskurserzeugung.

[. . .]

B. Das Netz

B. 0.1 Der Anspruch auf Einteilungen

Alle Abhandlungen der Antike, vor allem die nacharistotelischen, zeigen eine Obsession der Einteilung (der Begriff der *partitio* der Rede als solcher zeugt davon): Die Rhetorik tritt offen als Einteilung auf (von Material, Regeln, Teilen, Gattungen, Stilen). Die Einteilung als solche ist Gegenstand eines Diskurses: Ankündigung des Aufbaus der Abhandlung, scharfe Kritik an der Einteilung der Vorgänger. Das leidenschaftliche Einteilen wirkt auf den Außenstehenden immer als Haarspalterei: Wozu diese heftige Debatte über die Stellung der *propositio,* die mitunter an das Ende des *exordium,* mitunter an den Anfang der *narratio* gesetzt wird? Meistens allerdings, und das ist normal, geht mit dieser taxonomischen Entscheidung eine ideologische Entscheidung einher: Hinter den Dingen verbirgt sich immer ein Einsatz: *Sag mir, wie du einteilst, und ich sage dir, wer du bist.* Man kann also nicht zu didaktischen Zwecken, wie dies hier geschehen wird, eine einzige, kanonische Einteilung übernehmen, die absichtlich die zahlreichen Variationen „vergißt", welche die *techne rhetorike* durchmachte, ohne zunächst diese Schwankungen zu erwähnen.

B. 0.2 Die Ausgangspunkte der Einteilung

Die Darstellung der Rhetorik ging im wesentlichen von drei verschiedenen Ausgangspunkten aus (ich vereinfache): 1. Aristoteles setzt bei der *techne* an (spekulative Institution des Vermögens hervorzubringen, was sein oder nicht sein kann); die *techne (rhetorike)* bewirkt vier Typen von Operationen, die die Teile der rhetorischen Kunst bilden (und keineswegs die Teile des Diskurses, der *oratio*): a) Pisteis, die Aufstellung der „Beweise" *(inventio)*; b) Taxis, die Anordnung dieser Beweise im Diskurs nach einer bestimmten Ordnung *(dispositio)*; c) Lexis, die verbale Ausformung (auf der Satzebene) der Argumente *(elocutio)*; d) Hypocrisis, die Inszenierung des gesamten Diskurses durch einen Redner, der sich in einen Schauspieler verwandeln muß *(actio)*. Diese vier Operationen werden einer dreifachen Prüfung unterzogen (zumindest was die *inventio* betrifft): vom Standpunkt des Senders der Nachricht, vom Standpunkt des Empfängers und vom Standpunkt der Nachricht selbst. Im Einklang mit dem Begriff der *techne* (sie ist ein Vermögen) stellt der aristotelische Ansatz die Strukturierung des Diskurses (aktive Operation) in den Vordergrund und seine Struktur (den Diskurs als Produkt) in den Hintergrund. 2. Cicero setzt bei der *doctrina dicendi* an, d. h. nicht mehr bei einer spekulativen *techne*, sondern bei einem zu praktischen Zwecken unterrichteten Wissen; vom taxonomischen Standpunkt bewirkt die *doctrina dicendi*: a) eine Energie, eine Arbeit, *vis oratoris*, auf der die von Aristoteles vorgesehenen Operationen aufbauen; b) ein Produkt, oder wenn man lieber will, eine Form, die *oratio*, zu der die Abschnitte gehören, aus denen sie besteht; c) einen Gegenstand, oder wenn man lieber will, einen Inhalt (einen Typus von Inhalt), die *quaestio*, von der die Diskursgattungen abhängen. Dadurch zeichnet sich eine gewisse Autonomie des Werks in bezug auf die hervorbringende Arbeit ab. 3. Als Vermittler und Pädagoge kombiniert Quintilian Aristoteles und Cicero; er setzt zwar bei der *techne* an, aber nicht bei einer spekulativen, sondern bei einer praktischen und pädagogischen *techne*; sie enthält nacheinander: a) die Operationen *(de arte)* – und zwar die von Aristoteles und Cicero; b) den Operator *(de artifice)*; c) das Werk selbst *(de opere)* (die letzten beiden Themen werden kommentiert, aber nicht unterteilt).

B. 0.3 Die Tragweite der Einteilung: der Stellenwert des Aufbaus

Was bei diesen taxonomischen Schwankungen auf dem Spiel steht (selbst wenn sie geringfügig erscheinen), läßt sich präzise nennen: Es ist der Stellenwert der Stellung, der *dispositio*, der Anordnung der Teile des Diskurses: Wo soll man diese *dispositio* eingliedern? Zwei Entscheidungen sind möglich: Entweder betrachtet man den „Aufbau" als eine „Anordnung" (und nicht als eine feststehende Ordnung), als einen schöpferischen Akt der Verteilung des Stoffes, kurz als eine Strukturierung, und gliedert sie in die Vorbereitung des Diskurses ein; oder man faßt den Aufbau als fertiges Produkt auf, als starre Struktur, und gliedert sie also dem Werk, der *oratio*, ein; entweder handelt es sich um ein "dispatching" von Material, um eine Distribution, oder aber um einen Raster, eine stereotype Form. Mit einem Wort, ist die Ordnung aktiv, schöpferisch oder passiv, geschaffen? Jede Variante besaß ihre Vertreter, von denen sie bis zum äußersten getrieben wurde: Manche gliedern die *dispositio* in die *probatio* (Findung der Argumente) ein, andere wieder in die *elocutio*: Sie sehen in ihr eine bloße Verbalform. Es ist bekannt, welches Ausmaß dieses Problem an der Schwelle zu den modernen Zeiten angenommen hat: Im 16. Jahrhundert trennt der heftige Aristotelesgegner Ramus (die *techne* ist eine widernatürliche Sophisterei) die *dispositio* radikal von der *inventio*: Die Ordnung ist unabhängig von der Findung der Argumente: zuerst das Aufsuchen der Argumente und anschließend ihre Gruppierung, die als Methode bezeichnet wird. Im 18. Jahrhundert zielten die entscheidenden Angriffe gegen die dekadente Rhetorik gerade auf die Verdinglichung des Aufbaus, der *dispositio*, wie sie von einer Rhetorik des Produkts (und nicht der Produktion) letztlich entwickelt worden war: Daß *inventio* und Ordnung zusammenfallen, entdeckt Descartes nicht mehr bei den Rhetoren, sondern bei den Mathematikern; und für Pascal besitzt die Ordnung schöpferischen Wert (und kann kein im vorhinein feststehender, äußerlicher Raster sein): „Man sage nicht, ich hätte nichts Neues gesagt: Die Disposition der Gegenstände ist neu." Die Beziehung zwischen der Findungsordnung *(dispositio)* und der Darbietungsordnung *(ordo)* und vor allem die Distanz und die Ausrichtung (Widerspruch, Umkehrung) der beiden parallelen

Ordnungen besitzt also immer eine theoretische Tragweite: Jedesmal steht die gesamte Auffassung der Literatur auf dem Spiel, wie aus der beispielhaften Analyse Poes an seinem eigenen Gedicht ›Der Rabe‹ hervorgeht: Er setzt beim Schreiben des Werks bei der vom Leser *offensichtlich als letztes aufgenommenen* Sache an (die als „Ausschmückung“ aufgenommen wird), nämlich bei der traurigen Wirkung des *nevermore* (e/o), und schreitet von hier zur Erfindung der Geschichte und der metrischen Form weiter.

B.0.4 Die rhetorische Maschine

Wenn man diese Varianten ausblendet oder sich zumindest für den aristotelischen Ansatz entscheidet und die Untereinteilungen der alten Rhetorik sozusagen übereinanderlegt, so erhält man eine kanonische Distribution der verschiedenen Teile der *techne*, ein Netz, einen Baum oder eher eine stufenförmig herabsteigende Liane, die entweder übergreifende Elemente unterteilt oder verstreute Teile zusammenfaßt. Dieses Netz ist eine *Montage*. Man denkt an die Strumpfmaschine von Diderot: „Man kann sie als einen einzigen Gedankengang ansehen, dessen Konklusion die Herstellung der Ware ist . . .“ Bei der Maschine von Diderot werden vorn Textilien eingespeist, und am Ende kommen Strümpfe heraus. Der rhetorischen „Maschine“ werden vorn einer angeborenen Aphasie kaum entwachsene Gedankengänge im Rohzustand eingegeben, Tatsachen, ein „Gegenstand“; am Ende findet man einen kompletten, strukturierten, für die Überredung gerüsteten Diskurs.

B.0.5 Die fünf Teile der *techne rhetorike*

Unsere Ausgangsbasis besteht also aus den verschiedenen Grundoperationen der *techne* (aus dem Vorhergehenden ergibt sich, daß wir die Anordnung der Teile in die *techne* eingliedern und nicht in die *oratio*: Darin folgen wir Aristoteles). In ihrer vollen Ausdehnung beinhaltet die *techne* fünf grundlegende *Operationen*; man muß die *aktive, transitive, programmatische* und *operatorische*

Natur dieser Aufspaltungen betonen: Es handelt sich nicht um Elemente einer Struktur, sondern um Akte einer fortschreitenden Strukturierung, was aus der Verbalform (den Verben) der Definitionen (siehe folgende Darstellung) hervorgeht.

1.	INVENTIO Euresis	*invenire qui dicas*	das zu Sagende finden
2.	DISPOSITIO Taxis	*inventa disponere*	das Gefundene anordnen
3.	ELOCUTIO Lexis	*ornare verbis*	mit Wörtern, Figuren ausschmücken
4.	ACTIO Hypocrisis	*agere et pronuntiare*	den Diskurs wie ein Schauspieler vortragen: Gesten und Diktion
5.	MEMORIA Mneme	*memoriae mandare*	das Gedächtnis einsetzen

Die drei ersten Operationen sind die wichtigsten *(inventio, dispositio, elocutio)*; jede von ihnen spannt ein weites und engmaschiges Netz von Begriffen auf, und alle drei haben die Rhetorik über die Antike hinaus befruchtet (vor allem die *elocutio*). Die letzten beiden (*actio* und *memoria*) wurden sehr rasch fallengelassen, als sich die Rhetorik nicht mehr bloß auf die gesprochenen (deklamierten) Diskurse von Advokaten oder Politikern oder von „Vortragenden" (epideiktische Gattung) bezog, sondern auch und später nahezu ausschließlich auf (schriftliche) „Werke". Zweifelsohne sind diese Teile jedoch von großer Bedeutung: der erste *(actio)*, weil er auf eine Dramaturgie des Sprechens verweist (d. h. auf eine Hysterie und ein Ritual); der zweite, weil er eine Ebene der Stereotypen postuliert, einen feststehenden, mechanisch weitergegebenen Intertext. Aber da die letzten zwei Operationen im Werk (das der *oratio* gegenübersteht) nicht aufscheinen und bei den Autoren der Antike auch zu keiner Einteilung (sondern nur zu kurzen Kommentaren) führten, schließen wir sie hier aus der rhetorischen Maschine aus. Unser

Baum besteht also nur aus drei Stämmen. 1. *inventio*; 2. *dispositio*; 3. *elocutio*. Präzisieren wir jedoch, daß sich zwischen dem Begriff der *techne* und diesen drei Ansätzen noch eine Stufe einfügt: die des stofflichen Materials des Diskurses: *res* und *verba*. Ich denke nicht, daß sie einfach mit Dingen und Wörtern zu übersetzen sind. *res*, sagt Quintilian, das sind *quae significantur*, und *verba*: quae significant; kurz, auf der Diskursebene, die Signifikate und die Signifikanten. *res* ist das bereits Sinnträchtige, das von Anfang an als Material der Bedeutung auftritt; *verbum* ist die Form, die bereits auf der Suche nach dem Sinn ist, um ihn zu vollziehen. Entscheidend ist das Paradigma *res/verba*, die Relation, die Komplementarität, der Austausch, nicht die Definition jedes Begriffs. – Da sich die *dispositio* sowohl auf das Material *(res)* als auch auf die diskursiven Formen *(verba)* bezieht, muß der erste Ansatz unseres Baums, der erste Aufriß unserer Maschine folgendermaßen aussehen:

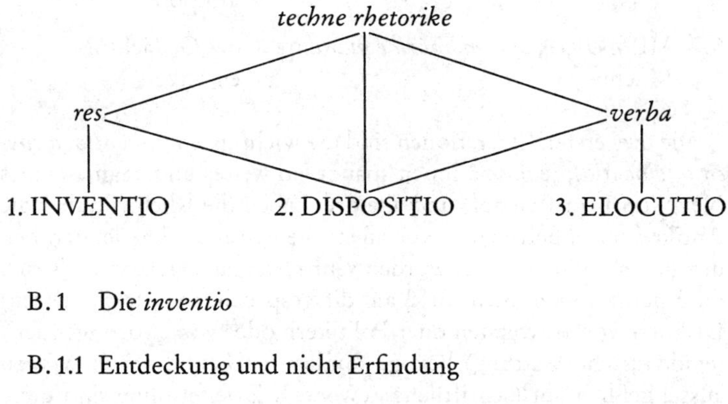

B. 1 Die *inventio*

B. 1.1 Entdeckung und nicht Erfindung

Die *inventio* verweist weniger auf eine Erfindung (der Argumente) als auf eine Entdeckung: Alles existiert bereits, man muß es nur wiederfinden: Der Begriff ist eher „extraktiv" denn „kreativ". Das wird durch die Bezeichnung eines „Platzes" (die Topik) erhärtet, aus dem man die Argumente extrahieren und an den man sie wieder zurückschaffen kann: Die *inventio* ist ein Fortschreiten *(via argumentorum)*. Diese Auffassung der *inventio* bedingt zwei Empfindungen: einerseits ein sehr festes Vertrauen in das Vermögen einer Methode, eines Wegs: Wirft man das Netz der argumentativen Formen technisch geschickt über das Material, so ist man sicher, den Inhalt eines glänzenden Diskurses einzufangen; andererseits die Überzeugung, daß das Spontane, das Unmethodische nichts einbringt: Der Macht des endgültigen Sprechens entspricht ein Nichts des ursprünglichen Sprechens; der Mensch kann nicht sprechen, ohne von seinem Sprechen entbunden zu werden, und für diese Entbindung gibt es eine besondere *techne*, die *inventio*.

B. 1.2 Überzeugen/rühren

Von der *inventio* gehen zwei große Stränge aus, ein logischer und ein psychologischer: *überzeugen* und *rühren. Überzeugen (fidem facere)* erfordert einen logischen oder pseudologischen Apparat, der im wesentlichen als *probatio* (Bereich der „Beweise“) bezeichnet wird: Es gilt durch die Beweisführung dem Geist des Zuhörers, dessen Charakter und psychologische Veranlagungen dabei nicht berücksichtigt werden, rechte Gewalt anzutun: Die Beweise besitzen ihre eigene Kraft. *Rühren (animos impellere)* besteht im Gegenteil darin, die beweisende Nachricht nicht an sich, sondern hinsichtlich ihrer Bestimmung, der Stimmung des Empfängers zu denken, subjektive und moralische Beweise aufzubieten. Wir werden zunächst den langen Weg der *probatio (überzeugen)* verfolgen, um anschließend auf das zweite Glied der Ausgangsdichotomie *(rühren)* zurückzukommen. [...]

B. 1.3 Innertechnische Beweise und außertechnische Beweise

Pisteis, Beweise? Wir werden das Wort aus Gewohnheit beibehalten, aber es besitzt bei uns eine wissenschaftliche Konnotation, auf deren Nichtvorhandensein gerade die Definition der rhetorischen *pisteis* beruht. Es hieße besser: Beweisgründe, Wege der Überredung, Mittel der Glaubwürdigkeit, Vermittler von Vertrauen *(fides).* Die binäre Einteilung der *pisteis* ist berühmt: Es gibt außerhalb der *techne* liegende Beweise *(pisteis atechnoi)* und innerhalb der *techne* liegende *(pisteis entechnoi)*, lateinisch: *probationes inartificiales/artificiales*; französisch (B. Lamy): *extrinsèques/intrinsèques*. Diese Opposition leuchtet unschwer ein, wenn wir uns in Erinnerung rufen, was eine *techne* ist: eine spekulative Institution der Mittel zur Hervorbringung dessen, was sein oder nicht sein kann, d. h. was weder wissenschaftlich (notwendig) noch natürlich ist. Die *außertechnischen Beweise* sind also jene, die sich der Freiheit, den zufälligen Gegenstand zu schaffen, entziehen. Sie liegen außerhalb des Redners (des Operators der *techne*); es sind der Natur des Gegenstands innewohnende Gründe. Die *innertechnischen* Beweise hingegen hängen vom Argumentationsvermögen des Redners ab.

B. 1.4 Außertechnische Beweise

Wie kann der Redner über die Beweise *atechnoi* verfügen? Er kann sie nicht konduzieren (induzieren oder deduzieren); da sie an sich „unbewegt" sind, kann er sie bloß zusammenstellen, durch eine methodische Disposition zur Geltung bringen. Woraus bestehen sie? Sie sind Bruchstücke des Wirklichen, die durch einen bloßen Verweis, und nicht durch Transformation, direkt in die *dispositio* einfließen; oder auch: Elemente des „Dossiers", die man nicht erfinden (deduzieren) kann und die von der Sache selbst, vom Kunden beigesteuert werden (wir befinden uns vorläufig im rein Gerichtlichen). Diese *pisteis atechnoi* werden folgendermaßen eingeteilt: Es gibt: 1. die *praejudicia*, die Präzedenzfälle, die Jurisprudenz (das Problem besteht darin, sie zu vernichten, ohne sie frontal anzugreifen); 2. die *rumores*, die Aussagen der Öffentlichkeit, der *consensus* einer ganzen Stadt; 3. die Geständnisse unter der Folter *(tormenta, quaesita)*: keinerlei moralisches, aber dafür ein gesellschaftliches Gefühl gegenüber der Folter: In der Antike war es rechtlich gestattet, die Sklaven zu foltern, nicht aber die Freien; 4. die Unterlagen *(tabulae)*: Verträge, Abkommen und Transaktionen zwischen Privatpersonen bis hin zu den erzwungenen Beziehungen (Diebstahl, Mord, Raub, Beleidigung); 5. den Eid *(jus jurandum)*: Er ist Element einer ganzen Kombinatorik, einer Taktik, einer

Sprache: Man kann das Schwören akzeptieren, verweigern, den Eid eines anderen akzeptieren, ablehnen usw.; 6. Zeugnisse *(testimonia)*: Dabei handelt es sich, zumindest für Aristoteles, im wesentlichen um vornehme Zeugnisse, die entweder von alten Dichtern (Solon zitiert Homer, um die Ansprüche Athens auf Salamis zu erhärten), aus Sprichtwörtern oder von lebenden Honoratioren stammen. Es sind also eher „Zitate".

B. 1.5 Sinn der *atechnoi*

Die „äußerlichen" Beweise sind typisch für das Gerichtliche (die *rumores* und die *testimonia* können dem Deliberativen und dem Epideiktischen dienen); aber es ist vorstellbar, daß sie im Privatleben zur Beurteilung einer Tat oder zum Herausfinden des Lobenswerten usw. dienen können. Das hat Lamy unternommen. Daher können diese äußerlichen Beweise in fiktive Darstellungen (Roman, Theater) einströmen; allerdings muß man darauf achten, daß es sich nicht um *Indizien* handelt, die wiederum zur Beweisführung gehören; sie sind einfach Elemente eines Dossiers, das von außen, von einem bereits institutionalisierten Wirklichen kommt; in der Literatur würden diese Beweise zur Zusammenstellung von *Dossier-Romanen* (es gab solche) dienen, die auf jegliches zusammenhängende Schreiben, auf jede entwickelte Darstellung verzichteten und nur Bruchstücke einer von der Gesellschaft bereits sprachlich konstituierten Wirklichkeit enthielten. Darin besteht der Sinn der *atechnoi*: Sie sind konstituierte Elemente der gesellschaftlichen Sprache, die direkt in den Diskurs einfließen, ohne durch irgendeine technische Operation des Redners, des Autors, umgewandelt zu werden.

B. 1.6 Innertechnische Beweise

Diesen (abgesehen von der hervorhebenden Anordnung) direkt, im Rohzustand dargebotenen Bruchstücken der gesellschaftlichen Sprache stehen die *Beweisführungen* gegenüber, die vollständig in der Macht des Redners stehen *(pisteis entechnoi)*. *Entechnos* heißt:

was in die Praxis des Redners fällt, denn das Material wird durch eine logische Operation in Überredungskraft umgewandelt. Dabei handelt es sich strenggenommen um zwei Operationen: Induktion und Deduktion. Die *pisteis entechnoi* zerfallen also in zwei Typen: 1. das *exemplum* (Induktion); 2. das Enthymem (Deduktion). Die Induktion und die Deduktion sind natürlich nicht wissenschaftlich, sondern bloß „öffentlich" (für die Öffentlichkeit). Diese beiden Wege sind zwingend: Um die Überredung zu bewirken, beweisen alle Redner anhand von Beispielen und Enthymemen; es gibt nur diese Mittel und keine anderen (Aristoteles). Allerdings hat sich zwischen *exemplum* und Enthymem ein gleichsam ästhetischer Unterschied, ein Stilunterschied eingeschlichen: Das *exemplum* erzeugt eine sanftere, beim gemeinen Volk beliebtere Überredung; es besitzt Ausstrahlung und kommt der Lust entgegen, die jedem Vergleich innewohnt; das mächtigere, robustere Enthymem erzeugt eine heftige, bestürzende Wirkung, es profitiert von der Energie des Syllogismus; es reißt tatsächlich mit und ist der Beweis in seiner vollen Reinheit, seinem vollen Wesen.

B. 1.7 Das *exemplum*

Das *exemplum (paradeigma)* ist die rhetorische Induktion: Man geht über das implizite Glied eines Allgemeinen von einem Besonderen zu einem anderen Besonderen über: Von einem Gegenstand folgert man auf die Klasse, und von dieser Klasse leitet man einen weiteren Gegenstand ab.[2] Das *exemplum* kann von beliebigem Umfang sein, ein Wort, eine Tatsache, eine Gesamtheit von Tatsachen und der Bericht dieser Tatsachen. Es ist eine überredende Ähnlichkeit, ein analogisches Argument: Gute *exempla* findet man, wenn

[2] Beispiel für ein von Quintilian angeführtes *exemplum*: „Flötenspieler, die sich aus Rom zurückgezogen hatten, wurden durch einen Erlaß des Senats zurückgerufen; erst recht muß man große Bürger zurückrufen, die sich Verdienste um die Republik erworben hatten und vom Unglück der Zeiten ins Exil getrieben worden waren": allgemeines Glied der induktiven Kette: die Klasse der vertriebenen und zurückgerufenen nützlichen Leute.

man für Analogien – und natürlich auch für Gegensätze – begabt ist;[3] wie aus seinem griechischen Namen hervorgeht, steht es auf seiten des Paradigmatischen, des Metaphorischen. Ab Aristoteles wird das *exemplum* in ein wirkliches und ein fiktives unterteilt; das fiktive wird in *Parabel* und *Fabel* unterteilt; das *Wirkliche* umfaßt historische, aber auch mythologische Beispiele, im Gegensatz zum Selbsterfundenen, und nicht zum Imaginären; die *Parabel* ist ein kurzer Vergleich,[4] die *Fabel (logos)* eine Zusammenstellung von Aktionen. Daraus geht die narrative Natur des *exemplum* hervor, das sich im Lauf der Geschichte entfalten wird.

B. 1.8 Die exemplarische Gestalt: die *imago*

Am Beginn des ersten vorchristlichen Jahrhunderts taucht eine neue Form des *exemplum* auf: die exemplarische Persönlichkeit *(eikon, imago)* bezeichnet die Verkörperung einer Tugend in einer Gestalt: *Cato illa virtutum viva imago* (Cicero). Für den Unterricht in den Schulen der Rhetoren wird ein Repertorium dieser *imago* (Valerius Maximus, unter Tiberius: *Factorum ac dictorum memorabilium libri novem*) erstellt, auf das bald eine Fassung in Versen folgt. Diese Sammlung von Gestalten erzielt im Mittelalter einen durchschlagenden Erfolg; die gelehrte Poesie liefert den endgültigen Kanon dieser Persönlichkeiten, einen Olymp von Archetypen, die Gott in den Ablauf der Geschichte eingesetzt hat; die *imago virtutis* erfaßt mitunter sehr nebensächliche Gestalten, denen ein ungeheurer Erfolg beschieden ist, etwa Amyclas, den Fährmann, der „Cäsar und sein Vermögen“ im Sturm von Epirus nach Brindisi übersetzte (= Armut und Nüchternheit); es gibt zahlreiche *imagines* im Werk Dantes. Die Tatsache, daß man ein Repertorium von *exempla* zusammenstellen konnte, unterstreicht deutlich die

[3] *Exemplum a contrario:* „Diese Bilder, diese Statuen, die Marcellus Feinden zurückgab, entriß Verres Verbündeten“ (Cicero).

[4] Beispiel einer Parabel aus einem Diskurs von Sokrates: Man darf die Richter nicht durch Los bestimmen, genauso wenig wie die Athleten und die Lotsen.

sozusagen strukturale Bestimmung des *exemplum*: Es ist ein ablösbares Stück, das einen ausdrücklichen Sinn enthält (heroisches Porträt, hagiographische Erzählung); somit wird verständlich, daß es sich bis in die unzusammenhängende und allegorische Schreibweise der großen zeitgenössischen Presse verfolgen läßt: Churchill und Johannes XXIII. sind *imagines*, die uns einreden sollen, daß es mutig zu sein gilt und gütig.

B. 1.9 *Argumenta*

Dem *exemplum*, dem Überredungsmodus durch Induktion, steht die Gruppe der Modi durch Deduktion, die *argumenta*, gegenüber. Die Doppelbedeutung des Wortes *argumentum* ist hier bezeichnend. Der übliche alte Sinn lautet: Gegenstand einer szenischen Fabel (das Argument einer Komödie von Plautus), oder aber: gegliederte Aktion (im Gegensatz zum *mythos,* einer Zusammenstellung von Aktionen). Für Cicero ist es sowohl „eine fiktive Sache, die sich hätte ereignen können" (das Glaubhafte), als auch „eine zum Überzeugen eingesetzte wahrscheinliche Idee"; Quintilian präzisiert die logische Tragweite: „Art, eine Sache durch eine andere zu beweisen, das Zweifelhafte durch das, was dies nicht ist, zu bestärken." Dadurch tritt ein entscheidender Doppelsinn hervor: der einer „Beweisführung" („jede Form öffentlicher Beweisführung", sagt ein Rhetor), die unrein und unschwer dramatisierbar ist, sowohl am Intellektuellen als auch am Fiktionellen, am Logischen und am Narrativen teilhat (findet man diese Ambivalenz nicht in vielen modernen „Essays"?). Dem Apparat der *argumenta*, der hier beginnt und die gesamte *probatio* restlos aufzehren wird, erschließt sich ein Kernstück, ein Tabernakel des deduktiven Beweises, nämlich das Enthymem, das mitunter auch als *commentum, commentatio* bezeichnet wird, eine wörtliche Übersetzung des griechischen *enthymema* (jede Überlegung, die im Geist vorhanden ist), aber, durch eine bezeichnende Synekdoche, meistens als: *argumentum*.

B. 1.10 Das Enthymem

Das Enthymem hat nacheinander zwei Bedeutungen erhalten (die einander nicht widersprechen). 1. Für die Aristoteliker ist es ein Syllogismus, der auf Wahrscheinlichkeiten oder Zeichen beruht, und nicht auf Wahrem oder Unmittelbarem (wie dies beim wissenschaftlichen Syllogismus der Fall ist); das Enthymem ist ein *rhetorischer Syllogismus,* der einzig und allein *auf der Ebene des Publikums* entwickelt wird (wie man sagt: sich auf das geistige Niveau von jemandem einstellen) und vom *Glaubhaften* ausgeht, d. h. von dem, was das Publikum denkt; es handelt sich um eine Deduktion mit einem konkreten, auf eine *Darbietung* (eine Art annehmbares Schauspiel) ausgerichteten Wert im Gegensatz zur abstrakten, rein für analytische Zwecke angestellten Deduktion; es ist eine öffentliche Beweisführung, die von ungebildeten Menschen leicht gehandhabt wird. Aufgrund dieses Ursprungs wirkt das Enthymem überredend und nicht demonstrativ; für Aristoteles ist das Enthymem durch den *wahrscheinlichen* Charakter seiner Prämissen hinreichend definiert (das Wahrscheinliche läßt Gegenteile zu); daher die Notwendigkeit, die Prämissen des Enthymems zu definieren und einzuteilen.[5] 2. Seit Quintilian setzt sich eine im Mittelalter (ab Boethius) vollständig dominierende neue Definition durch: Das Enthymem wird nicht durch den Inhalt seiner Prämissen definiert, sondern durch den elliptischen Charakter seiner Gliederung: Es ist ein unvollständiger, gekürzter Syllogismus: Es besitzt „weder ebenso viele noch ebenso unterschiedene Teile wie der philosophische Syllogismus": Man kann eine der beiden Prämissen oder die Konklusion weglassen: Es wird nun zu einem verstümmelten Syllogismus, da (in der Aussage) ein Satz wegfällt, dessen Wirklichkeit von den Menschen nicht angefochten und deshalb einfach „im Geist behalten wird" *(en thymo).* Wendet man diese Definition auf den kulturbeherrschenden Syllogismus an (er erinnert uns kurioserweise an unseren Tod), so kann man – obwohl die Prämisse nicht bloß wahrscheinlich ist und daher kein Enthymem in der Bedeutung 1 ergeben kann – zu folgenden Enthymemen gelangen: *Der*

[5] Vgl. unten B. 1.13, 14, 15, 16.

Mensch ist sterblich, also ist Sokrates sterblich; Sokrates ist sterblich, weil die Menschen es sind; Sokrates ist ein Mensch, also sterblich usw. Man könnte diesem düsteren Modell das aktuellere, von Port-Royal angeführte Beispiel vorziehen: „Jeder Körper, der das Licht von allen Seiten zurückwirft, ist uneben; nun wirft der Mond das Licht von allen Seiten zurück; also ist der Mond ein unebener Körper", und alle Enthymemformen, die sich daraus gewinnen lassen (der Mond ist uneben, weil er das Licht von allen Seiten zurückwirft usw.). Diese zweite Definition des Enthymems entstammt vor allem der *Logik* von Port-Royal, und man sieht deutlich warum (oder wie): Der Mensch der Klassik glaubt, daß der Syllogismus im Geist vollständig enthalten ist („die Zahl von drei Urteilen steht im richtigen Verhältnis zur Ausdehnung unseres Geistes"); ist das Enthymem ein unvollkommener Syllogismus, so zwangsläufig nur *auf der Ebene der Sprache* (die nicht die des „Geistes" ist); es handelt sich um einen im Geist vollkommenen, im Ausdruck aber unvollkommenen Syllogismus; im Grunde also um eine sprachliche Fügung, eine Abweichung.

B. 1.11 Metamorphosen des Enthymems

Hier nun einige Varianten von rhetorischen Syllogismen: 1. der *Prosyllogismus,* eine Verkettung von Syllogismen, in der die Konklusion des vorhergehenden zur Prämisse des folgenden wird; 2. der *Sorit* (*soros,* der Haufen), eine Anhäufung von Prämissen oder Abfolge verstümmelter Syllogismen; 3. das *Epicheirem* (im Altertum oft kommentiert) oder entfalteter Syllogismus, bei dem jede Prämisse mit ihrem Beweis einhergeht; die epicheirematische Struktur kann sich auf einen vollständigen, fünfteiligen Diskurs erstrekken: Satz, Grund des Obersatzes, Beifügung oder Untersatz, Beweis des Untersatzes, *complexio* oder Konklusion: A . . ., denn . . . Nun B . . ., denn . . . Also C;[6] 4. das *scheinbare Enthymem* oder

[6] Ein entfaltetes Epicheirem: die gesamte Rede ›Pro Milone‹ von Cicero: 1. es ist erlaubt, jene zu töten, die uns in den Hinterhalt locken; 2. Beweise aus dem Naturgesetz, dem Recht der Leute, aus *exempla*; 3. nun hat

eine Beweisführung, die auf einem Trick oder einem Wortspiel beruht; 5. die *Maxime (gnome, sententia)*: eine sehr elliptische, monodische Form ist ein Enthymemfragment, dessen Rest virtuell bleibt: „Man darf seinen Kindern nie ein Übermaß an Wissen vermitteln (da sie den Neid ihrer Mitbürger ernten).“ [7] Bezeichnend ist, daß die *sententia* von der *inventio* (der Beweisführung, der syntagmatischen Rhetorik) in die *elocutio*, in den Stil (erweiternde und verkürzende Figuren) überwandert; sie gelangt im Mittelalter zur Blüte und trägt zur Herausbildung eines Zitatenschatzes über alle Bereiche der Weisheit bei: Phrasen, gnomische Verse, die auswendig gelernt, gesammelt und alphabetisch geordnet werden.

B. 1.12 Lust am Enthymem

Da der rhetorische Syllogismus für das Publikum (und nicht unter Aufsicht der Wissenschaft) ausgeführt wird, sind psychologische Überlegungen durchaus angebracht, und Aristoteles dringt darauf. Das Enthymem bietet die Annehmlichkeiten einer Wanderung, einer Reise: Man geht von einem Punkt aus, der keines Beweises bedarf, und begibt sich zu einem anderen Punkt, der eines solchen bedarf; man hat das (wenn auch machtbedingte) Gefühl, durch eine Art natürliche Ansteckung, eine Kapillarwirkung, die das Bekannte (das Eingebildete) auf das Unbekannte ausdehnt, Neues zu entdekken. Im Interesse eines vollständigen Lustgewinns muß diese Wan-

Clodius Milon in den Hinterhalt gelockt; 4. Beweise aus den Tatsachen; 5. also war es Milon erlaubt, Clodius zu töten.

[7] Die Maxime *(gnome, sententia)* ist eine Formel, die Allgemeines ausdrückt, aber nur ein Allgemeines, das Aktionen (das Entscheidbare oder Vermeidbare) zum Gegenstand hat; in Übereinstimmung mit seiner Definition des Enthymems durch den *Inhalt* der Prämissen beruht für Aristoteles die *gnome* immer auf dem *eikos*; die Klassiker jedoch, die das Enthymem durch seine „Verstümmelung“ definieren, sehen in der Maxime hauptsächlich eine „Raffung“: „Es kommt mitunter auch vor, daß man zwei Sätze in einen einzigen Satz einschließt: die enthymematische Sentenz“ (Beispiel: Sterblicher, hege keinen unsterblichen Haß).

derung allerdings abgesteckt werden: Die Beweisführung darf nicht zu weit hergeholt sein, und man darf bei der Konklusion nicht alle Stufen durchlaufen: das wäre ermüdend (das Epicheirem soll nur bei großen Anlässen eingesetzt werden); denn man muß die Unwissenheit der Zuhörer berücksichtigen (die Unwissenheit besteht gerade in dieser Unfähigkeit, über zahlreiche Glieder zu schließen und einer Beweisführung lange zu folgen), oder eher: Diese Unwissenheit muß ausgenützt werden, indem man dem Zuhörer das Gefühl gibt, daß er ihr von selbst, durch seine eigene Geisteskraft, ein Ende macht: Das Enthymem ist nicht aus Unzulänglichkeit oder Nachlässigkeit ein verstümmelter Syllogismus, sondern weil man dem Zuhörer die Lust am selbständigen Konstruieren des Arguments belassen muß: Das gleicht in etwa der Lust am selbständigen Ergänzen eines vorgegebenen Rasters (Kryptogramme, Spiele, Kreuzworträtsel). Port-Royal bezichtigt zwar immer die Sprache im Verhältnis zum Geist – und das Enthymem ist ein sprachlicher Syllogismus –, läßt aber diese Lust an der unvollständigen Beweisführung gelten: „Diese Weglassung (eines Teils des Syllogismus) schmeichelt der Eitelkeit derer, zu denen man spricht, sie stellt etwas ihrer Intelligenz anheim und kürzt den Diskurs, macht ihn dadurch stärker und lebendiger." [8] Die moralische Änderung (in bezug auf Aristoteles) ist allerdings deutlich: Die Lust am Enthymem wird weniger auf eine schöpferische Autonomie des Zuhörers bezogen als vielmehr auf eine brillante Bündigkeit, die triumphierend als Zeichen eines *Überhangs* des Denkens über die Sprache hingestellt wird (das Denken siegt mit einer Länge über die Sprache): „eine der wesentlichen Schönheiten eines Diskurses besteht darin, daß er sinnerfüllt ist und *den Geist zur Entwicklung eines Denkens veranlaßt, das ausgedehnter ist als der Ausdruck . . .*"

[8] Beispiel für eine gelungene Raffung: dieser Vers aus Ovids ›Medea‹, „der ein sehr elegantes Enthymem enthält": *Servare potui, perdere an possim rogas?* Ich konne dich behalten, also kann ich dich auch verlieren. (Wer behalten kann, kann verlieren, ich konnte dich behalten, also kann ich dich verlieren.)

B. 1.13 Die enthymematischen Prämissen

Den Ausgangspunkt für die angenehme Wanderung durch das Enthymem bilden die Prämissen. Dieser Punkt ist bekannt, gewiß, aber es handelt sich nicht um wissenschaftliche Gewißheit, sondern um das menschliche Gewisse. Was halten wir also für gewiß? 1. Was auf der Hand liegt, was wir sehen und hören: die sicheren Indizien, *tekmeria*; 2. Was auf der Hand liegt, worüber sich die Menschen im allgemeinen einig sind, das gesetzlich Festgelegte, das Eingebürgerte („es gibt Götter", „man muß seine Eltern ehren" usw.): Dabei handelt es sich um die Wahrscheinlichkeiten, *eikota* oder, als Oberbegriff, um das Wahrscheinliche *(eikos)*. 3. Zwischen diesen beiden Typen menschlicher Gewißheit setzt Aristoteles eine unschärfere Kategorie an: die *semeia,* die Zeichen (eine Sache, die zur Verständlichmachung einer anderen dient, *per quod alia res intelligitur*).

B. 1.14 Das *tekmerion,* das sichere Indiz

Das *tekmerion* ist das sichere Indiz, das notwendige oder auch das „unzerstörbare Zeichen", das so ist und nicht anders sein kann. Eine Frau bringt ein Kind zur Welt: Das ist das sichere Zeichen *(tekmerion)* dafür, daß sie mit einem Mann verkehrte. Diese Prämisse gleicht stark derjenigen, die den wissenschaftlichen Syllogismus eröffnet, obwohl sie nur auf der Allgemeingültigkeit einer Erfahrung beruht. Beim Ausgraben dieses alten logischen (oder rhetorischen) Materials ist man stets so verblüfft darüber, wie perfekt und mühelos es in den Werken der sogenannten Massenkultur funktioniert – daß man sich fragen kann, ob Aristoteles nicht der Philosoph dieser Kultur ist und folglich nicht die Kritik begründet, mit der ihr beizukommen ist. Diese Werke mobilisieren häufig körperliche „Evidenzen", die als Ausgangspunkt für implizite Beweisführungen, für eine rationale Erfassung des Ablaufs der Anekdote dienen. In ›Goldfinger‹ gibt es einen tödlichen elektrischen Schlag durch Wasser: Das ist bekannt, bedarf keiner Begründung und bildet eine „natürliche" Prämisse, ein *tekmerion*; an anderer Stelle (im selben Film) stirbt eine Frau, weil ihr Körper vergoldet wird; dazu muß man wissen, daß die Goldfarbe die Haut am Atmen hindert und zur Erstickung führt: Das ist selten und bedarf einer Begründung (durch eine Erklärung); es ist also kein *tekmerion* oder bleibt zumindest abgekoppelt, bis ein Vordersatz Gewißheit schafft (Erstickung führt zum Tod). Selbstverständlich besitzen die *tekmeria* historisch gesehen nicht diese ungetrübte Beständigkeit, die ihnen Aristoteles zuschreibt: Die öffentliche „Gewißheit" hängt vom öffentlichen „Wissen" ab, das je nach Zeit und Gesellschaft variiert; um nun auf das Beispiel Quintilians zurückzukommen (und es zu widerlegen), so wird mir versichert, daß für manche Bevölkerungen zwischen Niederkunft und Geschlechtsverkehr keine Determiniertheit besteht (das Kind schläft in der Mutter, Gott weckt es).

B. 1.15 Das *eikos,* das Wahrscheinliche

Der zweite Typus von (menschlicher, nicht wissenschaftlicher) „Gewißheit", der als Prämisse des Enthymems auftreten kann, ist das Wahrscheinliche, ein für Aristoteles grundlegender Begriff. Dabei handelt es sich um eine allgemeine Vorstellung, die auf dem Urteil beruht, das die Menschen aufgrund unvollständiger Erfahrungen und Induktionen gefällt haben (Perelman schlägt vor, es als *das Vorzuziehende* zu bezeichnen). Das aristotelische Wahrscheinliche enthält zwei Kerne: 1. Die Idee des *Allgemeinen,* die im Gegensatz zur Idee des *Allgemeingültigen* steht: Das Allgemeingültige ist notwendig (das ist das Attribut der Wissenschaft), das Allgemeine ist nicht notwendig; es ist ein menschliches „Allgemeines", das im Grunde statistisch durch die Meinung der Mehrheit festgelegt wird. 2. Die Möglichkeit der Gegensätzlichkeit; sicherlich wird das Enthymem vom Publikum als ein gewisser Syllogismus aufgenommen und entspringt scheinbar einer Meinung, an die man „felsenfest" glaubt; aber das Wahrscheinliche läßt im Vergleich zur Wissenschaft das Gegenteil zu: Innerhalb des *eikos,* d. h. innerhalb der menschlichen Erfahrung und des moralischen Lebens, ist das Gegenteil nie unmöglich.

Man kann nie mit Gewißheit (wissenschaftlich) die Entscheidungen eines freien Wesens vorhersehen: „Die Starken bedürfen des

Arztes nicht", „ein Vater liebt seine Kinder", „ein Diebstahl ohne Einbruch muß von einem Vertrauten begangen worden sein" usw.: Mag sein, aber das Gegenteil ist immer möglich; der Analytiker, der Rhetoriker spürt durchaus die Kraft dieser Meinungen, hält sie aber redlicherweise auf Distanz, indem er sie durch ein *esto (mag sein)* einführt, das ihn in den Augen der Wissenschaft entlastet, in der das Gegenteil nie möglich ist.

B. 1.16 Das *semeion*, das Zeichen

Das *semeion*, der dritte mögliche Ausgangspunkt für das Enthymem, bildet ein vieldeutigeres, unsichereres Indiz als das *tekmerion*. Blutspuren weisen auf einen Mord hin, aber das ist nicht sicher: Das Blut kann von einem Nasenbluten oder von einem Opfer herrühren. Beweiskräftig wird das Zeichen erst zusammen mit anderen begleitenden Zeichen; oder aber: Seine Polysemie verliert das Zeichen (das *semeion* ist das polysemische Zeichen) erst durch den Rückgriff auf einen Kontext. Atalanta war nicht jungfräulich, da sie mit den Jünglingen durch die Wälder lief: Für Quintilian steht der Beweis noch aus; der Satz ist sogar so ungewiß, daß er das *semeion* aus der *techne* des Redners ausschließt: Dieser kann sich des *semeion* nicht bedienen, um es durch enthymematische Konklusion in Gewißheit zu verwandeln.

B. 1.17 Die Praxis des Enthymems

Das Enthymem als „öffentliche" Beweisführung ließ sich außerhalb des Gerichtlichen anwenden und ist auch außerhalb der Rhetorik (und der Antike) anzutreffen. Aristoteles selbst untersuchte den *praktischen Syllogismus*, das Enthymem, dessen Konklusion aus der Entscheidung für eine Tat besteht; der Obersatz wird von einer geläufigen Maxime *(eikos)* gebildet; im Untersatz stellt das Agens (zum Beispiel ich) fest, daß die Situation, in der es sich befindet, unter den Obersatz fällt; es folgert durch die Entscheidung für ein Verhalten. Wie ist es nun möglich, daß die Konklusion so oft dem

Obersatz widerspricht und die Aktion wider besseres Wissen erfolgt? Weil es zwischen Obersatz und Untersatz sehr häufig zu einer Abweichung kommt: Der Untersatz impliziert stillschweigend einen anderen Obersatz: „Der Genuß von Alkohol ist für den Menschen schädlich; nun bin ich ein Mensch; also soll ich nicht trinken", und trotz dieses schönen Enthymems trinke ich: weil ich mich heimlich auf einen anderen Obersatz beziehe: Das Prickelnde, Eiskalte stillt den Durst, Erfrischung tut gut (ein in der Werbung und in Kneipenunterhaltungen sehr bekannter Obersatz). Ein weiteres Anwendungsfeld des Enthymems: die „unterkühlten" und verstandesmäßigen, sowohl distanzierten als auch öffentlichen Sprachen der Institutionen (zum Beispiel der öffentlichen Diplomatie): Als die chinesischen Studenten (im März 1965) vor der amerikanischen Botschaft in Moskau demonstrieren, die Demonstration von der russischen Polizei unterdrückt wird und die chinesische Regierung gegen diese Unterdrückung protestiert, beantwortet eine sowjetische Note den chinesischen Protest mit einem Epicheirem, das Cicero[9] Ehre gemacht hätte: 1. Oberprämisse: *eikos,* allgemeine Meinung: *Es gibt diplomatische Normen, die von allen Ländern respektiert werden;* 2. Beweis des Obersatzes: *Die Chinesen respektieren in ihrem eigenen Land diese Normen der Gastlichkeit;* 3. Unterprämisse: *Nun haben die chinesischen Studenten in Moskau diese Normen verletzt;* 4. Beweis des Untersatzes: Bericht über die Demonstration *(Beleidigungen, Ausschreitungen und andere Vergehen, die unter das Strafgesetz fallen);* 5. die Konklusion wird nicht ausgesprochen (es handelt sich um ein Enthymem), ist aber eindeutig: Sie ist die Note selbst als Zurückweisung des chinesischen Protestes: Man hat den Gegner in Widerspruch zum *eikos* und zu sich selbst gebracht.

B. 1.18 Der Platz, *topos, locus*

Nachdem die enthymematischen Prämissen in Klassen eingeteilt sind, müssen diese Klassen aufgefüllt, Prämissen gefunden werden:

[9] Vgl. oben B. 1.11.

Die großen Formen liegen vor, wie aber soll man die Inhalte finden? Immer wieder wirft die Rhetorik dieselbe beklemmende Frage auf und versucht, sie zu lösen: *Was ist zu sagen?* Daher die Bedeutung der Antwort, die durch den Umfang und den Erfolg jenes Teils der *inventio* bezeugt wird, der die Beweisführung mit Inhalten zu beliefern hat und jetzt behandelt wird: die *Topik*. Die Prämissen können bestimmten *Plätzen* entnommen werden. Was ist ein Platz? Das, sagt Aristoteles, wo eine Vielzahl von rednerischen Beweisführungen zur Deckung kommt. Die Plätze, sagt Port-Royal, sind „bestimmte allgemeine Punkte, auf die man alle Beweise zurückführen kann, die in den verschiedenen behandelten Themen eingesetzt werden"; oder (Lamy): „allgemeine Ansichten, die denjenigen, die sie zu Rate ziehen, alle Seiten in Erinnerung rufen, von denen man einen Gegenstand betrachten kann". Allerdings ist die metaphorische Umschreibung des Platzes bezeichnender als seine abstrakte Definition. Man hat sich zahlreicher Metaphern bedient, um den Platz zu identifizieren. Zunächst warum ein *Platz*? Um sich an Dinge zu erinnern, sagt Aristoteles, braucht man nur den Platz wiederzuerkennen, an dem sie sich befinden (der Platz ist also Element einer Ideenassoziation, einer Dressur, einer Konditionierung, einer Mnemonik); die Plätze sind also nicht die Argumente selbst, sondern die Abteilungen, in die sie eingereiht werden. Daher all die Bilder, die die Vorstellung eines Raums und eines Aufbewahrungsorts, einer Lokalisierung und einer Entnahme verknüpfen: eine *Region* (in der man Argumente finden kann), *eine Erzader, ein Kreis, eine Sphäre, eine Quelle, ein Brunnen, ein Arsenal, ein Schatz* und sogar ein *Taubenloch* (W. D. Ross); „die Plätze", sagt Dumarsais, „sind die Zellen, denen sozusagen jeder den Stoff eines Diskurses und seiner Argumente über allerlei Themen entnehmen kann". Ein scholastischer Logiker nutzt die häusliche Natur des Platzes und vergleicht ihn mit einem Etikett, das den Inhalt eines Gefäßes angibt *(pyxidum indices)*; für Cicero stellen sich die Argumente für das zu behandelnde Thema aus den Plätzen von selbst ein, „wie die Buchstaben für das zu schreibende Wort": Die Plätze bilden also einen ganz besonderen Speicher wie das Alphabet: ein Korpus an sich sinnentleerter Formen, die durch Auswahl, Verknüpfung, Aktualisierung am Sinn mitwirken. Was ist nun die *Topik* in bezug auf den Platz? Offenbar lassen sich drei aufeinanderfolgende Definitionen oder zumindest drei Ausrichtungen des Wortes unterscheiden. Die Topik ist – oder war: 1. eine Methode; 2. ein Raster von Leerformen; 3. ein Vorrat ausgefüllter Formen.

B. 1.19 Die Topik: eine Methode

Ursprünglich war die Topik (den vor der ›Rhetorik‹ liegenden ›Topica‹ von Aristoteles zufolge) eine Sammlung von Gemeinplätzen der Dialektik, d. h. des Syllogismus, der auf dem Glaubhaften beruht (das zwischen Wissenschaft und Wahrscheinlichem angesiedelt ist); dann verwandelt Aristoteles sie in eine eher praktische denn dialektische Methode: „die uns in die Lage versetzt, zu jedem vorgeschlagenen Gegenstand Konklusionen zu liefern, die aus wahrscheinlichen Gründen gewonnen werden". Diese methodische Bedeutung konnte sich in der ganzen Rhetorikgeschichte halten oder zumindest immer wieder hervortreten: Die Topik ist nun die Kunst (das für Unterrichtszwecke organisierte Wissen: *disciplina*), Argumente zu finden, oder: eine Gesamtheit von „kurzen und leichten Mitteln zur Stoff-Findung, um sich selbst über gänzlich unbekannte Gegenstände auslassen zu können" (Lamy) – der Argwohn der Philosophie gegenüber einer solchen Methode ist verständlich.

B. 1.20 Die Topik: ein Raster

Die zweite Bedeutung ist die eines Formennetzes, eines gleichsam kybernetischen Programms, dem man den Stoff, der in einen Überredungsdiskurs verwandelt werden soll, eingibt. Man muß sich die Dinge so vorstellen: Dem Redner wird ein *Gegenstand (quaestio)* aufgegeben; um Argumente zu finden, läßt der Redner seinen Gegenstand über einen Raster von Leerformen „gleiten": Aus dem Kontakt zwischen dem Gegenstand und jedem einzelnen Feld (jedem „Platz") des Rasters (der Topik) entspringt eine mögliche Idee, die Prämisse eines Enthymems. In der Antike gab es eine pädagogische Version dieses Verfahrens: die *chrie* oder „nützliche" Übung war ein den Schülern abverlangtes Glanzstück, das darin bestand, ein Thema durch eine Reihe von Plätzen durchzuziehen: *quis? quid? ubi? quibus auxiliis? cur? quomodo? quando?* Den Anregungen alter Topiken folgend, schlägt Lamy im 18. Jahrhundert folgenden Raster vor: Gattung, Unterschied, Definition, Aufzählung der Teile, Etymologie, Konjugate (das ist das Assoziationsfeld des Wortstamms), Vergleich, Abstoßung, Wirkungen, Ursachen usw. Angenommen, wir hätten einen Diskurs über die Literatur abzuliefern: Wir „sind aufgeschmissen" (kein Wunder), aber zum Glück verfügen wir über die Topik von Lamy: Nun können wir zumindest Fragen aufwerfen und versuchen, sie zu beantworten: In welche „Gattung" reihen wir die Literatur ein? Kunst? Diskurs? Kulturelle Produktion? Wie viele Teile weisen wir ihr zu und welche? Was sagt uns die Etymologie des Worts? Seine Beziehung zur morphologischen Nachbarschaft (*literarisch, Literat, Letter* usw.). Was stößt die Literatur ab? Geld? Wahrheit? usw.[10] Das Zusammentreffen zwischen Raster und *quaestio* gleicht dem zwischen dem Thema und den Prädikaten, dem Subjekt und den Attributen: Die „Attributstopik" gipfelt in den Tafeln der Lullisten *(ars brevis)*: Die allgemeinen Attribute sind Platzarten. – Die Tragweite des topischen Rasters ist einleuchtend: Die Metaphern, die den Platz *(topos)* umschreiben, weisen deutlich darauf hin: Die Argumente sind verborgen, in Regionen, Tiefen und Schichten verkrochen, aus denen man sie hervorrufen, zum Leben erwecken muß: Die Topik ist die Geburtshelferin des *Latenten*: eine Form, die Inhalte artikuliert und dadurch Sinnfragmente, intelligible Einheiten hervorbringt.

[10] Diese topischen Raster sind stumpfsinnig, sie beziehen sich keineswegs auf das „Leben", die „Wahrheit", man hat sie zu Recht aus dem modernen Unterricht verbannt usw.: Allerdings müßten die „Gegenstände" (für Aufgaben, Aufsätze) dieser schönen Entwicklung folgen. Gerade jetzt, wo ich das niederschreibe, höre ich, daß einer der „Gegenstände" des letzten Abiturs etwa folgendermaßen lautete: *Muß man die Greise noch achten?* Je stumpfsinniger der Gegenstand, um so notwendiger ist die Topik.

B. 1.21 Die Topik: ein Speicher

Die *Plätze* sind im Prinzip Leerformen; aber diese Formen wiesen sehr rasch die Tendenz auf, sich ständig auf dieselbe Weise zu füllen, zunächst zufällige und in der Folge wiederholte, verdinglichte Inhalte zu transportieren. Die Topik wurde zu einem Speicher von Stereotypen, von eingebürgerten Themen, von ausgefüllten „Stücken", die nahezu zwangsläufig in die Behandlung jedes Gegenstands eingebracht werden. Daher der historische Doppelsinn des Ausdrucks *Gemeinplätze (topoi koinoi, loci communes)*: 1. Sie sind Leerformen, die allen Argumenten gemein sind (je leerer sie sind, um so verbreiteter sind sie [11]); 2. Sie sind Stereotypen, abgedroschene Phrasen. Die Topik als ausgefüllter Speicher: Diese Auffassung geht keineswegs auf Aristoteles zurück, sondern bereits auf die Sophisten: Sie hielten ein Register der Dinge für notwendig, über die man gewöhnlich spricht und um die man nicht „verlegen" sein darf. Diese Verdinglichung der Topik setzte sich über Aristoteles hinweg bruchlos bis zu den lateinischen Autoren fort; sie triumphierte in der Neorhetorik und war im Mittelalter Allgemeingut. Curtius hat eine Liste dieser Pflichtthemen und ihrer feststehenden Behandlung zusammengestellt. Hier nun einige dieser verdinglichten Plätze (im Mittelalter): 1. *Topos* der affektierten Bescheidenheit: Jeder Redner muß verkünden, daß er von seinem Gegenstand erdrückt wird, daß er ihm nicht gewachsen ist und diese Feststellung nichts mit Koketterie zu tun hat usw. *(excusatio propter infirmatem* [12]*)*; 2. *Topos* des *puer senilis*: Dabei handelt es sich um das magische Motiv des mit vollkommener Weisheit begabten Jünglings oder des mit jugendlicher Schönheit und Anmut versehenen Greises; 3. *Topos* des *locus amoenus*: Die ideale Landschaft, sei es nun das Elysium oder das Paradies (Bäume, Haine, Quelle und Wiese),

[11] Vgl. unten B. 1.23.

[12] Die *excusatio propter infirmatem* ist auch in unseren Schriften noch häufig anzutreffen. Davon zeugt diese witzige *excusatio* von Michel Cournot (Le Nouvel Observateur, 4. März 1965): „Diese Woche habe ich nichts zu lachen, mein Thema ist das Evangelium, und warum soll nicht gleich vorausgeschickt werden, daß ich ihm nicht gewachsen bin usw."

hat zahlreiche literarische „Beschreibungen“ geliefert, ist aber gerichtlichen Ursprungs: Jede demonstrative Schilderung einer Ursache verpflichtete zum *argumentum a loco*: Die Beweise mußten sich auf die Natur des Orts, an dem die Handlung stattgefunden hatte, stützen; in der Folge drang die Topographie massiv in die Literatur ein (von Vergil bis Barrès); nach seiner Verdinglichung besitzt der Topos einen feststehenden Inhalt, der vom Kontext unabhängig ist: Olivenbäume und Löwen werden in nördliche Regionen verlegt: Die Landschaft wird vom Ort losgelöst, da sie als universelles Zeichen der Natur zu fungieren hat: Die Landschaft ist das kulturelle Zeichen der Natur; 4. die *adynata (impossibilia)*: Dieser Topos beschreibt gegensätzliche Erscheinungen, Objekte und Wesen urplötzlich als vereinbar, wobei diese paradoxe Wandlung als beunruhigendes Zeichen einer „verkehrten“ Welt fungiert: Der Wolf flieht die Schafe (Vergil); dieser Topos gelangt im Mittelalter zur Blüte, wo er Kritik an der Epoche ermöglicht: Das ist das mürrische und greisenhafte Motiv des „jetzt kann man auf alles gefaßt sein“ oder auch des *Gipfels*.[13] Alle diese Topoi sind sogar schon vor dem Mittelalter ablösbare (Beweis für ihre Verdinglichung), abrufbare und transportable Stücke: Sie sind Bestandteile einer syntagmatischen Kombinatorik; ihr Standort unterlag einer einzigen Bedingung: Sie durften nicht in der *peroratio* (am Redeschluß) angebracht werden, die völlig von den Umständen abhängt, da sie die *oratio* resümieren muß. Und trotzdem, wie häufig sind seither und heute die stereotypen Konklusionen!

[13] Zwei Beispiele für *adynata*:
Delille: «Bientôt au noir corbe s'unira l'hirondelle; / Bientôt à ses amours la colombe infidèle / Loin du lit conjugal portera sans effroi / Au farouche épervier et son cœur et sa foi.» Théophile de Viau: «Ce ruisseau remonte en sa source, / Un bœuf gravit sur un clocher, / Le sang coule de ce rocher, / Un aspic s'accouple d'une ourse. / Sur le haut d'une vieille tour / Un serpent déchire un vautour; / Le feu brûle dedans la glace, / Le soleil est devenu noir, / Je vois la lune qui va choir, / Cet arbre est sorti de sa place.»

B. 1.22 Einige Topiken

Kehren wir zu unserer Raster-Topik zurück, denn mit ihrer Hilfe können wir den „Abstieg" unseres Rhetorikbaums fortsetzen, in dem sie einen großen Umschlagplatz für die Distribution (das "dispatching") bietet. Die Antike und die Klassik haben mehrere Topiken hervorgebracht, die entweder durch die Gruppierung verwandter Plätze oder verwandter Gegenstände definiert sind. Bezüglich des ersten Falls kann man die allgemeine Topik von Port-Royal erwähnen, die auf den deutschen Logiker Clauberg (1645) zurückgeht. Die bereits zitierte Topik von Lamy kann eine Vorstellung davon geben: Es gibt Plätze der Grammatik (Etymologie, *conjugata*), Plätze der Logik (Gattung, Eigenschaft, Akzidens, Art, Unterschied, Definition, Unterteilung) und Plätze der Metaphysik (Zweckursache, Wirkursache, Wirkung, Ganzes, Teile, entgegengesetzte Termini); dabei handelt es sich natürlich um eine aristotelische Topik. Bezüglich des zweiten Falls, der Topiken nach Gegenständen, kann man folgende erwähnen: 1. Die *Rednertopik* im eingentlichen Sinn; sie umfaßt im Grunde drei Topiken: eine Topik der Beweisführungen, eine Topik der Sitten (*ethe*: praktische Intelligenz, Tugend, Zuneigung, Hingabe) und eine Topik der Leidenschaften (*pathe*: Zorn, Liebe, Furcht, Schande und ihre Gegenteile); 2. eine *Topik des Lächerlichen,* Teil einer möglichen Rhetorik der Komik; Cicero und Quintilian haben einige Plätze des Lächerlichen aufgezählt: körperliche Mängel, geistige Mängel, Zwischenfälle, Äußerlichkeiten usw.; 3. eine *theologische Topik*: Sie umfaßt die verschiedenen Quellen, aus denen die Theologen ihre Argumente schöpfen können: die Heilige Schrift, die Kirchenväter, Konzile usw. 4. eine Emp*findungstopik* oder *Topik der Einbildungskraft*; Ansätze zu ihr findet man bei Vico: „Die Begründer der Zivilisation [Anspielung auf die Vorzeitlichkeit der Poesie] verschrieben sich einer *Empfindungstopik,* in der sie die Eigentümlichkeiten, die Eigenschaften oder Beziehungen der Individuen oder der Arten zusammenbrachten und sie ganz konkret verwendeten, um ihre poetische Gattung zu bilden"; Vico spricht in anderem Zusammenhang von den „Universalien der Einbildungskraft"; man kann in dieser Empfindungstopik einen Ahnherrn jener thematischen Kritik sehen, die nach Kategorien vorgeht und nicht nach Autoren: im Grunde der von Bachelard: das Aufwärtsstrebende, das Höhlenhafte, das Flutende, das Spiegelnde, das Schlafende usw. sind die „Plätze", denen man die „Bilder" der Dichter unterwirft.

B. 1.23 Die Gemeinplätze

Die Topik im eigentlichen Sinn (die aristotelische, rednerische Topik), die im Gegensatz zur Topik der Charaktere und der der Leidenschaften von den *pisteis entechnoi* abhängt, umfaßt zwei Teile, zwei Untertopiken: 1. eine allgemeine Topik, die der *Gemeinplätze*; 2. eine angewandte Topik, die der speziellen Plätze. Die *Gemeinplätze (topoi koinoi, loci communes)* besitzen für Aristoteles eine gänzlich andere Bedeutung, als wir ihr (von der dritten Bedeutung des Wortes *Topik* beeinflußt[14]) gewöhnlich zuschreiben. Die Gemeinplätze sind keine ausgefüllten Stereotypen, sondern im Gegenteil formale Plätze: Da sie allgemein sind (das Allgemeine ist ein Charakteristikum des Wahrscheinlichen), sind sie allen Gegenständen gemein. Für Aristoteles gibt es insgesamt drei Gemeinplätze: 1. das *Mögliche/Unmögliche*; durch die Konfrontation mit der Zeit (Vergangenheit, Zukunft) ergeben diese Termini eine topische Frage: Kann die Sache getan worden sein oder nicht, wird sie es sein können oder nicht? Dieser Platz läßt sich auf Gegensatzbeziehungen anwenden: War es möglich, daß eine Sache begann, so ist es möglich, daß sie endet usw.; 2. *Seiend/Nichtseiend* (oder *wirklich/unwirklich*); wie im vorhergehenden Fall läßt sich dieser Platz mit der Zeit konfrontieren: Hat sich eine kaum wahrscheinliche Sache dennoch zugetragen, so hat sich die eher wahrscheinliche sicher zugetragen (Vergangenheit); hier ist Baumaterial versammelt: es ist wahrscheinlich, daß hier ein Haus gebaut wird (Zukunft); 3. *Mehr/Weniger*: das ist der Platz der Größe und Kleinheit; er beruht hauptsächlich auf dem „erst recht": Es ist sehr zu vermuten, daß X seine Nachbarn geschlagen hat, wo er doch sogar seinen Vater schlägt. – Obwohl die Gemeinplätze ihrer Definition entsprechend

[14] Vgl. oben B.1.21.

nicht speziell sind, fügt sich jeder von ihnen besser in eine der rednerischen Gattungen: das *Mögliche/Unmögliche* fügt sich besser zum Deliberativen (ist es möglich, dies zu tun?), das *Wirkliche/Unwirkliche* zum Gerichtlichen (hat das Verbrechen stattgefunden?) und das *Mehr/Weniger* zum Epideiktischen (Lob oder Tadel).

B. 1.24 Die speziellen Plätze

Die speziellen Plätze *(eide, idia)* sind Plätze, die bestimmten Gegenständen eigen sind: Sie sind Sonderwahrheiten, besondere Sätze, die von allen akzeptiert werden; experimentelle Wahrheiten, die an die Politik, das Recht, die Finanzen, die Marine, den Krieg usw. gebunden sind. Da diese Plätze jedoch mit der Praxis von Disziplinen, Gattungen und einzelnen Gegenständen verschmelzen, lassen sie sich nicht aufzählen. Das theoretische Problem muß allerdings aufgeworfen werden. Die Fortsetzung unseres Baums wird also darin bestehen, die *inventio* in ihrer uns bekannten Gestalt mit der Besonderheit des Inhalts zu konfrontieren. Diese Konfrontation ist die *quaestio*.

B. 1.25 These und Hypothese: *causa*

Die *quaestio* ist die Sonderform des Diskurses. In alle Operationen, die in der idealen Rhetorik-„Maschine“ angelegt sind, wird eine neue Größe eingeführt (die eigentlich beim *Herstellen* des Diskurses die Ausgangsgröße ist): der Inhalt, der strittige Punkt, kurz das Referentielle. Dieses definitionsgemäß kontingente Referentielle läßt sich jedoch in zwei große Formen einteilen, die die zwei großen Typen der *quaestio* bilden: 1. die *Position* oder *These (thesis, propositum)*: Dabei handelt es sich um eine allgemeine, wir würden heute sagen abstrakte Frage, die jedoch präzisiert, abgeleitet wird (andernfalls fiele sie nicht unter die speziellen Plätze), allerdings (und das ist ihr Merkmal) ohne jeglichen Ort- oder Zeitparameter (zum Beispiel: *Soll man heiraten?*); 2. die *Hypothese (hypothesis)*: Dabei handelt es sich um eine besondere Frage, welche Tatsachen,

Umstände und Personen voraussetzt, also eine Zeit und einen Ort (zum Beispiel: *Soll X heiraten?*) – man sieht, daß die Wörter *These* und *Hypothese* in der Rhetorik eine gänzlich andere Bedeutung besitzen als die uns geläufige. Die Hypothese, dieser temporalisierte und lokalisierte strittige Punkt, hat noch einen anderen, sehr glanzvollen Namen: Die Hypothese ist die *causa. Causa* ist ein *negotium*, eine Angelegenheit, eine Kombination unterschiedlicher Kontingenzen; ein problematischer Punkt, bei dem Kontingentes und ganz besonders Zeit auf dem Spiel steht. Aus den drei Zeiten (Vergangenheit, Gegenwart, Zukunft) ergeben sich drei Typen der *causa*, wobei jeder Typus einer der drei rednerischen Gattungen entspricht, die wir bereits kennen: Damit sind sie struktural begründet und in unseren Rhetorikbaum eingegliedert. Man kann ihre Attribute aufzählen (siehe S. 68).

B. 1.26 *Status causae*

Von diesen drei Gattungen wurde die gerichtliche in der Antike am ausführlichsten kommentiert; im Rhetorikbaum nimmt sie mehr Raum ein als ihre Nachbarn. Die speziellen Plätze des Gerichtlichen heißen *status causae*. Der *status causae* ist das Kernstück der *quaestio*, der zu beurteilende Punkt; der Augenblick, in dem die Gegner, die Parteien, zum ersten Teil aufeinanderstoßen; im Hinblick auf diesen Konflikt muß der Redner den *Ansatzpunkt* der *quaestio* finden (deshalb die Wörter: *stasis, status*). Die *status causae* haben die taxonomische Leidenschaft der Antike entfacht. Die einfachste Einteilung nennt drei *status causae* (dabei handelt es sich immer um *Formen*, die das Kontingente annehmen kann): 1. die *Vermutung*: Hat dies stattgefunden oder nicht *(an sit)*? Das ist der erste Platz, da er unmittelbar aus einem ersten Konflikt von Behauptungen entspringt: *fecisti/non fecerit*? (Hast du das getan! Nein, ich war es nicht: ist er es?); 2. die *Definition (quid sit?)*: Wie ist die Tatsache gesetzlich bestimmt, unter welche (juridische) Bezeichnung fällt sie? Handelt es sich um ein Verbrechen? Um einen Frevel? 3. die *Eigenschaft (quale sit?)*: Ist die Tatsache erlaubt, nützlich, entschuldbar? Das ist der Bereich der mildernden Umstände.

Gattungen	*Zuhörerschaft*	*Zweck*	*Objekt*	*Zeit*	*Beweisführung* (a)	*Gemeinplätze*
1. DELIBERATIV	Mitglieder einer Versammlung	raten/ abraten	nützlich/ schädlich	Zukunft	*exempla*	möglich/ unmöglich
2. GERICHTLICH	Richter	anklagen/ verteidigen	gerecht/ ungerecht	Vergangenheit	Enthymeme	wirklich/ nichtwirklich
3. EPIDEIKTISCH	Zuschauer Publikum	loben/ tadeln	schön/ häßlich	Gegenwart	amplifizierender Vergleich (b)	mehr/ weniger

a) Es handelt sich um eine Dominante.
b) Eine Variante der Induktion, ein *exemplum* zur Verherrlichung der gelobten Person (durch implizite Vergleiche).

Diesen drei Plätzen wird mitunter ein vierter hinzugefügt, die Verfahrensordnung: Das ist der Stand *(status)* des Einspruchs (Bereich der Kassation). – Sobald die *status causae* feststehen, ist die *probatio* ausgeschöpft; man geht von der theoretischen Ausarbeitung des Diskurses (die Rhetorik ist eine *techne,* eine spekulative Praxis) zum Diskurs selbst über; man gelangt zu dem Punkt, wo sich die „Maschine" des Redners, des Ego, auf die Maschine des Gegners einstellen muß, der seinerseits denselben Weg, dieselbe Arbeit hinter sich gebracht hat. Diese Einstellung, diese Verkoppelung ist natürlich konfliktgeladen: Das ist die *disceptatio,* der Reibungspunkt zwischen beiden Parteien.

B. 1.27 Die subjektiven oder moralischen Beweise

Nachdem die ganze *probatio* (Gesamtheit der logischen Beweise, die dem Zweck des *Überzeugens* unterworfen sind) durchlaufen wurde, muß man zur ersten Dichotomie zurückkehren, die den Bereich der *inventio* erschloß, und sich wieder den subjektiven oder moralischen Beweisen zuwenden, denen, die vom *Rühren* abhängen. Das ist nun die Abteilung der psychologischen Rhetorik. Zwei Namen dominieren: Platon (man muß Diskurstypen finden, die zu den Seelentypen passen) und Pascal (man muß die innere Denkbewegung des anderen wiederfinden). Auch bei Aristoteles gibt es eine psychologische Rhetorik, die allerdings wieder von der *techne* abhängt, eine „projizierte" Psychologie: die Psychologie, wie sie sich jeder vorstellt: nicht, was das Publikum „im Kopf hat", sondern was das Publikum in den Köpfen der anderen annimmt: Sie ist ein *endoxon,* eine „wahrscheinliche" Psychologie, die der „wahren" Psychologie gegenübersteht wie das Enthymem dem „wahren" (demonstrativen) Syllogismus. Vor Aristoteles empfahlen Technographen, man solle psychologische Zustände wie das Mitleid berücksichtigen. Aristoteles hat jedoch einen neuen Weg beschritten, indem er die Leidenschaften nicht nach dem einteilte, was sie sind, sondern nach dem, wofür sie gehalten werden: Er beschreibt sie nicht wissenschaftlich, sondern er sucht Argumente, die sich im Zusammenhang mit den Vorstellungen des Publikums über die Leidenschaft einsetzen lassen: Die Leidenschaften sind ausdrücklich Prämissen, Plätze: Die rhetorische „Psychologie" von Aristoteles ist eine Beschreibung des *eikos,* des gefühlsmäßig Wahrscheinlichen. Die psychologischen Beweise zerfallen in zwei große Gruppen: *ethe* (die Charaktere, die Töne, die Mienen) und *pathe* (die Leidenschaften, die Gefühle, die Affekte).

B. 1.28 *Ethe,* die Charaktere, die Töne

Ethe sind die Attribute des Redners (und nicht die des Publikums, *pathe*): die Charakterzüge, die der Redner der Zuhörerschaft zeigen muß (seine Aufrichtigkeit ist Nebensache), um einen guten Eindruck zu erwecken: Sie sind *Mienen.* Es handelt sich also nicht um eine Ausdruckspsychologie, sondern um eine imaginäre Psychologie (im psychoanalytischen Sinn): Ich muß bedeuten, was ich für den anderen sein will. Deshalb ist es – hinsichtlich dieser theatralischen Psychologie – angebrachter, von *Tönen* zu sprechen als von Charakteren: *Ton* im musikalischen und ethischen Sinn, den das Wort in der griechischen Musik besaß. Das *Ethos* im eigentlichen Sinn ist eine Konnotation: Der Redner äußert eine Information und sagt *gleichzeitig*: Ich bin dies, und nicht jenes. Für Aristoteles gibt es drei „Mienen", die zusammen die persönliche Autorität des Redners ausmachen: 1. *phronesis:* Das ist die Eigenschaft desjenigen, der gut deliberiert, das Für und Wider gut abwägt: eine objektive Weisheit, ein zur Schau gestellter gesunder Menschenverstand; 2. *arete:* Das ist die Zurschaustellung einer Offenheit, die vor ihren Konsequenzen nicht zurückscheut und sich über direkte, von theatralischer Redlichkeit geprägte Aussagen ausdrückt; 3. *eunoia:* Es handelt sich darum, keinen Anstoß zu erregen, nicht zu provozieren, sympathisch zu sein, der Zuhörerschaft vertraulich entgegenzukommen. Im Grunde muß der Redner, während er spricht und die logischen Beweise vorschriftsmäßig abspult, auch ständig sagen: folgt mir *(phronesis),* schätzt mich *(arete)* und liebt mich *(eunoia).*

B. 1.29 *Pathe*, die Gefühle

Pathe, das sind die Affekte des Zuhörers (und nicht mehr des Redners), zumindest in seiner Vorstellung. Aristoteles berücksichtigt sie nur im Hinblick auf eine *techne*, d. h. als Protasen von Argumentationsgliedern: Diese Distanz kennzeichnet er durch das *esto (nehmen wir an, daß)*, welches der Beschreibung jeder Leidenschaft vorangeht und, wie wir gesehen haben, als Operator des „Wahrscheinlichen" fungiert. Jede „Leidenschaft" wird durch ihren Habitus (die allgemeinen Anlagen, durch die sie gefördert wird), ihren Gegenstand (für wen man sie verspürt) und durch die Umstände bestimmt, die zur „Kristallisation" führen (*Zorn/Ruhe, Haß/Freundschaft, Furcht/Zutrauen, Neid/Nacheifern, Undankbarkeit/Verbindlichkeit* usw.). Man muß darauf bestehen, denn darauf gründet die wesentliche Modernität von Aristoteles und macht ihn zum idealen Ahnherrn einer Soziologie der sogenannten Massenkultur: Alle diese Leidenschaften werden absichtlich *in ihrer Banalität* erfaßt: Der Zorn ist das, was alle vom Zorn denken, die Leidenschaft ist immer nur das, was über sie gesagt wird: ein reiner Intertext, ein „Zitat" (so verstanden es Paolo und Francesca, die sich nur deshalb liebten, weil sie die Liebesgeschichte Lancelots gelesen hatten). Die rhetorische Psychologie ist also das gerade Gegenteil einer abstrahierenden Psychologie, die herauszufinden versuchte, was *hinter* dem Gerede der Leute steckt, und den Anspruch erhob, den Zorn zum Beispiel auf *etwas anderes*, Verborgeneres zurückzuführen. Für Aristoteles ist die Meinung des Publikums die erste und äußerste Gegebenheit; es gibt bei ihm keinerlei hermeneutische Vorstellung (der Entschlüsselung); für ihn sind die Leidenschaften fertige Sprachstücke, die der Redner bloß gut zu kennen hat; daher die Idee eines *Rasters der Leidenschaften*, nicht als Sammlung von Essenzen, sondern als Zusammenstellung von Meinungen. An die Stelle der (heute dominierenden) abstrahierenden Psychologie setzt Aristoteles (im vorhinein) eine einteilende Psychologie, die „Sprachen" unterscheidet. Es mag sehr platt (und gewiß falsch) erscheinen, wenn es heißt, daß junge Leute rascher in Zorn geraten als Greise; aber diese Platitüde (oder dieser Irrtum) wird interessant, wenn wir begreifen, daß ein solcher Satz nur ein Element dieser *all-*

gemeinen Sprache des anderen bildet, die Aristoteles, vielleicht im Einklang mit dem Arkanum der aristotelischen Philosophie, rekonstruiert: „Die allgemeingültige Meinung ist das Maß des Seins“ (Nik. Eth., X. 2. 1173*a*1).

B. 1.30 *Semina probationum*

Damit schließt der Bereich oder das Netz der *inventio,* der heuristischen Aufbereitung des Diskursmaterials. Nun muß man sich der *oratio* selbst zuwenden: der Anordnung ihrer Teile *(dispositio)* und ihrer Fassung in Worte *(elocutio).* Welche „programmatischen“ Beziehungen bestehen zwischen *oratio* und *inventio*? Quintilian faßt sie in ein Wort (ein Bild): Er empfiehlt, bereits in der *narratio* (d. h. noch vor dem argumentativen Teil im eigentlichen Sinn) „Beweissamen“ anzubringen *(semina quaedam probatonium spargere).* Zwischen *inventio* und *oratio* besteht also eine Beziehung des *Ausstreuens*: Man muß einsetzen, dann verschweigen, korrigieren, später aufbrechen lassen. Mit anderen Worten, das Material der *inventio* besteht bereits aus Sprachbrocken, die sich im Zustand der Umkehrbarkeit befinden und jetzt in eine zwangsläufig unumkehrbare Ordnung eingefügt werden müssen, in die des Diskurses. Daher die zweite große Operation der *techne*: die *dispositio* oder Behandlung der geregelten Aufeinanderfolge.

B. 2 Die *dispositio*

Wir haben gesehen, daß der Stellung der *dispositio (taxis)* innerhalb der *techne* eine entscheidende Bedeutung zukam. Ohne auf dieses Problem zurückzukommen, definieren wir die *dispositio* als Anordnung (sei es im aktiven, operatorischen Sinn oder im passiven, verdinglichten) der großen Teile des Diskurses. Die beste Übersetzung ist vielleicht: *Komposition,* wobei man nicht vergessen darf, daß die *compositio* im Lateinischen etwas anderes ist: Sie bezieht sich nur auf die Anordnung der Wörter innerhalb des Satzes; die *conlocatio* hingegen bezeichnet die Aufteilung des Materials innerhalb jedes einzelnen Teils. In einer augmentativen Syntagmatik ergibt sich also: die Ebene des Satzes *(compositio)*, die Ebene des Teils *(conlocatio)* und die Ebene des Diskurses *(dispositio)*. Die großen Teile des Diskurses wurden schon sehr früh von Korax festgelegt, und ihre Distribution hat seither nur geringe Varianten erfahren: Quintilian nennt fünf Teile (er spaltet den dritten Teil in *confirmatio* und *refutatio* auf), Aristoteles vier: diese Einteilung wird hier übernommen.

B. 2.1 Die *egressio*

Bevor wir diese feststehenden Teile aufzählen, müssen wir auf das fakultative Vorhandensein eines beweglichen Teils hinweisen: die *egressio* oder *degressio*: Dabei handelt es sich um ein Glanzstück, das nicht oder nur sehr locker mit dem Gegenstand verknüpft ist und die Virtuosität des Redners herausstellen soll; meistens ist es ein Lob von Orten oder Personen (zum Beispiel das Lob Siziliens in Ciceros ›Verres‹). Diese bewegliche, nicht unter die Einteilung fallende und sozusagen flatternde Einheit – Ursprung der *ekphrasis* der Neorhetorik – wirkt spektakulär und gewissermaßen als Echtheitszeichen, als Signatur der „souveränen Sprache“ (die *kurosis* Gorgias', die „Poetik“ Jakobsons). Wie bei Bildern, die immer an der gleichen Stelle signiert werden, hat sich allerdings auch die *degressio* nahezu regelmäßig zwischen der *narratio* und der *confirmatio* angesiedelt.

B. 2.2 Die paradigmatische Struktur der vier Teile

Die *dispositio* geht von einer Dichotomie aus, die in anderen Begriffen bereits der *inventio* zugrunde lag: *animos impellere* (rühren)/*rem docere* (informieren, überzeugen). Der erste Begriff (das Appellieren an die Gefühle) umfaßt das *exordium* und den Epilog, d. h. die zwei äußersten Teile des Diskurses. Der zweite Begriff (das Appellieren an die Tatsache, an die Vernunft) umfaßt die *narratio* (Schilderung der Tatsachen) und die *confirmatio* (Aufstellung der

Beweise oder Überzeugungsmittel). Die syntagmatische Ordnung folgt also nicht der paradigmatischen Ordnung, und die Konstruktion ergibt einen Chiasmus: Zwei „affektive“ Abschnitte rahmen einen demonstrativen Block ein:

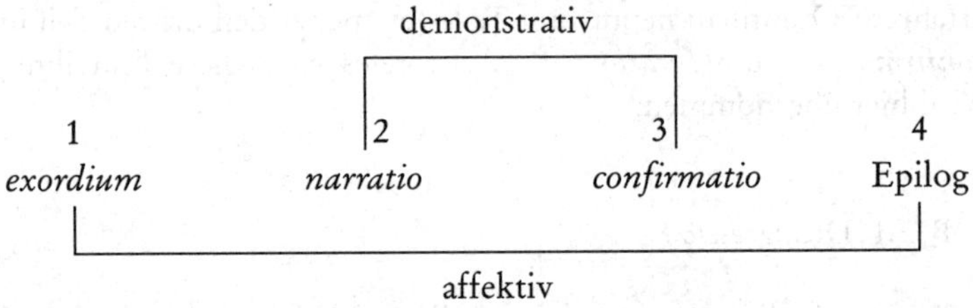

Wir behandeln die vier Teile in ihrer paradigmatischen Ordnung: *exordium*/Epilog, *narratio*/*confirmatio*.

B. 2.3 Anfang und Ende

Die Verfeierlichung der Anfänge und Schlüsse, der Eröffnungen und der Ausklänge ist ein Problem, das über die Rhetorik hinausgeht (Riten, Zeremonien, Liturgien). Der Gegensatz zwischen *exordium* und Epilog in deutlich abgesetzten Formen wirkt sicherlich etwas altertümlich; im Verlauf seiner Entfaltung und Säkularisierung hat der rhetorische Code schließlich auch Diskurse ohne *exordium* (in der deliberativen Gattung) nach der Regel *in medias res* toleriert und sogar schroffe Abschlüsse empfohlen (zum Beispiel Isokrates). In seiner kanonischen Form enthält der Gegensatz *Anfang/Ende* einen Niveauunterschied: Im *exordium* muß sich der Redner vorsichtig, zurückhaltend und maßvoll engagieren; im Epilog braucht er nicht mehr an sich zu halten, er engagiert sich voll und zieht alle Register des großen pathetischen Spiels.

B. 2.4 Das Proömium

In der archaischen Poesie der Aeden liegt vor dem Gesang *(oime)* das *prooimon* (Proömium): Das ist das Einstimmen der Leierpieler, die vor dem Wettbewerb ihre Finger lockern und die Gelegenheit nutzen, die Jury im vorhinein günstig zu stimmen (Spur in Wagners ›Meistersingern‹). Die *oime* ist eine alte epische Ballade; der Vortragende begann mit der Erzählung der Geschichte an einem im Grunde völlig willkürlichen Punkt: Er hätte sie früher oder später „aufgreifen" können (die Geschichte ist unendlich); die ersten Worte *durchtrennen* den virtuellen Faden einer Geschichte ohne Ursprung: Diese Willkür des Anfangs kennzeichnete man mit den Wörtern: *ex ou (von hier an)*: Ich beginne von hier an: Der Aede der ›Odyssee‹ bittet die Muse, sie möge die Rückkehr des Odysseus singen, *ab wann es ihr beliebt.* Dem Proömium fällt also gewissermaßen die Funktion zu, die Willkür jedes Anfangs zu exorzisieren. Warum soll eher mit diesem als mit jenem begonnen werden? Aus welchem Grund soll durch das Wort durchtrennt werden, was Ponge (Autor von Proömien) als das „analogische Rohmagma" bezeichnet? Dieser Schnitt verlangt nach Linderung, diese Anarchie nach einem Entscheidungszeremoniell: Das ist das Proömium. Es übernimmt offensichtlich eine zähmende Rolle, als könnte das Einsetzen des Sprechens, die Begegnung mit der Sprache, das Unbekannte, den Skandal, das Ungeheuer wecken. In uns allen gibt es eine erschreckende Feierlichkeit beim „Brechen" des Schweigens (oder der *anderen* Sprache), außer bei manchen Schwätzern, die sich rücksichtslos und allenthalben auf das Wort stürzen wie Gribouille: Das wird als „Spontaneität" bezeichnet. Dies ist vielleicht die Folie, von der sich das rhetorische *exordium,* die geregelte Eröffnung des Diskurses, absetzt.

B. 2.5 Das *exordium*

In seiner kanonischen Form enthält das *exordium* zwei Momente: 1. die *captatio benevolentiae* oder den Versuch, um die Zuhörer zu werben, die es durch eine Vertraulichkeitsübung sofort für sich einzunehmen gilt. Die *captatio* war eines der stabilsten Elemente des rhetorischen Systems (sie floriert im Mittelalter und sogar heutzutage); sie folgt einem sehr ausführlichen, nach der Einteilung der *Angelegenheiten* kodierten Modell: Die Werbung variiert je nach der Beziehung zwischen der Angelegenheit und der *doxa,* der gängigen, normalen Meinung: a) Deckt sich die Angelegenheit mit der *doxa,* handelt es sich um eine „normale" schickliche Angelegenheit, so ist es nicht angebracht, den Richter irgendeiner Werbung, irgendeinem Druck auszusetzen; diese Gattung heißt *endoxon, honestum*; b) verhält sich die Angelegenheit gewissermaßen neutral zur *doxa,* so bedarf es einer positiven Aktion, um die Trägheit des Richters zu überwinden, seine Neugier zu wecken und ihn aufmerksam zu stimmen *(attentum)*; diese Gattung heißt *adoxon, humile*; c) ist die Angelegenheit mehrdeutig und treten zum Beispiel zwei *doxai* in Konflikt, so muß man die Gunst des Richters erhalten, ihn *benevolum* stimmen und auf eine Seite ziehen; diese Gattung heißt *amphidoxon, dubium*; d) ist die Angelegenheit verwikkelt, dunkel, so muß man den Richter erst dazu bringen, einem als Führer, Aufklärer zu folgen und ihn *docilem,* empfänglich, beeinflußbar machen; diese Gattung heißt *disparakoloutheton, obscurum*; e) ist die Angelegenheit außergewöhnlich, befremdlich und liegt weit von der *doxa* ab (zum Beispiel: gegen einen Vater, einen Greis, ein Kind oder einen Blinden plädieren, gegen den "human touch" angehen), so reicht eine undeutliche Einwirkung auf den Richter (eine Konnotation) nicht mehr aus und wird ein echter Ausweg erforderlich, allerdings zwangsläufig ein indirekter, da man den Richter nicht offen brüskieren, schockieren darf: Das ist die *insinuatio,* ein autonomer Teil (und nicht mehr ein bloßer Ton), der nach dem Anfang eingefügt wird: Man ist zum Beispiel zum Schein vom Gegner beeindruckt. Das sind also die Modi der *captatio benevolentiae.* 2. Die *partitio,* das zweite Moment des *exordium,* kündigt die Gliederung an, für die man sich entschieden hat, den Plan, der folgen wird (man kann die *partitiones* mehrfach einsetzen, etwa eine am Anfang jedes Teils); der Vorteil, sagt Quintilian, liegt darin, daß einem etwas, dessen Ende angekündigt wird, niemals lang erscheint.

B.2.6 Der Epilog

Woher weiß man, daß ein Diskurs endet? Das ist genauso willkürlich wie der Anfang. Also bedarf es eines Zeichens für das Ende, eines Zeichens für den Abschluß (etwa in manchen Handschriften: « ci falt la geste que Turoldus declinet »). Als Vorwand für die Rationalisierung dieses Zeichens diente die Lust (was bewiese, wie sehr die Menschen der Antike um die „Langeweile" ihrer Diskurse wußten!). Aristoteles erwähnte es, allerdings nicht im Zusammenhang mit dem Epilog, sondern mit der Periode: Die Periode ist ein „angenehmer" Satz, weil sie das Gegenteil eines endlosen Satzes ist; es ist unangenehm, nichts vorauszuahnen, nirgends ein Ende zu sehen. Der Epilog (*peroratio, cumulus,* Krönung) enthält zwei Ebenen: 1. die Ebene der „Dinge" *(posita in rebus)*: Dabei gilt es wiederaufzugreifen, zu resümieren *(enumeratio, rerum repetitio)*; 2. die Ebene der „Gefühle" *(posita in affectibus)*: Diese pathetische, rührselige Konklusion wurde bei den Griechen kaum verwendet, bei denen ein Gerichtsdiener dem Redner Schweigen gebot, wenn dieser allzusehr und allzulang auf die Tränendrüse drückte; in Rom jedoch bot der Epilog Anlaß für ein großes Theater, für die Advokatengebärde: plötzlich auf den von seinen Eltern und Kindern umringten Angeklagten verweisen, einen blutigen Dolch hervorholen oder aus der Wunde stammende Knochenstücke: Quintilian läßt alle diese Tricks Revue passieren.

B.2.7 Die *narratio*

Die *narratio (diegesis)* ist natürlich die Erzählung der mit der Angelegenheit verknüpften Tatsachen (da *causa* ja die von Kontingentem durchdrungene *quaestio* ist), aber diese Erzählung wird ausschließlich vom Standpunkt des Beweises abgefaßt, sie ist die „überredende Darstellung einer Sache, die getan oder angeblich getan wurde". Die Narration ist also keine *Erzählung* (im romantischen und gleichsam uneigennützigen Sinn des Terminus), sondern eine Argumentationsprotase. Folglich besitzt sie zwei vorgeschriebene Merkmale: 1. ihre Nacktheit: keine Abschweifung, keine Prosopopöie, keine direkte Argumentation; es gibt keine spezifische *techne* für die *narratio*; sie muß nur klar, wahrscheinlich und bündig sein; 2. ihre Funktionalität: Sie ist eine Vorbereitung auf die Argumentation; die beste Vorbereitung ist jene, in welcher der Sinn verborgen ist, die Beweise als unscheinbare Samen verstreut sind *(semina probationum)*. Die *narratio* enthält zwei Typen von Elementen: die Tatsachen und die Beschreibungen.

B.2.8 *Ordo naturalis/ordo artificialis*

In der antiken Rhetorik ist die Darstellung der Tatsachen einer einzigen strukturalen Regel unterworfen: Die Verknüpfung muß wahrscheinlich wirken. Als sich allerdings später, im Mittelalter, die Rhetorik vollständig vom Gerichtlichen löste, ist die *narratio* zu einer autonomen Gattung geworden und die Anordnung ihrer Teile (ordo) zu einem theoretischen Problem: Das ist der Gegensatz zwischen *ordo naturalis* und *ordo artificialis*. „Jede Ordnung", sagt ein Zeitgenosse Alcuins, „ist entweder natürlich oder künstlich. Die Ordnung ist natürlich, wenn man die Tatsachen in der Reihenfolge erzählt, in der sie geschehen sind; die Ordnung ist künstlich, wenn man nicht vom Anfang des Geschehens ausgeht, sondern von der Mitte." Das ist das Problem des "flash-back". Der *ordo artificialis* zwingt zu einer scharfen Abgrenzung innerhalb der Abfolge der Tatsachen, da bewegliche, umkehrbare Einheiten erzielt werden müssen; er impliziert oder produziert ein besonderes, sehr plakatives Intelligibles, da er die (mythische) „Natur" der linearen Zeit aufhebt. Der Gegensatz zwischen den beiden „Ordnungen" kann sich nicht nur auf die Tatsachen erstrecken, sondern auch auf die Teile des Diskurses selbst: Demnach respektiert der *ordo naturalis* die herkömmliche Norm (*exordium, narratio, confirmatio*, Epilog), und der *ordo artificialis* wirft diese Ordnung infolge der Umstände um; paradoxerweise (und dieses Paradox ist sicherlich häufig) bedeutet *naturalis* damit *kulturell* und *artificialis* bedeutet *spontan, kontingent, natürlich*.

B. 2.9 Die Beschreibungen

Neben der eigentlichen chronologischen – oder diachronischen oder diegetischen – Achse kennt die *narratio* eine aspektuelle, durative, aus einer schwankenden Folge von Stasen bestehende Achse: die *Beschreibungen.* Diese Beschreibungen wurden weitgehend kodiert. Im wesentlichen gab es: die *Topographien* oder Beschreibungen von Orten; die *Chronographien* oder Beschreibungen von Zeiten, Perioden und Zeitaltern; die *Prosopographien* oder Beschreibungen von Personen. Der Erfolg dieser „Stücke" in unserer Literatur außerhalb des Gerichtlichen ist bekannt. – Bevor wir mit der *narratio* abschließen, ist noch darauf hinzuweisen, daß der Diskurs mitunter eine zweite Narration beinhalten kann: War die erste sehr kurz, so wird sie anschließend im Detail wieder aufgegriffen („Hier nun im einzelnen, wie sich die Sache, die ich eben erwähnte, zugetragen hat"): Das ist die *epidiegesis,* die *repetita narratio.*

B. 2.10 Die *confirmatio*

Auf die *narratio* oder Darstellung der Tatsachen folgt die *confirmatio* oder Darstellung der Argumente: Hier werden die im Lauf der *inventio* entwickelten „Beweise" geäußert. Die *confirmatio (apodeixis)* kann drei Elemente enthalten: 1. die *propositio (prothesis)*: Sie ist eine gedrängte Definition der Angelegenheit, des strittigen Punkts; sie kann eingliedrig oder mehrgliedrig sein, je nach den Anklagepunkten („Sokrates wurde angeklagt, die Jugend zu verderben und neuen Aberglauben einzuführen"); 2. die *argumentatio,* die Darstellung der Beweisgründe; es wird keinerlei besondere Strukturierung empfohlen, außer: Man muß mit den starken Gründen beginnen, mit den schwachen Beweisen fortfahren und mit einigen sehr starken Beweisen schließen; 3. manchmal wird am Ende der *confirmatio* der fortlaufende Diskurs *(oratio continua)* durch einen sehr lebhaften Dialog mit dem gegnerischen Anwalt oder mit einem Zeugen unterbrochen: der andere dringt plötzlich in den Monolog ein: Das ist die *altercatio.* Dieses rednerische Zwischenspiel war bei den Griechen unbekannt; es gehört zur Gattung der *rogatio* oder anklagenden Befragung *(Quousque tandem, Catilina . . .).*

B. 2.11 Weitere Einteilungen des Diskurses

Die sehr ausgeprägte Kodierung der *dispositio* (deren Spur in der Pädagogik des „Plans“ fortlebt) bezeugt, daß sich der Humanismus in seiner gedanklichen Erfassung der Sprache sehr eingehend mit dem Problem der syntagmatischen Einheiten befaßte. Die *dispositio* ist eine Einteilung unter anderen. Hier nun einige dieser Einteilungen, wobei mit den größten Einheiten begonnen wird: 1. Der Diskurs als Ganzes kann eine Einheit bilden, wenn man ihn anderen Diskursen gegenüberstellt; das gilt für die Einteilung nach Gattungen oder Stilen; das gilt auch für die *Gegenstandsfiguren,* dem vierten Figurentypus nach den Tropen, den Wortfiguren und den Denkfiguren: die *Gegenstandsfigur* erfaßt die gesamte *oratio*; Dionysius von Halikarnaß unterschied drei: a) die *direkte* (man sagt, was man sagen will); b) die *seitliche* (der verdeckte Diskurs: Bossuet warnt die Könige *unter* religiösem *Vorwand*); c) die *entgegengesetzte* (Antiphrase, Ironie); 2. die Teile der *dispositio* (wir kennen sie); 3. das Stück, das Fragment, die *ekphrasis* oder *descriptio* (wir kennen sie ebenfalls); 4. der *articulus* ist im Mittelalter eine Entfaltungseinheit: In einem Sammelwerk, einer Sammlung von *disputationes* oder einer *summa* wird eine Zusammenfassung der Streitfrage geboten (eingeleitet durch *utrum*); 5. die *Periode* ist ein Satz, der einem organischen Modell (mit Anfang und Ende) nachgebildet wird; sie besitzt mindestens zwei Glieder (Hebung und Senkung, *tasis* und *apotasis*) und höchstens vier. Darunter (und eigentlich ab der Periode) beginnt der Satz, Gegenstand der *compositio,* einer technischen Operation, die zur *elocutio* gehört.

B. 3 Die *elocutio*

Sind die Argumente gefunden und in großen Blöcken auf die Teile des Diskurses verteilt, so müssen sie noch „in Worte gefaßt werden": Diese Funktion übernimmt der dritte Teil der *techne rhetorike,* den man *lexis* oder *elocutio* nennt und auf den die Rhetorik fälschlicherweise zumeist reduziert wird, da das besondere Interesse der Modernen den rhetorischen Figuren, einem Teil (aber nur einem Teil) der *elocutio*, galt.

B.3.1 Die Entwicklung der *elocutio*

Die *elocutio* hat sich seit der Entstehung der Rhetorik stark gewandelt. Sie fehlt in der Einteilung von Korax und tauchte erst auf, als Gorgias (aus der Poesie stammende) ästhetische Kriterien auf die Prosa anwenden wollte. Aristoteles behandelt sie weniger ausführlich als die übrige Rhetorik; sie entwickelt sich vor allem bei den Lateinern (Cicero, Quintilian), erfährt ihre geistige Entfaltung bei Dionysius von Halikarnaß und dem Anonymus des ›Peri Hypsous‹ und vereinnahmt schließlich die gesamte Rhetorik, die ausschließlich mit den „Figuren" gleichgesetzt wird. In ihrer kanonischen Gestalt definiert die *elocutio* allerdings einen Bereich, der sich auf die gesamte Sprache bezieht; sie beinhaltet sowohl unsere Grammatik als auch das, was als Diktion bezeichnet wird, das Theater der Stimme. Die beste Übersetzung für *elocutio* ist vielleicht nicht Sprechweise (zu eingeschränkt), sondern Äußerung oder allenfalls Sprechen (Sprechtätigkeit).

B.3.2 Das Netz

Die internen Einteilungen der *elocutio* waren zahlreich, und zwar vermutlich aus zwei Gründen: zunächst weil diese *techne* verschiedene Idiome zu durchwandern hatte (Griechisch, Lateinisch, romanische Sprachen), von denen jedes die Natur der „Figuren" verlagern konnte; schließlich weil der Durchbruch dieses Teils der Rhetorik terminologische Neuschöpfungen erforderlich machte (was aus der wahnwitzigen Bezeichnung der Figuren ersichtlich ist). Wir werden dieses Netz hier vereinfachen: Die Basisopposition ist die zwischen Paradigma und Syntagma: 1. die Wörter *wählen (electio, ekloge)*; 2. sie *zusammenstellen (synthesis, compositio).*

B.3.3 Die „Farben“

Die *electio* setzt voraus, daß man in der Sprache einen Terminus an die Stelle eines anderen setzen kann: Die *electio* ist möglich, weil die Synonymie zum System der Sprache gehört (Quintilian): Der Sprecher kann einen Signifikanten durch einen anderen ersetzen, er kann bei dieser Substitution sogar eine Nebenbedeutung hervorbringen (Konnotation). Alle Arten von Substitutionen, ganz gleich wie umfangreich und von welcher Beschaffenheit, sind *Tropen* („Umwandlungen“), aber die Bedeutung des Wortes wird gewöhnlich eingeschränkt, um als Gegensatz zu „Figuren“ zu dienen. Die wirklich allgemeinen Termini, die unterschiedslos alle Substitutionsklassen umfassen, sind „Ausschmückungen“ und „Farben“. Schon aus den Konnotationen dieser zwei Wörter geht deutlich hervor, wie in der Antike die Sprache gedacht wurde: 1. Es gibt eine nackte Basis, eine eigentliche Ebene, einen Normalzustand der Kommunikation, von dem ausgehend man einen komplizierteren, *geschmückten* Ausdruck entwickeln kann, der mehr oder weniger *Distanz* zum ursprünglichen Fundament besitzt. Dieses Postulat ist entscheidend, da es offenbar sogar heute noch alle Wiederbelebungsversuche der Rhetorik bestimmt: Auf die Rhetorik pochen, heißt zwangsläufig an die Existenz eines Abstands zwischen zwei Sprachzuständen glauben; umgekehrt geschieht die Verurteilung der Rhetorik immer im Namen einer Ablehnung der Hierarchie zwischen den Sprachen, unter denen man nur eine „fluktuierende“, schwankende, naturbegründete Hierarchie gelten läßt; 2. die zweite (rhetorische) Schicht besitzt eine belebende Funktion: Der „eigentliche“ Zustand der Sprache ist leblos, der zweite Zustand ist „lebendig“: Farben, Lichter, Blumen *(colores, lumina, flores)*; die Ausschmückungen stehen auf seiten der Leidenschaft, des Körpers; sie machen das Sprechen begehrenswert; es gibt eine *venustas* der Sprache (Cicero); 3. Die „Farben“ werden mitunter aufgelegt, „um der Scham die Verlegenheit einer zu nackten Darstellung zu ersparen“

(Quintilian); mit anderen Worten, als möglicher Euphemismus verweist die „Farbe" auf ein Tabu, auf die „Nacktheit" der Sprache: Genauso wie die Röte das Gesicht überzieht, zeigt die „Farbe" das Verlangen, indem sie das Objekt verbirgt: Das ist das Wesen der Dialektik der Kleidung (*schema* heißt Tracht und *figura* Schein).

B. 3.4 Die entfesselte Systematik

Was wir heute mit einem Oberbegriff als Redefiguren bezeichnen, wofür allerdings streng historisch gesehen und zur Vermeidung der Doppeldeutigkeit zwischen *Tropen* und *Figuren* der Begriff „Ausschmückungen" angebrachter wäre, wurde jahrhundertelang und wird auch heute noch einer richtiggehenden Einteilungswut unterzogen, die sich vom sehr früh auftauchenden Gespött nicht beirren ließ. Mit diesen Redefiguren läßt sich anscheinend nichts anderes anfangen, als sie zu benennen und einzuteilen: Hunderte von Termini, deren Formen sehr banal *(epitheta, reticentia)* oder sehr barbarisch sind (*anantapodoton, epanadiplose, tapinose* usw.), Dutzende von Gruppierungen. Warum diese Wut der Abgrenzung, der Benennung, diese trunkene Betätigung der Sprache an der Sprache? Vermutlich (das ist zumindest eine strukturale Erklärung), weil die Rhetorik versucht, das *Sprechen* (und nicht mehr die Sprache) *zu kodieren,* d. h. jenen Raum, in dem im Prinzip der Kode hinfällig wird. Saussure hat dieses Problem erkannt: Was soll man mit den stabilen Wortkombinaten, den erstarrten Syntagmen anfangen, die sowohl zur Sprache als auch zum Sprechen, zur Struktur und zur Kombination gehören? In ihrer Vorwegnahme einer (nichtstatistischen) Linguistik des Sprechens, was an sich einen Widerspruch darstellt, hat die Rhetorik ihre Kräfte aufgezehrt, um die „Sprechweisen" in einem zwangsläufig immer feinmaschigeren Netz aufzufangen, sie wollte das Unkontrollierbare kontrollieren: ein reiner Wahn.

B. 3.5 Die Einteilung der Ornamente

Alle diese Ornamente (Hunderte) wurden immer wieder auf einige Binäre verteilt: *Tropen/Figuren, grammatikalische Tropen/rhetorische Tropen, Grammatikfiguren/Rhetorikfiguren, Wortfiguren/Denkfiguren, Tropen/Diktionsfiguren.* Die Einteilung der verschiedenen Autoren sind widersprüchlich: Einmal stehen die *Tropen* den *Figuren* gegenüber, einmal gehören sie zusammen; die Hyperbel ist für Lamy ein Tropus, für Cicero eine Denkfigur usw. Kurz zu den drei häufigsten Oppositionen: 1. *Tropen/Figuren:* Sie ist von allen Unterscheidungen die älteste, die der Antike; beim Tropus bezieht sich die Sinnumwandlung auf eine Einheit, ein Wort (zum Beispiel bei der Katachrese: der *Flügel* der Windmühle, der *Arm* eines Lehnstuhls); bei er Figur erfaßt die Umwandlung mehrere Wörter, ein vollständiges kleines Syntagma (zum Beispiel bei der Periphrase: *die Annehmlichkeiten der Unterhaltung*). Diese Opposition entspricht im großen und ganzen der zwischen System und Syntagma. 2. *Grammatik/Rhetorik*: Die Grammatiktropen sind so sehr eingebürgerte Sinnumwandlungen, daß man die Ausschmückung nicht mehr „spürt": *Elektrizität* (Metonymie für elektrisches Licht), *ein heiteres Haus* (eine banalisierte Metapher), während die Verwendung der rhetorischen Tropen noch als außergewöhnlich empfunden wird: *die Wäsche der Natur* für die Sintflut (Tertullian), *der Schnee der Tasten* usw. Diese Opposition entspricht im großen und ganzen der zwischen Denotation und Konnotation. 3. *Wörter/Gedanken:* Die Opposition zwischen den Wortfiguren und den Denkfiguren ist die banalste; Wortfiguren liegen dann vor, wenn die Figur bei einem Austausch der Wörter verschwände (wie beim Anakoluth, der nur auf der Wortstellung beruht: *Die Nase Kleopatras, wäre sie kürzer gewesen, das Antlitz der Welt . .*); die Denkfiguren bleiben immer erhalten, ganz gleich für welche Wörter man sich entscheidet (wie bei der Antithese: *Ich bin das Messer und die Wunde* usw.); diese dritte Opposition ist geistig, sie inszeniert Signifikate und Signifikanten, die unabhängig voneinander existieren können. – Es ließen sich noch weitere Einteilungen der Figuren erstellen, und man kann eigentlich behaupten, daß keiner, der sich mit Rhetorik befaßt, der Versuchung entgeht, seinerseits die Figuren auf seine Weise einzuteilen. Allerdings fehlt uns noch (aber das ist vielleicht undurchführbar) eine rein operationelle Einteilung der wesentlichen Figuren: Die Wörterbücher der Rhetorik ermöglichen es uns leicht, zu erfahren, was ein *Chleuasmos*, eine *Epanalepse*, eine *Paralipse* ist, vom sehr oft hermetischen Namen zum Beispiel zu gelangen; aber kein einziges Buch ermöglicht es, den umgekehrten Weg zurückzulegen, von dem (in einem Text gefundenen) Satz zum Namen der Figur zu gelangen; welches Buch wird mir sagen, daß es sich bei „so viel Marmor bebt auf so viel Schatten" um eine *Hypallage* handelt, wenn ich es nicht schon weiß? Es fehlt uns ein induktives Instrument, das uns hilft, wenn wir die klassischen Texte auf ihre Metasprache hin analysieren wollen.

B.3.6 Einige Figuren

Es ist natürlich ausgeschlossen, eine Liste der „Ausschmückungen" zu liefern, die in der alten Rhetorik unter dem Oberbegriff „Figuren" aufscheinen: Dafür gibt es Rhetorikwörterbücher. Es erscheint mir jedoch zweckmäßig, zehn Figuren aufs Geratewohl herauszugreifen und ihre Definition in Erinnerung zu rufen, damit diese kurzen Bemerkungen über die *electio* konkrete Gestalt annehmen. 1. Die *Alliteration* ist eine gedrängte Wiederholung von Konsonanten in einem kurzen Syntagma; wiederholen sich die Klangfarben, so handelt es sich um eine *Apophonie.* Es wurde vermutet, daß die Alliteration oft weniger aus Absicht erfolgt, als es die Kritiker und Stilistiker wahrhaben möchten; Skinner hat gezeigt, daß in den Sonetten Shakespeares die Alliterationen nicht über die normalerweise zu erwartende Häufigkeit von Buchstaben und Buchstabengruppen hinausgehen. 2. Der *Anakoluth* ist ein manchmal mißbräuchlicher Bruch in der Konstruktion. 3. Die *Katachrese* tritt dort auf, wo die Sprache in Ermangelung eines „eigentlichen" Terminus einen „übertragenen" verwenden muß (die *Flügel* der Windmühle). 4. Die *Ellipse* besteht in der Auslassung der syntaktischen Elemente ohne Beeinträchtigung der Verständlichkeit; sie galt oft als Darstellung eines „Naturzustands" der Sprache: Demnach wäre sie der „normale“ Modus des Sprechens in der Aussprache, in der Syntax, im Traum und in der Kindersprache.* 6. Die *Hyperbel* ist eine Übertreibung: entweder positiv *(Auxese: schneller als der Wind)* oder negativ *(Tapinose: langsamer als eine Schildkröte).* 7. Die *Ironie* oder *Antiphrase* besteht darin, etwas anderes anklingen zu lassen als das Gesagte (sie ist eine Konnotation); bei F. de Neufchateau heißt es: „Sie wählt ihre Wörter: Alle scheinen zu liebkosen. / Aber der Tonfall, den sie ihnen verleiht, gibt ihnen einen anderen Sinn.“ 8. Die *Periphrase* ist ursprünglich eine sprachliche Umschreibung zur Vermeidung einer anstößigen Notation. Abwertend wird sie als *Perissologie* bezeichnet. 9. Das *Verstummen* oder die *Aposiopese* markiert ein Abbrechen des Diskurses infolge eines jähen Gefühlsumschwungs (das Vergilsche *Quos ego*). 10. Der *Aufschub* zögert die Lösung einer Äußerung durch Einschübe hinaus: Er erzeugt *Spannung* auf der Satzebene.

B.3.7 Das *Eigentliche* und das *Übertragene*

Wie wir sahen, beruht das gesamte Gebäude der „Figuren“ auf der Vorstellung, daß es zwei Sprachsysteme gibt, ein eigentliches und ein übertragenes, und die Rhetorik in ihrem elokutorischen Teil eine Aufstellung der sprachlichen Abweichungen ist. Diese Ansicht wird durch die zahllosen metarhetorischen Ausdrücke seit der Antike bezeugt: In der *elocutio* (Bereich der Figuren) werden die Wörter aus ihrer normalen, vertrauten Umgebung „weggebracht“, „verschleppt“, „entfernt“. Aristoteles sieht darin eine Vorliebe für die Exotik: Man muß „sich von den gemeinen Wendungen entfernen [...]: Wir empfinden diesbezüglich die gleichen Eindrücke wie Fremden gegenüber: Man muß dem Stil ein fremdes Aussehen verleihen, denn was aus der Ferne kommt, erregt Bewunderung.“ Es besteht also eine Beziehung der Fremdheit zwischen den „gängigen Wörtern“, die jeder von uns verwendet (aber wer ist

* Wir verfügen nur über einen Text, der hier von 4 auf 6 übergeht. Die fünfte Stelle sollte höchstwahrscheinlich die *Synekdoche* einnehmen: bei der der Teil für das Ganze steht. – Anmerkung des Herausgebers.

dieses „wir"?), und den „auffallenden Wörtern", den im alltäglichen Gebrauch fremden Wörtern: „Barbarismen" (Wörter der barbarischen Völker), Neologismen, Metaphern usw. Nach Aristoteles ist ein Gemisch beider Terminologien erforderlich, da man bei ausschließlicher Verwendung der gängigen Wörter einen *niederen* Diskurs hat und bei ausschließlicher Verwendung der auffallenden Wörter einen *rätselhaften* Diskurs. Von *national/fremdländisch* und *normal/fremd* glitt die Opposition auf *eigentlich/übertragen* über. Was ist der eigentliche Sinn? „Das ist die erste Bedeutung des Wortes" (Dumarsais): „Wenn das Wort bedeutet, wofür es ursprünglich bestimmt war." Allerdings kann der eigentliche Sinn nicht der sehr alte Sinn sein (der Archaismus ist exotisch), sondern der Sinn, *welcher unmittelbar vor der Schaffung der Figur liegt*: Das Eigentliche, das Wahre ist einmal mehr das *Früher* (der Vater). In der klassischen Rhetorik wurde das *Früher naturalisiert*. Daher das Paradox: Wie kann der eigentliche Sinn der „natürliche" Sinn sein und der übertragene Sinn der „ursprüngliche"?

B.3.8 Funktion und Ursprung der Figuren

Hier lassen sich zwei Gruppen von Erklärungen unterscheiden: 1. *Erklärungen durch die Funktion*: a) Die zweite Sprache entspringt der Notwendigkeit zum Euphemisieren, zum Umgehen von Tabus; b) die zweite Sprache ist eine Technik der Illusion (im Sinn der Malerei: Perspektiven, Schatten, Trompe-l'œil); sie verteilt die Dinge neu, läßt sie anders erscheinen, als sie sind, oder wie sie sind, aber auf impressive Weise; c) die Verknüpfung von Vorstellungen ist mit Lust verbunden (wir würden sagen: mit dem Spieltrieb). 2. *Erklärungen durch den Ursprung*: Diese Erklärungen gehen von dem Postulat aus, daß die Figuren „in der Natur", d. h. „im Volk" existieren (Racine: „Man braucht nur Frauen aus dem niedrigsten Stand zanken zu hören: Was für ein Reichtum an Figuren! Sie geizen nicht mit Metonymien, Katachresen, Hyperbeln usw."); und F. de Neufchateau: „In der Stadt, bei Hof, auf dem Feld und zu Haus/ Schüttet sich das Herz in Tropen aus." Wie läßt sich nun der „natürliche" Ursprung der Figuren mit ihrer sekundären, späteren

Stellung im Gebäude der Sprache vereinen? Die klassische Antwort lautet, daß die Kunst die Figuren *auswählt* (aufgrund einer guten Einschätzung der Distanz, die angemessen sein soll) und nicht *erschafft*; im großen und ganzen ist das Übertragene eine künstliche Kombination natürlicher Elemente.

B. 3.9 Vico und die Poesie

Von dieser letzten Hypothese ausgehend (die Figuren besitzen einen „natürlichen" Ursprung), lassen sich zwei weitere Typen von Erklärungen unterscheiden: Der erste Typus ist mythisch, im sehr weit gefaßten Sinn des Begriffs romantisch: Die „eigentliche" Sprache ist arm, sie kann nicht alle Bedürfnisse decken, doch dem wird abgeholfen durch das Auftauchen einer anderen Sprache, „dieser göttlichen Blüten des Geistes, welche die Griechen Tropen nannten" (Hugo); oder (Vico und im Anschluß daran Michelet): Da die Poesie die ursprüngliche Sprache ist, wurden die vier großen archetypischen Figuren *der Reihe nach* erfunden, allerdings nicht von den Schriftstellern, sondern von der Menschheit in ihrem poetischen Zeitalter: die *Metapher*, dann die *Metonymie*, die *Synekdoche* und die *Ironie*; ursprünglich wurden sie *auf natürliche Weise* verwendet: Wie konnten sie also zu „rhetorischen Figuren" werden? Vico liefert eine sehr strukturale Antwort: als die Abstraktion entstand, d. h. als die „Figur" in eine paradigmatische Opposition zu einer anderen Sprache geriet.

B. 3.10 Die Sprache der Leidenschaften

Die zweite Erklärung ist psychologisch: Sie ist die Lamys und der Klassiker: Die Figuren sind die Sprache der Leidenschaft. Die Leidenschaft verzerrt den Blick auf die Dinge und erfordert besondere Wörter: „Würden die Menschen alle Dinge, die vor ihren Geist treten, einfach auffassen, wie sie an sich sind, so sprächen alle auf dieselbe Weise von ihnen: Die Geometer sprechen fast alle dieselbe Sprache" (Lamy). Diese Ansicht ist interessant, da in diesem Fall die Figuren die „Morpheme" der Leidenschaft sind und wir durch die Figuren die klassische Taxonomie der Leidenschaften und vor allem der Liebe von Racine bis Proust in Erfahrung bringen können. Zum Beispiel: Der *Ausruf* entspricht dem plötzlichen Entzug des Sprechens, der emotiven Aphasie; der *Zweifel,* die *dubitatio* (Name einer Figur), der quälenden Ratlosigkeit des Verhaltens (Was tun? dies? jenes?), der schwierigen Lektüre der Zeichen, die vom anderen ausgesandt werden; die *Ellipse* der Zensur all dessen, was die Leidenschaft behindert; die *Paralipse* (sagen, daß man nicht sagen wird, was man schließlich sagt) dem Anfachen der „Szene", dem Dämon des Verwundens; die *Wiederholung* dem besessenen Pochen auf das „gute Recht"; die *Hypotypose* der lebhaft vorgestellten Szene, dem inneren Phantasma, dem geistigen Szenario (Verlangen, Eifersucht) usw. Nun wird deutlicher, wie das Übertragene zugleich *natürlich* und *sekundär* sein kann: Es ist natürlich, weil die Leidenschaften in der Natur angelegt sind; es ist sekundär, weil die Moral erfordert, daß eben diese, obschon „natürlichen" Leidenschaften distanziert, im Bereich der Schuld angesiedelt werden; weil für den Menschen der Klassik die Natur schlecht ist, sind die rhetorischen Figuren gleichzeitig begründet und suspekt.

B. 3.11 Die *compositio*

Wir müssen jetzt zur grundlegenden Opposition zurückkehren, die den Ausgangspunkt für das Netz der *elocutio* bildet: Der *electio,* dem Substitutionsfeld der Ausschmückungen, steht die *compositio* gegenüber, das Assoziationsfeld der Wörter im Satz. Wir lassen uns hier nicht auf eine linguistische Definition des „Satzes" ein: Er ist für uns nur jene Einheit des Diskurses, die zwischen der *pars orationis* (dem großen Teil der *oratio*) und der *figura* (kleine Gruppe von Wörtern) liegt. Die alte Rhetorik hat zwei Typen von „Konstruktionen" kodiert: 1. eine „geometrische" Konstruktion: Sie ist die der Periode (Aristoteles): „Ein Satz, der von selbst einen Anfang, ein Ende und eine Länge besitzt und leicht zu überschauen ist"; die Struktur der Periode hängt von einem internen System von *Kommas* und *Kolons* (Gliedern) ab; ihre Anzahl ist variabel und umstritten; im allgemeinen fordert man drei oder vier Kolons, die in Opposition zu stehen haben (1/3 oder 1–2/3–4); dieses System ist vitalistisch abgestützt (das Hin und Her des Atems) oder sportlich (die Periode bildet die Ellipse des Stadions nach: eine Gerade, eine Kurve, eine zweite Gerade); 2. eine „dynamische" Konstruktion (Dionysius von Halikarnaß): Der Satz wird nun als sublimierte, vitalisierte, durch die „Bewegung" transzendierte Periode aufgefaßt; es handelt sich nicht mehr um ein Hin und Zurück, sondern um einen Auf- und Abstieg; diese Art „Swing" ist wichtiger als die Wortwahl: Er hängt von einer Art angeborener Veranlagung des Schriftstellers ab. Diese „Bewegung" besitzt drei Modi: a) *ungestüm*, schroff (Pindar, Thukydides); b) *sanft*, ineinandergreifend, geölt (Sappho, Isokrates, Cicero); c) *gemischt*, enthält schwankende Fälle.

[. . .]

Wirkendes Wort 22/1, Pädagogischer Verlag Schwann, Düsseldorf 1972, S. 2–23.

VORÜBERLEGUNGEN ZU EINER PRAGMATISCHEN TEXTANALYSE

Von Dieter Breuer

1. Literaturwissenschaft in semiotischer Sicht

Die kommunikationstheoretische Neuorientierung der Literaturwissenschaft ist in letzter Zeit mehr und mehr Gegenstand einer grundsätzlichen Reflexion geworden.[1] Diese Bemühungen haben vor allem die Revision des bisher vorausgesetzten Textbegriffs als notwendig erwiesen: „Text“ kann adäquat nur als jeweiliger kommunikativer Prozeß begriffen werden.[2] Eine Konsequenz dieser generellen Funktionalisierung des Textbegriffs ist die Funktionalisierung der Texte mit dem Index „Kunstwerk“; dieser Index erweist sich als ein gesellschaftlich-historisch gesetzter. Der traditionelle Wissenschaftsbetrieb „Germanistik“ z. B. in seiner Fixierung auf die Deutung vorgegebener Kunstobjekte wäre damit vom Ansatz her als letztlich unwissenschaftlich kritisierbar: etwa als Bestäti-

[1] Die vorliegende Untersuchung geht vom Diskussionsstand am Germanistischen Institut (Lehrstuhl für Neuere Deutsche Literaturgeschichte) der RWTH Aachen aus. Vgl. H. Stroszeck: Literaturwissenschaft und Kommunikationswissenschaft. In: D. Breuer, H. Schanze, P. Schmidt, F. G. Sieveke, H. Stroszeck: Literaturwissenschaft. Eine Einführung für Germanisten, Frankfurt a. M./Berlin 1972, S. 213ff.

[2] Ansätze dazu bei H. Isenberg: Der Begriff „Text“ in der Sprachwissenschaft, Berlin: ASG-Bericht Nr. 8, August 1970, sowie bei S. J. Schmidt und K. Brinker: Vorschlag zur Konstitution einer Textwissenschaft, in: Linguistik und Didaktik 1 (1970), S. 99f. P. Schmidt hat von der Editionsproblematik her die Unhaltbarkeit des üblichen statischen Textbegriffs und die Notwendigkeit eines funktionalen Textbegriffs aufgezeigt. P. Schmidt: Edition und Textbegriff. In: Literaturwissenschaft. Eine Einführung für Germanisten, Frankfurt a. M./Berlin 1972.

gungsmechanismus für vorgegebene Sollwerte jeweils privilegierter gesellschaftlicher Schichten.

Über die zunächst polemisch gewonnene Abgrenzung hinaus bleibt jedoch zu klären, welche Möglichkeiten der neue Ansatz für die konkrete Analyse von Texten bietet und wo seine Grenzen liegen. Voraussetzungen dazu sind gegeben, wenn man die Gegenstände der Literaturwissenschaft im Rahmen der allgemeinen Theorie der sprachlichen Zeichen, der Semiotik, sieht, Texte also in einem weiteren Abstraktionsschritt als *nach Regeln geordnete* Teilmengen (Reihen) *sprachlicher Zeichen* von mehr oder weniger großer Komplexität definiert.

Unter dem Begriff „Zeichen" wird hier, dem Semiotiker G. Klaus folgend, die „Zeichengestalt" als Abstraktionsklasse (Struktur) äquivalenter materieller „Zeichenexemplare" (Zeichenträger) verstanden.[3] Dies vorausgesetzt, kann der Zeichenbegriff relational definiert werden: aufgrund der möglichen Relationen, in denen die Zeichengestalt steht. Nach traditionellem Herkommen (Peirce, Morris) sind dies die Relationen Syntaktik, Semantik und Pragmatik; bei einer genaueren Differenzierung der Relation Semantik, wie sie G. Klaus vorgenommen hat, erhalten wir als mögliche Zeichenrelationen Syntaktik, Semantik, Sigmatik und Pragmatik.[4]

Die Syntaktik befaßt sich mit den Beziehungen zwischen Zeichen: R (Z, Z′). Sie ordnet die Zeichen einer Sprache nach typischen Merkmalen und stellt die Regeln auf, nach denen die Zeichen verknüpft und umgeformt werden können. Dies entspricht, auf natürliche Sprachen bezogen, dem Aufgabenbereich der Grammatik.

Die Semantik befaßt sich mit den Bedeutungen von Zeichen. Jedes Zeichen hat eine gedankliche Entsprechung (Begriff, Aussage), diese kann näherhin als im Bewußtsein existierendes Abbild von Objekten bzw. Sachverhalten, Eigenschaften, Relationen verstanden werden: R (Z, A).

[3] G. Klaus: Semiotik und Erkenntnistheorie. 2. neubearb. Aufl., Berlin 1969, S. 58–60.

[4] Ebd. S. 67–77. – Die folgende Übersicht nach G. Klaus (Semiotik und

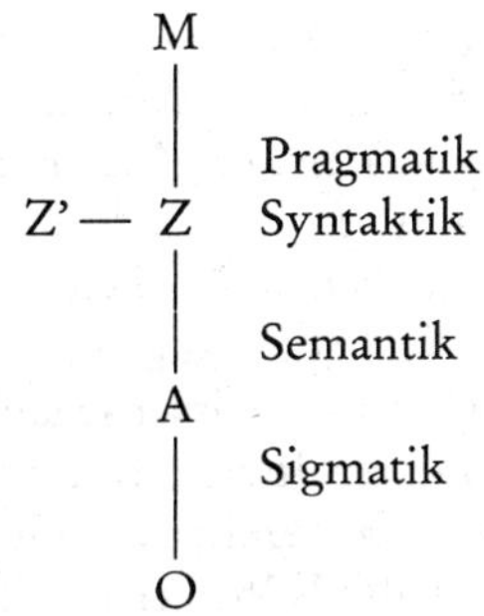

Die *Sigmatik* befaßt sich mit der Bezeichnungsfunktion von Zeichen. Zeichen haben nicht nur eine Bedeutung (gedankliche Entsprechung, meaning, intension), sondern sie bezeichnen auch Objekte bzw. Sachverhalte, Eigenschaften, Relationen (reference, extension). Zeichen haben einen Objektbezug, dieser ist über das gedankliche Abbild vermittelt: R (Z, A, O). Die Unterscheidung von Semantik und Sigmatik kann nur bei künstlichen Sprachen vernachlässigt werden, da diese anders als natürliche Sprachen einen wohldefinierten Objektbereich haben und die Bedeutung eines Zeichens infolgedessen identisch ist mit seiner Bezeichnung.[5]

Die *Pragmatik* befaßt sich mit den Beziehungen zwischen den Zeichen und den Menschen, die diese Zeichen produzieren und zu kommunikativen Zwecken verwenden: R (Z, M). In Abwandlung der Lasswellschen Formel zur Kommunikationsstruktur läßt sich die pragmatische Zeichenrelation in die Frage fassen: Wer bzw. welche sozialen Gruppen operieren zu welchem Zeitpunkt mit welchen Zeichen(reihen) in welcher Intention unter welchen medialen Bedingungen im Hinblick auf wen bzw. auf welche sozialen Gruppen mit welcher Wirkung? Gegenstand der Pragmatik ist also die gesellschaftlich-historische Vermitteltheit und Funktionalität sprach-

Erkenntnistheorie, sowie: Die Macht des Wortes. Ein erkenntnistheoretisch pragmatisches Traktat. 5. überarbeitete u. erw. Aufl., Berlin 1969).

[5] Zur Verdeutlichung führt Klaus ein Beispiel G. Freges an: „Morgenstern“ und „Abendstern“ bezeichnen dasselbe Objekt, haben aber unterschiedliche gedankliche Entsprechungen.

licher Zeichen, die kommunikative Zeichenverwendung; diese beruht auf einem der jeweiligen sozialen Gruppe (Schicht, Klasse) gemeinsamen Vorrat syntaktischer Muster, Bedeutungs-, Bezeichnungs- und Verhaltensmuster.

In Kenntnis der semiotischen Zeichenrelationen wird nun entscheidbar, in welchem Verhältnis die traditionelle engere Gegenstandsbestimmung von Literaturwissenschaft (gesellschaftlich sanktionierter Textkanon mit dem Index „Kunstwerk") zu der weiteren kommunikationstheoretisch fundierten Gegenstandsbestimmung steht. Literaturwissenschaft als Wissenschaft von den literarischen Kunstwerken konzentriert sich, syntaktische Untersuchungen voraussetzend, auf den semantisch-sigmatischen Aspekt eines vorgängig festgesetzten Teilbereichs von sprachlichen Zeichen bzw. Zeichenreihen und abstrahiert vom pragmatischen Aspekt. Literaturwissenschaft als Wissenschaft von sprachlich realisierten kommunikativen Prozessen stellt bewußt den pragmatischen Aspekt sprachlicher Zeichen in den Mittelpunkt der Untersuchung. Syntaktische und semantisch-sigmatische Untersuchungen sind dadurch aber keineswegs überflüssig geworden, sondern Voraussetzung bzw. Untersuchungsgegenstand, der in seiner historisch-sozialen Vermitteltheit und Funktionalität zu bestimmen ist.

Die pragmatische Zeichenrelation ist somit der allgemeine Bezugsrahmen für die vorgenommene Neuorientierung der Literaturwissenschaft. Wenn eine kunstwissenschaftlich orientierte Literaturwissenschaft im traditionellen Verstande vom pragmatischen Aspekt abstrahiert hat, dann ist dies im Rahmen von semantisch-sigmatischen Analysen zu rechtfertigen, aber eben nur in dieser Hinsicht. Eine Selbsttäuschung wäre es, wenn die pragmatische Vermitteltheit derartiger semantisch-sigmatischer Resultate aus der wissenschaftlichen Fragestellung ausgeklammert bliebe.

2. Voraussetzungen für die Bildung pragmatischer Kategorien

2.1 Operationalisierung von „Textherstellung"

Wie läßt sich nun Text als kommunikativer Prozeß beschreiben? Diese berechtigte Frage ist nicht leicht zu beantworten; es macht z. Z. noch erhebliche Schwierigkeiten, der pragmatisch fundierten Gegenstandsbestimmung von Literaturwissenschaft auch methodisch in der konkreten „Textanalyse" Rechnung zu tragen, da es an den entsprechenden Beschreibungskategorien fehlt. So kann auch im folgenden kein fertiges pragmatisches Analyseverfahren präsentiert werden, sondern es soll lediglich eine Möglichkeit zur Gewinnung pragmatischer Analysekategorien aufgezeigt werden. Dies wäre ein erster Schritt aus dem derzeitigen Dilemma, die für eine pragmatische Analyse ungeeigneten herkömmlichen semantischen Kategorien benutzen zu müssen.

Die pragmatische Zeichenrelation, d. h. Textprozesse beschreiben, heißt sie operationalisieren zu können. Das Problem ist also: Wie läßt sich der komplexe kommunikative Prozeß „Text" operationalisieren? Um mit möglichst wenig Aufwand zu einer praktikablen Lösung zu gelangen, erscheint es zweckmäßig, diese Operationalisierung nicht am Gesamtprozeß „Text" bzw. „Textverarbeitung" (Wienold) zu studieren, sondern an einem Teilprozeß, am Prozeß der Textherstellung, zumal der Gesamtprozeß „Textverarbeitung" als eine Folge von Textherstellungsprozessen definiert werden kann.[6] Dieser Teilprozeß sei folgendermaßen charakterisiert:

1. Jeder Text (Zeichenreihe) ist zu einem (kommunikativen) Zweck gemacht.

[6] G. Wienold: Textverarbeitung. Überlegungen zur Kategorienbildung in einer strukturellen Literaturgeschichte, in: Lili. Zeitschrift für Literaturwissenschaft und Linguistik 1 (1971), H. 1/2, S. 59–89. Wienolds Ansatz führt zwar über die bisherigen textlinguistischen Versuche weit hinaus; inwieweit aber seine Überlegungen zur Bildung von Beschreibungskategorien für kommunikative Prozesse führen können, bleibt aus den genannten Gründen zweifelhaft.

2. Der Zweck eines Textes besteht in seiner persuasorischen Wirkabsicht (Verhaltens- bzw. Einstellungsbestätigung oder -veränderung).
3. Die angestrebte Wirkung ist emotionaler Art: Mit Hilfe fungibler sprachlicher Mittel sollen Emotionen erregt werden.[7]
4. Insofern solche Emotionen innerhalb des jeweiligen gesellschaftlichen Normensystems erregt werden, ist die bewirkte Emotion stets auch ein (gesellschaftlicher) Impuls in Richtung auf eine Bestätigung oder Veränderung dieses Normensystems.
5. Die emotionale Wirkung ist über das Vehikel sprachlicher Zeichen herstellbar, manipulierbar – infolgedessen aber auch rational durchschaubar, die Kenntnis der Wirkungsbedingungen und der Wirkmittel vorausgesetzt.

Texte (Zeichenreihen) als grundsätzlich intentional hergestellt bzw. intentional realisiert zu definieren, mag vom Standpunkt einer semantisch-sigmatisch orientierten Literaturwissenschaft einseitig erscheinen und gewissen angeblich „zweckfreien" Textsorten nicht den geforderten Respekt zollen. Doch ergibt sich diese Definition folgerichtig aus dem pragmatischen Ansatz,[8] sie ist die Prämisse für eine pragmatische Texttheorie und ermöglicht erst eine Operationalisierung des Prozesses „Textherstellung". Diese Operationalisierung von Textkonstitution erscheint mir als der geeignete Weg zur Bildung pragmatischer Analysekategorien, und zwar schon deshalb, weil sie auf den Vorarbeiten der traditionellen rhetorischen Texttheorie aufbauen kann.

[7] Die Auffassung, die sogenannte rationale oder wissenschaftliche Sprache sei hiervon auszunehmen, ist eine habitualisierte Selbsttäuschung (seit Descartes); auch die Evidenz ist eine Emotion. Vgl. auch E. Grassi: Macht des Bildes: Ohnmacht der rationalen Sprache. Zur Rettung des Rhetorischen, Köln 1970.

[8] „Zweckfreiheit" ist ein poetologisches Postulat und als solches historisch zu relativieren.

2.2. Orientierung an der rhetorischen Texttheorie

Der Hinweis auf die traditionellen Lehrbücher der Rhetorik und Stilistik darf nicht falsch verstanden werden.[9] Diese Lehrbücher weisen zwar ein beachtliches Niveau bei der systematischen Erfassung pragmatischer Sachverhalte auf, können jedoch eine Theoriebildung, die den Ansprüchen der pragmatischen Zeichenrelation genügt, nicht ersetzen, und zwar aus folgenden Gründen:

1. Die Rhetoriklehrbücher beziehen sich als historische Lehrbücher auf bestimmte, jeweils unterschiedliche Textcorpora und unterschiedliche Kommunikationsbedingungen, verabsolutieren jedoch das jeweilige poetologische Normensystem. Sie sind also grundsätzlich nur für pragmatische Analysen innerhalb des betreffenden Zeitraums verwendbar, z. B. Rhetorik- und Stilistiklehrbücher des 19. Jahrhunderts für die pragmatische Analyse von Texten des 19. Jahrhunderts.
2. Selbst wenn man den historischen Bezugspunkt eines Rhetoriklehrbuchs beachtet, ist die direkte Anwendung rhetorischer Kategorien nur begrenzt möglich. Die rhetorischen Vorschriften zur wirkungsbezogenen Textherstellung beziehen sich nämlich ausschließlich auf das Sprachverhalten und die Einstellung der jeweils herrschenden gesellschaftlichen Gruppen. Dies betrifft die Vorschriften zur Grammatikalität und zur Stiltheorie.
3. Der rhetorische Kategorienbestand ist auch noch in einer weiteren Beziehung lückenhaft. Die Lehrbücher stellen nur Kategorien zur Erfassung verbaler Wirkmittel bereit, nicht aber Kategorien zur Erfassung visueller und auditiver Wirkmittel, oder richtiger: letztere nur insofern, als sie das Auftreten des Redners betreffen. Lükkenhaft ist auch die Erfassung der medialen Wirkmöglichkeiten; einzig erforschtes Medium ist das Auftreten des Redners.

Aus diesen Einschränkungen folgt, daß die rhetorischen Kategorien keine generell anwendbaren pragmatischen Kategorien sind.

[9] Ich verweise auf die von D. Breuer und G. Kopsch erstellte Bibliographie der rhetorischen Lehrbücher vom 16. bis zum 20. Jahrhundert in: H. Schanze (Hrsg.): Rhetorik. Beiträge zu ihrer Geschichte in Deutschland vom 16. bis zum 20. Jahrhundert, Frankfurt a. M. 1974.

Ihr begrenzter Anwendungsbereich ist allerdings kein Alibi dafür, in Unkenntnis des rhetorisch-pragmatischen Forschungsstandes sich mit syntaktischen und semantischen Analysekategorien zu behelfen, wie es in der derzeit betriebenen Textlinguistik versucht wird.[10] Demgegenüber ist zunächst einmal die Ausgangsposition der rhetorischen Texttheorie festzuhalten: der Versuch, persuasive Textherstellung zu operationalisieren. Die Möglichkeit dazu bot das Modell des Redners, der im Hinblick auf ein bestimmtes Publikum einen Redetext verfertigt und vorträgt. Die rhetorischen Kategorien sind an diesem Modell gewonnen. Die Forderung, auf dem bisherigen Forschungsstand aufzubauen, würde demnach bedeuten, die in Frage stehenden pragmatischen Sachverhalte an diesem Modell zu studieren, um auf diese Weise auch die überlieferten Kategorien auf ihre Verwendbarkeit hin überprüfen zu können. Keineswegs soll die alte Rhetorik restauriert werden,[11] vielmehr geht es darum, das Verfahren der Rhetorik in seinem Modellcharakter zu erkennen und nach Art der Modellmethode für die Bildung pragmatischer Kategorien zu benutzen.

2.3. Modellbegriff und Modellmethode

Die beabsichtigte Vorgehensweise setzt Klarheit über den Begriff des Modells sowie über die Leistungsfähigkeit einer Methode voraus, die sich eines Modells bedient.

Unter einem M o d e l l wird hier eine einfache, übersichtliche künstliche Anordnung (materielle oder gedankliche Konstruktion) verstanden, die durch die Art ihrer Konstruktion in einem Analogieverhältnis zu einem komplexen, unübersichtlichen Sachverhalt (Original) steht und per Analogie Aufschluß über Verhaltensweisen

[10] Vgl. die Übersicht bei K. Brinker: Aufgaben und Methoden der Textlinguistik. Kritischer Überblick über den Forschungsstand einer neuen linguistischen Teildisziplin, in: WW 21 (1971), H. 4, S. 217–237.

[11] Dies geschieht m. E. durch die Arbeiten von H. Lausberg: Handbuch der literarischen Rhetorik. 2 Bde., München 1960; Elemente der literarischen Rhetorik. 2. wesentlich erw. Aufl., München 1963; Rhetorik und Dichtung, in: Der Deutschunterricht 18 (1966), H. 6, S. 47–93.

und Struktur des Originals geben kann. Modelle in diesem Sinne dienen der Gewinnung von Erkenntnissen in einem noch weitgehend unbekannten Forschungsbereich; sie haben heuristische Funktion. Als Beispiele seien genannt: das Bohrsche Atommodell als Modell für das Verhalten von Elementarteilchen, der elektronische Rechenautomat als Modell für menschliche Gehirnfunktionen, der Laplacesche Dämon als Modell für ein kausalgesetzlich funktionierendes Universum, das platonische Höhlengleichnis als erkenntnistheoretisches Modell, das Modell des Senders in der Informationstheorie und in der Kommunikationstheorie.

Damit ist bereits angedeutet, was unter Modellmethode zu verstehen ist, nämlich die Anwendung von Modellen bei der Analyse komplexer Sachverhalte oder, wie G. Klaus formuliert, „die Abbildung der Fakten, Dinge und Relationen eines bestimmten Wissensbereiches auf eine einfachere, übersichtlichere materielle Struktur dieses Bereiches oder eines anderen Bereiches. Es handelt sich bei einem Modell folglich um ein dem Forschungsgegenstand in bestimmten wesentlichen Strukturen und Relationen analoges System, dessen Anwendung bei der Erforschung bestimmter Gegenstandsbereiche sich auf die wissenschaftliche Berechtigung von Analogieschlüssen gründet.“ [12] Die Anwendung von Modellen hat also, wie gesagt, heuristischen Sinn: Modelle „stellen Anweisungen zum Suchen, zum Probieren, zum versuchsweisen Konstruieren dar. Mit ihrer Hilfe werden Denkmöglichkeiten durchprobiert“ [13]. In dieser Hinsicht wirksame Modelle müssen eine möglichst große Anzahl von Analogien mit dem Original aufweisen, müssen die Analyse von analogen Funktionszusammenhängen ermöglichen und müssen dazu einfach sein.[14]

Diese Überlegungen zur Modellmethode gehen über den Rahmen des speziellen Problems weit hinaus. Die Geschichte der Wissenschaft ist unter modelltheoretischem Aspekt die Geschichte der An-

[12] G. Klaus: Kybernetik in philosophischer Sicht, Berlin 1965, S. 266.

[13] G. Klaus: Spezielle Erkenntnistheorie. Prinzipien der wissenschaftlichen Theoriebildung. 2. Aufl., Berlin 1966, S. 293.

[14] L. Couffignal: Das logische Konzept der Kybernetik, in: O. W. Haseloff (Hrsg.): Grundfragen der Kybernetik, Berlin 1967, S. 45.

wendung von Modellen, d. h. auch: eine Geschichte des Versagens von Modellen, „aber gerade die nicht ausreichenden Modelle sind erkenntnistheoretisch am interessantesten. An Stellen, an denen das Modell den Vergleich mit der Wirklichkkeit scheuen muß, liegt der Ausgangspunkt für weitere Fortschritte [. . .] Der Prozeß des ständigen Fortschreitens unserer Erkenntnis, der immer besseren Abbildung der Wirklichkeit durch die Begriffe und Theorien, ist auch ein Prozeß der Herstellung immer besserer Modelle der Wirklichkeit."[15] Das gilt auch für das im folgenden zu charakterisierende Modell.

3. Zur Gewinnung pragmatischer Kategorien am rhetorischen Modell

3.0 Vorbemerkung

Ein heuristisches Modell für den Bereich der Pragmatik ist das Verhalten des Redners, genauer: des Anwalts vor Gericht, der eine Rede verfertigt, um das Gerichtsverfahren im Sinne seiner Partei zu beeinflussen. Die traditionelle Rhetorik hat ihre Kategorien zur Analyse von Konstitution und Wirkungsbedingungen von Redetexten an diesem Modell gewonnen. Sie hat jedoch die Anwendbarkeit des Modells, unter dem Eindruck des philosophisch-ästhetischen Gegenmodells vom „Poeta vates" bzw. Geniepoeten, mehr und mehr begrenzt auf Redetexte im engeren Sinne, was zu einer Stagnation der rhetorisch-pragmatischen Theoriebildung geführt hat. Zu einer solchen Einengung des Gegenstandsbereichs auf eine bestimmte Textsorte besteht aber, wie bereits gezeigt wurde, keine Veranlassung. Der Prozeß der Redekonstitution ist als heuristisches Modell grundsätzlich auf alle Textsorten anwendbar, sofern es um ihre pragmatische Analyse geht, und die mit Hilfe des Modells

[15] G. Klaus: Kybernetik in philosophischer Sicht, S. 298f.; vgl. auch J. Willer: Die methodische Funktion von Modellen, in: Philosophische Perspektiven. Ein Jahrbuch. Hrsg. v. R. Berlinger und E. Fink. Bd. 3, Frankfurt a. M. 1971.

gewonnenen Kategorien ermöglichen eine pragmatische Analyse nicht nur der Textsorte „Rede", sondern aller Textsorten. Dabei ist allerdings darauf zu achten, daß sowohl das Modell wie die mit seiner Hilfe gewonnenen Kategorien ständig daraufhin überprüft werden müssen, ob sie den Gegenstand adäquat abbilden bzw. wo die Grenzen des Modells liegen und durch welches bessere es eventuell ersetzt werden kann. Im folgenden soll nun kurz dargestellt werden, welche Kategorien zur Beschreibung pragmatischer Sachverhalte mit Hilfe des Modells des Redners gewonnen werden können.

3.1 Bedingungen der Textherstellung

3.1.1 Affektenlehre

Der „Redner" steht vor der Frage: Mit welchen Mitteln kann ich den eventuell skeptischen Zuhörer von der Richtigkeit (genauer: Glaubwürdigkeit) meiner Sache überzeugen? Wie können im Zuhörer Emotionen, Affekte erregt werden, die ihn meiner Sache zustimmen lassen und ihn in der angestrebten Richtung aktivieren? Eine solche Intention setzt voraus, daß der „Redner" die möglichen emotionalen Verhaltensweisen seiner Zielgruppe überblickt, d. h. ihr Normensystem kennt und zweckentsprechend reproduzieren kann. F. Chr. Baumeister, ein Rhetoriker des 18. Jahrhunderts, faßt dies in folgende Regel:

> Der Zweck der Beredsamkeit ist die Gemüther zu gewinnen. [. . .] Sollen die Beweggründe ihre Wirkung thun, so müssen sie die Begierden in den Gemüthern der Zuhörer erregen. [. . .] Hierzu wird erfordert, daß ein Redner das menschliche Herz wohl kenne, und aus der Lehre von der Seele wisse, wie ein jedweder Affect entstehe, und durch was für Vorstellungen er könne gedämpfet werden.[16]

[16] F. Chr. Baumeister: Anfangsgründe der Redekunst in kurzen Sätzen abgefaßt, und mit Exempeln erläutert. Nebst einem Anhange der neuesten politischen Reden und Schreiben aus den Zeitungen gesammlet, Leipzig u. Budißin ^{4}1780, §§ 6, 59, 61.

Mit Hilfe dieser Modellbeobachtung kann als erstes Ergebnis festgehalten werden, daß die jeweils geltenden Verhaltensnormen der Bezugsrahmen für eine pragmatische Analyse sein müssen. Die rhetorische Theorie hat sich deshalb seit der Antike (vgl. die Rhetorikvorlesung des Aristoteles) um die Beschreibung und Systematisierung herrschender verhaltenspsychologischer Muster bemüht und als „Affektenlehre", d. h. als jeweilige Verhaltenspsychologie, in ihren Lehrbüchern tradiert (wobei allerdings – unter dem Druck der antiken Autoren – sehr oft die Historizität einer solchen Affektenlehre übersehen wurde).

Um die Zuordnung dieses Sachverhalts zur herkömmlichen Terminologie zu erleichtern, sei vermerkt, daß die Herstellungsbedingung „Beachtung der jeweiligen Verhaltensnormiertheit" einen Teilbereich der jeweiligen Poetik bzw. Poetologie ausmacht, wobei diese Begriffe gleichfalls pragmatisch zu definieren sind: Poetik als die Theorie der jeweils herrschenden Bedingungen (Normierungen) für die Herstellung von Texten deckt sich in einem Teilbereich mit der jeweiligen Affektenlehre insofern, als die geltenden verhaltenspsychologischen Muster Bedingungen für die Wirksamkeit von kommunikativen Prozessen (Texten) darstellen.

3.1.2 Stiltheorie

Der „Redner" muß aber nicht nur die Verhaltensnormen kennen, denen seine Zielgruppe unterliegt, also den Stand der Verhaltenspsychologie, sondern auch die sprachlichen Muster, die diesen Normen entsprechen: die sprachlichen Realisierungen der jeweiligen Verhaltensnormen (Sprachverhalten, Stil). Er muß im einzelnen wissen, welche sprachlichen Zeichenfolgen seine Zielgruppe als syntaktisch korrekt, semantisch richtig und schön (wohlgeformt) empfindet.

Die rhetorische Theorie hat aus diesen Überlegungen heraus die Lehre vom Stil entwickelt. Gegenstand der Stiltheorie ist die Analyse des jeweiligen Sprachverhaltens in seiner historisch-sozialen Bedingtheit mit dem Ziel, das zweckentsprechende Sprachverhalten des „Redners" bestimmen zu können. Bezugsgröße für die rhetorische Analyse des Sprachverhaltens ist der Begriff des „Aptum", seit dem 18. Jahrhundert in der deutschen rhetorischen Theorie auch mit „Geschmack" übersetzt. Die folgende Definition dieses Begriffes durch Chr. W. Snell, einen Rhetoriker des 18. Jahrhunderts, zeigt, daß dieser Begriff sich deckt mit dem der herrschenden Poetologie (Normensystem) einer Zeit:

> Das Vermögen und die Fertigkeit, nicht nur in der Natur, sondern auch in den Künsten, das Schöne, Passende und Schickliche zu empfinden, ist der *Geschmak*. [. . .]
>
> Der Geschmak der aufgeklärtesten und ausgebildetsten Klassen eines Volkes bestimmt in iedem Zeitraum den Werth der bei demselben erzeugten Kunstprodukte; und diejenigen Schriftwerke, welche dieser ausgebildetste Nationalgeschmak in iedem Zeitalter für die schönsten und besten erklärt, heißen *klaßische Werke*.
>
> So lang aber die Kultur eines Volkes und seiner Sprache noch zu- oder abnimmt, und also auch der daraufberuhende Geschmak noch veränderlich ist (und dieses ist der Fall bei ieder lebenden Nation); so lang ist auch der hiervon abhängige Werth seiner Schriftwerke noch nicht auf immer fixiert. [. . .]
>
> Der Inbegriff aller Grundsätze und Kunstregeln, nach welchem der Geschmak, oft ohne sich derselben bewußt zu seyn, empfindet und urtheilet, machen die *Kritik* aus, welche, wenn sie sich über alle schöne Künste und Wissenschaften erstrekt, sonst den Nahmen der *Aesthetik* führet. – Auch die *Grundsäze der Wohlredenheit* sind ein Theil der Kritik, sowie auch die *Rhetorik* oder *Redekunst*, die sich blos auf die eigentliche Beredsamkeit einschränkt, und die *Poetik*, welche allein die Dichtkunst zu ihrem Gegenstande hat.
>
> Diese Kunstregeln können zwar, ohne natürliche Anlagen und ohne Bekanntschaft mit den aufgeklärtesten und kultivirtesten Ständen und mit den besten Werken eines Zeitalters, den guten Geschmak nicht hervorbringen: aber sie sind es doch, die ihm Bildung, Festigkeit und Gewißheit ertheilen und ihn vor Verwirrungen bewahren. *Zu eignen Ausarbeitungen* und zur Beurtheilung und Verbesserung derselben sind sie vollends unentbehrlich. Übrigens verwandeln sich oft gedachte Kunstregeln mit der Zeit in blose Empfindungsideen, die man endlich befolget, ohne sich derselben immer deutlich bewußt zu seyn.[17]

[17] Chr. W. Snell: Lehrbuch der Deutschen Schreibart für die obern Klassen der Gymnasien, Frankfurt a. M. 1788, S. XXVI–XXIX.

Snell definiert also (übrigens im Anschluß an den Sprach- und Literaturtheoretiker J. Chr. Adelung) den Begriff „Geschmack“ als eine funktionale Größe. Die einzelnen Aspekte dieses Definitionsversuchs sind gerade im Hinblick auf eine pragmatische Theoriebildung genauer Beachtung wert:

1. „Geschmack“ ist die geltende Norm des Sprachverhaltens.
2. Diese Norm ist die Norm der sozial privilegierten („ausgebildetsten“) „Klasse“.
3. Die solchermaßen eingegrenzte Norm ist keine überzeitliche Konstante, sondern Funktionswert: Sie verändert sich in dem Maße, wie sich die historisch-sozialen Bedingungen („Kultur“) ändern.
4. Aufgabe entsprechender wissenschaftlicher Disziplinen (Ästhetik, Rhetorik, Poetik) ist es, die der jeweils geltenden Norm zugrunde liegenden Gesetzmäßigkeiten bewußtzumachen, um dadurch Maßstäbe für die Herstellung und Kritik von „Kunstprodukten“ zu gewinnen.
5. Die postulierten Gesetzmäßigkeiten („Kunstregeln“) können, internalisiert, zu Normen des Sprachverhaltens werden.

Das Problem der Entstehung bzw. der Veränderung von Normen ist damit freilich noch nicht ausreichend geklärt, doch ist dies auch kein Problem der rhetorischen Theoriebildung, sondern ein poetologisches; für die rhetorische Theorie ist nur von Interesse, daß das jeweils herrschende Normensystem des Sprachverhaltens, d. h. die jeweilige gesellschaftlich sanktionierte Poetologie („Aptum“, „Geschmack“) bei der Herstellung wirksamer Texte beachtet werden muß.

Im Rahmen der rhetorischen Stiltheorie ist nun versucht worden, diese entscheidende Wirkungsbedingung so zu formalisieren, daß sie im konkreten Fall kalkulierbar wird. Dazu haben z. B. die Kategorien „Puritas“, „Perspicuitas“ und „Ornatus“ gedient: Kategorien, die verdeutlichen, in welcher Weise syntaktische und semantisch-sigmatische Untersuchungen in die pragmatische Analyse einzubeziehen sind.[18]

[18] Zur Historizität dieser Einteilung vgl. J. Chr. Adelung: Ueber den Deutschen Styl. Bd. 1, 4. verm. u. verb. Aufl., Berlin 1800, S. 32f.;

1. „Puritas“

Die rhetorische „Puritas“-Lehre befaßt sich mit der jeweiligen syntaktischen Normierung des Sprachverhaltens und formuliert die geltenden grammatischen Korrektheitsvorschriften. Der „Redner“ (Texthersteller) hat im einzelnen bei der Verwendung von sprachlichen Zeichen auf „Sprachreinheit“ (korrekte Zeichenverwendung, adäquater Soziolekt) und „Sprachrichtigkeit“ (korrekte Verknüpfung von Zeichen) zu achten, denn wirksame Kommunikation ist nur gegeben bei Benutzung gemeinsamer syntaktischer Muster. Der linguistische Terminus für diesen Bereich ist „Grammatikalität“.

2. „Perspicuitas“

Unter dem Begriff „Perspicuitas“ (Klarheit, Deutlichkeit, Verständlichkeit) ist die jeweilige semantische Normierung des Sprachverhaltens zu verstehen. Textherstellung erfordert also Verwendung sanktionierter semantisch-sigmatischer Zeichenrelationen. Zur Bezeichnung dieses Sachverhalts bietet sich der linguistische Terminus „Akzeptabilität“ (Chomsky) an. Übrigens ist dieser Bereich Gegenstand der werblichen Persuasionsforschung, soweit sie sich um Verfahren zur Verständlichkeitsanalyse bemüht.[19]

3. „Ornatus“

Die Forderung des „Ornatus“ besagt, daß bei der Herstellung wirksamer Texte nur solche sprachlichen Mittel verwendet werden sollen, die – über die Verständlichkeit hinaus – den sanktionierten Schönheitsvorstellungen entsprechen, d. h. einem bestimmten (historisch fixierbaren) Qualitätsanspruch genügen. In diese Richtung weisen die linguistischen Begriffe „Wohlgeformtheit“ und „angemessener Gebrauch“ (Isenberg). Kategorien des „Ornatus“ sind z. B. „Würde“ (Stilhöhe), „Lebhaftigkeit“, „Wohlklang“, „Neuheit“,

K. Reinhard: Erste Linien eines Entwurfs der Theorie und Literatur des Deutschen Styles, Göttingen 1796, S. 35f.

[19] Vgl. dazu P. Teigeler: Verständlichkeit und Wirksamkeit von Sprache und Text, Stuttgart 1968 (Effektive Werbung 1).

„Mannigfaltigkeit", „Einheitlichkeit": historisch zu relativierende Kategorien also, deren Bedeutung der jeweiligen Norm entsprechend fixiert ist.

Besondere Beachtung hat die rhetorische Theorie der Kategorie „Würde" (Stilhöhe) gewidmet, da sie sich als weiter formalisierbar erwies. Auf diese Weise konnten „Ornatus"-Vorschriften in Form einer kalkulierbaren Größe in den Prozeß der Textherstellung bzw. in entsprechende Analyseverfahren einbezogen werden.

Die Stilkategorie „Würde" wird gewöhnlich von ihrem sozialen Bezug her definiert, ausdrücklich z. B. bei J. Chr. Adelung (1732–1806). Adelung geht von der Beobachtung aus, „daß jede Sprache einer mannigfaltigen Modification fähig ist, je nachdem die gesellschaftlichen Verhältnisse jeder Classe von Einwohnern, und der darauf gegründte Grad der Kenntniß und des Geschmackes, beschaffen sind". Er folgert:

> Hierauf beruhet nun unter andern auch *die Würde des Ausdruckes*, d. i. dessen Verhältniß gegen die eigenthümliche Denkungs- und Empfindungsart jeder Classe von Einwohnern. Ist der Ausdruck der eigenthümlichen Denkungs- und Empfindungsart der niedern Classen angemessen, so ist er niedrig oder *unedel*, hingegen edel, wenn er der eigenthümlichen Denkungs- und Empfindungsart der obern Classen gemäß ist. Da Schriftsteller in den gewöhnlichsten Fällen zu den obern Classen gehören, und für diese schreiben und sprechen, so muß auch ihr Ausdruck der eigenthümlichen Denkungs- und Empfindungsart derselben angemessen, folglich *edel* seyn. Dies ist der Grundsatz der *absoluten Würde*, welcher folglich alles Unedle von der schönen Schreibart ausschließt, das Niedrigkomische ausgenommen [. . .].[20]

Innerhalb des jeweils „würdigen", d. h. gesellschaftlich sanktionierten Sprachverhaltens können nun verschiedene Grade (Ebenen) des Sprachverhaltens unterschieden werden, die von den speziellen Kommunikationsbedingungen abhängen:

> Aber auch der edle Styl ist wieder verschiedener Grade fähig, welche wiederum theils von den Personen, zu welchen man spricht, oft auch von dem Stande derjenigen Person, welche spricht, theils von dem Gegen-

20 J. Chr. Adelung: Ueber den Deutschen Styl. Bd. 2, S. 7f.

stande, von welchem man spricht, theils aber auch und vornehmlich von der Absicht, in welcher man spricht, abhängen. Freunde von Geschmack drucken sich im vertraulichen Umgange anders aus, als sie sich ausdrucken würden, wenn sie mit Empfindungen der Hochachtung und Würde zu höhern Personen sprechen. Ist die Rede an Unmündige sowohl den Jahren als dem Verstande nach gerichtet, und der Sprechende verbindet damit zugleich die Absicht, sich das Vertrauen dieser Personen zu erwerben, so ist der Ausdruck in vielen Stücken anders modificiret, als wenn er in dem gewöhnlichen Gemüthsstande von gewöhnlichen Gegenständen ohne alle Nebenabsicht spricht. Hieraus ergeben sich nun die Unterarten des edlen Styles, der *vertrauliche, mittlere* und *höhere*. Den vertraulichen hat man oft den *niedern* genannt; allein mit Unrecht, weil der niedere allemahl ein Fehler ist, daher er wegen seiner fehlerhaften Niedrigkeit auch als eine Figur des Niedrigkomischen gebraucht wird.[21]

Die rhetorische Theorie hat aus diesen oder ähnlichen Überlegungen eine differenzierte Stilebenentheorie entwickelt. Diese Stilebenen liegen inhaltlich nicht ein für allemal fest (wenn auch die meisten Rhetoriker das zu ihrer Zeit herrschende Sprachverhalten fälschlicherweise verallgemeinern), sondern beziehen sich – *per definitionem* – auf die jeweils herrschende Sozialordnung oder genauer: hängen ab vom Sozialstatus von Kommunikanten und Kommunikator, von der normentsprechenden „Wertigkeit“ des Gegenstandes und von den speziellen Wirkabsichten.

Der heuristische Wert der rhetorischen Stilebenentheorie für die pragmatische Kategorienbildung ergibt sich bereits aus der Definition der rhetorischen Stilkategorie „Würde“ (Stilhöhe), woraus zunächst einmal erhellt, daß Stilvorschriften Vorschriften über gesellschaftliches Wohlverhalten sind. Da es sich stets nur um historische Verhaltensvorschriften handeln kann, setzt eine pragmatische Theorie der Stilebenen eine Beschreibung des jeweils herrschenden Sprachverhaltens, also soziolinguistische Untersuchungen voraus. Durch die Zuordnung von Texten (kommunikativen Prozessen) zu diesen Kategorien kann sodann eine erste Funktionsbestimmung von Texten versucht werden.

In ähnlicher Weise sind auch die übrigen rhetorischen Stilkategorien zu modifizieren. Um sie als pragmatische Kategorien benutzen

[21] Ebd. S. 8.

zu können, muß man sie, wie gesagt, als historisch variable Größen sehen, die inhaltlich entsprechend der jeweils herrschenden Poetologie zu füllen sind.

3.1.3 Statuslehre

Zur Herstellung einer wirksamen Rede gehört neben der Beachtung der geltenden Verhaltensnormen mit Einschluß der Normen des Sprachverhaltens, daß der „Redner" seine spezielle, momentane Situation richtig einschätzt; er muß den Stand des Verfahrens kennen, d. h. beurteilen können, wie sich das Verfahren in der Sicht der Zielgruppe darstellt, und den Grad der Abweichung des von ihm vertretenen Standpunkts von der Position seiner Zielgruppe (Richter, Anwalt der Gegenpartei, Zuhörer) bestimmen. Nur so kann er den geeigneten Ansatzpunkt seiner Argumentation (Thema) finden, d. h. wirksam *reagieren*: Textherstellung ist Reaktion auf hergestellte Texte.

Die rhetorische Theorie hat von diesen Überlegungen aus die sogenannte Statuslehre entwickelt, eine Systematik zur Bestimmung der jeweiligen Redesituation. Die Redesituation wird bestimmt durch Analyse der momentanen Sachlage, wobei der Grad der Abweichung der Standpunkte (Glaubwürdigkeitsgrad) zu beachten ist.[22]

Auch diese Beobachtungen am Modell müssen nach ihrem heuristischen Wert für die pragmatische Kategorienbildung befragt werden. Da zeigt sich nun, daß nicht „Dauerhaftigkeit"[23] oder Zeitlosigkeit primäres Merkmal eines pragmatischen Textbegriffs sein können, sondern Situationsbezogenheit. „Gemachter Text" ist

[22] Solche Glaubwürdigkeitsgrade sind: *genus honestum* (Sachverhalt mit hohem Glaubwürdigkeitsgrad), *genus dubium* (mittlerer Grad durch ungewissen Ausgang der Sache), *genus turpe* (erlogener Sachverhalt), *genus humile* (Bagatellsache), *genus obscurum* (komplizierter, wissenschaftlicher Sachverhalt).

[23] H. Glinz: Linguistische Grundbegriffe und Methodenüberblick, Frankfurt a. M. 1970 (Studienbücher zur Linguistik u. Literaturwissenschaft 1), S. 122.

die Funktion einer konkreten kommunikativen Situation. „Situation" kann begrifflich gefaßt werden als die Abweichung der Position (Einstellung) des Textherstellers von der Position (Einstellung) der Zielgruppe bzw. Zielperson in bezug auf einen bestimmten Sachverhalt zu einem bestimmten Zeitpunkt. Mit dieser Bestimmung der Situationsbezogenheit ist zumindest angedeutet, wie die speziellen Herstellungsbedingungen von Zeichenreihen erfaßt werden können.[24]

3.2 Phasen der Textherstellung

3.2.0 Übersicht

Die aus „Affektenlehre", „Stiltheorie" und „Statuslehre" ableitbaren pragmatischen Kategorien ermöglichen vor allem die Erfassung der historisch-sozialen Vermitteltheit von kommunikativen Prozessen (Texten); mit ihrer Hilfe kann also der Bezugsrahmen für den speziellen Textherstellungsprozeß ermittelt werden. Der Prozeß selbst wird im rhetorischen Modell aufgrund seiner definierten Phasenstruktur operationalisiert: Die genannten Bedingungen kalkulierend bzw. in ihnen fungierend, arbeitet der „Redner" seine Rede aus; dies geschieht in fünf Phasen:

1. Invention: Auffinden der zum situationsbedingten Redeanlaß (Thema) passenden Gedanken und Materialien (Stoffsammlung).
2. Disposition: Ordnen des Stoffes zu einem wirkungsbezogenen Redeganzen nach vorgegebenen Ordnungsschemata (u. a. durch Wahl der entsprechenden Gattung).
3. Elokution: Ausgestaltung des gewählten Argumentationsschemas mit sprachlichen Mitteln, die der Redeintention entsprechen („stilistische" Bearbeitung).
4. Memorieren: Auswendiglernen der konzipierten Rede.
5. Aktion: Vortrag nach Einüben von wirkungsbezogener Mimik,

[24] Eine genauere Auswertung der Statuslehre könnte hier noch weiterführen; dabei wäre der sozialwissenschaftliche Begriff der „Einstellung" mitzudiskutieren.

Gestik, Stimmführung, gegebenenfalls nach Herstellung einer wirkungsbezogenen Kulisse.

Diese Phasen sind in der traditionellen rhetorischen Theorie zu systematischen Teilen einer umfassenden Redelehre ausgearbeitet worden, den sogenannten „Partes". Die Vorarbeiten der Rhetoriker insbesondere zu Invention, Disposition, Elokution und Aktion gilt es im folgenden für die pragmatische Kategorienbildung zu nutzen.[25]

3.2.1 Invention und Topik

Die Suche nach Gedanken (*res*), die zur Bewältigung der speziellen Situation im Hinblick auf die intendierte Wirkung geeignet sind, geschieht nicht im freien Spiel der Phantasie oder in visionären Zuständen, sondern planvoll durch Erinnerung an Gelerntes. Aufgefunden werden kann nur – und mehr ist auch nicht nötig –, was im Gedankenspeicher des Gedächtnisses schon vorhanden ist. Dies setzt voraus, daß der „Redner" aufgrund einer entsprechenden Vorbildung (*exercitationes*) über eine ausreichende Menge von Gedanken (*copia rerum*) verfügen kann.

Invention heißt also „Finden durch Erinnerung" mit Hilfe einer optimalen Erinnerungstechnik.[26] Dem liegt eine bestimmte – technisch längst realisierte – Vorstellung vom Gedächtnis zugrunde: Das Gedächtnis als ein räumliches Ganzes, in dessen einzelnen Raumteilen (Örter, Topoi, Loci) die einzelnen Gedanken gespeichert sind. Die Topoi insgesamt enthalten somit die *copia rerum*, sie sind die „sedes argumentorum" (Sitze der Gedanken bzw. Argumente), nicht die konkreten Argumente selbst. Von dieser Auffassung ausgehend, hat die rhetorische Theorie die Raumteile mit

[25] Der hier interessierende Aspekt der „Memoria"-Lehre (Lerntheorie, Theorie der Datenspeicherung) wird im Abschnitt „Invention" mitbehandelt. Zur „Memoria"-Lehre vgl. im übrigen K. Dockhorn: „Memoria" in der Rhetorik, in: K. Dockhorn: Macht und Wirkung der Rhetorik. Vier Aufsätze zur Ideengeschichte der Vormoderne, Bad Homburg/Berlin/Zürich 1968 (Respublica literaria 2), S. 96–104.

[26] H. Lausberg: Rhetorik und Dichtung, S. 61.

Namen (Adressen) versehen: Topoi in diesem engeren Sinne des Begriffs sind die Adressen für Teilmengen von gespeicherten Gedanken. Der Begriff „Topik“ bezeichnet dann die Summe der Adressen (Abrufschemata) für die jeweilige Gesamtmenge der gespeicherten Gedanken (Argumente).[27]

Diesem (auf Aristoteles zurückgehenden) Toposbegriff steht schon seit den Anfängen der rhetorischen Theorie eine andere Auffassung gegenüber, der zufolge die Topoi die fungiblen inhaltlichen Elemente (*res*) selbst sind, die in Handbüchern systematisch gesammelt werden können. Solche Handbücher, die nichts anderes sind als „externe“ Speicher, sind die sogenannten Exempelsammlungen (Sammlungen von Gedankenmaterial, das der Beglaubigung der Argumentation dienen soll).[28]

Die Literaturwissenschaft hat erst spät, etwa seit den Veröffentlichungen des Romanisten E. R. Curtius,[29] den heuristischen Wert der rhetorischen Toposbegriffe erkannt. Seither gibt es zahlreiche Versuche, zunächst einmal den „richtigen“ Toposbegriff zu ermitteln.[30] Doch haben solche Versuche bestenfalls weiteres Belegmaterial für die Historizität der Begriffsbildung erbracht. Wichtiger ist die den Begriffen zugrunde liegende Vorstellung von der Fungibili-

[27] Quintilian z. B. unterscheidet Abrufschemata für Argumente *a persona* (von der Person her) und *a re* (von der Sache her). Vgl. dazu B. Emrich: Topik und Topoi, in: Der Deutschunterricht 18 (1966), H. 6, S. 15–46.

[28] Dabei wird unterschieden zwischen Historiensammlungen (historische Episoden, Rechtsfälle), Sammlungen von Fabulae und Fabella (Episoden aus „Dichtungen“; Fabeln, Märchen, Schwänke), Parabelsammlungen (Gleichnisse auf der Grundlage von gruppenspezifischen Lebenserfahrungen), Sentenzenbüchern (Aussprüche von Autoritäten), Spruch- und Sachregister zur Bibel, Adagiensammlungen (Sprichwörter und Redensarten), Konversationslexika und fachspezifische Sachwörterbücher, Gesetzbücher u. a.

[29] E. R. Curtius: Europäische Literatur und lateinisches Mittelalter, Bern 1948.

[30] Vgl. die Übersicht bei J. Dyck: Ticht-Kunst. Deutsche Barockpoetik und rhetorische Tradition. 2. verb. Aufl., Bad Homburg 1969 (Ars poetica 1), S. 174–176: Exkurs I.

tät aller stofflich-inhaltlichen Elemente oder genauer: aller semantischen Einheiten.

Textherstellung wäre somit – in einem Teilbereich – vorläufig zu bestimmen als Auswahl zweckentsprechender semantischer Einheiten aus der jeweils verfügbaren *copia rerum* mit Hilfe von bewußt oder unbewußt verwendeten Abrufschemata (Adressen). Dabei ist es unerheblich, ob der Zugriff auf das Gedächtnis (interner Speicher) oder auf Handbücher (externe Speicher) erfolgt. Es kann hier nur angedeutet werden, daß die rhetorische Topik in ihrer Begrifflichkeit – wiederum heuristisch – auf die Theorie der Datenspeicherung ("information retrieval") verweist.

Stoff- und Motivforschung werden schon seit längerem betrieben; vor allem die vergleichende Literaturwissenschaft hat darin ein Aufgabengebiet gesehen. Ein Hemmnis gerade der deutschen Literaturwissenschaft ist dabei allerdings die – poetologisch bedingte – Originalitätsfixiertheit und im Gefolge davon das Fahnden nach stofflichen und formalen Abhängigkeitsverhältnissen der Poeten untereinander gewesen. Der rhetorischen Topik näher sind die Verfahrensweisen der sogenannten Volkserzählforschung. Aufbauend auf den Vorarbeiten der „Finnischen Schule" (Antti Aarne und Kaarle Krohn), hat Stith Thompson einen Index erstellt, in dem mehr als 40000 Erzählmotive unter zehn Kategorien inhaltlicher Art katalogisiert sind.[31] Es spricht nicht gegen die Volkserzählforschung, wenn ihre vergleichsweise rationalen Verfahren der Textanalyse von einer Literaturwissenschaft, die sich als Kunstwissenschaft versteht, abgelehnt werden; handelt es sich doch um „eine Methode, die auf die Kunstliteratur nicht übertragbar sein dürfte und von einer um Interpretation und Wesenserkenntnis bemühten Literaturwissenschaft wohl kaum übernommen werden wird"[32].

[31] St. Thompson: Motif-Index of Folk-Literature. A Classification of Narrative Elements in Folktales, Ballads, Myths, Fables, Mediaeval Romances, Exempla, Fabliaux, Jest Books and Local Legends. 6 Bde., Kopenhagen ²1955–58. – Eine Vorstufe dazu, von deutschsprachigem Textmaterial ausgehend, ist das Werk von J. Bolte und G. Polivka: Anmerkungen zu den Kinder- und Hausmärchen der Brüder Grimm. 5 Bde., ²1963.

[32] E. Frenzel: Stoff- und Motivgeschichte, Berlin 1966 (Grundlagen der Germanistik 3), S. 18.

So urteilt die Stoff- und Motivforscherin E. Frenzel noch 1966, und sie hat damit nicht einmal unrecht.

Die Annahme der prinzipiellen Fungibilität der inhaltlichen (semantischen) Elemente eines Textes (Zeichenreihe) ist auch die Voraussetzung für die Entwicklung der verschiedenen Verfahren der Aussagenanalyse (Content Analysis) im Bereich der empirischen Sozialforschung gewesen. Es sprechen auch noch andere Gründe dafür, daß die (angloamerikanischen) Forschungen zur Content Analysis die rhetorische Theoriebildung in einem engeren Bereich fortsetzen. Sie setzen ziemlich genau zu dem Zeitpunkt ein, als die rhetorische Theorie von der philosophischen Ästhetik als der offiziellen Literaturtheorie gänzlich verdrängt ist, nämlich um 1900; im deutschsprachigen Raum wird die Content Analysis erst ab 1964 rezipiert.

Die Zielsetzung der Aussagenanalyse ist der Definition von B. Berelson zu entnehmen: "Content analysis is a research technique for the objective, systematic, and quantitative description of the manifest content of communication."[33] Unter "manifest content" wird gewöhnlich die Semantik eines „manifesten" Textes (im Sinne des traditionellen, nicht-funktionalen Textbegriffs) verstanden. Methodisch gesehen geht es um die Zuordnung einer bestimmten Menge von besonders präparierten Aussagen zu bestimmten Aussagenkategorien; aus der Häufigkeitsverteilung wird sodann auf die Semantik der Textmenge geschlossen. Diese Analyse der inhaltlichen Charakteristika eines Textcorpus erfolgt auf dem Hintergrund eines kommunikationstheoretischen Konzepts: Ziel der Aussagenanalyse ist es, Aufschluß über die Einstellung des betreffenden Kommunikators zu erhalten. Jedoch wird – aus Gründen der Meßgenauigkeit – von der Aussagenentstehung und der Aussagenwirkung abstrahiert. Die Auswertung der Ergebnisse im Hinblick auf den jeweiligen Kommunikationsprozeß wird einem zweiten Arbeitsschritt vorbehalten.[34]

[33] B. Berelson: Content Analysis in Communication Research, Glencoe 1962, S. 489. Zit. nach H. Bessler: Aussagenanalyse. Die Messung von Einstellungen im Text der Aussagen von Massenmedien, Gütersloh 1970 (Gesellschaft und Kommunikation 4), S. 37.

[34] Über die z. Z. verwendeten Verfahren der Aussagenanalyse unterrich-

Damit ist einsichtig, daß die Aussagenanalyse kein pragmatisches, sondern ein semantisches Analyseverfahren ist. Wie man nun aber von den semantischen Befunden zu pragmatischen gelangen soll, wenn man nicht von vornherein mit pragmatischen Kategorien gearbeitet hat, ist schon weniger einsichtig, ja logisch nicht nachvollziehbar. Wenn man zuerst die „Textaussage" analysiert, dann ihre „Entstehungsbedingungen", schließlich ihre „Wirkung", so ergibt die Summe der drei Untersuchungsbereiche noch keine pragmatische Analyse, weil bei der Detailanalyse gerade die Funktionalität des Gesamtvorgangs außer acht geblieben ist.

Hier führt eine genauere Orientierung am rhetorischen Modell weiter. Zunächst einmal muß klargestellt werden, daß die rhetorische Topik nicht der Auffindung von semantischen Einheiten dient, sondern von Argumenten. Argumente sind funktionalisierte Aussagen, d. h. Aussagen, die vom „Redner" (Texthersteller) in einer bestimmten Situation im Hinblick auf eine Zielgruppe (Zielperson, Rezipienten) zu einem persuasiven Zweck verwendet werden. Textherstellung ist folglich, in Verbesserung des ersten Definitionsversuchs, die Auswahl zweckentsprechender Argumente aus dem jeweils verfügbaren gespeicherten Vorrat mit Hilfe von Abrufschemata. Umgekehrt muß ein entsprechendes Analyseverfahren auf die Argumentationsstruktur einer Zeichenreihe gerichtet sein. Inwieweit die einzelnen Kategorien der rhetorischen Topik diesem Aspekt der pragmatischen Analyse genügen können, bleibt zu überprüfen.

3.2.2 Disposition

Disposition, die zweite Phase im Arbeitsprozeß des Textherstellers, ist die Auswahl und Anordnung der im Inventionsvorgang

tet im einzelnen H. Bessler: Aussagenanalyse. Eine erste Anwendung von aussagenanalytischen Verfahrensweisen auf literarhistorisches Textmaterial ist die Arbeit von B. Rieger: Poetae studiosi. Analysen studentischer Lyrik des 19. und 20. Jahrhunderts. Ein Beitrag zur exaktwissenschaftlichen Erforschung literarischer Massenphänomene, Frankfurt a. M. 1970.

aufgefundenen Gedanken (Argumente) im Hinblick auf die beabsichtigte Wirkung. Dies betrifft 1. den zweckmäßigen Umfang der einzelnen Argumente (*amplificatio*), 2. die zweckmäßige Anordnung der Argumentation (*ordo*), 3. die Auswahl eines zweckmäßigen Argumentationsmusters (Gattung).

1. Umfang des Arguments

Der aufgefundene argumentative Gedanke kann „breit" oder „knapp" ausgeführt werden, je nach Wirkabsicht, die ja auf Persuasion zielt. Dabei werden in der traditionellen rhetorischen Theorie folgende Möglichkeiten unterschieden:
Incrementum: in sich gesteigerte Darbietung derjenigen Synonyme, die den Sachverhalt je nach Bedarf parteigünstig verstärken oder abschwächen;
Comparatio: Überbietung eines Exempels durch den zu behandelnden Sachverhalt;
Ratiocinatio (Rückschluß): „breite" Darstellung der Begleitumstände des zu behandelnden Sachverhalts, um den Zuhörern dessen Wichtigkeit zu suggerieren;
Congeries: Ausweitung des Arguments durch Häufung von Synonymen, um das Gewicht des Arguments zu unterstreichen.

2. Anordnung der Argumentation

Bezüglich der Argumentationsstruktur eines Textes unterscheidet die rhetorische Theorie zwischen dem „Ordo naturalis" und dem „Ordo artificialis". „Ordo naturalis" ist die an der jeweiligen Norm des Sprachverhaltens orientierte Anordnung der Argumente. „Ordo artificialis" ist die bewußte Normabweichung in bezug auf die Argumentationsstruktur.

Für den „Ordo naturalis" (normentsprechende Argumentationsstruktur) hat die rhetorische Theorie als allgemeine Regeln den „Modus per tempora" (zeitlich geordnete Reihenfolge) und den „Modus per incrementa" (Reihenfolge nach dem Prinzip der Steigerung: Endstellung des wirksamsten Arguments bzw. Argumentteils) aufgestellt. Hinzu kommen Gesetzmäßigkeiten über die wirksame Argumentationsstruktur einer ganzen „Rede" („Partes orationis"):

Exordium: Herstellung des Publikums- bzw. Leserbezugs durch geeignete Exordialtopoi;
Transitus (Überleitung).
Narratio: Detaillierte (parteigünstige bzw. interessenbezogene) Darstellung des Sachverhalts;
Propositio: Zusammenfassung des gedanklichen „Kerns" der Narratio, zugleich als Überleitung zur Argumentatio.
Argumentatio: Beweisführung durch mehrere Argumente (zentraler Redeteil).
Refutatio: Widerlegung entgegenstehender Argumente.
Peroratio: Zusammenfassung: Memorieren des Beweisverfahrens;
Affizierung des Publikums: Affekterregung (Emotionalisierung) als letzte Möglichkeit, das Publikum für das angestrebte Redeziel zu gewinnen.

Selbstverständlich können die Regeln zur normentsprechenden Argumentationsstruktur nicht ahistorisch verallgemeinert werden, da sie sich ja auf bestimmte historische Normen beziehen. Doch darf man nicht übersehen, daß die (jeweils poetologisch bedingten) Argumentationsstrukturen sich bis ins 19. Jahrhundert hinein relativ konstant erhalten haben. Argumentationsstrukturen können also bis zu diesem Zeitpunkt mit Hilfe der genannten dispositionalen Kategorien erfaßt werden, behalten darüber hinaus aber ihren heuristischen Wert für die pragmatische Analyse, vorausgesetzt, daß sie an der jeweiligen Norm des Sprachverhaltens überprüft werden. Hierin sieht die gegenwärtige Persuasionsforschung eine ihrer Aufgaben.[35]

Der „Ordo artificialis" (bewußte Normabweichung zum Zwecke der Wirksamkeitssteigerung) funktioniert nur auf der Voraussetzung, daß es – im jeweiligen historisch-sozialen Bezugsrahmen – normierte, allgemein akzeptierte (erwartbare) Argumentationsstrukturen gibt, die nur partiell übertreten, nicht grundsätzlich in

[35] Vgl. den Überblick bei I. L. Janis: Kommunikation und Meinungswechsel, in: O. W. Haseloff (Hrsg.): Kommunikation, Berlin 1969 (Forschung u. Information 3), S. 126–138, und P. Teigeler: Verständlichkeit und Wirksamkeit von Sprache und Text.

Frage gestellt werden. So kann der „Modus per tempora" verändert werden (z. B. bei Medias-in-res-Beginn mit nachgeholter Vorgeschichte in der Narratio). Der „Modus per incrementa" kann in bezug auf die Redeteile etwa dadurch verändert werden, daß einzelne Redeteile ausgelassen oder umgestellt werden, um der gegebenen Situation wirksamer gerecht werden zu können.

3. Auswahl des zweckentsprechenden Argumentationsmusters

Die Wirkung eines Textes (kommunikativer Prozeß) ist, wie gezeigt wurde, stets an seinen Bezugsrahmen: an das jeweilige historisch-soziale Normensystem gebunden. Dieses Normensystem umfaßt u. a. einen bestimmen Vorrat von syntaktischen Mustern höherer Komplexität, die als Argumentationsmuster (Formen, Gattungen) bestimmte, jeweils definierte kommunikative Funktionen haben. Der Texthersteller steht vor der Aufgabe, aus dem Vorrat von gesellschaftlich sanktionierten Argumentationsmustern im Hinblick auf Zielgruppe, Gegenstand und Situation das wirksamste Muster auszuwählen.

Die Argumentationsmuster (Formen, Gattungen) sind im Rahmen der geltenden Norm aufgrund der emotionalen Wirkungen, die ihnen zugebilligt werden, definiert – erkennbar etwa am Index „Stilhöhe" oder an der unterschiedlichen (emotionalen) Wertigkeit bestimmter an sie gebundener Gegenstandsbereiche. Die dabei auftretenden graduellen Unterschiede boten die Möglichkeit, Argumentationsmuster zu beschreiben und zu systematisieren: in einer Gattungslehre zusammenzufassen. Gattungslehren dieser Art finden sich vorwiegend in rhetorisch orientierten Poetiklehrbüchern, sind aber keineswegs auf die Sorte „poetischer Text" beschränkt. Erfaßt werden in den Rhetoriken oder Poetiken jedoch immer nur solche Gattungen, die innerhalb der geltenden Norm des Sprachverhaltens von Interesse sind, d. h. wirksam funktionieren. Insofern handelt es sich stets um eine „offene Systematik".

Welche Argumentationsmuster zur heute geltenden Norm des Sprachverhaltens gehören, ist systematisch noch nicht erforscht. Ein erster Versuch auf diesem Gebiet von literaturwissenschaftlicher Seite sind Fr. Sengles Vorschläge zu einer „literarischen Formenlehre".[36] Die konkrete Arbeit ist aber erst noch zu leisten. Sie berührt sich zum Teil mit der werblichen Mediaforschung.

3.2.3 Elokution

Die Phase „Elokution" stellt sich im Modell folgendermaßen dar: Nachdem der „Redner" zweckdienliche Argumente gefunden und diese unter Verwendung eines situationsbezogenen Argumentationsmusters in die wirksame Reihenfolge gebracht hat, begibt er sich an die sprachliche Detailarbeit; er versucht, sein gedankliches Konzept im einzelnen wirksam zu formulieren. Dazu greift er, in einem dritten inventiven Akt, auf einen gespeicherten Vorrat sprachlicher Zeichen von der Größenordnung „Wort", „Ausdruck", „Phrase", „Syntagma" (= sprachliche Wirkmittel im engeren Sinne) zurück, auf die ihm zur Verfügung stehende „Copia verborum".[37] Diese sprachlichen Zeichen sind als Wirkmittel über bestimmte Abrufschemata (Adressen) verfügbar. Sowohl Zeichenvorrat als auch die verfügbare Menge der Abrufschemata sind durch die jeweils geltende Norm des Sprachverhaltens begrenzt bzw. festgelegt.

Das Problem steckt in der Definition solcher Abrufschemata. Die rhetorische Theorie hat sie als „Figuren" bestimmt; so definiert K. Reinhard, ein Rhetoriker der Adelungschen Richtung:

> Diejenigen Modificationen oder Hülfsmittel des Ausdrucks in einzelnen Fällen, welche Mittel sind, auf Eine oder die andere Kraft unserer Seele, oder auf mehrere zugleich, jedoch auf Eine in vorzüglichem Grade zu wirken, heißen *Figuren* (σχηματα). Figuren sind also nichts anders, als einzelne Redewendungen; Gestalten des Ausdrucks, geschickt, auf eine oder

[36] Fr. Sengle: Die literarische Formenlehre. Vorschläge zu ihrer Reform, Stuttgart 1967 (Dichtung u. Erkenntnis 1).

[37] Der Begriff „Copia verborum" wird hier also nicht in der Bedeutung „Wortkörperlexikon" gebraucht, wie es in der bisherigen computergestützten Literaturwissenschaft versucht worden ist. Vgl. H. Schanze: Zur Interpretation von Novalis' ›Heinrich von Ofterdingen‹. Theorie und Praxis eines vollständigen Wortindex, in: WW 20 (1970), H. 1, S. 19.

die andere Seelenkraft allein, oder auf mehrere zugleich, jedoch auf Eine in vorzüglichem Grade zu wirken.[38]

Genaugenommen handelt es sich jedoch bei einer Figur nicht um die konkrete wirksame Redewendung, sondern um deren Struktur und insofern um ein Abrufschema für eine Menge konkreter Redewendungen eines bestimmten Wirkungsgrades. Die rhetorische Figurenlehre ist somit eine Topik der sprachlichen Wirkmittel, analog zur Topik der Argumente und zur Topik der Argumentationsmuster.

Ausgehend von der emotionalen Funktion bestimmter Ausdrucksstrukturen, hat die rhetorische Theorie versucht, diese Ausdrucksstrukturen zu definieren und damit – als formalisierte – fungibel (bewußt einsetzbar) zu machen. Der Rhetoriker Gottsched z. B. umschreibt diese Aufgabe der rhetorischen Theoriebildung wie folgt:

Nun lehret zwar die Natur einen jeden, der in Leidenschaften steht, solche lebhaften Redensarten finden, womit er seine Empfindung zu verstehen geben kann: aber die Namen und den rechten Gebrauch derselben in der Beredsamkeit, muß man doch lernen.[39]

Wenn nun die Figuren im einzelnen aufgrund ihrer kommunikativen Funktion definiert werden, so bilden dazu Untersuchungen der syntaktischen oder semantischen Struktur jeweils die Voraussetzung. Zu ihrer systematischen Erfassung sind zwei verschiedene Verfahren angewendet worden:

1. Systematik mit Hilfe von syntaktischen Kriterien („Wortfiguren" und „Satzfiguren"). Figuren, die auf solche Weise erfaßt werden können, sind die Figuren im engeren Sinne. Figuren, die nicht mit Hilfe von syntaktischen, sondern mit Hilfe von semantischen Operationen erfaßt werden können, werden in dieser Systematik „Tropen" genannt. Der Wirkungsgrad bleibt dabei unberücksich-

[38] K. Reinhard: Erste Linien eines Entwurfs der Theorie und Literatur des Deutschen Styles, S. 149.

[39] J. Chr. Gottsched: Vorübungen der Beredsamkeit zum Gebrauche der Gymnasien und größern Schulen aufgesetzet, 2. verb. Aufl., Leipzig 1755, S. 36.

tigt. Das Verfahren ist von den antiken Rhetorikern (insbesondere von Quintilian) entwickelt und in der Folgezeit immer wieder überarbeitet worden, im deutschsprachigen Raum u. a. von Gottsched, zuletzt von Lausberg.

2. Systematik nach verhaltenspsychologischen Kriterien: Zuordnung von Figuren zu Emotionen, die durch sie (die Figuren) ausgelöst werden können. Die Zuordnung erfolgt im Rahmen der jeweiligen verhaltenspsychologischen Norm und ermöglicht so eine genaue Bestimmung des Wirkungsgrades einer Figur. Das Verfahren, das auf den Vorarbeiten des erstgenannten aufbaut und bewußt den pragmatischen Aspekt kalkuliert, ist mit Konsequenz erstmals von J. Chr. Adelung durchgeführt worden.[40]

Daß auch ein nach syntaktischen Kriterien geordneter Figurenkatalog als eine Auswahl der herrschenden Norm des Sprachverhaltens unterliegt, daß die aufgeführten Figuren also nur – was aber meist nicht thematisiert wird – innerhalb einer bestimmten Norm funktionieren können, das geht aus Gottscheds Rhetorikschulbuch deutlich hervor:

> Will man wissen, welche vormals im Schwange gewesene Wortfiguren verwerflich sind; so sind es folgende: Antanaclasis, Ploce, Polyptoton, Paronomasia, Parechesis, Homaeoteleuton, Homaeoptoton und Paregmenon. Denn diese sind kein Ausdruck der Leidenschaften, sondern läppische Wortspiele, deren sich verständige Leute zu unsern erleuchteten Zeiten schämen. Exempel anzuführen ist überflüssig. Man kann sie häufig bey denen finden, die sonst zum arguten Inscriptionsstilo Anweisungen gegeben haben [. . .]. Es ist besser daß junge Leute sie nicht einmal kennen, als daß man sie ihnen weitläufig vorlege.[41]

Immerhin ändert diese Polemik gegen die argute („manieristische“) Poetik (die herrschende Norm um die Wende vom 17. zum 18. Jahrhundert) nichts an dem Faktum, daß auch die kritisierten Figuren genau definiert sind; sie sind nur in dem Normensystem, in dem Gottsched sich bewegt, nicht sanktioniert.

[40] Wichtigster Vertreter der verhaltenspsychologisch orientierten historischen Rhetorikforschung und gleichsam Antipode Lausbergs ist K. Dockhorn.

[41] J. Chr. Gottsched: Vorübungen der Beredsamkeit, S. 40.

Als besonders schwierig hat sich die strukturelle Definition der Tropen erwiesen; sie ist, als Metapherntheorie, heute ein zentrales linguistisches Problem.[42] Tropen sind Redewendungen (Figuren), die innerhalb des kommunikativen Prozesses „Text" aufgrund ihrer besonderen *semantischen Struktur* zur emotionalen Steuerung verwendet werden können. (Die emotionalen Wirkmöglichkeiten sind innerhalb des jeweiligen Normensystems fixiert.) Im Vordergrund des Interesses hat stets die Analyse der besonderen semantischen Struktur gestanden. Die traditionelle Auffassung ist folgender Definition zu entnehmen:

> Der Tropus [. . .] bezeichnet die Umwendung eines Wortes von seiner eigentlichen Bedeutung zu einer uneigentlichen, bildlichen, um statt der unsinnlichen Bezeichnung eines Begriffes eine sinnlich anschauliche zu gewinnen.[43]

Demnach handelt es sich um einen Ersatzmechanismus auf der semantischen Ebene einer Zeichenreihe: Innerhalb einer Zeichenreihe wird ein Zeichen (Ausdruck) gesetzt, das sich nicht auf der semantischen Ebene der Zeichenreihe befindet. (Nur in diesem Sinne scheint eine Verwendung der Begriffe „eigentlich" und „uneigentlich" sinnvoll zu sein.) Wichtig ist, daß das semantische Verhältnis von Zeichenreihe und „Ersatz"-Zeichen für den Kommunikanten mehr oder weniger einsichtig ist. Dies ist freilich erst der grobe Umriß einer möglichen Definition der Tropen.

Im Hinblick auf eine pragmatische Kategorienbildung können auch die traditionellen Bestimmungen zur Funktion der Tropen im kommunikativen Prozeß nur von heuristischem Wert sein. Snell gibt folgende Möglichkeiten an:

[42] Vgl. dazu z. B. K. Baumgärtner: Der methodische Stand einer linguistischen Poetik, in: Jahrbuch für Internationale Germanistik I, 1 (1969), S. 15–43; W. Ingendahl: Der metaphorische Prozeß. Methodologie zu seiner Erforschung und Systematisierung, Düsseldorf 1971 (Sprache der Gegenwart 14).

[43] Fr. Beck: Lehrbuch des Deutschen Prosastiles für höhere Unterrichts-Anstalten, wie auch zum Privatgebrauche. Mit einer Sammlung von Uebungsaufgaben, Hinweisung auf Musterbeispiele und einem Anhang über Titulatur der Briefe, 2. verb. u. verm. Aufl., München 1864, S. 51.

Der Gebrauch uneigentlicher Ausdrücke hat seinen Grund theils in dem Mangel an eigentlichen und in der Armuth der Sprachen, weswegen z. B. die meisten geistigen Ideen durch uneigentliche Ausdrükke bezeichnet werden, als, *fassen, begreifen, Gemüthsbewegung* u. d. gl.; theils in der Liebe zum Sinnlichen und Anschaulichen, wie auch zum Neuen und Abwechselnden; theils in einer erhizten Einbildungskraft und Empfindung; theils endlich überhaupt in den Gesezen der Ideenverknüpfung. Durch langen Gebrauch werden uneigentliche Ausdrükke zu eigentlichen [. . .].[44]

Der Hinweis auf die historische Bedingtheit des tropischen Sprechens sollte nicht überlesen werden. Nur im Hinblick auf die Historizität der Tropen kann man ihnen eine erkenntnistheoretische Funktion zusprechen oder – was hier interessiert – eine besondere persuasive Funktion (z. B. Tropen als „Figuren der Einbildungskraft").

Grundtropus ist die Metapher. Hier kommt zum Ersatzschema als weitere Bedingung hinzu, daß das Verhältnis von Zeichenreihe und „Ersatz"-Zeichen ein Ähnlichkeitsverhältnis ist. (Damit ergibt sich übrigens von der Struktur her eine Übereinstimmung mit dem oben definierten Modellbegriff, doch kann das hier nur angedeutet werden.)

Umfaßt der Ansatz im Ähnlichkeitsverhältnis nicht nur ein Zeichen (von der Größenordnung eines Ausdrucks), sondern eine ganze Zeichenreihe (Abfolge von Ausdrücken, Gedankengang), so sprechen die Rhetoriker von einer Allegorie: *allegoriam facit continua metaphora,* eine fortgeführte Metapher ergibt eine Allegorie (Quintilian). Systematisch werden hier folgende Möglichkeiten unterschieden:

1. *tota allegoria:* geschlossene Allegorie durch vollständigen Ersatz, kein direkter Hinweis auf die Ausgangsebene (Aenigma, Hieroglyphe, Symbolum);
2. *permixta apertis allegoria:* Allegorie mit „Öffnungen", d. h. mit sprachlich realisierten Hinweisen auf die Ausgangsebene (allegorische Definition, Parabel bzw. Gleichnis);
3. *fictio personae:* Personifizierung von Dingen oder Begriffen („allegorische Figuren").

[44] Chr. W. Snell: Lehrbuch der Deutschen Schreibart, S. 114.

Allzu leicht wird über derartige Untersuchungen zur Struktur einer Figur oder einer Klasse von Figuren vergessen, die Funktion dieser Struktur zu bestimmen: die Figur entsprechend dem pragmatischen Ansatz als Wirkmittel zu sehen. Dazu ist erforderlich, die jeweilige Norm des Sprachverhaltens in die Definition einzubeziehen. In dieser funktionalen Sicht ist z. B. die Figur mit der Struktur „Allegorie“ definierbar als Allegorese (bezogen auf ein mittelalterliches Normensystem), als Emblem (bezogen auf ein Normensystem des 16. und 17. Jahrhunderts), als Symbol (bezogen auf ein Normensystem des 19. Jahrhunderts). Auf diese Weise ist auch die jeweilige psychische Valenz (erwartbare emotionale Wirkung) faßbar. Darauf aufbauend, kann sodann die Funktion der Figur im konkreten Text (kommunikativer Prozeß) ermittelt werden. In der rhetorischen Theorie ist dies (implizit) über die Ermittlung von Häufigkeitsverteilungen versucht worden. Mit Hilfe der Häufigkeitsverteilung von Figuren einer bestimmen emotionalen Wertigkeit kann dann der Text bestimmten Stilebenen und Argumentationsmustern zugeordnet werden.

Ein solches Verfahren wäre bereits der mögliche Ansatz für ein pragmatisches Analyseverfahren (für einen Teilbereich von Text). Dieser Ansatz bedarf freilich noch einer gründlichen Reflexion. Zudem sind mit den genannten Abrufschemata (Figuren) alle diejenigen sprachlichen Wirkmittel noch nicht erfaßt, die sich auf die phonomorphe Seite von Textprozessen beziehen. Sie werden in der rhetorischen Theorie unter der Kategorie „Wohlklang“ zusammengefaßt, so z. B. bei K. Reinhard:

> Die Rede ist ursprünglich dazu bestimmt, durch das Gehör vernommen zu werden. Sie hat also einen Klang. Dieser Klang kann dem Ohre und der Seele entweder Wohlgefallen oder Mißfallen verursachen. Da nun ein denkendes und empfindendes Wesen, für welches die Rede bestimmt ist, nicht nur verstehen, sondern auch mit Wohlgefallen, wenigstens nicht mit Mißfallen verstehen will, so folgt, daß die Rede wohl klingend, wenigstens nicht übel klingend seyn müsse. Mit den Mitteln, wie der Rede diese Eigenschaft beigelegt werden könne, beschäftigt sich die Lehre von dem Wohlklange.[45]

[45] K. Reinhard: Erste Linien eines Entwurfs der Theorie und Literatur des Deutschen Styles, S. 109.

Welche phonomorphen Muster im einzelnen positive emotionale Wirkungen auslösen können, ist wiederum von der jeweiligen historisch-sozialen Norm des Sprachverhaltens abhängig. Die rhetorische Theorie hat entsprechende Abrufschemata unter den Kategorien „Euphonie" und „Numerus" zu systematisieren versucht. Unter „Euphonie" werden Lautfolgen bzw. Lautkombinationen, insbesondere Homöophonien (u. a. Alliteration, Assonanz, Reimschemata), aber auch onomatopoetische Muster, nach ihrer Wirksamkeit oder Störfunktion erfaßt. Unter die Kategorie „Numerus" fallen die wirksamen Abfolgen phonetischer Zeichen von der Größenordnung Periode, Teilsatz, Syntagma, Silbe. Spezielle Abrufschemata des „Numerus" im engeren Sinne (wirksame Abfolge von Silben) sind die Klauseln bzw. Cursus (Satzschlüsse) und – für bestimmte Textsorten – die metrischen Schemata, sofern sie nicht nur syntaktisch (als spezielle Struktur), sondern pragmatisch (als im jeweiligen kommunikativen Prozeß wirksam fungierende Struktur) definiert sind.

In heuristischer Orientierung an der rhetorischen Wirkmittelanalyse lassen sich nun auch weitere Klassen von kommunikativen Wirkmitteln erfassen, u. a. die auditiven und visuellen Wirkmittel.

Die auditiven Wirkmittel sind beschreibbar durch Figuren (Abrufschemata) für Geräusche und Klänge (Tonfolgen), denen innerhalb der jeweiligen Verhaltensnorm Zeichenfunktion mit bestimmtem Wirkungsgrad zukommt.[46]

Als visuelle Wirkmittel können fungieren: Schriftart, Schriftgrad, Buchstabenabstand, Mittel der Wortabtrennung, Zeichensetzung in engerem Sinne, Zeilenabstand, Zeilenanordnung (Zeilenblock, Strophenschemata), Seitenspiegel, farbliche Mittel, Randleisten, Vignetten, Papierart, Papierfaltung, Einbandart u. ä. Visuelles Wirkmittel im engeren Sinne ist das sogenannte „Bild", ein Zeichen bzw. eine Zeichenreihe mit spezifischer sigmatischer Charakteristik (spezifische Objektrelation), das – über ein optisches System auf eine im Gedächtnis gespeicherte Menge von Zeichen der gleichen Klasse abgebildet – eine relativ starke, gleichsam

[46] Vgl. W. A. Koch: Varia Semiotica, Hildesheim 1971 (Studia Semiotica S. P. 3), S. 283–295.

kurzgeschlossene Affizierung bewirken kann. Eine Analyse und Systematisierung der Abrufschemata (Figuren) visueller Affizierungsmöglichkeiten, bezogen wiederum auf die jeweils geltende Verhaltensnorm, hat sich bisher als äußerst schwierig erwiesen. Erst die Operationalisierung des Herstellungsprozesses, also die Orientierung am rhetorischen Modell, führt auch hier weiter. So kann man mit Kaemmerling das Bild als Produkt, als „Einstellung" einer Kamera bzw. eines optischen Systems definieren, wobei unter dem Begriff „Einstellung" eine „bestimmte Haltung der Kamera zum Objekt" zu verstehen ist:

> Das Objekt wird aus einer bestimmten Perspektive in bestimmter Größe für eine bestimmte Zeit unter bestimmter Beleuchtung durch eine bestimmte Bewegung der Kamera in einer bestimmten Richtung aufgenommen, kann sich an einer bestimmten Stelle im Raum in eine bestimmte Richtung bewegen und dadurch in ein bestimmtes axiales Verhältnis zur Kamera und zu möglichen anderen Objekten gelangen.[47]

Das Bild als Einstellung kann also mit Hilfe der (syntaktischen) Kategorien „Einstellungsgröße", „Einstellungsperspektive", „Einstellungslänge", „Einstellungskonjunktion", „Belichtung", „Kamerabewegung", „Kamerabewegungsrichtung", „Objektbewegung", Objektbewegungsrichtung", „Achsenverhältnisse" strukturell beschrieben werden.[48] In einem zweiten Schritt können nun Bildabfolgen als besonders strukturierte Abfolgen von Einstellungen erfaßt werden. Kaemmerling hat mögliche Strukturen von Einstellungsabfolgen mit Hilfe der Lausbergschen Figurensammlung zu systematisieren versucht.[49] Diese visuellen Strukturmuster sind allerdings als Figuren (Abrufschemata) für Wirkmittel in kommunikativen Prozessen noch nicht zureichend definiert. Es bleibt zu klären, welche dieser Figuren innerhalb der jeweiligen Verhaltensnorm sanktioniert sind und welcher emotionale Wirkungsgrad ihnen zukommt. Hier wäre wiederum an Vorarbeiten der werblichen Persuasionsforschung anzuknüpfen.

[47] E. Kaemmerling: Rhetorik als Montage, in: Fr. Knilli und E. Reiss (Hrsg.): Semiotik des Films, München 1971, S. 95f.

[48] Ebd. S. 95.

[49] Ebd. S. 99–106.

3.2.4 Aktion

Aus der Aufgabenstellung des „Redners", seine Rede wirksam vorzutragen, hat sich in der rhetorischen Theorie die Notwendigkeit zur systematischen Erfassung dieses Bereichs der kommunikativen Aktion bzw. Interaktion ergeben. Die Ergebnisse liegen in den entsprechenden Redelehren vor. Eine Redelehre umfaßt empirisch gewonnene Anweisungen für die wirksame Aktion: wirksame Stimmführung, Mimik, Gestik, Körperhaltung und Kostümierung des Redners, wirksamer Aktionsort, wirksame Aktionszeit und Aktionsdauer, wirksame Prädisponierung des Publikums und Beeinflussung der Zusammensetzung des Publikums.

Auch die rhetorische Aktionsanalyse muß im Hinblick auf pragmatische Analysekategorien in ihrer Modellfunktion gesehen werden, und zwar als Analyse der medialen Bedingungen von Textherstellung: Text als kommunikativer Prozeß ist gebunden an ein Medium, an einen Distributionsapparat. Der „öffentliche Redner" ist ein solches Medium. Während sich nun die rhetorische Theorie auf die Analyse dieses einen Mediums beschränkt, muß eine pragmatische Texttheorie auf alle medialen Möglichkeiten reflektieren, die dem jeweiligen Texthersteller in seiner kommunikativen Situation zur Verfügung stehen. Pragmatische Textanalyse schließt daher Analysen im medialen Bereich ein.

Dabei kommt es zunächst darauf an, das jeweilige Medienangebot zu erfassen. Sodann wäre zu untersuchen, welche Reichweite das vom Texthersteller gewählte Medium zum Zeitpunkt der Wahl hat, welche Rezipienten(gruppen) erreicht werden können und welche nicht. Es muß also die jeweilige Verhaltensnorm in bezug auf die Mediennutzung ermittelt werden.[50] Schließlich ist zu beachten, daß der Texthersteller nicht ohne weiteres ein beliebiges Medium wählen kann, etwa das Medium mit der größten Reich-

[50] Vgl. dazu R. Zoll und E. Hennig: Massenmedien und Meinungsbildung. Angebot, Reichweite, Nutzung und Inhalt der Medien in der BRD, München 1970 (Politisches Verhalten 4), sowie G. Wersig: Inhaltsanalyse. Einführung in ihre Systematik und Literatur, Berlin 1968 (Schriftenreihe zur Publizistikwissenschaft 5).

weite. So muß im Rahmen einer pragmatischen Textanalyse hinsichtlich des Textherstellers geklärt werden, welche der vorhandenen Medien ihm zum Zeitpunkt der Interaktion tatsächlich zur Verfügung stehen und welche nicht, aufgrund welcher Privilegien er welche Medien benutzen kann bzw. welche Restriktionen einer wirksamen Medienwahl entgegenstehen.

4. Hinweise zum Analyseverfahren

Die am rhetorischen Modell gewonnenen Kategorien stellen in der oben gegebenen Reihenfolge noch kein kohärentes pragmatisches Analyseverfahren dar. Aus den Überlegungen zur Medienwahl (3.2.4) folgt, daß die bisher angenommene Phasenstruktur des Herstellungsprozesses gleichfalls nur heuristisch benutzt werden darf und vor allem in ihren hierarchischen Verhältnissen zu bestimmen bleibt. Dabei ist davon auszugehen, daß das zu wählende Medium den gesamten Herstellungsprozeß final bestimmt: Mit der Medienwahl sind bereits weitreichende Vorentscheidungen über die konkreten Möglichkeiten der Invention, Disposition und Elokution getroffen. In ähnlicher Weise prädisponiert die Dispositionsphase (als Wahl des adäquaten Argumentationsmusters) die konkreten Möglichkeiten der Invention und Elokution. Eine pragmatische Textanalyse könnte also etwa in folgenden Schritten durchgeführt werden:

1. Festlegung des speziellen Kommunikationsprozesses, der Gegenstand der Untersuchung sein soll. Dabei ist zu beachten, daß der Texthersteller meist nicht mit dem „Autor“ identisch ist.
2. Ermittlung des für den speziellen Kommunikationsprozeß geltenden historisch-gesellschaftlichen Normensystems, der jeweiligen Poetologie im oben definierten Sinne.
3. Bestimmung der konkreten kommunikativen Situation des Textherstellers und seines persuasiven Zwecks. Dieser Untersuchungsschritt trägt dem Faktum Rechnung, daß der Texthersteller nicht agiert, sondern auf vorgängige Textherstellung reagiert.
4. Analyse der medialen Bedingungen, denen der betreffende Kommunikationsprozeß unterliegt. Dadurch sind zugleich Mög-

lichkeiten zur Ermittlung der tatsächlichen Resonanz gegeben. Die Resonanzanalyse selbst ist kein neuer methodischer Schritt, da Resonanz als Summe der Reaktion auf spezielle Textherstellung wieder zerlegbar ist in einzelne Textherstellungsprozesse.

5. Analyse der speziellen Argumentation nach gewähltem Argumentationsmuster, gewählten Argumenten und gewählten Wirkmitteln.

Die pragmatische Analyse einer gegebenen Zeichenreihe setzt damit in jedem Fall die Analyse des Bezugsrahmens, der jeweiligen Herstellungs- und Distributionsbedingungen, voraus. Die ermittelten pragmatischen Analysekategorien funktionieren nur in diesem historisch-sozialen Bezugsrahmen, der in der angegebenen Weise formalisiert werden kann.

Gegenüber den Verfahren der Textlinguistik [51] hat das am rhetorischen Modell gewonnene pragmatische Verfahren zur Operationalisierung von kommunikativen Prozessen somit den entscheidenden Vorzug, daß es vom gesamten Textprozeß zu dessen konstituierenden Einheiten vorgehen kann – kleinste pragmatische Einheit ist die „Figur" – und nicht den Textprozeß von den kleinsten syntaktischen Einheiten aus aufzubauen versucht, was schon logische Schwierigkeiten bereitet. [52]

[51] Vgl. außer den bei K. Brinker: Aufgaben und Methoden der Textlinguistik, besprochenen Arbeiten den Aufsatz von D. Wunderlich: Pragmatik, Sprechsituation, Deixis, in: Lili. Zeitschrift für Literaturwissenschaft und Linguistik 1 (1971), H. 1/2, S. 153–190.

[52] Vgl. K. Brinker: Aufgaben und Methoden der Textlinguistik, S. 233, der nach seinem Überblick über den Forschungsstand zu eben dieser Schlußfolgerung gelangt (bei seiner Beispielanalyse jedoch weiterhin syntaktische Kategorien benutzt).

Heinrich F. Plett (Hrsg.): Rhetorik. Kritische Positionen zum Stand der Forschung, Wilhelm Fink GmbH & Co. Verlags-KG., München 1977, S. 125–165. Hier: Auszug S. 127–131 und 141–154.

DIE RHETORIK DER FIGUREN

Zur Systematik, Pragmatik und Ästhetik der 'Elocutio'

Von Heinrich F. Plett

[. . .]

1. Die Systematik der Figuren

«La rhétorique est un *système* des figures» – ausgehend von diesem Diktum G. Genettes [1] wollen wir im folgenden einen eigenen Modellentwurf vorlegen, um aus seiner Sicht verschiedene ältere und neuere Konstruktionsversuche auf ihre Konsistenz, Präzision und Vollständigkeit zu überprüfen.

1.1 Konstruktion eines neuen Figuren-Modells

Folgende Grundannahmen seien festgelegt: Eine rhetorische Figur stellt eine deviante Spracheinheit dar; die *elocutio* ist folglich als ein System sprachlicher Abweichungen zu definieren.[2] Semiotisch betrachtet – etwa nach dem Modell von Ch. W. Morris [3] – gibt es drei Klassen von Abweichungen: im Bereich der Syntaktik (Relation: Zeichen – Zeichen), der Pragmatik (Relation: Zeichen – Sen-

[1] G. Genette: Figures, in: Figures I, Paris 1966, S. 208.

[2] Zum Problem der Abweichung vgl. N. Gueunier: La notion d'écart en stylistique, in: Langue française 3 (1969), S. 34–45; J. Traband: Poetische Abweichung, in: Linguistische Berichte 32 (1974), S. 45–59; B. Spillner: Linguistik und Literaturwissenschaft. Stilforschung, Rhetorik, Textlinguistik, Stuttgart 1974, S. 31–40; H. F. Plett: Textwissenschaft und Textanalyse. Semiotik, Linguistik, Rhetorik, Heidelberg 1975, S. 127–136.

[3] Ch. W. Morris: Grundlagen der Zeichentheorie. Ästhetik und Zeichentheorie, übers. von R. Posner/J. Rehbein, München 1972.

der/Empfänger) und der Semantik (Relation: Zeichen – Wirklichkeit[smodell]). Daraus sind ebenso viele Klassen von rhetorischen Figuren abzuleiten: (semio-)syntaktische, pragmatische und (semio-)semantische.[4] Die erste Klasse setzt das Vorhandensein eines Grammatikmodells, die beiden anderen Klassen ein Kommunikations- bzw. ein Realitätsmodell voraus. Innerhalb jeder Klasse ist die Kategorie der Abweichung anders zu definieren. Als ein Beispiel sei die Klasse der (semio-)syntaktischen Figuren herausgegriffen. Ihre spezifische Deviationsmodalität besteht in einer Abänderung der üblichen Linearität (Kombinatorik) der Sprachzeichenfolge. Letztere soll als *degré zéro* durch die primärsprachliche (z. B. standardsprachliche, alltagssprachliche) Norm einer Grammatik vorgegeben sein. Demgegenüber werden die Möglichkeiten der Abänderung in einer rhetorischen Sekundärgrammatik beschrieben. Diese bildet ebenfalls eine Norm; ihr Beschreibungsgegenstand ist – auf der zeichensyntaktischen Ebene – die Rhetorizität des Sprachzeichens.

Ein (semio-)syntaktisches Modell der rhetorischen Figuren setzt sich aus zwei Komponenten zusammen:

I. linguistische Operationen,
II. linguistische Ebenen.

Die linguistischen *Operationen* sind in zwei Typen von Regeln gefaßt: solchen, welche die primärsprachliche Norm verletzen (Lizenz: A-grammatikalität), und solchen, welche sie verstärken (Äquivalenz: Syn-grammatikalität). Beide Typen sind von unterschiedlichen Forschern theoretisch expliziert worden: der erste Typ u. a. von J. Mukařovský, S. R. Levin, S. Saporta, J. P. Thorne, R. Fowler, I. Frangeš und M. Bierwisch, der zweite u. a. von R. Jakobson, Ju. M. Lotman, S. R. Levin, R. Posner und D. Delas/J. Filliolet, so daß der vorliegende Entwurf eine Synthese der beiden entgegengesetzten Ansätze enthält.[5] Die regelverletzenden

[4] Die Bezeichnungen „(semio-)syntaktisch" und „(semio-)semantisch" sind gewählt, um Verwechslungen mit den linguistischen Ebenen syntaktischer und semantischer Art auszuschließen.

[5] J. Mukařovský: Standard Language and Poetic Language, in: P. L Garvin (Hrsg.): A Prague School Reader on Esthetics, Literary Structure, and

Operationen bestehen aus 1. Addition, 2. Subtraktion, 3. Substitution und 4. Permutation von Zeichen, die regelverstärkenden vornehmlich aus ihrer Repetition (Äquivalenz). Untergeordnete Kriterien wie Ähnlichkeit, Frequenz, Quantität, Position und Distribution treten hinzu. Demzufolge gibt es additive, subtraktive, ... Figuren. Man hat die Figuren des ersten Typs auch als paradigmatische, die des zweiten Typs auch als syntagmatische bezeichnet. Auf der anderen Seite sind die linguistischen *Ebenen* der Phonologie, Morphologie, Syntax, Semantik und Graphemik zu registrieren. Daraus resultieren phonologische, morphologische, syntaktische, ... Figuren. Auch hier gibt die Differenzierung innerhalb der einzelnen Ebenen und zwischen ihnen Anlaß zu zahlreichen Subklassifikationen.

Das Rhetorikmodell funktioniert nun in einer Weise, daß die verschiedenen linguistischen Operationen auf die jeweiligen Sprachebenen projiziert werden und dort rhetorische Spracheinheiten

Style, Georgetown 1964, S. 17–30; S. R. Levin: Internal and External Deviation in Poetry, in: Word 21 (1965), S. 225–237; S. Saporta: The Application of Linguistics to the Study of Poetic Language, in: T. A. Sebeok (Hrsg.): Style in Language, New York/London 1960, S. 82–93; J. P. Thorne: Stylistics and Generative Grammars, in: Journal of Linguistics 1 (1965), S. 49–59; R. Fowler: On the Interpretation of Nonsense Strings, in: Journal of Linguistics 5 (1969), S. 75–83; I. Frangeš: Ist Stilistik eine Wissenschaft von den Abweichungen?, in: A. Flaker/V. Žmegač (Hrsg.): Formalismus, Strukturalismus und Geschichte, Kronberg/Ts. 1974, S. 211–220; M. Bierwisch: Poetik und Linguistik, in: H. Kreuzer/R. Gunzenhäuser (Hrsg.): Mathematik und Dichtung, München [4]1971, S. 49–65; R. Jakobson: Linguistics and Poetics, in: Sebeok (Hrsg.): Style in Language, S. 350–377; Ju. M. Lotman: Die Struktur literarischer Texte, München 1972; S. R. Levin: Linguistic Structures in Poetry, The Hague/Paris 1962; R. Posner: Strukturalismus in der Gedichtsinterpretation. Textdeskription und Rezeptionsanalyse am Beispiel von Baudelaires ›Les Chats‹ (1969 bis 1970), in: J. Ihwe (Hrsg.): Linguistik und Literaturwissenschaft, 3 Bde. in 4 Tln., Frankfurt a. M. 1971/1972, Bd. II/1, S. 224–266; D. Delas/J. Filliolet: Linguistique et poétique, Paris 1973, S. 41–43, 76–79 u. ö.; J.-C. Coquet: Poétique et linguistique, in: A. J. Greimas (Hrsg.): Essais de sémantique poétique, Paris 1972, S. 26–44.

(Figuren) generieren. Die operationellen Modi fungieren dabei als Modi der Transformation: Sie formen punktuell die primäre Sprachnorm (Grammatikalität) in die sekundäre (Rhetorizität) um. „Generativ" ist das Verfahren in einem doppelten Sinn: phänomenologisch und onomasiologisch. Phänomenologisch deshalb, weil der vorgestellte Modellentwurf eine rhetorische Heuristik bildet, die auf (semio-)syntaktischer Basis alle nur denkbaren devianten Spracherscheinungen erzeugt und für die Produktion/Analyse von Texten verfügbar macht. Onomasiologisch daher, weil das Modell nicht nur die aus Schulrhetorik und Stilistik überkommene terminologische Redundanz abbaut bzw. präzisiert, sondern zugleich auch terminologische Leerstellen aufdeckt, die allererst einer Benennung bedürfen. Das so skizzierte generative Figuren-Modell kann durch eine Matrix verdeutlicht werden, deren Koordinaten die linguistischen Operationen bzw. Ebenen bilden (das entsprechende Schaubild befindet sich auf S. 133). In diese Matrix können alle Figuren der syntaktischen Klasse eingetragen werden. Als eine Heuristik sprachkombinatorischer Deviationen wird sie ihrer Bestimmung in um so vollkommenerer Weise gerecht, desto stärker die linguistischen Ebenen und Operationen differenziert werden. Auf diese Weise wird das stilrhetorische System immer komplexer. Neue Figuren, die bisher kaum ins Blickfeld der Theorie getreten sind, werden nun beschreibbar (z. B. Schriftfiguren). Eine weitere Konkretisierung dieses Ansatzes hat der Verfasser in seinem Buch ›Textwissenschaft und Textanalyse‹ gegeben.[6] Eine analoge Darstellung der pragmatischen und semantischen Figuren steht noch aus.

Einige Illustrationen sollen belegen, wie die traditionell bekannten Figuren in der skizzierten Matrix lokalisiert werden können. Im Bereich der

[6] H. F. Plett: Textwissenschaft und Textanalyse, S. 150–310. Ob dem hier nur in groben Umrissen skizzierten Modell eine universale Gültigkeit zukommt, kann nur der praktische Umgang mit ihm erweisen. Es scheint aber, wie ein Vergleich mit normativen Rhetoriken und der rhetorisch-poetischen Produktion lehrt, wenigstens im westeuropäischen Kulturkreis seit langem implizit vertreten worden zu sein. Diese Behauptung steht nicht im Widerspruch zu der Tatsache, daß nur Teile von ihm zu bestimmten Zeiten *aktualisiert* wurden.

I. linguist. Oper. / ling. Ebenen II.	regelverletzend				regelverstärkend
	1. Addition	2. Subtraktion	3. Substitution	4. Permutation	5. Äquivalenz
1. phonologisch					
2. morphologisch					
3. syntaktisch					
4. semantisch					
5. graphemisch					

Phonologie entstehen durch die Operation der Addition, Subtraktion, Substitution, Permutation und Äquivalenz jeweils die Figuren *Prosthesis, Apokope, Antisthecon, Metathesis* und *Alliteration*. Die Operation der Äquivalenz erzeugt auf den einzelnen linguistischen Ebenen z. B. die Figuren *Alliteration* (phonologisch), *Anaphora* (morphologisch), *Parallelismus* (syntaktisch) und *Synonymie* (semantisch). Weitere Differenzierungen sind notwendig. Wie die linguistischen Operationen verfeinert werden können, soll anhand der Alliteration aufgewiesen werden. Wie gezeigt, ist sie als eine phonologische Äquivalenz-Figur zu definieren. Damit ist aber das Reservoir der sie bestimmenden Kriterien noch nicht ausgeschöpft. „Alliteration" bedeutet auch eine bestimmte Position (Anfang eines Morphems), eine bestimmte phonologische Qualität (Konsonant), eine bestimmte Frequenz (mindestens zwei), eine bestimmte Quantität (ein Konsonant oder ein "cluster" von zwei, drei ... Konsonanten) und einen bestimmten Abstand voneinander (z. B. ein, zwei, drei ... Wörter). In manchen normativen Systemen (z. B. altgermanischer Vers) konnte der Alliteration sogar noch ein prosodisches Zusatzkriterium (Vorkommen in einer Hebung) beigelegt werden. Die Komplexität des Figurenmodells nimmt noch zu, wenn man die Beziehungen zwischen den einzelnen linguistischen Ebenen thematisiert. Ein solches Verfahren führt zur Einrichtung weiterer figuraler Subklassen: morpho-phonologischer und morpho-syntaktischer; morphosemantischer und syntakto-semantischer; grapho-phonologischer, graphomorphologischer, grapho-syntaktischer und grapho-semantischer. Weitere Komplikationen treten hinzu, wenn eine besondere textuelle Ebene eingeführt wird. Sie hilft allerdings auch, terminologische Lokalisierungen etwa der folgenden Art vorzunehmen: die Metapher ist eine morpho-(wort-) oder syntakto-(satz)semantische, die Allegorie hingegen eine textsemantische Figur. Das Beispiel erhellt in einem die Notwendigkeit terminologischer Reduktion und terminologischer Differenzierung.

[...]

2. Die Pragmatik der Figuren

Wer der Figurenrhetorik den Vorwurf des Formalismus macht, pflegt aus einer argumentativen Position heraus zu sprechen, die heute allgemein den Namen „Pragmatik" trägt. Dabei übersieht ein solcher Kritiker aber einen grundlegenden Unterschied, der in den Gegensatzpaaren Kompetenz – Performanz und Modell – Aktualisierung zum Ausdruck kommt. Der Gegenstand, dem sein Vorwurf gilt, ist fälschlicherweise das abstrakte Figurenmodell, das die sprachrhetorische Kompetenz abbildet – fälschlicherweise deshalb, weil dessen „formaler" Charakter auf einer ganz anderen wissenschaftlichen Ebene liegt als seine performative Verwirklichung. Während die Modellkonstruktion das Allgemeine, Gesetzmäßige, in Regeln Faßbare zu beschreiben sucht, geht es im Bereich des rhetorischen Sprachvollzuges um das Einmalige, Individuierte, das einer spezifischen Interpretation bedarf, kurz um jene pragmatische Situierung der Figurenrhetorik, die dem Kritiker am Herzen liegt. Dabei ist das eine ohne das andere nicht möglich: Die Pragmatik der Figurenanalyse setzt ein rhetorisches Modell voraus; ein Modell ohne konkreten Realitätsbezug wiederum ist durchaus überflüssig.

[. . .]

Als Grundeinheit pragmatischer Beschreibungsweise soll im folgenden die „rhetorische Situation" angenommen sein. Sie ist nach der Lasswellschen Formel strukturiert: "Who says what in which channel to whom with what effect?" [7] M. a. W.: Sie ist ein multifaktorielles Gebilde. Dominiert wird sie von einem leitenden Prinzip, dem alle anderen Gesichtspunkte untergeordnet sind. Dieses Prinzip wollen wir allgemein „persuasiver Zweck" nennen. Dieser Zweck kann sich nach Ort, Zeit, Kanal, Sender und Adressaten ändern. Folglich unterliegt die rhetorische Situation dem Wandel. Dieser Wandel ist kulturell, sozial und historisch bedingt. Das heißt: Jeder Kulturkreis entwickelt für sich eigene, unverwechselbare rhetorische Situationen, die nicht ohne weiteres in solche eines anderen Kulturkreises transponierbar sind.[8] Ferner besitzt jede staatlich organisierte Gesellschaft, und innerhalb der jeweiligen Gesellschaft wiederum verschiedene soziale Schichten und Gruppen,

[7] Vgl. H. Prakke: Die Lasswell-Formel und ihre rhetorischen Ahnen, in: Publizistik 10 (1965), S. 285–291.

[8] Um diese zuerfassen, bedarf es einer kulturellen Typologie der rhetorischen Situationen. Sie ist das Aufgabengebiet einer rhetorischen Komparatistik. Vgl. die Beiträge von R. Lachmann und R. Breymayer in: H. F. Plett (Hrsg.): Rhetorik, München 1977, S. 107ff bzw. S. 187ff.

unterschiedliche rhetorische Situationen: Es stehen sich solche der Demokratie und der Diktatur, der Aristokratie und des Bürgertums, des Geistlichen und des Kaufmanns gegenüber.[9] Schließlich wechseln die typischen rhetorischen Situationen im Laufe des geschichtlichen Kontinuums und lösen einander ab – sowohl im kulturellen als auch im gesamtgesellschaftlichen Bereich.

Kultur – Gesellschaft – Geschichte: Diese drei Faktoren bilden den makrostrukturellen Kontext der rhetorischen Situation. Dieser wird notwendig durch einen mikrostrukturellen Kontext sowohl verbaler als auch nicht-verbaler Art ergänzt. Zu dem letzteren zählen die unmittelbar gegebene Kommunikationssituation, die Kommunikationspartner, ihr sozialer Status, ihre biologische Veranlagung, ihre psychische Disponiertheit, das von ihnen gewählte Register usw. Der verbale Kontext wird durch das Strukturmuster eines oder mehrerer sequentieller Texte erstellt. Makro- und mikrostruktureller Kontext bilden zusammen ein höchst komplexes Geflecht pragmatischer Faktoren, das jeweils die Spezifik des persuasiven Zwecks und der rhetorischen Kommunikationssituation determiniert.[10]

Wenden wir uns nach diesen Ausführungen wieder den rhetorischen Figuren zu und fragen wir uns, wie ihre Rhetorizität pragmatisch fundiert ist. Zunächst leuchtet unmittelbar ein, daß, pragmatisch betrachtet, nicht jede in unserem Modell vorgesehene Deviationsform den Status einer rhetorischen Figur besitzt. Eine bekannte Tatsache stellt z. B. die Beobachtung dar, daß sprachliche Performanzleistungen, besonders der mündlichen Art, häufig durch Ungrammatikalitäten gekennzeichnet sind. Sie betreffen nahezu alle linguistischen Operationen und Ebenen, so daß etwa Ellipse, Anakoluth, Antisthecon, Synekdoche durchaus als Erscheinungsformen sprachlicher Defizienz gewertet werden können. In

[9] Vgl. dazu die einschlägigen Bibliographien (z. B. von W. Jens und J. W. Cleary/F. W. Haberman) und Zeitschriften (Speech Monographs, Speech Abstracts, Quarterly Journal of Speech, Communications).

[10] Vgl. T. Slama-Cazacu: Langage et Contexte, 's-Gravenhage 1961 und die kontextstilistischen Arbeiten M. Riffaterres (neuerdings versammelt in: Strukturale Stilistik, München 1973).

besonderer Weise sind Sprachbehinderte (z. B. Aphatiker) die Produzenten solcher Abweichungen, aber auch Kinder oder Erlerner einer Fremdsprache.[11] Die Folgerung, die aus diesen Feststellungen zu ziehen ist, lautet, daß zwischen zwei Kommunikationssituationen zu unterscheiden ist: einer defekten und einer rhetorischen.

Eine weitere Unterscheidung wird nötig. Nicht selten ist in alltagssprachlichen Kommunikationssituationen festzustellen, daß gewisse Deviationsformen gänzlich unrhetorisch, d. h. in nichtpersuasiver Absicht, gebraucht werden. Neben unbeabsichtigten Alliterationen, Anaphern, Parallellismen und Neologismen ist besonders die Katachrese interessant. Sie repräsentiert den Fall der „notwendigen Metapher", d. h. eines Tropus, der durch das Fehlen einer „direkten" Bezeichnung entstanden ist. Beispiele dafür sind Ausdrücke wie *die Beine eines Stuhles, der Fuß eines Berges, ein Buchrücken, der Flaschenhals, die Schraubenmutter.* Charakteristisch für diese Katachresen ist die fehlende Opposition von sekundärer und primärer Norm. Sie sind selbst Teil des *backgrounding*; statt semantischer Multivalenz herrscht Monosemie. Diese Möglichkeit kann auch dann eintreten, wenn Metaphern im Laufe der Zeit lexikalisiert werden (tote Metaphern, Ex-Metaphern) und in den alltäglichen Sprachgebrauch übergehen: z. B. *Hüter des Gesetzes, Haupt der Verschwörung*. Erscheinungen wie diese erfordern die Konstitution einer weiteren Kommunikationssituation. In Abgrenzung von der rhetorischen soll sie global „alltagssprachlich-unrhetorisch" heißen. Die sie dominierende Zweckhaftigkeit nennen wir Mitteilung.

Die drei skizzierten Kommunikationssituationen: die defekte, die alltagssprachlich-unrhetorische und die rhetorische sind im Hinblick auf die pragmatische Verwendung der Abweichungsschemata (Figuren) sicherlich nicht vollständig erfaßt.[12] Es muß aller-

[11] Vgl. R. Jakobson: Kindersprache, Aphasie und allgemeine Lautgesetze, Frankfurt a. M. 1969; S. P. Corder, Idiosyncratic Dialects and Error Analysis, in: IRAL IX/2 (1971), S. 147–160.

[12] Allgemein ist festzustellen, daß die „defekte" Kommunikationssituation keine eigentliche Selbständigkeit besitzt, sondern nur als negative Realisationsform anderer Kommunikationssituationen in Erscheinung tritt. Ferner wird der Ausdruck „alltagssprachlich-unrhetorisch" zunächst nur in

dings betont werden, daß nur in einer rhetorischen Kommunikationssituation die Deviationsformen den Status von rhetorischen Figuren besitzen. Außerhalb eines persuasiven Zweckes mag zwar die formale Kodebedingung sprachlicher Rhetorizität bestehen; sie ist jedoch nicht performativ aktualisiert. Diese Feststellung schließt nicht aus, daß eine rhetorische Kommunikationssituation auch elokutionelle Elemente der alltagssprachlich-unrhetorischen (z. B. Exmetaphern, Katachresen) oder auch der defekten Kommunikationssituation (z. B. Apokopen, Ellipsen) enthält. Andererseits kann aber auch ein elokutioneller Bestandteil einer alltagssprachlich-unrhetorischen Kommunikationssituation, z. B. eine lexikalisierte Metapher, durch Reaktivierung rhetorisiert werden. M. a. W.: Die vorgestellten Kommunikationssituationen (und andere) sind im Hinblick auf die Interpretation der Abweichungsformen performativ nicht typologisch rein vertreten, sondern sie dürften sich im Normalfall durchaus vermischen. Auf diese Weise kann ein geäußerter rhetorischer Text nicht nur als persuasiv, sondern auch als mitteilend bzw. defekt zu interpretierende Abweichungsformen enthalten; als rhetorischer Text besitzt er aber nur dann Gültigkeit, wenn der persuasive Zweck der dominierende ist.

Ein Analogon dazu ergibt sich im Hinblick auf das Problem, welche rhetorische Teilkompetenz die rhetorische Kommunikationssituation beherrscht. Zwar ist es denkbar, daß entweder der aktionale, der argumentative oder der elokutionelle Kode prävaliert – insofern ist von primär aktionaler, argumentativer oder elokutioneller Persuasion zu reden –, nicht aber, daß einer alle anderen völlig ausschließt. Vielmehr wird der Normalfall eine jeweils mehr oder weniger große Aktivierung des einen oder des anderen Kodes bringen. Die Möglichkeit einer medialen Verkürzung und damit einer partiellen Entrhetorisierung tritt dann ein, wenn ein ursprünglich mündlich geäußerter rhetorischer Text nur in schriftlicher Aufzeichnung überliefert ist: Der Wegfall der aktionalen Performanz ist hier identisch mit einem Verlust an rhetorischer

ausschließender Funktion gegenüber dem Ausdrucks „rhetorisch“ verwendet. Was der positive Inhalt der so bezeichneten Kommunikationssituation ist, wäre noch genauer zu spezifizieren.

Energie. Ein solcher kann sich auch auf die textliche Figurierung beziehen, wenn etwa die aktionale (z. B. gestische) Performanz die ironische Qualität einer bestimmten Textstrecke erzeugt oder deren parallelistischen Charakter unterstreicht. Im ersten Fall löst sich der Persuasionscharakter ganz auf; im zweiten Fall wird er durch den Verlust der rhetorischen „Konvergenz" erheblich gemindert.[13]

Zwei weit verbreiteten Irrtümern, die das Ideal einer natürlichen Beredsamkeit suggerieren, gilt es hier entgegenzutreten. Der erste besteht in der Behauptung: Die rhetorische Figurenlehre sei für den Persuasionseffekt unwichtig und möglicherweise sogar schädlich, da die Erfahrung wiederholt zeige, daß ein schlichter Stil wirksamer sei als ein artifizieller. Darauf ist mit W. Jens zu erwidern, daß „die *locutio simplex* so gut ein rhet. Stil sein kann wie die *locutio figurata*"[14]. Er verweist dabei auf Conradys Begriff der „insistierenden Nennung", der sich mit unserer Kategorie der Äquivalenzfiguren weithin deckt. In der Tat zeigt sich, daß solche Texte, die dem *sermo humilis* zugerechnet werden, z. B. die Bibel, besonders durch die Verwendung dieser Figurenklasse gekennzeichnet sind.[15] Dem schlichten Stil fehlt also nicht jegliche Figurierung, sondern diese ist nur eine andere als im Falle des artifiziellen Stils. Angenommen aber, ein persuasiver Text weise wirklich eine geringe Repräsentanz des elokutionellen Kodes auf, so muß seine Überzeugungskraft aus einem anderen rhetorischen Kode stammen, etwa dem argumentativen. Schlechthin undenkbar ist ein persuasiver Text, der überhaupt keinen rhetorischen Kode aktiviert.

Die zweite irrige Meinung geht weiter als die erste. Sie leugnet nicht nur die Nützlichkeit der rhetorischen *elocutio*, sondern der rhetorischen Theorie überhaupt; denn – so schon Quintilian (Inst. Or., X., vii. 16) – *pectus est* [...], *quod disertos facit*, weswegen das einfache Volk (z. B. Marktschreier)

[13] Zum Begriff der „Konvergenz" vgl. Riffaterre: Strukturale Stilistik, S. 56 bis 58. Die *pronuntiatio* als Quelle der Ironie erwähnt bereits Quintilian, Inst. Or. VIII. vi. 54.

[14] W. Jens: Artikel „Rhetorik", in: Reallexikon der deutschen Literaturgeschichte, Bd. 3, Berlin/New York ²1971, S. 437.

[15] Über den *sermo humilis* der Bibel handelte im Anschluß an die antiken Testimonien vor allem E. Auerbach: Sacrae scripturae sermo humulis, in: NM 423 (1941), S. 57–67; ders.: Sermo humilis. I., in: RF (1952), S. 304–364. Kein Zufall ist es sicherlich, daß bei W. Bühlmann/K. Scherer: Stilfiguren der Bibel, Fribourg 1973, Die „Figuren der Wiederholung" (S. 15–42) die erste und größte Figurenklasse darstellen.

das nie ein Rhetoriklehrbuch in der Hand gehabt habe, ja auch häufig rhetorischer agiere als der geschulte Redner. Dazu ist folgendes zu sagen: abgesehen davon, daß mit dem Zitat eine Fehlinterpretation Quintilians vorliegt, der durch diese Aussage keineswegs die von ihm vertretene Disziplin überflüssig machen wollte, mag eine *rhétorique du peuple* (R. Barthes)[16] zwar auf keine bewußt verfügbare *Produktionstheorie* für persuasive Texte gegründet sein. Diese Möglichkeit enthebt den Wissenschaftler jedoch nicht der Verpflichtung, für diese Texte eine Rhetorik als *Analysetheorie* zu postulieren. Andernfalls ist die Rhetorizität nicht aufweisbar.

Es bleibt die Frage nach der Beschaffenheit des persuasiven Zwecks. Vorweg sei gesagt, daß dieser nicht allgemein verbindlich definiert werden kann. Die Aussagen der Theoretiker aus alter und neuer Zeit gehen in diesem Punkt gleichermaßen auseinander. Dabei spielt – vor allem im deutschen Sprachraum – die Dichotomie des Überzeugens/Überredens (als Übersetzungsalternativen von lat. *persuadere*) eine wichtige Rolle, indem man abwechselnd den Akzent auf ein rationales oder ein unrationales (z. B. emotionales) Persuasionsziel verlagert. Wie immer man sich zwischen beidem entscheidet, jedesmal ist das Moment des Umstimmens involviert. Soll es bei dieser zugegebenerweise sehr allgemeinen Umschreibung des persuasiven Zwecks bleiben, so ergibt sich das weitere Problem seiner Aufschlüsselung in einzelne persuasive Funktionen. Sicher wird eine moderne Rhetoriktheorie nicht *grosso modo* die antike Lehre von den Affekten übernehmen können, sondern – gestützt auf die Erkenntnisse von Pragmalinguistik, Kommunikationstheorie, Ideologiekritik – zu differenzierteren Funktionsspezifikationen gelangen. Eines ist dabei im Hinblick auf eine persuasive Funktionalisierung der rhetorischen Figuren klar: Es gibt kein allgemein verbindliches Funktionsmodell der rhetorischen Figuren, das für

[16] R. Barthes: L'ancienne rhétorique. Aide-mémoire, in: Communications 16 (1970), S. 172–226, hier: S. 221, weist auf die Ursprungshypothese hin, «que les figures existent ‹dans la nature›, c'est-à-dire dans le ‹peuple›» und stellt dann die berechtigte Frage: «Comment alors concilier l'origine ‹naturelle› des figures et leur rang secondaire, postérieure, dans l'édifice du langage?» Die Antwort: «[. . .] le figuré est une combinaison artificielle d'éléments naturels» enthält allerdings eher eine geistreiche Wortspielerei als eine zwingende Argumentation.

persuasive Textäußerungen irgendeiner Gesellschaft oder irgendeines Zeitraums gültig wäre. Vielmehr sind solche Funktionen nur in dem jeweiligen makro- und mikrostrukturellen Kontext für die jeweilige performative Äußerung *(parole)* zu ermitteln. M. a. W.: Die Pragmatik der rhetorischen Figuren ist nicht generalisierbar. Jeder Versuch einer allgemeinen Funktionsbestimmung derselben bildet einen Rückfall in die normative Rhetorik vergangener Jahrhunderte.

Der englische Rhetoriker Henry Peacham stellt in der zweiten Auflage seiner Stilrhetorik ›The Garden of Eloquence‹ (1593) sowohl die funktionalen *virtutes* als auch die *vitia* jeder einzelnen Figur heraus, indem er jeweils eine Rubrik "The vse of the figure" und "The Caution" anfügt.[17] Das Verfahren ist strikt pragmatisch und präskriptiv und bildet in der Geschichte der Rhetorik keinen Einzelfall.[18] Es ist nun verlockend, auf Grund solcher historischen Präzedenzfälle die Figurenlehre als eine – verhaltenspsychologisch bestimmte – „Topik der sprachlichen Wirkmittel" (D. Breuer) zu verstehen.[19] Dennoch scheint es geraten, mit dem Begriff „Topos" hier vorsichtig umzugehen. Ein wesentlicher Konstitutionsgrund des Topos ist nämlich seine relativ hohe Allgemeingültigkeit. Diese kann jedoch für die Zuordnung von Figur und Wirkung nicht unbedingt angenommen werden, da sich diese Verbindung erst im konkreten Akt hermeneutischer Textrezeption einstellt. Ähnlich argumentiert E. Mertner, daß die Wirkung der Figuren „nicht ein für alle Mal festgelegt ist, sondern jeweils im individuellen Fall aus dem Verhältnis zwischen der in den Vordergrund gehobenen Abweichung und der normalen sprachlichen Umgebung entsteht"[20]. Jede

[17] H. Peacham: The Garden of Eloquence (1593). A Facsimile Reproduction with an Introduction by W. G. Crane (= Scholars' Facsimiles & Reprints), Gainesville, Flo. 1954.

[18] Vgl. für den Bereich der englischen Rhetorik des 16./17. Jahrhunderts H. F. Plett: Rhetorik der Affekte. Englische Wirkungsästhetik im Zeitalter der Renaissance (= Studien zur englischen Philologie, NF, 18), Tübingen 1975.

[19] D. Breuer: Einführung in die pragmatische Texttheorie, München 1974, S. 176. Breuer, der für seine Theorie auf das historische Vorbild J. Chr. Adelung (18. Jhdt.) verweist, zieht zu Recht eine Dichotomie zwischen (im semiotischen Sinne) „syntaktisch" (Gottsched, Lausberg) und „pragmatisch" (Adelung, Dockhorn) orientierten Figurenkonzeptionen.

[20] E. Mertner: Der literarische Text und seine Analyse, in: B. Fabian (Hrsg.): Ein anglistischer Grundkurs, Frankfurt a. M. 1971, S. 196.

verallgemeinernde Wirkungsbeschreibung von Figuren ist daher so lange subjektiv (präskriptiv), als sie nicht durch empirische Verifikation (z. B. Testmaterialien) abgestützt ist.

Zum Abschluß dieses Abschnitts sollen noch zwei Konzepte erwähnt werden, welche pragmatische Interpretationsmöglichkeiten rhetorischer Figuren verfügbar machen. Das erstere ist schon recht alt: sein Ursprung liegt bereits in der Antike. Das zweite Konzept ist neueren Ursprungs.

a) *Das verhaltenspsychologische Konzept:* Im Rahmen dieses Interpretationsmusters erscheint die rhetorische Figur als ein emotionales Wirkmittel, das der aktiven Glaubhaftmachung eines Sachverhaltes bei einem psychisch in bestimmter Weise disponierten Publikum dient. Die Schulrhetorik ermöglichte eine Gruppierung der Figuren gemäß ihrer Wirkungsintensität in „ethische" und „pathetische" Wirkungsschemata. Auf Grund der modernen psycholinguistischen Forschungen sollte eine stärkere Verwissenschaftlichung der rhetorischen Affektenlehre möglich sein.[21]

b) *Das ideologiekritische Konzept:* Im Rahmen dieser pragmatischen Sichtweise erscheint die rhetorische Figur als persuasive Artikulationsform bestimmter interessegeleiteter gesellschaftlicher Bewußtseinsinhalte. Solche nennt R. Barthes „Mythen".[22] Als

[21] Arbeiten zu einer „emotionalistischen" Interpretation der Figuren stammen von K. Dockhorn: Macht und Wirkung der Rhetorik, Bad Homburg v. d. H 1968; B. Vickers: Classical Rhetoric in English Poetry, London 1970, Kap. 3: "The Functions of Rhetorical Figures"; E. Rotermund: Affekt und Artistik, München 1972; D. Breuer: Vorüberlegungen zu einer pragmatischen Textanalyse, in: Wirkendes Wort 22 (1972), S. 1–23; Plett: Rhetorik der Affekte (Anm. 48); M. M. Osborne: Attitudinal Effects of Selected Types of Concluding Metaphors in Persuasive Spreeches, Speech Monographs 33 (1966), S. 147–155.

[22] R. Barthes: Mythen des Alltags, Frankfurt a. M. ²1970. Kuentz spricht von Masken: «[...] la fonction du rhétorique est une fonction de *masque*» (Le ‹rhétorique› ou la mise à l'écart, in: Communications 16 [1970], S. 156). Zur ideologiekritischen Rhetorik allgemein vgl. U. Eco: Einführung in die Semiotik, München 1972, S. 189ff. und H. G. Schumann: Ideologiekritische Rhetorikforschung, in: H. Schanze (Hrsg.): Rhetorik. Beiträge zu ihrer Geschichte in Deutschland vom 16.–20. Jahr-

Denkfigur des „rechten Mythos“ erwähnt er z. B. die Tautologie, deren Form – die inhaltsleere Gleichsetzung (*x ist x*) – jede Möglichkeit einer historisch-gesellschaftlich bedingten Wirklichkeitsveränderung von vornherein ausschließt. Aus derartigen ersten Resultaten ideologiekritischer Rhetorikforschung ergibt sich die Forderung nach einer verstärkten Untersuchung rhetorischer Figuren im jeweiligen gesellschaftlichen Kontext, der sie hervorbringt und den sie gleichzeitig – als metasprachliche Texte – interpretieren. Die Figuren Parallelismus, Antithese, Oxymoron, Apostrophe, Metapher – um nur einige zu nennen – scheinen sich für eine solche Auslegung besonders zu eignen.[23]

Weitere pragmatische Konzepte der Figurenauslegung (z. B. argumentative, hermeneutische) sind denkbar.[24] Allen diesen Ansätzen ist gemeinsam, daß sie Figuren funktional im jeweiligen Kontext interpretieren. Je mit der gewählten Blickrichtung ändert sich die Pragmatik des rhetorischen Sprachzeichens. Der pragmatischen Analyse sind daher keine Grenzen gesetzt. Eine (bisher nicht existente) Geschichte der Rhetorik und der rhetorischen Figuren hat – sowohl im Hinblick auf das Untersuchungsobjekt als auch im Hinblick auf den Standpunkt des Analytikers – diesem Faktum Rechnung zu tragen.

3. Die Ästhetik der Figuren

Die ästhetische Verwendung und Interpretation der Figuren ist alt. Sie verband sich bereits mit dem Namen des griechischen Sophi-

hundert, Frankfurt a. M. 1974, S. 199–215. Auch die sozialpsychologisch-kulturkritischen Arbeiten von K. Burke sind hier zu nennen.

23 Ansätze z. B. bei: Z. Škreb: Zur Theorie der Antithese als Stilfigur, in: STZ 25 (1968), S. 49–59; J. Kopperschmidt: Ein Bilderbuch: Studien zur visuellen Antithese, Ulm 1972; H. M. Enzensberger: Sieben Hauptfiguren konservativer Rhetorik (1962), in: Einzelheiten I: Bewußtseins-Industrie, Frankfurt a. M. [8]1973, S. 172–178 (hier handelt es sich eher um Argumentationsfiguren als um Sprachfiguren).

24 Vgl. J. Kozy: The Argumentative Use of Rhetorical Figures, in:

sten Gorgias und hat über die Vermittlung rhetorischer Poetiken vom Hochmittelalter bis zur Aufklärung die Auffassung einer „literarischen Rhetorik“ bis heute entscheidend geprägt.[25] E. R. Curtius weist darauf hin, daß das ästhetische Moment der Rhetorik besonders im Texttyp der Epideixis lokalisiert war.[26] Dieses Redegenus zeichnet sich durch besonders reichhaltige Figurierung aus. Die Funktion, welche die *elocutio* hier zugewiesen erhält, ist die des Ornaments, der schmückenden ästhetischen Beigabe, die auch in entsprechenden Figurenmetaphern (z. B. Preziosa, Gold, Silber, Sterne, Farben, Blumen) der Schulrhetoriken zum Ausdruck kommt.[27] Für eine moderne Interpretation dieses historischen Befundes stellt die Ästhetik der Figuren eine besondere Komponente ihrer allgemeinen Pragmatisierung dar. Diese Besonderheit ist durch eine Veränderung ihrer Zweckhaftigkeit gekennzeichnet. Ästhetisch betrachtet, ist der Zweck der Figuren nicht länger persuasiv in dem Sinne, daß hier eine Umstimmung zu einer bestimmten Erkenntnis- und Handlungseinstellung außerhalb der Kommunikationssituation intendiert ist. Wenn er dennoch als persuasiv gelten soll, dann in der Bedeutung, daß sich die Umstimmung auf die

Philosophy and Rhetoric 3 (1970), S. 141–151 und – als Beispiel für ein hermeneutisches Funktionsraster – J.-M. Klinkenberg: L'Archaïsme et ses fonctions stylistiques, in: Le française moderne 38 (1970), S. 10–34.

[25] Grundlegend immer noch: E. Norden: Die antike Kunstprosa. Vom VI. Jahrhundert v. Chr. bis in die Zeit der Renaissance. 2 Bde., Darmstadt 1958 [1898]. Wenig zum Thema sagt trotz des vielversprechenden Titels der Abschnitt “The Aesthetics of Rhetoric” in: W. Tatarkiewicz: History of Aesthetics, hrsg. v. J. Harrell. 2 Bde., The Hague/Paris/Warszawa 1970, Bd. I, S. 259–265. Zur europäischen Geschichte der Literarisierung der Rhetorik sind verschiedene Arbeiten von J. W. H. Atkins, C. S. Baldwin, D. L. Clark, K. Dockhorn, M. Doran, M. T. Herrick, W. S. Howell, P. W. K. Stone und B. Weinberg heranzuziehen.

[26] E. R. Curtius: Europäische Literatur und lateinisches Mittelalter, Bern/ München [8]1973, S. 164 ff.; H. Lausberg: Rhetorik und Dichtung, in: DU 18/6 (1966), S. 47–93; hier: S. 68. Vgl. auch O. B. Hardison: The Enduring Monument. A Study of the Idea of Praise in Renaissance Literary Theory and Practice, Westport, Conn. 1973 (repr.).

[27] Vgl. Plett: Rhetorik der Affekte, S. 144–154.

Kommunikationssituation selbst bezieht. Diese ist – gemäß R. Jakobsons Definition der „poetischen Funktion" – durch „die Einstellung der Nachricht auf sich selbst" bestimmt.[28] Die Ästhetik der Figuren gründet sich demzufolge auf den Selbstverweisungscharakter der Sprache. Ihre primäre Zweckhaftigkeit ist der Selbstzweck (Autotelie).

Es wäre aber ein Irrtum, wollte man annehmen, wie manche Linguisten es zeitweilig taten, daß die poetische Kompetenz sich mit der elokutionellen Kompetenz deckt.[29] In der Tat ist dies nicht der

[28] Jakobson: Linguistics and Poetics, S. 356: "The set (*Einstellung*) toward the MESSAGE as such, focus on the message for its own sake, is the POETIC function of language." J. A. DeVito (Style and Stylistics: an Attempt at Definition, in: Quarterly Journal of Speech 53 [1967], S. 248–255) sieht in eben dieser Sprachfunktion die Grundlage der *literary stylistics* und grenzt davon "conative or directive language" als Untersuchungsobjekt einer *rhetorical stylistics* ab. Seine Aufteilung der Sprachfunktionen und Stilperspektiven, die R. Jakobsons Gliederung der kommunikativen Komponenten folgt, faßt er in folgender Tabelle zusammen:

Communication Component	Language Function	Area of Stylistics
Source	Emotive	Psychological
Destination	Directive	Rhetorical
Designation	Cognitive	Semantic
Message	Poetic	Literary
Channel	Phatic	Sociological
Code	Metalinguistic	Linguistic

Kritik üben an Jakobsons Funktionsmodell K. Baumgärtner: Der methodische Stand einer linguistischen Poetik, in: Jahrbuch für Internationale Germanistik I/1 (1969), S. 15–43 und R. Lachmann: Das Problem der poetischen Sprache bei V. V. Vinogradov, in: Poetics 11 (1974), S. 103–125, hier: S. 116.

[29] Die Identifikation von Poetik mit Linguistik (R. Jakobson) und von Literaturwissenschaft mit Stilistik (D. Alonso) weist überzeugend R. Wellek zurück: Stylistics, Poetics, and Criticism, in: Discriminations: Further Concepts of Criticism, New Haven/London 1971, S. 327–343.

Fall. Ebenso wie die elokutionelle Kompetenz nur einen Teil der umfassenderen rhetorischen Kompetenz darstellt, so tritt sie auch innerhalb der poetischen Kompetenz nur als eine von verschiedenen Teilkompetenzen auf, die sich mit anderen Teilkompetenzen (z. B. narrativen, dialogischen, fiktionalen usw.) in einem rivalisierenden Verhältnis befindet. Eine graphische Darstellung dieser Verhältnisse hat folgende Gestalt:

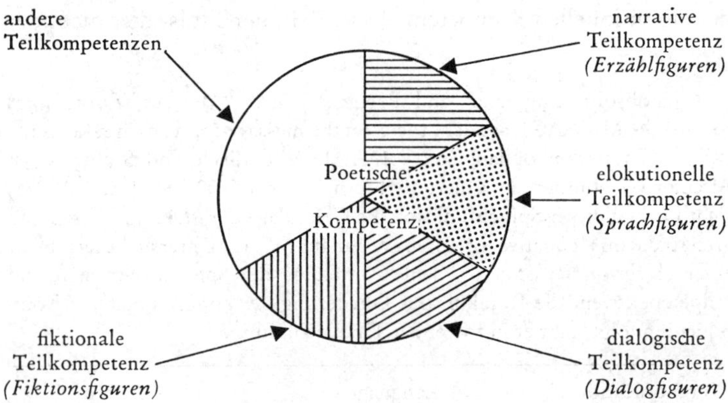

Liegt nun als Produkt einer poetischen Performanz ein literarischer Text vor, so zeigt sich, daß in ihm die poetischen Teilkompetenzen (Kodes, Figuren) unterschiedlich aktualisiert sind.[30] Manche nehmen eine dominierende, andere eine untergeordnete Stellung ein; andere wiederum fehlen ganz. Solche variierenden Dominanzverhältnisse sind nicht zufällig, sondern konventionalisiert: Zum Beispiel fehlt im Roman die elokutionelle Komponente fast ganz, während sie im lyrischen Gedicht die anderen Komponenten

[30] Wenn hier (ähnlich wie im Falle der Rhetorik) wiederum eine Gleichsetzung von Teilkompetenz und Figurenklasse bzw. Kode vorgeschlagen wird, dann in dem Sinne, daß die Figuren als strukturelle Kodeelemente den jeweiligen Inhalt der einzelnen Teilkompetenzen repräsentieren. Der Ausdruck „Erzählfiguren“ findet sich bereits bei J. Dubois u. a.: Allgemeine Rhetorik, München 1974, S. 280–325.

regelmäßig beherrscht. Die Ästhetizität literarischer Texte wird aus historischer Sicht durch die wechselnden performativen Aktualisierungen der einzelnen poetischen Teilkompetenzen konstituiert. Dabei können sich Verschiebungen in der Benutzung der poetischen Kodes – und damit auch des elokutionellen – ergeben (z. B. durch Einführung von Erzählfiguren in die Dialogizität des Dramas [= episches Theater], von Dialogfiguren in die Narrativität des Romans [= Bewußtseinsroman]). Gemeinsam ist in allen Erscheinungsformen der poetischen Performanz eine poetische Kommunikationssituation und das sie beherrschende Prinzip des Selbstzwecks.

Fassen wir alle bisher im Hinblick auf die Performanz der Figuren entworfenen Kommunikationssituationen, Zwecke und die jeweils aktivierbaren Teilkompetenzen zusammen, so ergibt sich folgendes Performanzmodell:

Kommunikations-situation	Zweck	aktivierbare Teilkompetenzen
alltagssprachlich-unrhetorisch *(K_A)*	Mitteilung *(M)*	elekutionell, grammatisch, dialektal, visuell, . . .
rhetorisch *(K_R)*	Persuasion *(P)*	elokutionell, argumentativ, aktional, topisch, . . .
poetisch *(K_P)*	Autotelie *(A)*	elokutionell, narrativ, dialogisch, fiktional, . . .
defekt *($K_D = -K_A, -K_R, -K_P$)*	Minusfunktion *(M, P, A)*	– elokutionell, – . . .

Die Tafel enthüllt, daß die *elocutio* in veschiedenen Kommunikationssituationen mit unterschiedlicher Zweckbestimmung auftauchen kann: in K_A mitteilend, in K_R persuasiv, in K_P autotelisch. In K_D entfällt jeder Zweck, bzw. ein angestrebter Zweck wird ganz oder teilweise verhindert. Das liegt an der Besonderheit von K_D, daß sie grundsätzlich eine Realisationsform aller übrigen Kommunikationssituationen darstellt. Zu K_A bleibt noch zu bemerken, daß sie höchst allgemein und vage eine Abgrenzung gegenüber K_R darstellt, womit nicht ausgeschlossen ist, daß K_A noch weiter differenziert werden kann.[31] Die andere Abtrennung, die zwischen K_R und K_P, wurde durch die Opposition von Zweck und Selbstzweck, von rhetorischer und poetischer Kompetenz (samt den jeweilig verfügbaren Kodes/Figuren) festgelegt.

Dem Eindruck einer gewissen Starrheit, den das skizzierte Schema suggeriert, gilt im folgenden entgegenzutreten. Selbstverständlich ist es möglich, daß jede Kommunikationssituation gewisse Teilkompetenzen einer anderen Kommunikationssituation – z. B. K_P die argumentative und K_R die fiktionale Teilkompetenz – aktiviert; sie werden aber von dem die jeweilige Kommunikationssituation beherrschenden Zweck absorbiert. Auch die Zwecke müssen ihrerseits nicht in jeder Textperformanz rein vertreten sein. Vielmehr dürfte es geradezu den Regelfall darstellen, daß die mitteilende Äußerung (z. B. eine geisteswissenschaftliche Abhandlung) auch persuasive und ästhetische und die persuasive Äußerung (z. B. ein Werbetext) auch mitteilende und ästhetische Funktionselemente enthält. Auf der anderen Seite kann nur eine extrem expressive Literaturtheorie, wie sie etwa in John Stuart Mills bekanntem Diktum "that eloquence is *heard*, poetry is *over*heard"[32] zum Ausdruck kommt, auf die informatorische und persuasive Komponente weitgehend verzichten. Die Literaturpraxis fast aller Jahrhunderte zeigt eher das Gegenteil – ein Faktum, dem Jakobson, Mukařovský und andere[33] durch die Konstruktion einer ästhetisch dominierten Hierarchie der Zwecke Rechnung tragen: Demnach läßt K_P durch-

[31] Zur weiteren Differenzierung sei etwa auf das Beispiel von J. L. Kinneavys Behandlung des *reference discourse* verwiesen (A Theory of Discourse, Englewood Cliffs, N. J. 1971, S. 73–210).

[32] Zit. in H. H. Hudson: Rhetoric and Poetry (1924), in: R. F. Howes (Hrsg.): Historical Studies of Rhetoric and Rhetoricians, Ithaca, N. Y. 1961, S. 369–379, S. 431–432, hier: S. 370.

[33] Jakobson: Linguistics and Poetics, S. 353, 356; J. Mukařovský: Kapitel aus der Poetik, Frankfurt a. M. 1967, S. 44–54; ders.: Kapitel aus der Ästhetik, Frankfurt a. M. 1970, S. 113–137. Eine Darstellung des ästhetischen Funktionsbegriffs von Mukařovský gibt H. Günther: Struktur als

aus Funktionselemente von K_A unbd K_R zu, jedoch in einer Weise, daß diese einen subsidiären Charakter besitzen. Solche Verhältnisse der funktionalen Über- und Unterordnung können sich auf Grund von historischen, kulturellen und sozialen Veränderungen verschieben. Als Beispiel für derartige Entwicklungen sei die Entstehung von poetischen Rhetoriken und rhetorischen Poetiken erwähnt. Für den Fall, daß wegen der starken Funktions- und Kodeüberschneidung die Grenzen zwischen K_P und K_R kaum noch wahrnehmbar sind, kann über die Art des dominierenden Zweckes letztlich nur die jeweilige Produktions- und Rezeptionseinstellung entscheiden.

Einem weiteren Einwand gilt es zu begegnen: Man könnte der vorhin dargelegten Auffassung von Ästhetik und Poetik den Vorwurf eines falschen Autonomismus machen, der seit den Tagen des Idealismus und der Romantik überholt sei. Hierzu sei klargestellt, daß Selbstzweck bzw. ästhetische Autotelie in dem hier begriffenen Sinne nicht bedeutet, daß ein literarischer Text unabhängig von sozialen, kulturellen, psychologischen . . . Faktoren entstehen bzw. rezipiert werden könne. Derartiges wird unter nachdrücklichem Hinweis auf das in Kapitel 2 Dargelegte nicht geleugnet. „Selbstzweck" besagt hier vielmehr die spezifische Intentionalität der poetischen Kommunikationssituation. Wer die elokutionellen (und anderen) Kode-Gegebenheiten z. B. als Handlungsanweisungen zu einer bestimmten gesellschaftlichen Aktivität verwendet, verfährt rhetorisch, nicht aber ästhetisch. Die ästhetische (En-, De-)Kodierung hingegen entreißt die Sprachfiguren dem unmittelbaren Zusammenhang mit der Praxis.[34] Wie immer man diese besondere

Prozeß. Studien zur Ästhetik und Literaturtheorie des tschechischen Strukturalismus, München 1973, bes. Kap. 1.

[34] Vgl. Mukařovský, Kapitel aus der Poetik, S. 48. Treffend ist auch die Äußerung von W. S. Howell, "that the poetical utterance differs from the rhetorical utterance by virtue of the fact that the words used in the latter refer directly to states of reality, and that the words used in the former refer directly to things that stand by deputy for states of reality" (Literature as an Enterprise in Communication, in: Quaterly Journal of Speech 33 [1947], S. 417–426, hier: S. 416; wiederabgedruckt in: W. S. Howell: Poetics, Rhetoric, and Logic, Ithaca/London 1975, S. 215–233, hier: S. 217–218).

Einstellung definieren mag: als ἡδονή, interesseloses Wohlgefallen, ästhetische Distanz oder gar als poetische Matrix mit der Merkmal-Sequenz [+ *Verzögerung*] [+ *Entfernung*] [+ *Fiktion*] [− *Dialog*] [− *Appell*][35], jedesmal besitzt die Konzentration auf das poetische Zeichen den kommunikativen Primat. Dieser Tatbestand schließt die Subdominanz anderer Sprachfunktionen nicht aus. Ebenso wie man von einer Ausdrucks-, Wirkungs- und Darstellungspoetik spricht, kann man auch eine expressive, effektive (persuasive) und ontische Ästhetizität der Sprachfiguren geltend machen.

Der Sachverhalt sei an zwei konkreten Beispielen illustriert. Das erste Beispiel ist ein rhetorischer Text (z. B. eine Rede Ciceros), der durch den Wegfall der historischen K_R des aktuellen persuasiven Zweckes verlustig gegangen ist. Für seine Kommunikationsweise bedeutet dies, daß er niemanden mehr zu einer bestimmten Handlung anleitet, da das Handlungsziel entweder erreicht oder veraltet ist. Ein solcher Text besitzt heute für den Historiker möglicherweise lediglich eine mitteilende (dokumentarische) Funktion. Er kann aber auch eine ästhetische Relevanz gewinnen, und zwar in dem Maße, wie er an dem derzeit gültigen poetischen Kode partizipiert. Vorausgesetzt, die Sprachfiguren seien in diesen einbezogen, so unterliegen sie in diesem Fall einem Funktionswandel: Sie tauschen ihre ursprüngliche Rhetorizität gegen die Ästhetizität ein. Sie sind nicht länger Mittel zum Zweck (der Überredung), sondern Selbstzweck. Sofern von Persuasion noch die Rede sein kann, ist diese durch die Ersetzung des (persuasiblen) Erstpublikums durch das (literarische) Zweitpublikum fiktionalisiert.

Das zweite Beispiel stammt aus der Werkstatt eines politischen Dichters. B. Brechts Verwendung gewisser Äquivalenzfiguren, besonders der parallelistischen Antithese, in seinem Gedicht ›Lob der Partei‹, wird unterschiedlich interpretiert, je nachdem ob sie im K_P- oder im K_R-Kontext rezipiert wird. Der K_P-Rezipient des Textes, der ästhetische Distanz hält, ist der Leser von Literatur.[36] Er faßt

[35] Die poetische Matrix ist von D. Wunderlich konzipiert und wird von Baumgärtner (Der methodische Stand einer linguistischen Poetik, S. 19f.) erörtert.

[36] Die innerästhetischen Strukturrelationen des Gedichts werden in

die parallelistischen Antithesen unter Umständen als Harmonie von Gegensätzen, als *concordia discors*, auf und ergründet ihre inner- und außerästhetischen Motivationen. Der K_R-Rezipient hingegen zieht aus der semantischen Diskrepanz eine praktische Konsequenz. Die aufgezeigte Disharmonie stellt ihm die Notwendigkeit der Harmonisierung durch parteiliche Solidarität und parteiliches Handeln vor Augen. Indem er solches vollzieht, faßt er den Text als konkrete Handlungsanweisung, d. h. rhetorisch, auf. Während sich die Ästhetisierung der Cicero-Rede durch Entpragmatisierung ihres persuasiven Kontextes vollzieht, tritt bei der Rhetorisierung des Brechtschen Gedichtes das Gegenteil ein: Der poetische Kontext wird im Hinblick auf eine spezifische Handlungssituation persuasiv konkretisiert.[37] Damit verliert das Gedicht seinen ästhetischen Primat; eine subdominante Funktion übernimmt die Rolle der dominanten. Dies ist hier um so leichter möglich, als der benutzte Kode, fast ausschließlich Sprachfiguren, weder K_P noch K_R allein zugehört.

Damit ist das Problem der rhetorischen bzw. poetischen Kompetenz (Kodierung), ihrer Relation zueinander und zu K_R bzw. K_P aufgeworfen. Erwähnt wurden bereits die Fehlansätze, daß man nur Teile der rhetorischen oder der poetischen Kompetenz für eine *allgemeine* Definition von Rhetorizität oder Poetizität in Anspruch nimmt. Eine ähnliche definitorische Verengung liegt auch dort vor, wo poetische und rhetorische Texte einzig mit Hilfe eines ontologischen Literaturbegriffes voneinander abgegrenzt werden: etwa in der Weise, daß – so W. S. Howell[38] – die einen die *literature of*

einem Artikel R. Jakobsons freigelegt: Der grammatische Bau des Gedichts von B. Brecht ›Wir sind sie‹, in: Beiträge zur Sprachwissenschaft, Volkskunde und Literaturforschung (= FS Steinitz), Berlin 1965, S. 175–189.

[37] Obgleich Brecht anläßlich einer Äußerung über seine frühen Gedichte sagt, er habe es nicht für seine Aufgabe gehalten, „all die Disharmonien und Interferenzen, die ich stark empfand, formal zu neutralisieren", versteht er sich hier durchaus nicht als Propagandist, d. h. als Redner; denn er fährt fort, ihm habe daran gelegen, „die Vorgänge zwischen den Menschen als widerspruchsvolle, kampfdurchtobte, gewalttätige zu *zeigen*" (Über reimlose Lyrik mit unregelmäßigen Rhythmen [1939], in: B. Brecht, Über Realismus, Leipzig 1968, S. 153 [Hervorhebung H. F. P.]).

[38] Howell: Literature as an Enterprise in Communication, S. 422 (= Po-

symbol, die anderen hingegen die *literature of statement* bilden. Im anderen Extremfall findet eine vollständige Funktionsverwischung statt, wenn – wie bei K. Burke[39] – poetische Texte als grundsätzlich effektbezogen und daher wirkungsidentisch mit persuasiven ausgegeben werden. Einen mittleren Weg sucht G. E. Bigelow[40] zu gehen, der anhand einer Reihe von Kommunikationsfaktoren *(maker and purpose, audience and occasion, method, medium, subject matter)* den Howellschen Ansatz verbreitert. Aber abgesehen davon, daß er ständig historische und systematische Gesichtspunkte vermengt, ermangelt seiner Darstellung vor allem ein leitendes Prinzip. Dieses ist in der vorliegenden Abhandlung durch die performativen Faktoren des jeweiligen kommunikativen Zwecks und der zugeordneten Kommunikationssituation gegeben. Der Zweck ist für die Performanz ausschlaggebender als die Kompetenz (der Kode), die (den) er funktional aktiviert. Zwischen beiden besteht offensichtlich – idealtypisch gesehen – eine (noch näher zu ergründende) Verbindung, die über historische, kulturelle, soziale Verschiebungen hinweg immer wieder in Erscheinung tritt. Die Besonderheit der Sprachfiguren besteht darin, daß sie sowohl in der rhetorischen als auch in der poetischen Kompetenz aufgeführt werden. Dies sichert ihnen in K_R und K_P eine herausragende Stellung.

Zum Beschluß dieses Abschnitts sei noch auf einige funktionale ästhetische Eigenschaften der Figuren hingewiesen. Wir orientieren uns dabei an ihrer semiotisch definierten Sekundarität. Sekundarität bedeutet, wie in 1.1 dargelegt, die deviante Überformung des Sprachzeichens. Durch den Vorgang der Figurierung entsteht ein Hiat, den G. Genette in folgenden Worten beschreibt:

etics, Rhetoric, and Logic, S. 224) und ders.: De Quincey on Science, Rhetoric, and Poetry, Speech Monographs 13 (1946), S. 1–13 (= Poetics, Rhetoric, and Logic, S. 191–214). Der Ausdruck *literature of statement* ist für die Textprodukte der Rhetorik displaziert, da diese dann auf den funktionalen Status der Mitteilung reduziert würden.

[39] K. Burke: Counter-Statement, New York 1931, S. 265–266: "effective literature can be nothing else but rhetoric".

[40] G. E. Bigelow: Distinguishing Rhetoric from Poetic, in: Rhetoric and American Poetry of the Early National Period (= University of Florida Monographs, Humanities, 4), Gainsville, Flo. 1960, S. 1–14. Ähnliche Festellungen gelten über das Kapitel "Communication in Literature" von A. C. Baird: Rhetoric. A Philosophical Inquiry, New York 1965, S. 184–197.

«L'esprit de la rhétorique est tout entier dans cette conscience d'un hiatus possible entre le langage real (celui du poète) et un langage virtuel (celui qu'aurait employé *l'expression simple et commune*) qu'il suffit de rétablir par la pensée pour délimiter un espace de figure.»[41]

Durch die Diskrepanz zwischen virtueller (unfigurierter) und aktueller (figurierter) Verwendung des Sprachzeichens entsteht folglich ein Leerraum. Seine Konkretisation ist dem Rezipienten aufgetragen. Diese besteht in einem Akt der „Rückübersetzung" der Abweichungsmuster in nicht-deviante Sprachstrukturen.[42] Da die Möglichkeiten solcher Rückübersetzung grundsätzlich mehrere (aber nicht unbeschränkt viele) sind, aktiviert die Wiederholung des Rezeptionsvorganges verschiedene „Lesarten" der ästhetischen Sekundarität. Die Vielgestalt solcher Lesarten bewirkt die Polyfunktionalität literarischer Texte.[43] Sie tritt bei jeder der drei Figurenklassen anders in Erscheinung. Die (semio-)syntaktischen Figuren fordern den Leser auf, konkurrierende sprachliche Sequenzen aufzubauen. Dadurch entstehen unterschiedliche Stränge der Lautung, des Satzbaus, der Bedeutung. Sie befinden sich untereinander in Rivalität; je nachdem, welche Lesart bevorzugt wird, tritt der eine Strang hinter dem anderen zurück. Ihre Totalität bildet den ästhetischen Spielraum des Aufnehmenden. Anders verhält es sich mit den (semio-)semantischen Figuren. Hier konstituiert sich die Ästhetizität des Sprachzeichens nicht linear, sondern denotativ. Das

[41] Genette: Figures, S. 209. Der Autor zitiert ein sehr zutreffendes Diktum Pascals: «Figure porte absence et présence» (S. 210).

[42] Der Terminus „Rückübersetzung" ist Genettes Ausdruck *traduisibilité* nachgebildet (Figures, S. 211, 214). W. A. Koch verwendet den Begriff der „Rücktransformation" für ein methodisches Vorgehen, dessen Ergebnis die Herstellung eines „rearrangierten" Textes bzw. eines Normaltextes ist – demonstriert anhand einer Interpretation von E. E. Cummings "anyone lived in a pretty how town" (in: Strukturelle Textanalyse, Hildesheim/New York 1972, S. 429–461).

[43] Zum Rezeptionsprozeß literarischer Phänomene vgl. verschiedene Arbeiten von R. Ingarden, F. V. Vodička und W. Iser in R. Warning (Hrsg.); Rezeptionsästhetik, München 1975, zur Polyfunktionalität vgl. S. J. Schmidt: Ästhetizität. Philosophische Beiträge zu einer Theorie des Ästhetischen, München 1971.

liegt daran, daß diese Figuren (Tropen) künstliche Gegenständlichkeiten, d. h. Fiktionen, hervorbringen. Ihre Rückübersetzung in den Kontext geläufiger Wirklichkeitserfahrung ermöglicht mehrere Lesarten. Die Tropen sind demnach nicht nur pseudo-, sondern auch poly-referentiell. Indem der Leser einen tropisierten Text aufnimmt, aktiviert er einmal diese, ein andermal eine andere mögliche Referenzbeziehung. Auf diese Weise enthüllt der Text mehrere Wirklichkeitsschichten.[44] Das ist seine spezifisch semantische Polyfunktionalität. Anders gelagert ist wiederum die Ästhetik der pragmatischen Figuren. Auch hier herrscht Fiktionsbildung; nur ist diese kommunikativer Art, indem z. B. eine Sprecher- oder Empfängerbeziehung vorgetäuscht wird. Der vom Rezipienten auszufüllende Leerraum entsteht durch die Diskrepanz zwischen üblicher und devianter Kommunikativität.

Auf diese Weise besitzt das figurierte Sprachzeichen im literarischen Text eine dreifache Multivalenz: eine lineare, eine denotative und eine kommunikative, je nachdem, von welcher Figurenklasse man ausgeht. Diese Multivalenz tritt im Akt des Rezipierens zutage, wo sie sich in Gestalt unterschiedlicher Lesarten manifestiert. In ihrer Gesamtheit bilden die Lesarten das ästhetische Kommunikationspotential eines literarischen Textes. Dieses ist kein statisches Fixum, sondern wird durch die Sukzession raum-zeitlicher Rezeptionsvorgänge in Bewegung gehalten. Es wird auch nicht allein durch die Sprachfiguren erzeugt, sondern kommt durch deren Interaktion mit den anderen Figuren/Kodes des Textes zustande. Die Formen, Bedingungen und Wirkweisen solcher Interaktion zu ergründen, ist Aufgabe einer „integrierten" Literaturwissenschaft. Das Auszeichnende eines so verstandenen Wissenschaftsbegriffs ist es, daß er für alle textsemiotischen Möglichkeiten offen ist.

[. . .]

[44] Vgl. dazu auch das Konzept der Pluri-Isotopie, das in J.-M. Klinkenberg: Rhétorique et Spécificité Poétique (in: Plett [Hrsg.]: Rhetorik, S. 77 ff.) und in weiteren Arbeiten der Lütticher Gruppe (vgl. Anm. 30) entwickelt worden ist.

LiLi, Themenheft Perspektiven der Rhetorik, 11/43–44, Vandenhoeck und Ruprecht, Göttingen 1981, S. 164–191.

RHETORISCHES TEXTHERSTELLEN ALS PROBLEMLÖSEN

Ansätze zu einer linguistisch orientierten Rekonstruktion von Rhetoriken des 17. und 18. Jahrhunderts

Von MANFRED BEETZ

Die ehemalige Monopolstellung der Literaturwissenschaft unter den mit Rhetorik befaßten Disziplinen blieb in den letzten Jahren nicht unangefochten: Semiotik, Kommunikationstheorie, Linguistik, Psychologie unternahmen teils Versuche, die Rhetoriktheorie dem System der eigenen Disziplin zu inkorporieren, teils unterzogen sie die Rhetoriktheorie einer so tiefgreifenden Revision,[1] daß sich die Literaturwissenschaft inzwischen mit dem Verzicht auf eine nicht nur restaurative rhetorische Theorienbildung abgefunden zu haben scheint und sich auf die angestammte Domäne der Rhetorikhistorie zurückzieht. Angesichts der zunehmenden Spezialisierung und Methodendivergenz der Forschungszweige bietet sich von seiten konkurrierender Theorienanwärter offenbar nur noch eine Abgrenzung der Fragestellungen und methodischen Wege zur Rhetorik als einzig vertretbare Alternative an. Die Idee einer interdisziplinären Vorgehensweise wäre demnach zu begraben und zur strikt „disziplinären" zurückzukehren.

In diesem Sinn suchen Literaturwissenschaftler die Rhetorik vor dem Zugriff einschlägiger Wissenschaften abzuschirmen, obwohl Rhetorik ja den Bereich des literarischen Diskurses schon bei ihrer Ausbildung in der Antike überschritt. Dyck möchte – „im Gegensatz zu ahistorisch-strukturalistischen und formalistisch-

[1] Vgl. Antos: Rhetorisches Textherstellen als Problemlösen, S. 198f. – Zur Auflösung der Abkürzungen s. das Literaturverzeichnis im Anschluß an diesen Beitrag.

wertneutralen Rhetorikkonzeptionen linguistisch-idealtypischer Provenienz – die historische Dimension der Rhetorik" wieder ins Zentrum der literaturwissenschaftlichen Rhetorik-Diskussion rükken, und Dieckmann hofft sogar, mit Hilfe der Rhetorik zwischen Literatur- und Sprachwissenschaft die Grenzen noch eindeutiger zu ziehen, wenn er gerade durch den Einbezug der Rhetorik die Literaturwissenschaft von der „Einschüchterung durch die Linguistik" zu befreien vorschlägt.[2]

Den literaturwissenschaftlichen Skeptikern gegenüber linguistischen Vereinnahmungstendenzen und Präzisierungsvorstellungen der Rhetoriktheorie ist insoweit zuzustimmen, als zentrale Aspekte der klassischen Rhetorik in der Tat für strukturalistische Grammatikmodelle und solche der Generativen Transformationsgrammatik allein aufgrund der selbstgesteckten Ausgangsbedingungen unerreichbar bleiben. Anders verhält es sich indessen mit kommunikationstheoretischen und pragmalinguistischen Ansätzen.

Ein gegenstandsadäquates Forschungsparadigma von linguistischer Seite, das einerseits Anforderungen eines modernen Theorienverständnisses genügt und zum andern wissenschaftliche Deutungsschemata für die klassische Rhetoriklehre in wichtigen Gesichtspunkten bereitstellt, scheint nunmehr die von Antos entwickelte Formulierungstheorie liefern zu können. Drei wesentliche Vorzüge prädestinieren sie für die Beschreibung und Erklärung bedeutsamer Komponenten des rhetorischen und literarischen Kommunikationsprozesses, so daß sie eine weitere literaturwissenschaftliche und literarhistorische Auswertung nahelegen:

1. Die Antossche Textherstellungstheorie konzentriert sich darauf, dem in Semiotik und Linguistik vernachlässigten Leistungsaspekt des Formulierens sowie den bei der Handlung des Formulierens auftretenden Schwierigkeiten durch ein entsprechendes Theorienkonzept gerecht zu werden, das unter anderem auch eine Weiterentwicklung des linguistischen Regelbegriffs

[2] Dyck: Bedarf an Rhetorikforschung, S. 13. – Dieckmann: Bedarf an Rhetorik?, S. 26. Unter diesem Blickwinkel sieht Dieckmann die Renaissance der Rhetorik als einen „Versuch der Literaturwissenschaft, der Linguistik temporär verlorengegangenes Terrain wieder abzujagen" (ebd.).

vorsieht. Durch eine genauere Analyse der Textherstellungsprozeduren gelingt es ihr, Erhellendes zum Kunstcharakter der Rhetorik beizusteuern.

2. Als Produktionstheorie ermöglicht sie ein dringend erwünschtes, komplementäres Paradigma zu dem die Literaturwissenschaft seit Jauß einseitig dominierenden Methodenparadigma der Rezeptionsforschung.
3. Sie ist hinreichend differenziert und flexibel, um in der historischen Applikation auch epochalen Veränderungen von Problemstellungen und -lösungen Rechnung tragen zu können.

Zu 1.: Zur Explikation des für die Rhetorik zentralen Leistungsaspekts läßt sich die von Antos adaptierte Theorie des Problemlösens heranziehen, so daß das Herstellen rhetorischer Texte als ein spezieller Fall problemlösenden Handelns verstanden werden kann. Damit ist zunächst generell die rhetorische Textproduktion im Rahmen einer Handlungstheorie situiert, und näherhin können die beim rhetorischen Textherstellen zu investierenden Leistungen anhand strategischer Regeln als Lösungen von Formulierungsproblemen spezifiziert werden. Ferner erlaubt die Adaption des Modells des „dialektischen Problemlösens",[3] die für den Formulierungsprozeß so charakteristische sukzessive Klärung von Zielen und sprachlichen Mitteln zu beschreiben. Was die Rhetorik betrifft, so verweisen die Bezeichnungen für die in ihrem Namen traditionell vereinigte Kunstlehre und Kunstausübung, nämlich *„ars rhetorica"* bzw. „Redekunst", „Redelehre" und *„ars oratoria"* oder „Beredsamkeit"[4] von der einen Seite auf eine Lösungs*theorie* für Anforderungen, die die rhetorische Textproduktion stellt, und von der anderen Seite auf den konkreten Leistungsaspekt der praktischen Redebeherrschung, unabhängig davon, ob ein mündlicher oder schriftlicher Text zu formulieren ist. Das Leistungskriterium enthält Gottscheds Definition des rhetorischen Formulierens: „Reden" können ihm zufolge diejenigen, „die mit besonderer Weitläufigkeit, Geschicklichkeit und Lebhaftigkeit, von einer jeden

[3] Vgl. Dörner: Problemlösen als Informationsverarbeitung, S. 95ff.

[4] Gottsched: Ausführliche Redekunst, S. 88. Vgl. auch Jens: Rhetorik, S. 432.

Sache ihre Gedanken zu erklären wüßten"[5]. In Anlehnung an die Tradition erläutert die Definition des Aufklärers die zu bietende Redeleistung nach Postulaten der Darbietung und des Inhalts. Inhaltsbezogen hatten bereits – mit unterschiedlicher Akzentuierung – die Sophisten, Aristoteles und Cicero dem Redner die Fähigkeit abverlangt, über jede Problemfrage auf der Basis einer breiten Allgemeinbildung und umfassenden Kenntnis der Wissenschaften zu sprechen; unter formalem Aspekt erklärte insbesondere Cicero Sprachkraft und gedanklichen wie verbalen Reichtum zu den Wesensbestandteilen der Eloquenz.[6] Aus der Sicht des Redners stellen die nicht leicht und nur approximativ erreichbaren Anforderungen Richtlinien für verschiedenartige Produktionsprobleme auf: Ein fundiertes Wissen kann ihm helfen, *Sachprobleme* zu lösen, die ein Text aufgibt, während Fragen der stilistischen Präsentation, der argumentativen Strukturierung und Dimensionierung des Textes zu den *Formulierungsproblemen* im engeren Sinne zählen. Ein Unterschied zwischen Formulierungs- und Sachproblemen wird selbst unter Absehung von Stilproblemen daran erkenntlich, daß bereits die fertige Formulierung eines Sachproblems als Lösung eines Formulierungsproblems gelten darf.

Die Kehrseite der Bewährungschance liegt für den Redner im ständig drohenden Versagensrisiko. Mit jedem Text exponiert er sich, begibt sich in eine Gefahrensituation, „wo man zwar viele Ehre, aber auch viel Schande einlegen kann"[7]. Der Erfolgs- und Gefährdungsaspekt der Rede ist nur eine Folgeerscheinung ihrer sozialen Normen und Wertvorstellungen unterworfenen Handlungsqualität. Der Redner darf nie aus den Augen verlieren, daß er für seine rhetorischen Handlungen zur Verantwortung gezogen werden kann. Das Bewußtsein drohender Sanktionen in Form von Kritik und Mißerfolg reguliert die Auswahl der Zwecke und der eingesetzten Strategien. Wertvorstellungen wie das ethische *honestum*, das soziale und ästhetische *decorum*, die stilistische Qualität oder

[5] Gottsched: Ausführliche Redekunst, S. 60.

[6] Aristoteles: Rhetorik, I. 2. 1. Cicero, De oratore II, 146; III, 125 und 142.

[7] Gottsched: Ausführliche Redekunst, S. 112.

der politische Erfolg spielen seit der Antike als handlungsbestimmende Normen für den Redelehrer ebensogut wie für den Redner eine unter veränderten gesellschaftlichen Bedingungen beständig von neuem zu ermittelnde Rolle. Auch im Selbstverständnis der Autoren setzt die Redehandlung im sozialen Raum nicht erst mit der *actio* ein, sondern bereits mit der ersten Phase der Textherstellung. C. Weise spricht in seinen ›Oratorischen Fragen‹ ausdrücklich von der „Praxis Inventionis", der „Praxis Dispositionis" und der „Praxis Amplificationis".[8]

Zu 2.: Die literaturwissenschaftliche Forschung hat sich die seit dem 18. Jahrhundert zu beobachtende Abkehr von normativen Poetiken insofern zu eigen gemacht, als sie Rhetoriken einseitig als Mittel zum genaueren Verstehen von Texten betrachtet. Die ursprünglich gedachten Handlungsanleitungen überließ man zur Auswertung kommerzialisierten Rezeptbüchern für eine bessere Rede- und Schreibpraxis oder man gewann ihnen theoretisches Interesse, wie gehabt, unter dem Rezeptionsaspekt ab. Mit Hilfe der Antosschen Formulierungstheorie soll hier im Sinne der Rhetoriken des 17. und 18. Jahrhunderts gleichberechtigt das Ziel der reflektierten Herstellung von Texten herausgestellt und damit Vorarbeit zu einer rhetorischen Produktionstheorie geleistet wird. Interpretiert man die Rhetoriklehre als eine systematische Heuristik von Problemlöseoperationen, gewinnt man ein Deutungsschema, das dem Selbstverständnis der präskriptiven Regelrhetorik und -poetik denkbar nahe kommt: Das Rhetorikprogramm des 17. und 18. Jahrhunderts wird als systematische *Anweisung* zum reflektierten Textherstellen ernst genommen. Umgekehrt kann auch jeder Versuch einer neuen Theoretisierung des Textherstellens von dem breiten Fundus rhetorischen Wissens profitieren, das unter dem genannten Untersuchungsparadigma von der literarhistorischen Forschung allenfalls benannt, aber längst noch nicht ausgewertet wurde.[9]

[8] Weise: Oratorische Fragen, S. 132ff.

[9] Vgl. Bornscheuer: Topik, S. 107: „Grundsätzlich gewinnt jeder Topos sein wirkliches Leben aus einer bestimmten Problemerfahrung und Problemlösungsabsicht (Intentionalität) heraus." Der Autor bestimmt – in Anlehnung an Gombrich – Poesie entsprechend als „Problemlösungsverfahren *sui generis*" (ebd. S. 25).

Das literaturwissenschaftliche Interesse an Handlungsanleitungen erschöpfte sich bisher im Interesse an den mit ihrer Hilfe erzielten Ergebnissen, also in der Frage, wie sich die verwendeten Strukturschemata, Gliederungstechniken, Wort- und Gedankenfiguren am *fertigen* Text rekonstruieren lassen. Demgegenüber soll hier die Aufmerksamkeit vorwiegend dem *entstehenden* Text gelten.

Zu 3.: Mit dem Problemlöseparadigma kann zum einen die traditionelle Rhetorik insgesamt als Reflexion über die Praxis von Lösungsverfahren und Lösungsstrategien gedeutet werden, zum andern läßt sich der historische Wandel der Rhetoriktheorie und -praxis konkreter als die unablässige Bemühung der Rhetoriker um jeweils zeitgemäße effektive Lösungsverfahren und -strategien charakterisieren. Die in den Rhetoriken diskutierten konkreten Problemstellungen und Lösungsstrategien unterliegen dem historischen, gesellschaftlichen und ästhetischen Wandel. Was beispielsweise im 17. Jahrhundert als bevorzugtes oder effektives Lösungsmuster gilt, wird im 18. Jahrhundert unter neuen ästhetischen und moralischen Kriterien abgelehnt. *Imageprobleme* etwa werden unter epochenspezifischen Vorzeichen im Spätbarock akut, zu einer Zeit, als der „politische" Akteur und Beamtenanwärter nachgerade auf rhetorisches Können als dem gesellschaftsüblichen Instrument für den sozialen Aufstieg angewiesen war. Das Ideal des schlau auf sein eigenes Fortkommen bedachten Redners von Christian Weise weicht in der Aufklärung dann dem des rechtschaffenen Tugend- und Vernunftlehrers für ein ständeübergreifendes Publikum.

Auch innerhalb der *Interaktionsprobleme* – sie resultieren aus den sozialen Bezügen, in die ein Sprecher zu seinem Publikum und dem möglicherweise personalen Redethema tritt – werden epochale Verschiebungen kenntlich. Die Rhetorik der galanten Epoche setzt bei ihrer Erörterung andere Akzente als die der Aufklärung: Letztere behandelt schwerpunktmäßig Probleme der *Verständnisbildung*, während erstere vor allem individuelle und soziale Beziehungsprobleme im Rahmen der gesellschaftlichen Konventionen aufschlüsselt. Kenntnis der „Pflichten aller Stände", Erfahrung im Umgang mit Menschen, psychologische Schulung statten hier mit dem unabdingbaren Vorwissen aus.

Weitere Aspekte des historischen Wandels sollen im Rahmen

des Problemlöseansatzes im dritten Teil des Beitrags skizziert werden.

Aus Gründen der Textdimensionierung – einem typischen Formulierungsproblem im übrigen – wie auch als Korrektiv gewisser Tendenzen der Forschung, Rhetorik mit dem *elocutio*- und Stilteil – zumindest *in praxi* – gleichzusetzen, bleibt der *elocutio*-Teil hier ausgeklammert. Die beiden ersten Teile werden lediglich inventorische und dispositionelle Fragen der Textherstellung tangieren. Aus dem Blickwinkel des Textproduzenten werden im folgenden einige Probleme (und Problemtypen) ermittelt, wie sie sich Rednern des 17. und 18. Jahrhunderts in der *inventio*- und *dispositio*-Phase den Lehrbüchern gemäß stellten.

1. Inventorische Probleme innerhalb der Ausgangsphase der Textherstellung

1.1 Konstruktion und Prüfung

Die Lehrbarkeit sich ergänzender Konstruktions- und Prüfungsprozesse bildet, unbeschadet wichtiger historischer Akzentverschiebungen, die gemeinsame Plattform der Rhetoriktheorie vom 16. bis zum 18. Jahrhundert. Beiden Aspekten trägt die Komplementarität der rhetorischen Termini *ingenium* und *iudicium* Rechnung: Sie resultieren aus der Einsicht, daß das Entwerfen rhetorischer Texte stets von ihrem Verwerfen begleitet ist.

Für das 17. Jahrhundert bleibt zunächst festzuhalten, daß sowohl die Hauptarbeitsstadien der *inventio – dispositio – elocutio* in den gleitenden Übergängen ihrer Abfolge[10] Prozeßcharakter besitzen wie der Suchvorgang der *inventio* selbst. Schon bei Cicero wird die Flußmetaphorik („flumen") nicht nur auf den Ablauf der Redehandlung, sondern auch auf die Redeherstellung bezogen: die *„loci"* heißen auch *„fontes"* oder *„capita"* ('Hauptquellen').[11] Entsprechend liegt unserer Untersuchung ein Textbegriff zugrunde,

[10] Ueding: Einführung in die Rhetorik, S. 196.
[11] Vgl. Bornscheuer: Topik, S. 63.

der sich als Text-im-Prozeß vom starr fixierten Endprodukt einer rein strukturalistischen Textbetrachtung unterscheidet. In den herangezogenen Rhetorikwerken beanspruchen Zwischenlösungen einen fast ebenso breiten Raum wie die fertigen Textresultate, die ihrerseits stets als spezifische Lösungsmodelle auf rekonstruierbare Fragen vorgestellt werden. Textherstellungstexte erscheinen in Barockrhetoriken vornehmlich unter drei Hauptarten der Präsentation:

a) im Zusammenhang mit Umarbeitungstexten einer fremden Vorlage: Übersetzungen, „Parodien", Kontrafakturen ist gemeinsam, daß sie bestehende Texte umformulieren;
b) als Stilübungen zur Ausarbeitung eines Themas, das gemäß verschiedener Gattungs- und *elocutio*-Regeln zu variieren ist;
c) als Textherstellungstexte, die Stadien der fortschreitenden Verfertigung und Transformierung eines vom Sprecher entwickelten Kerngedankens innerhalb *einer* Gattung und Stilhaltung fixieren.

C. Weise läßt den Leser das stufenweise Entstehen eines einzelnen Textes (Fall c) wiederholt mitverfolgen. Die ›Oratorischen Fragen‹ (S. 665 ff.) zeigen in sechs Teilphasen die von der „Inventio prima" bis zur „Elaboratio" führende, schrittweise Formulierung eines Gebrauchstextes:

Gesetzt, es solten auff einer Hochzeit die Geschencke solenniter praesentiret werden, und man wolte die Reden nach der Beschaffenheit der curieusen Anwesenden einrichten: Da muß ein Redner etliche Stuffen nach einander übersteigen. Die heissen

1. Inventio prima.
2. Dispositio prima.
3. Dispositio per artem seu per meditationem.
4. Inventio fortuita per Allusionem.
5. Dispositio quae artem & fortunam conjungit.
6. Elaboratio.

Damit der Leser möglichst handgreiflich „den Process in der Praxi" vor sich habe, gibt der Autor die zur jeweiligen Entstehungsphase konformen Zwischenlösungen im Zustand ihrer jeweiligen Textkonkretion ausführlich wieder (ebd. S. 666 ff.). Der Eingangssatz Weises nennt das Formulierungsziel, zu dessen Realisierung der Redner verschiedene Barrieren („Stuffen") durch Formulierungsvorschläge überwinden muß. Nach Antos sind Barrieren im Textherstellungsprozeß jeweils dort anzusetzen, wo Formulierungsvorschläge nicht als endgültig angesehen werden.[12] Die verschränkte Reihenfolge der phasenuntergliederten *inventio-* und *dispositio*-Schritte läßt darauf schließen, daß schon im Barock der rhetorische Herstellungsprozeß für wesentlich komplexer erachtet wurde, als moderne Kritiker es der traditionellen Rhetoriktheorie unterstellen. Spillner kritisiert aus linguistischer Sicht darum zu Unrecht „die rigide Trennung der *partes* innerhalb des Prozesses der Textproduktion"[13].

Die *inventio* setzt sich im einzelnen aus Maßnahmen der Materialerfassung, der Selektion und Applikation zusammen. Das Einsammeln brauchbarer „Argumente" (im umfassenden Sinn der Textbestandteile) geschieht einesteils durch die formale Suchmethodik der Topik, zum anderen durch die Sichtung des in Schatzkammern abrufbereiten Materials.[14] Der über die formalen *loci* anhäufbare Vorrat bildet lediglich die Grundlage für die sich anschließenden Auslese- und Konstruktionsverfahren. Aus den paradigmatischen Schemata der *loci* sind zunächst geeignete zu wählen und in einer zweckmäßigen Kombinationsfolge anzuordnen.[15] Bei den inhaltlichen *loci communes* muß der Texthersteller jeweils abschätzen, wieweit sie sich noch als „Lösungen der gesellschaftlich lebensbedeutsamen Probleme" eignen.[16] C. Weise demonstriert an einem der *loci topici* die ergiebige, Verfahren der Topik mit der Stoffanreicherung über Kollektaneen kombinierende Heuristik anhand einer „Parentatio" auf einen Minister: Der *locus generis* etwa führt

[12] Antos: Grundlagen einer Theorie des Formulierens, S. 160.

[13] Spillner: Das Interesse der Linguistik an Rhetorik, S. 104.

[14] Zur logischen Basis des rhetorischen Topiksystems vgl. Beetz: Rhetorische Logik, S. 131 ff. Die mir erst nach Abschluß meiner Dissertation bekannt gewordenen Aufsätze von Dyck und Sieveke zur Topik sowie Bornscheuers und Schwinds Studien (vgl. Literaturverzeichnis) zeigen Zusammenhänge zwischen Rhetorik und Dialektik, die beim Literaturabriß (Rhetorische Logik, S. 11 f.) zu berücksichtigen gewesen wären.

[15] Vgl. Wieland: Die aristotelische Physik, S. 207 (nach Bornscheuer: Topik, S. 54).

[16] Bornscheuer, Topik, S. 101.

im ersten Schritt zur qualifizierenden Kennzeichnung „BONUS CONSILIARIUS", unter der in einer „Schatzkammer" nachzuschlagen ist, damit weitere, gesellschaftlich verbindliche Prädikate wie „Eruditio", „Virtus", „Prudentia" etc. zur Verfügung stehen, die den Textabschnitt entfalten und spezifizieren helfen. Die neugefundenen Stichwörter eröffnen ihrerseits noch einmal die Möglichkeit der Rückkehr ins Aerarium. Zum Abschluß wird die virtuell nach einer Exponentialfunktion wachsende Stoffanreicherung und gleichzeitige Detaillierung durch die selektierende Applikation des Materials auf den konkreten *casus* gebracht.[17]

Bornscheuer hat überzeugend an den angeblich stereotypen, Jahrhunderte überdauernden Wiederholungsmustern inhaltlicher Topoi die Bemühung um Korrekturen, Uminterpretationen und differenzierte Anwendung verdeutlicht, dabei jedoch der schöpferisch-progressiven Einbildungskraft der Topik einige Pflichten aufgebürdet, die traditionell der Kontrolle des *iudicium* unterliegen.[18] Eben dieses Vermögen hat von Anfang an den Textherstellungsprozeß als Selektions- wie Applikationsinstrument zu begleiten. Dem *iudicium* ist als „innerem" die Beurteilung des grundlegenden Verhältnisses von Gedankeninhalt *(res)* und Sprache *(verba)* sowie die interne Textorganisation aufgetragen, und ihm obliegt als „äußerem" die Bewertung der Situationsfaktoren, die Berücksichtigung der Beziehungsvielfalt, in der der Sprecher zu Zeit, Ort, Gegenstand der Rede, Adressaten steht. Unter dem spezifischen Aspekt der Textherstellung hatte schon Scaliger eine zweifache Aufgabe des Beurteilungsvermögens als Selektions- und Prüfungsinstrument hervorgehoben: *Iudicium igitur duplex adhibendium est: Primum, quo optima quaeque seligamus ad imitandum: alterum quo ea, quae a nobis confecta fuerint, quasi peregrina perpendamus.*[19] Die selbstkritische Kontrollinstanz des

[17] Weise: Politischer Redner, S. 496f.

[18] Bornscheuer bezieht sich in seiner Analyse allein auf das *ingenium*: „Die Anwendung eines Topos, das Wissen, welcher Topos in welchem Augenblick am brauchbarsten ist, bleibt der schöpferischen Einbildungskraft, dem Einfall bzw. dem durch Übung geschulten Assoziations- und Interpretationsvermögen des einzelnen Disputanten überlassen" (Bornscheuer: Topik, S. 99. Vgl. ebd. S. 60).

[19] Scaliger: Poetices libri septem, S. 214.

iudicium rückt das Nahe in Distanz, betrachtet die eigene Produktion mit fremdem Blick, um den Text als optimale Lösung aller textinternen und -externen Probleme zu gestalten. Das *iudicium* darf wohl überhaupt als Verkörperung der für die Rhetorik konstitutiven Selbstreflexion des Formulierungsprozesses interpretiert werden. Es entwirft auf der Basis der Redeabsicht vor der Ausführung des Textes einen Plan, der während der Ausführung als Kontrollplan für die einander ablösenden Formulierungsvorschläge fungiert und nach der Textherstellung den Zieltext ein letzes Mal überprüft.[20]

1.2 Problemstellung und Startpunktwahl

Mit der Erfindung des „Hauptsatzes" ist die Formulierung des die ganze Rede steuernden Zwecks gewonnen; darum konzentriert sich die erste Gedankenarbeit zu Beginn auf die nähere Bestimmung dieser 'Richteinheit'. Lediglich im fertigen Text steht der Redeanfang an erster Stelle; innerhalb des *Inventio*-Prozesses folgt er zeitlich der *propositio* und *tractatio* nach.[21] Der Leitsatz soll thesenhaft auf die mit dem Redethema und der Sprech- bzw. Schreibsituation sich aufdrängende Problemstellung reagieren. Darum setzen seine genauere Formulierung, seine Explikation und erst recht die ihn stützende Argumentation eine umfangreiche Situationsanalyse voraus, die die Lösung diffiziler Probleme verlangt. Sie bestehen zum wichtigsten Teil in der Antizipation von Wissen, Interesse, Erwartungen, Motivationen der Textadressaten. Je anonymer – bei schriftlichen Texten etwa – der Kreis des Publikums, desto spekulativer die Hypothesen über seine mutmaßlichen Einstellungen! Doch selbst ein überschaubares Publikum konfrontiert unter Umständen einen Sprecher mit Schwierigkeiten, die aus der Gestreutheit heterogener Interessenlagen von Adressaten resultieren, so daß über Hierarchisierungen von Werten Zielpräferenzen zu erarbeiten sind.[22] Ein

20 Vgl. Rehbein: Komplexes Handeln, S. 181 ff.

21 Weise: Neu-Erleuterter Politischer Redner, S. 589.

22 Lindner: Anweisung zur guten Schreibart. S. 135 f. Vgl. auch Perelman/Olbrechts-Tyteca: La nouvelle rhétorique, S. 111.

Redner, der Erfolg sucht, tut gut daran, die Wirkung seiner eigenen Person auf das Publikum einer vorwegnehmenden Analyse zu unterziehen: Wofür halten ihn seine Hörer? Welches Prestige hat er bei ihnen? Welche Hindernisse stellt die eigene Person den verfolgten Absichten entgegen?

Die Aufklärer Gottsched und Lindner unterstreichen wie C. Weise die Tragweite des programmatischen Leitsatzes für den Gesamttext, aber auch die Schwierigkeit, ihn – den Kernsatz – zu finden. Dabei läßt sich vom Barock zur Aufklärung eine Zunahme des Problembewußtseins in den Lehrbüchern registrieren. Der Barockautor erkennt nur lapidar: „Die größte Kunst bestehet in der Proposition. Denn [. . .] die Tractation vor sich selbst ist ein Convolut vieler Chrien“ [23], während die Aufklärer einen Katalog psychologischer und ästhetischer Entdeckungsfähigkeiten für den Hauptsatz entwickeln und assoziative Entfaltungsmöglichkeiten des Textes aus ihm einräumen, nicht nur logisch-hierarchische. „Witz“, „Klugheit“ und „Geschmack“ setzt Lindner beim Redner zur Erfindung des Hauptsatzes voraus, denn dieser muß widerstrebenden Anforderungen genügen: Er darf weder allzu bekannt noch – das andere Extrem – zu gekünstelt ausfallen; er soll einerseits kurz und einprägsam sein, andererseits aber auch „fruchtbar“, d. h. den Sprecher „auf viele Nebengedanken bringen“ [24].

Für die problembewußtere Auffassung der Aufklärung dürften unter anderem zwei Gründe ausschlaggebend gewesen sein:

a) Bei Gottsched und Lindner stehen nicht mehr wie noch bei C. Weise Kasual- und Komplimentierreden, die dem Sprecher die Themenwahl in den Mund legen, im Zentrum der Überlegungen.

b) Da, wie noch gezeigt werden kann, das Ziel bei den wichtigsten Reden nicht als von vornherein gegeben unterstellt wird, ist die im „dialektischen Problemlöseprozeß“ zu findende Formulierung des Themas erst ein relativ spätes Ergebnis vorangegangener kreativer Operationen.

Barrieren verschiedenster Art abzubauen, die sich aus dem Redethema, der Charaktereigenschaft, dem Zustand, den Vorannahmen,

[23] Weise: Neu-Erleuterter Politischer Redner, S. 592.

[24] Lindner: Anweisung zur guten Schreibart, S. 109ff.

Plänen, der Motivation von Sprecher oder Hörer ergeben, ist die Aufgabe des Redeeingangs. Auf solche zum Teil unwägbaren Faktoren muß die *Startpunktwahl* reagieren. Im Barock wurde sie zum einen durch die immer noch geschätzten Hilfsmittel der antiken Rhetorik erleichtert, zum andern durch die von C. Weise kanalisierten und nach Textsorte und Redesituation differenzierten Formen der umgekehrten Chrie und der normalen Chrienform. Den verschiedenen Forderungen, die die Aufklärungsrhetorik an einen brauchbaren Textbeginn stellt, Genüge zu leisten, erschwert trotz antiker Hilfestellung das Postulat, konfligierende Normen zu versöhnen. Der Texteingang muß Gottsched, Baumeister und Lindner zufolge einerseits neu und originell, andererseits so ungezwungen und selbstverständlich wirken, daß es scheint, man habe ihn gar nicht anders konzipieren können. Er soll zum einen konsequent auf das gewöhnlich nicht zum ersten Mal verhandelte Thema hinführen und doch gleichzeitig so individuell zugeschnitten sein, daß er gänzlich unvertauschbar mit dem Anfang einer anderen Rede aussieht.[25] Eine letzte Forderung Gottscheds betrifft den Umfang der Einleitung und damit bereits Probleme der Dispositiophase: Die Texteingänge sollen nicht zu lang ausfallen; sie dürfen, dekretiert Gottsched, maximal ein Viertel der Rede ausmachen.[26]

2. Probleme der Textorganisation in der Dispositiophase

2.1 Überführung einer atemporalen Struktur in temporale Sequenzen

Die von C. Weise operationalisierten Schritte (vgl. S. 162) bedeuten gleichzeitig sechs Etappen auf dem Weg zur Lösung eines Problems, das sich bei jeder Textkonstitution stellt: der Überführung einer kognitiven, atemporalen Struktur in die zeitliche Folge von

[25] Gottsched: Ausführliche Redekunst, S. 146f. Baumeister: Anfangsgründe der Redekunst, S. 49f. Lindner: Anweisung zur guten Schreibart, S. 15.

[26] Gottsched: Ausführliche Redekunst, S. 147.

Sätzen. Die simultanen, hierarchisch organisierten Denkinhalte sind in das sukzessive und sequentielle Sprechen zu übersetzen.[27] Speziell der *dispositio* ist die Vermittlung von Denken und Sprechen übertragen. Gemäß den am literarischen Kommunikationsprozeß beteiligten Faktoren lassen sich an der *dispositio* die kommunikatororientierten Planungs- und Gliederungsaspekte von der stärker textorientierten Amplikationsfunktion und schließlich von der rezipientenbezogenen Verstehenshilfe bzw. auch der Unterhaltungsfunktion unterscheiden. Die Textplanung wird von den Rhetorikern und Logikern der Jahrhundertwende in einer Art „Tiefenstruktur" des Textes angesiedelt, die deutlich gegenüber der fertigen „Oberflächenstruktur" abgesetzt ist. Riemer nennt die Disposition ein „Modell", nach dem „die gantze Rede ausgeführet werden muß"; für einen Text ebenso unentbehrlich wie „der Grundriß zum Hause"; eine Terminologie, die bei E. Neumeister wiederkehrt.[28] Die in Sprache übersetzbaren Formulierungsziele werden in der Tiefenstruktur beschrieben, von der aus sie – in wechselnden Deutlichkeitsgraden – auch an die Textoberfläche gelangen können.

Daß die logisch-rhetorische Konstruktion von Texten, und nicht nur von Sätzen, wie Chomsky die „Cartesianische Linguistik" interpretiert, nach der Grammatik- und Logiktheorie des 17. Jahrhunderts im „Basissystem" anzusetzen ist, ergeben ferner Bestandsaufnahmen von Interpretationsergebnissen der französischen und deutschen Theoretiker.[29] Die Logik von Port-Royal analysiert die syllogistische Struktur eines Horaztextes und hebt bei der Interpretation hervor, man dürfe selbstverständlich nicht die räumliche Anordnung der Verse berücksichtigen. „Denn es ist lächerlich, immer den an erster Stelle stehenden Satz für den Obersatz eines Syllogismus und den an zweiter Stelle stehenden für den Untersatz zu halten." In den besprochenen Horazversen stelle jedenfalls der erste

[27] Antos: Grundlagen einer Theorie des Formulierens, S. 102.

[28] Riemer: Neu-aufgehender Stern-Redner. S. 109. Neumeister, in: Hunold (Hrsg.): Die allerneueste Art, zur reinen und galanten Poesie, S. 530.

[29] Chomsky: Aspekte der Syntax-Theorie. S. 69 ff. Ders.: Cartesianische Linguistik, S. 45 ff.

Satz die Konklusion dar.[30] Kein anderes Resultat erbringt die logische Analyse eines Mühlpforthgedichts durch J. G. Neukirch. Die Textpartitur ist nach dem Interpreten von der Sequenz: *antecedens – connexio* [. . .] – *consequens + amplificatio ab exemplo* bestimmt, obwohl in Mühlpforths Text eindeutig *consequens + amplificatio ab exemplo* dem *antecedens* vorausgehen.[31]

Aus beiden Analyseproben erhellt: Die Theoretiker lokalisieren die Teile der Dispositionsschemata auf einer abstrakteren Ebene als die ihnen zugeordneten Teile der Textmanifestation. Die Oberfläche des Textes charakterisieren Umkehrungen der Reihenfolge dispositioneller Chrien- oder Syllogismussätze, Variationen, Amplifikationen sowie die Verdeckung der Argumentationskonnektoren. Sechsfach vertauschbar ist nach den Gesetzen der Kombinatorik die Position der drei Sätze innerhalb einer der Chria-inversa-Dispositionen oder im zugrundeliegenden Syllogismusschema.[32] Die galanten Autoren empfehlen die von C. Weise vorgeschlagenen sechs Permutationsmöglichkeiten der Chrie weiter, vor allem für die Schlußredaktion von Komplimentiertexten und Briefen.[33] Vollends bei lyrischen Texten ist die Kombinationsfolge der Chriensätze ins Belieben des Poeten gestellt. Stabil bleibt in einem nach der üblichen Chrie organisierten Gedicht allenfalls die Protasis, weil sich die übrigen Chrienteile an ihr ausrichten.[34]

[30] Arnauld: Die Logik oder die Kunst des Denkens, S. 181f.

[31] Neukirch, J. G.: Anfangs-Gründe zur reinen teutschen Poesie, S. 819ff.

[32] Mit den Gesetzen der mathematischen Kombinatorik beschäftigte sich Leibniz: Fragmente zur Logik, S. 29ff. – Zur Kombinatorik und ihrem Einfluß auf die Literatur des 17. Jahrhunderts vgl. Zeller: Spiel und Konversation im Barock, S. 157ff.

[33] Weise: Curiöse Gedancken von deutschen Brieffen, S. 48ff. Ders.: Oratorische Fragen, S. 33ff. und 40. Ders.: Oratorisches Systema, S. 24 und 44. Neumeister, in: Hunold (Hrsg.): Die allerneueste Art, S. 526 und 529. Hunold: Die Manier höflich und wohl zu reden und leben, S. 184ff. Uhse: Wohl-informirter Redner, S. 117. Lange: Einleitung zur Oratoria I, S. 1f. und II, S. 173f. Neukirch, J. G.: Fundamenta zu teutschen Briefen, S. 44. Neukirch, B.: Anweisung zu teutschen Briefen, S. 401ff. Peucer: Erläuterte Anfangs-Gründe der teutschen Oratorie, S. 399.

[34] Neukirch, J. G.: Anfangs-Gründe, S. 348. Weissenborn: Gründliche

Die Vertauschungsstrategie macht das zugrundeliegende Dispositonskonzept unkenntlich. Sie wird zur Verhüllungsstrategie. Das *artificium* der Chrie oder des Syllogismus, so wollen es die Theoretiker der Jahrhundertwende wie der Aufklärung, muß versteckt bleiben.[35] Rhetorik und Ästhetik verlangen das Verwischen der logischen Spuren. Die gelungene Kaschierung der *dispositio* stattet einen Text mit dem Signum der Natürlichkeit aus.

Eine Rezension im ›Neuen Büchersaal‹ lobte an Bessers Poesie: „Die Ordnung ist ungezwungen und doch versteckt, wie es in einem vollkommenen Gedichte seyn soll."[36] „Ungezwungenheit" und „Natürlichkeit" bedeutet bis weit ins 18. Jahrhundert hinein nicht Ausdrucksspontaneität, sondern das Verstecken der Kunst. Vollendete Kunstfertigkeit ist geboten, um diametrale Anliegen auszubalancieren: Der Textplan darf einerseits nicht offenbar werden, auf der anderen Seite soll der Hörer dennoch rekonstruieren können, wie sich ein Abschnitt aus dem anderen logisch ergibt, und welcher Platz ihm im Gesamtplan zukommt.[37] Rivalisierende Normen der Ästhetik und Didaktik verlangen vom Textorganisator ein sorgfältiges Abwägen ihrer jeweiligen Anspruchsberechtigungen. Die Normen des ästhetischen *delectare* und des didaktischen *docere* sind unter der Dominanz gattungsspezifischer Gesichtspunkte aufeinander abzustimmen. Der Ästhetiker G. F. Meier setzte sich in der Literatur bei „aesthetischen Beweisen" für ein sorgfältiges Verbergen des Argumentationsganges ein, während sein Zeitgenosse Lindner als Rhetoriker „es eher für eine unnütze Spitzfindigkeit als Kunst [hält], die Einrichtung seiner Gedanken oder seiner Disposi-

Einleitung zur teutschen und lateinischen Oratorie und Poesie, S. 107. Riemer: Neu-aufgehender Stern-Redner, S. 128f.

[35] Vgl. Weise: Neu-Erleuterter Politischer Redner, S. 62 und 79. Stieler: Teutsche Sekretariat-Kunst II, S. 124. Weidling: Oratorischer Hofmeister, S. 111ff. Riemer: Neu-aufgehender Stern-Redner, S. 128f. Baumeister: Anfangsgründe der Redekunst, S. 20f.

[36] Des Herrn v. Besser Schrifften, „Vorbericht" von J. U. v. König, S. XXVIII.

[37] Hallbauer: Anweisung zur verbesserten teutschen Oratorie, S. 375.

tion verstecken zu können [. . .]"[38]. Meier fordert, Natürlichkeitsansprüche mit der Beherzigung von Kunstregeln zu vereinbaren.

Man muß in den aesthetischen Beweisen, aufs natürlichste denken, und folglich die Kunst so sorgfältig verbergen, als es möglich ist [. . .]. Man muß die Schlüsse so vortragen, daß man kaum merkt, als wenn geschlossen werden solte.[39]

Der Paradoxie dieser Forderung „Man *muß* [. . .] *aufs natürlichste denken*" läßt sich nur Folge leisten, wenn „Natürlichkeit" als Wirkungskategorie von Texten verstanden wird, die mit artifiziellen Methoden durchaus erzielbar ist.

2.2 Linguistische Probleme der Textglobalität

Man hat in der Barockforschung den Befund konstatiert, aber bislang nicht weiter erläutert, daß Gattungsprobleme von den Theoretikern des 17. Jahrhunderts gerne im *dispositio*-Teil der Poetiken und Rhetoriken abgehandelt werden. Ein Erklärungsversuch kann in jedem Fall vom Zusammenhang zwischen Gattungsfragen und solchen der globalen Textorganisation ausgehen, die fraglos der *dispositio* zufiel. Fragestellungen der Poetik und Rhetorik berühren sich hier mit denen der Textlinguistik. Probleme der Textdelimitation überschneiden sich mit solchen der Gattungstheorie, was etwa anhand der Gattungsform eines Genres offenkundig wird, das – wie das Sonett – dem Leser vorzeitig das Textende ankündigt.

Die Gattungsregeln definieren für den Textproduzenten Zwänge, die fortlaufende Korrekturen während des Herstellungsprozesses nötig machen. Gattungen als historisch konventionalisierte Institutionen erlegen dem Produzenten vielfache Restriktionen auf, die schon bei der Reflexion über die von der historisch-politischen Situation allererst zugelassenen Gattungen beginnen. Der Texthersteller im Zeitalter des Absolutismus steht etwa vor der Frage, ob anstelle der antiken *genera dicendi* das *genus scholasticum, homileti-*

[38] Lindner: Anweisung zur guten Schreibart, S. 359.
[39] Meier: Anfangsgründe aller schönen Wissenschaften III, S. 264.

cum und *politicum*, wie C. Weise in seiner Klassifikation der *genera dicendi* nach ihrem „Sitz im Leben" (Schule – Kirche – Hof) annimmt, oder die Gottschedsche Trias von Lob-, Lehr- und Komplimentierreden tritt.[40] Unabhängig davon, wie seine Entscheidung ausfällt, zwingen Gattungsbeschränkungen dem Autor als Teilnehmer des literarischen Kommunikationsprozesses Rahmenerwartungen bezüglich Umfang, Inhalt, Stil, Typik, Motivik, Kohärenz usf. eines Textes auf, Erwartungen, die Produzent und Rezipient gegenseitig voneinander kennen und die auch Sanktionen für den Fall funktionsloser Durchbrechung von Gattungsregeln vorsehen. Wer bei seinen Zuhörern auf Interesse stoßen will, muß – dies gilt für fast alle Textsorten – zwischen Erwartungserfüllungen und – im Rahmen bleibender – Erwartungsstörungen lavieren.

Trotz der Gattungsbehandlung im *dispositio*-Teil unterschied die Tradition – zumindest implizit – näher zwischen Problemen, die die semantische Globalstruktur eines Textes betreffen, und den eigentlichen Gattungsfragen, können doch verschiedene Textsorten nach ein und derselben *dispositio* gearbeitet sein. Die von den Rhetorik- und Poetiktheoretikern praktizierte Unterscheidung nimmt van Dijks grundsätzliche Differenzierung von semantischer Makrostruktur und textsortenspezifischer Superstruktur vorweg.[41]

Was die traditionelle Redelehre an textlinguistischen Einsichten zu Problemen der globalen Textorganisation vorzuweisen hat, ist für die Rhetorikforschung von Belang und selbst – dies bleibt noch näher zu erläutern – für die moderne Textlinguistik. Zu den Grundeinsichten im Rhetoriksystem der Tradition gehört die Erkenntnis, daß bei der Textkonstitution aller Feinstrukturierung und genaueren Plazierung der Argumente die Planung der Textganzheit vorangehen muß. Damit ist ein Hauptproblem der Textlinguistik der letzten Jahre angeschnitten. Um zu explizieren, was einen Text zum Text macht und ihn über eine zusammenhanglose Aneinanderreihung von Einzelsätzen erhebt, stellten zahlreiche Linguisten die Konnexion eines Textes durch Koreferenz, Verweisungszusammen-

[40] Weise: Oratorisches Systema, S. 419ff. Gottsched: Ausführliche Redekunst, S. 124.

[41] Van Dijk: Textwissenschaft, S. 41ff. u. 128ff.

hänge, Pro-Formen oder semantische Implikationen dar.[42] Die angewandten Methoden brachten alle mit ihren Erfolgen eine gewisse methodenimmanente Schwäche ans Licht, eine Einseitigkeit, die in dieser Form unter Einbezug der Rhetoriktheorie vermeidbar gewesen wäre. Man betrachtete einen Text als numerierte Abfolge von Sätzen und suchte zu erläutern, wie Satz 1 mit 2 und dieser mit 3 usw. zusammenhängt. Erklärungsmodelle solcher Art versagen nicht nur vor jedem Quodlibet oder Fatras, sondern kommen zum Beispiel schon angesichts des beliebten Verfahrensmusters petrarkistischer Gedichte, in denen der rhetorisch synthetisierte Körper der Geliebten durch Hyperbelmontagen gepriesen wird, ja sogar bei landläufigen Lyriktexten des Barock in erhebliche Schwierigkeiten. Zur Probe seien aus Benjamin Neukirchs Anthologie zwei Quartette eines durchaus alltäglichen Barocksonetts wiedergegeben:

ES hat des künstlers hand allhier zu frey gethan/
Ich tadle seine kunst/ und schelte sein beginnen/
Ein mensch der kan ja nur auff etwas menschlichs sinnen/
Wie fängt die blöde faust bey einer göttin an?
Was GOtt und die natur aus allen kräfften kan/
Das wird kein schlechtes blat mit weiß und roth gewinnen/
Sein vorsatz wird auch noch bey dieser glut zerrinnen/
Der wer das feuer scheut, der trete nicht heran.
[. . .][43]

Obwohl der Anfang des Sonett-Textes vor Augen liegt, läßt sich die Konnexion der Mehrzahl der Verszeilen mit den angedeuteten textlinguistischen Kriterien aus prinzipiellen Erwägungen nicht erfassen. Statt nach der syntagmatischen Konnexion zu fragen, wäre es für die Textlinguistik von Anfang an erfolgversprechender gewesen, nach einem übergeordneten Thema der Sätze/Verszeilen zu

[42] Vgl. Harweg: Pronomina und Textkonstitution. Bellert: Über eine Bedingung für die Kohärenz von Texten. Isenberg: Überlegungen zur Texttheorie. Steinitz: Nominale Proformen. – Harweg ergänzte schon 1973 die „Von-links-nach-rechts-Verkettung" seines Modells durch eine Erzeugung von oben nach unten. Vgl. Harweg: Text grammar and literary texts: remarks on a grammatical science of literature.

[43] Neukirchsche Sammlung I, S. 61. Noch deutlicher wäre Viau: Œuvres poétiques I, S. 164f. («Un corbeau devant moy croasse»).

suchen; diese Möglichkeit jedenfalls in Betracht zu ziehen. Das Thema ist der Orientierungspunkt, auf den die einzelnen Sätze sich beziehen, über den sie zusammenhängen, wie das inzwischen von der Textlinguistik auch berücksichtigt wurde, etwa von Daneš, Oomen, Gülich-Raible, van Dijk.[44] Nicht unerwartet bringt darum auch die absichtlich vermiedene Überschrift zum Sonett Aufschlüsse über die Textreferenz und -kohärenz. Der Titel ›Über Calistens bildniß‹ erlaubt erst, zu identifizieren, wer mit „göttin" und „künstler" oder was mit „schlechtem blat" und „blöder faust" gemeint ist.

Hinsichtlich der Makrostruktur des Textes war man sich in Barock und Frühaufklärung durchaus der sinnvermittelnden und textkonstituierenden Funktion des Themas im klaren: „Das Thema", weiß G. J. Neukirch, „ist die Haupt-Proposition und der Vortrag; wovon in dem gantzen Carmine soll gehandelt werden. Und deßwegen ist es das so genante Centrum, wohin alle Worte und Sachen ihr Absehen richten müssen."[45] Daß eine Kohärenz zwischen zwei Sätzen S_1 und S_2 sich nicht nur an der Textoberfläche syntaktisch manifestiert, erkennt Weise, wenn er auf ein übergeordnetes Tertium verweist:

> Bißweilen ist es genung/ daß die Stücke nur in einem gewissen Subjecto zusammen kommen/ ob sie gleich an sich selbst keine Verbündlichkeit mercken lassen [. . .] Also lassen sich auch widerwärtige Dinge zuletzt in einem gewissen Tertio mit einander verbinden [. . .][46]

Nicht anders gibt Erdmann Neumeister dem Thema die Fäden der Textkohäsion eines Gedichtes in die Hand: „Manchmahl hat man in einer jedweden Strophe gleichsam eine neue Invention, welche aber alle in der Haupt-Invention oder Themate concentriren müs-

[44] Daneš: Zur linguistischen Analyse der Textstruktur. Oomen: Systemtheorie der Texte. Gülich/Raible: Überlegungen zu einer makrostrukturellen Textanalyse. Dies.: Linguistische Textmodelle. Van Dijk, Textwissenschaft.

[45] Neukirch, J. G.: Anfangs-Gründe zur reinen teutschen Poesie, S. 819ff.

[46] Weise: Curieuse Fragen über die Logica, S. 521f.

sen [. . .]“ [47] Die von Daneš in Textpassagen analysierten Typen des „durchlaufenden“ und „Hyperthemas“, gemäß denen eine Folge von Aussagen ein und dasselbe Thema beibehält bzw. von einem übergeordneten Thema ableitbar ist, und van Dijks hierarchisch geordnete und kohärenzrelevante Makrostrukturen präzisieren die auch von Barocktheoretikern diskutierte Hierarchie von Hauptthema und Teilthemen eines Textes,[48] wobei jedoch die Barocktheoretiker im Sinn unserer Fragestellung durchaus die Herstellung und den Konstruktionsprozeß der semantischen Makrostrukturen im Blick behalten und nicht wie van Dijk und Daneš von der Textanalyse ausgehen.[49]

Die Einsicht in die Hierarchie von Textdispositionen tritt um 1700 in zwei rhetorischen Anweisungen zutage: Erstens ist bei der Generierung eines Textes so vorzugehen, daß Teile der Hauptdisposition nach einer Subdisposition untergliedert und erweitert werden. Die *dispositio principalis* oder *totalis* steuert Produktion und Rezeption des ganzen Textes, die *dispositio partialis* besorgt die Expansion der Teile.[50] An der Unterscheidung der den Text organisierenden *chria principalis* und der eingeschobenen *chria accessoria* wird gleichfalls deutlich, daß der Gesamttext nicht als eine Addition von Elementen, sondern als System aufgefaßt wird, in dem eine Grundstruktur Teilstrukturen trägt.[51] Zweitens läßt sich innerhalb der vier Teile der gewöhnlichen Chrie ein Rangunterschied

[47] Neumeister, in: Hunold (Hrsg.): Die allerneueste Art, S. 557.

[48] Daneš: Zur linguistischen Analyse der Textstruktur, S. 76f.; van Dijk, Textwissenschaft, S. 42ff. Van Dijk unterscheidet unter den globalen Strukturen Makro- und Superstrukturen.

[49] Antos: Grundlagen einer Theorie des Formulierens, S. 152ff.

[50] Weise: Oratorische Fragen, S. 148ff. Ders.: Curiöse Gedancken von deutschen Versen II, S. 75.

[51] Weise: Subsidium juvenile, S. 29. Ders.: Oratorische Fragen, S. 37f. Ders.: Oratorisches Systema, S. 54ff. Neumeister, in: Hunold (Hrsg.): Die allerneueste Art, S. 538. Schröter: Gründliche Anweisung zur deutschen Oratorie I, S. 476. Neukirch, J. G.: Anfangs-Gründe, S. 350f. Uhse: Wohl-informirter Redner, S. 124f. u. 248. Weissenborn: Gründliche Einleitung, S. 124. Weinrich: Erleichterte Methode die humaniora mit Nutzen zu treiben, S. 231f.

feststellen. Zwei Teile, nämlich *protasis* und *aetiologia*, gelten als unverzichtbare Bestandstücke, zwei andere – *amplificatio* und *conclusio* – als akzidentelle, die gegebenenfalls wegbleiben dürfen.

Ebenso wiegen auch die Teile der umgekehrten Chrie verschieden schwer: *antecedens – connexio – consequens* gehören zum entsprechenden Chria-inversa-Typ essentiell, *formula initialis* und *finalis* umranden lediglich die Hauptstruktur.[52]

2.3 Lokale Probleme der Kohäsion und Proportionalisierung von Redeteilen

Mit der Unterordnung bestimmter Redeteile unter gewichtigere stellen sich für den Texthersteller gleichzeitig Probleme der Proportionalisierung von Redeteilen. Schon Aristoteles machte sich in seiner Rhetorik Gedanken über die Begrenzung von Abschnitten. Was formlos und ohne Grenze bleibt, argumentiert er, wirkt für den Leser oder Hörer unerfreulich. Er genießt es, mit einem Abschnitt von wohlzuüberblickender Größe ein Zwischenziel erreicht zu haben.[53] Nun hat die Dimensionierung von Redeteilen nicht nur quantitative Aspekte. Der Amplifikationsvorgang bedeutet neben der Extensivierung von Gedanken auch die Intensivierung ihres Eindrucks auf den Leser. Für den Produzenten hängt das Streichen und Auffüllen von Textpassagen von vielerlei Faktoren ab: von Redeabsicht, Publikum, Schwierigkeit der Materie, Gattungsrestriktionen, Rücksichten auf die Sprechsituation, vor allem auf die bereits verbrauchte Redezeit u. a.

Vorgänge der Erweiterung und Straffung unterliegen in der Geschichte der Redekunst außerdem epochenspezifischen Modifikationen. Barockautoren war vorrangig an der Entfaltung eines reichen Amplifikationsinstrumentariums gelegen, während die Aufklärung dessen maßvollen, funktionalen Einsatz und die Not-

[52] Weise: Oratorische Fragen, S. 16f. u. 40. Ders.: Oratorisches Systema, S. 24. Weissenborn: Gründliche Einleitung, S. 82 u. 122. Neukirch: Anfangs-Gründe, S. 357.

[53] Aristoteles: Rhetorik (hrsg. v. Gohlke) III, S. 202ff.

wendigkeit von Beschränkungen entschiedener unterstrich. Die Amplifikation darf nach Gottsched die Rede nicht einfach aufschwemmen, sonst wird sie überflüssig.[54] Ihre Funktion besteht in der Ausführung des Hauptsatzes.

Die Hauptteile des Textes – Lindner zählt auf: 1. Eingang, 2. Hauptsatz, 3. Abhandlung (gegliedert in a) Erklärung des Hauptsatzes, b) Beweis, c) Widerlegung der Einwände), 4. Schluß[55] – beanspruchen die Bewältigung ganz unterschiedlicher Schwierigkeiten.

Von den Eingangsproblemen und den Anforderungen, die an die Formulierung des Hauptsatzes gestellt werden, war schon die Rede. Seine Erklärung nun verlangt von seiten des Sprechers ein behutsames Abwägen: Sie darf, wie Erweiterungen insgesamt, weder zu lang noch zu kurz geraten.[56] Die Proportionalisierung der Erklärung orientiert sich dabei einmal an der Länge des Gesamttextes und, zweitens, an der – abzuschätzenden – Erklärungsbedürftigkeit der Hauptthese. Die Erklärungen verdeutlichen den Hauptgedanken und sind Voraussetzung für den Beweis. Auf ihn kommt in der Aufklärungsrhetorik alles an; er ist der wichtigste Redeteil.[57] Ein Redner, der von der Reihenfolge „These – Erklärung – Beweis – Mobilisierung von Emotionen“ abwiche und etwa vorzeitig Affekte erregte, setzte sich der Gefahr aus, ein Strohfeuer zu entfachen.[58] Denn die Aufklärung erachtet die Emotionalisierung des Rezipienten nur dann als legitim, wenn sie begründet ist, d. h. auf der Basis von Argumentationsgrundsätzen aufbaut, die dem Redner aus der Logik vertraut sein müssen. Der Beweis muß wiederum unterschiedlichste Ansprüche befriedigen: ästhetische sowohl wie logische. Lindner erhebt die Forderung nach Schönheit und Bündigkeit des Beweises sowie nach Verkettung der einzelnen Argumentatio-

[54] Gottsched: Ausführliche Redekunst, S. 193 u. 139f.

[55] Lindner: Anweisung zur guten Schreibart, S. 355.

[56] Ebd. S. 56. Gottsched: Ausführliche Redekunst, S. 160.

[57] Gottsched, ebd. S. 163. Lindner: Anweisung zur guten Schreibart, S. 121. Vgl. auch Klassen: Logik und Rhetorik der frühen deutschen Aufklärung, S. 127.

[58] Gottsched: Ausführliche Redekunst, S. 262.

nen.[59] Die Versöhnung von Lindners konfligierenden Postulaten in der ästhetischen Argumentation bedeutet für den Texthersteller des 18. Jahrhunderts einen weiteren Problemzuwachs gegenüber barokken Anforderungen an den rhetorischen Beweis. In gleicher Weise jedoch gilt für beide Epochen: Die Regeln der logischen Wahrscheinlichkeitslehre und Deduktion müssen dem Argumentierenden vertraut sein, damit er die Triftigkeit von Beweisgründen abwägen kann, von deren Stärkegraden die Stellung der verschiedenen Beweise innerhalb des Redekontextes abhängt. Darin ist sich, ungeachtet der Meinungsdivergenzen, ob denn nun am Anfang oder Schluß die stärkeren Argumente zu konzentrieren seien, die Rhetoriktradition seit der Antike einig.

Die Widerlegung von Einwänden kann das klassische Modell eines Problemlöseversuchs in der Rhetorik genannt werden. Dem Redner geht es hierbei um Präventivmaßnahmen zum Schutz der Argumentation. Zum einen präsupponiert das Aufgreifen denkbarer Vorhaltungen eine Technik des Standpunktwechsels und damit hermeneutische Probleme, die mit der Antizipation von Erwartungen des Hörers verknüpft sind: Welche Einwände drängen sich welchen Gruppen des Publikums an welcher Textstelle auf? – Zum andern wird der Textinitiator zu einer Problemverschärfung verpflichtet: Er muß sich selbst nahezu unüberwindliche Schwierigkeiten in den Weg legen, um sie anschließend desto überzeugender aus dem Weg zu räumen. „Es ist also am besten, daß der Redner die Einwürfe seines Gegners in aller ihrer Stärke, und mit aller Wahrscheinlichkeit vorträgt, deren sie nur fähig sind.“[60] *In summa* bergen die rhetorischen Forderungen der Widerlegung von Einwänden für den Sprecher eine dreifache Schwierigkeit: erstens die, zu treffen, was den Hörer bewegt; zweitens die Formulierungsaufgabe, die in der Zuspitzung der gegnerischen Einwände liegt, und drittens endlich das souveräne Überwinden *aller* Barrieren, denn *kein* Einwand darf unbeantwortet bleiben.[61]

Der „krönende“ Schluß der Rede soll beim Hörer einen nachhal-

[59] Lindner: Anweisung zur guten Schreibart, S. 130ff. u. 141.
[60] Gottsched: Ausführliche Redekunst, S. 184.
[61] Ebd. S. 192.

tigen Eindruck hinterlassen, ihn intellektuell überzeugen und emotional anrühren. Zu diesem Zweck faßt der Sprecher die geballte Kraft der Beweise zusammen, d. h., er steht generellen Resümierungsproblemen gegenüber, etwa Fragen der Gewichtung, der Selektion. Und er muß vor allem wiederholen können, ohne zu wiederholen. Das Resümee soll unter allen Umständen die jeder Wiederholung drohende Monotonie vermeiden und durch Konzentration wie Abwechslung eine letzte Steigerung erzielen, der sich das Publikum nicht mehr zu entziehen vermag.[62]

Dieselbe Aufmerksamkeit, die Fragen der Gesamtplanung eines Textes erheischen, wenden Autoren um 1700 an Überlegungen zur Verklammerung der Redeteile. Seit Quintilian kam der Redner nicht mehr an der für jede Textkomposition gültigen Richtschnur vorbei: *corpus sit, non membra.*[63] Damit semantische Homogenität und logische Konsistenz der Teile erreicht werden, sind Widersprüchlichkeiten zwischen den Redeteilen auszumerzen und Gedankensprünge zu überbrücken.

Die allgemeine Kohärenznorm hat in der Rhetorik freilich weder eine transhistorische noch eine textsortenunabhängige Geltung. In den Anforderungen an die semantische Homogenität wie die syntaktisch-logische Verknüpfung der Redeteile zeichnen sich bereits innerhalb des 17. Jahrhunderts Verschiebungen in Poetik und Rhetorik ab. Und auch die Ablösung der galanten Epoche durch die Aufklärung war begleitet von der klassizistischen Forderung nach verstärkter Einheitlichkeit des literarischen Textes. Das Barock schätzt in Gedichten als Augenreiz, wenn in rascher Frequenz sich ablösende Bildimpulse aus verschiedenen Textbereichen die innere Einheit eines Textes zerhacken.[64] Manieristen wie Tesauro, Harsdörffer, Klaj interessieren sich stärker für einzelne Stiltechniken als für Probleme der Textganzheit.[65] Barockrhetoriken und -poetiken

[62] Vgl. ebd. S. 222 u. 254. Lindner: Anweisung zur guten Schreibart, S. 210.

[63] Quintilian: Institutionis oratoriae VII, 10, 16.

[64] Vgl. Fricke: Die Bildlichkeit in der Dichtung des Andreas Gryphius, S. 10. Windfuhr: Die barocke Bildlichkeit, S. 414f.

[65] Friedrich: Epochen der italienischen Lyrik, S. 626f. Wiedemann: Johann Klaj und seine Redeoratorien, S. 112f. und 121ff.

konzentrieren sich im üppigen *elocutio*-Teil oft auf technische Anweisungen zu einzelnen Stilfiguren. An Fragen, die die Konzeption der Textganzheit aufwirft, zeigen sie sich eher desinteressiert. Dies ändert sich mit dem Einfluß der Logik auf die Poetik zur Epochenwende. Nicht nur die Gesamtplanung eines Textes, sondern auch die einzelne textinterne Gedankenverbindung soll logisch-rhetorische Verklammerungen in Anspruch nehmen. Beziehungen von *antecedens* zu *consequens*, und *principium* zu *principiatum* oder zwischen *relatum* und *correlatum* modellieren den Text zu einer zwingenden Abfolge von Sätzen. Die Theoretiker kennen eine „interne" oder auch „reale" Konnexion sowie eine „externe" und „verbale".[66] Die innere Verbindung wird durch die „Natur der aneinander hangenden oder mit einander übereinkommenden Sachen" hergestellt, die äußere schließt über Konjunktionen die Sätze wie Kettenglieder aneinander.[67] Mit anderen Worten: Die nämlichen Probleme, denen die Textlinguistik ihre Entstehung verdankt, wurden in der Rhetorik- (und Grammatik-)Tradition bereits thematisiert und mit vergleichbaren Lösungsvorschlägen beantwortet. Ansprüchen an gelungene Übergänge in einem Brief beispielshalber, in dem verschiedene Themen anzusprechen und zu verknüpfen sind, werde ich als Schreiber nach E. Uhse gerecht,

> wenn ich nur das vorhergehende und nachfolgende Ding nach denen Locis Topicis examinire/ und sehe/ ob eines Causa, das andere Effectus, eines Genus, das andere Species, ob beyde Stücke Convenientia oder Contraria und dergleichen seyn.[68]

Innerhalb der Schranken logischer Bedingungs-, Inklusions- und Oppositionsverhältnisse soll sich der Gedankenablauf entwickeln. Nicht wenige Vertextungstypen der heutigen Linguistik, wie die „Kausalanknüpfung", „Spezifizierung", die „Anknüpfung an Voraussetzungen", „adversative Kontrastierung", der „Vergleich", sowie

[66] Weise: Oratorische Fragen, S. 475ff. Hunold: Einleitung zur teutschen Oratorie, S. 24.

[67] Weise: Oratorisches Systema, S. 347. Hunold: Einleitung zur teutschen Oratorie, S. 24.

[68] Uhse: Wohl-informirter Redner, S. 152.

„Referenzmerkmale“ wurden der Sache nach von der Rhetorik- und Logiktheorie antizipiert.[69]

Zum Umkreis der Textkohäsionsprobleme gehört schließlich die Frage nach der Zulässigkeit von Abschweifungen. Der Textproduzent hat sich zuerst zu vergewissern, ob die Textsorte seiner Wahl überhaupt Digressionen erlaubt. Es gibt „Formen, welche dergleichen gar nicht zulassen, aber auch andere, als epistolarische Formen, worin Digressionen vorkommen“[70]. Damit Digressionen nicht zu Abwegen werden, müssen sie auf eine versteckte Weise mit dem Ausgangsthema zusammenhängen, wobei vor allem Überleitungen eine nicht zu unterschätzende Rolle spielen. Lindner sieht in den „geschickten Wendungen der Rückkehr“ den kritischen Punkt. Werden sie aber entsprechend eingefädelt, befördern sie von unerwarteter Seite den Zweck der Rede: „Man schweift aus, und kömmt desto siegreicher zum Ziel.“[71] Der Autor hat demnach sowohl heterogenes wie zweckfremd erscheinendes Material so zu montieren, daß es seine Textintention befördert, damit Abschweifungen – so paradox dies auf den ersten Blick erscheint – den Weg zum eigentlichen Vorhaben bahnen helfen.

3. Historische Veränderungen des Problemlösens vom 17. zum 18. Jahrhundert

Problemstellungen, einschließlich dessen, was als Problem gilt, sind ebenso historischen, sozio-kulturellen und ästhetischen Veränderungen unterworfen wie die angebotenen Lösungen und deren Beurteilungsmaßstäbe. Die Schwierigkeiten, denen sich Rhetoriker des 17. und 18. Jahrhunderts subjektiv gegenübersahen, divergieren nicht allein nach sachlich-thematischen Gesichtspunkten, sondern zogen auch aufgrund objektiver, gesellschaftlicher Entwicklungen Lösungsstrategien von ungleichem Verfahrensmuster nach sich.

[69] Vgl. Isenberg: Überlegungen zur Texttheorie, S. 159ff.

[70] Schleiermacher: Hermeneutik und Kritik, S. 201. Schleiermachers Hermeneutik stützt sich mehr als allgemein vermutet auf die Rhetoriktradition!

[71] Lindner: Anweisung zur guten Schreibart, S. 244.

Wenn man mit Dörner als konstitutiv für „dialektisches Problemlösen“ den Prozeß einer sukzessiven Zielkonkretisierung ansieht, wäre die Bewältigung von Schwierigkeiten der Textkonstitution, wie sie die Barockrhetorik vorführt, eher als „Aufgaben bewältigen“ und weniger als „Problemlösen“ zu kennzeichnen.[72] Die alternativen Operationen unterscheiden sich gemäß Dörner nach dem Deutlichkeitsgrad der entwickelten Zielvorstellung und der Regelung des jeweiligen Lösungsweges. Wer im Spätbarock beispielsweise ein Kasualcarmen zu gebotenem Anlaß abliefern wollte, vermochte mit einem exakt umschreibbaren Ziel vor Augen relativ schematisch an die Bewältigung dieser Aufgabe zu gehen, für die die Lehrbücher detaillierte Verfahren sowie hinreichende Lösungsmodelle bereitstellten. Der unter dem Postulat der individuellen Textgestaltung stehende Literaturproduzent des 18. Jahrhunderts hingegen sieht sich vermehrten Schwierigkeiten gegenüber: Weder Ziel noch Verfahren sind ihm vorgegeben. Das Ziel ist Ursache und Folge von Problemlöseoperationen. Bereits Gottsched kalkuliert in seiner ›Ausführlichen Redekunst‹ die allmählich Gestalt annehmende Zielkonstruktion während der Textherstellung ein. Nachdem er dem Redner bei jedem Thema Aufmerksamkeit auf jeden nur denkbaren Umstand abverlangt hat, fährt er fort: „Vielmals kann er [der Redner, M. B.] auch nicht alle Dinge und Umstände vorher sehen, und muß mitten im Reden allererst einen Schluß fassen, was er sagen will [. . .]“ [73] Im Barock ist die Auffindungs- und Strukturierungsprozedur in starkem Maß systematisiert und konventionalisiert; aus der Optik der Aufklärung allzu mechanisiert. Nahezu starre Dispositionsrahmen liefern das stabile Grundgerüst der Rede. Mit Anbruch der Aufklärung wird ein flexiblerer, mehrfache Korrekturen durchlaufender Texterfindungsprozeß vorgeschlagen. C. Thomasius verwirft den formalen Suchmechanismus der *loci topici* mitsamt den Versatzstücken der Kollektaneen und „Schatzkammern“. Er gibt die Maxime aus: „Lies, Beurteile, Versuche, Ändere“.[74] Das Tieremblem für den Textproduzenten des 16. und 17. Jahrhunderts

[72] Dörner: Problemlösen als Informationsverarbeitung, S. 10f.

[73] Gottsched: Ausführliche Redekunst, S. 109.

[74] Thomasius: Von dem Studio der Poesie, S. 124.

ist die emsig sammelnde Biene, das des frühen 18. Jahrhunderts die Spinne, „die alle ihre Fäden aus sich selbst hervorbringet", wie Gottsched – Bacon umdeutend – fordert.[75] Barockrhetoriken und -poetiken ermahnen vorwiegend zur Lektüre fremder Texte. In der Aufklärung hingegen gilt die höhere Konzentration dem eigenen, im Entstehen begriffenen Text.

Zwar hatte auch schon die Rhetorik und Poetik des Spätbarock ein verschiedenes Vorgehen bei freier Themenwahl und bei einem von Lehrer oder Umständen diktierten *thema datum* empfohlen, sowie dem *iudicium* die herkömmliche Kontrollfunktion bei der Textherstellung zuerkannt,[76] dennoch darf die Textkonstituierung des 17. Jahrhunderts nicht im selben Maß wie die des 18. als dynamischer Trial-and-error-Prozeß charakterisiert werden. Im Barock fehlen explizite Hinweise auf wiederholte Korrekturvorgänge, auf experimentelle Tests, auf Rückläufe im Produktionsprozeß, wie sie sich für Gottsched von selbst verstehen. Gottscheds ›Ausführliche Redekunst‹ enthält eben die Aussagen über Schleifen und Rückkopplungen in den Phasen der Textherstellung, die Spillner an der traditionellen Rhetoriklehre vermißt.[77] Wegen des erforderlichen Zeit- und Arbeitsaufwandes beim Formulieren rät Gottsched vom Diktat an einen Sekretär ab, um fortzufahren:

> Es gehöret gar zu viel Ueberlesens, Ausbesserns, und Nachdenkens dazu, wenn man etwas geschickt machen will. Säße nun ein Schreiber da: so würde man sich vielmals seiner Langsamkeit, oder Unentschlossenheit schämen, und oft lieber etwas schlechtes stehen lassen, oder aufzuschreiben anbefehlen; als daß man sich lange besönne, oder alle Augenblicke etwas ausstreichen ließe. [. . .] Man sinne den ersten Satz seiner Rede bey sich selber aus, und wiederhole ihn nochmals laut, um zu hören, ob er gut klingt, oder ob er irgend noch zu verbessern sey? Wenn er diese Probe ausgehalten,

[75] Gottsched: Ausführliche Redekunst, S. 162. Mit dem Spinnenvergleich desavouierte Bacon noch den bloßen Rationalisten. Vgl. Bacon: Novum Organum I, S. 95. Zum Bienengleichnis im Barock vgl. Birken: Teutsche Rede-bind und Dicht-Kunst, S. 178. Vgl. auch Stackelberg: Das Bienengleichnis, S. 271 ff. Jaeger: Studien zur Frühgeschichte der Hermeneutik, S. 61.

[76] Vgl. Beetz: Rhetorische Logik, S. 128 f.

[77] Spillner: Das Interesse der Linguistik an Rhetorik, S. 104.

oder nach Gutbefinden ausgebessert worden, so schreibe man ihn auf. So bald er auf dem Papiere steht, überlese man denselben nochmals: theils um ihn noch einmal durch die Musterung gehen zu lassen; theils aber auch wiederum in die Lebhaftigkeit des Gemüths zu gerathen, die zur Fortsetzung seiner Arbeit nöthig ist. [. . .] Durch das laute und muntre Vorlesen aber erregen sich die Geister wiederum; und so fällt einem desto leichter der Anfang des folgenden Satzes ein. Diesen prüfet und wiederholet man wiederum, so wie den ersten, bis er die Probe hält: und alsdann wird er gleichfalls aufgeschrieben. Solchergestalt geht es nun ferner bis zum Ende. [. . .] Dessen ungeachtet aber ist es mit der wohlbedächtigsten Ausarbeitung noch nicht ausgerichtet. Denn wenn nun ein Anfänger mit seiner ganzen Rede fertig ist: so muß nun allererst die Verbesserung angehen. Die ersten Gedanken nämlich sind nicht allemal die besten: man thut also wohl, wenn man sie nochmals durch die Musterung gehen läßt, und sie so scharf auf die Probe stellet, als man nur kann. Zu dem Ende ist es auch gut, wenn man seine Arbeit etliche Tage bey seite legen kann, ohne dieselbe anzusehen; damit sie einem etwas neu und fremde vorkomme, wenn man ihrer wiederum ansichtig wird. So lange einem seine Einfälle noch neu sind, so lange gefallen sie einem gemeiniglich: weil uns eine gewisse Eigenliebe blendet, und ihre Fehler verbirgt. Allein wenn man sie nach einiger Zeit als die Arbeit eines Fremden ansieht: so ist man schon etwas unparteyischer, als vorhin. Man verzeiht sich keinen Fehler, man läßt nichts schlechtes mehr gelten, sondern wird über sich selbst so ein strenger Richter, als es andere vieleicht nicht seyn würden. In dieser Absicht muß man an seinen ersten Aufsätzen einen hübschen breiten Rand übrig lassen; um hernach zu den Ausbesserungen Platz genug zu haben.[78]

Produktions-, Rezeptions- und Beurteilungsoperationen wechseln hier miteinander ab, verschränken sich. Umständliche praktische Maßnahmen werden entwickelt, um den komplexen Schwierigkeiten der Textformulierung zu begegnen. Psychologische und ethische Reflexionen erweisen sich als notwendig, weil der verbesserte Text im Sinn der Aufklärung nicht nur vermehrte intellektuelle, sondern auch moralische Anstrengungen voraussetzt.

Die erhöhte Problematisierung in Aufklärungsrhetoriken fällt schon an ganz äußerlichen Indizien in die Augen: Gegenüber Barocklehrbüchern ist ein Zuwachs an Verboten, Warnungen, Restriktionen bei der Diskussion rhetorischer Argumentationsstrategien

[78] Gottsched: Ausführliche Redekunst, S. 291 ff.

zu verzeichnen. Gottscheds und Lindners Cautelen etwa zur Verwendung von Exempla und Sentenzen unterscheiden sich allein schon quantitativ von denen der Barockrhetorik.[79] Die hinzugekommenen Beschränkungen verpflichten den Texthersteller angesichts der neu gesehenen Gefährdungen zu verstärkter Aufmerksamkeit. Der barocke Dreischritt von *praecepta – exempla – imitatio* erfährt eine Funktionserweiterung insofern, als nun zunehmend negative Beispiele in die Lehrbücher eingerückt werden – so von Gottsched Zitate aus Lohenstein oder Lehms –; Beispiele, die, zur Warnung vorgestellt, nicht die nachvollziehende, sondern die kritische Aktivität des Rezipienten wecken möchten.

Textherstellung als Reaktion auf bereits hergestellte Texte und Textsorten[80] verändert im Verlauf des 18. Jahrhunderts konform zur Ausbildung der Genieästhetik und der mit der Autonomisierung der Poesie einhergehenden Trennung von Poesie und Rhetorik ihren Stellenwert innerhalb der traditionell als Lehrprogramm konzipierten Sequenz von Theorienerarbeitung, didaktischen Beispielen und imitierender Herstellungspraxis. Mehr noch: Jeder einzelne Schritt aus der Folge *praecepta – exempla – imitatio* sowie deren Abfolge selbst stehen nunmehr in Frage.

Breitinger schreibt im Unterschied zu Gottsched schon keine bloße Herstellungspoetik mehr. Von der Mitte des 18. Jahrhunderts an verdrängt das wachsende theoretische Interesse die Anweisungen der früheren Regelbücher.[81] Die natürlichen Kräfte – in rhetorischer Terminologie „natura“ und insbesondere das „ingenium“ – gewinnen eindeutig gegenüber der „ars“ die Oberhand. Goethe vergleicht 1773, vor seinen später einsetzenden Differenzierungsbemühungen von Kunst und Natur, die kreative, formbildende Potenz des Künstlers mit der Natur.[82] Das „Genie“ streift alle Regelfesseln ab und begründet in einem Akt der Schöpfung eigene, neue Gesetze.[83] Umgekehrt zur Diskreditierung der Lehre wächst der dem

[79] Vgl. ebd. S. 201 f. u. 215. Lindner: Anweisung, S. 168 u. 171 f.
[80] Breuer: Einführung in die pragmatische Texttheorie, S. 157.
[81] Schanze: Rhetorik und Literaturwissenschaft, S. 68 u. 73.
[82] Goethes Werke, Bd. 12, S. 13; vgl. 38, 42, 46, 49, 58, 70, 81.
[83] Hamann: Schriften 2, S. 430 f.

lebendigen Beispiel übertragene Impuls: „Nur also Genies können und müßen Genies bilden [. . .]“[84] Auch an anderer Stelle legt Herder entschieden mehr Wert auf *exempla* als auf Regeln.[85] Als exemplarisch wird am Vorbild nun seine kraftvolle Individualität betrachtet, der konkrete, charakterisierende Ausdruck, der Mut zum sprachlichen Idiotismus, all das, womit es von der Regel abweicht.

Mit dem Originalitätspostulat bezieht der Sturm und Drang die Gegenposition zum *imitatio*-Prinzip und läßt sich auch nicht mehr auf die traditionsverbundene *aemulatio* festlegen. Die programmatische Abkehr von der Rhetoriktradition im Sturm und Drang und in der Autonomieästhetik der deutschen Klassik blieb, näher besehen, freilich eine programmatische, sie wurde nicht unbedingt eine faktische. Die Arbeiten von Dockhorn, Meyer und Ueding demonstrierten an der Rhetoriktradition, in welchem Maß sie eine „Quelle des vorromantischen Irrationalismus“ verkörperte und an der Herausbildung der Schillerschen Ästhetik mitwirkte.[86]

Kants Bestimmung des Geniebegriffs deckt sich zu einem Teil mit den Ausführungen Lessings und des Sturm und Drang.[87] Die unverzichtbare Disziplinierung der genialen Produktivkraft sieht Kant durch Urteilskraft und Geschmack gewährleistet, die dem Produkt der schönen Kunst – also auch dem der Rhetorik – „Form“ im Herstellungsprozeß anstrengender „Nachbesserung“ verleiht.[88]

Zu einseitig stempelte die deutsche Rhetorikforschung, wie im übrigen auch Geißner herausstellt,[89] Kant zum Ankläger der Rhe-

[84] Herder: Ursachen des gesunknen Geschmacks bei den verschiedenen Völkern, da er geblühet, S. 604.

[85] Herder: Von Schulübungen (Schulrede 7), S. 64ff. Ders.: Vom ächten Begriff der schönen Wißenschaften (Schulrede 16), S. 143ff.

[86] Dockhorn: Die Rhetorik als Quelle des vorromantischen Irrationalismus in der Literatur- und Geistesgeschichte. Meyer: Schillers philosophische Rhetorik. Ueding: Schillers Rhetorik.

[87] Lessing: Hamburgische Dramaturgie, 30. Stück, S. 368f.; 101.–104. Stück, S. 701f. Kant: Kritik der Urteilskraft, S. 405ff. u. 417ff.

[88] Kant, ebd. S. 412.

[89] Geißner: Das handlungstheoretische Interesse an Rhetorik oder: das rhetorische Interesse an gesellschaftlichem Handeln, S. 234f.

torik.[90] Es geht Kant nicht schlechthin um ihre ethische und ästhetische Abwertung. Zunächst einmal nimmt er von seinen einschränkenden Bemerkungen die „Wohlredenheit" aus, deren Stiltugenden des Wohllauts, der Angemessenheit und Lebhaftigkeit sogar für die inkriminierten Anwendungsbereiche der Überredungskunst weiterhin Geltung beanspruchen dürfen (ebd. S. 430f.). Darüber hinaus hält Kant auch für die „Beredsamkeit" am modifizierten ciceronianischen Ideal des *vir bonus dicendi peritus* fest, so daß sich Kants Angriff eher als eine innerhalb der Rhetoriktradition nicht unübliche Attacke gegen die sophistische, mit Finten und Scheinargumenten operierende Überredungskunst enthüllt und weniger als Generalangriff gegen Rhetorik überhaupt. Der gerne aus dem Kontext des § 53 der ›Kritik der Urteilskraft‹ gelöste Beleg: „Rednerkunst (*ars oratoria*) ist, als Kunst, sich der Schwächen der Menschen zu seinen Absichten zu bedienen [. . .] gar keiner Achtung würdig", wäre – unter Anrechnung der synonymen Kantischen Verwendung von „Beredsamkeit" und „Rednerkunst" – demnach zu paraphrasieren: „Rednerkunst, *insofern* sie eine Kunst ist, sich der Schwächen der Menschen zu seinen Absichten zu bedienen . . ."; die reduplikative Fügung „als Kunst" stellt nicht notwendig eine identifizierende Gleichsetzung von „Rednerkunst" – schon gar nicht der übergeordneten „Rhetorik" – mit einem Instrument betrügerischer, suggestiver Benebelung dar.

Eine nicht unwesentliche Rolle bei der Herausbildung eines Konzepts des „dialektischen Problemlösens" im 18. Jahrhundert spielt Herder, in dessen Erziehungsprogramm wie in dessen Sprachtheorie dem sprechenden Denken hohe Beachtung geschenkt wird. Denken besitzt Herders Einsichten zufolge mögliche Entfaltungschancen nur innerhalb und mit der Sprache. Darum setzt er auch der rhetorischen Trennung von *inventio* und *elocutio* die „Einheit von Gedanke und Ausdruck" entgegen.[91] Er zitiert für den Zusammenhang von Gedankenausdruck und Gedankenaneignung als Bundesgenossen den Engländer Young in der Übersetzung Eberts:

[90] Jens: Rhetorik, S. 433. Barner: Barockrhetorik, S. 13ff. Ueding: Einführung in die Rhetorik, S. 114f.

[91] Herder: Sämtliche Werke, Bd. 1, S. 394ff.

„Ja, je mehr wir unsere Gedanken mittheilen, desto mehr besitzen wir sie; lehrend, lernen wir; und, indem wir sie der Welt geben, behalten wir die Geburten unseres Verstandes [. . .]“ [92] Die Kriterien für Zielzustände entstehen bei Herder erst mit der Entwicklung des Zielzustandes.

Kleist schließlich verspricht sich in Fortführung und Modifikation von Einsichten der Aufklärungsrhetorik wie denen Herders durch dialogbezogenes Formulieren die eigene Belehrung, nicht mehr die anderer. Indem er auf die richtige Intuition der noch „verworrenen“ Vorstellung setzt, befreit er den Redner von der Last des Verbots, nur von bereits Verstandenem sprechen zu dürfen. Sein Aufsatz ›Über die allmähliche Verfertigung der Gedanken beim Reden‹ dreht die Richtung des Produktionsverlaufs von den *res* zu den *verba* um.[93] Der Rückblick auf Cicero verdeutlicht die jetzt erreichte Betrachtungsweise: In Ciceros ›De oratore‹ erzeugt der Stoff von selbst die Worte, die Fülle an „Sachen“ bringt die Fülle an Worten hervor.[94] Kleists Umkehrung akzentuiert die text- und ideenerzeugende Kraft des Formulierungsprozesses.

Die rhetorische Denkfigur der *res-verba*-Folge, die sich im Abarbeiten von Textherstellungsvorschriften konkretisiert auf der einen Seite und Kleists Betonung des schöpferischen Formuliervorgangs auf der anderen, lassen sich beide als komplementäre Ausformungen von Problemlöseprozessen verstehen.

Literatur

Antos, Gerd: Grundlagen einer Theorie des Formulierens. Textherstellung in geschriebener und gesprochener Sprache, Tübingen 1982.

–: Rhetorisches Textherstellen als Problemlösen. Ansätze zu einer linguistischen Rhetorik, in: Zeitschrift für Literaturwissenschaft und Linguistik 11 (1981), H. 43/44, S. 192–222.

92 Herder: Ueber die Fähigkeit zu sprechen und zu hören, S. 386.

93 Kleist: Über die allmähliche Verfertigung der Gedanken beim Reden, S. 319f.

94 Cicero: De oratore II, 145f. u. III, 125.

Aristoteles: Rhetorik. Die Lehrschriften, hrsg. v. Paul Gohlke, Paderborn 1959.

–: Rhetorik, übers. v. Franz G. Sieveke, München 1980.

Arnaud, Antoine: Die Logik oder die Kunst des Denkens, Darmstadt 1972.

Bacon, Francis: Novum Organum, sive indicia vera de interpretatione naturae, in: J. Spedding/R. L. Ellis/D. N. Heath (Hrsg.): The Works of Francis Bacon, Bd. 1, London 1858; Neudruck: Stuttgart 1963.

Barner, Wilfried: Barockrhetorik. Untersuchungen zu ihren geschichtlichen Grundlagen, Tübingen 1970.

Baumeister, Friedrich Christian: Anfangsgründe der Redekunst in kurzen Sätzen abgefaßt, und mit Exempeln erläutert, Leipzig/Görlitz 1754; Neudruck: Kronberg 1974.

Beetz, Manfred: Rhetorische Logik. Prämissen der deutschen Lyrik im Übergang vom 17. zum 18. Jahrhundert, Tübingen 1980 (Studien zur deutschen Literatur 62).

Bellert, Irena: Über eine Bedingung für die Kohärenz von Texten, in: W. Kallmeyer/W. Klein u. a. (Hrsg.): Lektürekolleg zur Textlinguistik, Bd. 2: Reader, Königstein 1974, S. 213–245.

[Besser, Johann von]: Des Herrn von Besser Schrifften [. . .], ausgefertigt von J. U. König, 2 Teile, Leipzig 1732; [1]1711.

Birken, Siegmund von: Teutsche Rede-bind- und Dicht-Kunst [. . .], Nürnberg 1679; Neudruck: Hildesheim/New York 1973.

Bornscheuer, Lothar: Topik. Zur Struktur der gesellschaftlichen Einbildungskraft, Frankfurt a. M. 1976.

Breuer, Dieter: Einführung in die pragmatische Texttheorie, München 1974.

Chomsky, Noam: Aspekte der Syntax-Theorie, Frankfurt a. M. 1969.

–: Cartesianische Linguistik. Ein Kapitel in der Geschichte des Rationalismus, Tübingen 1971.

Cicero, Marcus Tullius: Orator, in: A. S. Wilkins (Hrsg.): M. TVLLI CICERONIS RHETORICA, Bd. 2, Oxford 1950.

–: DE ORATORE LIBRI TRES, hrsg. v. Reinholdus Klotz, Leipzig 1879.

Daneš, František: Zur linguistischen Analyse der Textstruktur, in: Folia Linguistica 4 (1970), S. 72–78.

Dieckmann, Walter: Bedarf an Rhetorik?, in: Das Argument 18 (1976), H. 95, S. 24–43.

Dockhorn, Klaus: Die Rhetorik als Quelle des vorromantischen Irrationalismus in der Literatur- und Geistesgeschichte, in: Ders.: Macht und Wirkung der Rhetorik. Vier Aufsätze zur Ideengeschichte der Vormoderne, Bad Homburg/Berlin/Zürich 1968, S. 46–95.

Dörner, Dietrich: Problemlösen als Informationsverarbeitung, Stuttgart 1976.

Dyck, Joachim: Die Rolle der Topik in der literarischen Theorie und Praxis des 17. Jahrhunderts in Deutschland, in: Jehn, Peter (Hrsg.): Toposforschung. Eine Dokumentation, Frankfurt a. M. 1972, S. 121–149.

–: Bedarf an Rhetorikforschung, in: Jahrbuch für Internationale Germanistik 8 (1976), H. 2, S. 8–16.

Fricke, Gerhard: Die Bildlichkeit in der Dichtung des Andreas Gryphius. Materialien und Studien zum Formproblem des deutschen Literaturbarock, Darmstadt 1967; [1]1933.

Friedrich, Hugo: Epochen der italienischen Lyrik, Frankfurt a. M. 1964.

Geißner, Hellmut: Das handlungstheoretische Interesse an Rhetorik oder: das rhetorische Interesse an gesellschaftlichem Handeln, in: H. F. Plett (Hrsg.): Rhetorik. Kritische Positionen zum Stand der Forschung, München 1977, S. 230–251.

Goethe, Johann Wolfgang von: Werke, hrsg. v. E. Trunz, Bd. 12: Schriften zur Kunst – Schriften zur Literatur – Maximen und Reflexionen, Hamburg 1963.

Gottsched, Johann Christoph: Ausführliche Redekunst [. . .]. Leipzig 1759; [1]1736; Neudruck: New York 1975.

Gülich, Elisabeth/Raible, Wolfgang: Überlegungen zu einer makrostrukturellen Textanalyse. James Thurber, ›The Lover and his Lass‹, in: E. Gülich/K. Heger/W. Raible: Linguistische Textanalyse. Überlegungen zur Gliederung von Texten, Hamburg 1974, S. 72–138.

–/–: Linguistische Textmodelle. Grundlagen und Möglichkeiten, München 1977.

Hallbauer, Friedrich Andreas: Anweisung zur verbesserten teutschen Oratorie, Jena 1736; [1]1725.

Hamann, Johann Georg: Schriften, hrsg. v. Friedrich Roth, Bd. 2, Berlin 1822.

Harweg, Roland: Pronomina und Textkonstitution, München 1968.

–: Text grammar and literary texts: Remarks on a grammatical science of literature, in: Poetics 9 (1973), S. 65–91.

Herder, Johann G.: Auszug aus einem Briefwechsel über Oßian und die Lieder alter Völker, in: Von deutscher Art und Kunst. Einige fliegende Blätter. Herder, Goethe, Frisi, Möser ([1]1773), hrsg. v. Hans Dietrich Irmscher, Stuttgart 1968, S. 5–62.

–: Über die neuere Deutsche Literatur. Fragmente, in: Herders Sämmtliche Werke, hrsg. v. B. Suphan, Bd. 1, Berlin 1877, S. 357–531.

–: Ursachen des gesunknen Geschmacks bei den verschiedenen Völkern, da er geblühet (1773), in: Herders Sämmtliche Werke, hrsg. v. B. Suphan, Bd. 5, Berlin 1877, S. 595–655.

–: Über die Fähigkeit zu sprechen und zu hören, aus: Beiträge zu der

Neuen Deutschen Monatsschrift 1795, in: Herders Sämmtliche Werke, hrsg. v. B. Suphan, Bd. 18, Berlin 1881, S. 384–390.
–: Von Schulübungen (Schulrede 7), in: Herders Sämmtliche Werke, hrsg. v. B. Suphan, Bd. 30, Berlin 1889, S. 60–71.
–: Vom ächten Begriff der schönen Wißenschaften [...] (Schulrede 16), in: Herders Sämmtliche Werke, hrsg. v. B. Suphan, Bd. 30, Berlin 1889, S. 142–153.
Hunold, Christian Friedrich: Einleitung zur teutschen Oratorie und Briefverfassung, Halle/Leipzig 1715.
–: Die Manier höflich und wohl zu reden und leben [...], Hamburg 1730.
Isenberg, Horst: Überlegungen zur Texttheorie, in: W. Kallmeyer/W. Klein u. a. (Hrsg.): Lektürekolleg zur Textlinguistik, Bd. 2: Reader, Königstein 1974, S. 193–212.
Jaeger, H.-E. Hasso: Studien zur Frühgeschichte der Hermeneutik, in: Archiv für Begriffsgeschichte 18 (1974), S. 35–84.
Jens, Walter: Artikel „Rhetorik", in: Reallexikon der deutschen Literaturgeschichte, Bd. 3, Berlin/New York 1971, S. 432–645.
Kant, Immanuel: Kritik der Urteilskraft, in: Werke, hrsg. v. Wilhelm Weischedel, Bd. 8, Darmstadt 1968.
Lange, Gottfried: Einleitung zur ORATORIE [...], Leipzig 1706.
Leibniz, Gottfried W.: Fragmente zur Logik, ausgewählt von F. Schmidt, Berlin 1960.
Lessing, Gotthold Ephraim: Hamburgische Dramaturgie, in: Werke, hrsg. v. Herbert G. Göpfert, Bd. 5, München 1973.
Lindner, Johann Gotthelf: Anweisung zur guten Schreibart überhaupt und zur Beredsamkeit insonderheit [...] Königsberg 1755; Nachdruck Kronberg 1974.
Meier, Georg Friedrich: Anfangsgründe aller schönen Wissenschaften, 3 Teile (1754 ff.); Neudruck: Hildesheim/ New York 1976.
Meyer, Hermann: Schillers philosophische Rhetorik, in: Euphorion 53 (1959), H. 3, S. 313–350.
Neukirch, Johann George: Anfangs-Gründe zur reinen teutschen Poesie itziger Zeit [...], Halle 1724.
–: FUNDAMENTA Zu Teutschen Briefen [...], Halle 1722.
Neumeister, Erdman: Die Allerneueste Art, zur reinen und galanten Poesie [...], hrsg. v. F. Hunold, Hamburg 1722.
Oomen, Ursula: Systemtheorie der Texte, in: W. Kallmeyer/W. Klein u. a. (Hrsg.): Lektürekolleg zur Textlinguistik, Bd. 2: Reader, Königstein 1974, S. 47–70.
Plett, Heinrich F. (Hrsg.): Rhetorik. Kritische Positionen zum Stand der Forschung, München 1977.

Perelman, Chaim/Olbrechts-Tyteca, L.: La nouvelle rhétorique, Traité de l'argumentation, Paris 1958.

Peucer, Daniel: Erläuterte Anfangs-Gründe der Teutschen Oratorie [. . .], Dresden 1765; [1]1739.

Quintilianus, Marcus Fabius: Institutionis oratoriae libri XII. Ausbildung des Redners. Zwölf Bücher, hrsg. v. H. Rahn, 2 Bde., Darmstadt 1972 und 1975.

Rehbein, Jochen: Komplexes Handeln. Elemente zur Handlungstheorie der Sprache, Stuttgart 1977.

Riemer, Johann: Neu-aufgehender Stern-Redner/nach dem Regenten-Redner erleuchtet [. . .], Leipzig 1689.

Scaliger, Julius Caesar: Poetices libri septem, o. O. [Lyon] 1561; Neudruck, hrsg. v. A. Buck: Stuttgart-Bad Cannstatt 1964.

Schanze, Helmut: Rhetorik und Literaturwissenschaft. Zum Verhältnis von Produktionstheorie und Analysesystem von Texten im 18. Jahrhundert, in: H. F. Plett (Hrsg.): Rhetorik. Kritische Positionen zum Stand der Forschung, München 1977, S. 62–76.

Schleiermacher, Friedrich D. E.: Hermeneutik und Kritik, hrsg. v. Manfred Frank, Frankfurt a. M. 1977.

Schröter, Christian: Gründliche Anweisung zur deutschen Oratorie [. . .], Leipzig 1704.

Schwind, Peter: Schwulst-Stil. Historische Grundlagen von Produktion und Rezeption manieristischer Sprachformen in Deutschland 1624–1738, Hamburg 1977.

Sieveke, Franz Günter: Topik im Dienst poetischer Erfindung. Zum Verhältnis rhetorischer Konstanten und ihrer funktionsbedingten Auswahl oder Erweiterung (Omeis – Richter – Harsdörffer), in: Jahrbuch für Internationale Germanistik 8 (1976), H. 2, S. 17–48.

Spillner, Bernd: Das Interesse der Linguistik an Rhetorik, in: H. F. Plett (Hrsg.): Rhetorik. Kritische Positionen zum Stand der Forschung, München 1977, S. 93–108.

Stackelberg, Jürgen von: Das Bienengleichnis. Ein Beitrag zur Geschichte der literarischen Imitatio, in: Romanische Forschungen 68 (1956), S. 271–293.

Steinitz, Renate: Nominale Pro-Formen, in: W. Kallmeyer/W. Klein u. a. (Hrsg.): Lektürekolleg zur Textlinguistik, Bd. 2: Reader, Königstein 1974, S. 246–265.

Stieler, Kaspar: Teutsche Sekretariat-Kunst/Was sie sey [. . .], 3 Teile, Nürnberg 1673.

Thomasius, Christian: Von dem Studio der Poesie, in: Ders.: Höchstnöthige Cautelen für einen Studiosus Juris (1713), in: Fritz Brügge-

mann (Hrsg.): Aus der Frühzeit der deutschen Aufklärung, Darmstadt ²1966.
Ueding, Gert: Einführung in die Rhetorik. Geschichte, Technik, Methode, Stuttgart 1976.
–: Schillers Rhetorik. Idealistische Wirkungsästhetik und rhetorische Tradition, Tübingen 1971.
Uhse, Erdmann: Wohl-informirter Redner, worinnen die Oratorischen Kunst-Griffe [. . .], Leipzig ⁵1712.
Van Dijk, Teun: Textwissenschaft. Eine interdisziplinäre Einführung, Tübingen 1980.
Viau, Théophil de: Œuvres poétiques, première partie, hrsg. v. Jeanne Streicher, Genf/Lille 1951.
Weidling, Christian: Oratorischer Hofmeister/Welcher angenehme Instruction [. . .], Leipzig 1698.
Weinrich, Johann Michael: Erleichterte Methode die humaniora mit Nutzen zu treiben [. . .], Coburg 1721.
Weise, Christian: Curiöse Gedancken von deutschen Versen [. . .], Leipzig 1692.
–: Curieuse Fragen über die Logica [. . .], Leipzig 1700, ¹1696.
–: Neu-Erleuterter Politischer Redner [. . .], Leipzig 1694; ¹1684.
–: Oratorische Fragen, an statt einer wolgemeinten Nachlese [. . .], Leipzig 1706.
–: Oratorisches Systema, Darinne die vortreffliche Disciplin [. . .], Frankfurt/Leipzig 1703.
–: Politischer Redner/Das ist/Kurtze und eigentliche Nachricht [. . .], Leipzig 1677.
–: Subsidium juvenile, de artificio et usu chriarum [. . .], Dresden/Leipzig ¹1689, 1715.
–: Curiöse Gedancken Von Deutschen Brieffen [. . .], Erster und Andrer Theil, Dresden 1691.
Weissenborn, Christoph: Gründliche Einleitung zur teutschen und lateinischen Oratorie und Poesie [. . .], Leipzig ²1731.
Wiedemann, Conrad: Johann Klaj und seine Redeoratorien. Untersuchungen zur Dichtung eines deutschen Barockmanieristen, Nürnberg 1966.
Windfuhr, Manfred: Die barocke Bildlichkeit und ihre Kritiker. Stilhaltungen in der deutschen Literatur des 17. und 18. Jahrhunderts, Stuttgart 1966.
Zeller, Rosmarie: Spiel und Konversation im Barock. Untersuchungen zu Harsdörffers ›Gesprächsspielen‹, Berlin/New York 1974.

ZUR REZEPTIONSGESCHICHTE RHETORISCHER TEXTTHEORIE

a) Linguale Texttheorie

Joachim Dyck: Ticht-Kunst. Deutsche Barockpoetik und rhetorische Tradition Kap. III. 4, Bad Homburg v. d. H./Berlin/Zürich, 2., verb. Aufl. 1969, S. 91–112.

DREISTILTHEORIE UND DECORUMLEHRE IM 17. JAHRHUNDERT

Von Joachim Dyck

Rede und Schrift, Prosa wie Dichtung, sind im 17. Jahrhundert weit mehr, als es neuzeitlichem Urteil naheliegt, auf ein Gegenüber bezogen, also gesellig. Der Stil eines sprachlichen Kunstwerks erschöpft sich nicht in der Persönlichkeit des Sprechenden als bloßer Selbstverwirklichung, sondern er ist zweifach bedingt: einmal durch die übergeordnete Idee der Wirkung auf den Angesprochenen und zum andern durch den Stoff, der zur Darstellung gelangen soll.

Die Maßstäbe für den jeweils zu wählenden Stil entnimmt die Poetik des 17. Jahrhunderts der antiken Rhetorik und der von ihr ausgebildeten Lehre von den drei Stilarten. Sie besagt, daß den Gegenständen *(res)*, den Themen, die der Redner behandelt, das sprachliche Gewand (Wahl der Wörter, rhetorischer Schmuck) angemessen sein muß, denn das Ideal einer Rede besteht in der Harmonie zwischen Stoff und Stil. Cicero charakterisiert dieses Verhältnis so: *Is enim eloquens, qui et humilia subtiliter et alta graviter et mediocria temperate potest dicere.*[1] Der dreistufigen Hierarchie

[1] Cicero: Orator 29, 100. – Vgl. Auctor ad Herennium: 4, 8, 11; Cicero: De oratore 2, 29, 128f.; Quintilian: Institutio oratoria 12, 10, 58ff. Isidor: Etymologiarum sive Originum Libri XX, 2, 17, 2ff.; Augustinus: De doctrina christiana 4, 17, 34ff. – Weitere Stellenverweise und eine Analyse der *genera dicendi* bei H. Lausberg: Handbuch der literarischen Rhetorik. Eine Grundlegung der Literaturwissenschaft. 2 Bde., München 1960, §§ 1078–1082. Zu den Stilarten in der literarischen Tradition vgl. E. R. Curtius: Die Lehre von den drei Stilen in Altertum und Mittelalter, in: Romanische Forschungen 64 (1952), S. 57–70. E. Auerbach: Sermo humilis, in: Romanische Forschungen 64 (1952), S. 304–364. F. Quadlbauer: Die antike Theorie der *genera dicendi* im lateinischen Mittelalter, Sitzungs-Berichte

der Gegenstände entspricht eine dreistufige Hierarchie der Stillagen. Dieses Gesetz gehört zum unveräußerlichen Eigentum auch der mittelalterlichen und humanistischen Stillehren, und es hat seine Gültigkeit in der Barockpoetik bewahrt, wie eine Äußerung Harsdörffers zeigt, die nichts anderes als eine Übersetzung der ciceronianischen Forderung ist: „Zierlich ist / wann man hohe Dinge mit hohen prächtigen Machtworten / mittelmäßige mit feinen verständigen / und nidrige mit schlechten Reden vorträget.“ [2]

Wir gehen für die folgende Darstellung von Alsteds knappen Bemerkungen in der ›Encyclopaedia‹ aus. In diese umfassende Summe aller Wissenschaften nimmt er auch die Poetik auf. Sie füllt nur wenige Seiten und wird als letzte in dem Kanon der „philologischen“ Wissenschaften behandelt.[3] Alsteds Ausführungen dürfen als repräsentativ gelten, denn seine Enzyklopädie war als Lehrbuch sehr geschätzt, und noch Leibniz zieht sie der Keckermannschen Arbeit (Systema systematum, Hanau 1613) vor.[4]

d. österr. Akad. d. Wiss., phil.-hist. Kl., Bd. 241, 2, Wien 1962. F. Wehrli: Der erhabene und schlichte Stil in der poetisch-rhetorischen Theorie der Antike, in: Phyllobolia. Festschrift für P. von der Mühll, Basel 1946, S. 9–34. Weitere Literatur jetzt bei L. Fischer: Gebundene Rede. Dichtung und Rhetorik in der literarischen Theorie des Barock in Deutschland, Tübingen 1968 (= Studien zur deutschen Literatur 10), S. 106ff. – Zur Theorie der drei Stilarten in der geistlichen Dichtung vgl. F. Ohly: Wolframs Gebet an den Heiligen Geist, in: Zeitschrift für deutsches Altertum und deutsche Literatur 91 (1961/62), S. 1–36.

[2] G. Ph. Harsdörffer: Poetischer Trichter / Die Teutsche Dicht- und Reimkunst / ohne Behuf der lateinischen Sprache / in VI. Stunden einzugießen (I. Teil, Nürnberg 1650; II. Teil, Nürnberg 1648; III. Teil, Nürnberg 1653), I, S. 106, § 7.

[3] J. H. Alsted: Encyclopaedia septem tomis distincta, Herbornae Nass. 1630, lib. X, pp. 509ff. Die Poetik folgt auf die Disziplinen Lexica, Grammatica, Rhetorica, Logica, Oratoria.

[4] Denkschrift zur Begründung der Berliner Akademie, 1716. Abgedruckt bei L. Richter: Leibniz und sein Rußlandbild, Berlin 1946, S. 121. – Alsted als Schulautor vgl. J. B. Schupp, Schriften, o. O., o. J. [Hanau 1663], S. 759. Eine Würdigung von Alsteds Leistungen bei C. E. Hübner: Zulängliche Nachrichten / von denen Berühmtesten Nöhtigsten Historicis, Chronologis und Geographis, Hamburg 1705, S. 146.

Die Poetik wird definiert als *ars bene effingendi orationem ligatam: seu est ars de eloquentia poetica, hoc est, certis numeris adstricta.*[5] Sie hat zwei Ziele: Zum ersten lehrt sie die Art und Weise, in der die Rede gebunden werden soll, zum andern, wie der Hörer durch die gebundene Rede belehrt, erfreut und bewegt werden kann.[6] Die Dichtung selbst ist in ihren Themen unbegrenzt; daraus folgt, daß der Dichter umfassend gebildet sein muß.[7] Sie nützt dem Staat und der Kirche, und ihre umfassende Aufgabe kann im Gotteslob gesehen werden. Jedoch ist zwischen den Aufgaben der geistlichen und weltlichen Dichtung zu unterscheiden. Während die Hauptaufgabe der sakralen Poesie darin besteht, Gott zu loben, und das *docere vel delectare* für sie erst in zweiter Linie in Betracht kommt, muß die weltliche Poesie hingegen ihr wichtigstes Ziel darin sehen, zu lehren, zu erfreuen und dadurch zu bewegen und zu überzeugen *(docendo et delectando movere seu persuadere).*[8]

Nach diesen allgemeinen Betrachtungen spricht Alsted über die möglichen Gattungen der Gedichte und über die Form, in der sie zu schreiben sind. Diese Form nennt er *character dicendi: Character dicendi est forma, similis ejus rei, cujus est nota.*[9] Alsted formuliert hier das Dogma klassischer Rhetorik, daß der Ausdruck dem Inhalt entsprechen muß. Drei Stillagen sind in Gedichten möglich. Die erste nennt er *sublimis seu gravis; qui adhibetur in materia gravi, excellenti, et seria: ut cum heroës, bella, consilia, orationes, et*

[5] Encyclopaedia, lib. X, cap. I, p. 509.

[6] *Finis eloquentiae poëticae est remotus, vel proximus. Remotus est docere, delectare, et movere oratione ligata . . . Proximus est tradere modum bene effingendi orationem ligatam: seu, orationem numeris adstringere* (Encyclopaedia, lib. X, cap. I, p. 509).

[7] Encyclopaedia, lib. X, cap. I, reg. II, p. 509.

[8] Encyclopaedia, lib. X, cap. I, reg. III, p. 510.

[9] Die Bezeichnung *character dicendi* für die Stillage stammt aus der Tradition der Theokrit-Scholien und der Vergilkommentare des Donatus und Servius. Vgl. dazu F. Quadlbauer: Die antike Theorie der *genera dicendi*, S. 10ff. Die gleiche Definition bei J. C. Scaliger: Poetices libri septem . . . Ex recognitione Iosephi Scaligeri. Editio Quarta, s. l. [Heidelberg] 1607, lib. IV, cap. I, p. 399.

similia describuntur.[10] Dieser Stilart eignet Würde *(dignitas).* Sie hat es mit pathoshaltigen Situationen zu tun und mit Personen, die würdevolle Vertreter solcher Situationen sein können. Der hohen Stilart entgegengesetzt ist der *character humilis,* der bei niedrigen und scherzhaften Dingen zu gebrauchen ist: *ut cum mores hominum privatorum, satyrorum, rusticorum, plantorum, et animalium vulgarium decribimus.* Diese Stilart zeichnet sich durch Schmucklosigkeit und Einfachheit aus *(tenuitas et simplicitas).* Der *character aequabilis* liegt zwischen beiden und paßt zu den mittleren Gegenständen *(rebus mediocribus*[11]*).* Sein Wert liegt in der *rotunditas, id est media oratio inter humilem et grandem*[12]. Alsted genügen diese kurzen Bemerkungen, denn die Theorie der drei Stilarten konnte aus jeder beliebigen Rhetorik ausführlicher entnommen werden. Für unseren Zusammenhang ist allein wichtig festzustellen, daß er sie ausdrücklich in seine Anweisungen zur Poetik aufnimmt.

Die Identität zwischen der Stilhöhe und dem behandelten Gegenstand ist jedoch nicht die einzige Konsequenz, die sich aus dem System der Stile ergibt. Das wird deutlich, wenn man Alsteds Ausführungen in seiner Rhetorik zu Hilfe nimmt. Dort führt er über die *genera dicendi* aus:

> *Diximus, tria esse dicendi genera, subtile, intermedium, et grave. Subtilis generis est, docere cum lenitate; intermedii, delectare; gravis autem et ampli generis est, commovere. Docemus intelligenter et cum fide: delectamus cum voluptate: commovemus cum acrimonia.*[13]

Die Stilhöhe wird von Alsted hier den drei *officia* des Redners zugeordnet: lehren, erfreuen, bewegen. Auch diesen Zusammenhang zwischen den drei Redefunktionen und den daraus folgenden

[10] Encyclopaedia, lib. X, cap. III, reg. II, p. 511.

[11] Alsted gibt keine Themen und Gegenstände an. Auch Scaliger beschränkt sich nur auf eine allgemeine Charakteristik der mittleren Stillage. Sie umfaßt alles, was nicht eindeutig dem hohen oder niedrigen Stil zugeordnet werden kann (Poetices, lib. IV, cap. I, pp. 399ff.).

[12] Encyclopaedia, lib. X, cap. III, reg. II, p. 511.

[13] J. H. Alsted: Orator, Sex libris informatus, Herbornae Nass. ^{2}1612, p. 161.

Stilhöhen hatte die antike Rhetorik ausführlich behandelt: *Sed quot officia oratoris, tot sunt genera dicendi: subtile in probando, modicum in delectando, vehemens in flectendo; in quo uno vis omnis oratoris est.*[14] Will der Redner beweisen oder belehren, so tut er es in einem sachlichen, klaren, schmucklosen Stil, *sermone tenui*; will er den Zuhörer gewinnen und ihn sich geneigt machen, dann redet er in anmutigem Stil, *suaviter* oder *cum iucunditate*; will er schließlich das Auditorium hinreißen und Pathos erregen, so spricht er *cum gravitate* in einem mit allen Mitteln ausgezierten, rhythmisch lebhaften und bewegenden Stil.[15] Die Stilart ist grundsätzlich von zwei Voraussetzungen abhängig: von der Qualität des Gegenstandes, der dargestellt werden soll, und von der intendierten Wirkung des *probare, conciliare, movere.* Form und Stil des sprachlichen Kunstwerks liegen also nicht im Ermessen des Dichters oder Redners, sondern sie sind immer sach- und wirkungsgebunden.

Die Forderung, daß der Stil aus der Wahl der Gegenstände und der beabsichtigten Wirkung folgen muß, äußert sich in einer Systematisierung der Ornatus-Vorschriften. Alsted zählt in seinem ›Orator‹ in gedrängter Übersicht für jede Stillage einige charakteristische Merkmale auf. Wir greifen das Wichtigste heraus.

Der hohe Stil zeichnet sich durch großartige Versmaße *(pedes gravissimi)* aus (Spondaeus, Dichoreus, Päan, Molossus etc.). Sie dienen dem *terror animi*, der hinreißenden Bewegung der Seele.[16] Diesem Ziel nützen alle Tropen und rhetorischen Figuren. Die Metapher des hohen Stils darf *insolens* und *arrogans* sein, sie darf von hohen und himmlischen oder auch von ungewöhnlichen, unerhörten, neuartigen und von entfernter liegenden Dingen genommen werden.[17] Dem hohen Stil steht vor allem die Prosopo-

[14] Cicero: Orator 21, 69.

[15] Vgl. dazu K. Dockhorn: Macht und Wirkung der Rhetorik. Vier Aufsätze zur Ideengeschichte der Vormoderne (= Respublica Literaria 2), Bad Homburg/Berlin/Zürich 1968, S. 55.

[16] Alsted: Orator, p. 167.

[17] *Impudens autem metaphora est, quae arrogans, quae sumitur a rebus magnis, a rebus coelestibus ... insolens metaphora est, quae sumitur a rebus non solitis, inauditis, non cognitis, a rebus remotioribus* (Orator, p. 164).

poeia[18] gut: Was im niedrigen Stil untersagt ist, etwa den Staat oder auch die Toten reden zu lassen, das gibt dem hohen Stil erst seinen Prunk.

Die niedere Stilart hat die erhabenen Versmaße zu meiden, nur Jambus und Pyrrhichius sind ihr angemessen.[19] Wortneubildungen sind gestattet, jedoch spärlich, und wenn es nötig ist, mit Zurückhaltung. Der Redner verzichte auf die Paronomasie, die Epanalepse, Anadiplose und Epistrophe. Er gehe der glänzenden Prosopopoeia aus dem Wege und vermeide lange Aufzählungen, denn sie machen die Rede weit und reich *(amplam et copiosam).* Der Redner benutze *metaphoras quotidianas,* logische Schlüsse *(enthymemata, conclusiones et argumentationes).* Satz- und Gedankenfiguren sind mit Maßen erlaubt: Epanorthosis, Polyptoton und Klimax. Kurze Gedankenwiederholungen und geringe Erweiterungen *(amplificatiunculae),* die zur Glaubwürdigkeit beitragen, dürfen verwendet werden.

Auch der niedrige Stil kann auf die rhetorischen Figuren nicht ganz verzichten, denn *haec lumina sunt quidem communia omnium trium dicendi generum: nulla enim est oratio tam tenuis, tam exilis, quae non admittat aliquem ornatum: sed a tenui Oratore adhibentur tenuiter et subtiliter, a mediocri mediocriter, a gravi graviter et copiose.*[20] Jedoch darf der Ornatus das Maß des Alltäglichen nicht überschreiten. Alsted verzichtet zur Erläuterung auf Beispiele, aber er erinnert an das *familiare exemplum,* das der Redner vor Augen haben sollte, wenn er nach einem Vorbild für die passende Stilhöhe sucht, nämlich an die Werke Vergils: *Si familiare exemplum cupis, habe Bucolica, Georgica, et Aeneida Virgilii: Illa sunt exilia, ista temperata, haec gravis.* In allen drei Werken benutzt Vergil den Ornatus, *sed in tenui dicendi genere tenuiter, subtiliter et parce: in medio et temperato mediocriter et modice . . .: in amplo vero dicendi genere utitur iis copiose, fortiter, graviter, imo gravissime.*[21]

Nur die hohe Stilart darf, gemäß ihrer Aufgabe des *movere* und

[18] Vgl. Alsted: Encyclopaedia, lib. IX, cap. IX, p. 483: *Prosopopoeïa in rebus gravioribus, puta in admonitionibus et obiurgationibus vehementioribus, est ornatum praestabile.*

[19] Alsted: Orator, pp. 162ff. Dort auch die folgenden Zitate.

[20] Alsted: Orator, pp. 167f.

[21] Alsted: Orator, p. 168.

der Würde oder Pathoshaltigkeit ihrer Gegenstände (Gott, Staat, Krieg etc.), über alle Tropen und Figuren ohne Einschränkung verfügen. Die mittlere und niedrige Stilart mit dem geringeren Anspruch des *docere (probare) et delectare (conciliare)* und den Themen des allgemein Menschlichen und Alltäglichen haben sich auch mit einem geringeren Maß an sprachlichem Schmuck zufriedenzugeben. Ein Traktat erbaulichen Inhalts etwa, oder auch ein Liebesgedicht ernsten oder heiteren Charakters, können auf die hinreißende Gemütsbewegung mittels des Ornatus verzichten.

Erst auf Grund dieser traditionellen Bestimmungen wird verständlich, warum Meyfart in seiner Rhetorik den „wichtigen und tapffern Sachen" ganz bestimmte Figuren zuordnet, die er aus Texten einfacheren Inhalts verbannt wissen will. So ist etwa die Synecdoche ein „sehr Gravitetischer Tropus", der nur in der hohen Stillage Verwendung finden darf, weil er in der niedrigen Stilart „seine Majestet ganz verleuret / und ist eben als wenn man an den Sawstall einen silbern Schild / und an die Ofengabel eine güldene Cron auffhängen wolte"[22]. Die Exclamatio darf „nur in wichtigen Sachen und vornehmen Materien ... gebrauchet werden"[23], die Hypallage hat „in stattlichen und wichtigen / aber in keinen schlechten Dingen" ihren Platz,[24] ebenso die Epanalepse, „die in geringen Sachen ... mag verschonet bleiben"[25].

[22] J. M. Meyfart: Teutsche Rhetorica / Oder Redekunst / Darinnen von aller Zugehör / Natur und Eygenschafft der Wohlredenheit gehandelt / Auch wie dieselbe in unsere teutsche Muttersprach füglichen zubringen, Coburg 1634, S. 111. Meyfart definiert: „Die Synecdoche ... ist / wenn der Redner ein gantzes Ding nennet / und versteht doch nur ein Theil desselbigen: Oder nennet nur einen Theil und verstehet doch das gantze Ding: Als wenn der Redener saget: ... Lucius kan nicht zwischen seinen vier Pfälen sicher sitzen" (S. 101 f.).

[23] Meyfart: Teutsche Rhetorica, S. 359.

[24] Meyfart: Teutsche Rhetorica, S. 205. Meyfart entnimmt ein Beispiel für die Hypallage dem Aeneiskommentar des Servius, Aen. 6, 268 (zit. Lausberg: Handbuch, § 685, 2): *ibant obscuri sola sub nocte* (für *soli obscura*): „Virgilius spricht: Sie gehen dunckel unter der eingen Nacht. Und sol sprechen: Sie giengen einig und allein fort in der dunckelen Nacht" (S. 201 f.).

[25] Meyfart: Teutsche Rhetorica, S. 320: „Epanalepsis ist / wann ein oder

Was von Alsted und Meyfart mit der antiken Rhetorik gefordert wird, ist die ideale Einheit von Gegenstand, Stil und Wirkung. Diese Forderung hat bändigende Funktion: Solange sie als gültig erachtet wird, kann es zu einem wuchernden, von den Gesetzen klassischer Rhetorik entbundenen Stil nicht kommen. Erst die Trennung des Stils von der sinnvollen Bindung an Gegenstand und Wirkung und seine Herabwürdigung zum zweckfreien Dekor führt zu den Hypertrophien der formalen Mittel, die dem manieristischen Stil eigen sind.

An wenigen Beispielen sei die Dreistiltheorie in der deutschen Literaturtheorie des 17. Jahrhunderts nachgewiesen. Alhardus Moller fordert vom Briefschreiber, daß er die Unterschiede der Stile peinlich genau beachte. Nicht nur muß die Stillage aus dem Inhalt des Schreibens resultieren, sondern auch aus der Aufgabe, die der Schreiber verfolgt. In knapper und deutlicher Weise formuliert er:

> Bey Auszierung der Epistel ist zu behalten / daß gleich wie den Rednern dreyerley oblieget: lehren / erlustigen / und bewegen; also gebrauchen sich dieselbe / in iedem solcher Theile eines / dreyerley Red-arten / bald des vortrefflichsten Geschlechts zu reden / welches sie *sublime vel grande Genus* nennen / bald eines schlechtern und wenigern / solches nennen sie *genus mediocre*, und endlich eines niedrigen und geringen / so geheissen *humile genus*. Welcher Geschlechter man sich nach gestaltsamen Sachen / in Episteln nicht wenig bedienet: inmassen / der geringsten Weise / (welche sich nicht über die tägliche Gewohnheit zu reden schwinget /) gebraucht man sich in Sachen weniger Würde / betreffend die Haushaltung / schlechte Handlung / schimpff- und freundliche Episteln / u. d. g.
>
> Des andern Geschlechts / welches mit schöner Zier-Rede ausgeschmükket / gebrauchen wir in höhern Dingen / doch die Person und Beschaffenheit der Dinge betrachtend; Als in Gruß-Briefen / Glück- und Neu-Jahrswünschung / Trost-Klag- und Dank-schreiben / Hochzeit-Gefattern- und Einladungs-Episteln / u. d. g.
>
> Das dritte und fürnemste / welches mit sonderer Zier-Rede / so wol auch

zween Wort / beydes in dem Anfang deß ersten und dem Ende deß andern Ausspruchs zu finden. Cicero: Er leugnet / er leugnet / daß ers den undanckbaren Bürgern gethan habe / . . . Daß er solches den Furchtsamen und auff alle Gefährligkeit vergaffeten gethan habe / ist nicht daz so er leugnet" (S. 314).

mit auserwehlten Reden und Figuren durchsüsset / gebrauchen wir zuweilen in herrlichen Missifen / Empfängnissen / Abdankung und Leichen-Reden / u. d. g.[26]

Auch Kaspar Stieler begnügt sich in seiner ›Sekretariatkunst‹ unter Hinweis auf Cicero mit der Triade der Stillagen, obwohl er andere Stilkategorien kennt.[27] Er begründet seine Beschränkung auf die Dreistiltheorie durch deren lange Tradition, die für eine sinnvolle Verwendung bürge,[28] und gibt sowohl gute Beispiele als auch eine Reihe von synonymen Bezeichnungen für die jeweilige Stilart. Das berechtigt uns, ihn im folgenden ausführlich zu Worte kommen zu lassen, damit deutlich werden kann, daß Charakterisierungen wie etwa „die stille Schreibart" oder „die fallende Schreibart" als Übersetzung des Terminus *genus humilis* festgeprägte Stilkategorien repräsentieren und als *termini technici* verstanden werden müssen.

Stieler schreibt: „Die gemeine / geringe und niederträchtige / milde Schreibart / so auch die bürgerliche / häusliche / lieblende / scheinende / stille / lindfließende und fallende genennet werden könte / bestehet in gemeinen / schlechten / einfältigen / geringen /

[26] A. Moller: Viridarium Epistolicum, Das ist: Ein Lust-Garte / Vieler / mit anmuhtiger Wort-Zierligkeit / und edlen Red-Arten / jetzt beliebtem Styli nach / eingekleidten Send-Schreiben [. . .], Magdeburg/Helmstedt 1655, S. 23f.

[27] Stieler verweist auf die sieben Stil-„Ideen" des Hermogenes: Klarheit, Größe, Sorgfalt und Schönheit, Heftigkeit, Charakterschilderung, Wahrheit, Kraft (Hermogenes, ed. Rabe, p. 213ff.). Er lehnt jedoch diese Kategorien als zu kompliziert ab, „weil deren Unterscheid kaum mit den Gedanken zu begreiffen / geschweige denn mit Nahmen zu nennen" (K. Stieler, Teutsche Sekretariat-Kunst / Was sie sey / worvon sie handele / was darzu gehöre / welcher Gestalt zu derselben glück- und gründlich zugelangen / was maßen ein Sekretarius beschaffen seyn solle / worinnen deßen Amt / Verrichtung / Gebühr und Schuldigkeit bestehe / auch was zur Schreibfertigkeit und rechtschaffener Briefstellung eigentlich und vornehmlich erfordert werde, heraus gegeben von dem Spahten, Bd. I, Nürnberg 1673, Teil II, S. 333); vgl. dazu Scaliger: Poetices, lib. IV, cap. I, p. 411ff.; Curtius in: Romanische Forschungen 64 (1952), S. 62f.

[28] Stieler: Sekretariatkunst I, Teil II, S. 334.

doch eigenen[29] / deut- und verständlichen Worten." [30] Sie darf gelegentlich mit Metaphern geschmückt werden, auch kann sie Sprichwörter, Gleichnisse und Sentenzen dulden. Auffällige Figuren wie Anapher und Oxymoron sind ihr unangemessen. Mit diesen spärlichen Anweisungen zum Gebrauch des *sermo humilis* bleibt Stieler in der Tradition. Er verweist außerdem auf den niedrigen Stil der Bibel und auf die Kirchenväter, die oft in einfachen Worten reden, „damit der gemeine Mann sie desto eher faßen und verstehen könne" [31]. Die gegebenen Regeln exemplifiziert er mit folgender Passage:

Gott ist das höchste Guht / darüm soll er billig allen andern Gühtern der Welt vorgezogen werden. Er ist die Liebe / darüm sollen wir ihn über alles lieben; Er ist aber auch ein Herr und Richter über alles Fleisch / darüm sollen wir uns vor seinem Zorn fürchten / vor seiner Heyligkeit erschrecken / und gedenken / daß unsere Untugend und böse Werke vor seiner Gerechtigkeit nicht bestehen mögen.[32]

Das Stück ist einfach, aber nicht kunstlos gebaut. Es besteht aus drei Sätzen. Mit Anapher und Epistrophe (Er ist . . . darum sollen wir) wird ein syntaktischer Parallelismus aufgebaut. Darüber hinaus steht der dritte Satz zum zweiten in Antithese (Er ist aber auch . . .) und ist in einer von zwei auf drei wachsenden Zahl von Gliedern zunehmender Länge amplifiziert. Dadurch wird trotz der zunächst weiterlaufenden inhaltlichen Steigerung (bis „erschrekken") formal der imperative Duktus gemildert, bis der Satz in einer dem reflexiven Inhalt angemessenen Bewegung ausschwingt. Diese

[29] „eigene Worte", d. h. *verba propria* im Gegensatz zu den *verba translata* (Metapher etc.).

[30] Stieler: Sekretariatkunst I, Teil II, S. 334.

[31] Stieler: Sekretariatkunst I, Teil II, S. 334; zum niedrigen und hohen Stil in der christlichen Tradition vgl. E. Auerbach: Mimesis, Bern ³1964, S. 139ff. F. Ohly in: Zeitschrift für deutsches Altertum und deutsche Literatur 91 (1961/62), S. 10ff.

[32] Stieler: Sekretariatkunst I, Teil II, S. 334. Stieler richtet seine Beispiele nicht nach dem Gegenstand, sondern allein nach der Wirkungsfunktion. Ihm kommt es darauf an, den Unterschied der Stillagen an der Verwendung des Ornatus zu zeigen.

wenigen Zeilen einer klaren Prosa verzichten auf stilistisches Raffinement, auf Tropen und ausgefallene Figuren. Der Stil entspricht der Aufgabe des *genus humilis,* der Belehrung *(docere).* Es ist der Stil des geistlichen Traktates und der Erbauungsliteratur. Stieler hätte Metaphern und gängige Figuren nicht zu scheuen brauchen: Gemäß den Alstedschen Forderungen soll auch der niedrige Stil nicht unbedingt jeglichen Schmuck meiden. Es ist anzunehmen, daß Stieler auf den Ornatus ganz verzichtet, um diese Stillage von der nächsthöheren Stufe, dem mittleren Stil, strenger trennen zu können. Denn in der Praxis sind die Stilhöhen nicht in der gewünschten Klarheit zu scheiden, die Übergänge bleiben fließend.

Den *stilus mediocris (genus dicendi temperatum, intermedium)* charakterisiert Stieler so: „Die mittlere / mittelmäßige oder gedämpfte / gemäßigte / so auch die wolgeborne / bewegende / leuchtende / klingende / freundliche / fortfließende / und schallende Schreibart heißen kan / hebt sich etwas mehr in die Höhe / maßet sich einer süßern Lieblichkeit an / hat anmuthige und ausschweiffende Gedanken / führet sinnreiche Gespräche / bescheidene Verschönerungen / künstliche Zusammenfügungen / edle auserlesene Worte / lehrreiche Sprüche / geschickliche Gleichnüße / auserwehlte Exempel / und schwinget oder steiget empor / nach Gestalt der Sache / oder der Personen / mit denen man handelt." [33] Zur Exemplifizierung nimmt er das gleiche Thema und arbeitet es folgendermaßen aus:

Was ist GOTT anders / als sein Nahme lautet? Er heißet gut / weil er die Gühte / als in seinem vollkommenen Kreise umzirket / ja der Mittelpunkt / Ziel und Zweck / Brunn und Wurzel alles Guten ist. Alle Geschöpfe bezeugen seine Gühtigkeit / die hellglänzende Sonne / der silberfarbe Mond / die flinkernde Sterne / die weitausgebreitete Elemente / sind mit solcher Vollkommenheit erschaffen / daß sie auch von dem verständigsten Auge mit nichten getadelt werden können. Der Mensch / das edelste Meisterstück aller Kreaturen / war von ihm in Heyligkeit und Gerechtigkeit geschaffen / erfüllet mit seinem göttlichen Licht / erleuchtet durch die Klarheit eines durchdringenden Verstandes: Er war ein Beherrscher alles deßen / was auf dem Erdboden anzuschauen. Wer wolte nun dieses höchste Guht nicht mit

33 Stieler: Sekretariatkunst I, Teil II, S. 336f.

inbrünstiger Liebe verehren? Wer wolte nicht von der Eitelkeit der Welt seine Sinnen ablenken / und dieses edele und ewige Guht ohn Unterlaß betrachten / rühmen / erheben / verlangen / und sich ihm ergeben?[34]

Das Beispiel setzt rhythmisch bewegt mit einer Frage ein, die aus dem Topos *ex definitione* geschöpft ist. Sie ist der Anlaß zu der folgenden Definition, die sich nicht auf einen kurzen Satz beschränkt, sondern in der Form der Epanorthosis (. . . ja . . .)[35] nochmals metaphorisch genauer ausgeführt wird. Auf die Definition folgt der Beweis in Form einer Enumeratio, und Stielers Bemühen wird deutlich, der geforderten Anmutigkeit der mittleren Stillage Rechnung zu tragen: Er ordnet den Substantiven ausgesucht gefällige Adjektive bei (hellglänzend, silberfarben, flinkernd). Die Metapher von dem „edelsten Meisterstück" hält sich im Rahmen des Gewöhnlichen, drei parallele Glieder fassen das Wesen des Menschen, die Verben bilden eine Steigerung (*gradatio*: geschaffen, erfüllet, erleuchtet). Die beiden rhetorischen Fragen, die das Stück ausleiten, sind ein charakteristisches Merkmal einer Stillage, die ihre Aufgabe nicht in der Belehrung, sondern in der „gelassenen Gemütsemotion", dem Ethos, sieht, das als eine Art gefühltes Wiedererkennen von allgemein bekannten und gewohnten Äußerungen des menschlichen Geistes verstanden wird.[36] Das verbale Asyndeton (betrachten, rühmen, erheben, verlangen) dient der eindringlichen Steigerung und gibt dem Schluß eine schnelle, drängende Bewegung. Die syntaktische Gliederung des Ganzen ist aufgelockert, die Stilbewegung flüssig, die rhythmisch-melodische Wirkung wird durch die wechselnden langen und kurzen Kola erreicht. Die Aufzählungen sind beherrscht, die Perioden überschaubar, gekünstelte Wortbildungen fehlen. Alle „Verschönerungen" bleiben nach Maßgabe der einzuhaltenden Gesetze „bescheiden".

[34] Stieler: Sekretariatkunst I, Teil II, S. 337.

[35] Die Epanorthosis *(correctio)* ist die Verbesserung einer eigenen Äußerung, vgl. Lausberg: Handbuch, § 784. Sie dient der Amplifikation. Vgl. Meyfart: Teutsche Rhetorica, S. 360: „Epanorthosis ist / wenn der Redener das Wort / so er allbereit außgesprochen / mit einem andern / das dienlicher und bequemlicher ist / verbessert . . . Es ist bewußt / daß der Redener mit dieser Figur die Sach bißweiln höher auffziehe."

[36] Vgl. Dockhorn: Macht und Wirkung der Rhetorik, S. 50f.

Die hohe Stilart, den *stilus gravis, qui constat ex sententiarum verborumque, magna et ornata constructione*[37], definiert Stieler so: „Die hocherhabene / scharfe / gewaltige / oder / wie sie weiter genennet werden könte / die durchleuchtige / donnernde / durchdringende / töhnende / herrliche / ergießende / und prallende Schreibart / hebt sich noch weit höher empor / mit durchdringenden / gewaltigen und prächtigen Worten / . . . / vergrößert sich mit weitgeholten nachdenklichen Reden / führt hohe Gedanken / sinnreiche Vergleichungen / kräftige Erweiterungen / donnert gleichsam mit Nachdruck daher / und ist / die Gemüther herzgreiflich zu bewegen / und mit Gewalt auf jhre Meynung zu reißen / bemühet."[38] Das Exempel lautet:

Der Höchstgetröhnte GOTT / der Brunnquell alles guten / der Abgrund unwandelbarer Gnade und Liebe / deßen Weysheit unerforschlich / deßen Treue unverwelklich / deßen Freundlichkeit unaussprechlich / solte unsere niederträchtige Gedanken / unsere verblendete Sinnen / unsere irrende viehische Begierden billig von diesem vergänglichen Erdenklumpen / von der betrüglichen Ehrsucht / von dem verführerischen Geltgeize abhalten / und zu seiner Herzzwingenden Schönheit / seiner höchstwehrten Erkäntnüß / und mehr als vollkommenen Liebe anlocken: Aber / ach! der zu grundverderbten Natur / der undankbaren Sterblichen / der unerkentlichen Erdenkinder! Wir gaffen nach einem gelben Sande / der in tiefen Bergen gerunnen und mit ängstlichem Schweiße hervorgegraben / uns mit weit mehrer Angst / Sorge und Verzweiflung plaget und martert. Wir schnauben durstiglich / nach den verschwindenden Blitzen der schmeichlenden Herlichkeit dieser Welt / über welche Gefahr und Tod / und unter welcher der jähe Abfall der Hölle und ewigen Verdamnüß offenstehet."[39]

Für den niedrigen Stil hatte Alsted ausgeschlossen: *Distributiones, enumerationes magnas, conglobationes causarum et effectorum, quia haec faciunt orationem amplam et copiosam.*[40] Für den hohen Stil hatte er diese Mittel empfohlen. Stieler hält sich an diese Empfehlung, um der hohen Stillage ihre „Weite" und „Reichhaltigkeit"

[37] Stieler: Sekretariatkunst I, Teil II, S. 341 (lat. Anm. am Rand).
[38] Stieler: Sekretariatkunst I, Teil II, S. 341.
[39] Stieler: Sekretariatkunst I, Teil II, S. 341 f.
[40] Alsted: Orator, p. 165.

zu geben. Der erste Satz beginnt mit den metaphorischen Definitionen und stürzt in drängenden Asyndeta (deßen . . . deßen . . . unsere . . . unsere . . . unsere . . . von . . . von . . . seiner . . . seiner), die in der Form der Klimax angeordnent sind (Gedanken, Sinne, Begierden; Schönheit, Erkenntnis, Liebe), in stakkatoartigem Tempo zum ersten Haltepunkt; die gesteigerte Bewegung bricht ab in der pathetischen Exclamatio „Aber ach!" und läuft in der dreigliedrigen Klage aus. Die ruhigere Bewegung der folgenden zwei Sätze wird unterbrochen durch die Gradatio „Angst / Sorge und Verzweiflung". In der Metapher vom Herrlichkeitsblitz wird die Gefahr evoziert, der der Mensch ausgesetzt ist, und mit der Drohung ewiger Verdammnis wird der Leser entlassen.[41]

Das Stück zeichnet sich durch die insistierende Wiederholung der gleichen Stilmittel aus. Das artistische Spiel der Häufung wird bis an die Grenze des Erträglichen getrieben, geht aber über den Rahmen dessen, was in der pathoshaltigen hohen Stillage erlaubt ist, nicht hinaus. Stieler verzichtet auf weithergeholte Vergleiche und Metaphern: das Hyperbolische des Stils liegt in den „gehörigen Epitheta" (Opitz), die neben den kurzen Perioden zu den eigentlichen Pathosträgern aufgekünstelt werden: „höchstgetröhnt", „höchstwehrt", „herzzwingend", „grundverderbt". Eine Gruppe von Epitheta stammt aus der Sphäre des moralisch Verwerflichen (niederträchtig, verblendet, viehisch, betrüglich, verführerisch, schmeichelnd). Die andere Gruppe enthält die positiven Charakterisierungen, die jedoch blutleer wirken, weil sie das Hyperbolische um jeden Preis wollen: (unerforschlich, unverwelklich, unaussprechlich, mehr als vollkommen): Stielers Absicht wird deutlich, die Antithese von göttlicher Majestät und menschlicher Unvollkommenheit eindringlich vor Augen zu stellen. Von manieristischen Exzessen ist dieses Exempel trotz der Wiederholungen und der Aufzählungen, die hier vor allem im Dienste einer Demonstration der Enumeratio stehen, noch entfernt. Der hohe Stil fordert Bewegung, gesteigertes Tempo, ausgesuchte Adjektive, großartige Metaphern. Stieler verzichtet bei den asyndetischen Wortfolgen auf

[41] Der Originaltext ist noch um drei Sätze länger.

Monstregebilde und beschränkt sich auf die Dreigliedrigkeit, die auch auf der mittleren Stilebene anzutreffen ist.

Daß die Theorie der drei Stilarten auch für die Poetik unentbehrlich ist, wissen wir bereits durch Alsteds Darstellung. Auch Scaliger widmet ihr mehrere Kapitel (Poetices, lib. IV, cap. I ff.). Man wird den Theoretikern des 17. Jahrhunderts jedoch nicht leichtfertig den Vorwurf machen können, daß sie mit dieser Lehre eine Anweisung übernehmen, die zwar in der antiken Rhetorik ihre Gültigkeit gehabt haben mag, deren Sinn sie aber nicht mehr erfassen. Die Ausführungen etwa von Titz zeigen, daß er sehr wohl imstande ist, diesem System einen passenden Platz innerhalb der poetischen Theorie anzuweisen, und daß er keineswegs einem puren Systemzwang erlegen ist, der Sinn und Ziel der rhetorischen Praecepta aus den Augen verloren hat.

Titz erkennt, daß die Theorie der drei Stilarten eine Systematisierung der Ornatus-Vorschriften darstellt, denn er leitet den „Charakter oder die Redensart / welche in die Hohe / Niedrige oder Schlechte / und in die Mittele / abgetheilet wird", aus dem Ornatus ab.[42] Den hohen Stil möchte er dann angewendet wissen, „wenn man hohe Personen und fürtreffliche Dinge beschreibet". Gedanken und Reden von Personen hohen Standes verlangen pathetische Ausdrucksmittel. Der niedrige Stil ist den „schlechten Leuten und geringen Sachen" vorbehalten und kommt mit der üblichen Ausdrucksweise aus. Der mittlere „gehet weder so hoch / noch so niedrig / sondern helt das mittel". An der Hierarchie der Gegenstände oder Personen, der eine Hierarchie der Formkunst entsprechen soll, wird also festgehalten.

Titz stellt jedoch die Frage, was zu geschehen hat, wenn man in der niedrigen Stilart „zufälliger weise auch auf hohe dinge kommet". Um diese Frage zu entscheiden, greift er auf ein Beispiel aus den Eklogen Vergils zurück. Der Hirt Tityrus weiß nämlich zum Ruhm seines Gottes nichts „höhers" vorzubringen als:

[42] „Aus den Figuris und Numeris (durch welche beide ... die Poetische Rede gezieret und ausgeschmücket wird /) entspringet der Character oder die Redensart" (J. P. Titz: Zwey Bücher Von der Kunst Hochdeutsche Verse und Lieder zu machen, Dantzig 1642, II, 3. Kap., § 8). Dort auch die folgenden Zitate.

ille meas errare boves, ut cernis, et ipsum
ludere quae vellem calamo permisit agresti.[43]

Und auch zum Lobe der Stadt Rom fällt ihm kein Vergleich aus der hohen Mythologie ein, sondern er vergleicht sie mit den Zypressen, die das niedere Gesträuch überragen.[44] Der Hirt bedient sich, obwohl er von erhabenen Gegenständen spricht, einer einfachen Sprache und nimmt die Vergleiche aus der Vorstellungswelt, die seinem Stande angemessen ist. Titz fügt also der Hierarchie der Gegenstände und dem Officium des Redners noch die sprechende Person hinzu, von deren Stand die Ausdrucksweise abhängig ist. Die Theorie der drei Stilarten wird damit ins Ständische erweitert.

Man könnte darin eine spezifische Ausdeutung des ständisch denkenden 17. Jahrhunderts sehen. Jedoch hat schon das Mittelalter die Stilarten unter dem Einfluß der *artes dictandi* ständisch umgedeutet. Als Vorbild dienten die Werke Vergils, die als Hierarchie dreier Stände (Hirt, Bauer, Krieger) und der zugehörigen Berufs- und Umweltdetails aufgefaßt wurden.[45] So schreibt etwa Galfrid von Vinsauf (um 1210): *Sunt igitur tres stili, humilis, mediocris, grandiloquus. Et tales recipiunt appellationes stili ratione personarum vel rerum, de quibus fit tractatus . . . Quolibet stilo utitur Virgilius: in Bucolicis humili, in Georgicis mediocri, in Eneyde grandiloquo.*[46]

Titz folgt dieser Anschauung, die es für unangemessen hält, daß eine Person einer niederen sozialen Schicht eine Sprache führt, die

[43] Vergil: Eklogen 1, 9f.: „Schau, meinen Rindern beließ er die Trift, mir selber die Muße, Was meinem Herzen gefällt, auf ländlichem Rohre zu flöten" (übers. v. R. A. Schröder); zit. bei Scaliger: Poetices, lib. IV, cap. XIX, p. 443; Opitz: Poeterey, S. 30.

[44] Vergil: Eklogen 1, 24f.

[45] Vgl. E. R. Curtius: Europäische Literatur und lateinisches Mittelalter, Bern ^{2}1954, S. 603, s. v. Stilarten. L. Arbusow: Colores Rhetorici, Göttingen 1963, S. 15f. Lausberg: Handbuch, § 1244, s. v. *elocutio*.

[46] Documentum de modo et arte dictandi et versificandi, in: Faral: Les Arts poétiques du XIIe et du XIIIe siècle, Paris 1924, p. 312. Präziser formuliert Johannes de Garlandia: *Sunt tres stili secundum tres status hominum: Pastorali vitae convenit stilus humilis, agricolis mediocris, gravis gravibus personis, quae praesunt pastoribus et agricolis* (Faral: Les Arts, p. 87).

zu ihrem Herkommen in Widerspruch steht. Von der auf diese Art vorgeprägten Verbindung von sozialer Stellung und angemessener Redeweise ist es nur noch ein Schritt zu der Übernahme der Stilarten für die herrschende gesellschaftliche Ordnung, in der die *nobilitas literaria* und die Gelehrten eine maßgebliche Rolle zu spielen hatten. Sie stehen in der Hierarchie zwar unter den Potentaten, können aber an deren Seite rücken. Stieler empfiehlt daher den *stilus humilis* für Gespräche „unter Bekanten / Hausgenoßen / Verwandten und andern guten Freunden“, die mittlere Stillage für „Gelehrte / Weltweise / Stats- und Hofleute“ und schließlich die „hocherhabene Schreibart“ für „vornehme / Hochgelahrte und erleuchte Leute / Fürsten und Herren“ [47].

Die Theorie der drei Stilarten umfaßt, wie wir bisher gesehen haben, die möglichen Beziehungen zwischen dem Gegenstand und seiner Ausdrucksform, zwischen sprechender und angesprochener Person, zwischen Dichter und Publikum. Der Stil eines sprachlichen Kunstwerks ist, wie die Belege zeigen, niemals dem persönlichen Belieben anheimgestellt, sondern immer sach- oder wirkungsbezogen.

Obwohl die Hierarchie der Gegenstände und der ihnen koordinierten Stillagen festgelegt ist, kann es, wie bei Titz, zu der Frage kommen, ob sich die Autorität, in diesem Falle Vergil, nicht gegen die eigenen Gesetze vergangen habe. Titz konnte Vergil rechtfertigen, ohne gezwungen zu sein, sich in gewagte Spekulationen über Stiltrennung und Stilmischung einlassen zu müssen. Denn er hatte ja die Tradition der ständischen Interpretation auf seiner Seite. Personen niedrigen Standes sprechen auch von Gegenständen und Personen hohen Wertniveaus in einfacher Sprache.

In der 6. Ekloge läßt Vergil jedoch den Hirten, wenn er von der Macht des Silen-Gesanges spricht und den Inhalt dieses Gesanges schildert, zu einer Sprache Zuflucht nehmen, die seinem Stande unangemessen ist. Silen schildert etwa die Entstehung der Erde aus den Keimen der vier Elemente, die sich im gewaltigen, leeren Raum zusammenballen und das Gewölbe der Welt formen. Er singt vom Reich des Saturn, vom Adler im Kaukasus und der Tat des Prome-

[47] Stieler: Sekretariatkunst I, Teil II, S. 334ff.

theus.[48] Erhabenes Geschehen und Personen der Mythologie werden in ausgewählter Sprache dem Leser vor Augen geführt. Inhalt und Form übersteigen den Bildungs- und Ausdruckshorizont des einfachen Hirten. Das Muster für die niedrige Stilart scheint seiner selbst zu spotten.

Dieses Paradox zu lösen, unternimmt Rotth.[49] Er führt aus, daß gemäß den Stilgesetzen der niedrige Stil auf prächtigen Ornatus verzichten soll, ihm aber trotzdem eine gewisse Eleganz und sorgfältige Wahl der Wörter zugestanden werden muß. Selbst wenn dieses Zugeständnis Rotths sehr großzügig interpretiert wird, so ist doch in der 6. Ekloge des Guten zuviel getan, denn die Rede des Hirten Tityrus geht über die rhetorische Grundregel der *electio verborum*[50] und über eine idiomatische Syntax weit hinaus. Der kritische Vergil-Leser des 17. Jahrhunderts, der vielleicht an der Autorität für die Dreistiltheorie zu zweifeln begann, weil das Vorbild und die Theorie in Widerspruch zu geraten schienen, wird jedoch von Rotth mit einer Maxime beruhigt: „Mercke: wenn ein Hirte oder andere geringere Person eingeführt wird / der einer höheren Person ihre Worte anführet und erzehlet / so kan er auch subtilere Sachen mit subtilern Worten vorstellen." Dem Hirten ist also der gesteigerte Stil erlaubt, da er den Gesang Silens, „der lauter hohe Sachen begreifft", nur zitiert.

Die hier vorliegende Rechtfertigung Vergils durch Rotth darf nicht verstanden werden als ein spitzfindiger Versuch, unter allen Umständen und gegen das Modell dieser Stil-Hierarchie selbst einen Systemzwang aufrechterhalten zu wollen, dessen absolute Gültigkeit anderen Theoretikern gegen Ende des Jahrhunderts fragwürdig wird.[51] Rotths Interpretation wird vielmehr von der regulativen

[48] Vergil: Eklogen 6, 31 ff.

[49] A. Ch. Rotth: Vollständige Deutsche Poesie / in drey Theilen / Deren der I. Eine Vorbereitung / In welcher die gantze Prosodia enthalten / . . . II. Eine fernere Anleitung . . . III. Eine richtige Einleitung zu den vor andern so beniemten Poetischen Gedichten, Leipzig 1688, Teil III, S. 48f. Alle folgenden Zitate dort.

[50] Vgl. Lausberg: Handbuch, § 1244 s. v.

[51] J. L. Prasch schreibt in seiner Rhetorik (Gründliche Anzeige von Fürtrefflichkeit und Verbesserung Teutscher Poesie, Regensburg 1680, S. 12):

Idee des Decorum (πρέπον), der „Angemessenheit", geleitet, die – auf eine kurze Formel gebracht – über das harmonische Verhältnis aller Bezüge und Konstellationen, die in einem Kunstwerk herrschen, zu wachen hat.[52] Die Theorie der drei Stilarten und die unter sie subsumierten Regeln über die Sprache der Personen, die Höhe der Gegenstände und die zu erzielende Wirkung ist nichts anderes als die kongeniale Systematisierung dieser Lehre, die als ein „zeitloses Prinzip klassischen Schreibens" die Angemessenheit der Stilmittel regelt und ihre Verwendung auf das rechte Maß beschränkt. Wird das Decorum mißachtet, „dann ist die Bahn offen, um das Übersteigen des Üblichen zu einer maßlosen Entfernung zu machen, die Stilmittel zu häufen und die Stilart nicht mehr auf die Sache abzustimmen, derart, daß die Sache nur noch Vorwand zur deklamatorischen Ostentation wird: ein ebenso zeitloses Prinzip manieristischen Schreibens"[53].

Die Lehre von der Angemessenheit oder Schicklichkeit gehört zum Grundbestand der rhetorischen Theorie. Sie zielt auf die harmonische Fügung aller Teile, aus denen das Kunstwerk sich zusammensetzt. Schon Platon formulierte das Gesetz des Prepon:

> Wie wenn du die Maler ansehen willst, die Baumeister, die Schiffbauer und alle anderen Arbeiter, welche du willst, so bringt jeder jedes, was er hinzubringt, an eine bestimmte Stelle und zwingt jedes, sich dem andern zu fügen und ihm angemessen zu sein, bis er das ganze Werk wohlgeordnet und ausgestattet mit Schönheit dargestellt hat.[54]

Das Decorum betrifft aber nicht allein die innere Harmonie und Einheit des Kunstwerks, sondern es gilt in gleichem Maße für den

„Dann ich bin der beständigen Meynung / daß Virgilius in Eclogis nicht der mittelmäßigen / viel weniger der niedrigen Schreibart (wie man in gemein davor hält) sondern der hohen / sich bedient; ob er wol ein anders klüglich vorgibet / und freilich in Georgicis / zumal aber in Aeneide / was höher klimmet."

[52] Vgl. die ausführliche Darstellung der Decorum-Vorschriften bei Lausberg: Handbuch, §§ 1055–1062.

[53] H. Friedrich: Epochen der italienischen Lyrik, Frankfurt a. M. 1964, S. 548.

[54] Gorgias: p. 503e; Lausberg: Handbuch § 1055.

Künstler selbst. Aristoteles führt in seiner Rhetorik aus, daß der Ausdruck in Übereinstimmung stehen müsse mit der Stimmung, die man im Auditorium zu erzeugen wünsche, und daß er dem Alter und der Stellung des Redners angemessen sein sollte, damit die Rede auch überzeugend wirke.[55] Cicero behandelt die Frage ausführlich, welche Rolle das Decorum in der Ausbildung des idealen Redners spielen soll.[56] Er zeigt, daß das Decorum sowohl die Person des Sprechers als auch des Hörers betrifft: *semperque in omni parte orationis ut vitae, quid deceat est considerandum; quod et in re, de qua agitur, positum est, et in personis et eorum qui dicunt et eorum qui audiunt.*[57] Das Fundament einer Beurteilung dessen, was angemessen und schicklich ist, liegt in der *sapientia:*

> *Sed est eloquentiae sicut reliquarum rerum fundamentum sapientia. Ut enim in vita sic in oratione nihil est difficilius quam quid deceat videre. Πρέπον appelant hoc Graeci, nos dicamus sane d e c o r u m ; de quo praeclare et multa praecipiuntur et res est cognitione dignissima; huius ignoratione non modo in v i t a sed saepissime et in p o e m a t i s et in o r a t i o n e peccatur.*[58]

Besonders der Orator als das Idealbild jeglicher Vollkommenheit hat darauf zu achten, daß er sich einer Redeweise befleißigt, die zu ihm paßt, denn die verschiedenen Arten der Eloquenz können nicht von jedem Redner gleich gut erfüllt werden. Quintilian gibt dafür ein Beispiel. Einem alten Mann würde, so führt er aus, ein weit ausholender, hochmütiger, gewagter und zu sehr geschmückter Stil weniger zukommen als ein zurückhaltender, gelassener und ausgefeilter Stil. Ist der Redner jedoch jung, so kann man einen ausführlichen und manchmal sogar einen gewagten Stil dulden.[59]

Die Decorum-Lehre als die Sachwalterin des Maßes und des guten Geschmacks ist aber nicht nur eine Domäne der Rhetorik,

[55] Aristoteles: Rhetorik, III, 7, 4; p. 1408; vgl. dort die ausführliche Diskussion.

[56] Cicero: Orator 70f.; vgl. auch: De officiis 1, 93ff. – Quintilian: Institutio oratoria 11, 1, 1ff.

[57] Cicero: Orator 21, 71.

[58] Cicero: Orator 21, 70. Sperrung von mir.

[59] Quintilian: Institutio oratoria 11, 1, 31f.

sondern auch der Poetik[60], und durch die ›Ars Poetica‹ von Horaz zieht sie sich wie ein roter Faden.[61] Horaz besteht mit Cicero[62] auf der Unentbehrlichkeit des *decorum vitae*. Der Dichter, der sich philosophischen Studien gewidmet hat und in enger Berührung mit den verschiedensten Berufen und Pflichten des Lebens geblieben ist, wird auch das ästhetische Prepon zu wahren wissen. Die innere Harmonie und die Einheit des Kunstwerks wird dann erreicht, wenn sich die gewählten Themen und die Fähigkeit des Dichters die Waage halten; das Metrum muß der Gattung entsprechen; für die Tragödie gelten andere Gesetze als für die Komödie; die Emotion, die der Dichter erzeugen will, muß er auch selber fühlen. Der Stil soll sich der beabsichtigten Wirkung, den dargestellten Personen, schließlich der gewählten Gattung anpassen. Niemals wird der Dichter, der sich den Gesetzen der Angemessenheit verpflichtet weiß, das Maß überschreiten, denn das Decorum kennt, wie Cicero sagt, das *quatenus*.[63] Horaz stimmt dem zu: *omne supervacuum pleno de pectore manat*.[64]

Die Decorum-Lehre, die in der vorbildgebenden antiken Rhetorik und Poetik solchermaßen verankert ist, wird in die rhetorischen

[60] Vgl. das oben angeführte Cicerozitat.

[61] W. Kroll: Die historische Stellung von Horazens Ars Poetica, in: Sokrates LXXII (1918), S. 81–98. Zum Decorum S. 91–95.

[62] Die Abhängigkeit der Horazschen ›Ars poetica‹ von den rhetorischen Lehrbüchern Ciceros legt ausführlich dar George C. Fiske: Cicero's ›De Oratore‹ and Horace's ›Ars Poetica‹, University of Wisconsin Studies 27, Madison 1929; Mary A. Grant/George C. Fiske: Cicero's ›Orator‹ and Horace's ›Ars Poetica‹, Harvard Studies in Class. Phil., Vol. XXXV, Cambridge, Mass. 1924. Dort pp. 11–18 findet sich eine eingehende Beschreibung der übereinstimmenden Decorum-Vorschriften. Zum Verhältnis Aristoteles–Horaz vgl. C. O. Brink: Horace on Poetry. Prolegomena to the Literary Epistles, Cambridge 1963, pp. 228ff.

[63] Cicero: Orator 22, 73: *In omnibusque rebus videndum est quatenus; etsi enim suus cuique modus est, tamen magis offendit nimium quam parum; in quo Apelles pictores quoque eos peccare dicebat qui non sentirent quid esset satis.*

[64] Horaz: Epistulae II, 3, V. 337; vgl. Grant/Fiske: Cicero's ›Orator‹ and Horace's ›Ars Poetica‹, p. 15.

und poetischen Traktate des 17. Jahrhunderts übernommen und gewinnt eine zentrale Stellung innerhalb der Stilvorschriften, die der „barocke Klassizismus“ für sich als maßgebend erachtet. Dabei ist es gleichgültig, ob man sich auf Aristoteles, Cicero, Horaz oder Quintilian beruft. Der Wortlaut ihrer Ausführungen zur Ästhetik des Sprachkunstwerks mag verschieden sein, ihre Anschauungen sind jedoch die gleichen, denn sie beruhen auf Gesetzen, die für den Redner und Dichter gleichermaßen als wahr erkannt werden.

Die wenigen Bemerkungen zur Decorum-Lehre im allgemeinen müssen an dieser Stelle genügen. In unserem Zusammenhang entscheidend sind ihre Regeln für die Stillehre. Die Theorie der drei Stilarten ist ein Regelsystem der Decorum-Vorschriften, denn die Vielfalt sprachlicher Mittel, die die Elocutio dem Redner anbietet, dürfen nicht auf jeden zu behandelnden Gegenstand oder für jedwedes Thema wahllos und in unangemessener Weise angewendet werden. Die Rhetorik des 17. Jahrhunderts hat als Erbin der klassischen Lehre dem Decorum die gleiche Aufmerksamkeit gewidmet wie den anderen Teilen der Elocutio und die Dreistiltheorie als eine Ausprägung der Decorum-Lehre verstanden. Lauremberg etwa antwortet auf die Frage nach dem Wesen der Elocutio, daß sie für die Perspicuitas und den Ornatus Sorge trage, aber auch das Decorum zu beachten habe. Die Decorum-Vorschriften aber komprimiert er in der Dreistiltheorie:

Efformat Orationem decoram, idest, argumenta magnifica, charactere grandi, et magnifico, mediocria, mediocri; humilia et tenuja humili stilo exprimit.[65]

Cicero hatte das Decorum für Rede und Gedicht[66] gefordert, Horaz konnte sich an die vorgegebenen Praecepta anschließen. Dieser unlösbare Zusammenhang von Rhetorik und Poetik wird in

[65] P. Lauremberg: Euphradia: sive Prompta ac parabilis eloquentia: Cujus praeceptis adjuti, tam docentes, quam discens studiosa iuventus, Lectiones, Orationes, Discursus de quovis oblato argumento, haut difficulter instituere, et ad alios habere poterunt. Accessit diligens Troporum et Schematum explicatio, Rostochi 1634, p. 195.

[66] Cicero: Orator 21, 70.

wünschenswerter Deutlichkeit durch die Ausführungen zum Decorum von Erich Müller in der ›ΕΙΣΑΓΩΓΗ in Rhetorica‹ bestätigt. Die obligate Frage: *Quid est Elocutio Decora?* beantwortet Müller unter Hinweis auf Aristoteles (Rhet. III, 7) und Cicero (De oratore) in dreifacher Weise. Der Stil ist dann als angemessen zu bezeichnen, wenn die *proportio* oder der *triplex character* vom Redner beachtet wird, denn den drei Stillagen kommt jeweils mehr oder weniger ausladender Schmuck zu. Zweitens muß das Pathos, dem die hohe Stillage zugeordnet ist, in angemessener Weise ausgedrückt werden. Für die λέξις παθητικὴ zitiert er Horaz:

Tristia maestum
Voltum verba decent, iratum plena minarum,
Ludentem lasciva, severum seria dictu.[67]
Et paulo post:

Honoratum si forte reponis Achillem,
Impiger, iracundus, inexorabilis, acer
Iura neget sibi nata, nihil non arroget armis.
Sit Medea ferox invictaque, flebilis Ino,
Perfidus Ixion, Io vaga, tristis Orestes.[68]

Drittens wird das Decorum der Rede dann gewahrt, wenn die λέξις ἠθικὴ *fuerit, h. e. si aetas, gens, hominumque mores, ut fas, repraesentantur*[69]. Dem Ethos kommt die mittlere Stillage zu. Auch diese Vorschriften belegt er durch Horaz:

Interit multum, divusne loquatur an heros,
Maturusne senex an adhuc florente iuventa

[67] Horaz: Epistulae II, 3, V. 105f.; „Die jammernde Klage Ziemt zu betrübtem Gesicht, zum zornigen drohende Rede, Lächelnder Larve der Scherz, das ernstere Wort der gestrengen" (R. A. Schröder).

[68] E. Müller: ΕΙΣΑΓΩΓΗ in Rhetorica, potißimum Aristotelis, In usum Scholae Veteris Hildesiae adornata, Bibliopolae Hildesiensis 1643, p. 254; Horaz: Epistulae II, 3, V. 120f.: „Und hättest du vor, Achill, den Starken zu schildern: Rüstig, geschwind zum Zorn und unerbittlich und eifernd Weigr er Gesetz und Zaum: sein Schwert soll alles entscheiden. Bilde Medeen im Trotz unbeugsam, jammervoll Ino, Treulos Ixion, unstet Io, trüb den Orestes."

[69] Müller: ΕΙΣΑΓΩΓΗ, p. 255.

Fervidus, et matrona potens an sedula nutrix,
Mercatorne vagus cultorne virentis agelli,
Colchus an Assyrius, Thebis nutritus an Argis.[70]

Sprache und Mienenspiel müssen einander entsprechen, der pathetische Ausdruck verlangt das schmerzvolle Gesicht, die echt wirkende Darstellung. Aber auch das Decorum der Personen muß beachtet werden, wenn die wichtigste Bedingung der Poesie, die Wahrscheinlichkeit, in der die Nachahmung und damit die Dich-

[70] Horaz: Epistulae II, 3, V. 114f.: „Ist's doch zweierlei Ding, ob ein Gott spricht oder ein Halbgott, Ob der besonnene Greis, ob erster, blühender Jugend Feuer, die fürstliche Herrin im Haus, der Schaffnerin Eifer, Schweifender Handelsmann und ackerbauender Hufner, Colcher und Syrier oder der Mann aus Theben und Argos." Zur λέξις παθητική, die Horaz hier entwickelt, vgl. Aristoteles: Rhetorica III, 7, p. 1408; Cicero: De oratore 2, 44, 185ff. Orator 37, 128: *Duae res sunt enim, quae bene tractatae ab oratore admirabilem eloquentiam faciant. Quorum alterum est, quod Graeci* ἠθικὸν *vocant, ad naturam et ad mores et ad omnem vitae consuetudinem accomodatum; alterum, quod idem* παθητικὸν *nominant, quo perturbantur animi et concitantur, in quo uno regnat oratio.* Diese Stelle macht deutlich, daß unter Ethos die Charakter- und Sittendarstellung zu verstehen ist, die eine Emotion des Wohlwollens, der Freundlichkeit, der Geneigtheit zur Folge hat. Dem Ethos kommt die Funktion des *delectare – conciliare* und damit die mittlere Stillage zu. Das Pathos hingegen wird erreicht durch die Darstellung von Leidenschaften, seine Funktion liegt im *movere* (hohe Stillage). Auch Quintilian übersetzt ἦθος mit *mores, morum proprietas, omnis habitus mentis,* meint also Charakter und Eigenart menschlichen Verhaltens; vgl. Dockhorn: Macht und Wirkung der Rhetorik, S. 53f. – Für Cicero liegt die Hauptaufgabe in der Erregung des Pathos, während Horaz mehr Gewicht auf das Ethos legt. Fiske bemerkt zu der Rolle des Pathos bei Horaz: "We have noted above the fact that Horace does not take up the *officium movere* in his formal treatment of the *officia poetae.* I suppose that this is in part due to the fact that, in accordance with the Hellenistic and Aristotelian doctrine of πάθος, he has already considered that *officium* under the rubric *ars,* especially in lines 101ff. . . . As I see it, Horace lays far more stress on the pervasive virtue of *delectare,* and though he treats tragedy, is somewhat inadequate and formal in his treatment of *movere* and πάθος" (Fiske, Cicero's ›De Oratore‹, p. 97).

tung begründet ist, gewahrt bleiben soll.[71] Jede Person muß gemäß ihrem Alter, ihrem Charakter, ihrer Umgebung und ihrer Zeit dargestellt werden. Müller stützt seine Ausführungen durch keinen gelehrten Kommentar. Daß die Poetik des Horaz rhetorische Vorschriften wiedergibt, die sich auch bei Aristoteles oder Cicero finden lassen, liegt für ihn klar auf der Hand, und er tut recht daran, die rhetorischen Praecepta durch Horaz zu belegen.[72] Seine Auffassung, daß poetische und rhetorische Vorschriften sich auf weite Strecken gleichen, hat die moderne Forschung bestätigt.[73]

[71] Zum Decorum der Personen als Bedingung der Wahrscheinlichkeit vgl. H. Weinrich: Das Ingenium Don Quijotes, Münster 1956, § 271.

[72] Müller folgt damit der Auffassung der italienischen Renaissance: "For theorists and critics of the Renaissance, the rhetorical tendency of Horace's ›Ars poetica‹ was perhaps its most appealing characteristic" (B. Weinberg: A History of Literary Criticism in the Italian Renaissance, 2 vol., Chicago 1961, Vol. I, p. 72). Ein charakteristisches Beispiel für die Interdependenz von Rhetorik und Poetik findet sich im Horazkommentar von Chabotius: Q. Horatii Flacci Epistolae omnes, quae exstant Pet. Gualteri Chabotii Pictonis Sanlup. Praelectionibus in omni Literatura Perfectissimis Dialect. Grammat. et Rhetorico Artificio . . . explicatae, Basileae 1615. Chabotius merkt zu Epistulae II, 3, V. 98–99 *(non satis est pulchra esse poemata: dulcia sunto et quocumque volent animum auditoris agunto),* die das Prinzip der *persuasio* formulieren, folgendes an: *Huc certe pertinent, quae Cicero secundum de Oratore scribit de affectibus, quorum doctrina potest bipartito genere comprehendi, ut alterum sit* ἠθικὸν, *morale, alterum* παθητικὸν, *aptum ad affectus movendos. Illo quidem utimur ad benevolentiam conciliandam . . .* παθητικὸν *vero est aut vehemens, incensum incitatum in ira, aut flexibile plenum in maerore et misericordia, aut demissum, haesitans et abjectum in metu etc. 1, 3 de Oratore* (pp. 209f.).

[73] Außer den Arbeiten von Grant/Fiske und C. O. Brink vgl. die vorzüglichen Belege bei Weinberg: A History of Literary Criticism in the Italian Renaissance, Vol. I, p. 80, 84, 111 ff. Außerdem K. Barwick: Die Gliederung der rhetorischen τέχνη und die Horazische Epistula ad Pisones, in: Hermes LVII (1922), S. 1–62. W. Kroll: Studien über Ciceros Schrift de oratore, in: Rheinisches Museum LVIII (1903), S. 552–597. E. Norden: Die Composition und Litteraturgattung der Horazischen Epistula ad Pisones, in: Hermes XL (1905), S. 481–528. R. K. Hack: The Doctrine of Literary Forms, in: Harvard Studies in Classical Philology XXVII (1916), S. 1–66.

In ähnlicher Weise demonstriert Kempe in seiner Poetik die Theorie der drei Stilarten. Er kann sich auf Cicero (Orator 29, 100) berufen:

Der sey allein ein vollkommener Redner / welcher das Niedrige mit gelinden / das Hohe mit erhobenen / und das Mittelständige mit vermischten Worten sagen kan.[74]

Kempe macht die Stilhöhe jedoch nicht allein abhängig von der Sache oder vom Thema, sondern auch von dem rhetorischen Ziel des *probare, delectare, movere.* Er führt daher an, daß die hohe Stilart zum Bewegen dient, „wenn man von hochwichtigen Sachen / als in Trauerspielen handelt". Die mittlere Stilart „belustiget und schikket sich zu Geschichten", die niedere schließlich „unterweiset und gehört zu Behandlung allerhand Freudenspiele / dadurch die Sitten der Menschen gebessert werden"[75]. Gemäß diesen drei Stillagen muß der Poet, besonders wenn er von Personen handelt, die Gesetze des Decorum beachten. Er soll seinen Figuren „nach ihrem Alter / Verstande / und Wesen / diese oder jene Rede zueignen"[76].

G. L. Hendrickson: The Origin and Meaning of the Ancient Characters of Style, in: American Journal of Philology XXVI (1905), S. 249–290. Chr. Jensen: Herakleides von Pontos bei Philodem und Horaz, Sitzungsberichte der Akademie der Wissenschaften Berlin, phil.-hist. Kl. 1936, S. 292ff.; über die drei Stile S. 304ff.

[74] Kempe, in: G. Neumark: Poetische Tafeln / Oder Gründliche Anweisung zur Teutschen Verskunst aus den vornehmsten Authorn in funfzehen Tafeln zusammen gefasset / mit ausführlichen Anmerkungen erklähret / Und den Liebhabern Teutscher Sprache und derer kunstmeßigen Reinigkeit zu sonderbahrem Gefallen an den Tag gegeben [Anmerkungen von Martin Kempe], Jena 1667, S. 313.

[75] Kempe, in: Neumark: Poetische Tafeln, S. 313. An anderer Stelle (S. 177) rechnet Kempe die Komödien zur mittleren Stillage: „Die Hirtenspiele kommen in dem mit den Comoedien überein / daß beyde das menschliche Leben abbilden: Diese zwar das Stadtleben; Jene aber das ruhige Land- und Feldleben." Nicht Abbild der Wirklichkeit im Sinne des Realismus, sondern Charakter- und Sittendarstellung im Sinne des Ethos als *ad naturam et ad mores et ad omnem vitae consuetudinem accommodatum* (Cicero: Orator 37, 128).

[76] Kempe, in: Neumark: Poetische Tafeln, S. 314.

Kempen beruft sich, wie auch Müller, auf Aristoteles (Rhet. II, 12), aber auch auf Horaz:

> Aetatis cuiusque notandi sunt tibi mores,
> Mobilibusque decor naturis dandus et annis.[77]

Wenn Kempe die Stilhöhe an eine bestimmte Gattung bindet, dann folgt er auch darin der Tradition, die die Tragödie stets dem hohen, die Komödie, je nach ihrem Charakter, dem mittleren oder niederen Stil zurechnet.[78] Er folgt ihr in dem Bewußtsein, daß diese Bindung der Gattungen an die Stilhöhe dem Decorum unterliegt, denn „der Unterschied der mannichfaltigen Materien erfordert unterschiedliche Weisen / vermittelst welcher derjenige / so etwas schriftlich aufsetzen will / jedem Dinge seine Gestalt geben muß. Dieses ist hoch und prächtig / jenes schlecht / das andere hält den Mittelstand: Also muß jedes nach seiner Eigenschaft behandelt werden".[79]

Die Anschauung, daß der Komödie „Fröhlichkeit", der Tragödie aber „Traurigkeit" eignet, findet ihre Begründung in der rhetorischen Psychologie des Decorum. Denn nur erhabene Personen sind eines ernsten Geschehens würdig, für sie allein ist die düstere Welt der Tragödie reserviert: *Sublime dicendi genus potissimum locum habet in rebus magnis: Ut de Deo ac Republica etc. Unde in rebus heroicis ac tragicis praecipue adhibetur.*[80] Heroische und tragische Situationen erfordern *personae graves*, Heroen, Könige und Für-

[77] Kempe, in: Neumark: Poetische Tafeln, S. 314; Horaz: Epistulae II, 3, V. 156f.: „Merk und bewahre getreu die Sitten jeglicher Lebzeit, Daß du dem wechselnden Stand der Natur und der Jahre gerecht wirst." Kempe zitiert außerdem V. 99–107; V. 114–117; die Interpretation dieser Verse und ein Vergleich mit Aristoteles und Cicero bei Grant/Fiske: Cicero's ›Orator‹ and Horace's ›Ars Poetica‹, p. 15.

[78] Vgl. dazu E. Auerbach; Epilegomena zu Mimesis, in: Romanische Forschungen 65 (1953), S. 1–18. Dort die Belege S. 7ff. Für den Gegensatz von Komödie und Tragödie und ihrer Stillagen vgl. F. Quadlbauer: Die antike Theorie der genera dicendi, S. 53f.

[79] Kempe, in: Neumark: Poetische Tafeln, S. 313.

[80] J. F. Koeber: Elementa Rhetorica, Vossio-Mitternachtiana, Denuo Edita Et Aucta. Editio Nona, Gerae 1669, lib. V, cap. II, § 3.

sten[81], die kraft ihres idealen Charakters den hohen Anforderungen gewachsen sind und sich in „tragischen“ Situationen bewähren können. In einer erhabenen, wortreichen und ausgezierten Sprache stellen sie sich dar und erregen im Zuschauer die pathetischen Affekte. Ihr Tod hilft der Idee zu dem gewünschten, moralisch-verdienstvollen und dem Stück zu dem geforderten traurigen Ende. Die Komödie hingegen handelt „in gemein und geringen Leuten und also humili Stylo“[82]. Die Sprache der Personen ist einfach und wenig geschmückt, die Situationen sind auf das allgemein Menschliche, Alltägliche und Unheroische reduziert. Der Schluß des Stückes hat fröhlich zu sein, denn „ein Lustspiel ist / welches fröhlich ausgeht: Ein Trauerspiel aber / welches ein kläglich Ende nimmet“[83]. Tragödie und Komödie stehen sich in der Stilhierarchie als exemplarische Gattungen konträr gegenüber. Die Anerkennung der Stiltrennung zwischen Komödie und Tragödie ist „nichts anderes als der Ausdruck jenes Stilwillens, der die lexis an das prepon bindet“[84]. Daß das hohe Trauerspiel, die Staatsaktion, auch den erhabenen Menschen fordert, ist nicht aus der geistigen und politischen Situation des 17. Jahrhunderts zu begründen[85], sondern erklärt sich aus der

[81] Scaliger: Poetices, lib. IV, cap. II, p. 421: *Est igitur Altiloquum Poeseos genus, quod personas graves, Res excellentes continet: e quibus electae sententiae oriuntur ... Personae graves sunt Dii, Heroes, Reges, Duces, Civitates.*

[82] D. Richter: Thesaurus Oratorius Novus. Oder Ein neuer Vorschlag / wie man zu der Rednerkunst / nach dem Ingenio dieses Seculi, gelangen / und zugleich eine Rede auf unzehlich viel Arten verändern könne, Nürnberg 1660, S. 208. Sperrung von mir.

[83] Richter: Thesaurus Oratorius Novus, S. 208. Daß sich hinter dieser Definition die Dreistillehre verbirgt, zeigt Harsdörffer: „Der Inhalt nun eines Gedichts ist frölich / traurig / oder begreifft Mittelsachen / als da sind Sinnbilder von allerley Händeln / die in deß Menschen Leben vorkommen“ (Poetischer Trichter I, Kap. I, § 7).

[84] E. Auerbach: Epilegomena zu Mimesis, S. 8.

[85] Diesen Versuch unternimmt Fr.-W. Wentzlaff-Eggebert: Die deutsche Barocktragödie, in: Formkräfte der deutschen Dichtung vom Barock bis zur Gegenwart, hrsg. von H. Steffen, Göttingen 1963, S. 6: „Aus der geistigen und politischen Situation der Zeit sind sogar[!] die Forderungen der damaligen Poetiken an die Tragödie zu verstehen, die dahin zielen, daß ‚nur

Tradition der Stilgesetze, die vom literarischen Kunstwerk die Einheit von Person, Stil und Wirkung nach Maßgabe des Decorum forderten. Einen Katalog über die möglichen Bereiche des Decorum in der Komödie und der Tragödie bietet Kindermann. Er trennt beide Gattungen über das Decorum der Handlung, der Personen, des Stils, der zu erregenden Affekte und des Schlusses.[86]

In allen diesen Vorschriften, die dem Dichter von der Theorie der drei Stilarten als der systematischen Ausprägung der Decorum-Lehre auferlegt werden, wirkt der Ordnungsgedanke in seiner problemlosen Einseitigkeit. Diese unkomplizierte Starrheit eignet der Dichtung des 17. Jahrhunderts überhaupt, und der heutige Leser wird oft mit dem Gefühl entlassen, sie sei im ganzen nur eine Paraphrase bekannter Maximen und allgemeingültiger Gedanken.

Dieser Eindruck trügt nicht, denn wir haben es mit einer Dichtung zu tun, die nicht gestaltete Lebenswirklichkeit als ihr oberstes Gesetz erkennt, sondern dichterische Wahrscheinlichkeit im Sinne des Decorum, das bestimmten Personen eine normative Handlungsweise aufzwingt, bestimmten Gegenständen eine ebenso normative Ausdrucksform zumißt. Darüber dürfen auch nicht die bekannten Aufforderungen hinwegtäuschen, der Dichter solle die Natur nachbilden oder „einem klugen Mahler nachahmen / der seinen Farben unterschiedliches Licht gibt / und ob sie wohl gantz unterschieden seyn / dennoch ein beständiges und vollkommenes Bild daraus zu wege bringet“[87]. Richtig verstanden bedeuten diese Äußerungen gerade nichts anderes als den Appell an den Poeten, das Decorum nicht aus den Augen zu verlieren und zu beachten,

von königlichem Willen-Todtschlägen-Verzweiflungen und ähnlichen Themen‘ gehandelt werden sollte.“

[86] B. Kindermann: Der Deutsche Poët / Darinnen gantz deutlich und ausführlich gelehret wird / welcher gestalt ein zierliches Gedicht / auf allerley Begebenheit / auf Hochzeiten / Kindtauffen / Gebuhrts- und Nahmenstagen / Begräbnisse / Empfah- und Glückwünschungen / u.s.f. so wohl hohen als niederen Standes-Personen / in gar kurtzer Zeit / kan wol erfunden und ausgeputzet werden / Mit sattsahmen / und aus den vornehmsten Poëten hergenommenen Gedichten beleuchtet, Wittenberg 1664, S. 242. Zu anderen Gattungen vgl. Kempe, in: Neumark: Poetische Tafeln, S. 153ff.

[87] Kempe, in: Neumark: Poetische Tafeln, S. 313.

daß „die Ausrede des Gedichts mit dem Inhalt kunstrichtig eintreffen sol: Ist es von hohen Sachen / so sol es prächtige / von geringen Dingen schlechte Wort führen“ [88]. Denn die Wirklichkeit, die scheinbar nachgeahmt werden soll, steht dem Dichter des 17. Jahrhunderts nicht unbeschränkt zur Verfügung, sondern sie ist immer schon eingeschränkt auf eine Wertwelt, auf „dichtungswürdige“ Sachen, Themen und Personen, und damit auf Ausdrucksformen, die nach Maßgabe der Wahrscheinlichkeit und des Decorum angemessen erscheinen. Die Tragödie (auch der höfische Roman) darf nur Personen hohen Standes zum Gegenstand haben. Wird gegen dieses Gesetz verstoßen, dann macht sich der Dichter der Unwahrscheinlichkeit und damit der Unwahrheit schuldig: Er würde sich der Lächerlichkeit preisgeben oder als literarischer Revolutionär mit dem Unverständnis der Leser rechnen müssen. Die Komödie kann das Lebenswirkliche des niederen Standes nicht schildern, denn sie muß fröhlich sein und hat für den Ernst des „einfachen Lebens“ keinen Raum: Die niedere Realität kann nur in burlesker Verzerrung dargeboten werden. [89]

[88] G. Ph. Harsdörffer: Frauenzimmer Gesprechspiele / so bey Ehr- und Tugend-liebenden Gesellschaften / mit nutzlicher Ergetzlichkeit / beliebet und geübet werden mögen / Erster Theil. Aus Italiänischen / Frantzösischen und Spanischen Scribenten angewiesen / und jetzo ausführlicher auf sechs Personen gerichtet / und mit einer neuen Zugabe gemehret, Nürnberg 1644 [die weiteren Bände des benutzten Exemplars haben die Erscheinungsjahre Bd. II o. Titelblatt, Bd. III 1643, Bd. IV 1644, Bd. V 1645, Bd. VI 1646, Bd. VII 1647, Bd. VIII 1649], VI, Anm. zu V. 109f. der Vorrede zu den Andachtsgemälden. – Weitere Belege jetzt bei L. Fischer: Gebundene Rede, S. 214ff. Fischer vertritt die bedenkenswerte These, daß der Begriff des Decorum bei Titz, Meyfart, Harsdörffer, Schottel und Weise eine Umdeutung erfahre oder seine Dominanz einbüße. Eine solche Möglichkeit ist, mit Ausnahme für Meyfart, nicht von der Hand zu weisen. Jedoch gelingt es Fischer nicht, diese These überzeugend zu stützen. Vor allem ist die Interpretation des Begriffs „zierlich“ widersprüchlich (S. 219ff.) und die Rolle der *ut pictura poesis*-Formel überbewertet (S. 217, 225f., 234, 237); vgl. zur Begründung dieser Ansicht die Rez. in: Zeitschrift für deutsches Altertum und deutsche Literatur 98 (1969).

[89] Wichtige Aufschlüsse zur Wirklichkeitsdarstellung im hohen und niedrigen Stil bei E. Auerbach: Mimesis, passim.

Nicht Schilderung der wirklichen Welt, sondern Darstellung einer ständisch geordneten, heilsgeschichtlich determinierten und ethisch idealisierten Welt betrachtet die Dichtung als ihre Aufgabe. Sie stellt ihren Lesern diesen Anspruch vor Augen, will ihn im alltäglichen Leben zur Geltung bringen und wahrscheinlich machen. Glaubhaft vertreten kann ihn aber nur das im Sinne der poetischen Regeln vollendete Kunstwerk. Im Zuhörer soll Bewunderung und Staunen hervorgerufen werden über den hohen Rang des künstlerischen Gebildes, das diesen idealen Anspruch nach den Gesetzen des Decorum repräsentiert.

Die Dichtung des 17. Jahrhunderts steht unter der Frage: „Wer wüßte nicht, daß ...“ [90], und sie wirkt dadurch, daß sie bereits Bekanntes in die Allgemeingültigkeit des Kunstwerks erhebt. Inhaltlich wird dabei nichts Neues geboten, denn die Wahrheiten, die die Dichtung zu verkünden hat, bleiben sich immer gleich. Sie umgreifen die christliche Heilswahrheit, außerdem die göttliche Ordnung, so wie sie sich im ständischen System offenbart, dazu die Gesetze der allgemeinen moralischen Ordnung in ihren Wertungen *virtus*, *constantia* etc., und ihren Gegenläufen *vanitas*, *fortuna* etc., aber auch Feststellungen allgemeinster Art wie: „Der Krieg ist verderblich.“ Ziel der Dichtung bleibt, die bekannten Inhalte in belehrender, erfreuender oder bewegender Weise immer wieder zu formulieren, den Leser auf ihre exemplarische Gültigkeit hinzuweisen und ihn zu überzeugen mit den Mitteln, die im Dienste der Persuasio als einer ethischen Aufgabe stehen: Der Glaube an die Wirksamkeit der rhetorischen Ausdrucksformen gehört zu den Grundgesetzen der *respublica literaria* im 17. Jahrhundert.

[90] Aristoteles: Rhetorik III, 7, 7, p. 1408. Zur emotionalen Wirkung dieser Frage vgl. Dockhorn: Macht und Wirkung der Rhetorik, S. 51.

Jahrbuch für Internationale Germanistik VIII/2, Verlag Peter Lang, Bern 1976, S. 17–48. Hier: Auszug S. 24–48

TOPIK IM DIENST POETISCHER ERFINDUNG

Zum Verhältnis rhetorischer Konstanten und ihrer funktionsbedingten Auswahl oder Erweiterung (Omeis – Richter – Harsdörffer)

Von Franz Günter Sieveke

Hans Schwerte zur Vollendung seines 65. Lebensjahres

III

[. . .]

Wie ist Poetik von Rhetorik abhängig? Poetik als *ars bene effingendi orationem ligatam: seu est ars de eloquentia poetica, hoc est, certis numeris adstricta* [1] – Poetik in dieser Definition setzt sich zwei Ziele: Sie lehrt erstens die Art und Weise, in der die Rede gebunden wird; dies ist Aufgabe der Reimkunst. Sie lehrt zweitens, wie der Hörer bzw. der Leser durch die gebundene Rede belehrt, erfreut und bewegt werden kann,[2] dies ist die Aufgabe der Tichtkunst. Im Zusammenhang unserer Untersuchung interessiert uns die zweite Aufgabe der Poetik. In der Formulierung dieser Aufgabenstellung weist die Poetik den nach ihren *praecepta* erstellten Texten, der Poesie also, kein eigenes thematisch begrenztes Gebiet zu. Es ist also der Schluß berechtigt, Poesie lediglich als eine Sonderform von Rede anzusehen – Sonderform insofern, als es sich um einen Text in (metrisch) gebundener Form handelt. Somit erweisen sich auch die Poetiken, die Lehrbücher für die Herstellung solcher Texte, als Son-

[1] Johann Heinrich Alsted: Encyclopaedia, lib. X, cap. I, S. 509; zit. nach: Joachim Dyck: Ticht-Kunst. Deutsche Barockpoetik und rhetorische Tradition, Bad Homburg v. d. H./Berlin/Zürich 1966, S. 92.

[2] Siehe auch Joachim Dyck: Ticht-Kunst, S. 92.

derform der Rhetorik – vergleichbar den Formularbüchern, Homiletiken, Briefstellern etc. – als besondere Arten von Rhetoriklehrbüchern. Die Barockpoetiken wie auch der Barockpoetiker wären also durchaus damit einverstanden, wenn sie der Gruppe der Rhetoriken bzw. der Rhetoren beigeordnet würden. Nicht nur Gerichts-, Beratungs- und Lobrede gehören zum Gebiet der Rhetorik. „Ihre Macht zeigt sich überall da, wo es um sprachkünstlerische Darstellung“ [3] geht. Es ist also durchaus legitim, die Poetik als Sondergattung rhetorischen Schrifttums anzusehen.

Das zeigt sich in auffallender Weise schon darin, daß viele Poetiklehrbücher sich nur „zu einem geringen Teil der sprachlich-stilistischen Technik“ [4] und der Findung der Argumente, der Topik also, widmen. Typisches Beispiel hierfür ist Martin Opitzens Buch von der Deutschen Poeterey. Er wie viele andere begnügen sich mit einem Verweis auf Rhetoriken – meist in lateinischer Sprache auf der Grundlage der antiken Rhetorik –, in denen die entsprechenden Themen erschöpfend behandelt seien.

Eine solche Selbsteinschätzung der Poetik hat natürlich ihren Einfluß auf den Charakter der Dichtung des 17. Jahrhunderts. Sie sieht ihre Aufgabe darin, bereits Bekanntes in die „Allgemeingültigkeit“ des Kunstwerks zu erheben. „Inhaltlich wird“ daher „nichts Neues geboten, denn die Wahrheiten, die die Dichtung zu verkündigen hat, bleiben immer gleich“ [5]: Thematisiert werden daher z. B. christliche Heilswahrheiten, die Darstellung der göttlichen Ordnung der Welt, Gesetze der allgemeinen moralischen Ordnung und die negativen Auswirkungen ihrer Gegenpositionen, Feststellungen allgemeinster Art etc. Ziel der Dichtung ist es also, „die bekannten Inhalte in belehrender, erfreuender oder bewegender Weise immer wieder zu formulieren, den Leser auf ihre exemplarische Gültigkeit hinzuweisen und ihn zu überzeugen mit den Mitteln, die im Dienste der Persuasio als einer ethischen Aufgabe stehen“ [6].

Poesie, die sich in diesem Sinne versteht, prägt natürlich auch ein

[3] Joachim Dyck: Ticht-Kunst, S. 26.
[4] Joachim Dyck: Ticht-Kunst, S. 33.
[5] Joachim Dyck: Ticht-Kunst, S. 112.
[6] Joachim Dyck: Ticht-Kunst, S. 112.

ganz spezifisches Bild des Dichters. Dieses Bild des Dichters orientiert sich an dem des Rhetors. Die Themen und Gegenstände der Rhetorik sind unbegrenzt. Um daher über alle Fälle mit Sachkenntnis sprechen zu können, muß der Redner umfassend gebildet sein. Das gleiche gilt für den Dichter: denn die gleichen Voraussetzungen gelten auch für die Poesie.[7] Die Forderung nach Sachkenntnis entspringt aber auch – und das sei nebenher erwähnt – der Sprachauffassung des 17. Jahrhunderts. Sprache ist ein Zeichensystem, das auf Gegenstände verweist. Zum Verständnis des Wortes als Zeichen in seiner Verweisfunktion ist die Kenntnis dessen, wofür es Zeichen ist, erforderlich (vgl. die Forderung des Amos Comenius, jedem Sprachunterricht den Sachunterricht beizugesellen: Janua rerum, Orbis pictus, Prodromus Philosophiae).[8]

[7] Vgl. Magnus Daniel Omeis: Gründliche Anleitung zur Teutschen accuraten Reim- und Dicht-Kunst / durch richtige Lehr-Art / deutliche Reguln und reine Exempel vorgestellet: worinnen erstlich von den Zeiten der Alten und Neuen Teutschen Poësie geredet / hernach / nebst andern Lehr-Sätzen / auch von den Symbolis Heroicis oder Devisen; Emblematibus; Rebus de Picardie, Romanen / Schau-Spielen / der Bilder-Kunst / Teutschen Stein-Schreib-Art u. a. curieusen Materien gehandelt wird; samt einem Beitrage von der T. Recht-Schreibung / worüber sich der Löbl. Pegnesische Blumen-Orden verglichen. Hierauf folget eine Teutsche Mythologie / darinnen die Poëtische Fabeln klärlich erzehlet / und derer Theologisch-Sittlich-Natürlich- und Historische Bedeutungen überall angefüget werden; wie auch eine Zugabe von etlich-gebundenen Ehr- Lehr- und Leich-Gedichten. Welches alles zu Nutzen und Ergetzen der Liebhaber T. Poësie verfaßet Magnus Daniel Omeis / Comes Pal. Caes. Moral. Orator und Poës. Prof. P. zu Altdorf / der im Pegnesischen Blumen-Orden so benannte Damon. Nürnberg / in Verlegung Wolfgang Michahelles und Johann Adolph / Buchhändll. Gedruck zu Altdorf / durch Heinr. Meyern / Acad. Buchdr. A. 1704, S. 131: „Ferner wird bei einem rechtschaffenen Poëten voraus gesetzet / daß er in andern guten Wißenschaften / sonderlich der natürlichen Dinge / auch in der Red-Kunst und Sitten-Lehre wol geübet / und in den Historien belesen sey."

[8] Joachim Dyck: Ticht-Kunst, S. 40. – Vgl. auch J. Dyck: Die Rolle der Topik in der literarischen Theorie und Praxis des 17. Jahrhunderts in Deutschland, in: Peter Jehn (Hrsg.): Toposforschung. Eine Dokumentation, Frankfurt a. M. 1972, S. 136: „Die Sprachtheorie des 17. Jahrhunderts

Worin aber besteht bei einer solchen Ausrichtung an den Regeln der Rhetorik nun das Ingenium des Dichters? Nun, es besteht darin, zu erkennen, wie die im Rhetorikunterricht erlernten Regeln zur Behandlung eines Sachverhaltes, eines gestellten Themas zur Argumentfindung angewandt werden können. Aufgabe des Dichters ist es, „die in der Sache selbst liegenden Argumente mit Hilfe der Topoi vollständig zu entdecken“ [9]. Das aber bedeutet Verzicht auf schöpferische Phantasie im Sinne der Geniepoesie. Der Dichter braucht Forschergeist und Gelehrsamkeit, „um den Gegenstand nach den Regeln der Kunst auf die Darstellungsmöglichkeiten abzuklopfen, die in ihm schlummern“ [10]. Das *ingenium* des Dichters zeigt sich also darin, daß er die Erinnerungstechniken der Inventio beherrscht, daß er gut erfinden kann. In der Realität ist *ingenium* durchweg durch Gelehrsamkeit ersetzt.

IV

Wie nun poetisches Verfahren im 17. Jahrhundert funktioniert, führt uns Magnus Daniel Omeis in seiner ›Gründlichen Anleitung zur Teutschen accuraten Reim- und Dichtkunst‹ [11] vor. Im ersten Kapitel des zweiten Teils seines Werkes, das „Von der Dicht-Kunst und Erfindung insgemein“ handelt, gibt er nach der Darstellung der Inventio-Lehre ein Beispiel – nicht ohne vorher mehrfach ein Ver-

hat an dem Grundsatz festgehalten, mit dem auch Cicero im Anschluß an Aristoteles diesen Topos *[ab etymologia]* begründet: *Sunt verba rerum notae.*“ In Anm. 67 gibt er die wichtigsten Belege für die Sprachtheorie des 17. Jahrhunderts.

[9] Joachim Dyck: Ticht-Kunst, S. 51. – Vgl. ferner Joachim Dyck: Die Rolle der Topik, S. 134: „Dem Ingenium des Redners bleibt es vorbehalten, die Regeln auf einen bestimmten Fall möglichst unauffällig zu applizieren.“

[10] Joachim Dyck: Ticht-Kunst, S. 51. – Vgl. auch Joachim Dyck: Die Rolle der Topik, S. 126f.: „Die prägnante Formel *nutrix inventionis eruditio est,* die Caussinus seinen Ausführungen über die Erfindung voranstellt, belehrt deutlich darüber, wieweit die Literaturtheorie des 17. Jahrhunderts den ‘schöpferischen Einfall’ ausschloß.“

[11] Titel s. Fußn. 7.

dikt über das Phantasia-Ideal und den sich darauf berufenden Poeten zu fällen: „EJne gute Erfindung ist die Seele des Gedichtes / welches ohne jene ganz todt und leblos / und nur ein eitles Geschwätz zu nennen ist. Die Alten haben sich / um gewiße Regeln von der Poëtischen Erfindung zu geben / wenig bekümmert; weil sie vermeynten / die Poëten reden nicht aus eigenem Kunst-Vermögen / sondern durch einen göttlichen Triebe“ [12] und dann weiter unten fortfahrend: „Nun folget aber die Haupt-Frage: Wo man die Poëtische Erfindung hernehmen solle? Dann ie warlich ein gute Natur / muntere Phantasie / und ein feuriger enthusiasmus thuns nicht allein; sondern es müßen auch die Lehre / die Kunst / das Nachsinnen und etliche Vortheile / ein merkliches beitragen.“ [13] Nach der Dar-

[12] Omeis, a. a. O., S. 129. – Zur Untermauerung seiner Behauptung, daß Phantasia und *ingenium* im Sinne von Genialität nicht ausreichen für einen „Berufs“-Poeten, bedient sich Omeis eines Analogiebeweises aus dem Bereich der Ethik; er bemüht also zur Argumentation den *locus a comparatione:* „Nemlich / gleichwie es in der Sitten- und Tugend-Lehre heißet: *Natura incipit, Ars dirigit, Exercitatio perficit;* also gehöret auch zu der Dicht-Kunst (1) eine fähige Natur / (2) die Kunst-Lehre / und (3) die Übung im Lesen und Schreiben“ (S. 130). Bemerkenswert ist auch die Folgerung aus dieser Argumentation: Sie zeigt, wie der angehende Poet sich zur Vollkommenheit zu entwickeln vermag, und gibt gleichzeitig ein Bild von dem Schulbetrieb der Zeit (Orientierung an den *praecepta* und *exempla* und damit Betonung der Gleichrangigkeit von *ars* und *imitatio*) und spiegelt schließlich den für das 17. Jahrhundert typischen Verlauf der deutschen Poesie bzw. Literaturgeschichte *(interpretatio – imitatio – aemulatio):* „Darnach muß er bei den Lebenden und Todten in die Schule gehen / eine gute Prosodiam und gründliche Anweisung zur Reim- und Dicht-Kunst fleißig lesen und sich bekannt machen. Drittens ist nöhtig / daß man sich übe nicht allein in Lesung guter Poëten / (und zwar Anfangs der leichtern / dergleichen in T. Poësie sind Flemming und Herr Christian Weise / hernach die schwehrere / als H. H. Hofman / Caspar u. a.) sondern man muß auch die Feder ergreifen; und erstlich etwan aus einem guten Lateinischen oder anderer Sprache Poëten / kurze Epigrammata oder sonsten schöne Gedichte ins Teutsch übersetzen; wodurch man auch kurz und nachdrücklich schreiben lernet: hernach kan man selbst zu schreiben und aus eigenem Kopf zu erfinden und zu dichten sich unterstehen.“

[13] Ebd., S. 131 f.

legung der zu beachtenden „Loci Topici", bei denen der Verfasser sich auf Weises ›Politischen Redner‹ und ›Der Grünenden Jugend Nothwendige Gedanken‹ beruft, folgt zum Verständnis des Gesagten das wünschenswerte Beispiel. Joachim Dyck hat – soweit ich sehe – als erster auf diesen Text aufmerksam gemacht und ihn in seiner dichtungstheoretischen Bedeutung zutreffend charakterisiert.[14] In seiner lehrschriftartigen Form spricht das Beispiel für sich selbst, zumal der Autor die rhetorische Interpretation selbst vorwegnimmt. Zugleich verdeutlicht es die im 17. Jahrhundert allgemein übliche poetische Verfahrensweise wie kaum ein anderer Text:

Z. E. das Thema sey
Der Krieg ist höchst-verderblich

Da kan der Poët nachsinnen / und ex Loco Etymologiae gedenken: Die Römer nennen den Krieg Bellum, d. i. schön. Mögte aber wißen / was an rauben und plündern / verbrannten Häusern / zerstörten Äckern etc. schön wäre.

Ex Loco Definitionis: Bellum est concertatio per vim. Gewißlich soviel Feuer-Kugeln summen uns um die Ohren / als hier Worte sind. Wo Gewalt ist / da ist Unrecht und Jammer; wo man streitet / da ist Verderben und keine Sicherheit; u.s.f.

Ex Loco Enumerationis partium: Das Band der Einigkeit wird zerrißen / die Gesetz-Tafeln zerschmißen / Kirchen / Schulen / Rahthaus zerstöret / die Commercien gehemmet; und dergl.

Ex Loco Effectorum: (welcher hier mit dem vorhergehenden Loco fast übereinkommet) Durch den Krieg werden Stadt und Land verwüstet / Menschen und Viehe getödtet / Hunger und Pest erwecket / u.s.w.

Bella necant homines; faciunt sine honoribus aras;
urbis & agrorum depopulantur opes.

Ex Loco Caussae Efficientis: Mögten sich daher alle große Herren und Potentaten wol bedenken / ehe sie ihre renommé und Länder durch solch ein verderbliches Mittel erweitern wollen.

Ex Loco Similium kan der Krieg verglichen werden mit der Medusa / welche an statt der Haare auf dem Haupt / Schlangen / in der Rechten eine Peitsche / in der Linken eine brennende Fackel führet; cum lemmate: Terrore & armis;

[14] Joachim Dyck: Ticht-Kunst, S. 58f.; Die Rolle der Topik, S. 142f. – Wir drucken den Text hier noch einmal ab, weil er wie kein zweiter das Funktionieren der poetischen Inventio veranschaulicht. Darüber hinaus muß er zum Verständnis der eigenen Ausführungen hier zitiert werden.

oder mit einem grausamen Sturm auf der See. Jtem es kan gesagt werden: Ein Land oder Königreich / darinnen Krieg geführet wird / sey gleich einem menschlichen Leibe / welcher an allen Gliedern krank lieget: als im Haupt habe er den Schwindel / an Händen und Füßen die Gicht / am Herzen ein heftiges Schlagen und Drucken / im Eingeweid die Colic / in der Blase den Stein / u.s.w.

Ex Loco Oppositorum: Hergegen / wo der Friede blühet / da gleichet alles einem lieblich- und gesunden Paradis etc. Igitur Nulla salus bello; Pacem te poscimus omnes.

Diese Erfindung könnte etwan auf folgende Art ausgearbeitet werden:

O Krieg / du schnöde Pest / bist du wol schön zu nennen?
wie diß die Römer thun. Ach ja / wann mord- und brennen /
wann rauben / plündern / Tod / wann Hunger / Qual und Pein /
genehm und lieblich sind / magst du auch lieblich seyn.
Dein Wesen ist Gewalt und Streit von beeden Theilen!
Diß sind ja lauter Wort gleich harten Donner-Käulen
Ach wo Gewalt regiert / ist Jammer; wo der Streit /
da hat man beederseits nicht Fried noch Sicherheit.
Da wird das steife Band der Einigkeit zerrißen.
Das ist gar viel gesagt. Die Tafeln sind zerschmißen
der Göttlichen Gebot; die Kirche liegt zerstört /
die Häußer wüst und öd / die Raht-Stühl umgekehrt;
die Wälle fallen ein / die hohe Thürne wanken /
die Aecker stehen kahl / die Leut und Thier erkranken:
es triefen Schwert und Feld vom armen Christen-Blut.
Hier wird die Grausamkeit genennt das höchste Gut.
Wie wann des Menschen Leib gefoltert wird mit Schmerzen
am Haupt / am Hals und Zahn / vom drücken bei dem Herzen /
und wann ihn plagt zugleich die Colic / Stein und Gicht;
so liegen Land und Staat beim Krieg auch zugericht.
Hergegen wo der Fried / das guldne Kleinod / glänzet /
da blüht ein Paradis mit Glück und Heil bekränzet.
Es bleibt der wilde Mars uns ewig unbewust!
Ach komm Jrene / komm / du Brunnqvell aller Lust! [15]

Dieses Beispiel dürfte deutlich gemacht haben, daß die inhaltliche und formale Struktur der Lyrik des 17. Jahrhunderts sich auf die *loci* gründet.[16] Ihre Kenntnis ist notwendig für die Erforschung der

15 Omeis a. a. O., S. 132–135.
16 Joachim Dyck: Ticht-Kunst, S. 50; Die Rolle der Topik, S. 133.

Motivkreise und der Sachgebundenheit von Dichtung dieses Zeitraumes. Aber nicht nur als Auffindungsquellen für einzelne Argumente ist die Topik relevant; sie dient auch dazu, einen Satz, eine Sache, ein Thema zu amplifizieren,[17] d. h. einem Argument schon rein umfangmäßig das zur Persuasio erforderliche Gewicht zu verschaffen.

V

Aus den bisherigen Ausführungen zur Übernahme rhetorischer Kategorien der Inventio in die Poetik wird deutlich – vor allem durch die Analyse der Omeis-Passage –, daß zumindest in der Theorie das gesamte System der rhetorischen Topik für die Poesie verfügbar gemacht wird. Dies ist nicht zum wenigsten dadurch möglich, weil keine spezifische Funktionsbestimmung der Poesie im Sinne einer Abgrenzung zur Prosa-Rede vorgenommen wird. Das erhöht natürlich auf der einen Seite den Wert eines auf Systematik und Vollständigkeit ausgerichteten Lehrbuchs, wie es die ›Gründliche Anleitung zur Teutschen accuraten Reim- und Dichtkunst‹ sein will. Auf der anderen Seite trägt aber solche Undifferenziertheit nichts bei zur Erhellung des spezifischen Selbstverständnisses des Poeten und seiner Funktion in der Gesellschaft. Hierauf und auf die daraus resultierenden Konsequenzen für dichterisches Verfahren bei der Findung des „poetischen" Stoffes wird unten noch bei Harsdöffer hinzuweisen sein.

Immerhin spricht aber auch Omeis schon die Bedeutung der Selektion, der Auswahl aus dem Loci-System, an: „Ich habe mit Fleiß den Locum Caussae Efficientis hier in der Elaboration ausgelaßen; indem man sich an alle und iede Locos zugleich mit nichten zu binden hat."[18] Die von Omeis angesprochene Selektion erfolgt allerdings nicht von einem bestimmten, genau definierten poetologi-

[17] Joachim Dyck: Die Rolle der Topik, S. 136: „In der Rhetorik haben die Loci aber nicht nur ihre Berechtigung als Auffindungsquellen für einzelne Argumente. Darüber hinaus liegt ihre wesentliche Aufgabe darin, einen Satz, eine Sache, ein Thema zu amplifizieren."

[18] Omeis a. a. O., S. 135.

schen Konzept oder Programm aus, sondern wird in das Ermessen des Poeten gestellt – je nach der Ergiebigkeit für das zu behandelnde Thema. Somit gelten solche Empfehlungen ohne Unterschied für den Poeten und den Rhetor.

Ähnlich verhält es sich auch mit der von Omeis vorgenommenen Reduktion auf einzelne *loci* und deren Systematisierung: „Mit den Locis Effectorum und Adjunctorum kommet überein die sonst auch bekannte Erfindungs-Art ab Honesto, Vtili, Necessario, Jucundo, Tuto; & Locis contrariis: Turpi, Pernicioso &c. derer sich der Poët gebrauchen kan zum loben und schänden / zum rahten und wiederrahten / vermahnen / trösten / u.d.“ [19] Auch hier hat der gemachte Vorschlag, der die Qualitätskategorien des *genus demonstrativum* und des *genus deliberativum* aufzählt, nur den Charakter einer Alternative ohne nähere qualitativ bestimmte Bewertung. Sie hätte durch eine Funktionsbestimmung der Poesie erfolgen müssen. So aber bleibt diese Empfehlung eine unter mehreren.

Eine unter mehreren Empfehlungen ist auch die der *ratiocinatio per analogiam,* die Omeis unter Berufung auf Franciscus Pomeys ›Candidatus Rhetoricae‹ (Lyon 1659) dem Adepten der Poetik anrät: „Uberdiß können auch artige Erfindungen und Einfälle hergenommen werden Ex iis, quae cadunt sub oculos, von allen denen Sachen und Geschöpfen / so einem zu Haus und auf dem Felde zu Gesicht kommen. Welche Erfindungs-Art feine Anlaß giebt zu schönen Gleichnißen.“ [20] Zwar hat diese Art der Argumentation schon in der aristotelischen ›Topik‹ und ›Rhetorik‹ ihren festen Platz in der Methodenbeschreibung der ἐπαγωγή (z. B. Rhetorik I, 2, 13), aber ihre ausführliche Behandlung durch Exemplifizierung an einem Beispiel zeigt, wie sehr diese Art der Argumentation dem Geschmack des 17. Jahrhunderts entgegenkam. Das Beispiel sei auszugsweise erwähnt, um das poetische Verfahren zu verdeutlichen:

Zum Beispiel:
Ich lobe die Gelehrsamkeit / und schände die Ignoranz.
Kommt nun dem Poëten zu Gesicht die Sonne / so denket er: Die Gelehr-

[19] Ebd., S. 136.
[20] Ebd., S. 136.

samkeit erleuchtet die menschlichen Gemüter / wie die Sonne diese Unter-Welt. Hingegen ein Ignorant ist eine Welt ohne Sonne / und bleibet mit einer mehr als Aegyptischen Finsterniß umhüllet.
Ein Berg: Durch die Gelehrsamkeit ersteigen wir den Parnaßus und Helicon. Und wie die Berge über die Thäler hervorragen / also schweben auch die Gelehrte weit über die Ungelehrten.
Ein Acker: Die Gelehrsamkeit bringt die edelsten Früchte und eine reiche Ernde. Die Unwißenheit gebieret Distel und Dornen. [...][21]

Die hier vorgeführten Analogieschlüsse erläutern ein *invisibile* durch Rekurs auf ein *visibile* mit seinen in die Augen fallenden Attributen als Prämissen. Das Funktionieren solcher Analogieschlüsse im rhetorischen System der Glaubhaftmachung setzt den Glauben an einen *ordo rerum* voraus, der als *analogia entis* definiert werden kann. Auf ihr basiert nicht zuletzt auch die im Barock beliebte Mikrokosmos-Makrokosmos-Analogie als erkenntnistheoretisches Modell. Ein bekanntes Beispiel der *ratiocinatio per analogiam* im Wissenschaftsbetrieb ist die ›Didactica magna‹ des Amos Comenius, in der nahezu alle pädagogischen Maximen aus Analogieschlüssen gewonnen werden. Daß das Verfahren bei Pomey eine exponierte Stellung im rhetorischen Argumentationssystem einnimmt, darf nicht verwundern, da die thomistische Attributionsanalogie in der Kommentierung durch Franz Suarez[22] fester Bestandteil des Philosophieunterrichts im Jesuitenorden war.[23] Mit der expressis verbis formulierten Funktionsbestimmung, daß diese „Erfindungs-Art feine Anlaß giebt zu schönen Gleichnißen"[24], hat Omeis selbst die Grundlage für barocke Metaphorik und barocken Concettismus genannt, die zu ihrem Verständnis und damit zu ihrer Rezeption der *analogia entis* bedürfen: *Fundamentum Metaphorae est analogia seu proportio.*[25]

[21] Ebd., S. 136f.

[22] Franciscus Suarez: Metaphysicarvm Dispvtationvm [...] Tomi Dvo. [...] Mogvntiae 1600, XVIII, sec. III, r. 4–14 u. 17.

[23] Bernhard Jansen: Die Pflege der Philosophie im Jesuitenorden während des 17./18. Jahrhunderts, Fulda 1938, S. 6, 41 u. 52.

[24] Omeis a. a. O., S. 136.

[25] Girbert: Rhetorica, Tab. IV, f. H2^{v}; zit. nach J. Dyck: Die Rolle der Topik, S. 130, Anm. 44.

Die Behandlung der artifiziellen Möglichkeiten poetischer Argumentation wird abgeschlossen durch die Erwähnung der aristotelischen Kategorien: „Jch könnte nun auch reden von dem Modo Inveniendi ex Categoriis, wie auch von den Umständen / Quis? Quid? Ubi? u.a.m. wann es vonnöhten wäre." [26] Die persuasorische Kraft dieser Arten von Aussagen (Prädikamente) beruht nicht nur auf ihrer grundlegenden Stellung im System der Logik, sondern mehr noch in ihrer ontologischen Begründung durch Aristoteles: Man hat einen Gegenstand – auch ontologisch – erschöpfend behandelt, wenn man ihn gemäß den Aspekten der zehn Kategorien abfragt und die gewonnenen Aussagen zusammenstellt.

Die bisher behandelten Inventio-Passagen bei Omeis stehen stellvertretend für andere Rhetorik- bzw. Poetik-Lehrbücher des 17. Jahrhunderts. Sie weisen auf eine Vielfalt von Möglichkeiten der Argumentenfindung durch die Topik insgemein, durch Reduktion auf einige Spezialtopoi, durch Analogismen und kategoriale Prädikation. Alle diese Arten der Argumentation aber gehören zu den ἔντεχνοι πίστεις (Aristoteles: Rhetorik I, 2, 2).

VI

Neben diesen ἔντεχνοι πίστεις bedenkt Omeis aber auch die wichtigen ἄτεχνοι πίστεις: „Jm übrigen können auch die disciplinen und Wißenschaften zu einer ieglichen Materie die Generalia beitragen / und lehren / wie eine iede Sache nach ihrem Grunde beschaffen sey." [27] Der Hinweis ist aber sehr kurz, so daß man bei anderen Theoretikern wesentlich detailliertere Angaben zu dieser Möglichkeit der Argumentenfindung ermitteln wird. Erwähnt sei hier die Inventio-Lehre des Nicolaus Caussinus. [28] Ausführlich werden hier die einzelnen *fontes inventionis* und ihre Verwendung für

[26] Omeis a. a. O., S. 137.

[27] Ebd., S. 138.

[28] Nicolaus Caussinus: De Eloqventia sacra et humana Libri XVI. Editio tertia, non ignobili aceßione locupletata. [...] Coloniae Agrippinae, Sumptibus Bernardi Gvalteri. Anno M.DC.XXXIV, S. 140–201.

die Stoffindung abgehandelt, wobei die eigentliche rhetorische Loci-Lehre als *decimus fons inventionis* in der gesamten Inventio-Lehre ihren systematisch festgelegten Platz erlangt. Die Kenntnis der einzelnen Wissenschaften findet ihre Begründung in der Forderung nach polyhistorischer Bildung des Rhetors und Poeten.[29] Diese wiederum erlangt ihre Legitimation durch das ciceronische Bildungsideal vom *perfectus orator.* Caussinus formuliert die Forderung nach polyhistorischer Bildung wie folgt: *PRimus fons inuentionis est eruditio varia, ex qua omnem eloquentiam crescere, foecundarique oportet. Neque enim perfectus orator esse potest, qui non omnium rerum cognitione, atque intelligentia dignissimarum, pectus compleuit suum. Vt Persaea arbor Nili aquis irrigata, floret cultiùs, & parit vberiùs: sic manantibus doctrinae riuis perfusa virescit eloquentia.*[30]

Das Problem, vor dem der Polyhistor steht, ist das der Ordnung: Wie soll er den angelesenen Stoff ordnen, damit er ihn ohne großen Aufwand, d. h. systematisch, für seine Argumentation abrufen kann? Im vierten Kapitel seines ›Thesaurus oratorius novus‹ handelt Daniel Richter unter dem Titel „Was und wie die Verba in Autoribus zu annotiren" von der Methode, deren sich der Polyhistor angesichts des skizzierten Problems bedienen kann.[31] Dabei schlägt er vor, bei der Subsumtion des Wissens unter bestimmte Ordnungskategorien sich der Topik des Raimundus Lullus zu bedienen: „Und seynd es eben deß Raymundi Lullii Termini,die er sonst zu den rebus gebraucht / und sowol von dem Alstedio, als auch Pacio, gar deutlich beschrieben. Sie heissen aber: Bonitas, Magnitudo, Duratio, Potestas, Sapientia, Appetitus, Virtus, Veritas, Gloria. Ein jedweder Terminus hat in sich Substantiva, Adjektiva, Verba und Adverbia, und zwar solche / so eben derselben Bedeutung / und denn zum andern solche / so der Contrar Signification seyn."[32] Am

[29] Joachim Dyck: Die Rolle der Topik, S. 143f.

[30] Nicolaus Caussinus, a. a. O., S. 141.

[31] Daniel Richter: Thesaurus oratorius novus. Oder Ein neuer Vorschlag / wie man zu der Rednerkunst / nach dem Ingenio dieses Seculi, gelangen / und zugleich eine Rede auß unzehlich viel Arten verändern könne. Nürnberg / Jn Verlegung Michael Endters / Jm Jahr 1660; hier S. 12–22.

[32] Ebd., S. 16f.

Beispiel der Kategorie Bonitas sei das Gemeinte mit den eigenen Worten Richters verdeutlicht: „Jnsonderheit aber gehören ad Bonitatem die Vocabula, welche bedeuten gut / nutzlich und lieblich seyn / oder machen; e`contrario aber böse / schädlich und unlieblich seyn / oder machen.“ [33] Sinn und Nutzen dieses Verfahrens liegen auf der Hand. Die unübersehbare Fülle des Wissens wird unter wenige Kategorien – hier sind es neun – subsumiert und überschaubar gemacht. Was aber überschaubar, d. h. systematisiert ist, wird leichter verfügbar, kann zur Argumentfindung sinnvoll abgefragt werden. Wie dergleichen nun in der Inventio funktioniert, erörtert Richter kurz in dem zehnten Kapitel seiner Schrift ›De Compositione, und erstlich de Inventione in gemein‹ [34]. Dabei wird ausdrücklich die Inventio-Lehre als Hilfe für das Gedächtnis deklariert: „Aber weil unser Gedächtniß sehr hinfällig und nicht einem jedwedern / und zwar allezeit dieses / was ihm anvertrauet / so treulich und geschwinde / als man es gerne haben will / wieder hervorgibet / so muß man Mittel haben / dadurch man sich wieder dessen / was man einmal gefasset / gäntzlich erinnern könne.“ [35]

Nach Darlegung der bekannten rhetorischen Topoi geht Richter auf die lullianische Kombinatorik ein, die die Findung der Argumente noch effektiver gestalte: „Wann man nun diese individual Rationes noch stärcker oder aufs wenigste scheinbarer und beweglicher machen will / muß man die Communes rationes, welche die termini Lulliani, Bonitas, magnitudo, duratio &c. suppeditiren / mit darzusetzen.“ [36] Richter erläutert das Gesagte an einem Beispiel, aus dem jedoch das theoretische Verfahren nicht hinreichend klar wird. Die Berufung auf Alsted und Pacius [37] dürfte allerdings die theoretische Rekapitulation der lullianischen Methode erübrigen; denn hier konnte der Leser sich über die Grundlagen und das Funktionieren dieser Methode hinlänglich informieren. Alsted hat

33 Ebd., S. 17.

34 Ebd., S. 76–91.

35 Ebd., S. 78 f.

36 Ebd., S. 82.

37 Julius Pacius: Artis Lullianae emendatae libri IV, Coloniae Allobrogum 1618.

vor allem in seiner ›Panacea philosophica‹[38] und in seiner ›Clavis Artis Lullianae‹[39] die lullianische Methode expliziert und durch die Harmonisierung mit der damals noch vorherrschenden aristotelischen bzw. scholastischen Philosophie viel dazu beigetragen, dem 17. Jahrhundert eine Universalmethode zu verschaffen, die in der Lage war, das Wissen der Zeit überschaubar und verfügbar zu machen. Die kombinatorische Methode des Raimundus Lullus hat auf die philosophischen, rhetorischen und poetologischen wie auch auf die naturwissenschaftlichen Arbeiten dieses Jahrhunderts einen bedeutenden Einfluß ausgeübt. Zahlreiche Autoren haben ihren Schriften die *ars combinatoria* zugrunde gelegt als Prinzip der innovativen Erkenntnisfindung und als Möglichkeit, das gesamte Wissen der Zeit mit Hilfe weniger Grundbegriffe und den Regeln ihrer Verbindung zu erschließen.

Ihre Vollendung fand diese Methode in Athanasius Kirchers ›Ars magna sciendi sive combinatoria‹[40]. Dieser Universalgelehrte stellte das lullianische System im polyhistorischen Sinne am umfänglichsten dar, erweiterte es und wandte es selbst bei den für das 17. Jahrhundert bedeutendsten Einzelwissenschaften an.

Daniel Richter hat nun durch die Nutzbarmachung der *ars Lulliana* für die Rhetorik eine Erweiterung der Inventio-Lehre vorge-

[38] Johann Heinrich Alsted: Panaceae philosophica, i. e. facilis, nova, et accurata methodus docendi et discendi Encyclopaediam [. . .] Accessit ejusdem Criticus, De Infinito harmonico; Id est, Tractatus brevis et perspicuus. De harmonia Philosophiae Aristotelicae, Lullianae et Rameae, Herbornae Nass. 1610.

[39] Johann Heinrich Alsted: Clavis Artis Lullianae, Et Verae Logices Duos in Libellos Tributa. Id est Solida Dilucidatio Artis Magnae, Generalis, Et Ultimae, Quam Raymundus Lullus invenit, Argentorati 1652. – Vgl. auch Joachim Dyck: Ticht-Kunst, S. 31, Anm. 2, der dort auf die Bedeutung Alsteds und der Herforder Schule für die Verbreitung der Kombinatorik im 17. Jahrhundert hinweist.

[40] Athanasius Kircher: Ars magna sciendi sive combinatoria, In XII Libros Digesta, Qua nova & universali Methodo Per Artificiosum Combinationum contextum de omni re proposita plurimis et prope infinitis rationibus disputari, omniumque summaria quaedam cognitio comparari potest. [. . .] Amstelodami MDCLXIX.

nommen, die dem polyhistorischen Bildungsideal, an dem Rhetoren und Poeten gemessen wurden, Rechnung trägt. Mit ihr wurde es dem Rhetor und Poeten ermöglicht, das angelesene Wissen argumentativ zu verwerten.[41] Es ist dies eine Erweiterung, die man sicherlich auch richtig als stil- bzw. geistesgeschichtlich bedingt ansehen kann, die uns jedoch erst richtig verständlich wird, wenn man ihre Funktionsbedingtheit erkennt.

VII

Werfen wir noch einen Blick auf die Inventio-Vorschläge Harsdörffers in seinem ›Poetischen Trichter‹[42]. Die Berücksichtigung dieser dichtungstheoretischen Schrift dürfte allein schon durch ihre Stellung als offizielle Poetik des Pegnesischen Blumenordens[43] gerechtfertigt sein. Dabei zeichnet sie sich nach den Worten ihres Verfassers nicht einmal durch Originalität aus; denn Harsdörffer weist selbst auf den kompilatorischen Charakter seiner Schrift hin.[44] Sie

[41] An anderer Stelle werde ich im Zusammenhang mit einer Arbeit über Athanasius Kircher die kombinatorische Methode und ihre Anwendung in Wissenschaft, Rhetorik und Poesie ausführlich darstellen.

[42] Georg Philipp Harsdörffer: Poetischer Trichter, Darmstadt 1969 (Reprogr. Nachdr. d. Originalausg. Nürnberg 1650 ⟨= Erster Teil⟩, Nürnberg 1648 ⟨= Zweiter Teil⟩ und Nürnberg 1653 ⟨= Dritter Teil⟩). – Angaben zur Inventio-Lehre finden sich auch in beträchtlichem Umfang in Georg Philipp Harsdörffer: Frauenzimmer Gesprächspiele. Bd. I–VIII, Nürnberg 1644–1649 (Neudruck besorgt von Irmgard Böttcher. 8 Bde., Tübingen 1968–1969). Sie werden in unserer Untersuchung nur am Rande berücksichtigt. Der ›Poetische Trichter‹ wird im folgenden abgekürzt Trichter genannt, die ›Frauenzimmer Gesprächspiele‹ als Gesprächspiele zitiert.

[43] Sigfried Ferschmann: Die Poetik Georg Philipp Harsdörffers. Ein Beitrag zur Dichtungstheorie des Barock, Phil. Diss. Wien 1964, S. 42.

[44] Harsdörffer: Trichter. II. Theil, Vorrede § 9: „Es bezeuget aber hiermit der Spielende / daß er keines Wegs in dem Wahn stehet / als ob er der Poeterey ein Meister / der andre zu lehren und Gesetze vor zuschreiben vermöchte: Nein / keines Wegs / sondern ist von jedem zu lernen nicht mehr Verständiger Gutachten dem seinen vorzuziehen erbietig: Massen er hier nicht das Seinige / sonder was er bey andern zuvorbenamten / aber viel-

gibt sich in diesem Punkt zeittypisch, da alle derartigen Untersuchungen weitgehendst kompilatorischer Natur sind. Das hängt eng mit der fundamental argumentativen Bedeutung des Autoritätsbeweises zusammen, wobei wir häufig auf die gleichen zitierten Autoritäten stoßen. Es wäre daher müßig, Harsdörffers Quellen, die sich zum großen Teil aus seinen Zitaten eruieren lassen, mit akribistischem Vollständigkeitsfanatismus zu registrieren. Kompilation gilt nicht als minore Leistung oder gar als Zeichen mangelnder Originalität. Daher kann Harsdörffer seine Poetik selbstbewußt als ein *novum* präsentieren und dabei – der Exordialtopik folgend – mit einem entsprechenden Hinweis die Aufmerksamkeit des Lesers fordern *(lectorem attentum parare):* „Man möchte sagen / daß bereit ihrer viel von der Teutschen Poeterey geschrieben: Jst waar / aber keiner hat noch zur Zeit das geschrieben / was hier zu finden.“ [45]

Doch zur Inventio-Lehre selbst, die Harsdörffer als Lehre von der „Verstandreichen Erfindung“, der Findung „Sinnreicher Gedanken“ qualifiziert.[46] Sie widmet sich dem Problem, „wo der Jnhalt deß Gedichts herzunemen“ [47]. Dabei ist es wichtig, die erwähnten Attribute „verstandreich“ und „sinnreich“ nicht außer acht zu lassen. Der ›Poetische Trichter‹ bietet dem Adepten der Poetik nicht mehr eine Übersicht über die vielfältigen Möglichkeiten der Inventio, aus denen er dann das für sein Vorhaben Zweck-

leicht wenig bekanten Scribenten gelesen / wolmeinend an das Liecht bringen wollen: Des Vertrauens / er werde von so geringer Arbeit keine Schande haben / in dem er sie keiner Ehre würdig achtet.“

[45] Harsdörffer: Trichter. II. Theil, Vorrede § 10. Die Fortsetzung des Zitats begründet den Stolz auf die eigene Leistung noch ausdrücklicher: „Gleichwie es aber den Jäger keine Schande ist / wann er gleich nicht alles Wilpret auff einmal bestricket; also kan auch diese Nacharbeit keinem verächtlich seyn / und sind alle angezogene Gedichte aus eigner Erfindung beygesetzet / damit der Verfasser keines Ausschreibens beschuldigt werden möchte.“

[46] Harsdörffer: Trichter. III. Theil, Vorrede S.) (V^V. – Wesentlich anspruchsloser wird die Inventio in den Gesprächspielen V, S. 130 als „Die Kündigung etwas zu erfinden“ definiert.

[47] Harsdörffer: Trichter I, S. 10.

mäßigste auswählen kann. Auch über die zweckmäßige Ordnung des angeeigneten polyhistorischen Wissens und die Methode seiner Wiederverwertung in der Argumentation gibt es keine Anweisungen, obwohl Harsdörffer die Notwendigkeit der *eruditio* für den Poeten ausdrücklich anspricht[48] und die Forschungen Kirchers und damit auch die kombinatorische Methode kennt[49].

Auf die Frage nach den Stoffquellen der Poesie antwortet der Autor des ›Poetischen Trichters‹ lakonisch: „Die Erfindung wird entweder hergeführet von dem Wort / oder von dem Dinge selbsten / darvon man handelt / oder von den Umständen desselben / oder von gehörigen Gleichnissen.“[50] Diese und andere Stellen der Schrift wie auch die detaillierten Ausführungen zur Inventio-Lehre im zweiten Teil des Werkes lassen den Schluß zu, daß nur diese vier Topoi für die poetische Erfindung in Betracht kommen. In der bekannten rhetorischen Loci-Lehre haben sie ihren festen Platz als *locus ab etymologia, locus a definitione, locus a circumstantiis,* unter dem die *loci a tempore* und *a loco* im ›Poetischen Trichter‹ subsumiert sind, und der *locus a simili* bzw. *a comparatione.*

Wenn Harsdörffer in seinem ›Poetischen Trichter‹ auch nur vier Topoi als für die poetische Inventio relevant nennt, so werden mit dieser Auswahl doch eine Reihe weiterer Aspekte mit berücksichtigt. In erster Hinsicht interessiert uns aber nicht, ob mit diesen vier Topoi der ganze Komplex der Erfindungsmöglichkeiten abgedeckt wird, sondern vielmehr, warum Harsdörffer gerade auf sie rekurriert, sich auf sie – wohlgemerkt für die poetische Inventio – beschränkt. Dazu wird es erforderlich sein, kurz darzulegen, was sie

[48] Harsdörffer: Trichter II, Vorrede § 1: „DAß zu der Poeterey absonderliche seltne Gaben der Natur / und die Erkundigung fast aller Wissenschafften vonnöhten / kan aus allen wolverfasten und leswürdigen Gedichten beglaubet werden.“ – Vgl. auch Trichter I, S. 1: „so sind die Poeten vor alters zugleich Naturkündiger / Sittenlehrer und Säitenspieler / oder Musici gewesen.“

[49] Vgl. hierzu auch Wolfgang Kayser: Die Klangmalerei bei Harsdörffer. Ein Beitrag zur Geschichte der Literatur, Poetik und Sprachgeschichte der Barockzeit, Göttingen ^{2}1962, S. 185, Anm. 101.

[50] Harsdörffer: Trichter I, S. 10.

nach Meinung des Autors leisten und wie sich diese Inventio-Lehre in Harsdörffers poetologisches Konzept einfügt.

Bei der Behandlung der Inventio-Lehre Harsdörffers weichen wir aus methodischen Gründen von der Stoffgliederung des Autors ab und erörtern zunächst den Topos „von den Sachen selbsten" und den Topos „von den Umständen". Was den Topos „von den Sachen selbsten" angeht, so deckt sich seine Analyse im ›Poetischen Trichter‹ mit den bekannten Erklärungen der Rhetoriktradition zur *definitio.* Die von Harsdörffer selbst genannten Beispiele unterstreichen die besondere Bedeutung dieses Topos für Gelegenheitsgedichte: „Als wañ man in den Trauergedichtē von dem Tod / der ewigē Seeligkeit des Menschlichen Lebens Kürtze / Jam̃er und Eitelkeit handelt. Jn den Hochzeit- oder Festgedichten / wie von deß Ehestands und der Liebe Beschaffenheit / von dem Haushalten / von dem Kinder segen / etc. Jn den Lobgedichten / pflegt man der vorwesenden Sache Uhrheber / erforderten Fleiß / Nutzen und Frommen / etc. zu betrachten."[51] Zugleich zeigt das Zitat, wie der Poet bei der Findung der *res* verfährt und diesen Topos „ausnutzt": Definitionen werden gewonnen aus Ursachen, Teilen und Wirkungen einer Sache. Das ist bekannte rhetorische Terminologie und unterstreicht die Bedeutung dieses Topos für die Belehrung *(prodesse = docere).* Die Funktion der Belehrung erfüllt der Poet aber in vorbildlicher Weise nur dann, wenn er das für die ergiebige Ausnutzung dieses Topos erforderliche Sachwissen besitzt, wenn er um die Beschaffenheit der Sachen weiß.[52] Die wissenschaftliche Ausbildung des Dichters schließt selbstver-

[51] Harsdörffer: Trichter II, S. 33. Der Text wurde vom Verf. korrigiert.

[52] Harsdörffer: Trichter II, S. 31: „Wie nun dieselben [die Sachen] unterschiedlich / und mancherley so müssen auch in allen derselben Wissenschaft erfahren und kundig seyn. Wil [im Text: Weil] er von den Sternen / und dem Him̃el / Gewülk / Blitz / Donner / Lufftzeichen / und ihrer Beschaffenheit reden / so muß er derselben Wissenschaft eigentlich und vollständig besitzen. Wil er von den Bäumen / Blumen / Früchten / Erdgewächsen und dergleichē reden / so muß er derselben Eigenschaft erlernet haben. Wil er von der Ehre / Reichthum / Schönheit / von den Tugenden und Lastern handeln / so muß [er] der Sittenlehrē nicht unerfähren seyn."

ständlich die Beherrschung der entsprechenden Fachterminologie mit ein.[53]

Mit der Behandlung der „Erfindung von den Sachen selbsten" scheint Harsdörffer nur einer der Funktionen der Poesie (*aut prodesse volunt aut delectare poetae* [Horaz: Ad. Pis. 333]) Rechnung zu tragen, wiewohl die Barockinterpretation des Horaz-Zitats immer beide Aufgaben als gleichwertig nennt *(prodesse et delectare)*.

Doch impliziert die Inventio mit Hilfe des Topos „von den Sachen selbsten" einen weiteren Aspekt, nämlich den einer quasi „realistischen" Darstellungsweise: „Sonderlich aber sihet man des Poeten Kunst in der Beschreibung / welche ein redendes Gemähl / und mit dem natürlichen Worten eigentlich ausgebildet seyn sol / von welchen folget."[54] Die Anspielung auf die Verwandtschaft der Poesie mit der Malerei, die von Harsdörffer häufig angesprochen wird,[55] weist der „Erfindung von den Sachen selbsten" vordergründig die Einlösung des Mimesis-Postulats zu. Durch sie versucht der Dichter, die Dinge mit ihren Eigenschaften und Merkmalen darzustellen. Das aber ist Mimesis, ist Naturnachahmung.[56] Mit ihr kommt Poesie dem zweiten Postulat der horazischen Funktionsbestimmung, dem *delectare*, nach: „Das ist gewiß / daß der Mensch sich belustiget in Nachahmung der Natur."[57] Die Begründung, mit der der Nachweis der Erfüllung der *delectatio*-Funktion dieses

[53] Harsdörffer: Trichter II, S. 32: „Hierbey kommet zu erinnern / daß der Poet in jeder Kunst und Wissenschaft die eigentlichen / und der Sachē gemässe Wörter beobachtē muß."

[54] Harsdörffer: Trichter II, S. 33.

[55] Harsdörffer: Trichter III, S. 30: „Weil wir aber irdische Menschen / so müssen wir das innerliche mit äusserlichen Mitteln vortragen und unsre Gedanken durch vernemliche Wort zu Gehör bringen oder mit sichtbaren Farben für die Augen mahlen." – Vgl. auch Gesprächspiele V, S. 24, daß alles „mit natürlichen Farben als Gegenwärtig und selbständig aufgeführet werden" muß.

[56] Harsdörffer: Trichter III, S. 360: „Dieses Wörtlein [Natur] hat in der lateinischen Sprache viel Deutungen / wir verstehen hierdurch die Eigenschafft / welche der höchste GOTT allen Geschöpfen zu ihren Wesen und Erhaltung mildiglich eingeschaffen."

[57] Harsdörffer: Gesprächspiele V, S. 6.

Topos erbracht wird, wirkt dürftig – vor allem im Vergleich zu dem Nachweis der durch ihn zu erzielenden Lehrvermittlung *(prodesse)*.

Mimetische Funktion erfüllt auch der Topos „von den Umständen".[58] Somit dient er kraft der zitierten Funktionsbestimmung der *delectatio*. Für die Poesie finden besonders die *loci a tempore* und *a loco* Anwendung.[59] Im zweiten Teil des ›Poetischen Trichters‹ gehören außer Zeit und Ort noch die Personen zu den Umständen.[60] Ersparen wir uns die Ausführungen zur poetischen Verfahrensweise im einzelnen zugunsten einer eingehenderen und dadurch informationsträchtigeren Funktionsbeschreibung. Wenn Harsdörffer z. B. die Gestaltung eines Textes mit Hilfe der Topographie empfiehlt, so zielen seine Bemerkungen auf Exaktheit und Anschaulichkeit: „Den Ort stellet dem Poeten für Augen / nach seiner wesentlichen Beschaffenheit / welche er mit eigentlichen Farben ausmahlen / und vorbilden muß."[61] Wieder begegnet uns der Vergleich mit der Malerei, der die Mimesis-Funktion der Poesie verdeutlicht. Die Stelle steht stellvertretend für den gesamten Topos „von den Umständen" und seine Bedeutung für die Erzielung dieser Funktion: Die Umstände sind es, die einen Sachverhalt in seiner Gesamtheit anschaulich vorstellen. Nichts anderes besagt eine Bemerkung in der VII. Betrachtung aus „Prob und Lob der Teutschen Wohlredenheit" im dritten Teil des ›Poetischen Trichters‹, die eigentlich der Figurenlehre („Von der Rede Zierlichkeit") gewidmet ist. Dort heißt es u. a.: „Wie nun eines Dinges viel Ursachen können angeführet werden / also dienen solche alle zu einem Ende in der Poetischen Beschreibung / und beleuchten die Sache mit allen eigentlichen Umständen."[62] Deutlicher noch wird die Funktion der

[58] Harsdörffer: Trichter I, S. 12; II, S. 33–48.

[59] Harsdörffer: Trichter I, S. 12: „Drittens / werden die Erfindungen hergenommen von den Umständen der Zeit / und deß Orts / welche ihm der Jnhalt seines Gedichts an die Hand gibt."

[60] Harsdörffer: Trichter II, S. 33f.: „Drittens sind die Umbstände vornemlich dreyerley / welche zu seinen Erfindungen dienen können / nemlich Zeit / Ort und Personen."

[61] Harsdörffer: Trichter II, S. 37; korr. wesentlich < welentlich.

[62] Harsdörffer: Trichter III, S. 70.

mimetischen Veranschaulichung mit Hilfe der „Erfindung von den Umständen", die den Leser gleichsam zum Augenzeugen des Geschilderten machen, in einem Beispiel angedeutet. Es stammt aus dem dritten Teil des ›Poetischen Trichters‹, „Bestehend Jn Poetischen Bescheibungen / verblümten Reden und Kunstzierlichen Ausbildungen". Dort heißt es zum Thema „Gefahr", das der Poet abhandeln soll:

145. Gefahr.
Der Poet pfleget alles umständig auszudrucken / und zu vermelden / was für eine Gefahr / ob solche in dem Wasser / Feuer / unter Mördern und Raubern / von Verleumdern / Hexen und Unholden etc. herrühre. Solche Gefahr beschreibet er nach begebenen Zufällen / als ob es gegenwärtig gemahlet / und der Leser solches persönlich mit angesehen hätte.[63]

Weitaus mehr Sorgfalt als den bereits behandelten Topoi widmet Harsdörffer der „Erfindung vom Wort" und „von den Gleichnissen". Unter dem Topos „vom Wort" werden eine Fülle von Aspekten zusammengefaßt, deren Beachtung dem Poeten den Inhalt des Gedichtes zu finden ermöglicht. Da wird in erster Linie die etymologische und semantische Seite des Wortes auf ihre inventatorische Leistung abgefragt („angeborner Laut uñ bekante Deutung"[64]). Die erkenntnistheoretische Überlegung, die die argumentative Qualität des Topos ausmacht, formuliert Cicero: *Sunt verba rerum notae* (Top. VIII, 35). Harsdörffer verdolmetscht diese Anschauung: „Doch sind die Wörter ein Theil der Dinge / welche sie bedeuten / und werden billich am ersten betrachtet."[65] Das bedeutet aber konsequenterweise, daß selbst die Lautung wesenhaft mit dem bezeichneten Gegenstand oder der gemeinten Person zusammenhängt: Die Lautung des Wortes stellt das Wesen des Gemeinten mit all seinen Eigenschaften vor. Das führt natürlich unter Umständen zu einer Fülle von Allusionen und Paronomasien, wie Harsdörffer selbst durch ein Beispiel, das er von dem Namen „Reymund" herleitet, exemplifiziert:

[63] Harsdörffer: Trichter III, S. 220f.
[64] Harsdörffer: Trichter I, S. 10.
[65] Harsdörffer: Gesprächspiele V, S. 23.

Der solchen namen führet / möchte nach Begebenheit sagen:
Jungfrau vertrauet mir / was euch bekümmert hat /
ich halte reinen Mund / im Namen und der That.
Die Jungfrau aber kunte antworten:
Ihr seyd deß Reyens Mund mit Namen und der That:
ihr singet / was man euch geheim vertrauet hat.[66]

Die konsequenteste Ausnutzung dieses Prinzips der Wort-Inhalts-Gleichsetzung liegt in der Klangmalerei.[67]

Eine weitere Möglichkeit der „Erfindung vom Wort" schafft die Verbindung zwischen Tichtkunst und Reimkunst. Es handelt sich um das Akrostichon – Harsdörffer gebraucht Schottels Begriff „Vorlauff"[68]. Dieses artifizielle Verfahren, das „den aufgegebenen Namen gleichsam verborgen"[69] hält, sprengt den durch Semantik und Etymologie gesteckten Rahmen und konstruiert einen Text von beziehungshafter Komplexität. Darüber hinaus gibt es den Einzelbuchstaben einen Stellenwert in der Inventio, der weit über Wortlaut bzw. Wortsinn hinausweist.

Diese Akzentuierung des Einzelbuchstabens dürfte auch die Grundlage für eine weitere Erfindungsmöglichkeit dieses Topos abgeben, für die „Letterkeer": „Wann der Nam zu keiner Erfindung dienen wil, so kan man die Buchstaben versetzen und eine andere Meinung heraus bringen."[70] Harsdörffer behandelt diese Form der geistreichen, ja spitzfindigen Inventio durch Angabe detaillierter Regeln zur Buchstabenkombination und durch Exempla. Die „Letterkeer" kann demnach fast Erfindungen *ad infinitum* geben und praktisch entlegendste Dinge miteinander in Verbindung bringen. Sie schafft eine Verwandtschaft alles Seienden, repräsentiert gleichsam die ontologische Grundlage alles Seienden. Verwandt mit dieser Art der Inventio sind die „Wortgrifflein" oder „Worträhtsel"[71], die

[66] Harsdörffer: Trichter II, S. 15f.

[67] Zu Harsdörffers Begründung der Klangmalerei in seiner poetischen Theorie s. Wolfgang Kayser, a. a. O., S. 128–136.

[68] Harsdörffer: Trichter II, S. 16.

[69] Harsdörffer: Trichter II, S. 16.

[70] Harsdörffer: Trichter II, S. 17.

[71] Harsdörffer: Trichter II, S. 22.

durch Hinzufügen oder Weglassen eines Buchstabens und unter Umständen durch gleichzeitige Anwendung des kombinatorischen Elements der „Letterkeer“ den Leser neue Worte und Sinnbezüge erraten lassen.

War das kombinatorische Wortfindungsverfahren bei „Letterkeer“ und „Wortgrifflein“ durch die vorgegebenen Buchstaben des Ausgangsworts relativ beschränkt, so erweitert sich der Kombinationsbereich der Inventio beträchtlich durch die Einbeziehung der Zahlenkombination, die Harsdörffer ebenfalls der „Erfindung vom Wort“ zuordnet. Hinzu kommt, daß durch die Zahl Maß und Ordnung – Begriffe, die für das 17. Jahrhundert mit seiner Furcht vor dem „unberechenbaren“ Walten der Fortuna fast magische Bedeutung gewinnen – repräsentiert sind.[72] Die scheinbar überflüssige knappe Rekapitulation der Zahlentstehungstheorien bekommt ihren Sinn dadurch, daß sich der Poet an ihnen orientieren muß, um die Zahlen hinsichtlich ihrer Aussagekraft in der Inventio verwenden zu können.[73] Durch die Fülle von Hinweisen auf die Bedeu-

[72] Harsdörffer: Trichter II, S. 26: „Gewiß ist unsrem Verstand nichts gemässer als die Ordnung / ohne welche er solchen Namen nicht haben würde. Nun kan keine Ordnung ohne die Zahlen bestehen.“ – Ferner: Trichter III, S. 495f.: „Die Zahl ist der Grund und Fund aller Ordnung / der Anfang aller Lehre / die Probe aller Künste / die Verbindung der Welthändel / bestehend in gerad und ungerad / in gleichmässiger Kunststimmung / deß gleiche und ungleiche / deß hohen und tieffen / deß breiten und engen. Es weiset die Natur der 10. Zahlen Spur / durch Zähen und die Finger: Die Zahl ist der Bezwinger der unbewusten Dinge etc.“

[73] Über die Bedeutung der Zahlenkomposition, Zahlenmystik und Zahlensymbolik für die antike und mittelalterliche Poesie vgl. Ernst Robert Curtius: Europäische Literatur und lateinisches Mittelalter, Bern/München 1948, S. 491–498; 499–502; 371–374 u. ö.; Harsdörffer selbst verweist auf Justus Georg Schottels ›Teutsche Sprachkunst‹ (1641) und dessen Reim- und Verskunst (1645) als Vermittler dieser Inventionsmöglichkeit. Vgl. daher Justus Georg Schottelius: Ausführliche Arbeit Von der Teutschen HauptSprache, 1663. Hrsg. v. Wolfgang Hecht, Tübingen 1967, S. 222: „Die Zahlbuchstaben der Lateiner M. C. D. L. X. V. I. künnen sich auch in Teutschen Wörteren und Teutschen Meinungen gar wol finden / wie genugsam bekant“; und S. 989f.: „Ein Zahl Reim ist / darin eine gewisse Jahrzahl eingeschlossen und verfasset ist: Kan solche Zahl auf dreyerley weise

tung der Zahlen und ihrer Kombinationsmöglichkeiten bei den „Hebreern“ bekundet Harsdörffer seine Kenntnis der kabbalistischen Mystik und die Beeinflussung durch sie. Sie erklärt auch die Anspielung auf die ordnende Kraft der Zahlen und ihre Fähigkeit, die Weltordnung zu repräsentieren.[74] Die einfachste Form der Verwendung der Zahlen zur poetischen Stoffindung ist das Chronogramm (Zeit- und Jahrreime).[75] Diese Möglichkeit bleibt auf die bekannten Zahlzeichen beschränkt. Daher ist die Inventionsart auf der Basis der Zahlbuchstaben ergiebiger. Hier wird den Buchstaben je nach ihrer Stellung im Alphabet ein entsprechender Zahlenwert zugeordnet. Durch Rechenoperationen mit diesen Zahlen ergeben sie neue Zahlen, die durch ihre Buchstabenentsprechung neue Inhalte hergeben. Der Reiz dieser Inventionsart muß vor allem in ihrer Neuheit gelegen haben. Wie sie funktioniert, veranschaulicht ein Beispiel:

[...] und müssen wir nur diese fast neue Erfindungsquelle anführen belangend die Zahl Buchstaben auf nachgehende Weise gesetzt:

a.	b.	c.	d.	e.	f.	g.	h.	i.	k.	l.	m.	n.	o.	p.	q.
1.	2.	3.	4.	5.	6.	7.	8.	9.	10.	11.	12.	13.	14.	15.	16.
					r.	s.	t.	u.	w.	x.	y.	z.			
					17.	18.	19.	20.	21.	22.	23.	24.			

aus Teutschen Wörtern füglich gebracht werden; entweder daß man der Lateiner M / D C L / X V / J nach bekanter Zahldeutung gelten lasse: Oder die Teutsche art gebrauche / daß nemlich A / E / J / O / U / W / S / gelten müsse 10. 1. 5. 100. 1000. 500. 50. davon gesagt ist suprà pag. [Korrektur] 222. Oder aber / daß nach art der Hebreer / in dem Teutschen jeder mitlautender Buchstab seine Ziefer andeute / davon Herr Harsdörfer in dem CXLVII. Gesprächspiele mit mehrem zuvernehmen ist.“

[74] Athanasius Kircher könnte einer der Vermittler für Harsdörffer gewesen sein. Zumindest kennt er dessen Oedipus Aegyptiacus, wie er in den ›Gesprächspielen‹ bezeugt, wenn auch die gedruckte Ausgabe erst zwischen 1652 und 1655 erschien. Vgl. hierzu Gustav René Hocke: Manierismus in der Literatur. Sprach-Alchimie und esoterische Kombinationskunst. Beiträge zur vergleichenden europäischen Literaturgeschichte, Reinbek b. Hamburg 1959, S. 168.

[75] Harsdörffer: Trichter II, S. 24.

Wann ich nun einen Namen habe / so finde ich einen Spruch / der mit denselben / gleiche Zahlen führet.

Jesus ist Christus	bringet	218
unser Helfer und Heile.		218

Solche gleichzahlige Namen und Sprüche verursachen zu eigentlichen Erfindungen / und sind in den Philosophischen und Mathematischen Erquickstunden zu sehen.[76]

Hier wird sogar durch die Übereinstimmung der Zahlenwerte die inhaltliche Kongruenz zweier Aussagen bewiesen.

Hat die „Erfindung vom Wort" durch ihre etymologische und semantische Komponente im Prinzip exegetische Funktion, indem sie richtige Benennung und Bedeutung der *res* und dadurch ihre argumentative Qualität zu finden verspricht, so scheinen schon die Beispiele des ›Poetischen Trichters‹ diesen Aspekt in Frage zu stellen. Die Beurteilung dieses Topos durch Harsdörffer selbst, der ihn vor allem in „Lustgedichten"[77] angewandt wissen will, läßt deutlich den Unterhaltungsaspekt der Dichtung, der durch ihn gewährleistet wird, hervortreten. Evident wird dies durch die Charakterisierung der „Letterkeer": „Die Letterwechsel / wann sie nach der Kunst geschlossen / oder mit einem Sinnbild [Emblem] artig verknüpfet / belustigen meines Erachtens vor allen andern."[78] Durch die „Erfindung von den Worten" die *delectatio*-Funktion der Poesie einzulösen, scheint auf den ersten Blick nichts Neues, sondern rhetorische Tradition zu sein. So erwähnt beispielsweise schon Quintilian die etymologische Betrachtensweise des Namens als eine Möglichkeit zur Erzielung des Witzes (*risum iudicis movere* [Inst. orat. VI, 3, 1]).[79] Doch garantiert bei Harsdörffer erst die „Seltzamkeit"[80] den Erfolg der *delectatio* bei diesem Topos. Gemeint ist hiermit eine gewisse Ungewohntheit, wenn nicht gar *obscuritas* der Gedanken. Es ist dies das manieristische Spiel mit Buchstabenkom-

[76] Harsdörffer: Trichter III, S. 72.

[77] Harsdörffer: Trichter II, S. 22 und 30.

[78] Harsdörffer: Trichter II, S. 30.

[79] Quintilian: Institutio oratoria VI, 3, 55: *eademque condicio est in iis, quae a nominibus trahuntur.*

[80] Harsdörffer: Trichter II, S. 30.

binationen,[81] das den vordergründigen Argumentationscharakter der Topik außer Kraft setzt (Belustigung statt Argumentation). Doch ist die literarisch vermittelte Belustigung intellektueller Natur, d. h.: Zu ihrem Gelingen wird sowohl dem Autor als auch dem Leser eine intellektuelle Leistung abverlangt. Der Leser muß die geistigen Voraussetzungen – sprich: Bildung – mitbringen, um die „Späße" des Autors mit Vergnügen zu rezipieren. Der Autor muß, um den intellektuellen Ansprüchen seines Publikums zu genügen, auf die Produktion des Seltsamen, Staunenswerten, Überraschenden bedacht sein:

Wann man in eine Rede etwas unerwartes / daß sich doch zu der Sache schicket / einflechten kan / bringet es dem Leser oder Hörer ein grosses Belieben: dann / gleich wie man sich über einen unversehenen Fall verwundert / und wann solcher erfreulich ist belustiget: also ist es auch in der Rede: wann man einen seltnen Gedanken mit einmischen kan / oder ja ein unerwartes Wort / das doch deutlich und dem Inhalt gemäß ist / beybringet und nachsinnig mit einfüget.[82]

So schreibt Harsdörffer zum Thema „Von der Rede Zierlichkeit", und man wird Windfuhr angesichts der Ausführungen des ›Poetischen Trichters‹ zum Topos „von den Worten" recht geben, daß die Inventio-Lehre elokutiven Absichten dienstbar gemacht wird.[83] Im elokutiven Bereich liegt daher auch ein wesentlicher Schwerpunkt der *delectatio*, der Belustigung, der Verwunderung.

Hinsichtlich der Erfüllung der *delectatio*-Funktion der Poesie durch die Inventio ist das Gleichnis mit dem Topos „vom Wort" als

[81] G. R. Hocke, a. a. O., S. 21.

[82] Harsdörffer: Trichter III, S. 64; vgl. auch die von Windfuhr zitierte Äußerung des ostpreußischen Jesuiten Michael Radau in der Nachfolge Harsdörffers: „Unser Zeiten haben einen Ekel an der einfältigen Schreibart / und begehren / daß dieselbe etwas ungebräuchliches und prächtiges mit sich führe / dahero itzo fast keiner vor einen guten Redner gilt / wer nicht durch Spitzfindigkeit die Worte zu drehen gelernet." Vgl. Manfred Windfuhr: Die barocke Bildlichkeit und ihre Kritiker. Stilhaltungen in der deutschen Literatur des 17. und 18. Jahrhunderts, Stuttgart 1966, S. 37.

[83] Manfred Windfuhr, a. a. O., S. 37: „Im Barock versteht man unter Erfindung nicht in erster Linie Erfindung von Sachen, sondern Erfindung von Sprache."

Erfindungsquelle vergleichbar. Nach Harsdörffers eigenen Worten ist diese Inventio-Möglichkeit sogar „die allertiefste Quelle etwas schönes / und zur Sache dienliches zu erfinden“ [84]. Hinzu kommt, daß der Topos „von den Gleichnissen“ geradezu als „Generaltopos“ der poetischen Erfindung angesehen werden kann, dem alle anderen Topoi das Material zur Erfindung liefern.[85] Deutlicher noch analysiert der Autor die Inventio-Ergebnisse dieses Topos in der zehnten Stunde seines ›Poetischen Trichters‹: „Die Gleichniß“ ist die Erfindungsquelle, „aus welcher viel hell scheinende Gedankē herfliessen“ [86]. Gemeint ist die scharfsinnige, sogenannte manieristische Verfahrensweise der *acutezza*, die „sinnreiche Erfindung“ [87]; denn das Ergebnis der scharfsinnigen poetischen Erfindung löst beim Leser das vielzitierte *stupire* aus: „Man verwundert sich nicht über einen zerlumptē Bettler / aber wol über desselben Bildniß / weñ es von einem guten Meister gemahlet ist.“ [88] In diesem Verwundern aber besteht das intellektuelle Vergnügen des Rezipienten: „Also ist uns mehrmals das Gleichniß angenemer als die Sache selbsten“ [89], heißt es bei Harsdörffer unter Berufung auf Augustin. Interessant dürfte auch der Hinweis auf die mnemotechnische Qualität dieses Topos sein, die ebenfalls durch Augustins Autorität verbürgt ist: „Was theur ist / achten wir wehrt und hoch / was wir mit Mühe erlernen / oder durch grosse Arbeit erarnen / beliebet uns mehr / als was wir leichtlich gewiñen.“ [90]

Schließlich beweist das Augustinzitat, daß durch den Topos „von den Gleichnissen“ auch die Funktion des *movere* durch die „sinnreiche Erfindung“ erfüllt wird.[91] Somit übertrifft der *locus ex similibus*, der mit den Gleichnissen angesprochen wird, alle bisherigen

[84] Harsdörffer: Trichter I, S. 12.

[85] Harsdörffer: Trichter I, S. 12: „die Gleichniß ist die Erfindungsquelle, als bey welcher mehrmals das Besagte alles [die übrigen bereits erwähnten Topoi] kan angebracht werden.“

[86] Harsdörffer: Trichter II, S. 49.

[87] Harsdörffer: Trichter I, S. 13.

[88] Harsdörffer: Trichter II, S. 49.

[89] Harsdörffer: Trichter II, S. 49; vgl. Augustin Epist. 119.

[90] Harsdörffer: Trichter II, S. 49f.

[91] Harsdörffer: Trichter II, S. 50: „Oder / wie der Sonnen Stral vermit-

Erfindungsquellen durch das, was er funktional leistet: Zu *docere* und *delectare* kommt das *movere,* die affektive Erregung hinzu. Fast könnte man meinen, Harsdörffer habe durch das Augustinzitat nicht nur einen Autoritätsbeweis für die Gültigkeit des Topos „von den Gleichnissen" in der von ihm skizzierten Funktion liefern wollen, sondern sogar eine theologische Rechtfertigung. Maßgebend dürfte aber auch hier die im Barock gültige Anschauung von der Analogie alles Seienden sein, mit deren Hilfe alles mit allem artistisch in Verbindung gebracht werden kann.[92] „Die Seinsanalogie wird zu einem spielerischen Mittel der Kombinatorik umgeformt"[93] und „vergnüget" dadurch „den Verstand"[94]. Dabei geht es nicht nur wie bei Augustin ausschließlich um die Erschließung theologischer Sachverhalte („Betrachtung deß Himmlischen"[95]) durch Vergleichung mit den Erscheinungen der sichtbaren Welt oder um Erkenntnis schlechthin, sondern weit mehr noch um *delectatio* in Form der Verwunderung. Die Erfindung mit Hilfe des Gleichnisses legt in ihrer scharfsinnigsten Form den Grund für den Concettismus: „Die Vergleichung aber stehet in einem / oder mehr Stücken / und findet sich offt in gantz widrigen Sachen."[96]

Betrachten wir noch kurz die Anwendungsbereiche dieses Topos. Harsdörffer nennt zunächst das Lehrgedicht.[97] Gemeint sind

telst eines Hohlspiegels hefftiger brennet / also durchdringet und beflammet auch die Gleichniß der Menschen Sinn."

[92] Harsdörffer: Trichter II, S. 54: „[. . .] und ist hieraus zu sehen / daß nichts in der gantzē Welt zu finden / welches nicht durch die Gleichniß belanget werden könte."

[93] Manfred Windfuhr, a. a. O., S. 33; vgl. seine Charakterisierung der Harsdörfferschen Weltsicht an dieser Stelle: „Harsdörffer sieht aber die Welt [. . .] in scholastischem Sinn als ein göttlich Gebildetes, eine einheitlich vorliegende Welt, zwischen deren Teilen durch Verstand und Sinne Vergleiche hergestellt werden können und sollen. Alles steht in einem vernunftmäßigen schönen Zusammenhang. Der Mensch muß die Bezüge nur aufdecken. Eine besondere Lust treibt ihn dabei an."

[94] Harsdörffer: Trichter III, S. 57.

[95] Harsdörffer: Trichter II, S. 49.

[96] Harsdörffer: Trichter II, S. 50.

[97] Harsdörffer: Trichter II, S. 51.

damit Gedichte, die den *locus ex similibus* nach Art der biblischen Parabeln verwenden und inhaltlich eine religiöse bzw. moralische Didaxe vermitteln. Die lehrhafte und damit auch die erkenntnisvermittelnde Funktion steht hier im Vordergrund.

Eine zweite Möglichkeit der Anwendung dieser Erfindungsquelle besteht darin, „Exempel und Geschichten" [98] als Vergleichskomponenten hinzuzuziehen. Gemeint sind bereits formulierte Stoffe, die aus Exempelsammlungen oder aus der Historiographie gewonnen werden und die sich durch irgendein *tertium comparationis* auf einen bestimmten Fall applizieren lassen. Caussinus erwähnt solche Stoffquellen in seiner Aufstellung der *fontes inventionis.*[99] Daß solche *fontes* auch bei Harsdörffer gemeint sind, beweist das von ihm in diesem Zusammenhang erhobene *eruditio*-Postulat: „[. . .] und soll auch dessenwegen der Poet viel gelesen haben / und seine Wissenschafft schicklich einzuflechten wissen." [100] Schließlich gründet sich auf der „Erfindung von den Gleichnissen" Harsdörffers Metapherntheorie, die Lehre von der „Umsetzung" [101]. Fast mit den Worten Buchners lobt er in diesem Zusammenhang die Wirkung dieser Redefigur, „welche Rede trefflich zieren / wenn nemlich eine Sache wegen grosser Gleichheit mit andern ümsetzt / oder für die andre gesetzt wird" [102]. Ihr kommt also in der Hauptsache die Aufgabe zu, die Rede auszuschmücken. Wie sehr hier die Selbstdarstellung der *verba* zum Endzweck werden kann, zeigen Formulierungen, die eine Metaphernhäufung empfehlen: „Die dritte Art [der Gleichnisse] ist / wann viel Gleichnisse zu einem Zweck angeführet werden" [103] oder „Man kan auch sonsten viel Gleichnisse zierlich zusammen setzen / welche nicht auf einẽ Zweck

[98] Harsdörffer: Trichter II, S. 55.

[99] Nicolaus Caussinus, a. a. O., S. 142–152.

[100] Harsdörffer: Trichter II, S. 56.

[101] Harsdörffer: Trichter II, S. 59.

[102] Harsdörffer: Trichter II, S. 59. – Vgl. Augustus Buchner: Anleitung zur deutschen Poeterey. Poet. Hrsg. v. Marian Szyrocki, Tübingen 1966, S. 67: „Denn nichts die Rede herrlicher und auch lieblicher machet / als diese [die Metaphern] wenn man nur recht mit ihnen ümbgehet / und sie nicht zu dunckel / und allzuweit hergenom̃en sind."

[103] Harsdörffer: Trichter II, S. 56.

zielen" [104]. Zwar entspricht die Metaphernhäufung dem Bedürfnis, einen Sachverhalt unter Berücksichtigung aller Aspekte abzuhandeln *(docere)*, aber andererseits herrscht durch die ausdrückliche Betonung der Schmuckfunktion doch die Vorstellung von der Bedeutung dieses Topos für das intellektuelle Vergnügen vor:

Der Lehrbegierige Verstand hat zwey Mittel sich zuvergnügen: 1. in Erkantniß der Sachen selbsten / ohne Betrachtung / was derselben Eigenschaft / und Beschaffenheit seye / wann sie mit andern vereinbaret wird. 2. Durch die Gegenhaltung gleichständiger Sachen / wann man viel auf einmal anschauet / und solche gegeneinander hält / ihre Gleichheit und Ungleichheit betrachtet / und diese Erkäntniß vergnüget den Verstand so vielmehr / so viel weiter sie sich erstrecket / eine Sache vollständiger an das Liecht setzet / und gleichsam von einer Warheit in die andre leitet. Diesem nach ist die Gleichniß der Hebel oder die Hebstangen / welche durch Kunstfügige Ein- und Anwendung aus dem Schlamm der Unwissenheit empor schwinget / was man sonder solche Geretschafft unbewegt muß erliegen lassen. [105]

Auch hier kommt es auf den Scharfsinn des Poeten an, wie die Berufung auf Aristoteles bezeugt, [106] nur der Scharfsinn vermag auch Entferntes miteinander zu vergleichen oder gar ungewöhnliche Gleichnisse zu erfinden.

Auf dem *locus ex similibus* beruht nach Harsdörffers Ansicht ferner das Emblem sowie die aus ihm resultierenden erkenntnistheoretischen und argumentativen Implikationen: „Es ist auch der Grund der Sinnbilder besagter massen beschaffē / daß selber entweder auff einer Gleichniß / oder verblümbten / doch artigen Ausbildung be-

[104] Harsdörffer: Trichter II, S. 58. – Äußerungen, die die Häufung der „Umsetzungen" (Trichter II, S. 59) oder das Herleiten der „Umsetzung" von „gantz wiedrigen Sachen" (Trichter II, S. 60) als *vitia* tadeln und mit den vorher zitierten Äußerungen im Widerspruch stehen, stammen aus der rhetorischen Tradition und sind nicht als repräsentativ für Harsdörffers eigentliche Meinung anzusehen.

[105] Harsdörffer: Trichter III, S. 57.

[106] Harsdörffer: Trichter III, S. 57: „Aristoteles sagt hiervon recht / daß die Erfindung eines schicklichen Gleichniß ein Anzeichen seye eines vernünftigen Schulers / weil nämlich solche / besagter Massen zweyer oder mehr Sachen Kundigung mit einander verknüpfet / welche sonsten absonderlich nicht leichtlich erkennet werden mögen."

stehet."[107] Wichtig ist dem Autor aber nicht nur das Basieren des Emblems auf dem Gleichnis und der daraus resultierenden Analogieschlußmöglichkeit, sondern auch auf der bildlichen Vorstellbarkeit der vergleichbaren *res,* auf der potentiellen Faktizität der *pictura,* die jederzeit in den Gesichtskreis des Lesers treten soll[108]: „hierunter gehören die Sin̄bilder / deren Grund ein Gemähl oder eine verblümte Beschreibung ist."[109] Harsdörffers Emblemtheorie hier zu entwickeln, würde zu weit führen, zumal der ›Poetische Trichter‹ auf die ausführliche Untersuchung dieses Themas in den ›Frauenzimmergesprächsspielen‹[110] verweist. Wichtig ist nur – und das sei hier ergänzend angeführt –, daß auch das Emblem unter dem Gesichtspunkt der intellektuellen *delectatio*-Funktion gesehen wird und daß die *delectatio* ihre Wirkung teilweise der *subtilitas* der Emblemdeutung verdankt: „Die besten aber sind [. . .] die wol verstanden werden können / aber nicht gleich jedem eröffnet darliegen; die einen Stachel in den Gedanken lassen / und [. . .] ihren kräftigen Nachdruck nur denen / so ihnen nachsinnen und nachsetzen / erweisen."[111]

VIII

In seiner poetischen Inventio-Lehre wählt Harsdörffer vier Topoi aus dem gesamten Komplex der rhetorischen Topik als hinreichend für die gesamte poetische Stoffindung aus. Dabei ist er bestrebt, bei jedem Topos den Nachweis zu führen, daß die Erfindung, die durch ihn gewonnen werde, die Funktionen der Poesie (belehren und belustigen) in höchstem Maße erfülle. Er erklärt somit die herrschende Funktionsbestimmung der Dichtkunst zum allgemeinen Kriterium der Auswahl der rhetorischen Topoi.

Warum Harsdörffer die „Erfindung vom Wort" und „von den

[107] Harsdörffer: Trichter II, S. 68f.

[108] Albrecht Schöne: Emblematik und Drama im Zeitalter des Barock, München 1964, S. 27.

[109] Harsdörffer: Trichter I, S. 12.

[110] Harsdörffer: Gesprächspiele I, S. 50–60; II, S. 1–23; IV, S. 166–178 sowie 182–234; VI, S. 326–336.

[111] Harsdörffer: Gesprächspiele IV, 170.

Gleichnissen" ausgiebiger behandelt als die „Erfindung von den Sachen" und „von den Umständen", wird klar, wenn man zusammenfassend einen Blick auf das richtet, was diese Topoi leisten und welche Funktion sie zu erfüllen haben. Sie sind – und darin unterscheiden sie sich von den „Erfindungen von den Sachen" und „von den Umständen" – hauptsächlich Quellen sprachlicher und gedanklicher Schmuckformen, die nicht mehr vorwiegend informatorische Inhalte vermitteln, sondern nur noch Verwunderung erregen und damit in erster Linie der *delectatio*-Funktion der Poesie genügen sollen. Dadurch weichen sie aber von der fundamentalen Aufgabe der rhetorischen *loci* ab. Deren Funktion beruht ja vorwiegend darauf, die *res* oder – besser gesagt – die Argumente zu finden, mit denen eine Behauptung bewiesen, ein gestelltes Thema abgehandelt werden kann. Mit den „Erfindungen von den Sachen" und „von den Umständen" befindet sich Harsdörffer auf dem Boden der herrschenden Rhetorik. Hier kann er sich also auf die dort gegebene Funktionsdefinition und dadurch auch auf die dort schon gelieferte Analyse ihres Leistungsumfanges stützen. Zwar versucht er auch dort, die *delectatio*-Funktion dieser *loci* nachzuweisen. Doch wirkt dieser Nachweis etwas weit hergeholt und gelingt nur über den Umweg der durch diese *loci* bewirkbaren Mimesis, für die an anderer Stelle die *delectatio*-Funktion bewiesen wurde. Anders – wie gesagt – steht es bei den „Erfindungen von den Worten" und „von den Gleichnissen". Hier weicht Harsdörffer zum Teil von der rhetorischen Funktionsanalyse ab und muß daher eine eigene Beschreibung dieser *loci* und ihrer Leistung (im Sinne der poetischen *delectatio*) vornehmen.

So scheint die *delectatio* für Harsdörffer die Hauptfunktion der Dichtung zu sein, selbst wenn er auch expressis verbis die traditionelle *prodesse-et-delectare*-Theorie in der ersten Stunde des ›Poetischen Trichters‹ seiner Poetik als Ausgangsthese zugrunde legt: „Deß Poeten Absehē ist gerichtet auf den Nutzen / und auf die Belustigung zugleich." [112] Das mag sicherlich damit zusammenhängen, daß die Poetik – auch bei Harsdörffer – bei ihrer Theoriebildung in Anlehnung an die Rhetorik auch deren *omnis-materia*-An-

[112] Harsdörffer: Trichter I, S. 7.

spruch[113] mit übernahm und daraus sich die Funktion des *docere* von selbst ergab: „Der Poet handelt von allen uñ jeden Sachen / die ihm vorkommen.“[114] Dennoch ist aber die Belustigung, das *delectare*, das Kriterium, das den poetischen Text vor allen anderen Texten auszeichnet, das ihn überhaupt erst als poetischen Text konstituiert. Nicht anders ist die von Harsdörffer selbst vorgenommene Unterscheidung von Philosophen, Rednern und Poeten – eine Unterscheidung, die auf ihrer unterschiedlichen Funktion begründet ist[115] – zu verstehen. Wie aber der poetische Text alle anderen Textarten übertrifft durch seinen *delectatio* erregenden Charakter, so auch sein Verfasser alle anderen Texthersteller, deren Qualitäten er mit besitzen muß: „Hieraus ist zu schliessen / daß der den Namen eines Poeten / mit Fug / nicht haben möge / welcher nicht in den Wissenschaften und freyen Künsten wol erfahren sey.“[116] *Eruditio* und *ingenium* sind schließlich die Voraussetzungen auf seiten des Textherstellers für das Gelingen der *delectatio*; denn bei der Belustigung geht es schließlich um intellektuelles Vergnügen für intellektuelle Leser: „grosse Herren / und gelehrte Leute belustigen“[117] ist die Aufgabe, und für den Poeten gilt bei der Abwägung der literarischen Kritik der Rezipienten: „Eines Verständigẽ Urtheil ist höher zu achten / als hundert Unverständiger dünckler Verwerffung.“[118] Dichtung ist elitäre Gesellschaftskunst für den intellektuellen

[113] Ludwig Fischer: Gebundene Rede. Dichtung und Rhetorik in der literarischen Theorie des Barock in Deutschland, Tübingen 1968, S. 61.

[114] Harsdörffer: Trichter I, S. 3.

[115] Harsdörffer: Trichter I, S. 4: „Der Philosophus trägt seine tiefsinnige Gedanckẽ mit schlechten uñ einfältigen Worten vor / uñ ist zu frieden / daß man ihn verstehet: der Redner führet hohe und prächtige Wort / uñ begnüget sich / wann er den Zuhörer beredet. Der Poet aber muß nicht nur verstanden werden / uñ einẽ etwas einschwätzẽ / sondern auch belustigen.“

[116] Harsdörffer: Trichter I, S. 5. – Für den Zusammenhang von *ingenium* und *eruditio* vgl. die Vorrede des II. Theils des Trichters, § 1: „DAß zu der Poeterey absonderliche seltne Gaben der Natur / und die Erkundigung fast aller Wissenschafften vonnöhten / kan aus allen wolverfasten und leswürdigen Gedichten beglaubet werden.“

[117] Harsdörffer: Trichter I, S. 8.

[118] Harsdörffer: Trichter I, S. 9.

Rezipienten. Er erwartet die intellektuelle „Belustigung". Wird sie durch den poetischen Text geleistet, darf der Verfasser (der Poet) die Hoffnung haben, daß auch die affektiv begründete Persuasion, das affektiv bestimmte Eingenommensein des Lesers für den Inhalt des Textes gelingt: „Es soll der Poet den Jnhalt seines Gedichts auf den Nutzen und die Lehre richten: die Ausführung aber mit schönen Worten / und Gedancken leistẽ / daß der Leser dardurch belustiget / und ihme gleichsam das Hertz abgewonnen werde." [119] Nur über den Weg der *delectatio* erfüllt die Poesie ihre Lehrfunktion.[120] Dabei warnt Harsdörffer ausdrücklich vor allzu großer Subtilität der vorgebrachten Gedanken, da hierdurch das Vergnügen gefährdet werden könne.[121]

Bei der qualitativen Herausstreichung des poetischen Textes verwundert bei Harsdörffer nicht die Überbewertung der Poesie gegenüber der Rhetorik, mit der er in dem alten Streit, ob die Rhetorik oder die Poesie höher zu bewerten sei, Position bezieht. Die Behauptung wird mit einem Vergleich bewiesen, der wiederum aus dem Bereich der *delectatio* hergenommen wird: „OBwol der Redner fast alle Zierlichkeit deß Poeten gebraucht / so ist doch seine Kunst gegen jenen zu achten / als das Gehen gegen dem Dantzen." [122] *Delectatio* oder „Belustigung", wie es bei Harsdörffer heißt, basiert auf der sinnreichen Erfindung,[123] der Grundlage der

[119] Harsdörffer: Trichter I, S. 9.

[120] Harsdörffer: Trichter I, S. 6: „Solchergestalt kan man auch in den Gedichten die Laster beschreiben / uñ zuzeiten solche poetische Stücklein anbringẽ / daß / der sich selber schuldig weiß / darob erröhten / uñ doch darzu lachen muß." – Die natürliche Grundlage für die *delectatio* findet die Poesie aber schon in der Reimung; vgl. Trichter III, S. 81: „Hierauf hat die Reimkunst sich vernehmen lassen / daß ihres Ambts seye alles in richtiger Ordnung zusammen verbinden / und daß ohne sie die natürliche Rede aller Lieblichkeit ermangle." Die Euphonie ist also ein wichtiger Garant der *delectatio* in der Poesie.

[121] Harsdörffer: Trichter II, S. 4: Ursache der durch allzu große Subtilität gestörten *delectatio* ist, „Wann er [der Poet] gar zu hohe und subtile Gedanken / welche der Lieblichkeit deß Gedichts zu wider sind / ausdrucken will."

[122] Harsdörffer: Trichter II, S. 1.

[123] Harsdörffer: Trichter I, S. 13.

manieristischen *acutezza*. Erst sie macht Dichtung zur Dichtung; sie erregt beim Leser Verwunderung, die nähere Spezifizierung der Belustigung. Bedingung für die Erregung der Verwunderung ist auf seiten des Textes die bereits erwähnte „Seltzamkeit“, auf seiten des Textherstellers der Scharfsinn des Poeten. „Seltzamkeit“, die Verwunderung erregt, beruht nicht zuletzt auf der Ungewohntheit des sprachlichen Ausdrucks, wie es beispielsweise auch Tesauro vom Poeten zur Vertreibung der Langeweile fordert.[124] Ihn zu finden erklärt Harsdörffer zur Aufgabe der Inventio: besonders durch die „Erfindung vom Wort“ und „von den Gleichnissen“.

Die Untersuchung nahm ihren Ausgang von der Verwandtschaft der Rhetorik mit der (aristotelischen) Dialektik durch die gemeinsame Aufgabe der Beweisführung. Es war beabsichtigt, aufzuzeigen, wie – durch diese Verwandtschaft bedingt – die Rhetorik sich ein eigenes System zur Findung von Argumenten schuf, das in der Lage war, ihren speziellen Bedürfnissen gemäß auch auf der Basis der Wahrscheinlichkeit noch argumentative Aussagen zu machen. So entwickelte sie eine spezielle Topik, die sich von der dialektischen unterschied, ein fest umrissenes tradierbares und jederzeit aktualisierbares Regelinventar. Auf dieses System konnte die Poetik als Lehre von der Herstellung besonderer – d. h. poetischer – Texte rekurrieren.

Aber nicht nur die Verwendbarkeit rhetorischer Konstanten durch die Poetik sowie ihre Abhängigkeit von der Rhetorik sollte aufgezeigt werden.[125] Vielmehr sollte einmal der Frage nachgegangen werden, welche Konstanten des rhetorischen Systems jeweils aktualisiert werden und wie unterschiedliche, historisch und funktionell bestimmte Komponenten der Produktion und Rezeption an dem jeweiligen Aktualisierungs- und Auswahlprozeß beteiligt sind.

[124] Vgl. Klaus-Peter Lange: Theoretiker des literarischen Manierismus. Tesauros und Pellegrinis Lehre von der „acutezza“ oder von der Macht der Sprache, München 1968, S. 37.

[125] Vgl. hierzu Ludwig Fischer: Gebundene Rede – Joachim Dyck: Ticht-Kunst; ferner: Die Rolle der Topik. – Wilfried Barner: Barockrhetorik. Untersuchungen zu ihren geschichtlichen Grundlagen, Tübingen 1970.

Dabei konnte das Problem natürlich nur exemplarisch angegangen werden – exemplarisch, weil beschränkt auf das 17. Jahrhundert; exemplarisch aber auch, weil nur die Empfehlungen dreier Theoretiker (Omeis, Richter, Harsdörffer) zur Inventio-Lehre genauer untersucht wurden. Sie stehen jedoch stellvertretend für Hauptströmungen der Zeit: für die vollkommene Beherrschung des gesamten Komplexes der rhetorischen Inventio-Lehre, aber auch für die Reduktion auf einzelne Spezialtopoi bzw. für die Subsumtion anderer Ordnungskategorien zur Nutzung des polyhistorischen Wissens (Kombinatorik) in der Inventio. Dabei lassen sie – besonders Richter und Harsdörffer – den Leser nicht im unklaren über die leitenden Gesichtspunkte ihres Verfahrens: funktionsbedingte, d. h. die einem bestimmten Ziel dienende Auswahl der Inventionsquellen zu benennen.

Schließlich sollte die Untersuchung auf das Verhältnis der rhetorischen Kategorien als Konstanten und ihrer historischen Vermittlung aufmerksam machen. Diese historische Vermittlung rhetorischer Konstanten entkräftet den Vorwurf gegen rhetorisch orientierte Textanalyse, sie operiere mit Begriffen von zu weit gehender Allgemeinheit, ja von ausgesprochener Aktualitätslosigkeit. Durch Bewußtmachen der jeweils gültigen Produktionskategorien dürfte die Rezeption der so entstandenen Texte in ihrer historischen und sozialen Relevanz erleichtert werden.

Slavistische Studien. Zum VIII. Internationalen Slavistenkongreß in Zagreb 1978, Verlag Böhlau, GmbH & Cie., Köln/Wien 1978, S. 279–298.

RHETORIK UND KULTURMODELL

Von Renate Lachmann

Voraussetzung für die folgenden Überlegungen über den Zusammenhang von Rhetorik und Kulturmodell ist die Annahme, daß die Rhetorik bei der Organisation der sprachlichen Medien einer Kultur eine ordnende und beschreibende Funktion übernehmen kann. Sie gewinnt damit den Status eines Metatextes und gerät so auf die Ebene derjenigen Texte, mit denen sich ein Kultursystem zu beschreiben versucht.[1]

In der als Form der Selbstbeschreibung eines kulturellen Systems (bzw. dessen Sprach- und Kommunikationsformen) begriffenen Rhetorik tritt eine Kraft zutage, die die Selbstorganisation dieses Systems bewirkt und seine abschließende Strukturierung zu einer semiotischen Totalität anstrebt. Die Selbstbeschreibung und Selbstorganisation, die eine Kultur in der Herstellung oder Übernahme solcher Metatexte, wie sie die rhetorischen Texte sind, leistet, implizieren einen normativen Anspruch hinsichtlich der faktischen Strukturierung einer konkreten Kultur. Das bedeutet, daß ein Zustand stabilisiert wird, der innerhalb des Kultursystems bereits Geltung besitzt oder erst gewinnen soll, indem bestimmte Elemente als dem System zugehörig bestätigt oder neu festgelegt und andere als dem System nicht zugehörig eliminiert werden. Der rhetorische Text beschreibt und schreibt vor, und zwar Verfahren für den Aufbau von Kommunikationsformen und -situationen mit unterschiedlichen Redezielen. D. h., er übernimmt eine die Sprache funktionalisierende Aufgabe.

Wird nun ein rhetorischer Text mit seinen deskriptiven und nor-

[1] Zur Methodik dieses Ansatzes vgl. Ju. M. Lotmans kulturtypologische Arbeiten, bes. seinen Beitrag Dinamičeskaja model' semiotičeskoj sistemy (Das dynamische Modell des semiotischen Systems), Moskau 1974.

mativen Implikationen in einen zunächst rhetorikfreien kulturellen Kontext überführt, um dort zum Aufbau eines Kommunikationssystems beizutragen, so kann er die Rolle einer Instanz übernehmen, die eine Hierarchie von Kommunikationsformen errichtet und widerstrebende Formen zusammenbindet. Die Veränderung bestehender Kommunikationsverhältnisse durch den Import der Rhetorik aus einem fremdkulturellen Kontext mit eigenen Gesetzlichkeiten kann innerhalb einer Kultur, die unterschiedliche Modelle ihres Selbstverständnisses zuläßt, unterschiedliche Reaktion erfahren. Es ist hier an die konkrete sprachliche und kommunikative Situation des russischen 17. Jahrhunderts gedacht, in dem sich ein solcher Import fremdkulturell bestimmter rhetorischer Lehre vollzieht, und zwar der Import der lateinischen Rhetorik durch polnische, genauer polnisch-jesuitische Vermittlung.

Geht man von der oben skizzierten Rolle der Rhetorik aus, so signalisiert das Auftreten rhetorischer Lehre im ersten Drittel des 17. Jahrhunderts in der Ukraine und in Rußland ein neues Stadium des kulturellen Mechanismus und markiert eine neue Stufe der in diesem Bereich geltenden Sprachproblematik, wie dies zuvor das Auftreten der Grammatik[2] (als normatives Beschreibungssystem) getan hatte. Die Rhetorik, die im Unterschied zur Grammatik von vornherein kommunikationsorientiert ist, stellt das Gesamt vorfindlicher Kommunikationsformen in Frage. Der Kontakt, den der genannte kulturelle Kontext mit dem rhetorischen Beschreibungsapparat aufnimmt, führt zu unterschiedlichen Konstellationen, die als Indiz für die nicht vollständige Geordnetheit des Systems zu werten sind, das sich einer Vereinheitlichung widersetzt und konträre Modelle entwickelt.

In starker Vereinfachung lassen sich zunächst zwei Konstellationen ausmachen, die sich aus den divergierenden Reaktionen innerhalb des genannten kulturellen Kontextes auf den Rhetorik-Import ergeben:

1. Der Rhetorik-Import entspricht offensichtlich dem Bedürfnis

[2] Zur Rolle der Grammatik vgl. B. A. Uspenskij: Pervaja russkaja grammatika na rodnom jazyke (Die erste russische Grammatik in der Muttersprache), Moskau 1975.

der dominierenden Gruppe des Kultursystems, das Kommunikationssystem zu zentralisieren und zu homogenisieren. Die Rhetorik wird offizialisiert, zur universalen Regulatorin der Kommunikationsformen und -funktionen erhoben; der Aufbau einer korrespondierenden Textpraxis beginnt.

2. Gegen die aus dem Rhetorik-Import resultierende Umorganisierung der Kommunikation, vor allem aber gegen die Tendenz zur Unifizierung und Offizialisierung in diesem Bereich tritt innerhalb der gegebenen Kultur eine Opposition auf und baut nichtkanonisierte sprachliche und kulturelle Formen zu einem Gegensystem aus. Die offizialisierte Rhetorik wird damit zum Kontrahenten einer gegen die Regelformulierung gerichteten Antirhetorik.[3]

Die Formulierung dieser zwei Fälle ergibt sich aus der Beobachtung der stark divergierenden Reaktionen auf den Import rhetorischer Lehre aus Polen, wie sie sich zur Zeit der Herrschaft Aleksej Michajlovičs deutlich artikulieren. Die beobachtbare Korrespondenz zwischen rhetorischer Lehre und Textpraxis, deren Repräsentant Simeon Polockij ist, und die strikte Negierung der Rhetorik-Autorität durch Avvakum und die Altgläubigen und die sich aus dieser Ablehnung ergebende Textpraxis sind Belege für diese extremen innersystemlichen Reaktionen. Entscheidend für die Heftigkeit, mit der Avvakum und die Altgläubigen den Oktroi der neuen lateinischen Bildung zurückweisen und in dieser Zurückweisung die Grundlagen des eigenen Kulturmodells erst eigentlich profilieren, ist der Anspruch des offiziellen Kulturmodells, durch die Etablierung einer an Regelbüchern ausgerichteten Sprachhierarchie und entsprechender Bewertungsmechanismen die Repräsentation des gesamten Kultursystems zu übernehmen und gegenläufige Tendenzen nicht zu tolerieren.

Im ersten Fall geschieht nun zweierlei:

zum einen: der rhetorische Text wird als Metatext integriert, d. h., seine Metafunktion als Lehrbuch und Sekundärgramma-

[3] Diese Frage ist im Zusammenhang mit der generellen Problematik des Wechselverhältnisses zwischen Rhetorik und Kommunikationssystem zu verstehen.

tik wird akzeptiert, und eine rhetorische Regeltradition nimmt ihren Anfang;
zum andern: die nun einsetzende Textpraxis wird in Korrespondenz mit dem rhetorischen Regelapparat entwickelt.

Das bedeutet im einzelnen, daß die neuen Konzepte, die die Rhetorik, insbesondere in ihren drei Hauptteilen *(inventio, dispositio, elocutio)* anbietet, verarbeitet werden können. Genauer: Bestimmte Denk- und Vorstellungsmodi, wie sie die *inventio*-Lehre in der Nennung argumentativer Strategien, der Vorformulierung von Fragehinsichten vorführt, die die Perspektivierung des je gegebenen Redegegenstandes festlegen, können übernommen werden. Das hat zur Folge, daß die Konvention der Suchformeln für Gedanken und Argumente zu einer Vereinheitlichung des Denk- und Vorstellungshorizonts der Textproduzenten und -rezipienten innerhalb dieses die Rhetorik bejahenden kulturellen Raums führt. Diese Konvention steuert die Selektion der möglichen Redegegenstände und deren Umsetzung in *argumenta* und *status,* d. h. in bestimmte Kommunikationssituationen. Das Inventar kultureller Erfahrungen, das die *inventio* in ihren Katalogen der *argumenta, status* und *loci* abbildet, wird im neuen Kontext assimiliert.

Bezüglich der *elocutio*-Lehre läßt sich behaupten, daß sie die vorfindliche semantisch-syntaktische Tradition, die ja in Texten, nicht in Regelbüchern reflektiert ist, verändert, indem sie auf eine Pragmatisierung der sprachlichen Verfahren hinwirkt sowie auf deren Zuordnung zu bestimmten Redezielen. Die Vereinheitlichung des Kommunikationssystems, die Tendenz zur Artikulierung einer einheitlichen Sprache[4] sind auf eine Homogenisierung und Legalisierung tropischer und figuraler Techniken angewiesen, wobei eine Hierarchisierung dieser sekundärsprachlichen Verfahren mit eingeschlossen ist.

Man kann wohl davon ausgehen, daß die Herausbildung solcher

[4] Zum Begriff des „edinyj jazyk“ („Einheitssprache“) im Gegensatz zu dem des „raznorečie“ („Vielsprachigkeit“) vgl. M. Bachtin: Slovo v romane (Das Wort im Roman), in: ders.: Voprosy literatury i ėstetiki, Moskau 1975, S. 72–233. Deutsch in: ders.: Die Ästhetik des Wortes. Hrsg. v. R. Grübel, Frankfurt a. M. 1979.

Hierarchien sowie die Etablierung eines bestimmten stilistischen Kodes an außersprachlichen, z. B. ästhetischen, Normvorstellungen orientiert sind, wie sie für den kulturellen Kontext Geltung erlangt haben. Die Rhetorik formuliert sie notwendig mit, wenn sie Präferenzen für bestimmte Verfahren suggeriert, wenn sie die Einhaltung einer bestimmten Zuordnung von *res* und *verba* empfiehlt. Ein Katalog von Tropen und Figuren garantiert, daß diese Zuordnung immer wieder bestätigt werden kann. Das Regelinventar der *elocutio*, das die beliebige Produzierbarkeit von Verfahren ermöglicht, trägt entsprechend zur Ausformung einer an einer einheitlichen Sprache ausgerichteten Textpraxis bei, die sich innerhalb eines einheitlichen Kommunikationssystems entwickelt.

Es ist keine Frage, daß Vereinheitlichung, Hierarchiebildung, Kanonisierung der sprachlichen Medien und Textverfahren im Interesse einer Kultur liegen, die zum Zentralismus strebt. Die russische Hofkultur des 17. Jahrhunderts, die solche Tendenzen offenbart, bedient sich der Rhetorik als eines Instruments der Stabilisierung in diesem Bereich. Die Rhetorik erhält dabei die Rolle einer Zeremonial-'Grammatik', die neben andere Zeremonial-'Grammatiken' des sozialen Verhaltens tritt. Einer der führenden sowjetischen Forscher auf dem Gebiet der russischen Kultur des 17. Jahrhunderts, A. N. Robinson, stellt fest, daß „das Zeremonial zu einer wichtigen organisierenden Form der Entwicklung der Hofkultur wurde. Es bedurfte bestimmter konstanter Ideen, ritueller Handlungen, festgelegter Formeln des sprachlichen Ausdrucks, es verfügte über eine Ästhetik eigener Art."[5] Diese Beobachtung weiterführend, ließe sich vielleicht von der Entstehung zeremonialer Textformen sprechen, ja einer Zeremonial-Bildlichkeit.[6]

[5] Bor'ba idej v russkoj literature XVII veka (Der Ideenstreit in der russischen Literatur des 17. Jahrhunderts), Moskau 1974, S. 107. Dieses für die zu behandelnde Problematik zentral wichtige Buch stellt den Versuch dar, den zeremoniellen und rituellen Charakter spezifischer am Hofe Aleksej Michajlovičs entwickelter (bzw. adaptierter) Formen der Gestik, der Bewegung, der Kleidung, der Rede bei offiziellen Anlässen herauszuarbeiten. Es gelingt hier, die Semantik der Formelsprache aufzudecken und diese in ihrer Gebundenheit an ein semiotisch-ideologisches System plausibel zu machen.

[6] Eine solche ließe sich aus der Topologie des Herrscherlobs entwickeln,

Die Kultur des russischen 17. Jahrhunderts, deren eines Konzept vom Hof Aleksej Michajlovičs vertreten wird, beruht auf der Vorstellung eines komplizierten Ordnungsprinzips, zu dessen Anwendung auf allen Ebenen des sozialen Handelns, das kommunikative eingeschlossen, Regelinventare in Kraft treten, deren Erlernbarkeit vorausgesetzt ist.[7]

Dies nun ist der entscheidende Punkt, der das kulturelle Gegenmodell innerhalb dieses selben Kontextes provoziert und letztlich auch zu dessen Profilierung beiträgt. Das kulturelle Gegenmodell thematisiert und problematisiert den sozialen Wert der Regelinventare, insbesondere der Rhetorik, und damit ihre kulturelle Relevanz für den importierenden Raum. Die soziale, genauer moralische und religiöse Bewertung der Rhetorik führt zu einer 'Ideologisierung'[8] der Sprachfrage und markiert die zentrale Stelle innerhalb der dynamischen Auseinandersetzung eines kulturellen Systems mit einem fremdsystemlichen Beschreibungsapparat, der normative Ansprüche geltend macht.

Diese 'Ideologisierung' von Sprache und Kommunikation, von

deren Tradition von Polockij über Prokopovič bis mindestens Lomonosov und mit funktionalen Veränderungen bis Deržavin verfolgt werden kann.

[7] Robinson, a. a. O., S. 99ff. weist in einer Reihe von Interpretationen wichtiger Dokumente des russischen 17. Jahrhunderts nach, daß die Struktur der offiziellen Kultur dieser Zeit vom „čin" („Rang/Amt") bestimmt ist, und hebt die Bedeutung der alle Sphären des sozial-relevanten Handelns kontrollierenden Regelbücher hervor. Die in diesen Zusammenhang gehörende Kniga, glagolaemaja Urjadnik, novoe uloženie i ustroenie čina sokol'nič'ja puti (Das 'Gesetzbuch' genannte Buch, neue Konstitution und Einrichtung des Falkneramts), abgedruckt in: Sobranie pisem carja Alekseja Michajloviča s priloženiem Uloženija sokol'nič'ja puti (Gesammelte Briefe des Zaren Aleksej Michailovič mit dem Anhang: Konstitution des Falkneramts). Hrsg. v. P. Bartenev, Moskau 1956, läßt ermessen, wie restriktiv das formulierte Reglement eingesetzt werden konnte, und zwar sowohl hinsichtlich bestimmter gestisch-mimischer wie verbaler Verhaltensformen.

[8] 'Ideologisierung' ist hier in Anlehnung an den von V. N. Vološinov in Marksizm i filosofija jazyka, Moskau 1929 (1930) vertretenen Ideologiebegriff verstanden. Deutsch: ders.: Marxismus und Sprachphilosophie. Hrsg. v. S. M. Weber, Frankfurt a. M. 1975.

Bildung und Kultur, die in erster Linie mit dem Namen Avvakum verknüpft ist, wird zu einem Zeitpunkt provoziert, da Staat und Kirche in den zentralen Bereichen der geltenden Kultur nach einer radikalen Neuorganisation streben. Die von Aleksej Michajlovič und von Patriarch Nikon verfochtenen Reformkonzepte erscheinen als Eingriffe in den orthodoxen Ritus, die Tradition der kirchlichen Bücher und das gesamte Bildungswesen. Avvakum wird als Reformgegner zum Schismatiker, der innerhalb des sich umbildenden Staates eine Gegenbewegung mobilisieren kann, deren dominierende Motivation eine religiöse ist. (Es geht hier nicht um die Darstellung der komplizierten Problematik der sich auf verschiedenen Ebenen des kulturellen Lebens abspielenden Auseinandersetzung zwischen Reformern und Altgläubigen, sondern lediglich um den Hinweis auf einen Aspekt der Kontroverse, der in der Konkurrenz zweier Kulturvorstellungen besteht und in der divergierenden Einschätzung der Rolle der Rhetorik zum Ausdruck kommt.[9])

In Avvakums Ablehnung der neuen, durch den Kontakt mit der westlichen Kulturtradition erworbenen Rhetorik, die sich in seinen Schriften artikuliert, ist generell, über die aktuelle Rhetorik hinaus, jegliche Sekundärgrammatik gemeint, die Textproduktion regulieren will, d. h. also auch die für die Textproduktion in kirchenslavischer Sprache verantwortliche byzantinische Rhetorik. Avvakum verneint die Legitimität der Rhetorik und derjenigen Schreibweisen, die sich an ihr orientieren.

Die 'Ideologisierung' des Sprachproblems bzw. des Problems der Beschreibung und Regulierung von Sprache ist bei Avvakum von einer dualistischen Weltsicht dominiert, die sich in einem Großteil seiner Texte in der Bildung von Ausdruckspaaren wie gut/böse,

[9] Zum Problem der Altgläubigen in diesem Zusammenhang vgl. Robinson: Žizneopisanija Avvakuma i Epifanija. Issledovanija i materialy (Die Lebensbeschreibungen von Avvakum und Epifanij. Untersuchungen und Materialien), Moskau 1963; ders.: Bor'ba (Ideenstreit), a. a. O.; Pustozerskij sbornik. Avtografy sočinenij Avvakuma i Epifanija (Die Sammlung von Pustozersk. Autographen der Werke Avvakums und Epifanijs). Hrsg. v. N. S. Demkova/N. F. Droblenkova/L. I. Sazonova, Leningrad 1975; A. M. Pančenko: Russkaja stichotvornaja kul'tura XVII veka (Die russische Verskultur des 17. Jahrhunderts), Leningrad 1973.

Gott/Teufel, Christus/Antichrist, alter Glaube/neuer Glaube niederschlägt. Diese Binäroppositionen gelten nicht nur für den Bereich des Moralisch-Religiösen, sondern werden auf alle Sphären und Formen des kommunikativen Verkehrs übertragen und werden für das, was man global das Kulturmodell Avvakums nennen könnte, von zentraler Bedeutung.[10] Die Opposition „staraja vera"/„novaja vera" („alter Glaube"/„neuer Glaube") subsumiert, so scheint es, eine Reihe weiterer Oppositionen, die sowohl den religiösen wie den sozialen Bereich modellieren. Der in Avvakums Kulturmodell formulierte Dualismus läßt sich als Interpretation des innerkulturellen Dualismus des russischen 17. Jahrhunderts auffassen, der in der Problematisierung des gesamten Kommunikationssystems signifikant wird.

Indem Staat und offizielle Kirche durch die Unterstützung eines neuen Kulturmodells zu Sachwaltern der neuen Regelsysteme, insbesondere der Rhetorik, und der damit gegebenen Veränderung des vorfindlichen textproduzierenden Mechanismus werden, setzen sie eine Umorientierung der kulturellen Totalität in Gang und evozieren Gegenkonzepte, die ihrerseits auf die Etablierung einer Totalität gerichtet sind. Dieser kardinale innersystemliche Dualismus läßt sich grob auf folgende Oppositionsbildung reduzieren:

Auf der einen Seite steht das Gesamt der ideologisch(-semio-

[10] Robinson verfolgt in Žizneopisanija (Lebensbeschreibungen), a. a. O., S. 25, 36, 51, in den Oppositionen Reiche/Arme, Dickwänste/Asketen, 'ihr' (Zar, Patriarch, Bojaren)/'wir' (raskol'niki [Schismatiker] als Repräsentanten des Volks) die soziale Dimension und interpretiert sie als Formulierung der Zweiklassenstruktur der russischen Feudalgesellschaft des 17. Jh. – Zum Problem der dualistischen Weltvorstellung vgl. auch die neue Arbeit von Lotman/Uspenskij: Das dualistische Weltmodell in der russischen Kultur des 17. bis 18. Jahrhunderts, in: Poetica. 9/1 (1977), S. 1–61. Hier werden der Hauptopposition „starina"/„novizna" („alte Zeit"/„neue Zeit") Oppositionen vom Typ „Rossija"/„zapad" („Rußland"/„Westen"), „christianstvo"/„jazyčestvo" („Christentum"/„Heidentum"), „pravil'naja vera"/„ložnaja vera" („wahrer Glaube"/„falscher Glaube") zugeordnet und diese – ohne direkten Bezug auf das Weltmodell Avvakums – als ein Merkmal russischer Konzeptionen von Welt bestimmt, die einen gewisserweise dualistischen Kulturmechanismus begründen.

tisch)en Handlungen,[11] die Staatlichkeit, offizielle Kirchlichkeit begründen (die Unterstützung einer offiziellen Sprache mit Hilfe einer sanktionierten Rhetorik); auf der anderen Seite steht das Gesamt der ideologisch(-semiotisch)en Handlungen, die antistaatliche und gegen die offizielle Kirche gerichtete Strukturen aufbauen (die Ablehnung einer durch staatlich-kirchliche Rhetorik garantierten Sprachregelung, Aufbau antisprachlicher und antirhetorischer Formen in diesem Sinne, deren Implikat die Entwicklung sprachlicher Formen eigener Prägung ist).

Avvakums Texte bieten eine Reihe von Formulierungen an, die die Kritik am offiziellen Sprachgebrauch, der sich an fremdbestimmten Mustern orientiert, sowie Empfehlungen für die richtige Sprachverwendung zum Inhalt haben. Es kann, entsprechend der moralisch und religiös motivierten 'Ideologisierung' der Sprachfrage bei Avvakum, die Sprache nur als ein eindeutiges Medium der Wahrheit und es kann folglich nur eine richtige Sprache geben, die unwandelbar ist. Damit wird die Sprache der Nikonianer (die in der Avvakumschen Opposition den Status von Heiden erlangen) zur bösen Sprache, zur Sprache von Lüge und Heuchelei, die Sprache der wahren Christen hingegen, der „raskol'niki" also, ist und war immer die gute Sprache, die Sprache der Aufrichtigkeit und Wahrheit. In der Gegenüberstellung von „mnogorečie krasnych slov" („Geschwätzigkeit der schönen Worte") und „žitie" („Leben")[12] erscheinen die schönen Worte als die leeren, trügerischen, denen keine Tat folgt.

Avvakum verwirft die Beherrschung der schönen Worte und damit diejenige Bildung, die für das „krasnorečie" („Wohlredenheit") verantwortlich ist, und schließlich das gesamte System, das von einer solchen Bildung bestimmt ist, und er verwirft den Gebrauch von Fremdsprachen. Sein Gegenkonzept gewinnt damit zwei Schwerpunkte: 1. Verzicht auf durch fremde Regelbücher diktierten Sprachschmuck. 2. Beschränkung auf die Muttersprache. Beide Forderungen implizieren die Negierung einer neuen Bildung, aber

[11] D. h. Handlungen, die bestimmte Wertpositionen zum Ausdruck bringen, vgl. Vološinov: Marksizm (Marxismus), a. a. O.

[12] Zitiert nach Robinson: Žizneopisanija, a. a. O., S. 35.

auch eine gewisse Distanzierung gegenüber den Angeboten der altrussischen Bildung. Avvakum muß sich selbst als jemand apostrophieren, der außerhalb dieser Bildung, ja jeglicher Bildung steht, als jemand, der 'dumm' ist:

Nesmyslen gorazdo, neuka čelovek
Glup ved' ja gorazdo
Az že neknižen syn
Ja ved' ne bogoslov
Kakoj ja filosof, grešnyj čelovek, prostoj mužik.[13]

(Ich bin nicht sehr vernünftig, ein törichter Mensch
Ich bin doch sehr dumm
Bin ich doch ein der Bücher unkundiger Sohn
Ich bin doch kein Theologe
Was bin ich schon für ein Philosoph – ein sündiger Mensch, ein einfacher Bauer.)

Diese Selbstbezichtigung als dumm und ungebildet spielt in Avvakums Auseinandersetzung mit den Reformern die Rolle eines Arguments. Er unterstellt den Nikonianern auf dem Konzil von 1666/67, sie hätten zur Legitimierung ihrer Reform die Kirchenväter und altrussischen Heiligen für 'dumm' erklären müssen:

blevat' stali na otcev svoich, govorja: „Glupcy-de byle i nesmyslili naši russkie svjatye, ne učonye-de ljudi byli –, čemu im verit?" Oni-de gramote ne umeli.[14]

(Sie fingen an, auf ihre Väter zu speien und sagten: „Dummköpfe nämlich waren sie und haben nichts verstanden, unsere Heiligen, ungebildete Leute nämlich waren sie, wozu sollen wir ihnen glauben?" Kannten sie doch nicht einmal die Schrift.)

Die „glupost'" („Dummheit") wird umgewertet, sie repräsentiert die alte Glaubenswahrheit, die echte Klugheit der Kirchenväter, den „razum christov" („Weisheit Christi") in der Gegenüberstellung von „učenye" („Gelehrte") und „glupcy" („Dummköpfe") bzw. „gramotnye" („Gebildete/der Schrift Kundige") und „negramotnye" („Ungebildete/der Schrift Unkundige"), bekennt sich

[13] Zitiert nach Robinson, ebd., S. 42.
[14] Zitiert nach Robinson, ebd.

Avvakum zur zweiten Gruppe und reiht sich in die Tradition der Apostel und Urchristen ein, die von ihren Verfolgern ebenfalls für dumm und ungebildet gehalten wurden, und versteht sich als Repräsentant der einen richtigen Glaubensüberlieferung. Dieses in der Wendung: „nevežda slovom, no ne razumom“ [15] („töricht im Wort, aber nicht in der Weisheit“) pointiert formulierte Konzept wird in der Verneinung der Bildung bestätigt: „Ne učen dialektiki, i ritoriki, i filosofii, a razum christov v sebe imam“ [16] („Ich bin ungeschult in Dialektik, Rhetorik und Philosophie, aber die Weisheit Christi trage ich doch in mir“). Die religiöse Motivierung seiner Ablehnung des durch die Nennung dieser drei Disziplinen abgesteckten Bereichs wird auch in Avvakums Antwortschreiben an F. M. Rtiščev [17] deutlich:

Ne naricajte učiteli nikto že na zemli, edin' bo est' učitel' vaš“ Christos“ / . . ./ I eščě: Christos“ ubo ne učil dialektiki a ni krasnorečiju potomu čto ritor“ i filosof“ ne možet“ byti Christianin.

(Nennt aber niemanden auf Erden euren Lehrer, denn euer einziger Lehrer ist Christus /. . ./ Und weiter: denn Christus lehrte weder Dialektik noch Wohlredenheit, weil ein Rhetor oder ein Philosoph kein Christ sein kann.)

Dieselbe Haltung vertritt Avvakum in seinem ›Žitie‹ *(Vita)* [18]:

Ne iščete ritoriki i filosofii, ni krasnorečija, no zdravym istinnym glagolom posledujušče, poživite. Poneže ritor i filosof ne možet byt' christijanin / . . ./ Da i vsi svjatii nas naučajut, jako ritorstvo i filosofstvo – vnešnjaja

[15] Zitiert nach Robinson, ebd.

[16] Zitiert nach Robinson, ebd.

[17] Sobranie ot Božestvennych pisanij protopopa Avvakuma Petrova; voprosivšu togo ot carskago sigklita škol'ničemu Feodoru Michajloviču Rtiščevu: dostoit, reče, učitisja ritorike, dialektike i filosofii? . . . (Sammlung der Religiösen Schriften des Protopopen Avvakum Petrov, der von dem Synkliten am Zarenhofe, dem Feodor Michajlovič Rtiščev, gefragt wurde: lohnt es sich, sagte er, Rhetorik, Dialektik und Philosophie zu erlernen? . . .) Abgedruckt bei I. A. Kirillov: Pravda staroj very (Die Wahrheit des alten Glaubens), Moskau 1916, S. 257–262.

[18] Zitiert nach Pančenko: Stichotvornaja kul'tura (Verskultur), a. a. O., S. 193. Deutsch: Avvakum Petrovič: Das Leben des Protopopen Avvakum/ Avvakum Petrovič ‘Protopop’. Übers. v. G. Hildebrandt, Göttingen 1965.

bljad', svojstvenna ognju negasimomu – /. . ./ Az esm' ni ritor, ni filosof didaskalstva i logofetstva ne iskusen, prostec čelovek i zelo ispolnen nevedenija.[19]

(Begehrt nicht Rhetorik und Philosophie, noch Wohlredenheit, sondern folgt dem gesunden, wahren Wort und lebt danach. Denn ein Rhetor und Philosoph kann kein Christ sein /. . ./ Lehren uns doch alle Heiligen, daß die Wortkünstelei und die Philosophiererei eine sich zur Schau tragende Hure sind, die ins ewige Feuer gehört – /. . ./ Ich aber bin weder Rhetor noch Philosoph, nicht kundig der Schulmeisterei und der Schriftauslegerei, sondern ein einfältiger Mensch und von Unwissenheit ganz erfüllt.)

In dem „Obraščenie Avvakuma k ‚čtuščim' i ‚slyšaščim' i ego pochvala ‚russkomu prirodnomu jazyku'"[20] (Sendschreiben Avvakums an die 'Lesenden' und 'Vernehmenden' und sein Lob der 'russischen Muttersprache') genannten Textstück, das in engem Zusammenhang mit seiner Autobiographie zu sehen ist, erklärt Avvakum, daß der Verzicht auf den Wortschmuck ebenso wie die Beschränkung auf die Muttersprache für seine eigene Textpraxis Geltung haben sollen:

Po blagosloveniju otca moego starca Epifanija pisano moeju rukoju grešnoju, protopopa Avvakuma, i ašče čto rečenno prosto i vy, gospoda radi, čtuščii i slyšaščii, ne pozazrite prostoročiju našemu, poneže ljublju svoj russkoj prirodnoj jazyk, viršami filosofskimi ne obyk" reči krasit', poneže ne sloves krasnych" bog" slušaet, no děl" našich choščet. I Pavel" pišet": 'Ašče jazyki čelovečeskimi glagolju i angel'skimi, ljubvi že ne imam - ničto že esm'.'

Vot", čto mnogo razsuždat': ne latinskim jazykom, ni grečeskim", ni evrejskim, niže inym koim iščet ot nas govory gospod', no ljubvi s pročimi dobrodetel'mi choščet, togo radi ja i ne bregu o krasnorečii i ne uničižaju svoego jazyka russkago. Nu, prostite že menja, grěšnago, a vas vsěch", rabov" Christovych, bog" prostit" i blagoslovit. Amin'.

(Gemäß dem Segensspruch meines Vaters, des Starzen Epifanij, geschrieben von meiner, des Protopopen Avvakum, sündiger Hand – und wenn etwas

[19] Vgl. auch weitere bei Pančenko, ebd. S. 176 angeführte Zitate aus Avvakums Kniga besed (Buch der Predigten) (Pjataja beseda [Fünfte Predigt] über die „vnešnjaja mudrost'" [„äußerliche Klugheit"]).

[20] Pustozerskij sbornik (Die Sammlung von Pustozersk), a. a. O., S. 112.

einfach gesagt ist, so sollt ihr, die Lesenden und Vernehmenden, um Gottes willen unsere Volkssprache nicht verachten, ich nämlich liebe meine russische Muttersprache, und mit philosophischen Versen meine Reden zu zieren bin ich nicht gewöhnt, denn nicht schöne Worte will Gott hören, sondern unsere Taten will er. Und Paulus schreibt: 'Wenn ich auch in menschlichen Zungen spreche und in Engelszungen, aber der Liebe nicht habe – so bin ich nichts.'

Nun, wozu viel reden: Weder in lateinischer noch in griechischer, weder in hebräischer noch in sonst irgendeiner Zunge will Gott von uns Reden hören, sondern Liebe und andere Wohltätigkeiten will er, deshalb kümmere ich mich nicht um die Wohlredenheit und würdige nicht meine russische Zunge herab. Nun, so verzeiht mir sündigem Menschen, und euch allen, den Sklaven Christi, wird Gott verzeihen und euch segnen. Amen.)

In seinem Begriff des „prostorečie" („Volkssprache") sind die beiden Forderungen enthalten. Das „prostorečie" konnotiert die einzige, echte, wahre Sprache, „russkij prirodnyj jazyk" („russische Muttersprache"), und die ungeschmückte, rhetorikfreie Sprache, während das „krasnorečie" („Wohlredenheit") zum Äquivalent für fremde Sprache: das Lateinische, Griechische, Hebräische vornehmlich, aber sicher auch das Polnische, wird und für die geschmückte, rhetorikorientierte Sprache steht, deren Basis das Kirchenslavische ist.[21]

A. M. Pančenko hat in seiner Darstellung der russischen Verskultur des 17. Jahrhunderts eine weitere wesentliche, den Unterschied zwischen der offiziellen Literatur und der Textpraxis der Altgläubigen beschreibende Opposition herausgearbeitet.[22] Diese ist in der unterschiedlichen Konzeption der literarischen Arbeit begründet. Während Polockij und die Syllabiker im Anschluß an westliche Konzepte die Individualität der literarischen, poetischen Leistung

[21] In seiner ›Kniga tolkovanij‹ (Buch der Deutungen) schreibt Avvakum an Aleksej Michajlovič: „Ty ved', Michajlovič, rusak, a ne grek, govori svoim prirodnym jazykom, ne uničižaj evo i v cerkvi, i v domu, i v poslovicach" („Du, Michajlovič, bist doch ein Russe und kein Grieche, so sprich doch in deiner Muttersprache, verachte sie nicht in der Kirche und nicht zu Hause, noch in den Redewendungen"). Zit. nach Pustozerskij sbornik, a. a. O., Kommentar, S. 248.

[22] Vgl. Stichotvornaja kul'tura, a. a. O., S. 169ff., 191ff.

behaupten und (im Rahmen der Rechtfertigungslehre) als Tat werten, die der Legitimation des Christen dienen kann, verneinen Avvakum und die Altgläubigen die Individualität des Werks, das nicht an die Stelle des Glaubens als einziger möglicher Rechtfertigung treten kann. Avvakum begründet seinen Entschluß zur Niederschrift seiner Texte mit dem Krisenmoment, in dem Kirche und Glauben sich befinden, und will ihnen eine rein dienende, untergeordnete Funktion zubilligen. Auch diese Opposition ist eine Bestätigung der bereits genannten Oppositionen, die in der auf der Sprachebene angesiedelten ihren signifikantesten Ausdruck finden. Sie lassen sich folgendermaßen zusammenfassen:

Wissenschaft	←→	Verstand/Weisheit
Dialektik		(Christi)
Rhetorik		
Philosophie		
Theologie		
Wohlredenheit	←→	Volkssprache (Stammeln)
Wort		Tat, Leben
Geschwätzigkeit der schönen Worte		
Rhetor	←→	Christ
der Bücher Kundige		der Bücher Unkundige
Gelehrte		Ungelehrte, Laien
Gebildete/Schriftkundige		Ungebildete/der Schrift Unkundige
Griechisch, Latein	←→	russische Muttersprache
Hebräisch, (Polnisch)		

Diese Oppositionen bilden die scharfe und radikale Kontrastierung des evolutionierenden reformbewußten Teils eines Kultursystems mit demjenigen Teil desselben Systems ab, der konservierend funktioniert und die Aufgabe übernommen hat, das sich verändernde System in seiner Veränderung zu stören. Welche Rolle spielt dabei die 'Ideologisierung' der Sprachfrage? Und wie läßt sich der Dualismus der beiden Kulturmodelle im Zusammenhang damit beschreiben?

Die Entwicklung einer die Sprache betreffenden Ideologie ist der Versuch, der Sprache im kulturellen Kontext feste Bedeutungen zuzuweisen und darüber hinaus eine Totalität von Bedeutungen zu schaffen, die durch die Sprache garantiert werden und das Fortbestehen der Kultur, ihre Geschlossenheit und Konsistenz ermöglichen. Die 'Ideologisierung' ist letztlich dadurch bestimmt,[23] daß globale Vorstellungen einer Gruppe über ihre Existenz in der Welt sich artikulieren und in Texten zum Ausdruck gelangen. Aus den formulierten Sprachideologemen läßt sich auf den Typ des kulturellen Systems schließen, dessen normative Regeln sie widerspiegeln. Die Sprache als dominante Signifikantenstruktur wird mit einem festen Bestand von Bedeutungen korreliert, die sämtliche Bereiche des Systems umfassen. Die 'Ideologisierung' erscheint somit als eine zeichengebende, Bedeutung zuweisende Tätigkeit, die alle Praxisbereiche umfassen will, als Versuch des Kollektivs, eine semiotische Ganzheit zu schaffen. Diese semiotische Ganzheit reflektiert ihrerseits den Status des kulturellen Systems.

Für Avvakum gilt ein geschlossenes Universum als Weltmodell: Gott und die heiligen Texte. Es gibt keine Erweiterung dieses Raums durch Kontakte mit anderen Räumen, wie es in der offiziellen Modellierung der Welt durch Bildung (und später durch Wissenschaft) möglich wird. Bildung bedeutet für Avvakums Ansatz eine Störung des Systems (er sieht sie im 'Teufel' personifiziert) und die Errichtung einer Gegenwelt. Aus seiner Perspektive übernimmt die offizielle Welt (Staat und Kirche) die Funktion dieser Gegenwelt.

Sowohl in Avvakums Weltmodell als auch in dem der Repräsentanten der offiziellen Kultur nimmt die Bewertung der Sprache, der verschiedenen Modi ihrer Verwendung und des rhetorischen Regelinventars einen zentralen Platz ein. Die konträren Konzeptionen, die zu diesem Punkt im russischen kulturellen Kontext des 17. Jahrhunderts entwickelt werden, führen zu den Resultaten, von denen bereits die Rede war: einerseits zum Aufbau einer rhetorischen

[23] Das ideologische Moment eines Textes hat dann, so verstanden, denselben Status wie die „mifologičnost' teksta“ („das Mythologische des Textes“); vgl. D. S. Segal: O nekotorych problemach semiotičeskogo izučenija mifologii (Über einige Probleme der semiotischen Mythologieforschung), in: Simpozium po strukturnomu izučeniju znakovych sistem (Symposium zur strukturalen Erforschung von Zeichensystemen), Moskau 1962, S. 93.

Tradition und zur Unterordnung der Dichtpraxis unter den Regelmechanismus der etablierten Rhetorik, anderseits zur Herausbildung einer rigoros antirhetorischen Haltung, deren Manifestationen ein nachgerade subrhetorisches Gegensystem zu begründen scheinen. Denn die Ablehnung der offiziösen Rhetorik ist nicht nur als Verstoß gegen die akzeptierten Normen, die diese repräsentiert, sondern vielmehr als Verneinung der sozialen Wertigkeit dieses Regelsystems zu begreifen, ja als Verneinung der Kommunikationssituationen, für die es gilt. Mit dieser ausdrücklich dokumentierten Gegenhaltung richtet sich gegen das gültige System ein gegenläufiges ein, das sich durch Rigorismus und Isolationismus auszeichnet. Auf diese Weise kommt es zur Herausbildung eines Dualismus, der die Grundopposition zwischen 'Kultur' und 'Nichtkultur', die im Selbstverständnis einer Kultur die Rolle der Abgrenzung gegenüber fremden, 'außerhalb' liegenden Kulturen spielt, in das System selbst hineinträgt.

Im Rahmen der bisherigen Ergebnisse der semiotischen Kulturtypologie, die ihre Kriterien aus der Interpretation von Texten gewinnt, in denen eine Kultur sich artikuliert, erscheint es als möglich, den kulturimmanenten Dualismus, dieses Gegeneinander zweier Modelle derselben Kultur, etwas genauer zu bestimmen. In Anlehnung an bereits formulierte kulturtypologische Kriterien[24] lassen sich zu diesem Zweck folgende Fragen stellen:

[24] Es handelt sich hierbei um den Versuch, aus den zahlreichen Arbeiten der sowjetischen kulturtypologischen Schule einige Kriterien zu konzentrieren und auf den gewählten kulturellen Kontext anzuwenden; vgl. bes. Lotman: K probleme tipologii kul'tury (Zum Problem der Kulturtypologie). Trudy po znakovym sistemam. III. (Arbeiten zu Zeichensystemen. III.), 1967, S. 30–38; Ju. Lotman/Uspenskij: Zum semiotischen Mechanismus der Kultur (1971), in: Semiotica Sovietica. Sowjetische Arbeiten der Moskauer und Tartuer Schule zu sekundären modellbildenden Zeichensystemen (1962–1973). Hrsg. v. K. Eimermacher, Aachen 1986 (= Aachener Studien zur Semiotik und Kommunikationsforschung, Bd. 5), Bd. 2, S. 853–880; Ju. Lotman/A. Pjatigorskij: Text und Funktion, in: Ju. Lotman: Aufsätze zur Theorie und Methodologie der Literatur und der Kultur. Hrsg. v. K. Eimermacher, Kronberg/Taunus 1974, S. 320–337; Ju. Lotman: Das Problem des Zeichens und des Zeichensystems und die Typologie der

1. Welches Verhältnis baut eine Kultur zum Bereich der Extrakultur, also zu demjenigen Bereich auf, von dem sie sich abgrenzt (betrachtet sie ihn als Unkultur oder als Antikultur)?
2. Welches Selbstverständnis bzw. 'Automodell' entwickelt eine Kultur (betrachtet sie sich als gottgegeben, natürlich oder selbstregulierend)?
3. Kommt es in einer Kultur zur Herausbildung von Selbstbeschreibungsmodellen (z. B. Rhetorik, Grammatik oder anderen Modellen, die eine organisierende Funktion übernehmen), oder richtet sie sich an der Autorität der überlieferten Texte aus?
4. Welches Zeichenverständnis entwickelt eine Kultur (Festlegung oder Nichtfestlegung der semantischen Relation, d. h. Nichtarbitrarität oder Arbitrarität)?
5. Welchen Textbegriff entwickelt eine Kultur ('funktionaler' oder 'textueller' Text)?

Arbeitet man mit diesen Kriterien, so ergibt sich für die genannten kulturimmanenten Modelle, die selbst den Status semiotischer Mechanismen haben, folgende Gegenüberstellung:

Der Kulturtyp in der konkreten Repräsentanz des von Avvakum und den Altgläubigen vertretenen Modells basiert auf dem Text als dem Paradigma für Texte, d. h. orientiert sich an der Texttradition, die als heilig gilt. Die Textbedeutung ist festgelegt (die Bibel hat *eine* Bedeutung, eine Revision der Hl. Bücher ist daher undenkbar). Entsprechend ist die Vorstellung von der Arbitrarität der Zeichen unzulässig, denn der Ausdruck ist nicht auswechselbar, da er immer die einzige und richtige Benennung ist; Fremdsprachen sind aus demselben Grund verpönt.

Das von der offiziellen Hofkultur vertretene Modell basiert auf der Regel, d. h. auf der Überzeugung, daß die Textproduktion erlernbar und steuerbar ist. Selbstbeschreibungssysteme gewinnen zentrale Bedeutung: Die Grammatik, die Rhetorik werden zum Lernstoff. Die Hl. Texte sind revidierbar, sie können aufgrund neuer Erkenntnisse verändert werden. D. h., der Ausdruck gilt als arbiträr, folglich als auswechselbar. Fremdsprachen sind zulässig, ja

russischen Kultur des 11.–19. Jahrhunderts, in: ders.: Aufsätze zur Theorie und Methodologie, a. a. O., S. 378–411.

erwünscht. An die Stelle der Gesamtheit überlieferter Texte tritt ein Regelsystem.

Das Avvakum-Modell, das die Kultur als gottgegeben und als unveränderbar ansieht (jede Neuerung, wie im konkreten Fall die nikonianischen Reformen, bedeutet die Katastrophe[25]), begreift ihr Verhältnis zum Bereich der Extrakultur als das einer Kultur zu einer Antikultur. Die Antikultur wird dabei als ein Zeichensystem verstanden, das der eigenen Kultur isomorph ist: Das antikulturelle Zeichensystem funktioniert mit negativem Vorzeichen, es gelten also die Oppositionen: richtig vs falsch, wahr vs unwahr und konkret die Oppositionen: Rußland vs Europa, Christentum vs Heidentum; wahrer Glaube vs falscher Glaube.[26]

Das offizielle Modell begreift die Extrakultur als Unkultur, d. h. als einen Bereich, der keinen Zeichencharakter besitzt, also nicht strukturiert, sondern chaotisch ist. Es gelten die Oppositionen: Geordnetheit vs Nichtgeordnetheit; Sinn vs Unsinn. Dieses Modell tendiert zur Expansion, während das erstere zur Isolation tendiert.

Das Modell der Kultur als Gesamtheit von Texten und das Modell der Kultur als Regelsystem für die Schaffung immer neuer Texte scheinen einen Kulturtyp zu artikulieren, in dem Erneuerung und Identitätsbewahrung innerhalb des Systems selbst manifest werden. Die Bestimmung einiger Momente dieses dualistisch strukturierten dynamischen Kulturtyps, die den konkreten Prozeß des 17. Jahrhunderts gewisserweise neutralisiert, bedarf der Zusatzbemerkung, daß im Zusammenprall der beiden rivalisierenden Modelle für die Gesamtkultur entscheidende Funktionen sich artikulieren; und zwar in der Unterstützung des staatlichen Zentralismus einerseits und dessen bedingungsloser Ablehnung auf der anderen Seite. Dabei ist zu beobachten, daß das Reformmodell, das Modell der Regelkultur also, eine ungemein systemstabilisierende Funktion übernimmt und die offiziellen Bestrebungen der Hofkultur vertritt. Das konservative Modell dagegen, die Textkultur also, spielt die

[25] Vgl. Lotman/Uspenskij: Dual'naja model (Das dualistische Modell), a. a. O.

[26] Entsprechend den vorgeschlagenen Oppositionen in den genannten kultursemiotischen Arbeiten.

Rolle der Subkultur, die eine systeminstabilisierende Funktion realisiert, indem sie sich dem zur Homogenität tendierenden Gebäude von Kommunikationsformen und -zielen widersetzt. Die Subkultur bildet Gegenformen heraus, die als Verletzung der zur Geltung gelangenden neuen Normen, als Störung eines Gefüges zu betrachten sind, das neue Kanones einrichtet und um zunehmende Geordnetheit und Strukturiertheit aller Teilbereiche bemüht ist.

Die Autobiographie Avvakums übernimmt in dem genannten Prozeß eine 'subkulturelle' Funktion in diesem Sinn.[27] Selbst wenn die Konstitution dieses Textes nicht alle Postulate Avvakums einzulösen scheint, so läßt sich die Kongruenz seiner 'ideologischen' Äußerungen mit der konkreten Textpraxis bestätigen. Seine Bildungsverweigerung, seine Ablehnung des „krasnorečie" und Rücknahme der eigenen Leistung als individueller literarischer Tätigkeit haben als dezidierter Standpunkt einen eigenen Stellenwert. Weder die Tatsache, daß Avvakum über einen gewiß nicht unbeträchtlichen Bildungsstand verfügte, den er sich womöglich aus denselben Büchern aneignete wie sein Hauptgegner Nikon, noch die Anfang des 18. Jahrhunderts einsetzende Bildungsaktivität bei den Altgläubigen, die die Aufarbeitung der rhetorischen Tradition mit einschloß,[28] sprechen gegen die Aufrichtigkeit des Bildungsskeptizismus, den Avvakum und andere Altgläubige in einem konkreten Krisenmoment des kulturellen Prozesses artikulieren. Die Duldung bestimmter konventioneller Formen in seinem eigenen Werk und in dem seines Schülers Avraamij[29] ist im Zusammenhang mit seiner

[27] Robinson: Žizneopisanija, a. a. O., S. 36 sieht in Avvakums ›Žitie‹ eine Gefährdung für Staat und Kirche.

[28] Zur 'Bildung' der Altgläubigen vgl. Robinson: Bor'ba, a. a. O., S. 324; Kirillov: Pravda, a. a. O., S. 262 verwahrt sich gegen den Vorwurf der Bildungslosigkeit der Altgläubigen mit Rekurs auf die Ende des 17. Jh. einsetzenden Bildungstendenzen, zu denen auch die Aufarbeitung der Rhetorik gehört. Vgl. auch V. P. Vomperskij: Stilističeskoe učenie M. V. Lomonosova i teorija trech stilej (Die Stillehre M. V. Lomonosovs und die Theorie der drei Stilarten), Moskau 1970, S. 91 f.

[29] Pančenko: Stichotvornaja kul'tura, a. a. O., S. 95 ff. sieht zwar in den ästhetischen Überzeugungen der Altgläubigen (insbesondere Avvakums und Avraamijs) und denen der Syllabiker unvereinbare Größen, hält aber

'ideologischen' Position und im Hinblick auf die konkrete Funktion dieser Werke im 17. Jahrhundert differenziert zu beurteilen.

Es ist keine Frage, daß das ›Žitie‹ Avvakums in einer literarischen Tradition steht, auch wenn es im zeitgenössischen Kontext weder als literarisches Werk intendiert noch auch als solches rezipiert wird. (Die literarische Rezeption der Autobiographie setzt bekanntlich erst später ein.[30]) Das bedeutet nun aber nicht, daß das ›Žitie‹ im Kontakt mit Texten der Zeit, auch mit solchen, die unter dem Eindruck barocker ästhetischer Ideale die Funktion des Literarischen realisieren, sich nicht doch als 'Gegentext' literarisch konstituieren kann.

Das Auftreten konventionsbestimmter stilistischer und sprachlicher Formen des ›Žitie‹, die als solche der Forderung des „prostorečie" zu widersprechen scheinen, lassen sich nur im Zusammenspiel mit den antikonventionellen Formen im sprachlichen und stilistischen Bereich bestimmen, die wesentlichen Anteil am Textaufbau haben. Letztere orientieren sich weder an den Stil- und Sprachmustern, wie sie die überlieferten kanonisierten Texte anbieten, noch am Regelinventar der neuen Rhetorik. (Vom Standpunkt einer generellen deskriptiven Rhetorik sind auch solche Formen durchaus qualifizierbar.)

Die sprachliche und stilistische Analyse des Textes, die V. V.

eine Ablehnung des „stichotvorstvo" („Versemachen") von seiten Avvakums für nicht wahrscheinlich. Avvakum verurteile nicht die „virši", zumal sein Schüler Avraamij solche verfaßt habe, sondern lediglich die „vnešnjaja mudrost'", zu der die Rhetorik gehöre. Zur Einschätzung dieses Punktes ließe sich anführen, daß der Zusammenhang zwischen Rhetorik als Regelinventar und Versdichtung nicht ignoriert werden kann. Im übrigen beweisen die Spezifika der Altgläubigendichtung, die Pančenko aufdeckt (die Mischung verschiedener metrischer Systeme: Syllabik, Tonik, raešnik [eine Mischform], daß die offizielle „virši"- („Vers"-)Dichtung damit keineswegs bestätigt wird. Vielmehr sind dies Formen der Kreolisierung, die als vom etablierten Schema abweichend zu werten sind.

30 Zur Rezeption des ›Žitie‹ vgl. Robinson: Bor'ba, a. a. O., S. 373f., die zeitgenössische Rezeption war demnach negativ, das Werk wurde als Pseudopredigt aufgenommen, jedenfalls eher religiös-sozial als ästhetisch rezipiert.

Vinogradov[31] erbracht hat, belegt einen Dualismus von Formen,[32] die sowohl in den Bereich des Kirchenslavischen wie in den der lebendigen Umgangssprache verweisen und jeweils entsprechende stilistische Verfahren motivieren. Es gibt demnach traditionszugehörige Elemente und solche, die der herrschenden Unifizierungstendenz entgegenstehen, 'sperrige' Formen also, die auf der Gattungs- und Stilebene des Werkes Signalwert erhalten.

Der Dualismus der Formen negiert die Gültigkeit einer rhetorischen Autorität, die als kommunikationsregulierende Kraft nicht nur eine spezifische Sprachkonzeption oktroyiert, nämlich die der Dichotomie von Alltags- und Dichtungssprache, sondern auch einen sprachlichen Kanon aufstellt und die kanonisierten Sprachen funktionalisiert, d. h. bestimmten Redezielen zuordnet. Eine scharfe Abgrenzung von allen nichtkanonisierten, in der Sprach- und Stilhierarchie nicht enthaltenen Sprachen ist die Folge. Gleichzeitig ist die Möglichkeit einer Vielsprachigkeit im Sinne des „raznorečie" unterdrückt, die Einheitssprache, „edinyj jazyk", wird die Sprache der offiziellen poetischen Genres.[33] Damit beginnt der Aufbau eines restriktiven und selektiven Systems sowohl auf dem Gebiet des Stilistischen wie auf dem der Gattungen, denen die Stile korrespondieren.

Simeon Polockij, Hofdichter und Gründer einer der ersten literarischen Schulen Rußlands, läßt sich als Repräsentant dieses funktionierenden und produktiven Systems bezeichnen.[34] Avvakum, der

[31] O zadačach stilistiki. Nabljudenija nad stiljem Žitija Avvakuma (Von den Aufgaben der Stilistik. Beobachtungen zum Stil der Vita des Avvakum), in: Russkaja reč' (Russische Sprache). I. Hrsg. v. L. Ščerba I., Petrograd 1923, S. 195–293.

[32] Vinogradov deckt die Schicht des Kirchenslavischen sowie die des „prostorečie" auf und arbeitet die stilistischen Entsprechungen in der Metaphorik und im Bereich der übrigen semantischen Verfahren heraus (konventionelle und kreativ-abweichende semantische Konstruktionen).

[33] Nach Bachtin: Slovo, a. a. O., taucht das „raznorečie" in den nicht kanonisierten Prosaformen verstärkt auf, der „edinyj jazyk" dagegen ist die Sprache der konventionsbestimmten Poesie.

[34] Pančenko, a. a. O., S. 116. – Polockij ist Verfasser eines poetisch-rhetorischen Traktats, der in der Sarbiewski-Tradition steht, seine Abhängig-

sein Werk programmatisch als „vjakan'e" („Stammeln") bestimmt, um seine Verachtung des „krasnorečie" und des literarischen Tuns als solchen nachdrücklich zu bekunden, vertritt den Gegenpol. Beide Autoren gelten als „dvujazyčny" („zweisprachig"), insofern beide das Kirchenslavische und eine Form der Volkssprache zur Verfügung haben. Aber gerade in der Handhabung sprachlicher Formen, in der Art ihrer Semantisierung im konkreten Text wird der wesentliche Unterschied zwischen den beiden Autoren deutlich.[35]

Polockij akzeptiert die Dichotomievorstellung bezüglich der Sprache, die Hierarchisierung der Stile und Sprachebenen, die Notwendigkeit, sie funktional, d. h. für ein definiertes Kommunikationsziel, eine bestimmte Gattung zu verwenden. Avvakum überschreitet die akzeptierten Grenzen im sprachlichen Raum durch ein Verfahren, das man als Kreolisierung, Vermischung von Elementen verschiedener Herkunft bezeichnen könnte. Ein Verfahren übrigens, das nicht nur für die sprachliche Ebene gilt, sondern auch auf der Stil- und Gattungsebene bestätigt wird. Mit Hilfe dieses Verfahrens erreicht Avvakum eine besondere Qualität des „dvujazyčie", das als zwei konkurrierende Sprachen und zwei von ihnen bedingte konkurrierende Stile in ein und demselben Text auftritt. Die stilistischen und sprachlichen Besonderheiten des Kirchenslavischen und des „prostorečie" werden einander durch dieses Verfahren nicht nur konfrontiert, sondern sie treten auch in Kontakt zueinander.

keit von barocken Verfahren im Bereich der Stilistik läßt sich am Einsatz der *acumen*-Technik in seiner Dichtung nachweisen. Hierzu: R. Lachmann: Die Tradition des 'ostroumie' und das 'acumen' bei Simeon Polockij, in: Slavische Barockliteratur. I. Hrsg. v. D. Tschižewskij, München 1970, S. 41–59; dies.: Rhetorik und *acumen*-Lehre als Beschreibung poetischer Verfahren. Zu Sarbiewskis Traktat ›De Acuto et Arguto‹ von 1627, in: Slavistische Studien zum VII. Internationalen Slavistenkongreß in Warschau, München 1973, S. 331–355.

35 Zur „dvujazyčnost'" („Zweisprachigkeit") von Polockij und Avvakum vgl. Robinson: Bor'ba, a. a. O., S. 350. Robinson sieht in dem Sprachenstreit zwischen Skarga und Višenskij eine aufschlußreiche Parallele zu dem zwischen Polockij und Avvakum, wobei er eine Reihe von Konstanten feststellt, ebd. S. 319–353.

Der auf der sprachlich-stilistischen Ebene ermittelte Dualismus läßt sich auf weiteren textkonstitutiven Ebenen verfolgen, etwa auf der narrativen und der thematischen Ebene. Robinson spricht von der „zweischichtigen Struktur“ des Werkes, von den „zwei Gestalten des Hauptthelden“, der einmal als „Prediger“, einmal als „sündiger Mensch“ auftritt, woraus sich auch für die Erzählperspektive ein Dualismus ergibt.[36] In der Verfolgung der Entwicklung der russischen Hagiographie in die Autobiographie und der spezifischen Veränderungen dieser für das altrussische Gattungssystem so konstanten Form entdeckt Robinson in Avvakums ›Žitie‹ Elemente der „Predigt“ und solche der „Beichte“, deren Gegenüberstellung er als Innovation und als eine besondere Weise der Einkleidung der autobiographischen Gattungsstruktur wertet. Das Mit- und Gegeneinander von „Prediger“ und „sündiger Mensch“, von „Predigt“ und „Beichte“, von der „kirchenslavischen Sprachschicht“ und der „Schicht der lebendigen Sprache“ [37] läßt das ›Žitie‹ in jeder Hinsicht als eine ambivalente Struktur erscheinen, in der die ‘bekannten’ durch die Berührung mit neuen, ‘ungewohnten’ Formen in Frage gestellt und reflektiert werden.

Diese auf allen Ebenen registrierbare Doppeltgerichtetheit der textkonstitutiven Elemente erlaubt den Schluß, daß Avvakum die „dialogischen“ [38] Möglichkeiten der Sprache und des Textes voll nutzt. In klarem Gegensatz zur zeremonialen monologischen Verwendung von Sprache in der rhetorisch regulierten und restringierten Dichtung entwickelt Avvakum neue semantische Konstruktionen, Stilkombinationen, ambivalente, ‘doppeltgerichtete’ Metaphern. Die Dialogizität, die er aufbaut, entfaltet sich nicht nur innerhalb des Textes im Wechselspiel von Formen, die in unter-

[36] Ebd. S. 376ff.

[37] Zur Gattungsfrage Robinson, ebd. S. 364ff. und D. S. Lichačev: Sistema literaturnych žanrov Drevnej Rusi (Das System der literarischen Gattungen im Alten Rußland), in: Slavjanskie literatury (Slavische Literaturen), Moskau 1963, S. 47–70.

[38] Der Begriff der „dialogičnost’“ („Dialogizität“) ist von Bachtin Ende der 20er Jahre entwickelt worden und spielt in allen seinen literaturtheoretischen und analytischen Arbeiten eine zentrale Rolle, vgl. auch Vološinov, a. a. O., der dieselbe Position vertritt.

schiedliche sprachliche und textuelle Milieus verweisen, sondern auch in der Beziehung, in die der Text mit anderen Texten desselben kulturellen Bereichs – synchron und diachron – tritt. Der Text als Ganzheit repliziert auf andere Texte, wobei seine Bezogenheit auf andere 'fremde' Texte dadurch hervorgehoben wird, daß Avvakum durch das Einbringen heterogener Gattungs- und Stilformen unterschiedliche Traditionen evoziert. Das ›Žitie‹ erscheint als Replik auf die altrussische 'klassische' Heiligenvita und die kulturellen Erfahrungen, die sie repräsentiert. Darüber hinaus läßt es sich aber auch in Relation zur zeitgenössischen weltlichen Prosa (die in den geltenden Kanon nicht aufgenommen ist) wahrnehmen und schließlich als Gegentext zur offiziellen Hofdichtung lesen.

Indem Avvakum die offizialisierte Einheitssprache, die Geltung der Stilhierarchie ignoriert und durch Kreuzung, Vermischung und Überlappung der Sprachen und Stile den festgelegten sprachlichen Raum entgrenzt, entwirft er komplizierte Gegenformen, die sich an keinem Regelinventar zu orientieren scheinen. Diese Gegenformen sind kompliziert, da sie auf bestehende replizieren, indem sie sie verneinen. Denn die Replik, so verstanden, dient hier einmal der Brüskierung von Gattungs- und Stilerwartungen, aber ist auch eine negierende Geste, die als Bedrohung, zumindest als Infragestellung der offiziellen Welt funktioniert.

Es ist nicht von ungefähr, wenn man in diesem Zusammenhang an eine von Bachtin entwickelte Kategorie erinnert, die solche gegenkulturellen Gesten beschreibt: Ich meine die Kategorie der 'Karnevalskultur'[39]. Bachtin begreift 'Karnevalskultur' als eine herrschenden Systemen zuwiderlaufende Kultur, die sich in Formen des Verhaltens, aber auch in spezifischen Kommunikationsformen, z. B. in Texten, aktualisiert. Bachtin hat vor allem im Bereich der Literatur solche Formen untersucht und Kriterien aufgestellt, die es erlauben, auch im Falle der Autobiographie Avvakums von 'Karnevalsliteratur' in diesem bedingten Sinne zu sprechen. Bezeichnend

[39] Vor allem Bachtins Buch Tvorčestvo Rable i narodnaja kul'tura srednevekov'ja i Renessansa, Moskau 1965. Deutsch: ders.: Rabelais und seine Welt. Volkskultur als Gegenkultur. Hrsg. v. R. Lachmann, Frankfurt a. M. 1987.

dafür sind die dialogischen Strukturen, die der an der Rhetorik ausgerichteten monologischen Sprach- und Textauffassung widersprechen. Texte, die gegen die Legitimität beanspruchenden Regelinventare, gegen das geltende Sprachverständnis gerichtet sind, bedienen sich der dialogischen Potenz der Sprache, um ambivalente Bedeutungsstrukturen aufzubauen. Avvakums Text, ein 'Karnevalstext' in diesem Verständnis, signalisiert die Gesamtausrichtung seines Kulturmodells.[40]

[40] Das neue Buch von Lichačev/Pančenko: ‚Smechovoj mir' Drevnej Rusi, Leningrad 1976 (deutsch: ders.: Die 'Lachwelt' des Alten Rußland, z. Z. im Druck), das an die Kategorie der Karnevals- und Lachkultur Bachtins anknüpft und diese durch das Konzept des „antimir" („Antiwelt/Gegenwelt") sowohl interpretiert und weiterentwickelt als auch durch eine Fülle neuen Materials belegt, eröffnet die Möglichkeit, diese Dimension der Rolle des Avvakumschen Kulturmodells im 17. Jh. weiterzuverfolgen, vgl. bes. die Kap. Der Humor des Protopopen Avvakum (Lichačev) und Das Christnarrentum als gesellschaftlicher Protest (Pančenko).

b) Translinguale Texttheorie

Kongreß-Bericht Gesellschaft für Musikforschung, Lüneburg 1950/51, Bärenreiter-Verlag, Kassel und Basel, 1951, S. 33–49.

DIE ORATORISCHE KUNST J. S. BACHS

Grundfragen und Grundlagen

Von ARNOLD SCHMITZ

Oratorische *Kunst* – Ars oratoria – bedeutet von der Antike her durch das ganze Mittelalter bis zu den Zeiten Bachs und Händels, ja noch über sie hinaus, *Kunst der Rede.* Primär bedeutet sie auch für den Musiker nichts anderes. Es ist jene Kunst der gehobenen Rede gemeint, derer sich ein Redner bedient, um seine Hörer zu belehren und überzeugen, zu bewegen und ergötzen. *Docere – movere – delectare,* das blieb seit der Antike der dreifache Zweck der Ars oratoria. Die gute Rede galt als Kunstwerk, der gute Redner als Künstler. Das muß man als erstes fest im Auge behalten, wenn man von der Ars oratoria spricht. Hier beginnt bereits das Verständnis für jene engen Beziehungen, die von alters her zwischen ihr und anderen Künsten stattfanden, Künsten, die es ebenfalls mit dem Wort und seiner Gestaltung zu tun haben: Dichtkunst und Musik.

Die Ars oratoria ist auch als *Lehre* (Rhetorik) ein Erbe der Antike. Wie sie von den großen Lehrern und Rednern der Antike gelehrt wurde, so wurde sie das ganze Mittelalter hindurch bis weit in die neuere Zeit hinein überliefert, und zwar im wesentlichen unverändert. Nicht nur an den Universitäten wurde sie gelehrt, auch schon die Schüler der Lateinschulen wurden in den höheren Klassen mit ihr vertraut gemacht. Der junge Bach lernte ihre Grundlagen bereits in der Lateinschule kennen,[1] wie alle Musiker vor ihm,

[1] Darüber neuerdings G. Fock: Der junge Bach in Lüneburg, Hamburg 1950, 62ff. Sehr wahrscheinlich wurde damals in der Michaelisschule der Unterrichtsstoff in Rhetorik unter Benutzung der ›Rhetorica Gottingensis‹ von Heinrich Tolle (Göttingen 1680) vorgetragen. Nach Fock gibt Tolle die aristotelische Lehre von der Redekunst wieder (S. 64).

die durch eine solche Schule gegangen waren. Solange die Rhetorik im Lehrplan mit vollem Ernst und Gewicht beibehalten wurde – und das war bis zur Aufklärung der Fall –, blieb sie ein *selbstverständlicher Besitz.* Auch dies dürfen wir nicht aus dem Auge verlieren, wenn von Rhetorik gesprochen wird, von ihren Beziehungen zur Poetik (zur Lehre von der Dichtkunst) und zur Musik als Lehre.

Im alten Erziehungssystem, vor dem Einbruch des Neuhumanismus, gehörten Musik und Rhetorik zu den sieben freien Künsten, den *artes liberales.* Damit sind sie als Mitträger der allgemeinen Erziehungsgrundlage bezeichnet. Wilibald Gurlitt hat in seiner Studie ›Musik und Rhetorik‹[2] die Grundlageneinheit beider Disziplinen im Erziehungsgang der mittelalterlichen und humanistischen, der reformatorischen und gegenreformatorischen Lateinschulen und der Universitäten dargestellt. Darüber sind wir jetzt gut orientiert. Wir fühlen uns zu großer Dankbarkeit Arnold Schering verpflichtet, der das Doppelproblem Ars oratoria und Musik, Rhetorik und Musiklehre zuerst wieder angeschnitten und seine Lösung reichlich gefördert hat, sowohl in seinen eigenen Forschungen wie auch in Arbeiten seiner Schüler, von denen Hans-Heinrich Unger mit seiner Arbeit ›Die Beziehungen zwischen Musik und Rhetorik im 16.–18. Jahrhundert‹[3] besonders hervorgehoben zu werden verdient. Immer deutlicher zeigt sich, daß in der Musikgeschichte das Problem Ars oratoria und Musik eines der zentralsten für das Verständnis der *wortgebundenen Musik* des Abendlandes bis in die Zeiten Bachs und Händels hinein ist, und dies nicht etwa erst seit dem Aufkommen des neuitalienischen Stils um 1600 und seiner Rezeption im 17. Jahrhundert, auch nicht erst seit dem Zeitalter der Renaissance und des Humanismus im späten 15. und 16. Jahrhundert, sondern schon seit dem frühen Mittelalter. Meines Erachtens können z. B. die *Tropen,* auch von der musikalischen Seite her, nicht isoliert von der Rhetorik betrachtet und verstanden werden. Es ist bestimmt kein Zufall oder ein Mißverständnis oder eine einseitige

[2] In: Helicon V (1944), S. 67 ff.

[3] Würzburg 1941 (in: Musik und Geistesgeschichte. Berliner Studien zur Musikwissenschaft, hrsg. v. Arnold Schering, Bd. IV).

Textangelegenheit, daß sie ihren Namen mit einer Gattung von Kunstgriffen der Rhetorik gemeinsam haben. Aber so weit sind wir in unserem Fach noch lange nicht, daß wir von den historischen Anfängen ab eine Geschichte der Beziehungen zwischen Ars oratoria und Musik schreiben könnten. Wir dürfen vorläufig nur vermuten, daß die Rhetorik für die Entstehung und Entwicklung der abendländischen wortgebundenen Musik eine ähnliche Rolle spielte wie für die Entstehung und Entwicklung der europäischen Literatur; ihre große Bedeutung für diese ist von E. R. Curtius überzeugend nachgewiesen worden.[4]

Um das Problem der oratorischen Kunst bei Bach anzugehen, erinnere ich an das häufig zitierte Zeugnis, das ein sach- und fachkundiger Freund, der Magister Joh. Abraham Birnbaum, Dozent der Rhetorik an der Universität Leipzig, unserem Meister ausgestellt hat: „Die Teile und Vorteile, welche die Ausarbeitung eines musikalischen Stücks mit der Rednerkunst gemein hat, kennet er (Bach) so vollkommen, daß man ihn nicht nur mit einem ersättigenden Vergnügen höret, wenn er seine gründlichen Unterredungen auf die Ähnlichkeit und Übereinstimmung beyder lenket; sondern man bewundert auch die geschickte Anwendung derselben in seinen Arbeiten.“[5]

Gehen wir von diesem sehr klar formulierten Zeugnis aus und fragen wir uns: Welches sind denn die Teile und Vorteile, die die Ausarbeitung eines musikalischen Stückes mit der Rednerkunst nach der Auffassung Bachs und seiner Zeitgenossen gemeinsam hat? Nun, es sind die Teile, die die Rhetorik als Lehre, wiederum von der Antike her, selbst nennt: die *Inventio*, d. h. die Lehre von der Auffindung des Stoffes, des Materials; die *Dispositio*, d. i. die Lehre von der Gliederung, dem Aufbau der Rede; die *Decoratio*, d. h. die Lehre vom Schmuck der Rede; die *Elocutio* oder *Pronuntiatio*, d. i.die Lehre vom rednerischen Vortrag. Wie diese Teile von den Musikern beachtet wurden, darüber geben im 16.–18. Jahrhundert die Kompositionslehren in fortschreitendem Maße Auskunft. Aus nächster Umgebung Bachs sei nur hingewiesen auf die Ausfüh-

[4] Europäische Literatur und lateinisches Mittelalter, Bern 1948.
[5] Zitiert nach Ph. Spitta: J. S. Bach, Bd. II, S. 64.

rungen Kuhnaus und Joh. David Heinichens, die sich besonders mit der Inventio befassen, auf die Kompositionslehre und das Musikalische Lexikon Joh. Gottfried Walthers, Bachs nahen Verwandten, der sich besonders mit der Decoratio befaßt, auf Matthesons Schriften, die über alle Teile berichten. Das sind keine blassen Theoretiker, die sich wichtig tun, sondern eminent praktische Musiker, die überlieferte Kompositionslehren aufgreifen, z. T. auch ausgestalten und weiterleiten. Dagegen kann in dieser Frage nicht mehr Joh. Adolf Scheibe als ein Gewährsmann für Bach angesehen werden. Im Gefolge der französischen Nachahmungsästhetik und als ein echter Aufklärer spricht er gerade hier gegen Bach, indem er z. B. in der Decoratio für den Musiker nur mehr Figuren wie Interrogatio, Dubitatio, Ellipsis, Repetitio, Paronomasia, Hyperbaton, Distributio, Suspensio, Gradatio, Antithesis gelten läßt, das übrige aber als „Schwulst" verwirft, und „schwülstig" erscheint ihm gerade Bach.

Die verschiedenen Teile, die die Rhetorik als Lehre umschreibt und beschreibt (Inventio, Dispositio, Decoratio, Elocutio), kommen in der Musik nicht mit gleichem Gewicht zum Tragen. Das geht schon aus der Arbeit von Unger hervor, der sich bemüht hat, sie alle zu berücksichtigen. Gewiß können wir nicht sorgsam genug studieren, wie Bach die Incisionen und Emotionen der Rede beachtet, ihre verschiedenen Vortragsarten, ja wie er sogar die Gestik des Redners einfängt und wiedergibt. All dies gehört zur *Elocutio.* Zweifellos gibt es Entsprechungen zwischen der Gliederung wortgebundener Musik Bachs und der Gliederung, wie sie die Rhetorik in der *Dispositio* lehrt. Auch hat Bach Kunstgriffe der *Inventio* nicht verschmäht. Inventio bedeutet hier für den Musiker nicht Erfindung schlechthin, sondern Findung, Auffindung von Zusammenhängen vom gegebenen Text her. Damit steht dieser Begriff der Inventio in der Rhetorik sehr nahe.

Das wichtigste Mittel der Inventio ist die *Topik.* Unter Topik sind in der Rhetorik bekanntlich die allgemeinen Fundörter (Topoi, Loci) zu verstehen, deren Berücksichtigung die Stoffauffindung erleichtert. Von den Zeitgenossen Bachs haben insbesondere Heinichen und Mattheson die Musiker aufgefordert, die Topik zu beachten, und auch der Vorgänger Bachs im Leipziger Thomaskantorat,

J. Kuhnau, zielt in seinen Anweisungen zur Kantatenkomposition nicht nur auf das Ansprechen von Figuren und Tropen, sondern auch auf die Topik ab.[6] Heinichen empfiehlt, bei einer Textvertonung die dem Textinhalt vorausgehenden, ihn begleitenden und ihm nachfolgenden Umstände (Antecedentia, Concomitantia et Consequentia textus) mit zu erwägen, um auch sie, wenn es nötig erscheint, in der Komposition zu verdeutlichen.[7] Das hat Bach oft genug getan. So faßt er z. B. in der Kantate 140 zu dem ganzen Text der Strophe „Zion hört die Wächter singen . . ." (Vers II) Tanzen als Begleitumstand auf und verdeutlicht es in der Tanzweise des Ritornells. Auch in dem Ritornell der Arie „Buß und Reu" aus der ›Matthäus-Passion‹ läßt er eine Tanzweise anklingen, wohl um auf sorgloses weltliches Treiben als Begleitumstand anzuspielen.[8] Um so schärfer hebt sich die Singstimme von diesem Hintergrund ab, wenn sie gleich bei ihrem Einsatz auf den wörtlichen Sinn des vorliegenden Textes eingeht. Das kann nicht durch Topik geschehen, sondern nur durch musikalisch-rhetorische Figuren. Bach wählt hier die Figuren des Passus und Saltus duriusculus, die einer gefälligen Tanzweise strikte entgegengerichtet sind.

1 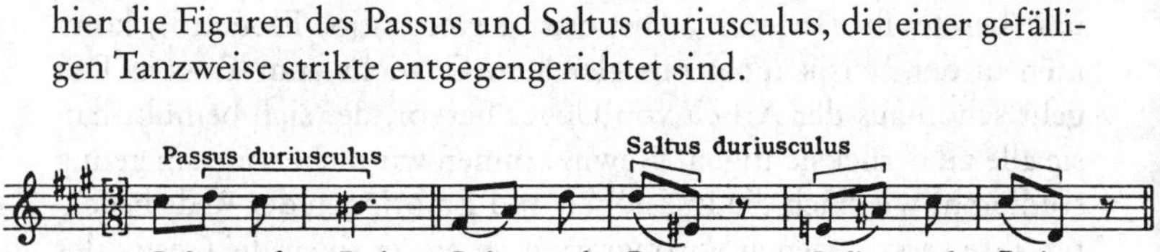

C. O. Dreger hat an einer Reihe anderer Beispiele die Anwendung der Topik bei Bach nachzuweisen versucht.[9] Sie ist in der Musik

[6] Vorrede zu der Sammlung ›Texte zur Leipziger Kirchen-Music . . .‹ (1907), in: Monatshefte für Musikgeschichte XXXIV (1902), S. 147ff.

[7] Der General-Baß in der Composition . . ., Dresden 1728, S. 30.

[8] Dieser Zusammenhang besteht auch, wenn man der Arie den Paralleltext aus der Köthener Trauerkantate zugrunde legt („Weh und Ach kränkt die Seelen tausendfach"). Für die alte These, daß bei den Parallelstücken zwischen ›Matthäus-Passion . . .‹ und ›Köthener Trauerkantate . . .‹ die Passion die Vorlage, die Kantate die Parodie ist, hat sich gegenüber Schering, der das umgekehrte Abhängigkeitsverhältnis annimmt, Friedrich Smend ausgesprochen (Bach-Jb. 1940–48, S. 30ff.).

[9] Bach-Jb. 1934, S. 1ff.

auch schon lange vor Bach nachweisbar und gewinnt bei ihm wie auch bei älteren Komponisten eine gewisse Situationscharakteristik. Nur darf man diese dann nicht ohne weiteres als die Darstellung einer „dramatischen" Situation ansprechen, muß vielmehr prüfen, ob sie von der oratorischen Kunst herkommt. Dramatische und oratorische Kunst berühren sich freilich im Zeitalter des Barock sehr stark, auch in der Oper.

So beachtlich unter den Teilen, welche die musikalisch-oratorische Kunst mit der Rhetorik verbinden, Inventio, Dispositio und Elocutio auch sein mögen, der wichtigste war und blieb bis zu Bach und Händel hin der dritte, die *Decoratio.* Dieser Teil umfaßt die Tropen und Figuren, den Schmuck der Rede. Aber gerade er bedeutet dem Musiker weit mehr als nur einen Schmuck, eine Amplifikation. Die musikalischen Figuren, die in Analogie zu den Figuren der Rhetorik in den Kompositionslehren gelehrt, größtenteils mit denselben Namen bezeichnet und im musikalischen Kunstwerk angewandt wurden, gelten auch noch in der Bachzeit als die *Träger von Bildlichkeit und Affektausdruck.* Ich sage mit Bedacht: ausschließlich die Träger. Sogar noch Scheibe wußte und betonte, daß der musikalische Ausdruck, d. h. die Darstellung der Affekte, nicht ohne Figuren möglich war. Eine Musik konnte im 18. Jahrhundert „rühren" ohne Figuren, aber sie konnte nicht Affekte ausdrücken ohne Figuren. Ebenso ist sie bis zu Bach und Händel hin in der Ausprägung einer vom Komponisten intendierten Bildlichkeit angewiesen auf Figuren, mag es sich nun um eine gröbere Bildlichkeit handeln, die man i. a. in Bausch und Bogen als Tonmalerei zu bezeichnen sich angewöhnt hat, oder um eine subtilere, die heute unter dem allgemeinen Kurswert „symbolisch" (sinnbildlich) umläuft. Alle Versuche, die bisher von musikwissenschaftlicher Seite unternommen wurden, etwas am musikalischen Kunstwerk als eine vom Komponisten intendierte Symbolik zu erklären oder gar den eigentlichen Kern des künstlerischen Schaffens überhaupt als eine Erfindung von Symbolen zu verstehen, gehen aus von einer modernen, neutralisierten Symbol-Auffassung. Bei Schering z. B. ist die Abhängigkeit von dem völlig neutralisierten Symbolbegriff Ernst Cassirers deutlich zu merken. Damit reichen wir nicht an Bach heran und erst recht nicht an die Musiker des 17., 16. Jahrhunderts oder gar des Mittelalters. Diese Bemerkung möge nicht als einseitige negative Kritik an Schering verstanden werden. Verdanken wir doch gerade ihm, daß er uns durch seine *historischen* Forschungen über die Verbindung der Musik zur Ars oratoria den richtigen Weg gewiesen hat. Der Schritt, den ich in meiner Schrift über die Bildlichkeit der wortgebundenen Musik Bachs über Schering hinaus zu gehen gewagt habe, ist zugleich ein Weg der Vorsicht. Es bedurfte aus wissenschaftlichen Gründen der Mahnung, nichts bei Bach und in der Musik vor ihm als intendiert sinnbildlich oder auch nur als tonmalerisch zu erklären, was sich nicht durch eine bestimmte Figur im Sinne der Ars oratoria ansprechen läßt. Fehler werden uns auch jetzt noch unterlaufen. Aber es ist nun wenigstens eine Sicherung vor wilden Fehlspekulationen gegeben. Als die Träger von Bildlichkeit und Affektausdruck sind die Figuren auch noch in der wortgebundenen Musik Bachs die vorzüglichsten Mittel, den dreifachen Zweck zu erreichen, den die Ars oratoria anstrebt: *docere, movere, delectare*. Auch damit gehen sie über die bloße Deutung der Decoratio – wie ja auch die Figuren der Rhetorik – hinaus. Sie berühren sich mit dem Ausdruck, obwohl der Ausdruck nach dem Schema der Rhetorik zur Elocutio gehört. Auch daran erkennt man die zentrale Stellung, die den Figuren in der oratorischen Kunst zukommt.

Wenn wir uns nun, um die oratorische Kunst Bachs oder eines Meisters vor ihm zu erfassen, in keiner Weise vor der Ansprache der Figuren dispensieren dürfen, so bedeutet das praktisch, daß wir die alten Kompositionslehren präsent haben müssen, die über die musikalisch-rhetorischen Figuren berichten und sie erklären, selbstverständlich so, daß wir in erster Linie diejenigen Lehren berücksichtigen, die aus der nächsten Umgebung des betreffenden Komponisten stammen. Das wäre also für Bach, da von ihm selbst keine Figurenlehre tradiert ist, hauptsächlich J. G. Walther. Der bisher namentlich von Schering, H. Brandes und Unger bearbeitete historische Bestand von Figurenlehren reicht zurück bis Joachim Burmeister (also Ende des 16. Jahrhunderts). Es ist zu hoffen, daß er sich noch erheblich ergänzen und nach rückwärts erweitern läßt. Zweifellos waren bei den Komponisten des 16. Jahrhunderts schon mehr Figuren in Gebrauch, als Burmeister nennt. Schering vermutet mit Recht, daß das Beste an diesen Lehren im direkten Unterricht vom Lehrer dem Schüler weitergegeben wurde, wie es offenbar auch Bach tat.

Wir wissen von Christoph Bernhard, dem Schütz-Schüler, daß die Menge der Figuren bis auf seine Zeit stark zugenommen hat. Das ist nicht so zu verstehen, als ob die Komponisten so einfach ins Blaue hinein neue Figuren erfunden hätten. Die Analogie zur Figurenlehre der Rhetorik blieb für sie verpflichtend, auch wenn sie Figuren benutzen, die mit den Figuren der Rhetorik nicht bedeutungs- und namensgleich, sondern nur in der Musik zu Hause waren. Die von der Antike geformte Figurenlehre war mit der gesamten Rhetorik für den gebildeten Musiker selbstverständlicher Besitz, aus dem er jederzeit auch direkt schöpfen konnte, und nach dem Zeugnis Birnbaums dürfen wir auch Bach zutrauen, daß er das getan hat. Das bedeutet wiederum für uns, daß wir zur Kontrolle die alten Klassiker der Rhetorik zur Hand haben müssen, für die musikalische Ars oratoria vom 16. Jahrhundert ab namentlich die ›Institutio oratoria‹ des Quintilian. Im Augenblick ist die Arbeit auf diesem Gebiet noch recht schwierig und umständlich. Eine Erleichterung wird erst eintreten, wenn wir uns für die einzelnen Perioden und Generationen bis zu Bach hin eine Lehre vom *figurierten* Satz im Sinne der Ars oratoria wiedererarbeitet haben, die historisch genau so zuverlässig ist wie etwa Knud Jeppesens Kontrapunkt des Palestrina-Zeitalters. Die Figuren sind nämlich auch in der *Komposition* nicht ein bloß aufgesetzter Schmuck, sondern greifen tief in das musikalische Satzgefüge ein. Es gibt den musikalischen Satz simplex und figuratus (im oratorischen Sinne), was z. B. für das 17. und 18. Jahrhundert durchaus nicht identisch ist mit dem Stile antico und moderno, sondern der Unterscheidung Oratio propria und figurata entspricht, wie sie von der Antike her fortlaufend gelehrt wurde. Beide Arten, der Satz simplex und figuratus, können in einer musikalischen Komposition wie ja auch die Oratio propria und figurata in einer Rede oder in einem Werk der Dichtkunst nebeneinander bestehen; aber unter einer bestimmten Figur war dem Musiker zu schreiben erlaubt, ja von ihm sogar gefordert, was im einfachen Satz nicht gestattet war. Bedingung war dabei nicht nur die Rücksicht auf den Text, sondern auch die *kunstgerechte* Einführung der Figur. So gab z. B. die musikalisch-oratorische Figur der „Parrhesia“ die sog. falschen Relationen frei. Bach hat wie viele Musiker vor ihm reichlich von ihr Gebrauch gemacht. Kunstgerecht wird sie eingeführt, wenn die „falschen Relationen“ (etwa ein dis gegen ein d, ein fis gegen ein f) nicht in beiden Außenstimmen erscheinen, wenn sie im Verhältnis vom Nebenton oder Durchgang zum Hauptton stehen, wenn das Fundament wechselt. Es gibt freilich auch Fälle, wo aus Gründen der Drastik des Ausdrucks Verzicht auf kunstgerechte Einführung von Figuren geleistet wird. Die Verwendung von offenen Quintparallelen zur drastischen Illustration eines Textwortes oder Textsinns als eine Art Metapher gehört hierher. Das ist bekanntlich in der Musik des 16. Jahrhunderts nichts Seltenes.

Der Bach-Zeit standen etwa hundert Figuren zur Verfügung, also eine beträchtliche Menge. Der Unterschied zwischen Tropen und Figuren blieb dabei, wie es scheint, irrelevant. Er ist es auch in den historischen musikalischen Figurenlehren, soweit wir sie bisher überblicken. Eine Erklärung hierfür: Auch die klassische Rhetorik beachtete nicht einhellig und konsequent den Unterschied. Die Periphrase (Umschreibung) ist z. B. ein sehr geläufiger Tropus. Sie kommt besonders häufig noch in der Bach-Zeit vor – hier als Figur –, aber auch schon in jenen Gebilden des mittelalterlichen Chorals, die die Sammelbezeichnung Tropen tragen. Wenn man sich genauer darauf besänne, mit welchen Tropen im Sinne der Rhetorik hier gearbeitet wird, könnte die Frage nach der Herkunft dieser historischen Gattung vielleicht gelöst werden. Die mittelalterlichen Tropen arbeiten auch mit Figuren, z. B. der Figur der Interrogatio. Denken wir nur an den bekannten Weihnachtstropus ›Hodie cantandus est . . . Quis est iste puer?‹ oder den Ostertropus ›Quem quaeritis?‹.

Bei der Menge der Figuren, die Bach zur Verfügung hatte, liegt die Frage sehr nahe: Wie lassen sie sich *klassifizieren?* Die historischen musikalischen Figurenlehren kennen Klassifikationen. Z. B. unterscheidet Burmeister Figurae Harmoniae, Figurae Melodiae und Figurae tam Harmoniae quam Melodiae, d. h. bestimmte Figuren, die entweder im Gefüge des mehrstimmigen Satzes oder in der Melodie oder sowohl in der Harmonie wie in der Melodie auftreten. Man kann diese Unterscheidung auch noch für Bach festhalten, sie nützt aber nicht viel. Sie hat lediglich eine formalistische Bedeutung behalten. In der Materie sind Verschiebungen eingetreten, insofern z. B. die Parrhesia bei Burmeister nur als melodische Figur gilt, bei Bach und schon lange vor ihm spielt sie aber gerade als harmonische Figur eine große Rolle. Ja, sie läßt sich bereits trotz Burmeister bei Meistern des 16. Jahrhunderts auch als harmonische Figur nachweisen.

Es gibt dann weiter im ›Ausführlichen Bericht‹ von Christoph Bernhard die Unterscheidung Figurae fundamentales und superficiales. Die einen kommen, sagt Bernhard, aus der „Fundamental-Composition", dem „alten Stylo" (wie z. B. Ligatura-Syncopatio, Transitus), die anderen (Figurae superficiales) von den Manieren der Sänger und Instrumentalisten. Besonders von diesen letzteren aus zieht Bernhard den Vergleich der Musica mit der Rhetorica, während beim regulären Vorhalt oder Durchgang schwer einzusehen ist, was sie für eine Beziehung zu den Figuren der Rhetorik haben sollten. Dagegen bildet die uneigentliche Auflösung der Dissonanz, die Katachresis, bis zu Bach hin eine sehr wirkungsvolle Figur und ist bedeutungsgleich mit der gleichnamigen Figur der Rhetorik. Es gibt aber auch schon im „alten Stylo" musikalisch-oratorische Figuren, die nicht aus den Manieren der Sänger und Instrumentalisten herzuleiten sind, z. B. die Anabasis, Katabasis, Hyperbole, Hypobole. Die Figuren der Anabasis (Ascensus) und Katabasis (Descensus) sind jedem geläufig. Hyperbole und Hypobole gestatten das Über- bzw. Unterschreiten des genormten Stimmumfangs nach oben bzw. unten und sind besonders in der Musik des 16. Jahrhunderts zu beachten.

Mehr kann man mit der Klassifikation anfangen, die Nucius und Kircher gegeben haben, indem sie Figurae principales und Figurae minus principales unterschieden. Diese Unterscheidung läuft im Grunde darauf hinaus, daß auf der einen Seite Figuren stehen, die musikeigen sind (Figurae principales), auf der anderen hauptsächlich Figuren, die mit rhetorischen Figuren bedeutungs- und namensgleich sind (Figurae minus principales). Zu der einen Art gehören z. B. Passus und Saltus duriusculus (bei Bernhard), „Distinente maniera" (= figurierter Orgelpunkt bei J. G. Walther), zu der anderen Exclamatio, Interrogatio, Repetitio und Palillogia, Hyperbaton, Climax, Emphasis, aber auch Katachresis und Parrhesia.

Nichts steht dem entgegen, daß wir auch von uns aus, freilich stets gestützt auf die Erklärung der Figuren in den alten Kompositionslehren, eine Einteilung versuchen, etwa nach der Art und Weise, wie die Figuren im musikalischen Kunstwerk in Erscheinung treten. So hat G. Toussaint in einer Mainzer Dissertation über die ›Anwendung der musikalisch-rhetorischen Figuren in den Werken von Heinrich Schütz‹ eine Gruppe der Fuga-, der Noemafiguren, eine Hoch-Tief-Gruppe, der Wiederholungs-Pausenfiguren usw. unterschieden. Unger hält sich mehr an die Rhetorik, wenn er auch für die musikalisch-oratorischen Figuren grammatikalische, wortausdeutende und affekthaltige unterscheidet (vgl. seine Figurentabelle II). Auch das kann man durchaus gelten lassen. Man muß nur beachten – und das ist m. E. etwas sehr Entscheidendes –, *daß zumal in der Musik des Barocks und namentlich auch bei Bach fast jede Figur Affektausdruck und Bildlichkeit annehmen und mit der Bildlichkeit auch wortausdeutend werden kann.* Bereits Kircher hat uns gesagt, daß die sehr bildkräftige Figur der Katabasis nicht nur rein bildhaft ein Heruntersteigen bedeute, sondern auch die Affekte der Erniedrigung, Verdemütigung ausdrücke; entsprechend bezeichnet auch die Figur der Anabasis nicht nur rein bildhaft das Aufsteigen, sondern auch den Affekt der Erhöhung und Affekte des Hohen. Man kann sich leicht überzeugen, daß schon die Musiker des 16. Jahrhunderts diese beiden Figuren so gebrauchen, nicht erst die des Barocks. Ja, sogar die Figuren, die aus den Manieren der Sänger und Instrumentalisten hervorgegangen sind und die durchaus musikeigen sind, können Bildlichkeit und Affektausdruck annehmen. Die *Tirata* z. B., eine schnell nach oben laufende Figur, zweifellos aus einer der gebräuchlichsten Manieren hervorgegangen, erscheint schon in der ersten Hälfte des 17. Jahrhunderts bildhaft bei Worten wie transfigere. Mattheson vergleicht die Tirata mit einem „Spieß-Wurff“ [10].

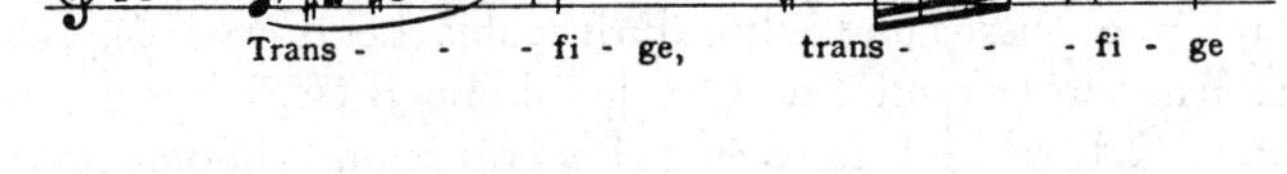

[10] Unger, a. a. O., Anhang Nr. 2, S. 150.

Die Kompositionslehren selbst sagen uns, daß auch primär affekthaltige Figuren bildhaft verwendet werden können. Das ist z. B. bei der Climax der Fall, der kräftigsten Steigerungsfigur. Von ihr sagt J. G. Walther, daß sie auch bildhaft vorkomme, allerdings dann in anderer Gestalt, „wenn nemlich zwo Stimmen . . . auf- und unterwerts gradatim tertzenweise mit einander fortgehen". Auch die Tmesis ist primär eine affekthaltige Figur. Das Unterbrechen bzw. Zerreißen eines melodischen Zusammenhangs durch Pausen kennzeichnet sie. Bei Kircher heißt sie „Suspiratio" und dient zum Ausdruck der Affekte der *gementis et suspirantis animae.* Der Name Tmesis erscheint erst in späteren Kompositionslehren der Bach-Zeit und nähert sich damit stärker der gleichnamigen Figur der Rhetorik. Sie wird auch dort noch wie die Suspiratio erklärt, aber ihre Verwendung namentlich bei Bach erfolgt auch bildhaft und bedeutet dann das, was das Wort unmittelbar sagt: Tmesis von τέμνειν = schneiden, entzweischneiden, hauen, spalten, absondern; typisches Beispiel ihrer Anwendung in diesem Sinne: der durch Pausen zerschnittene Pedalbaß in Bachs Orgelchoral „Durch Adams Fall" aus dem ›Orgelbüchlein‹.

Bildlichkeit gehört genauso wesentlich zur musikalischen Oratorie, wie sie zur Rhetorik und Poetik gehört. In der Rhetorik und Poetik sind die Mittel, durch die sie zum Ausdruck gelangt, das Genus similium der Sprache: Metapher, Allegorie, Gleichnis, Parabel und der Apparat der Figuren. Metapher und Allegorie sind bereits Figuren; die Allegorie wird von der alten Rhetorik als eine fortgesetzte Metapher (*continuata* μεταφορά) bezeichnet. Ein beliebtes Mittel, die Metapher oder Allegorie musikalisch zu bilden, ist bei Bach und schon lange vor ihm die Figuralkanonik bzw. der durchgeführte Kanon. Jedoch haben wir uns davor zu hüten – auch in der wortgebundenen Musik –, jede Figuralkanonik, jeden durchgeführten Kanon als Metapher oder Allegorie anzusprechen. Aber in Beispielen wie etwa in dem Choralvorspiel „Dies sind die heil'gen zehn Gebot" aus dem dritten Teil der ›Clavierübung‹ oder im Duett „Et in unum Dominum" aus der ›h-moll-Messe‹ ist die vom Komponisten intendierte Metapher bzw. Allegorie bis in alle Einzelheiten hinein (Rollenwechsel der Stimmen, Wechsel der Imitationsintervalle) klar. In dem Choralvorspiel wird nicht nur das Gesetz, sondern auch der Rollenwechsel von Moses auf Christus, von dem der Choraltext spricht, metaphorisch ergriffen und so oratorisch verdeutlicht, in dem Duett ebenso nicht nur das Hervorgehen des Sohnes aus dem Vater, sondern auch die Einheit im Wesen (Einheit der Melodie) und die Realität der beiden Personen (Wechsel der Imitationsintervalle, um die Realität der beiden kanonisch gebundenen Stimmen zu betonen).

Im übrigen gilt als Grundregel zur Erfassung der vom Komponisten intendierten Bildlichkeit – eine andere interessiert hier nicht –: Der Name der Figur und ihre Erklärung in den historischen Kompositionslehren geben die Anhaltspunkte. Die Regel, sich vor allem an den Namen der Figur zu halten, ist so einfach, daß ich mich über mich selbst wundern muß, so lange Zeit gebraucht zu haben, bis ich sie begriff. Das mag daher kommen, daß wir allgemein die antike Rhetorik viel zu wenig kennen, daß sie uns seit langem nicht mehr wie noch in den Zeiten Bachs selbstverständlicher Besitz ist, daß sie uns vielleicht sogar von der Schule oder sonstwoher als Schwulst verekelt wurde, ähnlich wie schon Scheibe Ärgernis zu nehmen begann an dem „Schwulst“ der Tonsprache Bachs. Wie bildhaft sind doch schon viele Namen der Figuren, die aus der Rhetorik direkt in die Musik übernommen und als bedeutungsgleich verwendet wurden: Climax, Hyperbaton, Hyperbole, Apokope, Polysyndeton, Ascensus, Tmesis usw. Wie bildhaft aber auch die in Analogie zu den Figuren der Rhetorik neu geprägten musikalischen, z. B. Saltus und Passus duriusculus, Heterolepsis. Und so erklären auch die Kompositionslehren des 16.–18. Jahrhunderts – vielfach in konservativer Abhängigkeit voneinander oder von der Rhetorik direkt – den Gebrauch der Figuren gern von ihrem Namen aus. J. G. Walther ist darauf besonders bedacht. So erklärt er z. B. die Katachresis: „Catachresis . . . heißet so viel als abusio, ein Mißbrauch oder uneigentlicher Gebrauch. Dergleichen entstehet, wenn eine Dissonanz nicht auf ordentliche, sondern außerordentliche und harte Art resolvirt wird“; oder die Apokope: „Apokope . . . ist eine musicalische Figur so entstehet: wenn bey der letzten Note eines Periodi harmonicae nicht ausgehalten, sondern behende abgeschnappt wird . . .“. Ebenso wird die Heterolepsis direkt bildhaft vom Namen aus erklärt als die „Ergreiffung einer anderen Stimme“

(bei Christoph Bernhard); von dort her, aber nur von dort her, kann im Textbezug auch die übertragene Bedeutung „Übergriff" kommen.

Diese Beispiele könnten noch lange fortgesetzt werden. Wer sich nicht an die eben erklärte Grundregel hält und die wortgebundene Musik Bachs und überhaupt der älteren Zeit schlechtweg „tonmalerisch" oder gar „tonsymbolisch" deutet, läuft Gefahr, ständig danebenzugreifen. Zum mindesten aber erreicht man dann nicht die ganze Tiefe der Textauffassung und die Tiefe der Anschauung, deren die älteren Musiker bei der Textapplikation fähig waren, erreicht man vor allem nicht Bach. So gibt es z. B. „tonsymbolisch" keine „Sündenchromatik" bei Bach. Chromatische Bewegung aufwärts und abwärts kann nur gedeutet werden, wenn sie sich als Figur ansprechen läßt, und dann ist sie nur als „Pathopoie" deutbar. Pathopoie ist aber, wie ihr Name sagt, eine pathetische Figur und dient bei Bach wie bei allen Musikern vor ihm in der Abwärtsbewegung zum pathetischen Ausdruck des Schmerzes. Natürlich kann Schmerz auch von Sünde herkommen, aber die Pathopoie bezeichnet nicht Sünde. Will Bach Sünde bezeichnen, dann wählt er die Heterolepsis, und dann besagt dies Übergriff; oder er wählt die Tmesis, und dann besagt dies im bildlichen Sinne Spaltung, Abfall; oder er wählt – was bei ihm am häufigsten geschieht – die Figur der Katachrese, und dann besagt dies Mißbrauch, auch, wie wir von Walther gehört haben, das Uneigentliche. Das Uneigentliche aber ist, christlich und im Sinne Bachs verstanden, der Gegensatz zum Leben. Die christliche Gleichung: das Uneigentliche = Krankheit zum Tode = Sünde ist Bach ja überaus geläufig. Denken wir nur an die Stelle „Und legt dabei all Krankheit ab" aus dem Schlußchor des 1. Teils der ›Matthäus-Passion‹. Hier haben wir ein Musterbeispiel für die Anwendung der Katachrese. Niemals aber bedeutet die Dissonanz schlechthin, auch wenn sie besonders auffällig betont ist, Sünde. So harmlos wie die Christen der Aufklärung, als eine vorübergehende Disharmonie im Verhältnis des Menschen zum lieben Gott, betrachtet Bach die Sünde noch nicht. Wenn er die Folgen der Sünde bezeichnen will, dann bringt er den Saltus duriusculus abwärts an oder auch den Passus duriusculus oder die Parrhesia (Gebrauch der sog. falschen Relationen zur Sinnbezeichnung „entstellt", „verderbt") oder auch gehäuft alle drei Figuren. Es handelt sich aber bei alledem nicht um tiefsinnige eigene theologische Spekulationen Bachs, sondern um den einfachen Ausdruck christlichen Glaubens und christlicher Frömmigkeit, übereinstimmend mit den Erklärungen Luthers und der evangelisch-lutherischen Glaubenslehre des 17. Jahrhunderts (Leonhard Hutter, Calovius, Quenstedt, Hollaz).

Die *Schwierigkeiten*, die sich bei der musikalisch-oratorischen Interpretation einstellen, auch wenn man die alten Kompositionslehren und die Rhetorik bei der Hand hat, sind mannigfach. Es können hier nur einige angedeutet werden. Sie beziehen sich auf die *Ansprache* der musikalisch-rhetorischen Figuren. Manche Figuren liegen in den Erklärungen nahe beieinander, so daß leicht eine Verwechslung unterlaufen kann, z. B. die Apokope, Aposiopesis, Tmesis, Ellipse. Das sind alles Pausenfiguren, und doch sind sie nicht identisch. Auch bei den Figuren, die Nachdruck erfordern (Emphasis, Subsumptio, Palillogia und Polysyndeton), ist die Gefahr der Verwechslung groß. Aber die Schwierigkeit kann durch intensive Übung, durch längeren und eifrigen Umgang mit den Figuren behoben werden.

Eine andere Schwierigkeit liegt in der Wandlung des Namens, der Bezeichnung, die einige Figuren erfahren haben. So z. B. ist zu vermuten, daß die Figur, die bei Burmeister Ende des 16. Jahrhunderts als Parrhesia (melodisch) erscheint, identisch ist mit dem, was die Schütz-Schule (Christoph Bernhard) einen Passus duriusculus nennt. Man wird, um dieser Schwierigkeit Herr zu werden, sich i. a. an das einfache und selbstverständliche Gesetz der nächsten historischen Umgebung halten, d. h. also bei Bach eher zurückgreifen auf die Schütz-Schule als auf Burmeister, am besten aber auf J. G. Walther.

Besondere Schwierigkeiten ergeben sich schon in der motettischen Kunst des 16. Jahrhunderts bei der Ansprache der *Fuga*-Figuren. Zwar erscheinen gerade sie bei Burmeister ausführlich beschrieben. Aber bei den so regelmäßig fugiert (d. h. durchimitiert) behandelten Satzabschnitten der Motetten, namentlich im Einsatz, ist es oft sehr schwer zu entscheiden, ob überhaupt eine Figur, etwa eine Fuga realis im Burmeisterschen Sinne, oder nur die selbstverständliche Kompositionspraxis der Durchimitierung vorliegt. Man wird sagen: Eine Figur liegt nur dann vor, wenn sich eine auffällige Beziehung zum Text ergibt. Aber das ist es ja gerade: Der heutige Interpret ist zu schnell geneigt, ja geradezu darauf versessen, eine Textbeziehung zu finden; und wenn er sie finden will, so findet er sie und erklärt sie für auffällig. Sicher sind wir vor solchen Spekulationen nur bei den sog. tonmalerischen Figuren (von denen wir aber bereits wissen, daß sie nicht nur tonmalerisch aufzufassen sind), also der Anabasis, Katabasis, Circulatio, Hypotyposis, ferner bei den Wiederholungs- und Steigerungsfiguren und jenen Figuren, die wie die Hyperbole und Hypobole, die Parrhesia und Katachresis nur im oratorisch figurierten Satz zu schreiben erlaubt waren, nicht im einfachen Satz (simplex).

Im übrigen hilft gegen Fehlspekulationen nur eine *gründliche kompositorische Analyse des gesamten Satzgefüges.* Es geht nicht an, Figuren zu behandeln, wie man Rosinen aus dem Kuchen pickt, um an ihnen zu naschen. Gilt es schon diese Vorsicht bei den älteren Meistern walten zu lassen, so erst recht bei Bach. Selbst in seinen *Kantional*sätzen können wir Figuren, wenn sie hier und da einmal vorkommen, nur nach einer gründlichen Analyse des gesamten Satzgefüges erfassen.

Einige Figuren beanspruchen schon nach ihrer Erklärung in den alten Kompositionslehren eine umfassendere Satzanalyse, z. B. die Anaphora, die nach Walther auch gegeben ist, „wenn die Fundament-Noten etliche mal (dergleichen in Ciaconen geschiehet) überein angebracht und tractiert werden", oder das Antitheton, das nicht nur sukzessiv in verschiedenen Satzabschnitten erscheinen kann, sondern auch simultan als Gegensatz zwischen Thema und Gegenthema (nicht schlechthin als Thema und Kontrapunkt, Kontrasubjekt). Der simultane thematische Gegensatz ist sogar noch bei Bach das primäre Antitheton.

Vollends aber geht es bei der *Verkoppelung* mehrerer Figuren nicht ohne gründliche Satzanalyse. Solche Verkoppelungen sind schon in der Musik des 16. Jahrhunderts nichts Seltenes, sie häufen sich – zuweilen fast unvorstellbar – in größeren Tonsätzen Bachs. Hier wird dann überhaupt das Problem der *Unterscheidung von Haupt- und Nebenfiguren* akut, das in der motettischen Kunst des 16. Jahrhunderts, ja auch noch bei Schütz, eine geringere Rolle zu spielen scheint. Die Ordnung der Figuren aber nach Haupt- und Nebenfiguren, übergeordneten und untergeordneten, ergibt sich nicht aus der historischen Figurenlehre selbst, noch viel weniger aus Schemata, die man sich heute zurechtlegt, sondern jeweils nur aus der musikalischen Struktur des Satzes bzw. des ganzen Stückes, das wir vor uns haben. Wie man diese Frage anfassen kann, habe ich in meiner Studie über die Bildlichkeit der wortgebundenen Musik Bachs an einigen größeren Beispielen zu zeigen versucht.

Es besteht aber gerade bei Bach noch ein Grund, der uns zwingt, beim Ansprechen der Figuren von der musikalischen Gesamtanalyse eines Stückes auszugehen. Bach setzt nicht nur sozusagen statuarisch die Figuren, sondern liebt es, sie musikalisch vorzubereiten, ja mitunter sogar aus Spielmotiven zu *entwickeln,* und dann stehen wir bewundernd vor den großen Spannungsverläufen seiner oratorischen Kunst. Musterbeispiel: der Schlußchor des 1. Teils der ›Matthäus-Passion‹ mit der Vorbereitung der Katabasis, die erst bei der Choralzeile „äußert und kam auf Erden" voll einsetzt, und die Vorbereitung der Anabasis, die sich erst bei der letzten Choralzeile „wohl an dem Kreuze lange" einstellt. Die Vorbereitung dieser beiden Figuren geschieht von Anfang an durch das neutrale viertönige Skalenmotiv abwärts bzw. aufwärts.

Für den Musiker – und das gilt allgemein, nicht nur für Bach – gab es grundsätzlich zwei Möglichkeiten, mit rhetorischen Figuren zu arbeiten:

1. Er war darauf bedacht, Figuren, die der Text bereits enthielt, zu erfassen und mit entsprechenden musikalischen Figuren zu beantworten, also etwa für eine Climax oder eine Exclamatio im Text die entsprechende musikalische Figur der Exclamatio zu setzen.
2. Auch bei einem nicht oder anders figurierten Text konnte der Musiker von sich aus Figuren anbringen, um den Affekt oder Sinn bestimmter Worte, oder um den Scopus hervorzuheben.

Auf die Erfassung des Sinnes (Sensus) und Scopus hat Kuhnau ausdrücklich hingewiesen. Auch J. G. Walther will in seinen ›Praecepta der Musikalischen Composition‹ (Hs. Tome 1, Cap. 6, § 1–3) nicht nur den Affekt und den Sinn der Worte, sondern auch die „gantze Meinung“ des Textes, d. h. den Scopus beachtet wissen. Der Scopus ist das, worauf der Redende hinzielt, auch wenn er es nicht expressis verbis sagt.

Historisch betrachtet tritt die zweite Möglichkeit mehr in der motettischen und madrigalischen Kunst des 16. Jahrhunderts hervor, die erste mehr in den Anfängen der neuitalienischen Monodie um 1600. Beide Möglichkeiten, die sich um 1600 zunächst zu sondern schienen, hat Monteverdi wieder verbunden, und diese Verbindung geht bei ihm Hand in Hand mit der Verbindung der Prima und Seconda Prattica. Damit war für die Entfaltung der gesamten musikalisch-oratorischen Kunst des 17. Jahrhunderts, ja noch für die Oratorien Bachs und Händels, die geschichtliche Grundlage gegeben.

Einige Beispiele für die erste Möglichkeit: eine Figur im Text wird mit einer entsprechenden musikalischen Figur beantwortet. Es sei an folgende Stellen aus der ›Matthäus-Passion‹ erinnert:

Textlich hat Bach hier überall die Figur der Exclamatio angesprochen. Er beantwortet sie konsequent mit der musikalischen Figur der Exclamatio, deren Eigentümlichkeit nach J. G. Walther in dem Sprung der kleinen Sexte nach oben besteht. Besonders interessiert bei dieser Zusammenstellung die Arie: „Ach nun ist mein Jesus hin“. Hier wird zwar das entscheidende Intervall der kleinen Sexte nach oben (fis-d) durch die Töne cis und e umgangen (ausgeschriebene Verzierung), aber keineswegs in seiner Wirkung abgeschwächt; fis, lang gezogen, und d bleiben Haupttöne, der Baß bleibt auf h. Dieses Beispiel fällt also keineswegs aus der Reihe, es zeigt uns sogar eine höchst ausdrucksvolle und langatmige Exclamatio.

Wie mannigfach wird in diesen Beispielen, die merkwürdigerweise auch in der gleichen Tonart stehen, die gleiche Figur ein- und weitergeführt! Nur ihr Kern ist konstant, wenn man will, formelhaft, die Ein- und Weiterführung aber unberechenbar variabel. In der künstlerischen Ausprägung und in der Hand eines großen Meisters erweisen sich eben die musikalisch-oratorischen Figuren als echte Kunstmittel, nicht als starre Formeln.

Und nun ein Beispiel für die zweite Möglichkeit: Musikalisch-rhetorische Figuren werden vom Komponisten angebracht, um bei einem nicht figurierten Text den Affekt, Sinn oder Scopus hervorzuheben. Im allgemeinen sind Choraltexte nicht figuriert oder höchstens schwach figuriert. So wählen wir denn einen Choraltext: den 2. Vers der Kantate 4 ›Christ lag in Todesbanden‹.

4

Die Hauptfiguren, die Bach hier gleich zu Anfang exponiert, sind Emphasis und Heterolepsis. Die Emphasis setzt das Wort „Tod" nachdrücklich in Erscheinung, nicht nur in der 1. Choralzeile, sondern auch in der 5. („Davon kam der Tod"); sie eröffnet aber auch höchst sinnvoll, und nicht nur formal wegen der Parallelität der Zeilen, die 3. („Das macht alles unser Sünd"). Die instrumentale Begleitstimme greift fortwährend von einer Tonlage in die andere über. Eben dieses Übergreifen macht die Figur der Heterolepsis aus. Sie bleibt den ganzen Satz hindurch präsent. Sie zeigt sich sogar, und zwar in einer einfacheren, ursprünglichen Art, in Zeile 7 in den Singstimmen.

Bei „gefangen“ ergreift der Sopran die Lage des Altes, der Alt die Lage des Soprans. Das ist keine gewöhnliche Stimmenkreuzung, sondern ein Übergreifen im Sinne der Figur, denn der Alt nimmt an dieser Stelle dem Sopran auch die Funktion als Choralträger weg.

Die Heterolepsis sagt in diesem Tonsatz bildlich in bezug auf den Tod: Es gibt keinen Bereich, wo sich der Tod fassen läßt, und verdeutlicht damit den Sinn des Textes. Sie sagt auch: Tod ist Übergriff, im selben Sinne wie die Sünde Übergriff ist, nämlich Übergriff in eine andere Ordnung. Das letztere ist im Text des Verses nicht gesagt, deutet aber auf den Scopus des ganzen Chorals hin, der auf die Belehrung abzielt, daß Sünde Tod ist und Christus das Leben.

Man kann nicht von der oratorischen Kunst Bachs und seiner Zeit sprechen, ohne das Problem der *Parodie* zu streifen. Diese Frage klärt sich weitgehend von der Beibehaltung des Grundaffekts oder des gleichen Topos aus. Es kann auch beides zusammentreffen. Bereits 1722 wies G. E. Scheibel darauf hin, daß in Vorlage und Parodie der gleiche Grundaffekt beibehalten werden könne: Kirchenmusik und weltliche Musik erregten keine eigenen Affekte.[11] Für die Beibehaltung des gleichen Topos in der Parodie sei an einige Beispiele aus dem ›Weihnachtsoratorium‹ erinnert. Die Eröffnungschöre des 1., 3. und 4. Teils („Jauchzet, frohlocket . . .“, „Herrscher des Himmels . . .“, „Fallt mit Danken, fallt mit Loben“) haben mit ihren weltlichen Vorlagen aus den Kantaten 214 und 213 den literarisch-poetischen Topos des *Herrscherlobs,* der auch ein theologischer sein kann, gemeinsam; über ihn findet man bei

[11] Vgl. A. Schering: Über Bachs Parodieverfahren, Bach-Jb. 1921, S. 53 ff.

E. R. Curtius ein reiches geschichtliches Material. Dieser Topos kommt im ›Weihnachtsoratorium‹ auch in Arien vor, z. B. in der Baß-Arie „Großer Herr und starker König" (I, 8) nach der Vorlage „Kron' und Preis gekrönter Damen, Königin!" (Kantate 214). Schwieriger ist es, eine Parodie wie „Herr, dein Mitleid, dein Erbarmen" (III, 6) zu erklären. Die Vorlage ist das Duett „Ich bin deine, Du bist meine" aus der Kantate 213. Das ist die Formel des Verlöbnisses („Wie Verlobte sich verbinden"). Die geistliche Parodierung macht den Sinn des Bundes, den Gott mit seinem Volke geschlossen hat, transparent: Dieser Bund ist ein Verlöbnis. Auf ihm beruhen die „holde Gunst und Liebe", die „wundersamen Triebe", die „Vatertreu" und alles, was in dieser geistlichen Parodie besungen wird.

In solchen Fällen kann man gewiß nicht von einer neutralen Haltung des Komponisten gegenüber dem Geistlichen und Weltlichen sprechen. Vielmehr ergibt sich hier in der geistlichen Parodie eine Transzendierung des Weltlichen, oder vielleicht besser gesagt: Geistlich parodiert kann alles werden, was offen bleibt in der „Freiheit für Gott" [12]. Das Mittel der Parodierung wird man oft durch die Topik finden, sowohl durch die theologische wie auch durch die literar-poetische. Ich glaube auch nach meinen bisherigen Beobachtungen schon aussprechen zu dürfen, daß der Komponist nur dann unverändert parodiert, wenn er sich in der Vorlage nicht allzu sehr durch Wortsinn-Figuren festgelegt hat. Wortsinn-Figuren ändert er an den entsprechenden Stellen. Anders verhält es sich mit den Affektfiguren. Sie können unverändert übernommen werden, zumal wenn der Grundaffekt derselbe bleibt oder wenn die Vorstellung, die den Affekt auslöst, eine ähnliche ist (z. B. schweben – leben in den Tenorarien „Auf meinen Flügeln sollst du schweben", Kantate 213, und „Ich will nur dir zu Ehren leben", Weihnachtsoratorium IV, 6). Möglich ist auch eine musikalische Änderung in der Parodie durch Anbringung neuer Wortsinn- oder Affektfiguren, die dem neuen Text entsprechen.

Die Ars oratoria verlangt, namentlich auch mit ihren Figuren,

[12] Freiheit für Gott und säkularisierte Freiheit: vgl. F. Gogarten: Die Kirche in der Welt, Heidelberg 1948, S. 22 ff. u. a.

einen ganz bestimmten Ausdruck, wie in der gesprochenen Rede, so auch in der Musik. Anabasis und Katabasis sind, wie wir gehört haben, keineswegs nur tonmalerische, sondern zugleich Affektfiguren. Die Circulatio, eine um einen Ton kreisende Figur, oratorisch angewandt, um den Wortsinn von circumire, circumdare u. ä. hervorzuheben, ist auch nicht rein tonmalerisch, sondern nach Kircher als eine Actio aufzufassen und wiederzugeben; mit einer Actio ist aber zum mindesten in der Musik des Barocks Affektausdruck verbunden. Die Wiederholungsfiguren wie Emphasis, Palillogia, Paronomasia sind Figuren des Nachdrucks und dürfen nicht mit spielerischen Echoeffekten verwechselt werden. Eine Figur wie die Subsumptio ist keine eigene Ausdrucksfigur, von Bach etwa angewandt zum Ausdruck „edlen Schmerzes“ (wie Schweitzer meinte), sondern nur eine Nachdrucks- und Verstärkungsfigur. Der figurierte Orgelpunkt wird uns von Walther als eine hochpathetische Figur beschrieben. Sie verlangt also auch in der Wiedergabe hohes Pathos. Das alles geht nicht nur die Musikwissenschaft, sondern auch die Aufführungspraxis an. Dem Hörer kann es gleichgültig bleiben, mit welchen Mitteln die oratorische Kunst arbeitet, der Interpret aber muß diese Mittel studieren.

Die musikalisch-oratorische Kunst selbst ist nicht nur Vortragskunst, sondern auch Kunst der Interpretation eines Textes. Sie bietet daher eine zuverlässige Grundlage für eine musikwissenschaftliche Hermeneutik. Von ihr aus ergibt sich ein tieferer Einblick in die geistige Welt des Komponisten. Sie erlaubt unter Umständen Schlüsse, die man auf biographischem oder geistesgeschichtlichem Wege zu ziehen nicht berechtigt ist. So hoffe ich, daß durch ein vertieftes Studium der oratorischen Kunst Bachs z. B. auch die Frage nach der geistigen Stellung des Meisters zum Pietismus überzeugender entschieden werden kann als bisher.

Zweifellos ist die oratorische Kunst im 17. Jahrhundert auch in die Instrumentalmusik eingedrungen. Alle Instrumentalmusik aber dieser Zeit bis zu Bach hin als „Klangrede“ (diese Bezeichnung bei Mattheson) verstehen zu wollen, wäre ein lächerliches Beginnen. Es gibt neben der Spielmusik und in Verbindung mit ihr auch eine „Klangrede“, eine „sprechende“ Instrumentalmusik, und ihr gehört, von Bach aus gesehen, die Zukunft. Stücke wie Bachs Präludium es-moll aus dem 1. Teil des ›Wohltemperierten Klaviers‹, die ›Chromatische Phantasie‹, die ›g-moll-Fantasie‹ für die Orgel – um nur einige Beispiele zu nennen –, sind „Klangreden". Sie arbeiten mit einer Fülle rhetorischer Figuren. Und doch erscheinen diese hier nicht in einem strengen Sinn wortgebunden. *Nur in der wortgebundenen Musik sind Figuren deutbar.* Es gäbe auf diesem Gebiet kein schlimmeres Mißverständnis als anzunehmen, die musikalisch-rhetorischen Figuren wären von sich aus eine Art von verständlichen *Vokabeln.* Daß freilich auch Orgelchoral-Arbeiten zur wortgebundenen Musik gehören können und es bei Bach oft genug sind, wissen wir vollends seit Schweitzer. Hinzugelernt aber haben wir, die Textbeziehung durch das Mittel der Figuren zu erfassen und nicht nur darauf zu achten, ob Sinnbeziehungen zu bestimmten Worten bestimmter Strophen vorliegen, sondern auch, ob der Scopus des gesamten Textes verdeutlicht wird.

Wo oratorische Kunst in der Musik noch lebendig ist und ihre Mittel noch absichtsvoll im Sinne des dreifachen Zweckes der Rhetorik, des *docere, movere* und *delectare,* angewandt werden, da lebt noch ein wichtiges Erbe der Antike, da ist es noch echtes Besitztum. Es verflüchtigt sich zusehends, wenn auch nicht spurlos nach Bachs Tod. Nun erst begann die Zeit, da auch große Meister der Tonkunst das Land der Griechen mit der Seele *suchen* mußten. Bach und Händel sind auch in dieser Beziehung noch Besitzer, keine Sucher. Aber wir dürfen nicht übersehen, daß dieses antike Erbe namentlich bei Bach und vor ihm schon von vielen Meistern in der *geistlichen* Musik in den Dienst der christlichen Schriftdeutung und Wortverkündigung gestellt wurde. Der dreifache Endzweck der Rhetorik ist dann freilich nicht mehr rein oratorisch, sondern theologisch zu verstehen. Bach weiß von Luther und den evangelisch-lutherischen Theologen des 16. und 17. Jahrhunderts, daß Gott in seinem Wort öffentlich gesprochen hat und daß sich auch das Wort der Schrift der Oratio figurata als eines Formmittels der öffentlichen Rede bedient, unserer menschlichen Schwachheit wegen, wie schon die Väter gesagt haben.

Originaltitel: Ut Rhetorica Pictura: A Study in Quattrocento. Theory of Painting, in: Journal of the Warburg and Courtauld Institute Bd. 20, London 1957, S. 26–44. Hier: Auszug S. 32–44. – Aus dem Englischen übersetzt von Frau Renate Plett.

UT RHETORICA PICTURA

Eine Studie über die Theorie der Malerei des Quattrocento

Von John R. Spencer

[. . .]

Innerhalb [des] rhetorischen Rahmens kann Albertis Abhängigkeit von römischen Rednern [. . .] dadurch belegt werden, daß er Cicero und Quintilian als Quelle für viele seiner Ideen und Aussagen benutzt. Dies will nicht heißen, daß ›Della pittura‹ ganz und gar ein Derivat darstellt. Alberti behandelt diese Redner nahezu auf die gleiche Art und Weise wie seine anderen literarischen Quellen, ob es sich nun um Plinius, Plutarch oder Aulus Gallius handelt. Textstellen von diesen Autoren werden aus dem Kontext herausgenommen und in ›Della pittura‹ in einen neuen Kontext, der ihre ursprüngliche Bedeutung häufig radikal verändert, eingebettet. Sie dienen dazu, ein Argument zu stützen, einen Gesichtspunkt zu illustrieren und überhaupt eine Patina von Alter und Geläufigkeit über Ideen zu decken, die man sonst als neu und revolutionär ansehen könnte.[1]

Obwohl Quintilian der einzige Rhetoriker ist, der namentlich in ›Della pittura‹ zitiert wird, ist seine Rolle in der Abhandlung begrenzter als die Ciceros. Der einzige direkte Hinweis auf ihn findet sich in den einleitenden Abschnitten zu Buch II, wo sein Diktum zitiert wird, daß die Kunst der Malerei dadurch entdeckt wurde, daß man einen Schatten, den Gegenstände im Sonnenlicht warfen, nachzeichnete.[2] Die Art und Weise, wie Alberti sich diese Aussage

[1] An dieser Stelle möchte ich meinem Freund und früheren Kollegen John Pancoast von der National Gallery of Art, Washington, D. C. für seine Kritik und unsere Diskussionen über den Einfluß Quintilians und Ciceros auf ›Della pittura‹ danken.

[2] Leon Battista Alberti: On Painting, hrsg. u. übers. v. John R. Spencer,

zunutze macht, ist charakteristisch für seine Behandlung der literarischen Quellen. Bei Quintilian werden die Malerei und ihre Ursprünge als Rechtfertigung für die Nachahmung der Werke anderer angeführt. Wir befänden uns nach Quintilian immer noch in einem Zustand der Barbarei, wenn wir uns nicht das Schaffen unserer Vorfahren zunutze machten. Die Bedeutung der Textstelle in ihrem ursprünglichen Kontext geht anläßlich des Transfers in ›Della pittura‹ völlig verloren, denn hier wird sie einzig und allein zu einer mutmaßlichen Erklärung der Ursprünge der Malerei, auf der Alberti eine kurze Geschichte der Malerei im Altertum aufbauen kann. Quintilian kann als eine gesicherte Quelle für wenigstens neun weitere Aussagen in ›Della pittura‹ angesehen werden. Zwei davon machen Ausmaß und Eigenart von Albertis Entlehnungen deutlich. In seiner Diskussion von belebter und unbelebter Bewegung[3] betrachtet Alberti nicht nur die möglichen Bewegungen, sondern auch solche, die am gefälligsten und am wirksamsten sind. Anstatt sich der Beobachtung der Natur zuzuwenden, wie man es von einem Renaissance-Menschen erwarten würde, wendet er sich der römischen Redepraxis zu. Cicero hatte bereits auf die Wirkung der Gebärde auf das Publikum hingewiesen und hatte auf die ihm eigene Art allgemeine Beobachtungen über ihre Varietäten angestellt. Quintilian war es schließlich, der Ciceros ungenaue Diskussion in präzise Regeln faßte.[4] Indem Alberti diese Regeln für die Redeaus-

London 1956, S. 64, nachfolgend zitiert als Spencer; Leon Battista Alberti: Della pittura, hrsg. v. Luigi Mallè, Florenz 1950, S. 78, nachfolgend zitiert als Mallè.

Quintilian: De institutione oratoria X, ii, 7: . . . *non esset pictura, nisi quae lineas modo extremas umbrae, quam corpora in sole fecissent.* Nachfolgend zitiert als Quintilian.

[3] Spencer, S. 79; Mallè, S. 95; Leon Battista Alberti: Kleinere kunsttheoretische Schriften, hrsg. und übers. v. Hubert Janitschek, Wien 1877, Neudruck Osnabrück 1979, S. 124, nachfolgend zitiert als Janitschek. Orthographie der Zitate wurde durchgängig modernisiert – Anm. d. Übers. „Jedes Ding, welches sich von seiner Stelle bewegt, kann sieben Wege machen: 1. nach aufwärts, 2. nach abwärts, 3. nach rechts hin, 4. nach links, 5. von uns sich entfernend, 6. uns sich nähernd, 7. sich im Kreise drehend."

[4] Quintilian, XI, iii, 105: *Sed cum omnis motus sex partes habeat, septi-*

übung auf die Malerei anwendet, verleiht er Quintilians Aussage den Anschein aus der Beobachtung abgeleiteter logischer Schlußfolgerungen. Diese werden nun als Leitfaden für den Künstler vorgestellt. Eine ähnliche Rezeptionslenkung findet sich in Albertis Behandlung des Themas der Opferung der Iphigenie. Quintilian ist eindeutig die Hauptquelle für diese Textstelle, obwohl sie auch bei Cicero und Plinius erscheint.[5] Nach Plinius war die Episode unter den Rednern berühmt. Tatsächlich wenden sich sowohl Cicero als auch Quintilian dem Gemälde des Timanthes zu, um den Begriff der Angemessenheit zu illustrieren. Für Cicero ist es eine Frage, ob alle Dinge „im Lot sind" oder, genauer gesprochen, „nicht aus dem Lot sind". Quintilian ist mit der Angemessenheit der Dinge befaßt, die nicht aufgedeckt werden können, weil sie es entweder nicht sollten oder weil sie nicht so ausgedrückt werden können, wie sie es verdienen. Alberti bedient sich dieser Textstelle nicht in seiner Diskussion darüber, was angemessen *(convenevole)* ist in einem Gemälde, sondern führt sie vielmehr in seine Behandlung der affektiven Mittel der Malerei ein. Dem Künstler wird geraten, das Haupt des Agamemnon nicht deshalb zu verhüllen, weil es unschicklich sei, den großen Kummer des Vaters zu zeigen, sondern um den emotionalen Inhalt des Gemäldes und seine Wirkung auf den Betrachter zu steigern.[6] Alberti verwendet diese Stellen zwar nicht gemäß der ursprünglichen Absicht ihres Autors, weicht aber dennoch nicht sehr wesentlich von der Beschäftigung des Redners mit

mus sit ille, qui in se redit, orbis. Vitiosa est una circumversio: reliqui ante nos et dextra laevaque et sursum et deorsum aliquid ostendunt.

[5] Quintilian, II, xiii, 12–13; Cicero: Orator, xxii, 74; Plinius: Historia naturalis, XXXV, xxxvi, 73–74.

[6] Spencer, S. 78; Mallè, S. 94f.; Janitschek, S. 122: „Man rühmt den Timanthes von Kypros wegen jener Tafel, mit welcher er den Sieg über Kolotes davontrug; auf derselben war die Opferung der Iphigenie dargestellt, und nachdem der Künstler die Betrübnisse des Kalchas, dann die noch größeren des Ulysses zum Ausdruck gebracht, dann in Menelaos alle seine Kunst erschöpft hatte, um dessen Schmerz darzustellen, und er nun kein Mittel mehr besaß, die Trauer des Vaters auszudrücken, so verhüllte er dessen Haupt und ließ es so frei, dessen Schmerz, der in seiner Größe nicht auszusprechen war, zu ahnen."

Angemessenheit und affektiver Gebärde ab. Die bloße Tatsache, daß Alberti wenigstens zehn Aussagen von Quintilian heranzieht, deutet an, daß er mit der rhetorischen Theorie bereits wohlvertraut war. Die Behandlung von Quintilian als Quelle für erhärtende Aussagen oder für Begriffe, die man zwanglos ändern konnte, um den eigenen Zielen zu genügen, deutet zugleich an, daß die umfassenderen Begriffe von Rhetorik und deren Anwendung auf eine Theorie der Malerei in den nahezu wissenschaftlichen Schriften des Redelehrers im kaiserlichen Rom nicht gefunden werden können.

Alberti fand vielmehr in Cicero einen gleichgesinnteren Vorläufer, der ihm sowohl als Quelle für spezifische Ideen wie auch für die allgemeine Behandlung seines Themas dienen konnte. Alberti und seine Zeitgenossen müssen Cicero als Quelle höhergeschätzt haben als Quintilian, und zwar sowohl wegen des Ausmaßes und der Neuheit dessen, was sie bei Cicero entdeckten, als auch wegen des Eingeständnisses von Quintilian, daß ein großer Teil von ›De institutione oratoria‹ von Cicero abgeleitet sei.[7] Wie Cicero kümmerte sich Alberti weniger um die Regeln, sondern mehr um die Untersuchung der Möglichkeiten und der fruchtbarsten Entwicklungsrichtung für seine Kunst. Als Wegbereiter wie auch als Florentiner konnte Alberti in Cicero jene Eigenschaften finden, die seine Zeitgenossen am meisten bewunderten. Cicero war überzeugter Republikaner und trat für die alten römischen Tugenden ein, die die Existenz eines Imperators unmöglich machten. Trotz seiner kontemplativen Veranlagung führte er ein höchst aktives Leben im Dienste der Republik. Wie die Florentiner des frühen Quattrocento verließ er sich auf seine eigene *virtù* – seine Mannhaftigkeit, die Frömmigkeit, Vernunft und eine kompromißlose Hingabe an eine Anzahl von Idealen umfaßte, die er als Pflicht bezeichnet haben könnte. Allein diese Eigenschaften reichen durchaus als Erklärung aus, weshalb Cicero in Albertis ›Della famiglia‹ zitiert wird und weshalb Alberti wenigstens vier Werke Ciceros in seiner eigenen Bibliothek hatte.

Albertis Behandlung der Aussagen und Auffassungen, die er den Schriften Ciceros entnahm, unterscheidet sich von seiner Behand-

[7] Quintilian, XI, iii, 1–2.

lung Quintilians. Natürlich gibt es Textstellen, in denen Ideen und Aussagen abgeändert werden oder in denen der Rhetoriker lediglich als literarische Quelle benutzt wird. Zugleich werden umfangreichere Konzepte, die er aus Cicero entnimmt, prinzipiell unverändert beibehalten; verändert werden sie nur dergestalt, daß sie für die Malerei verwertbarer als für die Redekunst werden. Im Gegensatz zu Quintilian wird Cicero in ›Della pittura‹ niemals namentlich erwähnt, obwohl es wenigstens dreizehn Fälle gibt, in denen er zweifellos Albertis Quelle darstellt. Ob Alberti seine Quelle zu verhehlen sucht oder ob Cicero so bekannt war, daß es unnötig schien, auf ihn direkt zu verweisen, kann mit Sicherheit nicht gesagt werden. Humanistische Leser von ›Della pittura‹ müssen sich gewiß dessen bewußt gewesen sein, daß Albertis Rechtfertigung seiner Bemühungen im Schlußabschnitt seiner Abhandlung direkt Ciceros ›Brutus‹ entnommen ist.[8] Auch hätten sie zweifellos die Anspielung auf ›De amicitia‹ in der Aussage bemerkt, daß Malerei wie Freundschaft die Abwesenden gegenwärtig und die Toten lebendig erscheinen läßt, selbst wenn eine lange Zeit verstrichen ist.[9] Ebenso hätten sie erkannt, daß sich Albertis Bezugnahme auf die empathetische Reaktion auf Emotionen sich nicht von Horaz, sondern von Ciceros ›De amicitia‹ herleitet – wie der ›Brutus‹ ein Werk in Albertis Bibliothek.[10] In einem derart gelehrten Publikum könnte man sicherlich einen idealen Leser finden, der erkannt hätte, daß die augenfällige Ähnlichkeit zwischen Albertis *più grassa Minerva* und Quintilians *crassiore Musa* einfach durch etymologische Entwicklung erklärt werden kann, während Albertis lateinische Version der gleichen

[8] Alberti: «Nulla si truova insieme nato et perfetto» (Mallè, S. 114). Cicero: *Nihil est enim simul et inventum et perfectum* (Brutus, xviii, 71).

[9] Alberti: «Tiene in se la pittura forza divina non solo quanto si dice dell' amicitia, quale fa li huomini assenti essere presenti ma piu i morti dopo molto secoli essere quasi vivi . . .» (Mallè, S. 76).

Cicero: *Quocirca et absentes adsunt et egentes abundant et imbecilli valent et, quod difficilius dictu est, mortui vivunt; tantus eos honos memoria desiderium prosequitur amicorum, ex quo illorum beata mors videtur . . .* (De Amicitia, vii, 23).

[10] Obgleich sich die Idee der Empathie enger an die Verse des Horaz anlehnen mag, läßt die Redewendung viel eher auf Cicero schließen: *ut riden-*

Phrase – *pinguiore idcirco ut aiunt Minerva* – ihre wahre Quelle in Ciceros *agamus igitur pingui, ut aiunt, Minerva* enthüllt.[11] Darüber hinaus hätte er gewußt, daß sich alle drei Autoren die Wendung zunutze machen, um ihre Leser zu überzeugen, daß das nachfolgende Material nicht allzu technisch ist, sondern in der Tat auf dem basiert, was im 20. Jahrhundert als gesunder Menschenverstand bezeichnet wird. Die zweite Bedeutungsebene in Albertis Verwendung der Phrase wäre für die Menschen seiner Zeit nicht so schwierig gewesen wie für den modernen Leser. Man muß annehmen, daß, da Alberti und seine Zeitgenossen in Cicero wohlbelesen waren und da sie ihn als den hauptsächlichen Übermittler der antiken Philosophie betrachteten,[12] die Tendenz zum Ciceronianischen Stoizismus in Albertis Abhandlung beachtlich sein muß. In einem solchen Kontext kann sich *la più grassa Minerva* nur auf das Wissen beziehen, das auf Sinnesdaten basiert, welches die Grundlage für ›Della pittura‹ bildet.[13]

Um diese Diskussion von Albertis literarischer Verpflichtung gegenüber Cicero abzuschließen, muß insbesondere ein Passus hervorgehoben werden. In Ciceros ›De inventione‹ fand Alberti eine Textstelle, die sich zur argumentativen Beweisführung der Malerei bedient und die sich überdies in vollständigem Gleichklang mit seinen eigenen Ideen und denen seiner Zeit befand. Die Quelle wird in ›Della pittura‹ zwar in abgekürzter Form wiedergegeben, die grundlegenden Ideen jedoch werden unverändert übernommen. Cicero drängt den Redner, seine Beweise aus jeder verfügbaren

tibus arrident, ita flentibus adsunt humani vultus. si vis me flere, dolendum est primum ipsi tibi: . . . (De arte poetica, 101–103).

Alberti: *Fit namque natura qua nihil sui similium rapacius . . .* (Ottobon. lat. 1424, fol. 16^{v}, Verse 8–9).

Cicero: *Nihil est enim appetentius similium sui nec rapacius quam natura* (De amicitia, XIV, 50).

[11] Mallè, S. 55. Ottobon. lat. 1424, fol. 1^{r}, Vers 29. Cicero: De amicitia, v, 19.

[12] Siehe den berühmten ›Dialogus ad Petrum Paulum Istrum‹ von Leonardo Bruni. Diese Aussage wird u. a. von Giuseppe Saitta: L'Educazione dell' Umanesimo, S. 43, zitiert.

[13] Bzgl. einer umfassenderen Diskussion s. Spencer, S. 18–20.

Quelle zu ziehen, den besten aus jeder herauszunehmen, um daraus ein vollkommeneres einheitliches Ganzes zu schaffen. Dies illustriert er anhand der bekannten Geschichte von Zeuxis und der Venus von Kroton. Alberti verwendet die Stelle auf ungefähr die gleiche Weise.[14] Er drängt den Maler dazu, die Teile des menschlichen Körpers in Ruhestellung und in Bewegung zu studieren, wie er sie in der Natur vorfindet, doch dem Natürlichen muß er das Schöne hinzufügen. Um dies zu erreichen, soll der Maler wie Ciceros Redner vorgehen, indem er seine Teile aus den verschiedenartigsten Quellen schöpft, um so ein schöneres und einheitlicheres Ganzes zu schaffen. Für das Quattrocento war dies eine neue Idee. Nach ihrem ersten Erscheinen in ›Della pittura‹ wurde sie bei Kunsttheoretikern so populär und hatte einer solch großen Vielfalt von Zielen zu dienen, daß sie sich abnutzte. So wie von Alberti zuerst verwendet, reicht das Konzept aus, um das Interesse der Florentiner am Naturalismus und die Beschäftigung des frühen Quattrocento mit einer eher synthetischen als idealen Schönheit zu erklären. Was noch bedeutsamer ist: Es weist darauf hin, daß zumindest im Kopf des Theoretikers die Wege des Findens und Organisierens der Teile eines vollendeten Kunstwerks im wesentlichen die gleichen waren, sowohl für den Maler als auch für den Redner.

Gerade in diesem Strukturplan für die Teile des vollendeten Kunstwerks werden die Ähnlichkeiten zwischen römischer Rhetorik und Albertis Theorie der Malerei am deutlichsten erkennbar. Der erste Schritt für Ciceros Redner wie für Albertis Maler ist die Erfindung *(inventio)* – ein Begriff, der in den Werken beider Männer erscheint und dem Cicero eine ganze Abhandlung

[14] Cicero: De inventione, II, i, 1–3.
Spencer, S. 152: „Als Zeuxis, ein ausgezeichneter und alle anderen an (künstlerischer) Erfahrung übertreffender Maler, ein Bild für den Tempel der Lucina zu Kroton anfertigen sollte, vertraute er nicht töricht, wie heute jeder Maler, einzig auf sein Talent, sondern bedeutend, daß er nicht alle Schönheiten, die er suchte, an einem einzigen Körper finden könnte, da sie von der Natur nicht einem allein gegeben wurden, erwählte er aus der gesamten Jugend des Landes die fünf schönsten Mädchen, um von diesen das, was an jeder als besonders schön gerühmt wurde, zu entlehnen.“

widmet. Cicero gibt seine Definition des Begriffs in gedrängter Form:

Und so, da zur Erfindung des Redestoffes drei Dinge erforderlich sind: erstens Scharfsinn, zweitens wissenschaftliche Kenntnis, die wir, wenn wir wollen, auch Kunst nennen können, und drittens Fleiß, muß ich allerdings der natürlichen Anlage die erste Stelle einräumen.[15]

Von Alberti wird der Begriff nicht definiert. Möglicherweise war er zu selbstverständlich, die durchgängige Wiederkehr der Wörter *ratione, arte, diligentia* und *ingenio* in seiner Abhandlung gibt jedoch Anlaß zu der Vermutung, daß die Beziehung zwischen Redekunst und Malerei mehr als zufällig ist. Die Unterschiede zwischen der Erfindung in der Rhetorik und in der bildenden Kunst werden durch die verbale Natur der Beredsamkeit und die visuelle Natur der Malerei bewirkt, dennoch suchen beide Präzedenzfälle für ihre Erfindungen und verbinden diese auf ungefähr die gleiche Weise.

Bevor der Begriff der *inventio* eine eingehendere Behandlung erfährt, sollte eine Unterscheidung getroffen werden zwischen dem Gebrauch des Terminus bei Alberti und seiner Verwendung in späteren Maltheorien. „Erfindung“ ist für Alberti nicht aus Geschichte oder Dichtkunst ableitbar wie für die Manieristen des 16. Jahrhunderts und die Akademien, die von ihnen gegründet wurden. Vielmehr muß sich der Künstler für seine *invenzione* seinen eigenen Beobachtungen zuwenden. Alberti ermutigt in seiner Abhandlung den Künstler immer wieder, von etwas Gebrauch zu machen, das nicht zu weit von Ciceros *acumen* entfernt ist, wenn er die Erscheinung der Form, wie sie in Licht und Raum existiert, untersucht. Er ermutigt den Künstler, solche noch nicht dagewesenen Dinge zu beobachten, etwa die Art und Weise, wie sich der Himmel am Horizont erhellt,[16] wie Vorhänge fallen oder vom Wind aufgebauscht werden,[17] wie sich das grüne Licht auf dem Gesicht des-

[15] Cicero: De oratore, II, xxxv, 147: *Et sic, cum ad inveniendum in dicendo tria sint; acumen, deinde ratio, quam licet, si volumus, appellemus artem, tertium diligentia, non possum equidem non ingenio primas concedere . . .*

[16] Spencer, S. 50; Mallè, S. 63; Janitschek, S. 64.

[17] Spencer, S. 81; Mallè, S. 98; Janitschek, S. 130.

jenigen, der über eine Wiese schreitet, widerspiegelt.[18] Er besteht auf dem Wert der Dinge, die der Natur entnommen sind – „das wohlbekannte Gesicht" –, und rät davon ab, einem Meister zu folgen.[19] Wie der Redner, der nach Cicero seinen Fall zunächst durchleuchten muß, um herauszufinden, um was es sich handelt und um was nicht, muß der Maler die charakteristischen Eigenschaften der Formen der Natur auskundschaften. Diese formalen Eigenschaften speichert der Maler in seinem Gedächtnis und seinen Notizbüchern, um dann bei passender Gelegenheit von ihnen Gebrauch zu machen, und zwar auf ungefähr die gleiche Weise, wie der Redner Präzedenzfälle aufspeichert.[20] Dieses Reservoir von visuellen Erinnerungen und Aufzeichnungen findet eine genaue Entsprechung in Ciceros *loci,* die sehr häufig mit „Gemeinplätzen" übersetzt werden. Der ideale Redner erwirbt nach Cicero durch eigene Beobachtung und Studium eine Anzahl allgemeiner Kategorien, die die Beschaffenheit eines jeden Falles, der ihm vorgelegt wird, rasch anzeigt, wie auch die schnellste Methode, seine Fakten zu ordnen und seinen Fall vorzustellen. Dies sind nicht die Beispiele Quintilians,[21] die lediglich dazu bestimmt sind, Gesichtspunkte, die im Verlauf der Ausführungen aufgeworfen werden, zu illustrieren. Diese „Gemeinplätze" der Rhetorik bestimmen vielmehr den gesamten Tenor der Rede und der vorgetragenen Argumente. Es wird sogar vorgeschlagen, daß der Redner seinen Vorrat von Fällen und Modellen vor Gericht mit sich führt, um ihn dann zur Hand zu haben, wenn ihm ein Schriftsatz vorgelegt wird. Alberti drängt den Maler dazu, einen ähnlichen Vorrat von Fällen und Typen zur Hand zu haben, wenn ihm ein Auftrag unterbreitet wird. Seine Auffassung von Malerei ist ein offenkundiger Abriß von Ciceros Ratschlag für den Redner.

Wenn wir nun vorhaben, ein Geschichtsbild zu malen, so werden wir zuerst bei uns bedenken, welche Art der Anordnung hier die schönste wäre, und wir werden zuerst unsere Entwürfe und Skizzen machen von dem ganzen

[18] Spencer, S. 51; Mallè, S. 64; Janitschek, S. 66.
[19] Spencer, S. 93 f.; Mallè, S. 108; Janitschek, S. 152.
[20] Cicero: De oratore, II, xxviii, 117–151.
[21] Quintilian, XII, iv, I.

Bilde sowohl wie von dessen Teilen, dann werden wir alle Freunde rufen, um uns mit ihnen darüber zu beraten. So werden wir uns es angelegen sein lassen, jede Einzelheit vorher in uns wohl bedacht zu haben, derart, daß in dem ganzen Werke nichts vorkommen wird, von dem wir nicht wüßten, wie es zu machen und wo es zu postieren sei. – Um sicherer vorzugehen, werden wir uns unsere Skizzenblätter mit Parallelen beschreiben, um dann von unseren Skizzen, als gleichsam unseren Privat-Aufzeichnungen, Ort und Lage jedes einzelnen Dinges für unsere für die Öffentlichkeit bestimmte Arbeit zu entlehnen.[22]

Sowohl Redner als auch Maler werden entmutigt, ihre „Erfindung" sklavisch aus anderen Künsten oder von Vorgängern ihrer eigenen Kunst zu entlehnen; jedoch werden beide ermutigt, eine „Erfindung" aus ihren eigenen logischen Schlüssen hervorzubringen; diese sollen zuerst auf Beobachtung beruhen.

Ciceros *ars* oder *ratio*, wie er sie in seinen Abhandlungen entwikkelt, ist von der Albertis nicht allzu weit entfernt. Der Redner muß solche Teile seines Falles auswählen und ordnen, die am wirkungsvollsten der Erreichung seiner Ziele dienen. Jedes unwesentliche Material, das dazu in keinem unmittelbaren Bezug steht, muß weggelassen werden, doch darf das Endergebnis nicht so dürftig und reizlos sein, daß es die Aufmerksamkeit der Zuhörer nicht fesselt. In Albertis Buch II, in dem er „die Kunst in die Hand des Künstlers" legt, geht er das Problem der Malerei auf recht ähnliche Weise an. Er rät dem Maler, die Anzahl seiner Figuren zu beschränken – selbstredend nur auf solche, die notwendig sind, um seine Intention zu verwirklichen –, aber er fügt gleichzeitig hinzu: „Figurenmangel mißfällt mir in *istorie*." [23] Er kritisiert zügellose Verwirrung, fordert aber Mannigfaltigkeit. Diese unvereinbaren Extreme sind die gleichen, die der Redner vermeiden muß. Sowohl Maler als auch Redner müssen die Teile mit *ars* und *ratio* zu einem harmonischen Ganzen zusammenfügen, das wirkungsvoll das angestrebte Ziel erreicht. Dies kann nur durch sorgfältige Anwendung geleistet werden. „Und keine Schwierigkeit", so fügt Alberti hinzu, „wird man finden, welche nicht durch Fleiß und Beharrlichkeit überwunden

[22] Spencer, S. 96; Mallè, S. 112; Janitschek, S. 158.
[23] Spencer, S. 76; Mallè, S. 92; Janitschek, S. 118.

werde."[24] Albertis Maler wird wohl wie Ciceros Redner seine Komposition vollständig zu Ende gedacht haben, bevor er mit der eigentlichen Gestaltung seines Kunstwerks beginnt. Jeder Teil wird in Größe und Lage so festgelegt, daß die Wechselbeziehung von Teil zu Teil und vom Teil zum Ganzen klar und logisch ist.[25] Nur so können Maler und Redner den Zielen ihrer Kunst, wie sie von Alberti und Cicero definiert werden, genügen.

Die Ziele der römischen Redekunst werden von Cicero und Quintilian klar dargelegt;[26] die Ziele der Florentinischen Malerei des Quattrocento werden von Alberti nur angedeutet. Ciceros Auffassung von der Rolle des Redners kommt möglicherweise am prägnantesten in seiner kleinen Abhandlung mit dem Titel ›Orator‹ zum Ausdruck.

Ein vollkommener Redner ... wird also sein, wer auf dem Forum und in Zivilprozessen so spricht, daß er beweist, unterhält und den Willen der Zuhörer beherrscht. Beweisen ist notwendig, Unterhaltung angenehm; wer aber den Willen der Zuhörer zu bestimmen weiß, der trägt den Sieg davon; denn das ist das durchaus Entscheidende, um eine Sache zu gewinnen.[27]

In ›De oratore‹[28] äußert sich Cicero ausführlich über einen *modus flectendi,* der im wesentlichen ein Appell an die Gefühle des Publikums ist, und verändert so die Ziele der Redekunst zu *probare* (oder *docere*), *delectare* und *movere* (sogar *vehementer* wie in der bereits zitierten ›Brutus‹-Stelle). Das soll nicht heißen, daß der Red-

[24] Spencer, S. 93; Mallè, S. 107; Janitschek, S. 150.

[25] Albertis Definition des Schönen (vgl. De re aedificatoria, VI, ii), in der die Beziehung von Teil zu Teil und vom Teil zum Ganzen grundlegend ist, besteht hier bereits im Ansatz. Es dürfte schwierig sein, eine Entscheidung darüber zu treffen, ob dieses Konzept von Vitruv (I, ii, 3 und 4), Cicero oder Quintilian stammt. In jedem Fall war es für Alberti wie für diese Römer eine Angelegenheit von allergrößter Bedeutung.

[26] Vgl. u. a. Brutus, xlix, 185; Quintilian, III, v, 2.

[27] Orator, xxi, 69: *Erit igitur eloquens ... is qui in foro causisque civilibus ita dicet, ut probet, ut delectet, ut flectat. Probare necessitatis est, delectare suavitatis, flectere victoriae; nam id unum ex omnibus ad obtinendas causas potest plurimum.*

[28] II, xlii, 178 ff.

ner ein Demagoge sein sollte, der die Leidenschaften nur zu dem Zwecke entflammt, seinen Fall zu gewinnen. Vielmehr aktiviert er nur solche Affekte, die am besten geeignet sind, die alten römischen Tugenden in seiner Zuhörerschaft aufzurütteln – Ehre für den guten Mann, Angst um die Sicherheit der Republik, Zorn gegen einen Verräter oder Veruntreuer öffentlicher Gelder, Mitleid für einen rechtschaffenen Mann in schwieriger Lage. Überdies scheint Cicero durch seinen Nachdruck auf der moralphilosophischen Unterweisung des Redners wie auch durch die Beschaffenheit der zitierten Fälle anzudeuten, daß sein idealer Redner immer auf der Seite von Recht und Gerechtigkeit stehen wird. Er muß sich vielmehr um das Gemeinwohl kümmern oder darum, ein Unrecht gegen ein Individuum wiedergutzumachen, als darum, seine eigene Reputation oder seinen Reichtum zu vergrößern. Daher wird der vollkommene Redner, um seinen Fall zu gewinnen, sein Publikum erfreuen, belehren und rühren, wobei er gleichzeitig das moralische Niveau seiner Hörer und folglich das der ganzen Gesellschaft steigert.

Albertis Ziele hinsichtlich der Malerei sind nicht weniger ehrgeizig. Seine Definition der Malerei scheint oberflächlich betrachtet einzig und allein ein Interesse daran zu haben, den Betrachter zu erfreuen und zu rühren.

> Jenes Geschichtsbild wirst du loben und bewundern können, welches derart mit gewissen, ihm eigentümlichen Reizen ausgestattet ist, daß jeder Beschauer desselben, ob gelehrt oder ungelehrt, dadurch erfreut und bewegt wird.[29]

Doch wird diese Absicht mit Mitteln erreicht, die für die bescheidenen Ziele, die in ›Della pittura‹ dargelegt werden, viel zu gewaltig sind. Die Mittel Ciceronianischer Rhetorik und Albertischer Malerei sind, wie man sehen wird, im Grunde die gleichen. Wenn beide erfreuen und rühren wollen, so ist es durchaus möglich, daß beide auch erziehen und belehren wollen. Das Niveau der Belehrung wäre dann in beiden Fällen ziemlich ähnlich, denn Alberti möchte wie Cicero nicht schulmeisterlich sein. Der ganze Inhalt der beiden

[29] Spencer, S. 75; Mallè, S. 91; Janitschek, S. 116; vgl. auch Spencer, S. 89; Mallè, S. 103; Janitschek, S. 142.

letzten Bücher von ›Della pittura‹ unterstreicht eine Gruppe von Emotionen, die denen, die Cicero betont, nicht unähnlich sind, um zum gleichen Ziel zu gelangen – ein gesteigertes Bewußtsein von *virtù* im Beobachter. Um dieses erhabene Ziel zu erreichen, müssen sowohl Redner als auch Maler zuerst die Aufmerksamkeit ihres Publikums erregen und fesseln *(delectare)*, sie müssen ein einfaches, aber elementares Gefühl wecken *(movere)* und schließlich ihr Publikum unter dem Deckmantel des Vergnügens und der Gemütsbewegung belehren oder erziehen *(docere)*. Die Mittel, mit denen Redner und Maler erfreuen, bewegen und belehren, sind einander auffallend ähnlich.

Weder Cicero noch Alberti ist in hohem Maße daran interessiert, Aufmerksamkeit zu erregen. Beide sind sich dessen bewußt, daß die bloße physische Existenz des Redners oder des Gemäldes genügt, um vom Publikum mindestens eine flüchtige Beachtung zu fordern. Das Problem, das sich für beide Theoretiker stellt, ist, wie diese leicht erworbene Aufmerksamkeit festgehalten werden kann. Im einzelnen sind die Mittel, die von beiden Künsten eingesetzt werden, verschieden, doch lassen sich diese Unterschiede durch die voneinander abweichenden Eigenarten von Rhetorik und Malerei erklären. Im allgemeinen sind die Mittel ähnlich, denn sowohl Maler wie Redner erfreuen das Publikum und fesseln dessen Aufmerksamkeit durch Verwendung wohlbekannter Dinge und durch die Angemessenheit oder das Decorum, das durch die Gestaltung enthüllt wird.

Im großen und ganzen widmet Cicero einer eindeutigen Diskussion, wie der Redner sein Publikum erfreuen und dessen Aufmerksamkeit fesseln soll, nicht viel Raum. Für ihn scheinen Erfreuen und Bewegen unlösbar miteinander verbunden zu sein. Obwohl der Redner sich die Gefühle seiner Zuhörer zunutze macht, sind diese gleichwohl erfreut und bewegt. Sein Kunstverstand richtet sich teils darauf, die Zuhörerschaft zu ergötzen, und teils darauf, sie in die Lage zu versetzen, seinen Argumenten gegenüber günstiger gestimmt zu sein. Er legt dem Redner nahe, durch seine eigenen Tugenden und die Richtigkeit seiner Sache das Wohlwollen des Publikums zu gewinnen.[30] Alberti war sich dessen bewußt, daß dies

[30] De oratore, II, xlii, 182–184; Partitiones oratoriae, viii, 28–30.

hauptsächlich ein persönlicher Zugang ist und nichts mit der Rede an sich zu tun hat. Aus diesem Grunde verlagert er seine Diskussion über den Nutzen persönlicher Tugend zur Gewinnung von Wohlwollen auf den Eröffnungsparagraphen seines letzten Buches, das dem Künstler gewidmet ist.[31] Gleichzeitig hilft dieser Teil des *exordium,* eine Verbindung zwischen dem Redner und seinen Zuhörern zu schaffen, denn hier formuliert er die Fakten des Falles, der den Geschworenen bereits bekannt ist, neu, vergleicht seinen Fall oder seinen Klienten mit vertrauten Beispielen aus der Vergangenheit und verbindet das Ergebnis des Falles wo immer möglich mit den Interessen der Geschworenen. Albertis Beschäftigung mit dem Vertrauten und der Schaffung eines Bindeglieds zwischen Betrachter und Gemälde ist nicht weniger tiefgründig als die Ciceros. In ›Della pittura‹ wird das Vertraute oder Wohlbekannte so unlösbar eng verknüpft mit dem Realismus des Bildes, daß Unterschiede verschwimmen. Jedoch lenkt ein „wohlbekanntes Gesicht", das in ein Gemälde eingeführt wird,[32] die Aufmerksamkeit auf sich selbst nicht wegen seines Naturalismus, sondern weil es sich im Erfahrungsbereich des Beobachters befindet. Das gleiche gilt für Albertis Betonung taktiler Formen, die „wie gemeißelt aus dem Bilde herauszutreten scheinen"[33]. Sie sind realistisch, aber auch wohlbekannt. Albertis gesamte Diskussion vertrauter Gegenstände und ihrer Darstellung erfährt eine graduelle Abstufung von den Dingen, wie sie erscheinen, zu den logischen Grenzen der Darstellung (ein Gebäude, das für einen sitzenden Mann, sollte er stehen, zu klein ist; eine derart verzerrte Figur, bei der Kreuz und Gesicht gleichzeitig sichtbar sind), zu dem, was angemessen ist.

Sowohl Alberti als auch Cicero beschäftigen sich eingehend mit dem schwierigen Begriff der Angemessenheit; beide sind sich ihrer Bedeutung in den jeweiligen Künsten bewußt, und beide haben gleichermaßen Schwierigkeit, das Wesen dessen, was angemessen ist, zu definieren. Ciceros allgemeine Aussage über das Decorum könnte sehr gut für die Rhetorik wie auch für die Malerei Geltung haben.

[31] Spencer, S. 89; Mallè, S. 103; Janitschek, S. 142 u. 144.
[32] Spencer, S. 93f.; Mallè, S. 108; Janitschek, S. 152.
[33] Spencer, S. 82; Mallè, S. 99; Janitschek, S. 132.

Nicht jedes Lebensverhältnis, nicht jede amtliche Stellung, nicht jede Würde, jedes Lebensalter, vollends nicht alle Orte und Zeiten oder Zuhörer dürfen auf dieselbe Art in Wort und Gedanken behandelt werden, und immer muß man in jedem Teile der Rede wie des Lebens bedenken, was sich ziemt.[34]

Nach dieser Aussage kann er nur noch Beispiele zitieren, die diese Grundsätze veranschaulichen, wobei er interessanterweise einen Verweis auf die Malerei macht, um den Begriff der Angemessenheit zu bekräftigen.[35] In ähnlicher Weise beschränkt sich Alberti auf eine Aufzählung von Beispielen. Seine Diskussion der Angemessenheit erhält jedoch eine größere Anzahl präziserer Beispiele als Cicero, da die Idee niemals zuvor in bezug auf Malerei ausgedrückt worden war. Wie der Redner so muß sich auch der Maler um die Stimmigkeit der Zuordnung von Teil zu Teil und vom Teil zum Ganzen kümmern. Der Redner wird dazu angehalten, die Eignung seiner Worte für das behandelte Thema zu beachten, er muß sich für einen Vortragsstil entscheiden, der seine Wörter und Wortkombinationen in einer Weise verbindet, die seinem Thema angemessen ist, und schließlich muß er die Teile seiner Rede so abwägen, daß sie seine Absicht intensivieren. Dies ist im wesentlichen ein Decorum der Komposition, und eben unter diesem Thema berücksichtigt Alberti zum erstenmal die Idee der Angemessenheit. Sein Maler muß eine Beziehung herstellen von der Fläche zu den Gliedern, den Körpern, der gesamten Komposition, in der das Ganze und seine Teile aus dem Blickwinkel von Angemessenheit bezüglich Alter, Geschlecht, Form und Funktion betrachtet werden.[36]

Sieht man ein Gesicht, welches hier große, dort kleine, hier zu stark erhobene, dort zu sehr eingesunkene Flächen zeigt, wie dies an dem Gesicht alter Weiber der Fall ist, so gewährt dies einen ganz häßlichen Anblick.[37]

[34] Cicero: Orator, xxi, 71: *Non enim omnis fortuna non omnis honos non omnis auctoritas non omnis aetas nec vero locus aut tempus aut auditor omnis eodem aut verborum genere tractandus est aut sententiarum, semperque in omni parte orationis ut vitae quid deceat est considerandum; ...*

[35] Orator, xxi, 72–74.

[36] Spencer, S. 72–81; Mallè, S. 88–98; Janitschek, S. 108ff.

[37] Spencer, S. 72; Mallè, S. 87; Janitschek, S. 108.

Wäre auf einem Bilde der Kopf sehr groß, die Brust klein, die Hand breit, der Fuß angeschwollen und der Körper aufgedunsen, so böte diese Zusammenstellung sicherlich einen häßlichen Anblick.[38]

So beachte man also in jeder malerischen Darstellung, daß jedes Glied seiner Bestimmung nachkomme und auch noch im kleinsten Partikelchen seiner Schuldigkeit entspreche.[39]

Es wäre lächerlich, wenn man die Hände der Helena oder Iphigenie vertrocknet und rauh bildete.[40]

Es wäre unzukömmlich, Venus oder Minerva mit einer Kutte zu bekleiden.[41]

Alberti fährt fort mit der Diskussion seiner Auffassung von belebter und unbelebter Bewegung in der Malerei. Hier wird die Angemessenheit von den logischen Grenzen der Bewegung bestimmt. Zwar gibt Alberti niemals wie Cicero eine prägnante Definition des Angemessenen, doch ist seine gesamte Behandlung der Konzepte ebenfalls eng verknüpft mit Stand, Rang, Beruf und Alter. Beide Männer würden sicherlich, obwohl dies niemals deutlich dargelegt wird, diese Definition dahingehend erweitert haben, daß auch die Mittel, mit denen Redner wie Maler an die Gefühle ihres Publikums appellieren, mit einbezogen werden.

Für Cicero bedeutet eine Gefühlsreaktion den Sieg; für Alberti ist sie das Mittel, Augen und Seele des Betrachters einzufangen.[42] Keiner von beiden würde wohl behaupten, daß das Erzeugen von Empathie im Publikum das einzige Ziel seiner Kunst sei. Die Gemütsbewegung ist vielmehr Mittel zu einem größeren Zweck, doch sind beide so damit beschäftigt, das Gemüt zu erregen – für beide eine neue Idee, die bislang noch keine umfassende Anerkennung erlangt hatte –, daß dieser Aspekt in ihrer Kunst vorzuherrschen scheint. In der Rhetorik wie in der Malerei sind die Mittel, die dem Künstler zur Verfügung stehen, begrenzt, denn beide befassen sich

[38] Spencer, S. 72 f.; Mallè, S. 88; Janitschek, S. 110.
[39] Spencer, S. 74; Mallè, S. 89; Janitschek, S. 112.
[40] Spencer, S. 74; Mallè, S. 90; Janitschek, S. 114.
[41] Spencer, S. 74; Mallè, S. 90; Janitschek, S. 114.
[42] Spencer, S. 75, 89; Mallè, S. 91, 103; Janitschek, S. 116, 142 u. 144.

im wesentlichen mit der sichtbaren Gebärde und in begrenztem Maße mit der Stimme (für den Redner) und der Farbe (für den Maler). Ist es doch die große, expressive und leicht verständliche Gebärde, die die ganze Wucht der Leidenschaft auf das Publikum überträgt.

Hinsichtlich der Mittel, durch die Emotion übertragen werden kann, ist Cicero einmal mehr sehr viel prägnanter als Alberti. Da seine Theorie der Rhetorik auf einer Fülle von allgemein Bekanntem basierte, war er nicht wie Alberti dazu verpflichtet, spezifische Gebärden und deren begleitende Gemütsbewegung aufzuzeigen. Er begnügt sich damit, die Wirkungen seiner Gemütsbewegung auf sein Publikum nur kurz anzudeuten.[43] Außerdem wollen beide Männer, um Glaubwürdigkeit zu erzeugen, ähnliche Gemütsbewegungen hervorrufen, zum Beispiel Freude, Schmerz, Verachtung, Mitleid, Zorn, Staunen, Hoffnung, Furcht.[44] Die Gemälde der Antike, die Alberti in seiner Abhandlung anführt, illustrieren alle diese zugleich großen, aber dennoch einfachen und elementaren Gefühle – die Opferung der Iphigenie, die Verleumdung des Apelles, der Tod des Meleager, Diana und ihre Nymphen, die drei Grazien. Der einzige nicht-antike Maler, der in ›Della pittura‹ erwähnt wird – Giotto und seine „Navicella" –, kommt wegen des emotionalen Inhalts seines Gemäldes vor. Aus Ciceros kurzem Hinweis auf die Wirkung einer Gemütsbewegung und den ebenso kurzen Hinweisen auf die Typen von Gebärden, die anzuwenden sind,[45] entwarf Alberti eine Diskussion der Gebärden und ihrer emphatischen Reaktionen, die in einem revolutionären Denkmodell für die Kunst der Malerei gipfelt – Bewegungen des Körpers reflektieren und projizieren Empfindungen der Seele.

[43] Brutus, L, 187–188: *Credit eis quae dicuntur qui audit oratorem, vera putat, assentitur, probat, fidem facit oratio:* [. . .] *Delectatur audiens multitudo et ducitur oratione et quasi voluptate quadam perfunditur:* [. . .] *Gaudet, dolet, ridet, plorat, favet, odit, contemnit, invidet, ad misericordiam inducitur, ad pudendum, ad pigendum; irascitur, miratur, sperat, timet; haec perinde accidunt, ut eorum qui adsunt mentes verbis et sententiis et actione tractantur* [. . .].

[44] Brutus, ebd.; De oratore, II, li, 207; vgl. auch De oratore, II, 204–213.

[45] De oratore, III, lix, 220 u. III, lvii, 216–217.

Die affektive Gebärde steht ebenso im Mittelpunkt von Albertis Theorie der Malerei wie von Ciceros Theorie der Rhetorik. Gemäß rhetorischer Diktion soll die Gebärde das Gefühl wie ein „persuasives Geschoß" begleiten. Doch sollen die Gebärden, für die Cicero und Alberti eintreten, weder zu leidenschaftlich noch gar zu theatralisch sein. Die Auffassung von Würde, die das Werk beider Männer beherrscht, gebietet die Ablehnung der theatralischen Gebärde zugunsten würdevollerer Bewegungen, nämlich solcher auf dem Exerzierplatz oder in der Palästra.[46] Seinen Anhaltspunkt für die wirkungsvolle Nutzung der Gebärde zur Verdinglichung von Gemütsbewegungen entnahm Alberti möglicherweise einer Aussage Quintilians.

Kein Wunder, daß diese Gebärden, die ja doch auf einer Art von Bewegung beruhen, so stark auf den Geist wirken, da ja ein Gemälde, ein Werk, das schweigt und immer die gleiche Haltung zeigt, so tief in unsere innersten Gefühle eindringen kann, daß es ist, als überträfe es selbst die Macht des gesprochenen Wortes.[47]

Der Eindruck dieser großen Gebärde auf den Betrachter läuft als ein wiederkehrendes Motiv durch Albertis Abhandlung. Seine Beschreibung des Todes des Meleager, die den Künstler dazu anleiten soll, die schlaffen, schwer herabhängenden Arme des toten Mannes und die angespannte Haltung derer, die seinen Körper tragen, zu porträtieren, vermittelt allein durch visuelle Zeichen die äußerste Unbeweglichkeit des Todes. Einige kurze Hinweise auf die Leidenschaften, die leider in Le Bruns ›Méthode pour apprendre à dessiner les Passions‹ kulminieren, zeigen die Mittel auf, durch die der Künstler ähnliche Gemütszustände im Beobachter hervorrufen

[46] De oratore, III, lix, 220: *Omnes autem hos motus subsequi debet gestus, non hic verba exprimens scenicus, sed universam rem et sententiam non demonstratione, sed significatione declarans, laterum inflexione hac forti ac virili, non ab scena et histrionibus sed ab armis aut etiam a palaestra ...* Spencer, S. 73 sowie Anmerkung.

[47] Quintilian, XI, iii, 67: *Nec mirum, si ista, quae tamen in aliquo posita sunt motu, tantum in animis valent, cum pictura, tacens opus et habitus semper eiusdem, sic in intimos penetret adfectus, ut ipsam vim dicendi nonnunquam superare videatur.*

kann. Durch die Wahl des Wortes und durch die Auswahl der aussagekräftigsten physischen Eigenschaften – bei einem Erzürnten schwellen vor Zorn die Augen, und das Gesicht wird glühend rot, der Melancholiker läßt den Kopf hängen, und seine Glieder fallen gleichsam müde und nachlässig herab[48] – macht er dem Leser die empathetische Wirkung der dargestellten Gemütsbewegungen bewußt. Um diese Tatsache zu unterstreichen, leitet Alberti seine Beschreibung mit der Aussage ein, daß Gleiches Gleiches anzieht. „Denn in der Natur – in welcher nichts mehr als das Ähnliche sich anzieht – liegt es begründet, daß wir weinen mit dem Weinenden, lachen mit dem Lachenden und trauern mit dem Traurigen.“[49] Das Gebärdenspiel ruft also, in der Malerei wie in der Rede, eine anteilnehmende Reaktion im Beobachter hervor. Diese Reaktion kann vom Künstler vollständig beherrscht werden. Ob nun der Redner die Toga des Beschuldigten aufreißt, um die Wunden zu enthüllen, die er sich während der Verteidigung seiner Heimatstadt zugezogen hat,[50] oder ob der Maler das Haupt des Vaters verhüllt, damit man sich seinen Kummer mit Hilfe der Phantasie vorstellen kann,[51] die Methode, wie man die gestische Klimax erreicht und von ihr Resultate erlangt, ist dieselbe. Um diese emotionale Verbindung zwischen Beobachter und Beobachtetem noch zu verstärken, besteht Alberti auf der Einbeziehung eines „Kommentators“, der aus dem Gemälde herausschaut und durch seine eigene sichtbare Gemütsbewegung den emotionalen Inhalt des Gemäldes zusammenfaßt und diesen Gemütszustand dem Betrachter vermittelt.[52] Wenn ferner eine solche emotionale Verbindung durch

[48] Spencer, S. 77; Mallè, S. 93; Janitschek, S. 120.

[49] Spencer, S. 77; Mallè, S. 93; Janitschek, S. 120.

[50] De oratore, II, xlvii; 195–196.

[51] Spencer, S. 78; Mallè, S. 95; Janitschek, S. 122.

[52] Spencer, S. 78; Mallè, S. 94; Janitschek, S. 122: „Es gefiele mir dann, daß jemand auf dem Bilde uns zur Anteilnahme an dem weckt, was man dort tut, sei es, daß er mit der Hand uns zum Sehen einlade, oder mit zornigem Gesicht und rollenden Augen uns abwehre heranzutreten, oder daß er auf eine Gefahr oder eine wunderbare Begebenheit hinweise, oder daß er dich einlade, mit ihm zugleich zu weinen oder zu lachen: so sei alles, was immer die Figuren des Bildes unter sich oder in bezug auf dich (den Be-

Albertis Zentralperspektive und den Gebrauch affektiver Farben verstärkt wird, muß sich der Betrachter notwendig mit den Figuren des Gemäldes identifizieren. In der Tat wird ein derartiges Gemälde „Augen und Seele jedes gebildeten und ungebildeten Betrachters einfangen".

Bei oberflächlicher Betrachtung hat es den Anschein, daß sich der Maler vom Redner in seinem Gebrauch von affektiver Farbe unterscheidet. Zum erstenmal in der Kunstgeschichte werden dem Künstler in ›Della pittura‹ Hinweise gegeben, wie die Farbe zu verwenden ist, um Gemütsbewegungen im Betrachter zu entfachen. Obwohl die Florentinische Malerei lange Zeit als eine Kunst galt, die sich kaum mit Farbe beschäftigte, scheint die kürzliche Restaurierung von Werken aus dem Quattrocento auf eine größere Beschäftigung damit, als ehemals angenommen, hinzudeuten. Darüber hinaus sind viele der ungewöhnlichen Farbkombinationen, die aus dem Schmutz der Jahrhunderte auftauchen, ganz einfach im Sinne der ›Della pittura‹ zu erklären. Alberti bestätigt nicht nur aufs neue die Bedeutung von Farbe in der Formgebung, sondern weist ferner darauf hin, daß sie auch gewisse psychologische Wirkungen auf den Betrachter ausübe. Diese Wirkungen werden als zusätzliches Mittel zur Schaffung einer affektiven Verbindung zwischen Betrachter und Gemälde angeführt. Alberti stellt seine revolutionäre Idee äußerst knapp dar.

Man findet eine gewisse Freundschaft zwischen (bestimmten) Farben, indem solche, nebeneinander gesetzt, einander Haltung und Anmut geben. Rosa, Grün und Himmelblau, nebeneinander gestellt, erhöhen beide die Schönheit ihrer Erscheinung. Das Weiß bringt nicht bloß neben das Grau oder Gelb (Safrangelb) gestellt, sondern fast neben jeder anderen eine heitere Stimmung hervor. Die dunklen Farben stehen zwischen den hellen nicht ohne Würde und gleicher Weise nehmen die lichten zwischen den dunklen eine zutreffende Stelle ein.[53]

Trotz des Anscheins, daß der Vergleich zu weit getrieben wird, verwendet der Redner ebenfalls Farbe affektiv, um in seinen Hörern

schauer) tun, darnach angetan, die dargestellte Begebenheit hervorzuheben oder dich über den Inhalt derselben zu belehren."

[53] Spencer, S. 85; Mallè, S. 101 f.; Janitschek, S. 138.

eine Gemütsbewegung hervorzurufen. Cicero stellt in ›De Oratore‹ fest, daß alle Gemütsbewegungen eine Entsprechung in Mimik, Aussprache oder Gestik haben. Diese äußeren Manifestationen sind wie die Saiten einer Leier, die durch den Bogen der Gemütsbewegung zum Erklingen gebracht werden. Auch die Stimme ist wie eine Leier, deren Töne alle durch die Kunst geordnet werden. Diese sind für den Schauspieler (und den Redner) wie die Farben für den Maler, weil sie alle Gefühlsschattierungen wiedergeben.[54] Für den Redner sind die Farben auditive Signale, die die Stimmungen der Seele durch den Körper ausdrücken; für den Maler sind sie visuelle Signale und werden auf die gleiche Weise verwendet.

Die Rolle, die Alberti für den Maler im Florenz des Quattrocento ins Auge faßte, ist im wesentlichen derjenigen bemerkenswert ähnlich, die Cicero für den idealen Redner beansprucht. Durch Erziehung und durch Neigung war Alberti bereits zur Zeit der Abfassung von ›Della pittura‹ darauf vorbereitet, einen solchen Vergleich anzustellen. Sein Vertrauen auf die Texte Quintilians und im besonderen auf die Ciceros in diesem und in zeitgenössischen Werken unterstreicht seine Beschäftigung mit Rhetorik und Rhetorikern. Er drängt den Maler dazu, wie der Redner die Fakten, die zu seiner Verfügung stehen, sorgfältig zu prüfen, sie zu ordnen und so darzustellen, daß sie die Aufmerksamkeit des Betrachters auf sich ziehen und zugleich fesseln. Es kann dagegen eingewandt werden, daß ein Gemälde nur jeweils eine Person anspricht, während der Redner seine Worte an eine Gruppe richtet. Auch wenn sich die Malerei in der Regel nur an einen Betrachter wendet, wie es von Albertis Perspektivenkonstruktion definiert wird, gibt es doch eine Ähnlichkeit, wenn nicht gar Gleichzeitigkeit individueller Wirkungen in dem Falle, in dem sich eine Gruppe einem Gemälde zuwendet. Zwar ist die Gruppe des Malers hinsichtlich Raum und Zeit loser

[54] De oratore, III, lvii, 216–217: *Omnis enim motus animi suum quendam a natura habet voltum et sonum et gestum; corpusque totum hominis et eius omnis vultus omnesque voces, ut nervi in fidibus, ita sonant, ut a motu animi quoque sunt pulsae ... Nullum est enim horum similium generum quod non arte ac moderatione tractetur. Hi sunt actori, ut pictori, expositi ad variandum colores.*

zusammengefügt als die des Redners, doch wie sich das Gemälde an Personen in zeitlicher Abfolge wendet, so richtet sich der Redner an eine Reihe von Personen im Raum. Im Grunde fühlt jede Person, die bei einer Rede zugegen ist, daß sie persönlich angesprochen wird. Obgleich die Malerei Raum und die Redekunst Zeit beansprucht, handeln beide wesenhaft von einer Eins-zu-Eins-Beziehung, durch die Betrachter oder Zuhörer erfreut, bewegt und belehrt werden sollen. Sowohl Cicero als auch Alberti betonen die Mittel, wie zu erfreuen und zu bewegen ist. Obwohl Cicero den Redner dazu auffordert, die erzieherische Rolle seiner Rede unter dem Vorwand zu bemänteln, sein Publikum zu erfreuen und zu bewegen, scheint Alberti kaum daran interessiert zu sein, den Betrachter überhaupt einer Belehrung zu unterziehen. Wenn der Maler jedoch keinen Versuch unternehmen soll, den Betrachter zu belehren, scheinen die Mittel, die Alberti in seiner Abhandlung darstellt, zu eindringlich für die eingeschränkteren Ziele des Bewegens und Erfreuens. Da Albertis Maler ebenso gebildet sein soll wie Ciceros Redner und da er einen ebenso edlen Charakter haben soll, ist er gewiß dazu bestimmt, eine bedeutende Rolle in der Gesellschaft seiner Zeit auszufüllen. Seine Rolle besteht darin, eine Kunst zu schaffen, die Gebildete und Ungebildete gleichermaßen durch die Universalität ihres Appells anspricht.[55] Eine derartige Kunst bewegt sicherlich alle Menschen und hinterläßt ein Zeichen in ihrer Seele. Gerade deshalb möchten Alberti und Cicero belehren, das Niveau eines jeden Menschenlebens und folglich das der ganzen Menschheit heben. Ohne Alberti zu weit auslegen zu wollen, hat die Malerei, die er sich wünscht, anscheinend dasselbe Ziel wie die Erziehung, die er in seiner Schrift ›Della famiglia‹ befürwortet und für die Cicero in allen seinen bekannten Werken eintritt – den Erwerb von *virtù*. Der Mensch, der zur *virtù* gelangt ist, hat eine größere Kontrolle über sich selbst und seine Umgebung. Er erweist sich als besseres Mitglied der Familie und der gesamten Gesellschaft, deren Teil er ist. Dies ist ein ehrgeiziges Ziel für die Malerei

[55] Cicero: Brutus, xlix, 184: *Etenim necesse est, qui ita dicat, ut a multitudine probetur, eundem doctis probari.* Spencer, S. 75, 97f.; Mallè, S. 91, 113; Janitschek, S. 116, 160.

– so wie es zu Ciceros Zeit ein ehrgeiziges Ziel für die Redekunst war –, doch ist es ein typisches Ziel der Humanisten der Renaissance und hier von Alberti im besonderen.[56]

[56] Während dieser Diskussion lag der Nachdruck auf der lateinischen Tradition. Die Kehrseite jedoch deutet an, daß sich Alberti gleichermaßen mit den Möglichkeiten der Volkssprache als Mittel literarischen Ausdrucks beschäftigte. Während seines Aufenthalts in Florenz von 1434 bis 1438 bemühte er sich, das Schriftitalienisch zu erlernen. Alle seine Werke dieser Periode verfaßte er in jener Sprache. Vgl. die Einleitung zu seinen ›Elementa Picturae‹ (S. 47 in: G. Mancini [Hrsg.]: Opera inedita et pauca separatim impressa, Florenz 1890), in der er aussagt, daß er das Buch aus dem Italienischen ins Lateinische für Theodor von Gaza übersetzt habe. Die Abfassung dieser Werke fiel mit einer Erneuerung des florentinischen Interesses an der Volkssprache zusammen. (Zu der jüngsten Diskussion der humanistischen Kontroversen über die relativen Vorzüge des Lateinischen und Italienischen als Literatursprache vgl. Hans Baron: The Crisis of the Early Italian Renaissance, Princeton 1955, I, S. 302–312.) Man könnte daraus schließen, daß sich Alberti wie Leonardo Bruni auf die lateinische Tradition berief, um Konzepte in die Gedanken und die Sprache seiner eigenen Zeit umzusetzen.

Kerygma und Dogma. Zeitschrift für theologische Forschung und kirchliche Lehre 17/4, Vandenhoeck und Ruprecht, Göttingen 1971, S. 273–291.

RHETORIK UND THEODIZEE

Studie zur hermeneutischen Funktionalität der Rhetorik bei Augustin

Von Josef Kopperschmidt

... magis enim est totum quam pars (De immort. an. 7. 12)

I

Von Schopenhauer stammt der boshafte Satz, das Beste an der Leibnizschen Theodizee sei, daß sie zum ›Candide‹ den Anlaß gegeben habe. Doch Voltaires satirischer Versuch, eine optimistische Weltkonstruktion durch die desillusionierende Wirklichkeitserfahrung eines tumben Westfalen zu widerlegen, konnte den blinden Aufklärerglauben an das «tout est bien!» kaum erschüttern, höchstens provozieren: Die „unordentliche Phantasie“, die ein Gottsched [1] dem Verfasser des ›Candide‹ vorwarf, brachte Voltaire 1762 die Indizierung ein, nachdem sein Buch schon 1759 in Genf öffentlich verbrannt worden war. Und doch stand in dem drei Jahre älteren «poème sur le désastre de Lisbonne» ein Satz wie dieser: «les sages me trompaient, et Dieu seul a raison.» Hoffnung – so das Ende dieses Gedichts – ziemt dem Menschen, nicht Wissen! Aber die Theodizee, seit der Antike als philosophisches bzw. theologisches Problem tradiert und seit Leibniz' ›Essais de théodicée‹ (1710) terminologisiert, konnte weder Voltaires empirische noch vor ihm Luthers theologische (Anthropo-dizee statt Theo-dizee) oder Kants philosophische Kritik (›Über das Mißlingen aller philosophischen Versuche in der Theodizee‹ [1791]) ad absurdum führen.

[1] Das Neueste aus der anmutigen Gelehrsamkeit Nr. IX (1759).

Doch Lissabon ist nicht Auschwitz, und was nach 1755 noch an Optimismus übrigblieb, ist heute restlos aufgebraucht, so daß selbst die zweifelnde Frage nach Gott – etwa im fünften Akt von Hochhuts ›Stellvertreter‹[2] – sich der Verharmlosung verdächtig macht. Fragen, die sich nicht mit Anstand beantworten lassen, können nur als Scheinfragen mißbraucht werden.[3] In dieser Diskreditierung der Frage selbst liegt aber auch die Diskreditierung jeder möglichen Antwort auf die Frage nach einer Rechtfertigung des Bösen impliziert. Das heißt: Die von der Theodizee angebotenen Problemlösungen können nur noch philosophie- bzw. theologiegeschichtliches Interesse für sich beanspruchen.[4]

Das gilt besonders für eine Antwort, die in der Geschichte der Theodizee von Platons ϑεὸς ἀναίτιος (Pol. 617 E) bis zu Leibniz, Wolff, Pope und Hegel ständig wiederholt worden ist, eine Antwort, die das Problem der Theodizee zu einer Frage der richtigen Perspektive verharmlost: Das *„malum“* erweist sich als ein *partikuläres „malum“*, wenn man es auf das umgreifende *Ganze* bezieht, von dem her seine Rechtfertigung, ja Notwendigkeit erst einsichtig zu machen ist. Zu dieser Perspektive allerdings fehlt heute aus begreiflichen Gründen das Zutrauen, selbst wenn sie vereinzelt immer noch empfohlen wird.[5]

[2] Vgl. bes. V. 2 (Gespräch Riccardo/Doktor)!

[3] „Die in der Theodizee beschlossene Fragestellung versucht es, . . . eine religiöse, d. h. nur in der Subjektivität des Glaubens zu überwindende Not in eine weltanschaulich lösbare Fragestellung zu verwandeln. Da alle Glaubensfragen die Tendenz in sich tragen, sich weltanschaulich zu objektivieren, wird die Theodizee als eine unstillbare Frage anerkannt werden müssen, aber sie ist ihrer Natur nach zugleich eine unlösbare Frage“ (W. Trillhaas: Art. Theodizee III, in: RGGVI, 1962, S. 746). Vgl. zur religiösen Möglichkeit dieser Frage Th. Haecker: Schöpfer und Schöpfung, München 1969, bes. S. 22ff.

[4] M. Bense: Plakatwelt, Stuttgart 1952, S. 7.

[5] Vgl. Bruggers Philosophisches Wörterbuch, Freiburg [5]1953 s. v. „Theodizee“ nach einer Kritik an Leibniz: „. . . nur eines fordert seine ⟨Gottes⟩ unendliche Gutheit: daß die Welt, die tatsächlich durch seinen Willen besteht, als Gesamtordnung gut, überwiegend (!) gut ist, daß also jedes Übel, das sich in ihr findet, in einem höheren Gut, auf das es hingeordnet ist, seine Rechtfertigung findet.“

Es ist hier nicht beabsichtigt, diese zum Topos erstarrte Dialektik Teil-Ganzes in ihrer geschichtlichen Entfaltung von Heraklit über Platon, die Stoa und Plotin bis in die Neuzeit zu verfolgen[6] oder ihre möglichen ideologischen Implikationen herauszustellen. Vielmehr soll in der angedeuteten kritischen Distanz zur Sache die skizzierte Antwort auf die Theodizeefrage mit einer Wissenschaft in Beziehung gesetzt werden, die zwar kaum in dem Ruf steht, philosophische oder gar theologische Ambitionen zu haben, die aber doch von einem ihrer besten Kenner und kritischsten Beurteiler in interessanter Weise für das Problem der Theodizee und deren Argumentationstopik aktualisiert worden ist. Die hier gemeinte Beziehung zwischen Theodizee und Rhetorik bei Augustin stellt jedoch nur einen exemplarischen Teilaspekt der umfassenden, aber weithin vergessenen hermeneutischen Funktionalität einer weithin vergessenen Disziplin dar. Bevor am Ende dieses Aufsatzes etwas genauer auf diesen thematischen Kontext verwiesen werden soll, sei zunächst an einigen Beispielen die genannte Funktionalität konkretisiert.

II

Die entsprechenden Beispiele für die gekennzeichnete hermeneutische Funktionalisierung der Rhetorik finden sich natürlicherweise

[6] Das entsprechende Material ist leicht dem Werk von F. Billicsich: Das Problem des Übels in der Philosophie des Abendlandes, 3. Bde., Wien/Köln 1936–1959 (I. ^{2}1955) zu entnehmen. Vgl. für die neuere Zeit auch die Beispiele bei D. Hildebrandt: Voltaire, Candide, Frankfurt a. M. 1963, S. 111 ff. Exemplarisch seien nur drei Stellen zitiert:

τά τε γὰρ μέρη πρὸς αυτὸ τὸ ὅλον δεῖ σκοπεῖν, εἰ σύμφωνα καὶ ἁρμάττοντα ἐκείνῳ, τό τε ὅλον σκοπούμενον μὴ πρὸς μέρη ἄττα μικρὰ βλέπειν (Plot. III 2.3). – *nihil ... seu commodi seu incommodi contingit in* parte, *quod non conveniat et congruat* universo (Aug. c. Acad. I 1.1). – „So sind wir auch nicht in dem Stande, die Vollkommenheit der Welt zu begreifen und sie ausführlich zu erklären. Derowegen, da die Unvollkommenheit der *Theile* mit zur Vollkommenheit des *Gantzen* gehören kann ..." (Chr. Wolff: Vernünftige Gedanken von Gott, der Welt und der Seele des Menschen, auch von allen Dingen überhaupt, 1738, S. 437).

besonders in dem für das Theodizeeproblem bedeutenden Jugenddialog ›De ordine‹ (386). Der Zentralbegriff dieses Werkes muß kurz umrissen werden, damit die thematisierte Beziehung zwischen *ordo* und *malum* verständlich wird; daß dieser Zentralbegriff seiner Struktur nach nicht originell, sondern primär dem Neuplatonismus verpflichtet ist, kann hier außer Betracht bleiben.

Die Weltordnung ist ein *occultus ordo*[7], der sich nur einem geübten Auge zu erkennen gibt. Zur Erläuterung dieses Latenzcharakters von *ordo* zieht Augustin sogleich am Anfang des Dialogs (I 1. 2) als erhellendes Beispiel das Mosaikbild heran: *ordo* als künstlerische *com-positio* und *con-gruentia* wird parallelisiert mit *ordo* als *universa rerum co-aptatio atque con-centus;* in beiden Fällen erschließt sich ordo nur einem *col-lustrari, com-plecti, con-siderari.* Mit eindringlicher Sprachgeste (Präfixe) beschreibt dieser Text *ordo* als einen *Struktur*-Begriff, der die Integration verschiedener Teile zur Einheit eines Ganzen bezeichnet: *congruentia partium rationabilis* (II 11. 13). Gerade diese Dialektik zwischen Teil und Ganzem ist für den Augustinischen *ordo*-Begriff konstitutiv; entfällt diese Dialektik, so wird auch der *ordo*-Begriff entleert; *est enim summa aequalitas, quae ordinem nihil desiderat.*[8]

Wie das Ganze nur *strukturell* beschreibbar ist als die gegliederte Einheit seiner Teile, so ist entsprechend der Teil nur *funktional* definierbar als integrierendes Glied dieses Ganzen.[9] Der Latenzcharakter des universalen Wirklichkeitsmosaiks aber beruht auf der

[7] II 4. 12. Vgl. bes. I 1. 1: *ordinem rerum, Zenobi, cum consequi ac tenere cuique proprium, cum vero universitatis, quo coercetur ac regitur hic mundus, vel videre vel pandere difficillimum hominibus atque rarissimum est.* Vgl. auch A. Dyroff: Über Form und Begriffsgehalt der augustinischen Schrift de ordine, in: Aurelius Augustinus, Festschrift der Görresgesellschaft (Hrsg. M. Grabmann und J. Mausbach), Köln 1930, S. 59.

[8] II 1. 2. Vgl. I 7. 18: *qui ordo atque dispositio quia universitatis congruentiam ipsa distinctione custodit . . . „distinctio“, „distributio“* und verwandte Begriffe gehören konstitutiv zum *ordo*-Verständnis, vgl. allg. J. Rief: Der Ordobegriff des jungen Augustin, Paderborn 1962, bes. S. 128 ff.

[9] Dieser funktionale Aspekt drückt sich aus in dem Begriff „locus“ und seinen Äquivalenten, die jeweils den Stellenwert eines Teils in einem Gan-

Unfähigkeit des Menschen zur Synopse, die das Ganze als die strukturierte Einheit seiner Teile und den Teil als funktionales Glied des Ganzen zu sehen vermag.[10] Diese Synopse ist eine besondere Fähigkeit des Sehens, die der Mensch erst aufgrund einer langwierigen Sehschulung erreichen kann. Der Kanon der Sieben Freien Künste ist nach Augustins Urteil ein unersetzliches Instrument einer solchen Sehschulung,[11] weil die einzelnen Disziplinen in ihren je verschiedenen Stoffbereichen eben den *ordo* freilegen, der auch das Gesetz der Wirklichkeit schlechthin ist: *congruentia partium rationabilis.* Insofern stellen die Sieben Freien Künste eine Propädeutik intelligiblen Sehens dar, das schrittweise *(gradatim)* von der Erkenntnis des in ihnen geltenden *ordo* über den universalen *ordo* zum Ursprung des *ordo* selbst aufsteigt.[12] Diese anagogische Fähigkeit der Disziplinen *(a corporalibus ad incorporalia proficisci*[13]*)* ermöglicht auch ihre Rezeption in das Programm einer christlichen Wissenschaftstheorie, wie sie Augustin besonders in ›De ordine‹ (II 13.38ff.) und ›De doctrina christiana‹ (II 19.29ff.) entworfen hat.[14] In dieser Wissenschaftstheorie hat auch, obwohl es bisher wenig beachtet worden ist, die Rhetorik ihren festen Platz. Um ihre Bedeutung in dem genannten spezifischen Sinn als propädeutische Sehschulung möglicher *ordo*-Erkenntnis geht es auf den folgenden Seiten.

1. In diesem Zusammenhang ist zunächst ›De ordine‹ II 4.13 von

zen reflektieren; vgl. bes. II 4.11–13; 5.13 (bezüglich der dialektischen Fangschlüsse): *certis et suis sedibus conlocatae.*

[10] *Si autem mentis oculos erigens atque diffundens simul universa collustret [animus], nihil non ordinatum suisque semper veluti sedibus distinctum dispositumque reperiet* (II 4.11).

[11] *Aliter* [d. h. ohne diese Kenntnis] *quippe ista sic intellegi, ut luce clariora sint, nullo modo possunt* (II 5.15). Vgl. 6.17; 7.24; 8.25; 9.26; 11.30; I 1.3; 2.4; 7.20; 7.24.

[12] Vgl. II 5.14 und bes. II 13.38ff. und 18.47.

[13] Vgl. zu dieser Stelle (Retract. I 3.1) u. a. H.-I. Marrou: Saint Augustin et la fin de la culture antique, Paris ^{4}1958, S. 291 Anm. 1; H. Fuchs: Enkyklios Paideia, in: RAC V, 1962, S. 388f.

[14] Vgl. bes. R. Lorenz: Die Wissenschaftslehre Augustins, in: Zs. f. Kirchengesch. 67. (1955/56), S. 29–60; 213–251.

Bedeutung. Es geht in diesem kurzen Text um das Phänomen von stilistischen Qualifikationen *(virtutes)* eines sprachlichen Gebildes, die zugleich grammatische Fehler darstellen.[15] Das ist etwa der Fall bei dem Verstoß gegen die erste und grundlegende elocutionelle Qualität eines sprachlichen Textes, die *„Latinitas"*, mit der ein idiomatisch korrekter Sprachgebrauch *(puritas)* gefordert wird.[16] Obwohl die zwei möglichen Formen einer Mißachtung dieser Forderung, nämlich „Barbarismus" (Verstoß gegen die lautliche Korrektheit eines Einzelwortes[17]) und „Solözismus" (Verstoß gegen die syntaktische Korrektheit[18]) eindeutig als sprachlich-grammatische Fehler gelten müssen, haben beide Formen dennoch unter bestimmten Bedingungen, etwa in der Dichtung, eine positive ästhetische Qualifikation. Daher werden „Barbarismus" und „Solözismus" auch in ihrer poetischen Umfunktionalisierung „Metaplasmen" und „Schemata" genannt und entsprechend zu den sprachlichen *virtutes* gezählt.[19]

Nach dieser einleitenden Erläuterung dürfte der gedrängte Augustinische Text verständlicher sein:

soloecismos et barbarismos quos vocant, poetae adamaverunt; quae schemata et metaplasmos mutatis appellare nominibus quam manifesta vitia fugere malunt. detrahe tamen ista carminibus, suavissima condimenta desiderabimus . . . (II 4. 13.)

Die gezielte Paradoxie dieser Sätze ist offenkundig: *manifesta vitia* werden als *suavissima condimenta* apostrophiert, sprachliche Mängel als besondere Vorzüge ausgegeben. Wie läßt sich diese Paradoxie erklären?

Zunächst ist zu betonen, daß es sich um das gleiche sprachliche

[15] Die *virtutes elocutionis* umschreiben die vier klassischen Bedingungen einer guten Rede: *Latinitas, perspicuitas, ornatus, aptum;* zur Sache vgl. H. Lausberg: Handbuch der literarischen Rhetorik, München 1960. I, S. 249 ff. Zur Beziehung *virtus/vitium* vgl. Anm. 25, S. 10.

[16] Vgl. Quint. V 14. 33; im allgemeinen vgl. Lausberg, a. a. O., S. 254 ff.

[17] Etwa das archaische *olli* statt *illi* (vgl. Aen. V 580).

[18] Etwa Adjektiv statt Adverb: *torvumque repente clamat* (vgl. Aen. VII 399).

[19] Quint. I 8. 14: *[poetis] ignoscitur, ut vitia ipsa aliis in carmine appella-*

Phänomen handelt, das einmal negativ *(vitium)*, ein andermal positiv *(condimentum)* beurteilt wird. Wenn aber eine solche unterschiedliche Qualifikation möglich ist, so daß sich ihr entsprechend sogar der Name des betreffenden Phänomens ändert („Barbarismen/Metaplasmen“ bzw. „Solözismen/Schemata“), dann kann diese Qualifikation notwendigerweise nicht in dem Objekt selbst verankert werden, sondern nur in der Verschiedenheit der möglichen Aspekte, unter denen das Objekt beurteilt wird. Diese verschiedenen Aspekte sind in dem zitierten Text auch eindeutig angesprochen; man kann in diesem Zusammenhang von einem grammatischen und einem stilistischen Aspekt sprechen.

Beurteilt man die „Barbarismen“ bzw. „Solözismen“ unter grammatischem Aspekt als isolierte sprachliche Phänomene, dann läßt sich in beiden Fällen nur ein Abweichen von der gültigen Sprachnorm konstatieren, was einer negativen Qualifikation *(vitium)* gleichkommt. Beurteilt man aber die gleichen Phänomene unter stilistischen Aspekten, d. h. interpretiert man sie im Hinblick auf ihre funktionale Relevanz innerhalb eines strukturierten Gesamtgefüges, dann kann gerade ein Abweichen von der sonst gewahrten lautlichen und syntaktischen Norm eine besondere und positiv zu beurteilende Wirkung haben,[20] mag man sie als Verfremdung oder als Variation näherhin ausdeuten. Dieses strukturelle Gesamtgefüge, das eine funktionale Beurteilung sprachlicher Phänomene berücksichtigen muß, wird von Augustin in dem zitierten Text mit der zentralen Kategorie *ordo* angesprochen und in zweifacher Weise näher bestimmt.

Zunächst definiert sich das strukturelle Gesamtgefüge durch seinen Gattungscharakter. Die Begriffe *„poetae“* und *„carmina“* kennzeichnen eindeutig den poetischen Charakter eines sprachlichen Gebildes als Bedingung einer positiven Qualifikation sprachlicher Normwidrigkeit. Was sich im Rahmen poetischer Gebilde als stilistische Vorzüge ausweist, wirkt außerhalb dieser literarischen Gattung lächerlich und deplaziert:

tionibus nominentur; μεταπλασμούς *enim et* σχήματα *ut dixi, vocamus et laudem virtutis necessitati damus . . .*

[20] Vgl. Quint. IX 3.3: *ideoque cum sit a simplici rectoque loquendi genere deflexa, virtus est, si habet probabile aliquid, quod sequatur.*

transfer in liberam forensemque dictionem; quis non eam fugere atque in theatra secondere iubebit? (Ebd.)

Außer seiner Gattungszugehörigkeit definiert sich ein strukturelles Gesamtgefüge, das bei einer funktionalen Beurteilung zu berücksichtigen ist, durch seinen Charakter als gegliederte Einheit, die sich in dem ausgewogenen Verhältnis ihrer Einzelteile zueinander konstituiert. Dieses Verhältnis bedeutet in dem hier zitierten Beispiel die Relation zwischen Sprachnorm und Abweichung von dieser Sprachnorm. Ein Übermaß eines instrumentellen Gebrauches poetischer Lizenzen wie „Metaplasmen" und „Schemata"[21] verfehlt ebenso deren Wirkung, wie ihr völliges Aussparen den Gesamteindruck eines sprachlichen Gebildes *(totum)* schmälert[22]:

detrahe tamen ista carminibus, suavissima condimenta desiderabimus. congere multa in unum locum, totum acre, putidum, rancidum fastidibo. (Ebd.)[23]

Die genannten zwei Aspekte einer möglichen Beurteilung von sprachlichen Phänomenen wie „Barbarismen" und „Solözismen" sind möglich und ebenso die durch sie bedingten verschiedenen Qualifikationen dieser Phänomene. Gleichwohl sind beide Aspekte nicht gleichwertig, denn eine isolierte Beurteilung sprachlicher Phänomene, wie sie die Grammatik pflegt, verkennt, daß solche Phänomene in Wirklichkeit nie isoliert erscheinen, sondern schon immer integrierte Teile eines strukturellen Gesamtgefüges sind, das als *ordo* charakterisiert ist[24]:

ordo igitur ea gubernans et moderans nec apud se nimia nec ubilibet aliena ese patietur. (Ebd.)

[21] Zur *licentia poetarum* (Isid. orig. I 35.1) vgl. Lausberg, a. a. O., S. 28f.

[22] Vgl. Quint. IX 3.5: *nam secretae et extra vulgarem usum positae [figurae] ideoque magis notabiles ut novitate aurem excitant, ita copia satiant ...*

[23] Zu *fastidire* vgl. Fußn. 43.

[24] Damit ist natürlich nicht eine grammatische Betrachtung sprachlicher Phänomene *a limine* ausgeschlossen, nur sei auf den Gültigkeitshorizont solcher Fragestellungen verwiesen. Es muß allerdings einschränkend betont werden, daß Grammatik hier bewußt in einem sehr engen Sinn verstanden ist (vgl. etwa De ord. II 12.36, De mag. 2.3ff.), der sich mit der antiken Begriffsweite nicht ganz deckt; vgl. Fußn. 25.

Der funktionale Stellenwert *(locus)* eines solchen sprachlichen Phänomens impliziert zugleich aber auch die Notwendigkeit einer funktionalen Perspektive, die allein dem Einzelphänomen gerecht werden kann. Selbst das Fehlerhafte und Falsche erschließt sich einer solchen Perspektive in seiner verborgenen positiven Funktionalität.

Die ohnehin naheliegende Aktualisierung dieser Gedanken, die ein in der Rhetorik-Tradition geläufiges Problem der Beziehung zwischen *virtus* und *vitium* aufgreift,[25] soll zunächst noch ausgespart werden; statt dessen sei noch ein anderes, sich textlich unmittelbar anschließendes Beispiel einer hermeneutischen Funktionalisierung der Rhetorik für die Theodizeefrage in die Betrachtung einbezogen.

2. Es handelt sich in diesem Text (De ordine II 4.13) um das Gebiet der Stillehre, die seit ihrer definitiven Formulierung in der Herennius-Rhetorik (ca. 86/84 v. Chr.) über Cicero und Augustin bis in das Mittelalter hinein von grundlegender Bedeutung war.[26] Schon in der genannten Herennius-Rhetorik werden die klassi-

[25] Zur Beziehung zwischen *virtus/vitium* vgl. Lausberg, a. a. O., S. 28f. Das Thema dieser Beziehung dürfte seinen Ort in der römischen *ars grammatica* gehabt haben, deren Schlußkapitel die *vitia et virtutes orationis* behandelte; vgl. K. Barwick: Probleme der stoischen Sprachlehre und Rhetorik, Abh. d. Akad. Lpz., Philol.-Hist. Kl. 49/3.1 1957, S. 98; ders.: R. Palaemon und die römische *ars grammatica,* Philol. Suppl. XV. 1922, S. 95ff. In diese Tradition gehört auch das von Augustin hier in ›De ord.‹ und weiter in ›C. Faust‹ XXII 25 zitierte Beispiel, das interessanterweise wörtlich bei Charisius (vgl. Favii Sosipatri Charisii artes grammaticae libri V, Leipzig 1925, ed. K. Barwick, S. 350.1) vorkommt. Ähnliche Beispiele auch bei Donat, vgl. Marrou, a. a. O., S. 316, Anm. 6. – Diese Herkunft des Beispiels macht auch die fließende Grenze zwischen Grammatik und Rhetorik deutlich, so daß die Zuweisung des behandelten Sachbereiches zu einer dieser beiden Disziplinen schwankt (Lausberg, a. a. O., S. 249 spricht von „grammatischer Tugend"). Augustin allerdings dürfte auf Grund des Zusammenhangs in ›De ord.‹ II 4.13 eher an die Grammatik gedacht haben (vgl. Marrou, a. a. O., S. 13).

[26] Zu dem oft behandelten Problem der antiken Stillehre vgl. bes. E. R. Curtius: Die Lehre von den drei Stilen in Altertum und Mittelalter, in: Rom. Forsch. 64 (1952), S. 57ff.; F. Quadlbauer: Die antike Theorie der

schen drei Stile – sie hießen noch *figurae*[27] – als Redemöglichkeiten verstanden, die ungeachtet ihres individuellen Charakters[28] nach dem Prinzip der *variatio* miteinander zu verbinden seien, damit der größte rhetorische Fehler, die Ermüdung und Erschlaffung der Zuhörer, vermieden wird:

sed figuram in dicendo commutare oportet, ut gravem mediocris, mediocrem excipiat attenuata, deinde identidem commutentur, ut facile satietas varietate *vitetur.* (IV 11. 16.)

Von eben dieser *variatio* spricht neben Cicero[29] und Quintilian[30] auch Augustin u. a. an der genannten Stelle in ›De ordine‹, wobei der Begriff *interponere* zur Kennzeichnung dieses Prinzips dient[31]:

summissa quaedam impolitaeque simillima ipsos saltus ac venustos locos sese interponens illustrat oratio. quae si sola sit, proicis ut vilem, si autem desit, illa pulchra non prominent, non in suis quasi regionibus possessionibusque dominantur sibique ipsa propria luce obstant totumque confundunt.

Dieser in der einzigen deutschen Übersetzung reichlich entstellte Text[32] ist zunächst etwas schwer zu verstehen, weil der gemeinte

genera dicendi im latein. Mittelalter, in: Sitzber. d. Öster. Ak. d. Wiss., Philol.-Hist. Kl. 241, 1962.

[27] Vgl. auch Cicero: De orat. III 210.

[28] Er ist begründet in der Bindung der drei Stile an bestimmte Stoffe *(res)* und oratorische Funktionen *(officia)*; vgl. Cicero: Orat. 29. 100f. bzw. 21. 69.

[29] Orat. 29. 103: *at haec interdum temperanda et varianda sunt;* vgl. 27. 70: *tripertita variatio* u. a. m. Auch zur Definition der Eloquenz gehört dieser Begriff, vgl. De orat. I 13. 59, II 27. 12 u. a. m. – Zum γένος μικτόν vgl. L. Voit: Deinotes, ein antiker Stilbegriff, Leipzig 1934, S. 43.

[30] Vgl. XII 10. 66ff.

[31] Neben De ord. vgl. De doct. chr. IV 7. 13; 20. 44; 22. 51; 23. 52. Gleichbedeutend sind *variare, miscere, alternare* u. ä. vgl. De doct. chr. IV 22. 51.

[32] C. J. Perl: Die Ordnung. Erste deutsche Übersetzung, Paderborn 1952. Diese Übersetzung ist auch sonst (etwa II 13. 38) unbefriedigend, wenn nicht falsch. Um die folgende Interpretation zu erleichtern, übersetze ich den entscheidenden ersten Satz gemäß meinem Textverständnis: „Eine gewissermaßen niedrige und einem ungefeilten Stil sehr nahekommende

Sachverhalt methodisch verschieden angesprochen wird. Neben dem terminologisch exakten Begriff *summissa oratio*, mit dem fraglos der niedere Stil das *genus submissum* gemeint ist,[33] tritt die umschreibende Angabe des stofflichen Redegegenstandes als allgemeine Kennzeichnung des anderen *genus dicendi: saltus ac venusti loci.* Bei dieser stofflichen Kennzeichnung wird man zunächst an die topische Beschreibung des schönen Ortes *(descriptio loci)* denken;[34] denn Ort und Landschaft gehören zu dem umfassenden Katalog von Lobgegenständen, wie ihn die Rhetorik für die Epideiktik[35] klassifiziert hat.[36] Die nach der politischen Entmachtung der Rhetorik fast allein übriggebliebene und in der Spätantike bis zum Exzeß stilisierte epideiktische Redegattung ist charakterisiert durch die Verabsolutierung des ästhetischen Kunstgenusses als Selbstzweck. Entbunden von jeder judizialen und forensischen Funktion wird hier ein Formkult zelebriert, der allein noch der subtilen *delectatio* des eingeweihten Hörers dient.[37] Darüber hinaus ist aber die *delectatio* auch die klassische Funktion des mittleren Redestils, des *genus medium* bzw. – wie es bei Augustin meist genannt wird – des

Rede verleiht sogar Waldschluchten und lieblichen Gegenden Glanz, wenn sie sich zwischen diese schiebt . . ."

[33] Zu *summissus* und den Äquivalenzbegriffen vgl. Lausberg, a. a. O., S. 519f. Augustin behandelt dieses *genus dicendi* bes. De doctr. chr. IV 20.39ff. und 21.46 *(summissa dictio* bzw. *summissum dicendi genus)* und gibt biblische und patristische Beispiele an. – Neben *summissus* haben auch die anderen konstitutiven Begriffe des Zitats rhetorische Signifikanz: *impolita* (vgl. u. a. Cic.: De orat. I 8.31) und *illustrare* (vgl. Cic.: De orat. 14.61).

[34] Vgl. E. Norden: Die antike Kunstprosa, I. 1958 (Nachdr. der 5. Aufl. Darmstadt), S. 285; ders.: P. Vergilius Maro: Aeneis Buch VI, 1957 (Nachdr. Darmst.), zu v. 638 *(lacti loci)* E. R. Curtius: Europäische Literatur und lateinisches Mittelalter, Bern/München ^{5}1965, S. 191ff. (Die Ideallandschaft), bes. S. 200ff., Lausberg, a. a. O., S. 544, 1351.

[35] Vgl. V. Buchheit: Untersuchungen zur Theorie des Genos Epideiktikon von Gorgias bis Aristoteles, München 1960.

[36] Vgl. bes. Quint. III 7: *de laude et vituperatione;* allg. Lausberg, a. a. O., S. 132ff.

[37] Zum Material vgl. Lausberg, a. a. O., S. 129ff.

genus temperatum.[38] Wenn das *delectare* in der rhetorischen Stillehre auch nur innerhalb einer allgemeinen rednerischen Wirkungsintentionalität *(persuadere)* fungiert, so ist doch klar, daß dieses *genus dicendi* am wenigsten vor einer ästhetischen Verabsolutierung geschützt war. Ciceros Ableitung dieses *genus* aus sophistischen Ursprüngen (Orator 27.96) wie Augustins Warnung vor einer *delectatio* um ihrer selbst willen *(sola delectationis gratia,* De doct. chr. IV 12.28) beweisen die Nähe zwischen dem *genus temperatum* und der Epideiktik[39]:

appetant eum [finem] qui lingua gloriantur et se in panegyricis talibusque dictionibus iactant, ubi nec docendus nec ad aliquid agendum movendus, sed tantummodo est delectandus auditor. (De doct. chr. IV 25.55.)

Bezeichnend für die genanne Nähe ist weiterhin, daß Augustin die *delectare*-Funktion des *genus temperatum* mit den konstitutiven Charakteristika der epideiktischen Rede erläutert, nämlich *laudare* und *vituperare*[40]:

ac per hoc eo genere utendum est ..., quando eis ista incidunt sicut laudandum aliquid vel vituperandum ... (De doct. chr. IV 23.52.)

Entsprechend zitiert er auch die *laudatio virginitatis* Cyprians[41] als Beispiel für das *genus temperatum* aus der christlichen Literatur.

Bedenkt man die genannte Beziehung zwischen *genus temperatum* und Epideiktik, und bedenkt man weiter die terminologische

[38] Vgl. Lausberg, a. a. O., S. 520ff. Augustin behandelt dieses *genus dicendi* bes. De doct. chr. IV 20.40f., 21.47f., 25.55ff., wobei sein ornativer Charakter und seine *delectatio*-Funktion besonders betont werden.

[39] Vgl. Quadlbauer, a. a. O., S. 20: „Das *[genus] temperatum* zu Augustins Zeit ist eben an sich kein maßvoller Stil im Sinne der klassischen Ästhetik, es ist der kunstvolle, epideiktische Stil der Prunkredner in der Zeit der Zweiten Sophistik, der die *acclamationes* der rhetorisch geschulten Zuhörer hervorruft."

[40] Vgl. ebd. IV 26.57; Isid.: Orig. II 17.3.

[41] *Tractatus de disciplina et habitu virginum,* zitiert bei Aug.: De doct. chr. IV 21.47; vgl. als weiteres Beispiel Ambrosius' *de virginibus,* zitiert ebd. IV 21.48.

Signifikanz von *oratio summissa* bzw. *interponere,* dann ist die Annahme berechtigt, daß Augustin in dem zitierten Text aus ›De ordine‹ von zwei verschiedenen Stilebenen spricht und daß die umschreibende Charakteristik *saltus ac venusti loci* als Kennzeichnung des stark epideiktisch bestimmten *genus temperatum* dient. (Auf weitere stützende Parallelen kommen wir noch unten zu sprechen.[42])

Augustin interessiert an den beiden genannten *genera dicendi,* wie der Begriff *interponere* bezeugt, das Verhältnis zweier Stilebenen zueinander, genauer: die Wirkungsanalyse einer Stilmischung. Zwar begnügt sich Augustin sehr oft mit einer allgemeinen psychologischen Wirkungsbestimmung der Stilmischung als Gegengewicht gegen die Erschlaffung des Hörers.[43] Doch an der zitierten Stelle versucht er, die Analyse weiterzuführen und die Wirkung einer Stilmischung genauer zu erklären, nämlich als Komparation: durch den Wechsel der Stilebenen *(interponere)* werden die spezifischen Wirkungskräfte eines *genus* kontrastierend gesteigert *(prominere).*

Als erläuterndes Beispiel einer solchen komparativischen Wirkung sei aus ›De doctrina christiana‹ eine verwandte Wirkungsana-

[42] In der Sekundärliteratur ist diese Stelle fast gar nicht behandelt (das fällt besonders auf bei K. Svoboda: L'ésthétique de saint Augustin et ses sources, Brünn 1933, S. 20ff.) oder nicht richtig verstanden worden (so Rief, a. a. O., S. 177). Am nächsten kommt der vorgetragenen Deutung noch Marrous kurze Anmerkung (a. a. O., S. 239, Anm. 1): «différents types d'éloquence».

[43] . . . *omnibus generibus dictio varianda est, nam quando prolixa est in uno genere, minus detinet auditorem* . . . (De doct. chr. IV 22. 51); vgl. ähnlich *variatio* als Entspannung des Hörers ebd. IV 7. 13. Zur *variatio* als Schutz gegen *fastidium/taedium* vgl. u. a. De gen. ad litt. imp. lib. 9. 30f.; allg. vgl. Lausberg, a. a. O., S. 142. – Neben dieser der Rhetoriktradition verpflichteten Begründung der Stilmischung gibt es eine spezifisch christliche, die hier nicht weiter behandelt werden soll; vgl. dazu E. Auerbach: Mimesis. Dargestellte Wirklichkeit in der abendländischen Literatur, Bern/München [3]1964 (unter Stichwort „Stilmischung"); ders.: Literatursprache und Publikum in der lateinischen Spätantike und im Mittelalter, Bern 1958, S. 30f.; Quadlbauer, a. a. O., S. 8f.

lyse der Stilmischung zwischen dem *genus grande* und dem *genus summissum* zitiert, die zugleich die obige Interpretation von ›De ordine‹ stützt:

et in potestate est eloquentis, ut dicantur nonnulla summisse, etiam quae possent granditer dici, ut ea quae dicuntur granditer, ex illorum comparatione *grandiora et eorum tamquam umbris luminosiora reddantur.* (IV 23.52.)

Die gleiche komparativische Wirkung wird in diesem Kapitel auch der Stilmischung zwischen dem *genus temperatum* und dem *genus summissum* attestiert:

... nonnulla quae ornari possent, ideo non ornantur, sed summisso sermone dicuntur, ut quibusdam quasi toris ornamentorum praebeant eminentiorem locum. (Ebd.)

Es bedarf keines langen Beweises, daß an der fraglichen ›De ordine‹-Stelle eben von dieser komparativischen Wirkung der Stilmischung die Rede ist; schon die Ähnlichkeit der Lichtmetaphern *(luminare/illustrare, lux)* und der komparativischen Ausdrücke *(prominere/eminere)* bezeugen die gedankliche Nähe. Zugleich aber ist für die von Augustin intendierte Aussage von entscheidender Wichtigkeit, daß die genannte komparativische Wirkung der Stilmischung nicht dialektischer Natur ist, sondern nur für das *genus summissum* gilt hinsichtlich der beiden anderen *genera*: Der Schatten steigert die Helle des Lichts – so das Bild in ›De doctrina‹ –, nicht umgekehrt! Auf dieses Gesetz eines funktionalen Subordinationsverhältnisses wird zwar nicht eigens hingewiesen, doch ist es in ›De ordine‹ die eigentliche Pointe, auf die der Text hinzielt: Erst der einfache und schmucklose Redestil des *genus summissum,* die genuine sprachliche Form dialektischer Argumentation,[44] verhilft dem ornativen Stil des *genus temperatum* zur kontrastierenden Entfaltung seiner eigentlichen ästhetischen Wirkung. Auf die damit

[44] Zum *genus summissum* gehören – wie De doct. chr. IV 20.39 zeigt – Begriffe wie „ratiocinari", „docere", „aperire clausa", „solvere quaestiones" u. a. m.; vgl. J. B. Eskridge: The influence of Cicero upon Augustine in the development of his oratorical theory for the training of the ecclesiastical orator, Menasha 1912, S. 37 ff.

angesprochene Spannung zwischen der Qualifikation des isolierten Teils und seiner funktionalen Relevanz verweisen schon die fast antithetisch zugespitzten Begriffe: Das *illustrare* wird zur positiven Leistung der *impolita oratio,* das *pulchrum* ist an das *summissum* als Bedingung geknüpft.

Die Entfaltung dieser positiven Funktionalität des *genus summissum* aber ist wieder von dem ausgewogenen Verhältnis der beiden Stilebenen zueinander abhängig, d. h. von der *ordo*-Struktur des sprachlichen Gesamtgefüges: *magnae et hic debentur ordini gratiae* (II 5. 13).[45]

Dieses als *ordo* gekennzeichnete Gesamtgefüge würde sowohl durch die Ausschließlichkeit des *genus summissum* wie durch sein völliges Fehlen gestört werden:

quae [oratio summissa] si sola sit, proicis ut vilem; si autem desit, illa pulchra non prominent . (II 4. 13.)[46]

Die gedankliche Beziehung dieses Textes zu dem oben interpretierten Beispiel liegt auf der Hand: wie grammatische Fehler *(manifesta vitia)* als stilistische Qualifikationen *(suavissima condimenta)* fungieren können, ebenso kann der niedere Stil *(oratio summissa)* zur positiven Bedingung des Redeglanzes *(illustrare)* werden. Nicht weniger evident sind die anderen von Augustin herangezogenen Beispiele aus der Dialektik (die Fangschlüsse als besonderer Reiz argumentativer Logik),[47] aus dem sozialen Bereich (Henker und Dirnen als Ordnungsträger der Stadt)[48] und aus der Naturwelt (die

[45] Dieser Satz gehört – entgegen der typographischen Gliederung in manchen Texten – noch zu dem behandelten Beispiel, das ebenso wie die beiden anderen Beispiele mit dem Verweis auf den thematischen *ordo*-Gedanken abschließt.

[46] Die Parallelität zu dem oben interpretierten Beispiel ist offenkundig: *quae si sola sit = congere multa in unum locum; si autem desit = detrahe tamen ista.*

[47] *Saepe tamen in disputationibus certis et suis sedibus conlocatae tantum valent, ut nescio quomodo per eas dulcescat ipsa deceptio* (II 5. 13).

[48] *At inter ipsas leges locum necessarium tenet [carnifex] et in bene moderatae civitatis ordine inseritur estque suo animo nocens, ordine autem alieno poena nocentium* (II 4. 12).

Schmach des Verlierers als Steigerung des Siegesglanzes)[49]. Der gleichbleibende Skopus dieser und anderer Beispiele ist der Nachweis, daß sich kein Phänomen einer isolierenden Betrachtungsweise erschließt, die nicht die funktionale Bedeutung dieses Phänomens in einem strukturierten Gesamtgefüge *(ordo/totum)* mit reflektiert. Aufgrund seines Stellenwertes *(locus)* in diesem *ordo*-Gefüge kann einem Teil, der – isoliert betrachtet – negativ zu qualifizieren wäre (*vitium, summissum,* Henker, Dirne, Fangschlüsse, Verlierer . . .) eine positive Funktionalität zuwachsen[50]:

quae tamen deformia suos locos tenendo meliorem locum concessere melioribus. (II 4.12.)

3. Der Charakter dieses *ordo*-Gefüges als *congruentia,* d. h. als gegliederte Einheit verschiedener Teile, impliziert die qualitative Differenzierung der Teile,[51] die im Grenzfall bis zur Antinomie führen kann; denn die Einheit der Ordnung besteht *vel similitudine parium partium vel gradatione disparium* (De ver. rel. 30.55). In der rhetorischen Figur der Antithese hat Augustin das überzeugendste Beispiel für diese *ordo*-Struktur gefunden.

Einer der betreffenden Texte ist wieder dem Dialog ›De ordine‹ entnommen und steht im gekennzeichneten thematischen Kontext der Frage nach der Beziehung zwischen *ordo* und *malum*: Sind die *„mala" praeter ordinem* oder *ordine contineri?*

qui ordo atque dispositio quia universitatis congruentiam ipsa distinctione custodit, fit, ut mala etiam esse necesse sit. ita quasi ex antithetis quodammodo, quod nobis etiam in oratione iucundum est, ex contrariis omnium simul rerum pulchritudo figuratur. (I 7.18.)

Der Vergleich zwischen der *pulchritudo orationis* und der *pulchritudo rerum* ist streng durchgeführt: Wie die stilistische Figur der Antithese die Schönheit einer Rede ausmacht, so bedingen die rea-

[49] *Et per ipsam [deformitatem] tamen eiusdem certaminis perfectior pulchritudo provenerat* (II 4.12); vgl. ebd. I 8.25, De ver. rel. 22.43.

[50] Sie wird final *(ut)* oder instrumental (*per*/Abl. instrum.) ausgedrückt.

[51] Vgl. De ord. I 7.18, 7.19, II 1.2 zum distinktiven Charakter von *ordo*; vgl. auch oben Fußn. 8.

len Gegensätze der Wirklichkeit die universale Schönheit der Welt. Das *tertium comparationis* ist dabei der Begriff „*contrarium*", mit dem Augustin – durchaus in rhetorischer Tradition stehend[52] – den gängigen griechischen Terminus übersetzt. Der Begriff „*contrarium*" definiert die Antithese als eine mehrgliedrige sprachliche Form,[53] deren konstitutive Einzelglieder jeweils in einem inhaltlich-gedanklichen Antinomie-Verhältnis zueinander stehen, wobei diese inhaltliche Antinomie sowohl logischer wie historischer Natur sein kann.[54] Die sich in der Antithese sprachlich manifestierende Denkstruktur eines Heraklit, Paulus, Augustin, Pascal, Nietzsche[55] ist in der Geschichte der Rhetorik bis heute nicht ernsthaft untersucht worden;[56] sieht man von der Metapher ab, so

[52] Vgl. Cic.: Or. 50.166; Her.-Rhet. IV 15.21; Isid.: Orig. I 36.21 u. a. m. Gleichbedeutend mit *contrarium* ist *contrapositum,* vgl. Quint. IX 3.81; Isid. II 21.5. Augustin selbst spricht De civ. dei XI 18 von allen drei lateinischen Äquivalenten *(opposita, contraposita, contraria),* wobei er sich für *contraposita* entscheidet, *quod expressius dicitur;* zur Stelle vgl. unten S. 212f. Allgemein auch Lausberg, a. a. O., S. 389ff.

[53] Lausberg unterscheidet an der zitierten Stelle hinsichtlich des syntaktischen Umfangs der Antithese zwischen Einzelwörtern, Wortgruppen und Sätzen. Z. Skřeb (Zur Theorie der Antithese als Stilfigur, in: Sprache im technischen Zeitalter 25 [1968], S. 53) plausibler nur zwischen Wort- und Satzantithesen.

[54] Zu dem bedeutsamen Aspekt geschichtlich bedingter Antithesen vgl. Skřeb, a. a. O., S. 52.

[55] Zu Paulus vgl. die von Augustin De civ. de XI 18 zitierte Stelle 2. Kor 6,8, außerdem Röm 2,6ff., 1. Kor 1,18; 4,10ff. Wichtig aber noch Norden: Antike Kunstprosa, a. a. O. II, S. 505ff. – Hinsichtlich Augustins hat die unermüdliche Forschung sogar die Anzahl der Antithesen in dessen Werk gezählt; es sollen nach M. I. Barry (Saint Augustin the Orator. A study of rhetorical qualities of St. Augustin's Sermones ad populum, Patr. Stud. VI, Washington 1924, S. 182ff.) 1020 einfache Antithesen sein. Vgl. u. a. noch C. I. Balmus: Etude sur le style de saint Augustin dans les confessions et la Cité de Dieu, Paris 1930, S. 148.

[56] Die ersten Ansätze dazu bietet der Fußn. 53 genannte Aufsatz von Skřeb (dort ein Verweis auf E. Elster: Prinzipien der Literaturwissenschaft, II, Halle 1911). Vgl. auch L. Reiners: Stilkunst, Ein Lehrbuch deutscher Prosa, München [2]1967, S. 688ff.; Lausberg, a. a. O., S. 389ff. Zur älteren

warten fast alle Figuren noch auf eine strukturelle Analyse.[57] Seitdem Georgias und der Asianismus[58] die Antithese zum beherrschenden Stilprinzip der Kunstprosa gemacht haben, das sie bis in den Humanismus hinein blieb,[59] ist diese Figur fast ausschließlich als ästhetisches Ornament reflektiert und als solches, verstärkt durch lautliche (Homoioteleuton) und syntaktische (Isokolon) Verklammerung der Einzelglieder, angewandt worden. Auch Augustin spricht in dem zitierten Text von eben dieser ästhetischen Wirkung der Antithese, ohne diese Wirkung allerdings über eine allgemeine Charakteristik *(iucundum/pulchritudo)* hinaus zu erläutern. In verdichteter Form findet sich eine solche Wirkungsanalyse in dem zweiten und bedeutenderen Text über die Antithese:

sicut ergo ista contraria contrariis opposita sermonis pulchritudinem reddunt, ita quadam non verborum, sed rerum eloquentia contrariorum oppositione saeculi pulchritudo componitur. (De civ. XI 18.)

Dieser Text, der das interessante Antithesen-Kapitel aus ›De civitate dei‹ abschließt, enthält die zentralen Kategorien, mit denen sich die ästhetische Struktur der Antithese genauer bestimmen läßt: *contrariorum oppositione ... pulchritudo componitur* (ebd.).[60] Das heißt: Die inhaltlich-gedanklichen Gegensätze *(contraria)* gewinnen durch ihre gezielte Konfrontation *(oppositione)* eine neue Qualität, indem sie nämlich umfunktionalisiert werden zu konstitutiven

Literatur vgl. Norden, a. a. O. I, S. 16 ff., II S. 617, 786 ff.; R. Volkmann: Die Rhetorik der Griechen und Römer in systematischer Übersicht, ^{2}1885 (Nachdr. 1963), S. 485 ff.; V. Groningen: De Antithese als Griekse denkvorm, Brüssel 1953; G. Kennedy: The art of persuasion in Greek, Princeton 1963, S. 33, 64 ff.

[57] Zur Metapher vgl. die Bochumer Diskussion, in: Poetica, 2 (1968), S. 100 ff.

[58] Vgl. Norden, a. a. O., S. 16 ff., 383 f., 410 ff.; Kennedy, a. a. O., S. 66 ff.

[59] Norden (a. a. O. II, S. 786 ff.) hat das Fortleben der Antithese besonders als „formale Antithese" materialreich skizziert; vgl. Pascal: Pensées, Nr. 27.

[60] Vgl. die prägnante definitorische Formel bei Aquila (Aquilae Romani de figuris sententiarum et elocutionis liber, in: C. Halm, Rhetores latini minores, Leipzig 1863, S. 22): *compositum ex contrariis.*

Gliedern *(com-ponitur)* einer umgreifenden Einheit, die ihrer Wirkung nach Schönheit *(pulchritudo)* genannt wird. Dabei steigert sich die Wirkung dieser Schönheit in dem gleichen Maß, wie die lautliche und syntaktische Verklammerung der einzelnen Gegensatzglieder intensiviert und damit der Kontrast zwischen figuraler Verdichtung und semantischer Sperrung geschärft wird.[61] Die hier beschriebene Beziehung zwischen *contraria* und *pulchritudo*, die besonders aus dem Bereich der Musik, aber auch der Medizin ihre analogen Parallelen hat,[62] spiegelt natürlich die für alle bisherigen Beispiele gültige Dialektik zwischen Teil und Ganzem: Die Dissonanz partieller Gegensätze ist die positive Bedingung einer übergreifenden Harmonie. Oder anders gesagt: Die Antithese ist die ästhetische *coincidentia oppositorum.*

Die Dominanz dieses ästhetischen Aspektes in dem zitierten Text und Kapitel steht außer Frage:

antitheta enim quae appellantur in ornamentis elocutionis sunt decentissima. (Ebd.)

Dieser ästhetische Aspekt gewinnt gegenüber seiner eigentlichen thematischen Funktion eine solche Eigenständigkeit, daß nicht nur die lateinischen Übersetzungsmöglichkeiten kurz reflektiert werden, sondern auch die universale Verbreitung dieser Figur gerühmt wird.[63] Dabei ist von besonderer Bedeutung der Verweis auf den *locus classicus* eines christlichen Antithesenstils, nämlich Paulus: 2. Kor. 6,7 *(suaviter explicat).*[64] Dieser gedrängte Verweis wird in

[61] Vgl. Lausberg, a. a. O., S. 390. Vgl. als Beispiele etwa Cic.: Cat. 2.11.25 (zit. bei Isid. II 21.5) oder Paulus: 2. Kor 6.7–10 (zitiert bei Aug.: De civ. dei XI 18).

[62] Vgl. die heilende Wirkung von *contraria* in der Medizin: . . . *ille, qui medetur vulneri corporis, adhibet quaedam contraria, sicut frigidum calido, vel humidum sicco, vel si quid aliud huiusmodi* (De doct. chr. 1 14.13). Zur Musik vgl. Serm. 243, 4.4.

[63] Auf Grund dieses ornativen Charakters zählt die Antithese auch zu den konstitutiven Elementen des *genus temperatum*, vgl. De doct. chr. IV 20.44. Zu ähnlichen Wertungen vgl. Cic.: Or. 50.166; 12.38; 39.135; 49.164; De orat. II 263; Isid. I 36.21; II 21.5 u. a. m.

[64] *Non est apud nos huius vocabuli consuetudo, cum tamen eisdem orna-*

den rhetorisch-stilistischen Analysen des 4. Buches von ›De doctrina christiana‹ (427) wieder aufgenommen und in grundsätzlicher Weise durchgeführt. Diese interessante Auseinandersetzung mit der Bibel unter literarästhetischen Aspekten klingt zwar in dem hier zu interpretierenden Kapitel an; doch wäre es ein Mißverständnis, diesen Hinweis für eine ontologische Begründung der Antithese schlechthin und des antithetischen Sprachstils Augustin im besonderen vindizieren zu wollen.[65] Wenn auch das Sirachzitat am Ende des Antithesenkapitels (*contra malum bonum est, et contra mortem vita; sic contra pium peccator, et sic intuere in omnia opera altissimi, bina et bina, unum contra unum* [33.15]) eine solche ontologische Legitimierung der Antithese, die auch sonst nachweisbar ist,[66] nahelegt, so ist doch der thematische Skopus dieses Textes anders orientiert. Nicht nach der Legitimität der Antithese als stilistischer Figur ist gefragt, sondern nach der hermeneutischen Funktionalität der Antithese auf Grund ihrer Analogiestruktur zum universalen *ordo*-Gefüge:

ita ordinem saeculorum tamquam pulcherrimum carmen ex quibusdam quasi antithetis honestaret (deus). (Ebd.)[67]

mentis locutionis etiam sermo latinus utatur, immo linguae omnium gentium (De civ. dei TI 18).

[65] So besonders Chr. Mohrmann (Saint Augustin l'écrivain, in: Recherches Augustiniennes I, Paris 1958. Dtsch. Teilübers. in: Zum Augustin-Gespräch der Gegenwart, Hrsg. C. Andresen, Darmstadt 1962, S. 89ff.), die im Blick auf die behandelte Stelle (XI 18) von einer theologischen Rechtfertigung des Antithesengebrauchs spricht, insofern die Antithese als Spiegelung der Kosmosstruktur verstanden sei (S. 102f. der deutschen Übersetzung). Ähnlich versteht C. I. Balmus (Etude sur le style de saint Augustin dans les Confessions et la Cité de Dieu, Paris 1960, S. 152) die zitierte Augustinische Analyse der Antithese als Theorie des eigenen Stils; vorsichtiger, doch mißverständlich äußern sich G. Strauß: Schriftgebrauch, Schriftauslegung und Schriftbeweis bei Augustin, Beitr. zur Geschichte der biblischen Hermeneutik 1. 1959, S. 112 und Norden, a. a. O. I, S. 618, Anm. 1.

[66] Etwa bei Macrobius, der in den ›Saturnalia‹ von der kosmologischen Verankerung von Vergils Stil spricht. Zu dieser Beziehung zwischen *divinum opus mundi* und *poeticum opus* vgl. Curtius, a. a. O., S. 441ff. und Mohrmann, a. a. O., S. 103, Anm. 26.

[67] Insofern scheint mir auch Strauß, a. a. O., S. 111f. den Text nicht rich-

Mit dem Begriff „ordo“ wird der zentrale Bezugshorizont des interpretierten Textes angesprochen und zugleich die Beziehung zu dem Paralleltext aus ›De ordine‹ offenkundig: Wie läßt sich das Phänomen der *contraria* mit dem *ordo*-Postulat in Übereinstimmung bringen? Oder genauer: Wie läßt sich das *malum* in der *ordo*-Struktur geschöpflicher Wirklichkeit rechtfertigen? Dieses Problem, das sich im Zusammenhang mit der in den Büchern XI–XIV thematisierten Frage nach dem Ursprung der beiden *civitates* stellt, findet schon in XI 17 eine klärende Antwort:

sed deus sicut naturarum bonarum optimus creator est, ita malarum voluntatum iustissimus ordinator, ut cum male illae utuntur naturis bonis, ipse bene utatur voluntatibus malis.[68]

Die Dialektik zwischen *mala voluntas* und *bene uti*[69] nimmt die im folgenden Kapitel (XI 18) entwickelte und bereits oben erläuterte Dialektik zwischen *opponere* und *componere* schon vorweg: Auch das *malum* trägt zur Schönheit des *carmen universitatis* (De

tig zu verstehen, der in der Antithese das Modell eines in die Zeit projizierten „Ordo“ sehen will (ähnlich: „die Zeit durchwaltender Ordo“, „zeitliches Nacheinander“, „allmähliche Verwirklichung“). Diese Auffassung dürfte sich von H. Scholz (Glaube und Unglaube in der Weltgeschichte, Ein Kommentar zu Augustins ›De civitate Dei‹, Leipzig 1911) herleiten, der das obige Zitat im Zusammenhang der Behandlung von „Geschichte als ästhetischer Prozeß“ (S. 146ff.) erwähnt; doch beruft er sich dort mehr auf plotinische Zitate und betont nur eine „Entsprechung“ (S. 147) zwischen der ästhetischen Geschichtsbetrachtung und der „ästhetisierenden Betrachtung des Bösen“ bei Augustin. Jedenfalls ist die einseitige Vindikation der ›Civitas‹-Stelle für die bei Strauß behandelte *dispensatio temporalis* nicht gerechtfertigt, wenn auch eine Deutung von *ordo* als *successio rerum* gut augustinisch ist, vgl. Rief, a. a. O., S. 174f.

[68] Die Gliederung von ›De civitate dei‹ ist in Retract. II 43 angegeben; danach wird in den Büchern XI–XXII der umfassende Rahmen gezeichnet, in dem die gegenwärtige Zeit ihre Deutung erfährt. Zu diesem Rahmen gehört die Lehre von den beiden Reichen, deren Ursprung in den Büchern XI–XIV skizziert wird.

[69] Zur wörtlichen Parallele bei Plotin vgl. etwa III 2.5; vgl. dazu Billicsich, a. a. O., S. 275.

mus. VI 11.29) bei, wenn es einen funktionalen Stellenwert in dem universalen *ordo*-Gefüge der Wirklichkeit erhält. Diesen funktionalen Stellenwert des *malum* hat Gott providentiell von Anfang an gewußt,[70] so daß das zugelassene *malum* nicht nur in die Ordnung integriert ist (*nec praeter ordinem sunt mala* [De ord. I 7.18]), sondern diese selbst erst – entsprechend den ästhetischen Gesetzen – konstituiert (*ut mala etiam esse necesse sit* [ebd.]).

Die Evidenz des Antithesenmodells und sein erhellender Wert für das Problem des *malum* kann kaum geleugnet werden. Das Modell zeigt einmal die Antinomie *(contraria)* als mögliche Erfahrungsstruktur der Wirklichkeit, wie sie Augustin auch in der Schrift bezeugt findet (vgl. De civ. dei XI 18; XX 33). Das Modell zeigt aber zugleich, daß diese Erfahrungsstruktur nicht notwendig zu einem gnostisch-manichäischen Dualismus führen muß, von dem Augustin sich selbst eine Zeit lang die Lösung dieses Problems erhofft hatte.[71] Die Antinomien werden nicht geleugnet, sondern vielmehr in ihrer positiven Funktionalität als konstitutive Teile einer universalen *eloquentia rerum* erfaßt. Das Erfassen dieser *eloquentia rerum* setzt allerdings die Fähigkeit zur Kontuition, zum funktionalen Sehen voraus, um der dialektischen Beziehung zwischen Teil und Ganzem gerecht zu werden: *tota consideranda sunt, si recte volumus iudicare.*[72]

Die an den drei rhetorischen Beispielen bisher entwickelte funktionale Perspektive kann jedoch trotz ihrer zweifellosen Bedeutung für die Lösung des Theodizeeproblems die Frage nach dem *malum* nur bedingt beantworten, vorausgesetzt, daß man der funktionalen und betont ästhetisch orientierten Argumentation überhaupt eine Beweiskraft zubilligt;[73] die Frage nach dem Ursprung des Bösen und seiner Substantialität bleibt offen, wie andererseits die Implika-

[70] Vgl. u. a. De civ. dei XI 17.18; XIV 26; De ord. II 4.11; De mus. VI 11.30.

[71] Vgl. Conf. IV 24; vgl. dazu Billicsich, a. a. O., S. 226.

[72] Vgl. als Beispiel aus der Malerei: *niger color in pictura cum toto fit pulcher*... (De civ. dei XI 23; De ver. relig. 40.76). Ähnlich über die Häresie: De civ. dei XVIII 52. Vgl. Billicsich, a. a. O., S. 275; M. Henschel: Das malum in Augustins ›De civitate Dei‹, Diss. Jena 1957, S. 27ff.

[73] Vgl. Scholz, a. a. O., S. 37, 136f.

tionen dieser Perspektive – etwa die angedeutete Notwendigkeit des *malum* zur Konstituierung von *ordo* (De ord. I 7.18) – nicht ganz ungefährlich sind.[74] Den größten Vorbehalt allerdings gegen diese Perspektive deutet der Augustinische Text selbst an: . . . *si quis possit intueri* (De civ. dei XI 23). Sieht man einmal von der oben angedeuteten Möglichkeit ab, durch eine propädeutische Sehschulung, wie sie die Septem Artes bieten, wenigstens ahnungsweise das *pulcherrimum carmen* der universalen Wirklichkeit erfahren zu können, so bleibt doch die resignierende Erkenntnis gültig, daß diese *ars divina*[75] sich menschlicher Perzeption entzieht; denn seitdem sich der Mensch durch eigene Schuld zum entmündigten Teil degradiert hat,[76] ist ihm der Blick auf das Ganze verstellt wie dem Soldaten in der Schlachtreihe der Blick auf das ganze Heer und seine Ordnung[77]:

totum autem ordinem saeculorum sentire nullus homo potest. (De ver. relig. 22.43.)

Damit steht das *nescimus* als gültiger Vorbehalt nicht nur über dem Theodizeeversuch von ›De civitate dei‹, sondern über der Augustinischen Theodizee schlechthin und unterscheidet sie letztlich doch von dem rationalistischen Optimismus späterer Zeiten. Dieser Vorbehalt gibt zugleich den Raum frei für den Glauben, der erst

[74] Diese Gefahr hat Augustin selbst gesehen und abzuwehren versucht, vgl. De lib. arb. III 9.26f.: *dicit enim: si universitatis perfectionem complet etiam nostra miseria, defuisset aliquid huic perfectioni, si beati semper essemus.*

[75] P. F. Müller: Ars divina. Eine Interpretation der Artifex-Deus-Lehre des hl. Augustinus, Diss. München 1956.

[76] *Saeculorum vero partes damnatione facti sumus* (De ver. relig. 22.43). Vgl. De civ. dei XII 4.

[77] Zu anderen verwandten Beispielen vgl. ebd. 40.76; De lib. arb. III 9.27; De mus. VI 11.30. Augustin spricht in diesem Zusammenhang von der *aestimatio hominum* (De civ. dei XI 16, vgl. De ver. relig. 22.43), welche die Dinge nach ihrem Gebrauchswert *(pro suo cuiusque usu)* beurteilt, statt nach ihrer funktionalen Stellung im *ordo naturae* zu fragen, wodurch die natürliche Rangstufung der Dinge *(gradus rerum)* auf den Kopf gestellt wird: . . . *quem in ea ⟨natura rerum⟩ locum habeant ignorantes* (ebd.).

in der versprochenen *vita beata* in erkennendes Sehen übergehen wird:

manifestabitur, quam iusto iudicio dei fiat, ut nunc tam multa ac paene omnia iusta iudicia dei sensus mentesque mortalium lateant, cum tamen in hac re piorum fidem non lateat, iustum esse, quod latet. (De civ. dei XX 2.)

III

Es ist in den vorhergehenden Ausführungen schon öfters angemerkt worden, daß die Augustinische Reflexion über das Problem der Theodizee, soweit es in den interpretierten Texten zur Sprache kam, keinen Anspruch auf Originalität erheben kann und will. Jeder quellenkritische Vergleich mit der antiken, besonders stoischen und neuplatonischen Theodizee-Literatur[78] beweist die gedankliche Abhängigkeit Augustins: Sowohl der Argumentationsduktus wie die Struktur der zur Erläuterung herangezogenen Beispiele sind vom thematischen Problemhorizont her vorgegeben.[79] Wenn man von Eigenständigkeit bei Augustin sprechen will, dann ist es allein möglich hinsichtlich der Wahl der oben interpretierten Beispiele.[80] Die Gründe für diese originelle Aktualisierung der Rhetorik für die Theodizee-Problematik dürften mit einem Hinweis auf die Biographie Augustins allein kaum hinreichend angegeben sein. Dieser Hinweis läßt sich nur rechtfertigen, wenn man ihn als Frage versteht nach dem Einfluß, den der spätantike Ausbildungsweg Augustins und sein zeitweilig professionelles Bekenntnis zu dieser «culture oratoire» (Marrou) nicht nur auf seine Sprache, sondern auch auf sein Denken gehabt haben.[81]

[78] Vgl. Dyroff, a. a. O., bes. S. 27ff.; Billicsich, a. a. O.; Svoboda, a. a. O.; Rief, a. a. O. passim; J. N. Bezançon: Le mal chez Plotin et Augustin, in: Rech. Aug. 3 (1965), S. 133ff., bes. 139ff.

[79] Zu der typischen Beispielstruktur vgl. bes. Plotins ersten Traktat über die Vorsehung (III 2).

[80] Vgl. Svoboda, a. a. O., S. 24; Marrou, a. a. O., S. 240.

[81] Vgl. K. Kypers: Der Zeichen- und Wortbegriff im Denken Augustins, Amsterdam 1934, S. 1: „Es ist anzunehmen, daß Augustins Wirksamkeit als Rhetor einen großen Einfluß auf die Bildung seines Denkens und Seins

Die Diffamierung der Rhetorik nach der freiwilligen Aufgabe der Mailänder Rhetorikprofessur (386) ist zwar nicht zu leugnen; doch man wird der reflexiven Eindringlichkeit und systematischen Gründlichkeit der langjährigen Auseinandersetzung mit der Rhetorik nicht gerecht, wenn man sie zur Neuauflage des alten antirhetorischen Ressentiments verengt. Schon die wenigen Monate nach der genannten Aufgabe der Professur konzipierte Enzyklopädie, die ja auch eine Rhetorik enthalten sollte (vgl. Retract. I 5.6), wie die für diese Thematik zentralen späten Teile von ›De doctrina christiana‹ – um nur diese zu nennen – dürften eine Überprüfung von einigen in der Augustin-Literatur trotz Marrou und seiner Nachfolger noch immer gültigen Klischees überfällig erscheinen lassen.

Zu der angedeuteten Auseinandersetzung Augustins mit der Rhetorik gehört nicht nur die Frage nach dem wissenschaftstheoretischen Anspruch der Rhetorik innerhalb des tradierten und von Augustin rezipierten Disziplinenkanons, nicht nur die bisher noch am ehesten berücksichtigte Frage nach der Relevanz der Rhetorik für den *doctor christianus;* zu dieser Auseinandersetzung gehört auch die Frage nach der hermeneutischen Funktionalität dieser Disziplin.[82] Die in diesem Aufsatz skizzierte Bedeutung der Rhetorik für die Lösung des Theodizeeproblems ist nur ein kleines Beispiel der genannten Funktionalität.

Man könnte allerdings gegen diese Funktionalität einwenden, daß die interpretierten rhetorischen Beispiele strukturell identisch seien mit den anderen zitierten Beispielen aus dem sozialen und animalischen Bereich, die ja auf Grund ihres Beispielcharakters auch noch nicht hermeneutisch relevant seien. Dem ist zu entgegnen, daß die Identität strukturell zwar gegeben ist, daß aber die interpretierten rhetorischen Beispiele einer Disziplin angehören, deren *ordo*-Charakter zum universalen *ordo*-Gefüge der geschöpflichen

gehabt hat." Meistens bleibt es allerdings bei dieser zwar richtigen, doch ungedeckten Feststellung.

[82] Diese Frage wird in der umfassenden Augustin- und Hermeneutikliteratur zwar erwähnt, doch darüber hinaus kaum untersucht; auch das schon erwähnte Buch von Strauß beweist eher die Dringlichkeit der Fragestellung, als daß es sie hinreichend beantwortet.

Wirklichkeit eine exemplarische Analogiestruktur aufweist, die zugleich die propädeutische Relevanz dieser Disziplin begründet und sie als Weg zum Ursprung aller Ordnung aktuell werden läßt (vgl. oben!). Man könnte weiter einwenden, daß diese hermeneutische Funktionalität der Rhetorik ja nur im Bezugshorizont einer allgemeinen Weltmetaphorisierung (Welt als Sprache) möglich ist. Die Sprachlichkeit der Welt und die metaphorische Verdichtung dieser Deutung zu *carmen universitatis, eloquentia rerum* u. ä. m. sind zwar grundsätzlich mit anderen metaphorischen Qualifikationen der Wirklichkeit vergleichbar,[83] doch die Auszeichnung dieser Metapher vor anderen besteht in ihrem ontologischen Charakter: Die Sprachlichkeit der Welt legt ein konstitutives Element der geschöpflichen Wirklichkeit frei, nämlich ihre semiotische Struktur, die dem Menschen als ein zu entschlüsselndes Gefüge transzendierender Zeichen aufgegeben ist.

Es ist jedoch nicht nötig, über den ontologischen Charakter der Sprach-Metapher die Gültigkeit einer hermeneutischen Funktionalität der Rhetorik nachzuweisen; denn neben die semiotische Struktur der geschöpflichen Wirklichkeit *(res)* tritt die semantische Struktur des göttlichen Offenbarungswortes *(verbum)* als zweite Form göttlicher Selbstmitteilung.[84] Und auch hier wird die Sprachlichkeit des Offenbarungswortes so ernst genommen, daß zu seinem Verstehen die Gesetze und Regeln sprachlicher Interpretationsmethodik als unerläßlich gelten. Daß diese Gesetze und Regeln in der Rhetorik systematisiert sind, hat Augustin so wenig wie irgendein anderer antiker Autor bezweifelt. Es ist daher nur selbstverständlich, daß die Rhetorik in der biblischen Hermeneutik eine bedeutende Rolle spielt, was bis Melanchthon hin gültig blieb. Diese Bedeutung beschränkt sich nicht auf die sprachästhetische Interpretation der biblischen Texte, sondern umfaßt ebenso Kernfragen der biblischen

[83] Vgl. u. a. besonders die berühmte Schauspiel-Metapher: *Agamus et nos mimum nostrum* (Enar. in Ps. 127. 15); vgl. dazu Marc Aurel: Ad meipsum XII 36; Plotin III 2. 15; Scholz, a. a. O., S. 146 ff.; H. Rahner: Der spielende Mensch, in: Aspekte des Lebendigen, Freiburg 1949, S. 57, bes. S. 80 ff.

[84] Vgl. De trinit. II prooem. 1.

Exegese und der Orthodoxie. Daß ein solcher Versuch, quellenkritische, religionsgeschichtliche und dogmatische Probleme zu verstehen und entsprechend zu lösen, notwendig scheitern mußte, liegt auf der Hand. Doch nicht diese einsichtige Unzulänglichkeit der antiken Interpretationsmethodik für ein angemessenes Bibelverständnis ist hier wichtig, sondern die interessanten Funktionen, die der Rhetorik damit aufgelastet wurden.

Diese wenigen thematischen Extrapolationen machen schon deutlich, daß der Rhetorikprofessor Augustin und der Bischof von Hippo sich nicht gegeneinander ausspielen lassen und daß die viel behandelte Gartenszene auch in diesem Zusammenhang mißverstanden wäre, wenn man sie zur punktuellen Zäsur verabsolutieren wollte, anstatt sie als Ausdruck einer umfassenden Neuorientierung zu verstehen. Diese Neuorientierung heißt aber nicht *tabula rasa*, sondern kritische Sichtung des bisher Gültigen, heißt nicht blinde Verdächtigung, sondern Dialektik zwischen Verneinung und Bejahung, zwischen Annehmen und Verwandeln, zwischen der Macht des Alten und der prägenden Kraft des Neuen. Diese Dialektik dürfte mit dem Begriff „Rezeption“ umschrieben sein, unter dem sich das vielschichtige Problem „Augustin und die Rhetorik“ am ehesten subsumieren ließe.

Originaltitel: Freud as Rhetorician: Elocutio and Dream-Work, in: Rhetorik. Ein Internationales Jahrbuch 1, Verlag Frommann-Holzboog, Stuttgart-Bad Cannstatt 1980, S. 42–69. Hier: Auszug S. 42–54 und 68–69. – Aus dem Amerikanischen übersetzt von Frau Renate Plett.

FREUD ALS RHETORIKER

'Elocutio' und die Traumarbeit

Von Samuel Jaffe

[...]

Freuds unmittelbare Quelle, zum mindesten für die Termini „Verdichtung" und „Verschiebung", war durchaus nicht die rhetorische Tradition, sondern eher die Tradition der Assoziations- und Apperzeptionspsychologie. Es ist das Werk des überragenden deutschen akademischen Psychologen und Philosophen, des vollendeten Gelehrten Wilhelm Wundt (1832–1920), eines unendlich produktiven Polyhistors und Systematikers, dessen bloße Erwähnung in einem Atemzug mit Freud bereits die Antithese andeutet: Scholastik des 19. Jahrhunderts – Humanismus des 19. Jahrhunderts. Gemäß den Bibliographien aller deutschen Editionen der ›Traumdeutung‹, die ich konsultieren konnte (mit Ausnahme der ›Studienausgabe‹, die hier der ›Standardedition‹ folgt), zitiert Freud in der ›Traumdeutung‹ den zweiten Band von Wundts grundlegender Abhandlung ›Grundzüge der physiologischen Psychologie‹ in ihrer zweiten (1880) Ausgabe (Gr^2). Nur in der ›Studienausgabe‹ (SA) und in der ›Standardedition‹ (SE), deren Bibliographien die erstere mit „zusätzlichen Korrekturen und Ergänzungen" folgt, erscheint die Wundt-Eintragung als die der ersten Edition (1874) (Gr^1; in einem Band und nicht in zwei). Band II/III der ›Gesammelten Werke‹ (GW), andererseits, die auf der achten Edition (1930) der ›Traumdeutung‹ basiert, dem letzten gedruckten Werk während Freuds Lebenszeit, wie auch die erste Edition (1900) (Tr^1) führen „Wundt. Grundzüge der physiologischen Psychologie. II. Bd., 2. Aufl. 1880" als Eintragung auf. Und tatsächlich bestätigt ein Vergleich von Freuds Wundt-Zitaten in der ›Traumdeutung‹ mit der Edition von 1874 einerseits und Band II der Edition von 1880 andererseits, daß Freud Bd. II der Edition von 1880 benutzte.[1] In diesem Band entwickelt Wundt seine Vorstellungen von „Verdichtung" und „Verschiebung" als Ergebnis der „apperceptiven Verschmelzung der Vorstellungen".

Die Apperception verbindet getrennte Vorstellungen, um aus ihnen neue einheitliche Vorstellungen zu bilden. Den ersten Anlass zu solchen Verbindungen bietet überall die Association dar. Durch Association verbinden wir z. B. die Vorstellungen eines Thurms und einer Kirche. Aber mag uns auch die Coexistenz dieser Vorstellungen noch so geläufig sein, so hilft doch die blosse Association noch nicht zur Vorstellung eines Kirchthurms. Denn diese enthält die beiden constituirenden Vorstellungen nicht mehr in bloss äusserlicher Coexistenz, sondern es ist in ihr die Vorstellung der Kirche zu einer der Vorstellung Thurm anhaftenden, sie näher charakterisierenden Bestimmung geworden. Auf diese Weise bildet die Agglutination der Vorstellungen die erste Stufe apperceptiver Verbindung: unter ihr verstehen wir jene Verknüpfung ursprünglich associativ verbundener Vorstellungen, bei welcher wir uns zwar der Bestandtheile noch deutlich bewusst sind, aber aus denselben eine resultirende Vorstellung gebildet haben.

In vielen Fällen bleibt jedoch die Verbindung nicht auf dieser Stufe, sondern es verschwinden allmälig die ursprünglichen Elemente aus dem Bewusstsein, und wir sind uns nur noch der resultirenden Vorstellung

[1] Vgl. Wilhelm Wundt: Grundzüge der physiologischen Psychologie, Leipzig 1874, S. 657, nachfolgend zitiert als Gr^1; ders.: Grundzüge der physiologischen Psychologie, Bd. II, Leipzig ^{2}1880, S. 363, nachfolgend zitiert als Gr^2. Sigmund Freud: Die Traumdeutung, Leipzig/Wien 1900, nachfolgend zitiert als Tr^1; ders.: Gesammelte Werke, 18 Bde., hrsg. von Anna Freud unter Mitarbeit von Marie Bonaparte (u. a.), Bd. 1–17, London 1940–1952, Bd. 18 (Frankfurt a. M. 1968), nachfolgend zitiert als GW; ders.: The Standard Edition of the Complete Psychological Works of Sigmund Freud, hrsg. und übers. von James Strachey in Zusammenarbeit mit Anna Freud und unter Mitarbeit von Alix Strachey und Alan Tyson, 24 Bde., London 1953–1974, nachfolgend zitiert als SE; ders.: Studienausgabe, hrsg. von Alexander Mitscherlich, Angela Richards, James Strachey, 10 Bde. und ein Ergänzungsband: hier zitiert als Band 11 (Frankfurt a. M. 1969–1975), nachfolgend zitiert als SA.

Vgl. GW 2/3, S. 32, SE 4, S. 30, SA 2, S. 56; SA 2, S. 65, SE 4, S. 40, GW 2/3, S. 43, Tr^1, S. 28, Gr^2, S. 365, Gr^1, S. 658f.; SA 2, S. 66, SE 4, S. 40f., GW 2/3, S. 44, Tr^1, S. 28, Gr^2, S. 362f., Gr^1, S. 656f.

bewusst: es geht so aus der Agglutination eine apperceptive Verschmelzung der Vorstellungen hervor. Dieser Process ist es, der vor allem in der Bildung der Sprachformen seinen Ausdruck gefunden hat, und der hier von den äusseren Erscheinungen der Contraction und Corruption der Laute begleitet zu sein pflegt. Zwei wichtige psychologische Vorgänge hat dieser Verschmelzungsprocess im Gefolge, die Verdichtung und die Verschiebung der Vorstellungen, welche in der Sprache in den Erscheinungen des Bedeutungswechsels der Wörter sich reflectiren. Ein psychologisch höchst bedeutsames Moment dieser ganzen Entwicklung besteht in dem Zurücktreten und allmäligen Unbewusstwerden bestimmter Bestandtheile einer Gesammtvorstellung: man wird nicht umhin können, dasselbe mit einer Eigenschaft der Apperception in Beziehung zu bringen, welche schon bei den associativen Verbindungen ihren Einfluss geltend machte, mit der Eigenschaft nämlich vorwiegend auf eine Vorstellung ihre Thätigkeit zu beschränken ... Je mehr in Folge dessen die resultirende Vorstellung einer Verbindung sich zur Auffassung drängt, um so leichter wird es geschehen können, dass die Componenten derselben allmälig ganz dem Bewusstsein entschwinden.[2]

Die ›Grundzüge der physiologischen Psychologie‹ sind nicht der einzige Band aus Wundts umfangreichem Werk, in dem die Begriffe „Verdichtung" und/oder „Verschiebung" erscheinen. Er diskutiert sie ebenfalls als in Wechselbeziehung stehende Vorgänge im ersten Band seiner ›Logik‹ (1880) wie auch in ›Grundriß der Psychologie‹ (1898). Diese Diskussionen, insbesondere die erstere, auf die Wundt die Leser der ›Grundzüge der physiologischen Psychologie‹ „rücksichtlich der näheren Schilderung der apperceptiven Verbindungen" und der Erläuterung der „einzelnen Formen simultaner und successiver Verbindung anhand von Beispielen" verweist,[3] deu-

[2] Wilhelm Wundt: Grundzüge der physiologischen Psychologie, 2. völlig umgearb. Aufl., Bd. II, Leipzig 1880, S. 309f.

[3] Vgl. Wilhelm Wundt: Logik: Eine Untersuchung der Principien der Erkenntnisse und der Methoden wissenschaftlicher Forschung, Bd. 1: Erkenntnislehre, Stuttgart 1880, S. 35f.; ders.: Grundriss der Psychologie, 3. verb. Aufl., Leipzig 1898, S. 369f.; ders.: Grundzüge, S. 312, Fußnote 1; ders.: Völkerpsychologie: Eine Untersuchung der Entwicklungsgesetze von Sprache, Mythus und Sitte, Bd. I, 1–2: Die Sprache, Leipzig 1900. In diesem Werk erscheint „Verdichtung", soweit ich das überblicke, ohne „Verschiebung"; vgl. z. B. II, 2, S. 536–541. Freud zitiert I, 1 dreimal in

ten nicht nur eine terminologische, sondern ebenfalls eine breite formale Parallele zwischen Wundtscher „Verdichtung" und „Verschiebung" auf der einen und Freudscher auf der anderen Seite an. In beiden Fällen gibt es einen entscheidenden Faktor – „Apperception" für Wundt, die „Traumarbeit" für Freud, die „auf eine Vorstellung ihre Tätigkeit" beschränkt und somit eine „Verschmelzung der Vorstellungen" („Verdichtung") bewerkstelligt. Das Resultat dieser Aktivität lautet: „Je mehr in Folge dessen die resultirende Vorstellung einer Verbindung sich zur Auffassung drängt, um so leichter wird es geschehen können, dass die Componenten derselben allmälig ganz aus dem Bewusstsein entschwinden" („Verschiebung"). Oder in Freuds höchst charakteristischer Ausdrucksweise:

> Es liegt nun der Einfall nahe, daß bei der Traumarbeit eine psychische Macht sich äußert, die einerseits die psychisch hochwertigen Elemente ihrer Intensität entkleidet und andererseits auf dem Wege der Überdeterminierung aus minderwertigen neue Wertigkeiten schafft, die dann in den Trauminhalt gelangen. Wenn das so zugeht, so hat bei der Traumbildung eine Übertragung und Verschiebung der psychischen Intensitäten der einzelnen Elemente stattgefunden, als deren Folge die Textverschiedenheit von Trauminhalt und Traumgedanken erscheint. Der Vorgang, den wir so supponiren, ist geradezu das wesentliche Stück der Traumarbeit: er verdient den Namen Traumverschiebung. Traumverschiebung und Traumverdichtung sind die beiden Werkmeister, deren Tätigkeit wir die Gestaltung des Traumes hauptsächlich zuschreiben dürfen.[4]

Und wie Wundts Psychologie der Apperzeption, so hat Freuds Psychologie der Traumarbeit eine bedeutsame Verbindung zur Assoziation von Vorstellungen, denn:

> Die Vorstellungen, die einander ihre Intensitäten übertragen, stehen in den lockersten Beziehungen zueinander und sind durch solche Arten von Assoziationen verknüpft, welche von unserem Denken verschmäht und nur dem witzigen Effekt zur Ausnützung überlassen werden. Insbesondere gelten Gleichklangs- und Wortlautassoziationen als den anderen gleichwertig.[5]

›Die Psychopathologie des Alltagslebens‹. Vgl. SE 6, S. 60f., 81, 131f.; GW 4, S. 68f., 90f., 145.

[4] Freud: SE 4, S. 307f., GW 2/3, S. 313, SA 2, S. 307.

[5] Freud: SE 5, S. 596, GW 2/3, S. 602, SA 2, S. 566.

Sowohl Freud als auch Wundt begreifen „Verdichtung" und „Verschiebung" als ineinandergreifende Prozesse. Zugleich ist jede hinsichtlich der Phänomene, durch die sie im einzelnen spezifiziert werden, so allgemein definiert, daß beide sowohl „metaphorische" wie „metonymische" Varianten erlauben, d. h. „metaphorische" und „metonymische" Verdichtung, „metaphorische" und „metonymische" Verschiebung, zuzüglich ebenso vielen anderen Varianten, die die figurale oder tropische *copia* jeweils bereitstellt. Die Gleichsetzung von „Verdichtung" mit „Metapher" und „Verschiebung" mit „Metonymie" ist im Vergleich mit Wundt kein Kriterium von Freuds Rhetorizität – sie ist eine Gleichsetzung, die für keinen von beiden Gültigkeit hat. Wenn aber „Verdichtung" und „Verschiebung" nicht mit den Tropen „Metapher" und „Metonymie" gleichzusetzen sind, wenn sie allgemeine „Momente mit einem Anteil an der Traumbildung" und weniger bestimmte „Darstellungsmittel" konstituieren, ist dann ihre Rolle in der Traumarbeit vergleichbar mit irgendwelchen *anderen* Elementen der rhetorischen *elocutio* und ist eine solche Parallele in einem historischen Sinn zu rechtfertigen? Gibt es Anzeichen dafür, wie Freud die Assoziations- und Apperzeptionsvorstellungen von „Verdichtung" und „Verschiebung", die in Wundts ›Prinzipien der Physiologischen Psychologie‹ zu finden sind, rhetorisiert oder wieder rhetorisiert haben würde? Eine beiläufige, zu einem früheren Zeitpunkt gemachte Beobachtung weist auf eine Möglichkeit hin. „Verdichtung" und „Verschiebung" sind für Freud (nicht für Wundt) nur *zwei* von *vier* „Momenten mit einem Anteil an der Traumbildung". Traumverschiebung und Traumverdichtung können „die beiden Werkmeister, deren Tätigkeit wir die Gestaltung des Traumes hauptsächlich zuschreiben dürfen", sein, aber wir sollten, auch wenn ihr Wirken den geringeren Teil der Traumbildung ausmacht, die beiden jüngeren Teilnehmer an diesem Produktionsprozeß in Erinnerung rufen – „Rücksicht auf Darstellbarkeit" und „sekundäre Bearbeitung".[6] Alle vier Partner zusammengenommen zeigen eine auffallende Ähnlichkeit zu einer anderen Arbeitsgruppe von vier „Momenten", die inner-

[6] Freud: SE 5, S. 339–349 und 488–508, GW 2/3, S. 344–354 und 492 bis 512, SA 2, S. 335–344 und 470–487.

halb der Tradition rhetorischer und grammatischer Lehre wohlbekannt ist – den sogenannten „vier Änderungskategorien", Quintilians *quadripartita ratio*. Quintilian stellt die *quadripartita ratio* in Buch I der ›Institutio oratoria‹ dar als ein Schema zur Klassifizierung von „Barbarismen" [*barbarismi*], d. h. Verstößen gegen die „korrekte" phonetische (= phonemische) Komposition einzelner Wörter, und „Solözismen" [*soloecismi*], d. h. Verstöße gegen die idiomatische Korrektheit in miteinander verbundenen Wörtern. Quintilians Anspielung auf die Nähe solcher stilistischen „Laster" [*vitia*] zu stilistischen Tugenden, insbesondere den „Redefiguren" [*figurae orationis*], deutet bereits die später zum Teil verwirklichte Möglichkeit an, die *quadripartita ratio* zur Systematisierung beider zu verwenden:

> Zuvörderst soll der häßliche Eindruck des *Barbarismus* und *Solizismus* fernbleiben. Weil aber bisweilen diese Fehler entschuldigt werden durch den Sprachgebrauch, eine Autorität, Alter oder schließlich gar durch die nachbarschaftliche Verbindung mit Vorzügen [*excusantur ... vicinitate virtutum*] – denn oft ist es schwer, sie von den Figuren [*a figuris*] zu trennen –, muß der Grammatiker, damit ihn nicht eine so heikle Beobachtung täusche, seinen Scharfsinn auf den feinen Unterschied richten, von dem wir ausführlicher dort sprechen werden, wo die Redefiguren zu behandeln sind [*de figuris orationis tractandum erit*].[7]

[7] Quintilian: Institutio oratoria I, 5, 5, in: The Institutio oratoria of Quintilian, übers. von H. E. Butler, Loeb Classical Library, Cambridge, Mass./London 1958; Ausbildung des Redners, hrsg. und übers. von Helmut Rahn, Darmstadt 1972; zu Quintilians Verwendung der *quadripartita ratio* zur Systematisierung der Redefiguren vgl. Institutio oratoria IX, 3, 27–28; die *quadripartita ratio* erscheint ebenfalls in Quintilian: Institutio oratoria X, 1, 29 in einer „angereicherten" Form als eine Klassifizierung für die „Seitenpfade des Ausdrucks" *(eloquendi quaedam deverticula)*, zusammengefaßt unter dichterischer „Freiheit des Wortgebrauchs" und „Kühnheit der Redefiguren" *(libertate verborum ... licentia figuram)*, vgl. Quintilian: Institutio oratoria X, 1, 28; vgl. weiterhin Quintilian: Institutio oratoria VI, 3, 53 (Witze) und Rhetorica ad Herennium IV, 21, 29. Heinrich Lausberg hat unlängst ebenfalls die *quadripartita ratio* als ein Mittel verwendet, um zumindest teilweise das Gebiet der *elocutio* in ein System zu bringen (vgl. Heinrich Lausberg: Handbuch der literarischen Rhetorik: Eine Grundlegung der Literaturwissenschaft, München ²1973, hier bes. S. 250 bis

Darauf folgt mittels der *quadripartita ratio* (obwohl dieser Begriff noch nicht erwähnt wird) die Klassifikation der Barbarismen im Geschriebenen, die ebenfalls im Mündlichen zu Barbarismen führen:

> Einstweilen gelte ein Fehler [*vitium*], der in einzelnen Wörtern auftritt, als Barbarismus. Nun könnte mir vielleicht jemand entgegnen: Ist das denn hier des verheißenen großen Werkes würdig? Oder weiß denn jemand nicht, daß die Barbarismen teils beim Schreiben, teils beim Sprechen auftreten – weil ja, was schlecht geschrieben wird, zwangsläufig auch schlecht gesprochen wird, man aber, was man fehlerhaft ausspricht, nicht unbedingt auch falsch schreibt? Und weiter, daß der erstere Fehler in Erweiterung [*adiectione*], Auslassung [*detractione*], Vertauschung [*transmutatione*] und Verwechslung [*immutatione*], der zweite in der falschen Abteilung, Zusammenfassung, Aspiration und Betonung zum Ausdruck kommt?[8]

254, 260–270, 282, 308, 310, 427); außerdem in jüngerer Zeit: «La théorie de la *quadripartita ratio*, qu'on trouve notamment chez Quintilien, se révèle à l'examen comme un instrument très efficace» (le groupe M [J. Dubois, F. Edeline, J. M. Klinkenberg, P. Minguet, F. Pire, H. Trinon], Rhétorique générale, Paris 1970, S. 23, vgl. ebd. Anm. 23 mit dem Verweis innerhalb des Kontextes der *quadripartita ratio* auf Lausbergs These der «continuité entre la rhétorique ancienne et la stylistique moderne» mit lobender Erwähnung von «l'excellente traité de Lausberg» als «sans doute la synthèse la plus complète et la plus fouillée de l'héritage classique»); für die «groupe M» wird der klassische Begriff der *quadripartita ratio* in der Tat zu einem sehr wirksamen Instrument in ihrem Bemühen, eine «rhétorique générale» auszuarbeiten, vgl. «Chapitre I: Théorie générale des figures de langage», bes. «3. Les opérations rhétoriques» mit dem «Tableau général des métaboles ou figures de rhétorique», S. 49 und *passim.* Noch ist der Autor eines unlängst erschienen Versuchs, ein „Figuren-Modell" zu errichten, den „Ansätzen" der klassischen Rhetoriker, wie unsystematisch und fragmentarisch auch immer sie sein mögen, in keinem geringeren Maße verpflichtet, vgl. Heinrich F. Plett: Die Rhetorik der Figuren: Zur Systematik, Pragmatik und Ästhetik der „Elocutio", in: Rhetorik: Kritische Positionen zum Stand der Forschung, hrsg. von Heinrich F. Plett, München 1977, bes. S. 127–131, 132 sowie das Matrix-Schema S. 130; vgl. ebenfalls ders.: Textwissenschaft und Textanalyse: Semiotik, Linguistik, Rhetorik, Heidelberg ^{2}1979.

[8] Quintilian: Institutio oratoria, I, 5, 6.

Gerade in der Diskussion des Solözismus macht Quintilian deutlich, daß „Erweiterung" [*adiectio*], „Auslassung" [*detractio*], „Vertauschung" [*transmutatio*] und „Verwechslung" [*immutatio*] die *quadripartita ratio* bilden:

Doch um aller Wortklauberei aus dem Wege zu gehen: mag der Solözismus auch einmal in einem Wort bestehen, so doch nie in einem Wort allein. In wie vielen und in welchen Arten aber er eintreten kann, darüber ist man nicht hinreichend einig. Am weitesten gehen die, die eine Vierteilung zugrunde legen wollen [*quadripartitam volunt esse rationem*] so wie beim Barbarismus: danach entstände er durch Erweiterung [*ut fiat adiectione*], z. B. *nam enim, de susum, in Alexandriam,* durch Unterdrückung [*detractione*], z. B. *ambulo viam, Aegypto venio, ne hoc fecit;* und durch Vertauschung [*transmutatione*], wodurch die Reihenfolge verwirrt wird, z. B. *quoque ego, enim hoc voluit, autem non habuit*... Bei der Vertauschung gibt es keinen Widerspruch, wenn das eine für ein anderes gesetzt wird.[9]

Freuds vier „Momente, die die Bildung von Träumen regieren", haben, so scheint mir, eine unmißverständliche Ähnlichkeit mit den vier „Kategorien der Änderung", die Quintilians *quadripartita ratio* umfassen – und insbesondere gemäß den Entsprechungen:

Freud:	Quintilian:
Verdichtung	Auslassung [*detractio*]
Verschiebung	Vertauschung [*transmutatio*]
Rücksicht auf Darstellbarkeit	Verwechslung [*immutatio*]
Sekundäre Bearbeitung	Erweiterung [*adiectio*]

Folglich ist die elokutionäre Transformation der Traumgedanken in den manifesten Traum durch eine offensichtlich massive „Auslassung" [*detractio*] charakterisiert – in Freudscher Terminologie durch „eine großartige Verdichtungsarbeit":

Das erste, was dem Untersucher bei der Vergleichung von Trauminhalt und Traumgedanken klar wird, ist, daß hier eine großartige *Verdichtungsarbeit* geleistet wurde. Der Traum ist knapp, armselig, lakonisch im Vergleich zu dem Umfang und zur Reichhaltigkeit der Traumgedanken. Der Traum füllt niedergeschrieben eine halbe Seite; die Analyse, in der die

[9] Quintilian: Institutio oratoria, I, 5, 38–41.

Traumgedanken enthalten sind, bedarf das sechs-, acht-, zwölffache an Schriftraum.[10]

Daß „Auslassung“ nicht notwendigerweise Mangel an Substanz bedeutet, sondern statt dessen eine große Konzentration von Substanz auf einem relativ kleinen Raum zur Folge haben kann, gilt sowohl für die *detractio,* die aus dem Sektor von Barbarismus und Solözismus in das Terrain elokutionärer Tugend überführt wird (vgl. „Kürze als Stilideal“[11]), als auch für Freuds „Verdichtung“.

Zweitens ist die „Verschiebung“ als ein Moment in der Transformation von Traumgedanken in Trauminhalt während der Traumarbeit gleichbedeutend mit einer „Vertauschung“ [*transmutatio*] von Elementen. Elemente an der Peripherie der Traumgedanken bewegen sich in das Zentrum des Trauminhalts; umgekehrt werden Elemente im Zentrum der Traumgedanken an die Peripherie des Trauminhalts verwiesen. Der manifeste Traum ist, sozusagen, „anders zentriert“ als die Traumgedanken:

> Eine andere, wahrscheinlich nicht minder bedeutsame Relation mußte uns bereits auffallen, während wir die Beispiele für die Traumverdichtung sammelten. Wir konnten bemerken, daß die Elemente, welche im Trauminhalt sich als die wesentlichen Bestandteile hervordrängen, in den Traumgedanken keineswegs die gleiche Rolle spielen. Als Korrelat dazu kann man auch die Umkehrung dieses Satzes aussprechen. Was in den Traumgedanken offenbar der wesentliche Inhalt ist, braucht im Traum gar nicht vertreten zu sein. Der Traum ist gleichsam *anders zentriert,* sein Inhalt um andere Elemente als Mittelpunkt geordnet als die Traumgedanken.[12]

Drittens wird „Rücksicht auf Darstellbarkeit“ von Freud als „Verwechslung“ [*immutatio*] gekennzeichnet. Natürlich könnten „Verschiebung“ wie auch „Verdichtung“ ebenfalls als „Verwechslung“ betrachtet werden. Aber im ersteren Fall handelt es sich um

[10] Freud: SE 4, S. 279, GW 2/3, S. 284, SA 2, S. 282.

[11] Zu „Kürze als Stilideal“ vgl. Ernst Robert Curtius: Europäische Literatur und lateinisches Mittelalter, Bern/München 1961, S. 479–485; European Literature and the Latin Middle Ages, übers. von Willard Trask, New York/Evanston 1963, S. 487–494.

[12] Freud: SE 4, S. 305, GW 2/3, S. 310, SA 2, S. 305; vgl. bes. SE 8, S. 163f., GW 6, S. 187, SA 4, S. 153; SE 15, S. 139f., GW 11, S. 140f., SA 1, S. 151f.

die Substitution bestimmter Elemente durch gewisse andere Elemente *und* in gewissen Stellungen – der Aspekt der Stellung oder vielmehr Umstellung ist entscheidend. Im letzteren Fall handelt es sich um die Substitution quantitativ unbedeutenderer durch quantitativ bedeutendere Elemente, z. B. eines einzelnen allgemeinen Elements zwischen zwei anderen Elementen durch diese beiden Elemente selbst. Im Gegensatz zu den komplizierten Formen der „Substitution", die so durch „Verschiebung" und „Verdichtung" dargestellt werden, scheint die „Rücksicht auf Darstellbarkeit" eine so enge Annäherung an die reine „Substitution" [*immutatio*] darzustellen, wie sie innerhalb des Freudschen Schemas der elokutionären Transformation anzutreffen ist. Es ist die „Vertauschung des sprachlichen Ausdrucks für den betreffenden Gedanken" [13]. Ihre Nähe zur *immutatio*, die aus dem Bereich des grammatischen Fehlers in den der elokutionären Tugend hinübergewechselt ist, wird ebenso durch Freuds Verweise auf die „Rücksicht auf Darstellbarkeit" als dasjenige Moment aufgezeigt, das einen „farblosen und abstrakten Ausdruck der Traumgedanken" „bildlicher und konkreter" macht, das „den abstrakt ausgedrückten, unbrauchbaren Traumgedanken in eine bildliche Sprache" umformt, wie auch durch seine Einbeziehung „symbolischer Elemente" in das Blickfeld der „Rücksicht auf Darstellbarkeit":

> Der Vorteil, und somit die Absicht dieses Ersatzes, liegt auf der Hand. Das Bildliche ist für den Traum *darstellungsfähig*, läßt sich in eine Situation einfügen, wo der abstrakte Ausdruck der Traumdarstellung ähnliche Schwierigkeiten bereiten würde wie etwa ein politischer Leitartikel einer Zeitung der Illustration. Aber nicht nur die Darstellbarkeit, auch die Interessen der Verdichtung und der Zensur können bei diesem Tausche gewinnen. Ist erst der abstrakt ausgedrückt unbrauchbare Traumgedanke in eine bildliche Sprache umgeformt, so ergeben sich zwischen diesem neuen Ausdruck und dem übrigen Traummaterial leichter als vorher die Berührungen und Identitäten, welcher die Traumarbeit bedarf und die sie schafft, wo sie nicht vorhanden sind, denn die konkreten Termini sind in jeder Sprache ihrer Entwicklung zufolge anknüpfungsreicher als die begrifflichen. [14]

[13] Freud: SE 5, S. 339, GW 2/3, S. 344, SA 2, S. 335.
[14] Freud: SE 5, S. 339–340, GW 2/3, S. 345, SA 2, S. 335–336.

Schließlich schreibt Freud dem letzten der vier Momente, die „einen Anteil an der Traumbildung" haben, der „sekundären Bearbeitung", einen Charakter reiner „Addition" [*adiectio*] zu, motiviert durch die kritische Tendenz einer „zensurierenden Instanz", deren Einfluß zu einem früheren Zeitpunkt an ihren Einschränkungen und Auslassungen, nun jedoch an ihren Einschaltungen und Vermehrungen erkannt werden können:

Es ist unzweifelhaft, daß die zensurierende Instanz, deren Einfluß wir bisher nur in Einschränkungen und Auslassungen im Trauminhalte erkannten, auch Einschaltungen und Vermehrungen desselben verschuldet. Diese Einschaltungen sind oft leicht kenntlich: sie werden zaghaft berichtet, mit einem „als ob" eingeleitet, haben an und für sich keine besonders hohe Lebhaftigkeit und sind stets an Stellen angebracht, wo sie zur Verknüpfung zweier Stücke des Trauminhalts, zur Anbahnung eines Zusammenhangs zwischen zwei Traumpartien dienen können. ... Was dieses Stück der Traumarbeit auszeichnet und verrät, ist seine Tendenz. Diese Funktion verfährt ähnlich, wie es der Dichter boshaft vom Philosophen behauptet: mit ihren Fetzen und Flicken stopft sie die Lücken im Aufbau des Traums. Die Folge ihrer Bemühung ist, daß der Traum den Anschein der Absurdität und Zusammenhanglosigkeit verliert und sich dem Vorbilde eines verständlichen Erlebnisses annähert.[15]

Wieder einmal scheint Freuds antiphilosophischer Affekt in einer bemerkenswerten Implikation in Erscheinung zu treten – der (spekulative) Philosoph als tendenziöser Schreiber. So wie letzterer danach strebt, den fehlerhaften textuellen Überbau mit seinen „Einschaltungen und Vermehrungen" auszubessern, so versucht auch der Philosoph, die augenfälligen Lücken in dem allergrößten Überbau mit seinen „Lappen und Flicken" auszufüllen.

[15] Freud: SE 5, S. 489f., GW 2/3, S. 493f., SA 2, S. 471f. Wir denken an die „tendenziöse" schreiberische Aufwertung eines obskuren, absurden, unsinnigen oder scherzhaften Textes; vgl. Freuds Beispiel, fälschlicherweise Sinn in einen unsinnigen Text hineinzulegen: SE 5, S. 499f., GW 2/3, S. 504, SA 2, S. 480. Dieses Beispiel geht bereits in die Richtung des Witzigen oder zumindest Komischen; noch mehr eine weitere bemerkenswerte sprachliche Analogie: vgl. SE 5, S. 500f., GW 2/3, S. 505, SA 2, S. 481. Zu einer späteren Bestätigung der „sekundären Bearbeitung" in einer Autor- oder Herausgeberredaktion vgl. Freud: SE 19, S. 98, GW 13, S. 345, SA 7, S. 313.

Es scheint ziemlich unwahrscheinlich, obwohl es nicht ausgeschlossen werden kann, daß Freud unmittelbar durch Quintilians Anwendung der *quadripartita ratio,* sei es auf die grammatischen Fehler oder die elokutionären Tugenden, beeinflußt worden sein könnte. Viel wahrscheinlicher, so scheint mir, ist eine Form indirekter, vielleicht überdeterminierter Vermittlung – und zwar eher durch textuelle oder psycholinguistische Fehler als durch stilistische Tugenden. Wir wissen aus der Korrespondenz mit Fließ, den beiden Aufsätzen ›Zum psychischen Mechanismus der Vergeßlichkeit‹ (1898) und ›Über Deckerinnerungen‹ (1899) sowie einigen Bemerkungen in der ›Traumdeutung‹, daß Freud von spätestens August 1898 bis Mai 1899 mit den „Parapraxen" befaßt war, Problemen der fehlerhaften Erinnerung sowie der fehlerhaften Formulierung von Erinnerung. Möglicherweise las er während dieser Zeit oder sogar noch früher das Buch von Rudolf Meringer und Karl Mayer ›Versprechen und Verlesen. Eine psychologisch-linguistische Studie‹ (Stuttgart 1895). Dieses Werk enthält eine sorgfältig ausgearbeitete Klassifikation der Parapraxen, die zwar über die traditionellen rhetorisch-grammatischen Konzepte der *quadripartita ratio* hinausgeht, aber dennoch auf ihr beruht.[16] Viel wahrscheinlicher jedoch

[16] Einige der Kategorien, die von Meringer und Mayer angewendet werden, um „Versprechen und Verlesen" zu klassifizieren, sind: „Vertauschungen oder Umstellungen"; „Verstellung" als „Anticipation" (= Vorklang) oder „Postposition" (= Nachklang); „Substitution"; „Auslassung". Es trifft zu, wie Sebastiano Timpanaro in seiner interessanten Studie ›The Freudian Slip: Psychoanalysis and Textual Criticism‹, übers. von Kate Soper, London 1974, S. 24 (ursprünglich 1974 veröffentlicht als ›Il Lapsus Freudiano‹ von La Nuova Italia) ausführt, daß Meringer, der Autor, „der im Texte das Wort führt" (vgl. Freud: SE 6, S. 53, GW 4, S. 61), eher ein Sprachforscher war „mit einem gewissen Interesse an der Psychologie" als ein klassischer Philologe im Sinne von Boeckh, Blass oder Timpanaro. Aber es trifft nicht zu, daß Meringer sich in einem nachfolgenden Buch nicht herabließ, ›Die Psychopathologie des Alltagslebens‹ überhaupt zu erwähnen, geschweige denn sie zu widerlegen (vgl. Timpanaro, S. 24). Nicht nur ließ sich Meringer in seinem darauffolgenden Buch dazu herab, Freuds Werk zu erwähnen und zu widerlegen – auf ziemlich beleidigende Weise; er äußerte sich ebenfalls über das Thema in schriftlicher Form bei wenigstens zwei weiteren Anlässen, darunter einer zwanzig Seiten umfassenden Rezension; vgl. Rudolf

als ein Indiz für Freuds mögliche Vertrautheit mit der *quadripartita ratio* – in Form einer Kategorisierung von Fehlern im Text zum Zwecke philologischer Kritik – ist der Abschnitt aus Friedrich Blass' Artikel über ›Hermeneutik und Kritik‹ aus dem Jahre 1892, der von letzterem, insbesondere der „Entstehung und Arten der Fehler" handelt. Blass diskutiert zunächst „Verstümmelungen" (die etwas tilgen) und „Auslassungen", dann fährt er fort:

> Suchen wir nun weiter nach Arten von Fehlern, so ist der umgekehrte [d. h. gegenüber „Verstümmelungen" und „Auslassungen", S. J.] der, dass etwas zu viel da ist; dann ein anderer die verkehrte Folge; dann, dass ein Wort für ein anderes steht; diese Einteilung ist in ihrer Art erschöpfend, obwohl wir nachher noch anderes finden werden.[17]

Somit spiegelt Blass' Klassifikation von Fehlern im Text für die Zwecke der philologischen Kritik Quintilians Verwendung der *quadripartita ratio* zur Systematisierung von Barbarismen, Solözismen und einem bedeutenden Teil der *elocutio*-Lehre wider.[18] Diese Klassifikation wiederum wird in Freuds Einteilung der Traumarbeit gemäß den vier Momenten, die an der Traumarbeit mitwirken, wiedergegeben:

Meringer: Aus dem Leben der Sprache: Versprechen, Kindersprache, Nachahmungstrieb, Berlin 1908, S. 129–131; ders.: Zur Aufgabe und zum Namen unserer Zeitschrift, in: Wörter und Sachen: Kulturhistorische Zeitschrift für Sprach- und Sachforschung, hrsg. von R. Meringer, W. Meyer-Lübke u. a., 3 (1912), S. 54f.; ders.: Die täglichen Fehler im Sprechen, Lesen und Handeln (Zu Freuds Psychopathologie des Alltagslebens), in: Wörter und Sachen: Kulturhistorische Zeitschrift für Sprach- und Sachforschung, hrsg. von R. Meringer und W. Meyer-Lübke, 8 (1923), S. 122–141. Freuds einzige Erwiderung auf all dies war ein Satz in einer Fußnote, die er der dritten Edition (1910) der ›Psychopathologie des Alltagslebens‹ hinzufügte; vgl. SE 6, S. 162, GW4, S. 179, einen Satz, den Meringer als „höhnische Bemerkung" ansah; vgl. Meringer: Die täglichen Fehler, S. 122.

[17] Vgl. Friedrich Blass: Hermeneutik und Kritik, in: Handbuch der klassischen Altertums-Wissenschaft, hrsg. von Iwan von Müller, München ²1892, S. 252ff., 254f.

[18] Vgl. oben Fußn. 7.

Freud:	Blass:	Quintilian:
Verdichtung	Verstümmelungen, Auslassungen	Auslassung [*detractio*]
Verschiebung	Verkehrte Folge	Vertauschung [*transmutatio*]
Rücksicht auf Darstellbarkeit	Ein Wort steht für ein anderes	Verwechslung [*immutatio*]
Sekundäre Bearbeitung	Daß etwas zu viel da ist	Erweiterung [*adiectio*]

Wenn wir uns nun von der *quadripartita ratio* abwenden, die sich Freud zunutze machte, um die Traumarbeit als einen elokutionären Prozeß aufzuteilen, und wenn wir die Beziehung dessen untersuchen, was aufgeteilt wird, nämlich der besonderen Formen, die durch die vier Momente der *quadripartita ratio* hervorgebracht werden, zur Tradition rhetorischer Theorie und Praxis auf dem Gebiet der *elocutio,* so bietet sich ein weiterer vielsagender Vergleich mit Wundt an. Für Wundt sind „Verdichtung" und „Verschiebung" Konstituenten eines Prozesses, „apperceptive Verschmelzung der Vorstellungen", die am unteren Ende vielleicht auf zielloser Assoziation (Wiederholung von Elementen in räumlicher und/oder zeitlicher Kontiguität, Ähnlichkeit, Verstärkung durch starke Gefühlselemente) beruhen, am oberen Ende jedoch durch einen abstrakten apperzeptiven Willen gelenkt werden, ohne bestimmten Zweck und relativ unabhängig von ihrer Assoziationsbasis. Für Freud andererseits spielt die Verknüpfung weiterhin die Schlüsselrolle in der Traumarbeit. Bestimmte Arten von Beziehungen und bestimmte Arten von Assoziationen sind typisch für „die Vorstellungen, die einander ihre Intensitäten übertragen" und so den Verlauf von „Verdichtung" und „Verschiebung" gestalten. Diese Vorstellungen „stehen in den *lockersten Beziehungen* zueinander und sind durch solche Arten von Assoziationen verknüpft, welche von unserem Denken verschmäht und nur dem witzigen Effekt zur Ausnützung überlassen werden"[19]. Sowohl der Charakter solcher lokkeren assoziativen „Beziehungen" oder „oberflächlichen Assozia-

[19] Vgl. oben Fußn. 5.

tionen“ als auch das Ziel des „witzigen Effekts“, auf den sie durch unsere normalen Denkprozesse auf geringschätzige Art beschränkt sind, sind bedeutsam für das Verständnis der Rhetorizität der spezifischen „Mechanismen“, wie sie durch Freuds Variante der *quadripartita ratio* gestaltet werden – für die Beziehung, die sie, obwohl im Wesen unbestreitbar assoziativ, nichtsdestoweniger zu der Tradition rhetorischer *elocutio* unterhalten. Wieder einmal kann Wundt als eine Art Vergleichsmaßstab dienen. Nicht nur spielt die Assoziation eine zentrale Rolle bei der Freudschen „Verdichtung“ und „Verschiebung“, wohingehend Wundt „Verdichtung“ und „Verschiebung“ mehr als apperzeptive denn als assoziative Prozesse sieht; auch hebt Freud bei der „Verdichtung“ und der „Verschiebung“ die *Arten* von Assoziationen als besonders wichtig heraus, die Wundt nur als „äußere“ im Gegensatz zu den „inneren“ betrachtet haben würde – die Assoziationen, die eher auf einer „Einübung“ als auf dem tatsächlichen Inhalt der assoziierten Vorstellungen beruhen. Wundt hatte in Band II der zweiten (1880) Edition seiner ›Grundzüge der physiologischen Psychologie‹, die Freud für die ›Traumdeutung‹ nutzte, geschrieben:

Die Regeln, nach welchen sich auf einander folgende Vorstellungen verbinden, pflegt man Associationsgesetze zu bezeichnen und vier solcher Gesetze zu unterscheiden: die Verbindung nach Aehnlichkeit, nach Contrast, nach räumlicher Coexistenz und nach zeitlicher Folge. Es ist längst bemerkt worden, dass die beiden ersten Verbindungen zusammengehören. Contrastirende Vorstellungen associieren wir nur dann, wenn sie in irgend einer Weise verwandt sind. Ebenso stehen die dritte und vierte Form einander nahe, da bei beiden nicht eine innere Beziehung der Vorstellungen, sondern eine äussere gewohnheitsmässige Verbindung derselben gegeben ist, welche in einer der beiden Formen extensiver Ordnung, in der räumlichen oder zeitlichen, geschehen kann. Naturgemässer erscheint es daher, zunächst zwei Hauptformen der successiven Association zu unterscheiden, welche wir als die äussere und als die innere bezeichnen wollen. Die äussere Association beruht stets auf einer durch wiederholte Einübung eingetretenen Gewöhnung. Sobald irgend welche Vorstellungen, die innerlich noch so disparat sein mögen, mehrmals unserm Bewusstsein in äusserer Verbindung geboten werden, tritt die Neigung ein, sie in der nämlichen Verbindung zu erneuern. Das Princip, welches dieser Form der Associationen zu Grunde liegt, können wir daher als dasjenige der associativen Uebung bezeichnen, wobei wir durch diesen Namen schon andeuten, dass es hier nur um eine specielle Anwendung des für alle psycho-physischen Vorgänge so wichtigen Gesetzes der Uebung sich handelt. Die innere Association vermag unter Umständen eine Vereinigung von Vorstellungen zu Stande zu bringen, die niemals zuvor verbunden gewesen sind; aber eine unerlässliche Bindung einer solchen Verbindung bleibt es stets, dass die Vorstellungen irgend welche Elemente mit einander gemein haben. Das der innern Association zu Grunde liegende Princip mag daher als das der associativen Verwandtschaft bezeichnet werden.[20]

Wundt stellt in diesem Passus, zumindest terminologisch, die Unterscheidung zwischen „äusserer" und „innerer Association" als seine eigene Innovation dar. Es besteht wenig Zweifel daran, daß es Wundts Unterscheidung ist, die Freud (nicht unkritisch) im Sinn hat, wenn er sich in ›Der Witz und seine Beziehung zum Unbewußten‹ Wundts Terminologie bedient – von „äußeren" und „inneren" Associationen spricht, anstatt die Adjektive „locker" und „oberflächlich" und „tief" oder „tiefergehend" zu benutzen, die in der ›Traumdeutung‹ vorkommen. Freuds kritischer Vorstoß wird darin offenbar, daß er Wundts Terminologie in Anführungszeichen setzt, daß er sich auf sie als eine „Formel" bezieht, sie als „sogenannt" qualifiziert:

Wir können beobachten, daß krankhafte Zustände der Denktätigkeit, in denen die Möglichkeit, psychischen Aufwand auf eine Stelle zu konzentrieren, wahrscheinlich eingeschränkt ist, tatsächlich die Wortklangvorstellung solcher Art gegen die Wortbedeutung in den Vordergrund rücken lassen und daß solche Kranke in ihren Reden nach den „äußeren" anstatt nach den „inneren" Assoziationen der Wortvorstellung, wie die Formel lautet, fortschreiten.[21]

Aber nicht nur „krankhafte Zustände der Denktätigkeit" ziehen „äußere" den „inneren Assoziationen" vor. Die ganz normalen Zustände, die sich in der „Denktätigkeit" der Traumarbeit widerspiegeln, tun dies ebenfalls, wenn auch in einem ungewöhnlichen Maße und auf höchst übertriebene Weise, wenn man sie mit den noch normaleren Zuständen, die sich in der „Denktätigkeit" unserer Arbeitszeit widerspiegeln, vergleicht:

[20] Wundt: Grundzüge, Bd. II, S. 300f.
[21] Freud: SE 8, S. 119f., GW 6, S. 134, SA 4, S. 113.

Indirekte Darstellungen dieser Art und Anspielungen, deren Beziehung zum Eigentlichen leicht auffindbar ist, sind ja zulässige und vielgebrauchte Ausdrucksmittel auch in unserem bewußten Denken. Die Traumarbeit übertreibt aber die Anwendung dieser Mittel der indirekten Darstellung ins Schrankenlose. Jede Art von Zusammenhang wird unter dem Drucke der Zensur zum Ersatz durch Anspielung gut genug, die Verschiebung von einem Element her ist auf jedes andere gestattet. Ganz besonders auffällig und für die Traumarbeit charakteristisch ist die Ersetzung der inneren Assoziationen (Ähnlichkeit, Kausalzusammenhang usw.) durch die sogenannten äußeren (Gleichzeitigkeit, Kontiguität im Raum, Gleichklang).[22]

Die Beispiele, die Freud anführt, „Ähnlichkeit" und „Kausalzusammenhang" auf der einen und „Gleichzeitigkeit", „Kontiguität im Raum", „Gleichklang" auf der anderen Seite, finden ebenfalls Entsprechungen in dem Anschauungsschema, das in Wundts Band – jeweils unter den Rubriken „innere Association" und „äussere Association" – dargelegt ist.[23] „Innere Association" ist im weiten Sinne logisch und korrekt. Sie basiert auf einer „inneren Beziehung" zwischen den Vorstellungen, die miteinander verbunden sind, d. h. diese Vorstellungen haben „irgend welche Elemente mit einander gemein". Folglich ergibt sich die „innere Association" aus dem Wesen einer Realität außerhalb des Assoziators, dem Inhalt der assoziierten Vorstellungen, und weniger aus dem Wesen oder der Erfahrung des Assoziators, wie es der Fall in der „äusseren Association" ist, wo die Assoziation eher von der „Einübung" des Assoziators ausgeht und weniger vom Wesen des Assoziierten. Gerade aus diesem Grund – so Wundt – vermag die innere Assoziation „unter Umständen eine Vereinigung von Vorstellungen zu Stande zu bringen, die niemals zuvor verbunden gewesen sind"; die „äussere Association" wäre vermöge der „Einübung" (assoziative Übung), durch die sie hervorgebracht wird, einer solchen kognitiven Einsicht unfähig. Die „äussere Association", wie sie von Wundt dargestellt und von Freud reflektiert wird, ruft in der Tat keineswegs Erinnerungen an die Logik wach, sondern eher an die Rhetorik, und hier besonders an den verrufensten und den am wenigsten logi-

[22] Freud: SE 8, S. 172, GW 6, S. 196, SA 4, S. 160f.
[23] Wundt: Grundzüge, Bd. II, S. 302 (Schema).

schen Teil der Rhetorik, bekannt als *elocutio* – und noch spezieller an jene schändlichen und schamlosen Formen der *elocutio,* die aus der Tradition der Rhetorik in die sporadisch und unvollständig systematisierte Lehre vom Witz und dem Witzigen von der Antike bis zum 19. Jahrhundert absorbiert wurden.

Somit formuliert Wundt zusammen mit den subjektiv und kognitiv unzuverlässigen, beinahe zufälligen Merkmalen der „äusseren Association" deren Neigung, Ideen jedweder Art zu vereinigen, seien diese auch innerlich noch so disparat – eine Eigenschaft, die für den Sprachwitz von Thomas Hobbes und John Locke bis zu Jean Paul (Johann Paul Friedrich Richter) und darüber hinaus charakteristisch ist. Dasselbe könnte von allen spezifischen Formen der „äusseren Association", der oberflächlichen Gleichzeitigkeit, der Kontiguität, des Gleichklangs gesagt werden. Diese sind nach Wundt im Grunde in sich selbst unlogisch, denn sie ereignen sich „lediglich vermöge der durch gewohnte Urtheilsprocesse entstandenen Uebung". Unter ihnen spielt der Gleichklang, die „Wortassociation", eine besondere, nahezu konstitutive Rolle:

> Nur so lange die associative Verbindung der Vorstellungen wirklich in dieser den logischen Vorgang vorbereitenden Weise geschieht, handelt es sich streng genommen um eine innere Association. Sobald dagegen die associierte Vorstellung bloss vermöge der durch gewohnte Urtheilsprocesse entstandenen Uebung auftritt, liegt eine äussere Association successiver Vorstellungen vor. In der Regel wird man dann aber auch zugleich nachweisen können, dass dieselbe eine Wortassociation ist. Denn ähnlich wie die inneren Associationen den Gedankenprocess vorbereiten, so machen hinwiederum die Wortassociationen die logischen Vorstellungsverbindungen zu mechanisch eingeübten, ohne active Anstrengung des Denkens sich vollziehenden Vorgängen, welche fortwährend zum logischen Gebrauch disponibel bleiben.[24]

Was Freud mit der Wundtschen Unterscheidung zwischen „äusserer" und „innerer Association" erreicht, entspricht in großen Zügen der Behandlung, die er der Wundtschen „Verdichtung" und „Verschiebung" widerfahren läßt. In beiden Fällen ist sein Vorgehen dergestalt, daß er Konzepte rhetorisiert oder re-rhetorisiert, die

[24] Wundt: Grundzüge, Bd. II, S. 303; vgl. oben S. 366 und Fußn. 5.

einen großen Teil ihres Inhalts und ihrer Stärke einer früheren bedeutenden Beziehung zur rhetorischen Tradition verdanken. Und in beiden Fällen impliziert diese Re-Rhetorisierung, inter alia, eine Neubewertung abgewerteter rhetorischer Formen. Die Konzepte „Verdichtung“ und „Verschiebung“ wurden sorgfältig herausgearbeitet und innerhalb ihres Bezugsfeldes neu verortet – eine Freudsche Variante der Quintilianschen *quadripartita ratio.* Aber diese *quadripartita ratio* selbst wird aus dem Status einer Klassifikation für Falschreden, Falschlesen, Falschschreiben, für stilistische „Tugenden“, die den stilistischen „Lastern“ verdächtig nahe sind, für die „Seitenpfade“ eher als die gängigen Wege des Ausdrucks,[25] in eine grundlegende Struktur der menschlichen Psyche umbewertet. Im Falle von „äusserer“ und „innerer Association“ wird die Re-Rhetorisierung andererseits durch eine Neubewertung der „äusseren Association“ im Vergleich zur „inneren Association“ erreicht. Die „äusseren Associationen“ sind gleichermaßen charakteristisch für Träume, Parapraxen und Witze, die „Arten von Assoziationen . . ., welche von unserem Denken verschmäht und nur dem witzigen Effekt zur Ausnützung überlassen werden. Insbesondere gelten“ nun „Gleichklangs- und Wortlautassoziationen als den anderen gleichwertig“, den „korrekten“, normalen, seriösen Assoziationen des Alltagslebens.[26]

Die Neubewertung des Abgewerteten – Witz, Traum, Parapraxis, Symptom, das „Abnorme“ selbst – ist ein zentrales Thema in Freuds Werk. Im Fall der „witzigen“ Formen der elokutionären Rhetorik, die von der lichten Logik des Bewußtseins verachtet werden, vollzieht sich für den Verteidiger der *ars eloquendi* eine solche Neubewertung in einer ganz und gar nicht unerwarteten Weise. Ihre Zweckmäßigkeit, ihre Richtigkeit, Normalität, Ernsthaftigkeit und folglich ihre Bedeutung werden betont, und zwar im Sinne von Zielvorstellungen, die den Ausdruck bestimmen:

> Ein Denken ohne Zielvorstellungen läßt sich durch unsere eigene Beeinflussung unseres Seelenlebens überhaupt nicht herstellen; es ist mir aber auch unbekannt, in welchen Zuständen psychischer Zerrüttung es sich

[25] Vgl. oben Fußn. 7.

[26] Vgl. oben S. 4 und Fußn. 5.

sonst herstellt... Als ein untrügliches Zeichen der von Zielvorstellungen freien Assoziation hat man es betrachtet, wenn die auftauchenden Vorstellungen (oder Bilder) untereinander durch die Bande der sogenannten oberflächlichen Assoziation verknüpft erscheinen, also durch Assonanz, Wortzweideutigkeit, zeitliches Zusammentreffen ohne innere Sinnbeziehung, durch alle die Assoziationen, die wir im Witz und beim Wortspiel zu verwerten uns gestatten. Dieses Kennzeichen trifft für die Gedankenverbindungen, die uns von den Elementen des Trauminhalts zu den Zwischengedanken und von diesen zu den eigentlichen Traumgedanken führen, zu; wir haben bei vielen Traumanalysen Beispiele davon gefunden, die unser Befremden wecken mußten. Keine Anknüpfung war da zu locker, kein Witz zu verwerflich, als daß er nicht die Brücke von einem Gedanken zum andern hätte bilden dürfen. Aber das richtige Verständnis solcher Nachsichtigkeit liegt nicht ferne. Jedesmal, wenn ein psychisches Element mit einem anderen durch eine anstößige und oberflächliche Assoziation verbunden ist, existiert auch eine korrekte und tiefergehende Verknüpfung zwischen den beiden, welche dem Widerstande der Zensur unterliegt.[27]

Freud vertritt den Standpunkt, daß die „Oberflächlichkeit" der sogenannten „oberflächlichen" oder „äusseren Assoziationen" selbst bloß oberflächlich ist und daß sie nur der verzerrte Ausdruck tieferer Assoziationen sind, die funktional verständlich sind als Konflikt zwischen unbewußtem Ziel und – infolge von Zensur – unbewußtem Widerstand. Der Gedanke, in Kenntnis gesetzt vom Ziel (das letztlich aus dem Wunsch hervorgeht) und gegen den Widerstand strebend, sein Ziel zu erreichen – ist es nicht diese paradigmatische Situation, die auf die Traumarbeit jene Neubewertung überträgt, die Freud gesucht hatte? Sicherlich ist die besonders schwierige Natur des Widerstands, die durch den Traumzensor geleistet wird, entscheidend. Gerade die Tiefe dieses Widerstandes zwingt die Traumarbiet und ihre „Werkmeister", „Verdichtung" und „Verschiebung", zum Rückgriff auf die beunruhigend künstlichen Stilmittel, die für den Witz, den Bruder des Irrtums, charak-

[27] Freud: SE 5, S. 528–530, GW 2/3, S. 533–535, SA 2, S. 505–507; über den „Witz", der dem „Druck" unterliegt, den „Witz" als „Umweg" vgl. die berühmte Fußnote in der ›Traumdeutung‹, SE 4, S. 297f., Anm. 1, GW 2/3, S. 303f., Anm. 1, SA 2, S. 298f., Anm. 1. Vgl. Freuds Brief an Fliess vom 11. 9. 99 (Nr. 118): Freud: Aus den Anfängen, S. 317.

teristisch sind, und gestaltet so den spezifischen Charakter von Freuds Traum-Rhetorik.

Freud faßt seine Konzeption der Traumarbeit als rhetorischer *ars eloquendi* in einer der vielen und verschiedenartigen „Metaphern des Weges" zusammen, die sich in seinem Werk finden. Der „Weg der Kunst" [*via artis*] ist der mühsame und abenteuerliche „Seitenpfad" zu Zielen, die sich als unerreichbar erweisen, wenn Natur – oder Zufall – die normale Route zu ihrer Erreichung plötzlich abschneiden:

> Druck der Zensur, nicht Aufhebung der Zielvorstellungen ist die richtige Begründung für das Vorherrschen der oberflächlichen Assoziationen. Die oberflächlichen Assoziationen ersetzen in der Darstellung die tiefen, wenn die Zensur diese normalen Verbindungswege ungangbar macht. Es ist, wie wenn ein allgemeines Verkehrshindernis, z. B. eine Überschwemmung, im Gebirge die großen und breiten Straßen unwegsam werden läßt; der Verkehr wird dann auf unbequemen und steilen Fußpfaden aufrechterhalten, die sonst nur der Jäger begangen hatte.[28]

Dies ist eine Vorstellung, die vom Bild des Redners, das von Quintilian, dem großen römischen Rhetoriker, dargeboten wird, nicht allzu sehr abweicht:

[28] Freud: SE 5, S. 530, GW 2/3, S. 535f., SA 2, S. 507f. Vgl. mit dieser und der vorhergehenden Textstelle den respektvoll kritischen Widerspruch, den Freud „als Rhetoriker" zum Ausdruck bringt, mit den „ästhetischen" Prinzipien uneigennützigen Genusses des Philosophen. In: Der Witz und seine Beziehung zum Unbewussten, SE 8, S. 95f., GW 6, S. 103f., SA 4, S. 91: „Die Philosophen, welche den Witz dem Komischen zurechnen und das Komische selbst in der Ästhetik abhandeln, charakterisieren das ästhetische Vorstellen durch die Bedingung, daß wir dabei nichts von und mit den Dingen wollen, die Dinge nicht brauchen, um eines unserer großen Lebensbedürfnisse zu befriedigen, sondern uns mit der Betrachtung derselben und dem Genuß der Vorstellung begnügen. ‚Dieser Genuß, diese Vorstellungsart ist die rein ästhetische, die nur in sich beruht, nur in sich ihren Zweck hat und keine anderen Lebenszwecke erfüllt' (K. Fischer [Über den Witz, Heidelberg ^{2}1889, 20], S. 68). Wir setzen uns nun kaum in Widerspruch mit diesen Worten K. Fischers, übersetzen vielleicht nur seinen Gedanken in unsere Ausdrucksweise, wenn wir hervorheben, daß die witzige Tätigkeit doch keine zweck- oder ziellose genannt werden darf, da sie sich unverkennbar das Ziel gesteckt hat, Lust beim Hörer hervorzurufen. Ich zweifle, ob wir irgend etwas zu unternehmen imstande sind, wobei eine Absicht nicht in Betracht kommt."

Aus reicher Arbeit, beständigem Studium, mannigfacher Übung, zahlreichen Versuchen, höchster Umsicht und stets gegenwärtiger Überlegung besteht die Redekunst. Jedoch kann sie auch durch solche Schriften gefördert werden, aber nur, wenn sie eine gerade Straße [*rectam viam*], nicht nur eine einzige Wagenspur zeigen, bei der jeder, der es für ein Vergehen hält, von ihr abzuweichen, es hinnehmen muß, sich mit dem langsamen Tempo solcher Seiltänzer, die hintereinander schreiten, abzufinden. Deshalb verlassen wir oft die breite Heerstraße, um abzukürzen; auch werden wir, wenn auf den geraden Weg durch Sturzbäche zerbrochene Brücken gestürzt sind, die Stelle umgehen müssen [*circumire cogemur*] . . .[29]

Freuds Rechtfertigung der „gelegentlichen psychischen Arbeit, aus der Parapraxis wie auch Traumvorstellungen hervorgehen"[30] – zusammen mit Symptomen und Witzen –, ist zugleich eine Bewahrung der elokutionären Rhetorik in ihren am meisten abgewerteten Formen. Freuds Umwertung einer abgewerteten *ars eloquendi* stellt einen bedeutsamen Impuls innerhalb der allgemeinen Tendenz seiner „Kunst der Interpretation" dar – „Umbewertung aller psychischen Werte" als Teil der Konstruktion, Rekonstruktion, Rettung der verlorenen klassischen Antike des Unbewußten.

Bei Freud ist der Weg vorgezeichnet – durch das hermeneutische Prinzip vom „Verstehen" als Rekonstruktion der *elocutio,* Deutung als Umkehrfolge des rhetorischen Texterzeugungsparadigmas. Freuds exegetisches Spiegelbild der „Umbewertung aller psychischen Werte", das von der listigen „Arbeit der Verschiebung" unter dem Druck der Zensur ausgeübt wird, rekonstruiert „vollkommen korrekte, dem normalen Denken gleichwertige Traumgedanken", mit denen auf solch „höchst befremdende Weise" durch die Traumarbeit und ihren höchst liederlichen „Werkmeister", der Traumverschiebung, verfahren wurde. So rettet Freud sowohl die Traumgedanken wie auch die Traumarbeit: die ersteren durch Rekonstruktion ihrer „Korrektheit" und „Gültigkeit", die letztere durch Rekonstruktion von Sinn und Zweck ihrer scheinbar unsinnigen und ziellosen Beredsamkeit.[31]

[29] Quintilian: Institutio oratoria 2, 13, 15–17.

[30] Freud: SE 6, S. 278, GW 4, S. 309, fehlt in SA.

[31] Vgl. Freud: SE 5, S. 597, GW 2/3, S. 602f., SA 2, S. 567 und oben S. 381f. und Fußn. 26.

ZUR TEXTANALYTISCHEN UMFUNKTIONALISIERUNG RHETORISCHER TEXTTHEORIE

Deutsche Vierteljahrsschrift für Literaturwissenschaft und Geistesgeschichte 42/3, Metzlersche Verlagsbuchhandlung, Stuttgart 1968, S. 325–358. Hier: Auszug S. 325–346

GRYPHIUS UND DIE MACHT DER REDE

Zum ersten Reyen des Trauerspiels ›Leo Armenius‹

Von Wilfried Barner

Gryphius' dramatisches Erstlingswerk ›Leo Armenius‹ [1], 1646 während des Straßburger Aufenthalts entstanden,[2] ist in seiner literarhistorischen Bedeutung oft gewürdigt worden. Als erste deutsche 'regelrechte' Tragödie im Opitzschen Sinn [3] repräsentiert das Stück einen entscheidenden Wendepunkt in der Entwicklung des

[1] Einen kritischen Text bietet jetzt: Andreas Gryphius: Gesamtausgabe der deutschsprachigen Werke, hrsg. v. M. Szyrocki u. H. Powell, Bd. 5 (Trauerspiele II), hrsg. v. H. Powell, Tübingen 1965. Nach dieser Edition richten sich im folgenden auch Zeilenangaben und Zitate; doch sind die Abbreviaturen aufgelöst.

[2] Plan und erste Arbeit an dem Stück können noch weiter zurückreichen. Die Widmung datiert vom 31. Oktober 1646, doch ist der Text – nach Schwierigkeiten bei dem Straßburger Verleger Dietzel – erst 1650 erschienen, in der Frankfurter Ausgabe der ›Teutschen Reim = Gedichte‹. Näheres s. in H. Powells Einleitung zur genannten Ausgabe, S. VII ff.

[3] Einen bisher unbeachteten, wenn auch weniger bedeutenden Konkurrenten hat Gryphius in dem Angehörigen des Königsberger Kreises und späteren Tübinger Rhetorik-Professor Christoph Kaldenbach: ›Babylonischer Ofen/ Oder Tragoedie / Von den drey Judischen Fürsten in dem glüenden Ofen zu Babel. Dan. 3. Königsberg / Gedruckt durch Johann Reusnern / Im Jahr Christi 1646‹. Das Stück entspricht ebenfalls den Opitzschen Forderungen. Die ausführliche Vorrede verrät ein ähnliches 'Pionier'-Bewußtsein wie diejenige zum ›Leo Armenius‹ (s. u.); sie erwähnt auch, daß das Stück für eine Königsberger Aufführung bestimmt ist. Das Exemplar der Universitätsbibliothek Tübingen, das wohl aus Kaldenbachs Nachlaß stammt, enthält eine Reihe handschriftlicher Notizen, welche offensichtlich einen Neudruck vorbereiten sollten (mehrfach finden sich satztechnische Anweisungen).

Barockdramas und zugleich der deutschen Dramengeschichte. Auch die poetische Qualität dieses Trauerspiels wurde mit den höchsten Prädikaten bedacht: „Gryphius gelang es nie wieder, das künstlerische Niveau des ›Leo Armenius‹ zu erreichen", urteilte noch jüngst Marian Szyrocki.[4] Und Erik Lunding, in seiner grundlegenden Darstellung des schlesischen Kunstdramas, hatte sein Urteil noch prinzipieller gefaßt: ›Leo Armenius‹ sei „nicht nur das erste, sondern auch das schönste, tiefste, reinste Schicksalsdrama der deutschen Literatur"[5].

Unter solchen Aspekten ist es auffällig, daß noch immer keine wirklich umfassende, durchdringende Gesamtinterpretation des Dramas existiert[6] oder gar eine sorgfältig kommentierte Ausgabe, wie sie etwa Hugh Powell für den ›Carolus Stuardus‹ vorgelegt hat.[7] Das Stück ist überhaupt in der Gryphius-Forschung der letzten Jahre stark vernachlässigt worden.[8] Auch beruht die hohe Bewer-

[4] Andreas Gryphius, Tübingen 1964, S. 85. Die besondere Hochschätzung dieses Stückes im Vergleich zu den anderen Gryphianischen Tragödien reicht weit zurück. Schon 1817 betont Friedrich Bouterwek, daß der ›Leo Armenius‹ „von einigen Kritikern für das vorzüglichste tragische Product des Gryphius erklärt wird" (Gesch. d. Poesie u. Beredsamkeit, Bd. 10, Göttingen 1817, S. 153).

[5] Das schlesische Kunstdrama, København 1940, S. 78; vgl. auch S. 83: „Wie die intensive symbolische Wortkunst in Goethes Strassburger Sang gipfelt, so die extensive rhetorische in Gryphius' ›Leo Armenius‹."

[6] Die wenigen einschlägigen Arbeiten fassen jeweils nur sehr spezielle Gesichtspunkte ins Auge: W. Mawick: Der anthropologische und soziologische Gehalt in Gryphius' Staatstragödie ›Leo Armenius‹, Diss. Münster 1936; S. Duruman: Zum ›Leo Armenius‹ des Andreas Gryphius, in: Stud. z. dt. Spr. u. Lit. 2 (Istanbul) (1955), S. 103 ff. (bes. Quellenfragen); H. Plard: La sainteté du pouvoir royal dans le ›Leo Armenius‹ d'Andreas Gryphius, in: Le pouvoir et la sacré, Bruxelles o. J., S. 159 ff. Vgl. auch die weiter unten genannten Arbeiten von A. Heisenberg und W. Harring sowie G. Kaiser: ›Leo Armenius‹ – Das Weihnachtsdrama des Andreas Gryphius, Poetica 1 (1967), S. 333 ff.

[7] Andreas Gryphius: ›Carolus Stuardus‹, ed. with introd. and comm. by H. Powell, Leicester [2]1963; s. auch seine Ausgaben von ›Herr Peter Squentz‹ (Leicester 1957) und ›Cardenio und Celinde‹ (Leicester 1961).

[8] Bezeichnend hierfür scheint auch die Tatsache, daß von den Gryphius-

tung des ›Leo Armenius‹ häufig auf einer pauschal-summarischen Betrachtungsweise, welche nur die handlungstragenden Teile des Dramas berücksichtigt.

Eine gewisse Ratlosigkeit hingegen herrscht angesichts der sogenannten 'Reyen', jener Chorlieder, die nach dem Vorbild der Antike, der Jesuiten, Vondels und nicht zuletzt Opitzens einen festen Bestandteil der hohen Barocktragödie bilden. Hier ist ein Problem angesprochen, das Gryphius' Tragödien prinzipiell betrifft. Zwar hat es einzelne Versuche gegeben, die Chorlieder in ihrer Eigenart besser zu verstehen.[9] Doch was man im allgemeinen an Gryphius' Tragödien hervorhebt, bezieht sich eher auf Personenzeichnung, Bau der Handlung, 'barocke' Bildsprache, wuchtige Alexandriner, pathetische Monologe und geschliffene Dialoge. Die Reyen werden zumeist – mehr oder weniger bewußt – als 'undramatisch' übergangen.[10] Andererseits aber ist es bezeichnend, daß sie in den zahlreichen Arbeiten zur Gryphianischen Lyrik auch wieder nicht genügend Beachtung finden – weil sie ja nicht in den Gedichtsammlungen stehen. So konnte es geschehen, daß eines der schönsten und gewichtigsten Gedichte von Andreas Gryphius noch kaum eingehender untersucht wurde: der erste Reyen seines ersten Dramas.[11]

Tragödien nur der ›Leo Armenius‹ nicht in einer Einzelausgabe greifbar ist; deshalb ist besonders dankenswert der Textabdruck in: Das Zeitalter des Barock, hrsg. v. A. Schöne, München 1963, S. 468ff.

9 H. Steinberg: Die Reyen in den Trauerspielen des Andreas Gryphius, Diss. Göttingen 1914; W. Flemming: Die Form der Reyen in Gryphs (!) Trauerspielen, Euph. 25, 1924, S. 662ff.; der wichtigste Beitrag aus neuerer Zeit: A. Schöne; Emblematik und Drama im Zeitalter des Barock, München 1964, S. 156ff.

10 Das Problem wird noch schwieriger bei Lohenstein und Hallmann, wo die Chöre sich (z. T. unter dem Einfluß Senecas) mehr und mehr verselbständigen und eine ähnliche Entwicklung zu beobachten ist wie zwischen Aischylos und Euripides.

11 Ein Beispiel für die allgemeine Vernachlässigung der Reyen: K. Viëtor in seiner ›Geschichte der deutschen Ode‹ (Darmstadt ²1961) würdigt ausführlich Gryphius' Odendichtung, für die Reyen bleibt ein einziger Satz: „Die dreiteiligen Chorlieder in seinen Trauerspielen haben nur das Schema mit der pindarischen Ode gemeinsam.“ Eine der wenigen Gegenstimmen

Als Grundlage der Interpretation sei hier zunächst eine genaue Textanalyse versucht, in der sich die ausgesprochen 'rhetorische' Struktur des Gedichts enthüllt. Zum vollen Verständnis des Textes ist jedoch, wie sich herausstellen wird, auch eine detaillierte historische Auslegung unumgänglich. Dabei ergeben sich zugleich eine Reihe von Ausblicken biographischer und zeitgeschichtlicher Art; denn das Lied ist sowohl für seinen Autor wie für seine Epoche in einem präzise bestimmbaren Sinn repräsentativ. Zuletzt aber sei das bisher nicht beachtete Vorbild dieses Liedes zum Vergleich herangezogen: das erste Stasimon der Sophokleisch-Opitzschen ›Antigone‹.

I

Thema des Reyens ist die Macht der menschlichen Rede; sie wird vom Chor der „Höfflinge" in der Form einer pindarischen Ode besungen. Für sich genommen, könnte das Gedicht durchaus einer von Gryphius' Odensammlungen angehören, die in jenen Jahren (um 1646) erscheinen,[12] und mancher wird vermuten, es handle sich um eine bloße Dramen-'Einlage',[13] um ein ἐμβόλιμον nach euripideisch-senecanischem Vorbild. Doch ein Blick auf den Kontext zeigt, wie eng hier der Lyriker und der Dramatiker Gryphius zusammenwirken.[14]

vertritt M. Szyrocki: Andreas Gryphius, a. a. O., S. 85, zum ›Leo Armenius‹: „[D]ie beiden ersten Reyen gehören zu dem Besten, was er je auf dem Gebiet der Ode geschrieben hat." Die eingehendste Behandlung des genannten Reyens findet sich jetzt bei A. Schöne: Emblematik . . ., a. a. O., S. 159ff.

[12] Die auch zeitliche Nachbarschaft zur Odendichtung ist kein Zufall: Das erste Buch der Oden erscheint 1643, das zweite 1650 in der gleichen Ausgabe wie der ›Leo Armenius‹.

[13] Eine für Gryphius' Arbeitsweise höchst aufschlußreiche Einzelheit überliefert J. T. Leubscher: De claris Gryphiis schediasma, Brigae Sil. 1702, S. 66: Im Nachlaß habe sich u. a. eine Tragödie über den schlesischen Herzog Heinrich II. gefunden, zu der nur noch die Chöre und die Anmerkungen fehlten. Hat Gryphius vielleicht auch sonst die Chöre erst nachträglich verfaßt?

[14] Die dramaturgischen Abschnitte heißen bei Gryphius „Abhandelung"

Spiel (I 1) und Gegenspiel (I 2) haben sich entfaltet; ein Versuch, das Unheil abzuwenden, ist gescheitert (I 4).[15] Da bringt der Schluß des Aufzugs (I 5) die erste eigentliche Bühnenaktion: Leo läßt seinen Gegenspieler Michael Balbus gefangennehmen. Dieser widersetzt sich und entfesselt eine wilde Streitszene von höchster theatralischer Wirkung. War die Diktion bereits im vorausgehenden Auftritt stichomythisch zugespitzt (V. 435–450), so steigert sie sich nun zum erbitterten Wortgefecht, bei dem die einzelnen Sprechverse mitunter geradezu zerrissen werden. Die Szene beginnt mit Alexandrinern, welche bis zu fünf (!) Antilabai enthalten (V. 473), und endet mit einer Art von 'versefüllenden Asyndeta'[16], in denen sich die ohnmächtige Wut Michaels tiradenartig entlädt (vgl. schon V. 489, dann V. 505f.):

schleifft! würget! stoßt vnd schmeist!
Schlagt! bindet! ich bin frey/ druckt! martert! renckt vnd reist!

Dann folgt der „Reyen der Höfflinge". Und nun, zu Beginn des zweiten Akts, entfaltet Gryphius die große Gerichtsszene: Leos pathetische, weitatmige Eröffnungsrede steht mit ihren großen syntaktischen Spannungsbögen in denkbar stärkstem Kontrast zur kommatischen Sprache und Versform der Verhaftungsszene:

(= Akt; hier: römische Ziffer) und „Eingang" (= Auftritt; hier: arabische Ziffer).

[15] Die drei Szenen verhalten sich zueinander wie These, Antithese und (Versuch einer) Synthese – eine Struktur, die auch den aktschließenden Reyen bestimmt (s. u.)

[16] Den Terminus prägte E. R. Curtius: Europäische Literatur und lateinisches Mittelalter, Bern/München ³1961, S. 289f. Vgl. auch K. O. Conrady: Lateinische Dichtungstradition und deutsche Lyrik des 17. Jhts., Bonn 1962, S. 149ff. Ferner: A. Beck: Über ein Gedicht von G. R. Weckherlin, in: Jb. d. Dt. Schillerges. 6 (1962), S. 14ff. (vgl. Interpretationen. Deutsche Lyrik von Weckherlin bis Benn, hrsg. v. J. Schillenmeit, Frankfurt a. M./Hamburg 1965, S. 11ff.), und: Über einen Formtypus der barokken Lyrik in Deutschland und die Frage seiner Herkunft, in: Jb. d. Freien Dt. Hochst. 1965, S. 1ff. (mit zahlreichen Parallelen und weiterer Literatur).

Wer auf die rawe bahn der ehren sich begiebt/
Vnd den nicht falschen schein der wahren tugend liebt;
(5 weitere Verse)
Der komm' vnd schaw' vns an! (V. 1–8 des 2. Akts)

Daß die beiden Szenen antithetisch aufeinander bezogen sind, ist unverkennbar. Beide haben eminent 'rhetorischen' Charakter. Doch ihre Gegenüberstellung dient nicht etwa der bloßen Abwechslung oder der Überraschung nach Art der Wandertruppen, sondern zwischen diesen beiden rhetorischen Spannungspolen ist der natürliche Ort für das Lied über die Macht der Rede.[17]

Von rhetorischer *perspicuitas* ist auch der Aufbau des Reyens selbst. These, Antithese und Synthese bilden das klare Gliederungsprinzip, das aus dem Baugesetz der pindarischen Ode[18] völlig ungezwungen hervorgeht: die Segnungen der Rede („Satz", V. 509 bis 524), die Gefahren der Rede („Gegensatz", V. 525–540), die Ambivalenz der Rede („Zusatz", V. 541–524). Ein einziges Thema also liegt dem Chorlied zugrunde, und in der Durchführung dieses einen Motivs[19] zeigt sich Gryphius' große rhetorische Sprachkunst.

Der Technik einer thematischen Predigt oder auch einer Disputation vergleichbar,[20] wird zunächst die *materia* alles Folgenden genannt (V. 509f.):

Das Wunder der Natur/ das überweise Thier
Hat nichts das seiner zungen sey zugleichen.

[17] Für H. Steinberg, a. a. O., S. 18, „kann die dramatische Bedeutung dieses Chorliedes keine andere sein als über die Pause hinwegzuhelfen"; hiergegen auch A. Schöne: Emblematik . . ., a. a. O., S. 159.

[18] Zur Tradition der pindarischen Ode vgl. E. R. Keppeler: Die Pindarische Ode in der deutschen Poesie des 17. u. 18. Jhts., Diss. Tübingen 1911, bes. S. 13ff. u. 30ff. (nichts über die Reyen!); W. Koch: Das Fortleben Pindars in der deutschen Literatur von den Anfängen bis A. Gryphius, in: Euph. 28 (1927), S. 195ff.; K. Viëtor, a. a. O., S. 68 ff.

[19] Manches erinnert an die 'fugale' Kompositionsweise, die neuerdings – mit einigen Überzeichnungen – W. Flemming hervorgehoben hat: Die Fuge als epochales Kompositionsprinzip des deutschen Barock, in: DVjs. 32 (1958), S. 483ff.; ders.: Andreas Gryphius, Stuttgart/Berlin usw. 1965, S. 130ff. u. ö.

[20] Eine illustrative Parallele stellen die zahlreichen Gryphianischen Oden

Leit- und Zentralwort des Liedes ist also „zunge"; insgesamt achtmal taucht es auf (V. 510, 524, 525, 537, 539, 540, 545, 554), an vier Stellen wird es variiert durch „wort" (V. 512, 528, 544 zweimal), und an je einer durch „reden" (V. 528) und „Lippen" (V. 541). Daß die Ausdrücke synonymisch zu verstehen sind und im wesentlichen der *variatio* dienen, zeigt sich am deutlichsten in V. 528, wo „mit worten" und „mit reden" einander parallel zugeordnet werden.[21] Diese Synonyma sind mit feiner Überlegung auf das Ganze verteilt. Das Leitwort „zunge" steht jeweils am Beginn und am Schluß der drei Hauptteile, und durch diese Grenzform einer ins Große projizierten Anadiplose erhält das Lied seine unerhörte didaktische Eindringlichkeit. Doch es bleibt eine Auflockerung zu beachten: Nur das Schlußwort ist in allen drei Strophen auch formal identisch („zungen") und wirkt somit wie eine Art Kehrreim (V. 524, 540, 554); im Anfang ist die Stellung des Leitworts freier. Und wenn es in der Epode durch „Lippen" vertreten wird (V. 541), so hat dies die Funktion, die Synthese durch Variation vom Gleichlauf der beiden 'Stollen' abzuheben.

Diese Parallelität von „Satz" und „Gegensatz", gegründet auf das metrische Schema, ist bis in den einzelnen Vers, ja bis ins einzelne Wort hinein durchgespielt. Nur das Auffallendste kann hier angedeutet werden. Wie in der Strophe, so wird auch in der Gegenstrophe das Thema noch einmal priamelartig vorgegeben („Hat nichts das . . . sey zugleichen", V. 510; „Doch / nichts ist das so . . . als . . .

dar, die an bestimmte Bibelworte anknüpfen und sie paraphrasierend und amplifizierend auslegen (dazu etwa K. Viëtor, a. a. O., S. 82). Mit den Termini der Homiletik gesprochen, würde es sich dabei – im Gegensatz zum thematischen Sermon – um eine Textualpredigt handeln. Im übrigen könnte z. B. Jakobus 3, 1 ff. geradezu als Bibeltext den Reyen zugeordnet werden: „Sihe, die Pferde halten wir in zeumen, das sie vns gehorchen . . . Also ist auch die Zunge ein klein glied, vnd richtet gros ding an . . . Aber die zungen kan kein Mensch zemen . . ." (Text nach der Lutherbibel von 1546: M. Luther: Werke, Weimarer Ausg., Bd. 7, 1931, S. 395). Zur 'biblischen' Interpretation Gryphianischer Lyrik vgl. jetzt auch E. Trunz: Andreas Gryphius' Gedicht ›An die Sternen‹, in: Interpretationen, a. a. O., S. 19 ff.

[21] Zur Textvariante „Reden" in V. 511 s. u. S. 398.

sey! Nichts das so . . .“, V. 525 f.),[22] nun aber mit dem Akzent auf den Gefahren, die dem Menschen drohen: „Nichts das so tief vns arme stürtzen könne“ (V. 512). Der sinntragende Infinitiv stellt den Kern der Antithese dar. In der Strophe hatte es geheißen: „mit worten herrschen wir!“ (V. 512). In „herrschen“ und „stürtzen“ ist zugleich wieder die Verknüpfung mit dem Ganzen des Tyrannendramas gegenwärtig.[23] Doch bevor die These exemplifiziert wird, ist beide Male eine abhebende Digression eingeschaltet, im ersten Fall als *contrarium* (das „wilde Vieh“ im Gegensatz zum Menschen, V. 511 f.), im zweiten Fall als ausweichender Wunsch (der Himmel möge den ‘Frechen’ zum Schweigen bringen, V. 527). Und die Parallelität der Einschübe wird zusätzlich dadurch unterstrichen, daß jeweils in der gleichen Zeile das Wort „stumm“ erscheint (V. 511, 527): dem ‘Frechen’ wird gewünscht, was eigentlich Kennzeichen des Tieres ist.

Durch diesen Vorspann, der sich auch in seinem Reimschema (‘umarmender Reim’!) jeweils von den nachfolgenden Versen abhebt, ist nun die Basis errichtet für die beiden großen amplifizierenden Exempel-Reihen. Sie umfassen je genau acht Verse. Jede Zeile bildet eine Sinneinheit, es gibt kein Enjambement, keine Syndese; alles strebt hin auf den Vers, der die mächtig sich emportürmende Parataxe auffängt und wieder mit dem Ausgangspunkt verbindet: „. . . Wird durch diß werckzeug nur entdecket“ (V. 521); „. . . Ist durch der zungen macht gebohren“ (V. 537). Und nun, da die Konstruktion wieder einen festen Halt gewonnen hat, ist noch je ein weiteres Verspaar angefügt (V. 522 f., 538 f.). In zwei weitgespannten antithetischen Doppelreihen werden also die Bereiche des menschlichen Lebens vorgeführt, an denen sich die Macht der Rede als Segen und Fluch offenbart.

[22] Starke Ähnlichkeit im *genus laudativum* zeigt das (nicht lange vor dem ›Leo Armenius‹ entstandene) begeisterte Rom-Gedicht: „ADe’ begriff der welt’ Stadt der nichts gleich gewesen / Vnd nichts zu gleichen ist . . .“ (Gesamtausgabe, Bd. 1, 1963, S. 87).

[23] Vgl. die Doppelmacht der Zunge in: „Die zunge / . . . Die vber sternen kont’ erheben: Die in den abgrund nieder sties“ (Gesamtausgabe, Bd. 2, 1964, S. 8 f.).

Fast Punkt für Punkt sind die Paradigmen einander zugeordnet, besonders deutlich jeweils zu Beginn:

> Der Türme Last / vnd was das Land beschwert.
> Der Schiffe baw'/ vnd was die See durchfährt (V. 513f.).
>
> Der städte grauß / das leichen volle feldt /
> Der schiffe brandt / das Meer durch blutt verstellt (V. 529f.).

Es wird sich später noch zeigen, welcher innere Sinn diese Aufzählung bestimmt. Hier geht es zunächst darum, die durch und durch rhetorische Struktur des Liedes aufzudecken. Sie zeigt sich in Strophe und Gegenstrophe auch darin, daß der Schlußvers beide Male eine gewichtige *conclusio* bringt, als letztes Glied der parataktischen Reihe und zugleich als deren Konsequenz:

> Deß Menschen leben selbst; beruht auf seiner zungen (V. 524.)
>
> Deß Menschen Todt beruht auff jedes Menschen zungen (V. 540).

Schärfer als durch die Antithese der beiden *conclusiones* ist die Allmacht der Rede kaum zu formulieren. Die innere Form dieser Antithetik steht an sich in einer alten Tradition: Durch die Nennung der Extreme soll die Totalität erfaßt werden. Doch das alte Schema ist hier echt 'barock' verwandelt: In der Antithese wird eine Kraft der Bewegung freigesetzt, die zum dritten Teil des Liedes hindrängt.

Dieser Schlußteil setzt ein mit der emphatischen *peroratio*[24]:

> Lernt / die jhr lebt / den zaum in ewre Lippen legen![25]

Der Vers (541) stellt zugleich die *applicatio ad personas* dar. Nun kann man von einer unpersönlichen Darstellung schon in Strophe und Gegenstrophe nicht reden. Wo der „Mensch" im Mittelpunkt steht, ist jeder angesprochen: „Wie manchen hat die Zung' in seine grufft gedrungen!" (V. 539), damit appelliert Gryphius deutlich

[24] Die Emphase wird rhythmisch verstärkt: „Lernt" ist einer der ganz wenigen beschwerten Auftakte des jambischen Liedes (vgl. etwa V. 522, 526).

[25] Zugrunde liegt natürlich das Bild des Pferdes, vielleicht angeregt durch den oben zitierten *locus classicus* Jak. 3, 1ff.

genug an die persönliche Erfahrung;[26] und an zwei bedeutungsvollen Stellen spricht er sogar in der ersten Person Pluralis („wir", V. 512; „vns", V. 526). Auch das voluntaristische Element fehlt nicht („O daß der Himmel . . . gönne!", V. 527). Doch erst in der Schlußstrophe wechselt Gryphius, wohlvorbereitet, vom „wir" zum „jhr". Es ist die didaktische Apostrophe *ad spectatores*, wie sie sich etwa im Ordensdrama oder in der Predigt findet – Parallelen, die den 'rhetorischen' Charakter des Liedes nur noch deutlicher erkennen lassen.

Die Lehre, die aus der Darstellung gezogen wird, knüpft vor allem an die Gegenstrophe an. Vor den Segnungen der Rede braucht nicht gewarnt zu werden. Unglück aber bringt sie vor allem dort, wo jemand „mit worten frech; mit reden / viel zu frey" umgeht (V. 528). Das nächstliegende Exempel dafür ist wieder das Geschehen des ›Leo Armenius‹ selbst (vgl. V. 281!). Doch völliges Verstummen würde den Menschen auf die Stufe des Tieres stellen (vgl. V. 511 f.). Es gilt also, vor dem Übermaß zu warnen; und dies geschieht in jener Form der *peroratio*, die zugleich das Dargestellte noch einmal resümiert *(recapitulatio)*. Auf diesem formalen Prinzip beruht die gesamte Epode. Was in den beiden Vordersätzen einander getrennt gegenüberstand, wird jetzt in eindrucksvollen Zwillingsformeln zusammengezogen. Sie fungieren als ein entscheidendes Mittel, um das Janusgesicht der Redemacht, „heil vnd schaden" (V. 542), einprägsam vor Augen zu führen. Im Anfang ist die Wortstellung der Antithesen noch vergleichsweise locker (etwa V. 543: „Vnd was verdammt / vnd was belohnet"), in der zweiten Hälfte des „Zusatzes", ab V. 549, wird sie eng und fest (fünf Paare nach dem Muster „bawt vnd bricht").[27]

Die gleiche Straffung gegen den Schluß hin zeigt sich in der Aussageweise. Zunächst wird die Quintessenz aus dem Vorausgehenden noch einmal abstrakt-allgemein ins Bewußtsein gerufen („heil vnd schaden", V. 542), die *peroratio* wird fortgeführt („wer . . . sucht't /sol . . .", V. 544). Dann aber wechselt die Stilform gänzlich

[26] Zugleich ist eine Verbindung mit dem vorausgehenden Geschehen hergestellt (vgl. A. Schöne, Emblematik . . ., a. a. O., S. 159).

[27] Die Strenge der Form wird durch das Reimpaar-Schema wirkungsvoll unterstrichen.

ins Metaphorische über, in eine wuchtige Coda aus sieben asyndetisch, nach dem 'Summationsschema' aufgereihten Gleichnissen[28]: „Die Zung ist dieses Schwerdt . . . Die flamme . . . Ein Hammer . . . Ein Rosenzweig . . . Ein strom . . . Die Artzney . . . Die bahn . . ."[29]. Immer weiter entfernt sich die Bildfolge von ihrem gegenständlichen Ausgangspunkt: „Schwerdt" und „flamme" sind als Vergleiche für „zunge" noch geläufig;[30] die letzten fünf Glieder, nun jeweils in strenger Abzirkelung eine Zeile füllend, haben mit der menschlichen Zunge kaum mehr gemein als eben die Zwiespältigkeit. Hier, auf dem Gipfel des Bildhaften, wird zugleich die Kraft der kombinierenden Ratio am intensivsten angesprochen.

Der Schlußsatz endlich hat geradezu arithmetisch-summierenden Charakter. Die erste Strophe hatte geendet (V. 524):

Deß Menschen leben selbst; beruht auf seiner zungen;

und die Gegenstrophe (V. 540):

Deß Menschen Todt beruht auff jedes Menschen zungen.

Nun wird, mit erneuter Apostrophe, dem einzelnen gewissermaßen die Summe vorgerechnet (V. 554):

Dein Leben / Mensch / vnd todt hält stäts auf deiner zungen.[31]

Die *perspicuitas* der Ode ist vollkommen, und zwar in doppelter Hinsicht. Die Aussage, ja die 'Moral', wird in aller wünschenswerten Klarheit ausgesprochen,[32] es bleibt kein Vorbehalt, keine Ein-

[28] Zum 'Summationsschema' vgl. E. R. Curtius, a. a. O., S. 293f. und die oben genannten Arbeiten von K. O. Conrady und A. Beck.

[29] Mit „bahn" (V. 553) ist auch das 'Stichwort' gegeben für die anschließende Rede Leos (V. 1 des 2. Akts): „Wer auf die rawe bahn der ehren sich begiebt . . .".

[30] Beide haben auch ein biblisches Vorbild, etwa in Psalm 57, 5 und Jak. 3, 1ff. (s. o.).

[31] G. Müller: Deutsche Dichtung von der Renaissance bis zum Ausgang des Barock, Darmstadt ²1957, S. 206, wies auf eine Parallele aus Harsdörffers 'Gesprechspielen' hin: „Mit einem Wort zu sagen, Leben und Tod ist in der Zunge Mächten"; von dorther gesehen, nehme sich der Gryphius-Text wie eine „Versifizierung" aus.

[32] Auch hierfür mag Harsdörffers Regel gelten (›Poetischer Trichter‹,

schränkung. Aber auch die rhetorische Technik wird mit entschiedenem, sicherem Selbstbewußtsein entfaltet. Sie versteckt sich nicht, sondern gibt die Werkzeuge ihrer Virtuosität offen zu erkennen.[33] Sie ist zugleich der eindrucksvollste Beweis für die gedankliche Aussage, die sie darstellen soll, für die Macht der menschlichen Rede.

Mit diesem Resümee ist der Sinngehalt des Liedes freilich noch keineswegs ausgeschöpft. Vor allem stellt sich die Frage, was eigentlich mit 'Rede' gemeint sei. Ist es die formulierte Ansprache eines einzelnen an einen bestimmten Zuhörerkreis, oder ist es nur die allgemeine Sprachfähigkeit des Menschen? Der Text läßt dies eigentümlich in der Schwebe. Schon das Leitwort „zunge" besitzt ja, auf dem Hintergrund des lateinischen *lingua*, den Doppelsinn von 'Redewerkzeug' und 'Sprache'.

Auch der Kreis von Synonyma, der dieses Leitwort umgibt, gestattet keine hinreichend klare Antwort. Gryphius hat dies offensichtlich später bemerkt, denn in der Ausgabe von 1663 findet sich eine höchst aufschlußreiche Textänderung. Der programmatische Vers 512 („mit worten herrschen wir!") hat dort die Fassung: „durch Reden herrschen wir!"[34] Es ist deutlich, daß damit vor allem das Element des 'Oratorischen' stärker zur Geltung kommen soll. In ähnliche Richtung weist der didaktische Schwerpunkt des Gedichts, die *peroratio*. Dort steht die reine Mundfertigkeit im Vordergrund: „Lernt / die jhr lebt / den zaum in ewre Lippen legen!" Von hier aus ist auch die Gegenstrophe zu verstehen, am eindeutigsten deren vierte Zeile: „Dem / der mit worten frech; mit reden / viel zu frey" (V. 528). Doch das Verletzenkönnen wird schon vorher mit dem Ephitheton „scharff" angesprochen (V. 525), und die Epode nimmt dies motivisch auf, indem sie die Ambivalenz der

2. Teil, Nürnberg 1648, S. 74): Der Chor „sol die Lehren / welche aus vorhergehender Geschichte zuziehen / begreiffen / und . . . deutlichst hören lassen".

[33] Das Element der „Virtuosität" betont auch E. Lunding, a. a. O., S. 83, bei seiner kurzen Charakteristik des Reyens.

[34] Zur Textvariante „Dein eigen Mund" in V. 486 s. A. Schöne, Emblematik . . ., a. a. O., S. 159.

Redefähigkeit durch das Bild des Schwertes demonstriert[35] (vgl. besonders auch „flamme“, „Hammer“, „Rosenzweig“).

Doch diese Deutung von „zunge“, als Waffe der Redefertigkeit, reicht am Gedichtanfang nicht aus. Dort, bei der Gegenüberstellung des Menschen mit dem Tier, steht das Wort in einem weit umfassenderen Sinn: für die fundamentale Fähigkeit des Menschen, sich sprachlich zu verständigen. Und in der nachfolgenden Paradigmen-Reihe (V. 513 ff.) weitet sich der Wirkungsbereich der Zunge gewaltig aus. Was dort aber an 'Kultur'-Schöpfung im weitesten Sinn aufgezählt wird, ist für unser Empfinden weniger die Leistung des Sprachvermögens als die der menschlichen Ratio schlechthin. Doch gerade dies ist entscheidend für das Verständnis der ganzen Ode: Die „zunge“ wird nicht als sekundäres Akzidens des Menschen dargestellt, sondern als das vornehmste, das eigentliche „werckzeug“ seines Verstandes (vgl. V. 521). Das Gedicht beruht auf der wesenhaften Zuordnung von Verstand und Rede, von *ratio* und *oratio*.

Eine solche Auffassung der Rede ist, so könnte man sagen, keineswegs neu. Der Kern ist humanistisches Erbe,[36] das sich letztlich auf die Einheit von 'Sinn', 'Wort' und 'Rede' im griechischen λόγος zurückführen läßt. Auch der christliche Glaube an die Schöpfungsmacht des 'Wortes' dürfte hier eine nicht geringe Rolle spielen. Unter diesem Aspekt erscheint die Aussage des Liedes geradezu als säkularisierte Verbaltheologie.[37]

[35] 'Schwert' war zugleich reales Symbol und Leitwort des ganzen ersten Akts (V. 39, 79, 88, 131, 189, 206, 219, 242, 285, 293, 315, 321, 349, 385), zuletzt wurde es sogar als Requisit ins Spiel gebracht (V. 473; vgl. den „degen“ V. 467 u. 473). Das Lied demonstriert nun prinzipiell: Schwert und Zunge ergänzen sich als die beiden Hauptwaffen des Menschen (vgl. V. 155: „Mit hand vnd mund verletzt“).

[36] Charakteristisch ist z. B. die Begeisterung der gelehrten Magister über Äsops Zungengericht: „Dann die Zunge ist ein Tolmetscherin der weißheit vnd guten lere“ (Die Fabeln des Erasmus Alberus, hrsg. v. W. Braune, NdL 104–107, Halle 1892, S. 15). Den Problemkreis insgesamt behandelt P. Hankamer: Die Sprache. Ihr Begriff und ihre Deutung im 16. u. 17. Jh., Bonn 1927.

[37] Die weite Verbreitung dieser Konzeption zeigt etwa Sebastian Franck: Sprichwörter, Frankfurt a. M. 1541, 1. Teil, fol. 115^{b}: „durch Gottes zungen ist himmel und erd erschaffen.“

II

Mit einer geistesgeschichtlichen Einordnung, wie sie zuletzt angedeutet wurde, ist über den eigentlichen historischen Ort dieses Reyens noch wenig gesagt. Denn er gibt nicht nur eine Deutung des dramatischen Geschehens, sondern ist zugleich in eine ganz bestimmte Zeitsituation hinein gesprochen. Das zeigt sich besonders deutlich bei einer näheren Untersuchung der beiden großen Exempel-Reihen.

Kein Wirkungsbereich der menschlichen „zunge“ wird so detailliert und so leidenschaftlich geschildert wie der Krieg. Zunächst werden nur die sichtbaren Auswirkungen vor Augen geführt (V. 529f.):

> Der städte grauß/ das leichen volle feldt/
> Der schiffe brandt / das meer durch blutt verstellt.

Bald darauf wird auch explizit die eigentliche *aetiologia* gegeben (V. 534):

> Der Völcker grimmer haß / der vngehewre Krieg.

Als Gryphius diese Verse schreibt, wütet in Deutschland der „vngehewre Krieg“ schon fast drei Jahrzehnte. Zwar sind seit Dezember 1644 die Friedensverhandlungen von Münster und Osnabrück im Gange, aber die Kriegsgreuel nehmen ihren unerbittlichen Fortgang, und Gryphius selbst ist im Süden Deutschlands vom Schauplatz schwerer Kämpfe nicht weit entfernt.[38] Es ist ein Zeitpunkt der äußersten Erschöpfung und zugleich der großen Sehnsucht nach Frieden, wie sie sich etwa in Rists Allegorie ›Das Friede wünschende Teutschland‹ vom Jahre 1647 eindrucksvoll äußert.

Welch fundamentale Bedeutung das Erlebnis des Dreißigjährigen Kriegs für Gryphius von frühester Jugend an gewonnen hatte,

[38] Vor allem in Bayern tobt der Krieg immer noch mit aller Heftigkeit. Zu Straßburg selbst s. J. B. Ellerbach: Der Dreißigjährige Krieg im Elsaß, 2 Bde., Mühlhausen 1912/25. Vgl. auch V. 13 der ›Trawrklage des verwüsteten Deutschlandes‹ in der Fassung von 1636 (Gesamtausgabe, Bd. 1, 1963, S. 19)

braucht nicht eigens betont zu werden. Wohl ist Gryphius, als er den ›Leo Armenius‹ schreibt, der direkten leiblichen Bedrohung entronnen. Doch das Schicksal seines 'Vaterlandes' bleibt ihm unmittelbar gegenwärtig. Dieser 'zeitgeschichtliche' Hintergrund ist nicht gewaltsam an das Drama herangetragen, sondern liegt dem Text zugrunde. Als Beweis stehe nur folgendes Zitat: „JNdem vnser gantzes Vatterland sich nuhmehr in seine eigene Aschen verscharret / vnd in einen Schawplatz der Eitelkeit verwandelt . . .", so beginnt die Vorrede zum ›Leo Armenius‹.[39] Und es verwundert nicht, wenn die Folie des „vngehewren Krieges" dort mit besonderem Nachdruck wieder ins Bewußtsein gerufen wird, wo sich die erste Möglichkeit zur expliziten, distanzierenden Deutung bietet – im ersten Reyen.[40]

Doch das Phänomen des Krieges erscheint hier unter dem Aspekt der „zunge", der 'Rede', also unter einem 'rhetorischen' Aspekt. Und dies geschieht mit besonderem Recht: Der Dreißigjährige Krieg war – in einem Ausmaß, dessen literarhistorische Bedeutung noch keineswegs erfaßt ist – eine Großzeit politischer Rhetorik und Propaganda. Unzählige Flugschriften, Pamphlete, Zeitungen, Relationen und andere Propagandatexte waren über ganz Deutschland verbreitet worden und hatten mit Hartnäckigkeit auf die Menschen 'eingeredet'. Für Göran Rystad, der das gedruckte Material zur Nördlinger Schlacht von 1634 exemplarisch durcharbeitete, erwies sich der Dreißigjährige Krieg als „Durchbruch der modernen Propaganda, soweit sie sich des Druckes als Mittel für ihre Ziele bedient"[41]. Dem bedruckten Papier aber entspricht natürlich eine

[39] S. 3 in der Ausgabe von H. Powell. Noch eindrücklicher hatte Opitz in der Vorrede zu den ›Trojanerinnen‹ (1625) das aktuelle Kriegsgeschehen als Hintergrund erscheinen lassen.

[40] Der weitere Handlungsverlauf zeigt dann immer wieder „Analogien zu den Zeitereignissen" (M. Szyrocki: Andreas Gryphius, a. a. O., S. 84), bis hin zur deutlichen Kritik (vgl. die Vorrede, a. a. O., S. 3: „daß . . . vnser Leo . . . auch viel seinem Leser auffweisen wird / was bey jetzt regierenden Fürsten / theils nicht gelobet / theils nicht gestattet wird").

[41] Kriegsnachrichten und Propaganda während des Dreißigjährigen Krieges, Lund 1960, S. 3 (in dieser Arbeit auch weiterführende Literaturangaben).

Fülle an mündlicher Rhetorik, die uns weitgehend verloren ist.[42] Gryphius kannte alles dies aus nächster Nähe, er wuchs auf in einer von Polemik gesättigten Welt, die alle grellen und lauten Töne (auch in der Dichtung!) begünstigte, und er spricht zu einem Publikum, das durch diese rhetorisch gespannte Atmosphäre tief geprägt ist.

Geprägt ist es aber auch durch die schrecklichen Folgen des politischen Streits. Es kennt die zerstörende Macht der „zunge" nur allzu gut. Und nicht zuletzt die Dichter sind es gewesen, die das Grauen des Krieges immer wieder in unbarmherzigen, naturalistischen Chiffren beschworen haben. Grimmelshausen ist das bekannteste Beispiel. Auch der hier behandelte Reyen schöpft aus der Kriegstopik; das zeigt sich, wenn man die oben zitierte Darstellung der Kriegsfolgen (V. 529f.) beispielsweise mit einer Partie aus Opitz ›TrostGedichte in Widerwertigkeit Deß Krieges‹ vergleicht[43]:

> Das Feld steht ohne Feld/
> Der Acker fraget nun nach keinem grossen bawen/
> Mit Leichen zugesät.

Doch Greuel und Streit des großen Krieges sind von dem religiösen Untergrund nicht zu trennen; und so nennt denn Gryphius auch, in unmittelbarem Zusammenhang mit dem Krieg, einen zweiten Bereich, in dem sich die Macht der „zunge" verhängnisvoll manifestiert (V. 535):

> Der zanck der Kirch' vnd Seelen eingenommen[44].

Es ist jener unselige Konfessionsstreit, der noch weit über den Dreißigjährigen Krieg hinaus das Klima des 17. Jahrhunderts entscheidend beeinflußte und auf seine Weise zur 'Rhetorisierung' der Barockepoche beitrug.

[42] Selbst bei den Friedensbemühungen feierte die Propaganda ihre Triumphe, und im Hin und Her des Verhandelns erwies sich noch einmal die Macht der Rede.

[43] Geistliche Poemata, o. O. 1638, S. 339; s. jetzt den Neudruck, hrsg. v. E. Trunz (Dt. Neudr., R. Barock 1), Tübingen 1966 (mit Faksimile). Gemeinsame Grundlage des Bildes vom 'Leichenfeld' könnte Hesekiel 37, 1 ff. sein.

[44] Die Analogie zur Dramenhandlung gibt schon V. 6: „Die zäncksucht in der Kirch'".

Wiederum ist es aufschlußreich, zu beobachten, wie Gryphius aufgrund persönlichster Erfahrung von der Macht der Rede spricht. Seine schlesische Heimat war ein Hauptfeld der Gegenreformation. Hier nahmen die religiösen Auseinandersetzungen besonders heftige Formen an, und hier standen sich nicht nur Katholiken, Lutheraner und Reformierte gegenüber, sondern auch eine Fülle von Sekten wie Arianer, Wiedertäufer und dergleichen kämpften verbissen um ihr Dasein (man vergleiche den „Chor der Religion und der Ketzer" nach dem 4. Akt des ›Carolus Stuardus‹!). Zwar hatte Gryphius selbst eine ausgesprochen tolerante Haltung vertreten und aus Prinzip niemanden etwa wegen seines Bekenntnisses persönlich angegriffen.[45] Aber nichtsdestoweniger haben ihn die Streitigkeiten geprägt. Sie wirkten sich natürlich auf die Predigt aus,[46] nahmen aber auch greifbare dialogisch-mündliche Formen an wie in den erbitterten Disputationen, die der junge Gryphius zumal während seiner Danziger Zeit kennenlernen konnte: Im Gymnasium Academicum, das Gryphius besuchte, „fanden sich Opponenten aus fast allen Sekten ein, und nicht selten dauerte der Streit von morgens bis in die Nachtstunden"[47]. Ihren Niederschlag fanden diese leidenschaftlichen Debatten vor allem in den religiösen Streitschriften, einer Literaturgattung, die für das rhetorische 17. Jahrhundert so überaus kennzeichnend ist; selbst ein Dichter der 'mystischen Innerlichkeit'[48] wie Angelus Silesius hat ein halbes Hundert solcher Streitschriften verfaßt und dadurch eine stattliche Zahl von Gegenschriften herausgefordert. Stoffe und Argumente dieses Genres, auch einzelne rhetorische Techniken mögen weitgehend den Streitschriften der Reformationszeit entlehnt sein. Doch durch die grausamen Kriegsereignisse, bei denen keine Partei der anderen etwas nachgab, war nun alles doppelt aggressiv und verbissen geworden,

[45] H. Powell: Probleme der Gryphius-Forschung, in: GRM 7 (1957), S. 328ff. (dort S. 339).

[46] Über den Einfluß der Predigt auf Gryphius: A. Schöne: Säkularisation als sprachbildende Kraft, Göttingen 1958 (Palaestra 226), S. 29ff.

[47] M. Szyrocki: Der junge Gryphius, Berlin 1959, S. 75.

[48] E. Meier-Lefhalm: Das Verhältnis von mystischer Innerlichkeit und rhetorischer Darstellung bei Angelus Silesius, Diss. Heidelberg 1958.

und so bestimmte die religiös-politische Streitrhetorik jener Jahre oft genug ein – im wörtlichen Sinn – tödlicher Haß (V. 539f.):

> Wie manchen hat die Zung' in seine grufft gedrungen!
> Deß Menschen Todt beruht auff jedes Menschen zungen.

Was auf den ersten Blick vielleicht als bloß 'rhetorisch' überspitzte These erscheint, gewinnt in der Tat an grausamer Realität und zugleich an historischer Plausibilität, wenn man diesen Zeithintergrund nicht vernachlässigt. Es lohnt, Gryphius beim Wort zu nehmen. Wieviel von der „zunge" eines Menschen, ja von seiner rhetorischen Schulung abhängen kann, hat Gryphius nicht nur bei anderen, sondern an sich selbst erfahren müssen. Obwohl er sich im allgemeinen aus dem hitzigsten Streit herauszuhalten suchte, war er mitunter gezwungen, mit scharfen rhetorischen Waffen zurückzuschlagen. So hatte er sich zum Beispiel mit der ›Fewrigen Freystadt‹ (1637) auf ein – politisch und konfessionell – heikles Gebiet begeben und mußte trotz des relativ zurückhaltenden Stils dieser Schrift mit heftigen Anfeindungen rechnen. Da schien es ihm notwendig, alle eventuellen Gegner von vornherein auf das entschiedenste zu warnen. Ein Zitat aus der Vorrede möge zeigen, wie er auch im eigenen Interesse die Macht der „scharffen" Zunge virtuos zu handhaben wußte, bis hin zu den grellen Registern der Invektiventechnik: „Dorffte sich aber jrgendt ein leichtfertiges und unverschämtes Maul unterstehn, auch hierran seinen Geyfer anzuschmieren, so dörffte mir hergegen auch nicht schwer sein, auf solch begrüssen eben gleich zu dancken. Wie wohl sonsten meine Meynung, man könne rasenden Hunden nicht besser begegnen, als wenn man sie keines Widerbellens würdig achtet."[49] Der zweite Satz ist kennzeichnend für Gryphius' prinzipielle Einstellung; der erste aber zeigt, mit welcher 'technischen' Bewußtheit er sich der Aggressivität als Selbstschutz bediente. Auf Erfahrungen dieser Art ist Bezug genommen, wenn es in dem Chorlied heißt (V. 545f.):

> Die Zung ist dieses Schwerdt
> So schützet vnd verletzt.

[49] Fewrige Freystadt, Lissa 1637, fol 27^b (zit. nach M. Szyrocki: Der junge Gryphius, a. a. O., S. 116f.).

Die Techniken der religiös-politischen Streitrhetorik mögen in einem Fall wie dem zuletzt vorgeführten ihren Nutzen haben. Doch Einseitigkeit und Subjektivität einer solchen Betrachtungsweise sind Gryphius bewußt. Gerade aufgrund seiner toleranten Einstellung muß er die forcierte Polemik, von ihren Folgen her, zu den verhängnisvollen Seiten der Eloquenz rechnen. Ihre segensreiche Wirkung aber konzentriert sich für ihn auf einem ganz anderen Gebiet: in Technik und Wissenschaft.

Auch unter diesem Gesichtspunkt ist die Zeit, in welcher der ›Leo Armenius‹ entsteht, nicht ohne Bedeutung, und es erscheint notwendig, den biographischen Umkreis etwas genauer abzustekken. Das Jahr 1646 bringt den Abschluß seiner großen Bildungsreise mit Wilhelm Schlegel (dem das Stück gewidmet ist) und damit gewissermaßen seiner Lehr- und Wanderjahre; schon 1647 wird er endgültig in seine Heimat zurückkehren. Danzig, Leyden, Frankreich–Italien, Straßburg sind die wichtigsten Abschnitte seines 'höheren' Studienganges. Sie geben dem *poeta doctus* zugleich die entscheidenden Impulse seiner künftigen Arbeit. Nicht nur, daß er mit den Dramen Vondels, dem französischen Theater und der Jesuitenbühne in engeren Kontakt gerät – der erste Reyen des ›Leo Armenius‹ zeugt auch von dem tiefen Eindruck, den in Gryphius' Bewußtsein Wissenschaft und Forschung hinterlassen haben.

Sie nehmen innerhalb des Chorlieds, vor allem in der ersten Strophe, einen so breiten Raum ein, daß sich die Frage stellt, ob die oben angesprochene rationalistisch-humanistische Grundkonzeption als Erklärung ausreicht. Gryphius spricht als ein Mann, der die akademische Welt auch 'von innen' sehr genau kennt. Zeitlebens hat er seine wissenschaftlichen Leistungen, sein polyhistorisches Gelehrtentum mit berechtigtem Stolz als einen wesentlichen Teil seiner geistigen Persönlichkeit verstanden. Schon die drei ehrenvollen Rufe (nach Heidelberg, Frankfurt a. d. Oder und Uppsala), die er bald nach seiner Rückkehr in die Heimat erhalten hat, beweisen zur Genüge, welches Ansehen er als Gelehrter genoß.

Dieses Ansehen beruhte nicht zuletzt auf den Erfolgen, die Gryphius in Leyden als akademischer Lehrer erringen konnte.[50] Daß

[50] Noch Lohenstein in seinem Nachruf (s. Fußn. 67) hält dies für beson-

er die Techniken der klassischen Schulrhetorik glänzend beherrschte, hatte er schon in Fraustadt öffentlich bewiesen.[51] Und es ist nicht verwunderlich, daß seine Vorlesungen, die er während der Jahre 1639 bis 1643 in Leyden hielt, sich großen Zulaufs erfreuten.[52] Doch Gryphius war hier zugleich Lernender. In Leyden prägte sich sein Bild von der Wissenschaft, und zu diesem Bild gehört untrennbar die Eloquenz.

Hier öffnet sich ein wichtiger Zugang zum Verständnis des Chorlieds. Nicht nur als 'dolmetschendes' Organ der Ratio bildet die „zunge" eine Grundbedingung wissenschaftlichen Arbeitens. In der akademischen Beredsamkeit schafft sie zugleich die notwendige Lebensluft der Wissenschaft. Für Gryphius ist das eine selbstverständliche Voraussetzung, denn zu seiner Zeit waren die Formen wissenschaftlicher Kommunikation in ganz anderer Weise als heute 'rhetorisch' bestimmt.[53] Es seien nur die Disputationen erwähnt, jene aus dem mittelalterlichen Lehrbetrieb überkommenen und mit festen Techniken gehandhabten Dialoge,[54] an denen Gryphius in Leyden intensiv teilnahm. Doch Leyden bot mehr als den Durchschnitt. An kaum einer anderen Universität konnte Gryphius die anregende geistige Kraft großer Rhetorik so überzeugend erfahren wie hier, wo zugleich mit der Konzentration progressiver Forscher

ders erwähnenswert: „Auf hohen Schulen hat er mit viel Ruhm gelehret / Wie weit Welt und Natur sich in sich selbst erstreckt; Und Leiden hat von ihm von Glied auf Glied gehöret / Wie in der kleinen Welt die gantze Grosse steckt" (V. 151 ff.).

51 Vgl. B. S. v. Stosch: Last = und Ehren = . . . Seule . . . Herrn Andreae Gryphii, Leipzig 1665, S. 26 (Gryphius habe sich dabei „durch seine Eloquentz . . . werth . . . gemacht"); s. auch M. Szyrocki: Der junge Gryphius, a. a. O., S. 39.

52 Ein Überblick über die Sachgebiete findet sich bei B. S. v. Stosch, a. a. O., S. 32f.

53 Vgl. etwa F. A. Tholuck: Das akademische Leben des 17. Jh., 2 Bde., Halle 1853/54; E. Horn: Die Disputationen und Promotionen an den deutschen Universitäten, Leipzig 1893; F. Paulsen: Geschichte des gelehrten Unterrichts, Bd. 1, Leipzig [3]1919, bes. S. 465 ff.

54 Ausführliche Anweisungen zur *ars disputandi* gibt z. B. Christian Weise in den ›Curieusen Fragen über die Logica‹ (Leipzig 1696, S. 848 ff.).

eine Hochburg akademischer Beredsamkeit entstanden war: Daniel Heinsius als Professor der Politik und der Geschichte, Claudius Salmasius als Philologe und Professor der Rechte, Marcus Zuerius Boxhornius als Professor der Geschichte und der Rhetorik – dies sind nur drei der glanzvollsten und berühmtesten akademischen Lehrer, die Gryphius hörte und zu denen er darüber hinaus auch nähere persönliche Beziehungen knüpfte.[55] Der Umgang mit diesen hervorragenden Männern vermittelte ihm zugleich eine lebendige Vorstellung vom niveauvollen *sermo secretus*, der nach alter rhetorischer Tradition das notwendige Gegenstück zum *sermo publicus* darstellt.

Diese Orientierung an der Mündlichkeit, das Streben nach persönlicher Anregung ist nicht auf die Leydener Zeit beschränkt geblieben. Auch während seiner großen Reise bemühte sich Gryphius nach Humanistenart[56] um Kontakt und Austausch mit bedeutenden Gelehrten, und nicht weniger bezeichnend ist die Umgebung, in welcher er den ›Leo Armenius‹ schreibt.[57] Er wohnt im Hause des Professors der Rechte Gregor Biccius, verkehrt mit dessen Kollegen Johann Rebhan, mit den streitbaren lutherischen Theologen Johann Georg Dorsche und Johannes Schmid sowie mit dem einflußreichen Theologie- und Rhetorik-Professor Johann Conrad Dannhauer. Als vertrauten Freund aber betrachtet er den beliebten Professor der Geschichte und (zuvor) der Rhetorik Johann Heinrich Boecler, einen der größten und gefeiertsten Redner seiner Zeit, der noch Jahrzehnte später in Christian Weises rhetorischen Schriften als ein Vorbild deutscher Redekunst genannt wird.[58]

[55] Aus der Leydener Zeit stammt auch die ›Lezte rede eines Gelehrten auß seinem Grabe‹ (Gesamtausg., Bd. 2, 1964, S. 8ff.), in welcher „der wolberedte mund“ (V. 22) als bedeutsames Charakteristikum des Gelehrten hervorgehoben wird: „Die zunge / die hertz Geist vnd leben / Gleich als ein donnerstrall durchries . . . Fault itzt / vnd kan sich selbst nicht regen.“

[56] Vgl. E. Trunz: Der deutsche Späthumanismus um 1600 als Standeskultur, in: Zs. f. Gesch. d. Erz. u. d. Unterr. 21 (1931), S. 17ff. (Abdruck in: Deutsche Barockforschung, hrsg. v. R. Alewyn, Köln/Berlin 1965, S. 147ff.; dort bes. S. 162ff.).

[57] Die nachfolgenden Namen nennt, unter Betonung der „Conversation“, J. T. Leubscher, a. a. O., S. 61f.

[58] Beiläufig schon in der Vorrede zu seinem Hauptwerk, dem ›Politi-

Eine solche Konvergenz von Dichtung und Biographie kann schwerlich Zufall sein. Doch geht es hier nicht darum, in naivem Kausalitätsdenken eines aus dem anderen abzuleiten, sondern um historische Exegese des Textes. Sie erweist sich als noch notwendiger, wenn man die einzelnen Wissensgebiete betrachtet, in denen sich die Macht der menschlichen Zunge auswirken soll. Zwar wird hier das Element des 'Rhetorischen' zunächst etwas in den Hintergrund treten. Aber die eigenartig verklauselten Periphrasen sollten nicht unerklärt stehenbleiben, denn erst durch sie wird die Bedeutung der Rede für die Wissenschaft auch inhaltlich gefüllt.

Gryphius beginnt mit dem Sichtbaren, Greifbaren. Wenn er Architektur und Schiffbau als Repräsentanten des technischen Fortschritts voranstellt (V. 513f.), so mögen sich darin die Eindrücke seiner eben beendeten großen Reise niederschlagen. Zugleich aber erweist sich dieses Gebiet als besonders geeignetes Objekt, um die zerstörende Gewalt des Krieges zu demonstrieren (V. 529f.).

Die Aufzählung der im engeren Sinn wissenschaftlichen Fächer nimmt sich aus wie ein Gang durch die Fakultäten. Bemerkenswert ist dabei, daß Gryphius die klassische Rangfolge geradezu umkehrt. Die Theologie steht nämlich an vorletzter Stelle: „Was Gott der welt lies von sich selbst vertrawen" (V. 519); nur noch die Geschichte bzw. Historiographie ist ihr in der Aufzählung nachgeordnet: „Was in der blütte steht was durch die zeit verfiel" (V. 520).[59] Gryphius verkennt die prinzipielle Bedeutung dieser beiden Wissenschaften nicht; schon daß er sie in die repräsentative Auswahl hineinnimmt, beweist seine Wertschätzung. Doch zumal die Theologie mußte sich ihm als eine schlechte 'Königin der Wissen-

schen Redner‹ von 1677 (vgl. fol. 6^b der Ausg. Leipzig 1681), dann vor allem bei den Exempla der einzelnen Schriften. Noch 1705 werden die Reden Boeclers in Straßburg neu aufgelegt (vielleicht nicht zuletzt durch Weises Verdienst).

[59] Im Erstdruck von 1650 sind die beiden Hälften dieses Verses vertauscht: „Was durch die zeit verfiel was in der blütte steht" (vgl. auch S. XV u. 24 der Ausg. v. H. Powell; bei A. Schöne: Das Zeitalter des Barock, a. a. O., S. 484, ist dieser ursprüngliche Teil bewahrt); doch das Reimschema erfordert eine Umstellung.

schaften' darstellen; er lernte sie vor allem in der Form der protestantischen Orthodoxie kennen, und deren geistig-rhetorische Kraft erschöpfte sich damals weitgehend in der Erörterung spitzfindiger Streitfragen. Es ist bezeichnend, daß die beiden Fächer, die Gryphius als letzte nennt, auch in seinem eigenen wissenschaftlichen Bildungsgang nur eine vergleichsweise geringe Rolle spielten.

Anders steht es mit dem Fach, das ihnen vorausgeht, der Jurisprudenz. Sie wird höchst gewichtig durch dasjenige Gebiet repräsentiert, welches letztlich dem Krieg Widerpart bieten muß: „Was das gesetzte Recht von allen Völckern wil" (V. 518). Der Akzent auf dem Völkerrecht verbindet sich natürlich sofort mit dem Namen Hugo Grotius, den Gryphius in Leyden sicher eingehend studiert hat. Aber das juristische Interesse, insbesondere das für Staatsrecht, geht noch weiter zurück, in die Zeit bei Georg Schönborner, dem Verfasser der weitverbreiteten ›Politicorum libri VII‹. Durch ihn und seine reichhaltige Bibliothek erhielt Gryphius bereits früh die Grundlage seiner umfassenden Rechtskenntnis,[60] die ihm zugute kam, nachdem er sich als Syndikus der Glogauischen Landstände endgültig dem juristischen Beruf gewidmet hatte. Als Jurist aber stand er in einer Tradition, die mit der Rhetorik von Anfang an auf das engste verbunden gewesen ist (vgl. auch Gryphius' ›Grabschrifft eines vortrefflichen Juristen‹!).[61]

Historie, Theologie und Jurisprudenz verkörpern in diesem Chorlied – modern gesprochen – das Gebiet der Geisteswissenschaften. In einer Dreiheit stellen sich auch die Naturwissenschaften dar, und wieder hat die Abfolge die Form einer Antiklimax. In der dritten Position steht die Botanik: „Was Chloris läst in jhren

[60] Vgl. das informative Gedicht über Schönborners Bibliothek (Gesamtausgabe, Bd. 1, 1963, S. 12). Der Überblick über die Wissensgebiete erinnert stark an den Reyen; vgl. etwa Zeile 5f.: „Hier leß Ich / was vorlängst Gott seinem Volck geschworen / Hier sind Gesetz vnd Recht . . ." (das erste „Hier" ist in der Gesamtausgabe als „Vier" verdruckt; richtig in der Sonderausg. der ›Frühen Sonette‹, hrsg. v. M. Szyrocki, Tübingen 1964, S. 38).

[61] Gesamtausgabe, Bd. 1, 1963, S. 43. Besonders aufschlußreich V. 5ff.: „Der wolberedte mund / . . . der jede zu verletzen Vnd trösten mächtig war . . .".

gärtten schawen" (V. 517). Interessant ist zu beobachten, wie die Gegenstrophe auch gleich die zugehörigen verwerflichen Praktiken nennt. Denn „Die macht durch gifft / den Parcen vorzukommen" (V. 533) ist offensichtlich auf Hexerei und Ähnliches zu beziehen. Im Rückschluß auf die erste Strophe könnte man überlegen, ob mit der Periphrase von V. 517 nicht zugleich die Medizin als Ganzes angesprochen wird: das Gegenstück zu „gifft" wäre die „artzney" (vgl. V. 552), und 'Artzney-Wissenschaft' ist zu Gryphius' Zeit ein geläufiger Terminus für 'Medizin'. Damit wäre ein Gebiet berührt, das Gryphius vom Leydener ›Theatrum anatomicum‹ an bis in die letzte Lebenszeit hinein aktiv gepflegt hat: Noch 1658 verfaßte er aufgrund eigener Studien eine skeptisch-aufklärerische Schrift über die heilende Wirkung des Mumienpulvers.[62]

Die gleiche fortschrittliche Haltung hatte sich schon früh in Gryphius' Disputation ›De igne non elemento‹ zu Wort gemeldet.[63] Und es klingt fast wie eine Anspielung darauf, wenn er als zweites Fach unter den Naturwissenschaften die Physik umschreibt: „Was Lufft vnd flamme schafft" (V. 516). Die Disputation ist leider verloren; sie wäre sicher auch ein beredtes Dokument für Gryphius' lateinisch-akademische Eloquenz.

An der Spitze der wissenschaftlichen Fächer aber steht die Astronomie: „Der Sternen grosse krafft" (V. 515). Sie ist für Gryphius die fortschrittlichste, die eigentlich 'modernste' Disziplin[64]. Peter Crüger, der berühmte Mathematiker und Astronom, der große Anreger während des Danziger Aufenthalts, hat sie ihm nahegebracht. Sie ist unvergeßlich symbolisiert in der Gestalt des Kopernikus. Ihn feiert der junge Student geradezu enthusiastisch in einem Epi-

[62] Die Abhandlung erschien unter dem Titel ›Mumiae Wratislavienses‹ erst vier Jahre später (1662) in Breslau; im Vorwort nennt Gryphius die Entstehungszeit.

[63] Vgl. H. Powell: Andreas Gryphius and the 'New Philosophy', GLL N. S. 5, 1951/52, S. 274ff.; ferner die Einleitung zum ›Carolus Stuardus‹, a. a. O., S. XLIff.

[64] Gryphius selbst ist, was das neue Weltbild betrifft, auch der 'modernste' unter den Barocklyrikern; vgl. Chr. Junker, Das Weltraumbild in d. dt. Lyrik von Opitz bis Klopstock, Berlin 1932, S. 21, und dagegen H. Powell, Probleme . . ., a. a. O., S. 335.

gramm[65], und wieder zeigt sich die Bedeutung eines persönlichen Vorbilds (V. 1):

> DV dreymall weiser geist/ du mehr den grosser Mann . . .

Das Gedicht klingt wie eine *amplificatio* zu dem so knapp gefaßten Vers 515 des Reyens. Es läßt zugleich erkennen, welche Rolle Gryphius dem 'rhetorischen' Element des Widerlegens und Dozierens beimißt (V. 5f.):

> Der du der alten träum vnd dünckel widerlegt
> Vnd vns recht dargethan was lebt vnd was sich regt.

Wieweit in der Periphrase von V. 515 die Astrologie mit eingeschlossen ist, läßt sich schwer entscheiden. Gryphius war ihr (wie auch etwa der Chiromantik) keineswegs völlig abgeneigt; noch zu Anfang des Jahres 1646 hatte er in Rom die Bekanntschaft des berühmten Jesuiten Athanasius Kircher gemacht. Doch bezeichnender für die allgemeinen Tendenzen der Zeit erscheint es, daß er sich in der Gegenstrophe sehr entschieden gegen die „Schwartze Zauberkunst" absetzt (V. 531), d. h. gegen die Magie und die ihr verwandten Gebiete. Sie sind deutlich unter die verhängnisvollen Ausgeburten des menschlichen Geistes gerechnet (die auch im Geschehen des ›Leo Armenius‹ eine wichtige Rolle spielen).[66] Um so strahlender aber hebt sich von diesen dunklen Praktiken das Licht des Fortschritts ab. Im „weisen geist" des Kopernikus gipfeln die wissenschaftlichen Fähigkeiten des Menschen, den Gryphius periphrastisch an den Anfang seines Gedichts gestellt hatte als „das Wunder der Natur / das überweise Thier" (V. 509).

Der erste Reyen des ›Leo Armenius‹ ist ein wahrhaft repräsentativer Text. Er spiegelt in einer überzeugenden Weise seine Zeit und seinen Autor. Selbst dort, wo Gryphius die Macht der Rede objektivierend in den Bereichen der Wissenschaft darstellt, zeigten sich

[65] Der Text wird nach der ersten Ausgabe der 'Epigrammata' von 1643 gegeben (s. Gesamtausg., Bd. 2, 1964, S. 152; vgl. S. 186 mit der Fassung des zweiten Buches der 'Bey = Schrifften' von 1663).

[66] Dazu W. Mawick, a. a. O., S. 20ff. Die Begegnung mit dem berühmten Alchimisten und Scharlatan Borrhi in Rom mag hier eine gewisse Bedeutung gewonnen haben.

noch deutlich Züge eines indirekten Selbstporträts. Eine solche 'personale' Auslegung wird bestätigt durch keinen Geringeren als Lohenstein, von dem ein gereimter Nachruf auf Gryphius erhalten ist.[67] Die eigenartig schematisierende Zweiteilung des langen Gedichts, die zunächst auffällt (thematische *dilatatio*, personale *applicatio*), soll hier nicht erörtert werden; sie erklärt sich leicht aus den rhetorischen Techniken der Leichenpredigt, die Gryphius selbst bekanntlich virtuos beherrschte.[68] Aber auch die Wahl des 'Themas' ist nicht willkürlich: ›Die Höhe des Menschlichen Geistes über das Absterben Hn. Andreae Gryphii, Des Glogauischen Fürstenthums Landes-Syndici‹, so lautet der Titel des Gedichts. Und die ersten sechzehn Alexandriner-Sextette, in denen das Thema abgehandelt wird, lesen sich wie ein Kommentar zu dem hier untersuchten Reyen.

Die Berührungspunkte – nur weniges kann hier angedeutet werden – beginnen schon mit dem ersten Vers: „WOhin hat sich der Geist der Menschen nicht geschwungen?"; hier begegnet der gleiche, leicht zur *superbia* tendierende Ton wie bei Gryphius: „Das Wunder der Natur . . .". Verwandt klingt auch das Herrschaftsbewußtsein des *animal rationale* (V. 7f.): „Die Sonne der Vernunft . . . Macht uns zu Herrn der Welt / zu Meistern der Natur" (vgl. die Kontrastierung mit dem Tier bei Gryphius: „mit worten herrschen wir!", V. 512). Auch einzelne Motive tauchen auf, die in Gryphius' Gedicht eine besondere Rolle spielen, so das Zwillingspaar 'Land und Meer' (V. 26–30) oder 'Luft und Flamme' (V. 31–36). Manches hiervon mag man als Gemeingut der Zeit ansehen. Die eindrucksvollste Parallele aber ist der Hymnos auf die Astronomie; allein fünf der sechzehn Strophen nimmt er ein (V. 55–84). Und hier wird nun

[67] Zugrunde liegt die Ausgabe von Lohensteins ›Hyacinthen‹ (Breslau/ Leipzig 1679); das Gedicht auf Gryphius: S. 23ff. Die Verse sind im folgenden durchgezählt.

[68] U. Stötzer: Die Trauerreden des Andreas Gryphius, in: Wiss. Zs. d. M.-Luther-Univ. Halle-Wittenb. 11 (1964), S. 1731ff. M. Fürstenwald: Andreae Gryphii Dissertationes Funebres, Diss. Montreal 1965 (vgl. das Selbstreferat in Germ. 7 [1966], S. 80), jetzt auch gedruckt: Bonn 1967. H.-J. Schings: Die patristische und stoische Tradition bei Andreas Gryphius, Köln/Graz 1966.

vollends klar, wie präzise Lohenstein dem Wissenschaftsbild und dem geistigen Selbstverständnis des Andreas Gryphius gerecht wird.

Ein Unterschied in der thematischen Ausrichtung ist freilich hervorzuheben. Nicht die „zunge" als Werkzeug der Ratio steht bei Lohenstein im Zentrum, sondern die Ratio selbst.[69] Und deren Triumph wird durch keinen Zwiespalt relativiert. Noch einmal, auf dem Hintergrund des Lohensteinschen Nachrufs, zeigt sich die spezifische Tendenz des Gryphianischen Reyens: die Macht der menschlichen Rede in ihrer gefährlichen Ambivalenz darzustellen.

In welchem Zeitpunkt seines Lebens hat Gryphius die Diskrepanz zwischen dem technisch-wissenschaftlichen Fortschritt seiner Zeit und der zerstörerischen Gewalt des religiös-politischen Fanatismus eindrücklicher erfahren müssen als damals in Straßburg nach seiner großen Reise[70]: in der Hochburg der modernen Wissenschaft aufgebrochen, dann Tag für Tag konfrontiert mit den Monumenten menschlicher Kunstfertigkeit, und schließlich zurückgekehrt in das vom Krieg geschundene und erschöpfte Vaterland.

Das Element der Subjektivität oder gar der Empfindsamkeit soll hier ganz ausgeklammert bleiben. Es handelt sich um konkrete Erfahrungen, um deren rationale Analyse und ihre notwendige Konsequenz. Die sich ergebende Antinomie von Fortschrittsglauben und Kriegspessimismus vermag Gryphius nicht aufzulösen. Aber sie wird für ihn relativiert durch das Grunderlebnis der *vanitas*: Ein „Schawplatz der Eitelkeit" sei die Welt geworden, so sagt er in der Vorrede, und deshalb will er „die vergänglichkeit menschlicher sachen" demonstrieren. Erst der zweite Reyen wird dieses Thema in seiner vollen Breite entfalten: „O du wechsel aller dinge Immerwehrend' eitelheit / Laufft denn in der zeiten ringe Nichts alß vnbesten-

[69] Doch auch das Element der Beredsamkeit ist mehrfach angesprochen; man beachte beispielsweise V. 46, 139, 170, vor allem aber V. 103–108, wo Gryphius' rhetorisches Können gepriesen wird (vgl. dazu V. 525, 545 ff. des Reyens).

[70] In diesem Sinne gilt Lohensteins Beobachtung: „Auch Fremde nehmen wahr aus Schrifften seine Reisen" (a. a. O., S. 28, V. 129).

digkeit?" (V. 597ff. des 2. Akts). Unter diesem Blickwinkel hat der erste Reyen nur exemplarischen Charakter.

Doch gerade durch die Ausrichtung an der *vanitas* hebt sich das Gedicht von der Tradition ab. 'Die Macht der Rede' ist als Thema nicht neu. Schon zur Zeit der ersten Sophistik wurde im Grunde alles Wesentliche dazu gesagt, und die Topen haben sich, ungeachtet aller politisch-sozialen Veränderungen, bis in das 17. Jahrhundert hinein erhalten; sie finden sich auch im volkstümlichen und gelehrten Spruchgut.[71] Zahlreich sind die 'Lobreden' auf die Beredsamkeit, von Harsdörffer über Schottel bis hin zu Christian Weise und seinen Anhängern. Auch die Warnung vor den Gefahren der Eloquenz ist zu hören, vor Falschheit und Schönrednerei (vgl. V. 287f., ein Topos vor allem der 'Hofliteratur'). Gryphius kennt diese Auswüchse und Gefahren sehr wohl, doch sie alle erscheinen ihm vergleichsweise harmlos. Ihm geht es um Fundamentaleres, um „leben" und „Todt".[72] Und vielleicht hat die Analyse seines Gedichts auch zu zeigen vermocht, daß kaum ein anderer Dichter seiner Epoche mehr dazu berufen war, in redemächtigen Versen vor der 'Doppelzüngigkeit' der menschlichen Rede zu warnen.

[. . .]

[71] Einige *loci* aus den Emblembüchern bringt A. Schöne, Emblematik . . ., a. a. O., S. 161ff.; zu den Bibelstellen sind die oben schon genannten hinzuzufügen. Auch im „sprichwort" ist die Doppelmacht der Zunge festgehalten, so bei Erasmus Alberus, a. a. O., S. 16: „Zung, wo wiltu hin? Sie antwort, Ich will hin gehen, vnd ein Stadt bawen, vnd ein Stadt zureissen: Dann ich kan beides." Eine wuchtige *amplificatio* hierzu enthält Thomas Murners Vorwort zur ›Schelmenzunft‹ (V. 47–52 der 'Voredt' S. 2 in der Ausg. v. E. Matthias, NdL 85, Halle 1890).

[72] Ein besonders illustratives Gegenbild ist Christoph Kaldenbachs Tübinger Antrittsvorlesung vom Jahre 1656, ›De regno eloquentiae‹: keine Entfaltung eines tiefen Zwiespalts, sondern begeistertes, fast verklärendes Lob der Eloquenz.

Deutsche Vierteljahrsschrift für Literaturwissenschaft und Geistesgeschichte 44 (1970), S. 433–474. Hier: Abdruck aus Birgit Stolt: Wortkampf. Frühneuhochdeutsche Beispiele zur rhetorischen Praxis, Frankfurt a. M. 1974, S. 31–77. Hier: Auszug S. 37–47 und 56–74.

DOCERE, DELECTARE UND MOVERE BEI LUTHER

Analysiert anhand der ›Predigt, daß man Kinder zur Schulen halten solle‹

Von Birgit Stolt

[. . .]

Übersicht über den Aufbau im einzelnen[1]

Exordium (526–527). (Ausführlich s. u. S. 426 f.)

Kurzform der gesamten Predigt (528–532).

1. Definition des geistlichen Standes. (Ausführlich s. u. S. 429 f.)
2. Da Gott ihn eingesetzt hat, wird er ihn erhalten; durch wen aber? (Übergang zu *exhortatio.*)
3. Die Kinder sind von Gott – wenn du nicht willst, bist du „schuldig an dem schaden, das der geistliche stand fellet“ *(exhortatio).*
4. Gegenargument und dessen Widerlegung *(refutatio)*[2]: „mein Nachbar hellt seinen son zur schule, ich darffs nicht“ – Luther droht mit ewiger Verdammnis.
5. Zusammenfassung und Übergang *(transitus)*[3] zum Hauptteil: „das du nicht denckest, Ich spreche dir hiemit zu hart zu, So wil ich dir beide nutz und schaden . . . furlegen.“

Hauptteil

I: I Der geistliche Nutzen (533, 10 ff.): dein Sohn muß eitel Wunder tun

1. vor Gott; in einem Abschnitt allgemein festgestellt und mit

[1] Der Text – er stammt aus dem Jahre 1530 – nach: Martin Luthers Werke, krit. Gesamtausgabe, Weimar (i. folg. abgek. WA) 30, II, 508–588.

[2] H. Lausberg: Handbuch der literarischen Rhetorik (im folgenden abgek. LHB) 1960, I § 430.

[3] Vgl. LHBI §§ 288 u. 343 ff.

Anführung von Bibelzitaten erhärtet (533, 10–534, 9); in drei weiteren Abschnitten amplifiziert[4]:

a) Daß die Christen am Jüngsten Tage von den Toten auferstehen, ist das Werk des „predig ampt und wort Gottes, das dein son furet"; pathetisches Lob: „Ist nu das nicht ein um messlich, grosser herrlicher werck und wünder . . ." (534, 10–535, 6).
b) Es wäre genug, wenn dein Sohn ein solches wunder an nur einem Christen vollbringe: „soltestu nicht billich . . . fur grossen freuden springen . . .?" (535, 6–536, 2).[5]
c) Er tut jedoch viele solche Werke und hat Ehre vor Gott, seinen Engeln und Heiligen. Die *amplificatio* schließt mit gehäufter Aufzählung[6] und Ironie. (Vgl. u. S. 435f.)

2. vor der Welt; dreigliedrig:
   a) Er unterrichtet alle Stände (537, 3–538, 3).
   b) Daraus folgt zeitlicher Friede, wo nicht, Krieg und Blutvergießen. (Mit einem Seitenhieb auf die „Sophisten" und die „blinden bluthunde" auf dem Reichstag zu Nürnberg, affekthaltig wie 1 b.)[7]

[4] Zur Breitenamplifizierung vgl. LHB II 645, und I §§ 400–409. Luther arbeitet mit den Mitteln der *certae rei amplificatio*; deren *locus communis* ist „das besonders durch Pathos amplifizierte Lob oder der entsprechende Tadel" (ebd. I § 409); es ist „ein ausgesprochen epideiktisches Phänomen" (ebd.).

[5] Zu dem hier realisierten Affekt (Freude, Ethos) vgl. u. S. 444ff.

[6] Congeries, LHB I § 406. WA 536, 12ff.: „Die Welt heisse mich einen verfürer . . . Inn des heisst mich Gott . . ., die Engel heissen mich . . ., die heiligen heissen mich . . ., die gleubigen heissen mich . . ., Die elenden seelen heissen mich . . ., die unwissenden heissen mich . . . Und Gott spricht Ja dazu . . ."

[7] Während das in 1 b realisierte Ethos dem *delectare* angehört (LHB I § 257, 2 a), gehört der Zorn *(ira)* dem *movere* an (ebd. § 257, 3); die Verwendung der Affekte ist in diesem Abschnitt gemäßigt, vgl. Quintilian: Inst. or. 6, 1, 51: *Omnes . . . adfectus, etiam si quibusdam videntur in prooemio atque in epilogo sedem habere, . . . tamen aliae quoque partes recipiunt, sed breviores, ut cum ex iis plurima sint reservanda.* Es wird dadurch der Pathosausbruch in der *peroratio* vorbereitet.

c) Er erhält das Reich Gottes in der Welt; zusammenfassende Aufzählung aller nützlichen Leistungen des Predigtamtes (539, 5–13).

3. *Amplificatio*[8] (539, 13–542, 4). Hyperbolische Lobpreisung des Predigtamtes, das sich nicht „gnugsam preisen" läßt, ebensowenig, wie man Gott „ausloben" kann.[9] Auf das Lob folgt der Tadel; die *indignatio* wird zweigliedrig ausgeführt: zunächst gegen die widerspenstigen Eltern („pfu und aber pfu und widder pfu unser blinden und schendlichen undanckbarkeit"), danach gegen die „Sophisten", die mit Dohlen und Raben, Uhu und Nachteulen verglichen werden,[10] und „müßige, faule, unnütze Meßpfaffen oder Freßpfaffen[11]" erzogen hätten.[12]

I : II Der geistliche Schaden
Dreigliedrig ausgeführt:

a) Du entziehst Gott einen Engel und hilfst dem Teufel; sachliche Feststellung und Aufzählung (542, 5–543, 5 *docere*).

[8] *Certae rei amplificatio*. Ihr *locus communis* ist „das besonders durch Pathos amplifizierte Lob oder der entsprechende Tadel", vgl. LHB I § 409. Sie kann als *peroratio* von Teil I : I aufgefaßt werden.

[9] „Unsagbarkeitstopos", vgl. E. R. Curtius: Europäische Literatur und lateinisches Mittelalter, Bern ²1954, S. 168f. – Zum Unsagbarkeitstopos in den mittelalterlichen Hymnen, wo es „mit auffallender Regelmäßigkeit vorkommt", vgl. J. Szövérffy: Klassische Anspielungen und antike Elemente in mittelalterlichen Hymnen, in: Archiv für Kunstgeschichte 44 (1962), S. 148–192. Bes. S. 178f.

[10] Zur Eule als Symbol des Unreinen und Abscheuerregenden vgl. W. Iser: The Owl and the Nightingale, in: Deutsche Vierteljahrsschrift für Literaturwissenschaft und Geistesgeschichte 33 (1959), S. 309–323. Bes. S. 312. Das Charakteristikum des Unreinen und Abscheuerregenden ist biblischen Ursprungs. Vgl. auch H. J. Schings: Die patristische und stoische Tradition bei Andreas Gryphius (= Kölner germanistische Studien 2), Köln 1966, S. 49f. Die Kirchenväter kontrastierten Eule und Adler.

[11] Zum Wortspiel „Meßpfaffen-Freßpfaffen" vgl. F. Lepp: Schlagwörter des Reformationszeitalters, Leipzig 1908; zur humoristischen Wirkung LHB I § 638, 1 b; außer den dort angeführten Stellen auch Inst.or. 6, 3, 53f.; Zum „Küchenhumor" Curtius: Europäische Literatur . . ., S. 431 ff.

[12] Luther verwendet die Affekte des *genus iudiciale*, LHB I § 437.

b) Du wirst selbst am Jüngsten Tag gestraft werden (543, 6–18 *docere* und *movere*).
c) Schon hier werden dich „wolckbrüche mit sunden" überfallen; mit einem Zitat aus dem Gebet Manasses und einem Hinweis auf das „natürliche Recht"[13], das ganze mit „Unsagbarkeitstopos" abgeschlossen: „Wenn man den teuffel gnug schelten kan, So kan man solche leute auch gnug schelten" (544–545, 4 *movere*[14]).

Probatio[15]. Hieran reiht Luther eine Reihe von Argumenten *(probationes)*, um das *faciendum* zu beweisen,[16] die strenggenommen nicht mehr unter die Rubrik „der geistliche Schaden" passen. Die anempfohlene Tat ist 1. nützlich, 2. ehrenvoll, 3. möglich.[17]

1. Auch für diejenigen, die keine Pfarrer oder Schulmeister werden, sondern Handwerker und Bürger, ist Kenntnis des Lateins von Nutzen: „Schadet yhm auch solche lere nichts zur narung, kan sein haus deste bas regiern ..." Erhärtet mit einem Argument, das die *loci a tempore* und *a facultate* vereinigt.[18] Abge-

[13] „Denn das sagt auch das naturlich recht, Wer schaden verhueten kan und thuts nicht, Der ist auch selbschuldig an solchem schaden." Dem „natürlichen Recht" kam als *argumentum ex iure* gestraffte Beweisfunktion zu, vgl. LHB I § 425.

[14] Der Tadel, *vituperatio*, hat hier eindeutig das Ziel der Furchterwekkung *(metus)*; *spes* und *metus* sind die parteiischen Leitaffekte des *genus deliberativum*, LHB I § 229.

[15] LHB I § 348.

[16] Zum *officium suadendi* vgl. LHB I §§ 224 ff.

[17] Vgl. unter *status qualitatis*, LHB I §§ 233 ff. Die von Quintilian aufgestellte Qualitätsleiter *honestum, utile, possibile* ist hier in der Reihenfolge der beiden ersten Glieder umgekehrt worden. Vgl. Luther in Tischreden (im folgenden abgek. TR), WA Nr. 2629 a: *rhetorica autem versatur in suadendo et dissuadendo; quae habet suos locos, bonum, honestum, utile, facile* ... Laut Quintilian: Inst. or. 3, 8, 27 ist das *facile* eine Qualitätsnuance der *utilitas: an sit autem facile, magnum, iucundum, sine periculo, ad quaestionem pertinet utilitatis.*

[18] „...sonderlich zu unsern Zeiten ists ia leicht solche personen zu erzihen, ... das man ynn dreyen iaren mehr kan lernen, denn vor hin ynn zwentzigen ..." Zum *locus a tempore* vgl. LHB I §§ 385–389; zum *facile fit* § 391.

schlossen mit Hinweis auf Augustin und das geistliche Recht[19] (545, 5–547, 6).

2. Fingiertes Gegenargument: „Ja sprichstu, wie wenn es ubel gerett . . . Denn die gelerten heisst man die verkereten“[20] mit *refutatio* (vgl. o. „Kurzform“ 4): Gott wird deinen treuen Dienst trotzdem lohnen. Als Beweis drei biblische *exempla:* Abraham-Ismahel, Isaac-Esau, Adam-Cain (547,7–548,8).
3. „Auch das dü nicht zu seer sorgest, wo dein son erneeret werde“: Die Realisierung des *possibile-locus* als Versorgungsfrage ist offenbar das Wichtigste; die Behauptung: Nahrung wird ihm nicht mangeln, wird dreigliedrig ausgeführt:
   a) Biblisch belegt: ein Arbeiter ist seines Lohnes wert, reichlich exemplifiziert (548, 8–549, 5).
   b) Die große Anzahl der „pfarhen und predig stuele, Schulen, kustereien“ (549f.).
   c) Der Mangel an Leuten (550–551, 10).

   Daran schließt sich eine *concessio*[21]: Luther gibt zu, daß viele Pfarrer Hunger gelitten haben und noch leiden; mit biblischen *exempla* reichlich belegt; Schuld daran: die verstockte Undankbarkeit der Menschen. „Da widder S. Aug. ein gros buch geschrieben hat, De civitate Dei“ (551, 11–552, 12).

   Abschließende Zusammenfassung *(transitus)*[22]: „ynn summa, Es mag leicht dein kind so viel narung vom predig ampt haben, als von einem hand werck.“ . . . „Das sey zu einem teil dieses Sermons eilend und kurztlich angezeigt . . .“ (552, 13–553).

Die unter diesen Gesichtspunkten angeführten Argumente greifen eigentlich vor und gehörten dem Inhalt nach zum nächsten Hauptteil:

[19] *Argumentum ex iure*, vgl. Fußn. 13.

[20] Motivangabe *respectu honestatis* der Gegenpartei, vgl. LHB I § 233, S. 127. Zu der fingierten Frage s. u. S. 431 ff. – Zur „Reinheit der Intention des Tuenden“, auf die es besonders der Seelsorge ankam, s. LHB I § 233, S. 127.

[21] LHB I § 856.

[22] LHB I § 343.

II. Zeitlicher Nutz und Schaden (554 ff.)

I. Der zeitliche Nutzen. Der Aufbau dieses Abschnitts lehnt sich an den der 'Kurzform' (oben S. 415) an:

1. Definition der weltlichen Herrschaft als „bilde, schatten und figur der herrschafft Christi", „eine herrlich Gottliche ordnüng und eine treffliche gabe Gottes" (554); ausgeführt und begründet durch eine Aufzählung dessen, was sie leistet (Schutz vor Raub, Mord, Diebstahl etc.);[23] ohne sie „muste einer den andern fressen, wie die unvernunfftigen thier unternander thun"[24] (555,1 f.); amplifiziert durch eine fiktive Rede der Vögel und wilden Tiere („... Wehe ewr undanckbarkeit ..."[25] bis 556, 4).
2. Darum will Gott sie erhalten haben. Durch wen aber? „Die wilden thier werdens nicht thun, Holtz und steine auch nicht."[26] Darauf wird dreifach bewiesen, daß Weisheit und nicht Gewalt regieren muß: 1. Sonst wird „ein thier wesen draus" (556). 2. Drei Bibelsprüche und „alle erfarung in allen historien". 3. das „Romische kaiserliche recht ... Welchs auch unsers regiments Weisheit und vernunfft ist, von Gott gegeben" (557)[27]. Dies wird amplifiziert:
   a) Antithetisch: Faust und Harnisch werden dieses Regiment nicht erhalten, „Es müssen die köpffe und bücher thun"[28] (558 bis Z. 10).

[23] Dieses und die folgenden Argumente entspringen dem *locus a consequentibus*; vgl. LHB I § 377, 3 k; bewiesen wird das *necessarium*; zum *necessarium* als pathetischer Amplifikation des *utile* vgl. LHB I § 235, S. 128. Zur Ursache-Wirkung-Bindung vgl. ebd. § 380; das Argument der Wirkung gehört dem deliberativen Genus an (§ 381).

[24] *Locus a bestiis*, LHB I § 257, S. 144. Dieser *locus* ist bei Luther beliebt und wird im folgenden mehrfach variiert.

[25] *Fictio personae (prosopopoeia)*, Quintilian: Inst. or. 9, 2, 31 f., LHB I § 826; *conformatio* bei Curtius: Europäische Literatur ... S. 168; es handelt sich um eine hochpathetische Figur.

[26] *Locus a bestiis et inanimalibus*, vgl. Fußn. 24 u. u. S. 439f.

[27] Luther folgt der vorgeschriebenen Skala *natura* – *consuetudo* – *lex*, vgl. LHB I § 123.

[28] Zur Metonymie vgl. LHB I §§ 565 ff.

b) Das weltliche Reich wird durch Juristen und Gelehrte erhalten (558, 11–559, 11).

c) Zusammengefaßt und in direkter Rede auf den Leser gemünzt „Daraus hastu denn, Schutz und schirm deines leibes . . ." (559, 12–560, 9).

3. *Peroratio*, wie I:I, 3: Zusammenfassung des weltlichen Nutzens mit ethischer Färbung: „Solche grosse werck kan nu dein son alle thun . . . Solt dirs nicht sanfft thun . . ."; (560, 10–561, 4); dann die *indignatio*: „Du mustest ia ein grober undanckbarer klotz und billich von den menschen unter die thiere zu iagen sein", die Eltern lassen die Kinder „nichts lernen, denn narung suchen, gleich wie eine sew mit der nasen ymer ym kot wulen . . .", worin das Tiermotiv, das diesen Abschnitt einrahmt, seinen Höhepunkt findet (561, 5–562, 3).

II. Der zeitliche Schaden. (Im Gegensatz zu den früheren Einschnitten nur unscharf markiert: „Hore aber weiter zu.") Aufgebaut wie I:II:

a) Zur Aufrechterhaltung des weltlichen wie des geistlichen Regimentes braucht man Leute, die zur Schule gegangen sind (562, 4–15); sachliche Feststellung.

b) Gibst du dein Kind nicht her, so bist du schuld daran, daß Gewalt auf Erden herrscht und „aus allen menschen eitel thier werden, und fresse zu letzt eins das ander" (562, 16–563, 16).[29]

c) Gott wird dich strafen „hier und dort"; *vituperatio* mit dem Ziel der Furchterweckung *(metus)* und *movere* wie o. u. I:II, c. Abschließend zusammengefaßt: „Sich du zu, du horest beide nutz und schaden . . ." (563, 17–565, 2).

Probatio. Während die in Teil I:II vorgebrachten Argumente vorwiegend von der Person ausgingen (dein Kind wird Nutzen, Ehre und Nahrung haben), gehen die folgenden Argumente von der Sache aus.[30]

[29] *Locus a bestiis* und *locus a consequentibus*, LHB I § 377, 3 k.

[30] *Argumenta a re* statt *argumenta a persona*, LHB I §§ 376 ff. Es werden dabei die gleichen *loci* verwendet, aber statt der Person auf die Sache bezogen, die als notwendig, ehrenvoll und möglich dargestellt wird; dabei können Personen- und Sachargumente gelegentlich ineinander übergehen, was besonders bei der unter „möglich" behandelten Nahrungsfrage der Fall ist.

1. *Necesse est*[31]. „Da sihe, keiser und konige mussen Cantzeler, und schreiber, Rethe, Juristen und gelerten haben . . .", diese Notwendigkeit wird durch alle Stände hindurch in absteigender Folge ausgeführt;[32] bewiesen *ex consequentibus*, durch die paradoxalen Folgen des Gelehrtenmangels: „. . . konige mussen Juristen, fursten mussen Cantzler . . . wir Tattern und Turcken . . ., widderumb ein ungelerter Locat oder Bacchant ein Doctor und Rat zu hofe werden" (565–566, 3).[33]
2. *Honestum*; kombiniert mit den *loci a tempore* und *a facultate*: „. . .das nie kein besser zeit gewesen sey zu studiern denn itzt, . . . das die kunst itzt so reichlich und wol feil fur handen ist . . . das gros gut und ehre folgen mus . . . Ist dazu auch ein ehrlich Gottlich gut . . . verdienet durch gottlichen ehrlichen stand . . ." (566, 3–567, 2). Im folgenden durch den Vergleich mit anderen Ständen amplifiziert[34].
   a) Antithetisch werden der „geitz wanst" und der kriegerische Stand dem Schreiber und Juristen gegenübergestellt, der das Werk von „keiser, konig, furst selbs" täte (567, 3–18).
   b) Ruhm des Schreiberamtes, eingerahmt durch ein weltliches

[31] Zum *necessarium* vgl. Fußn. 23.

[32] Die durchgehend befolgte absteigende Skala der aufgezählten Glieder steht im Gegensatz zu der gewohnten Steigerung (LHB I § 496, *congeries*, § 655; *modus per incrementa*, § 451, und *ordo*, § 951; Luthers bewußte Umkehrung des Ordnungsprinzipes wäre also eine *ordo artificialis*, § 452); auch ein *decrescendo* im Umfang, als Gegensatz zum „Gesetz der wachsenden Glieder", läßt sich bei Luther belegen (s. u. S. 435f.). – Hier (WA 565) wird auch der private Genuß der Gelehrsamkeit und der Lektüre gestreift, in Wendungen, die an Quintilian: Inst. or. 2, 18, 4 gemahnen (vgl. Curtius: Europäische Literatur . . ., S. 436ff.), jedoch nicht weiter ausgeführt, „Denn was solcher lüst ist, bewegt vielleicht wenig leute."

[33] Daß die letzten beiden Argumente in der WA zum nächsten Abschnitt gehören, hängt wohl damit zusammen, daß sie bei Luther auf einem neuen Blatt stehen. Inhaltlich gehören sie abschließend zu den vorangehenden Argumenten.

[34] Zur *quaestio comparativa*, aus der „letztlich das ganze deliberative *genus* besteht", vgl. LHB I § 227. – Zur Anfügung erläuternder und begründender Nebengedanken zum Hauptgedanken *(subnexio)* vgl. LHB I § 861.

Zitat (Kaiser Justinianus) und ein biblisches (Salomon, Pred. 9, 15[35]; 568).

c) Zusammengefaßt: Alle Stände sind von Gott eingesetzt und zu loben und kein Stand zu verachten; mit drei Bibelzitaten bewiesen (569–570, 3).

Daran schließt sich als Exkurs *(digressio)*[36] eine Polemik gegen die „Scharrhansen“[37], die die Schreiber verachten:

a) Ihr Veracht tut dir nichts; Beweis: die Feder oben auf Hut und Helm (ausführlich u. S. 444f.; 570, 4–571, 3).

b) Antithetisch zu den „Scharrhansen“ werden drei weltliche und drei biblische Persönlichkeiten als Vorbilder hingestellt, letztere mit inhaltlicher Steigerung (s. ausführlich u. S. 446; 571, 4–572, 3).

c) *Conclusio*: Ein Stand wird unwürdiger Vertreter wegen nicht schlecht. Erhärtet durch *similitudo*[38]: Obwohl es viele böse Frauen, Knechte und Mägde gäbe, „nichts desto weniger ist frawen stand, knecht und magd stand ... Gottes stifft ..., die sonne bleibt gut, ob wol die gantze wellt derselbigen missebraucht ...“ (572, 5–573, 5).

d) *Peroratio*[39]: Lob des Schreiberamtes [...] antithetisch dem Amt des Kriegers gegenübergestellt und, mit Zitat Kaiser Maximilians als *auctoritas*, als „viel schwerer“ eingeschätzt[40]; abschließend-zusammenfassend („Und das ich dieses gewesschs ein mal ein ende mache“): Lob

[35] Zur *auctoritas* und ihrer Überzeugungskraft „wegen der Allgemeingültigkeit der Weisheit und ihrer unverdächtigen Parteifreiheit“ LHB I § 426.

[36] Vgl. LHB I §§ 341–342; außer den dort angeführten Hinweisen auch Cicero: De orat. 2, 77, 311.

[37] = Prahlerische Krieger, vgl. Deutsches Wörterbuch von J. und W. Grimm, 8, Sp. 2218f.

[38] Zur *similitudo* als Beweismittel und Schmuck vgl. LHB I § 843. Sie „vereindringlicht und verdeutlicht durch den Appell an die allgemeinen Erfahrungen des Natur- und Menschenlebens die in der Rede behandelte Sache“.

[39] Zur *peroratio* als Abschluß einer *digressio* vgl. LHB I § 441.

[40] *Locus ex difficiliore*, LHB I §§ 395ff.

Gottes (mit Psalterzitaten), der aus Bettlern Herren mache (bis 576, 7).

3. *Possibile* und *honestum.* Parallel zu I:II:3 wird das Problem der Ernährung wieder aufgegriffen. Der Schüler, der vor der Tür um Brot singt, ist nicht zu verachten, er kann ein großer Mann werden (576, 8–577, 3). Dreigliedrig amplifiziert:
   a) Du gibst „unserm herr Gott ein feines holtzlin, da er dir einen herrn aus schnitzen kan . . . die reichen geitz wanste konnens und wollens nicht thun" (577, 4–14).
   b) Fingiertes Gegenargument wird einem „geitz wanst" in den Mund gelegt und widerlegt *(refutatio)* mit einem *locus a facultate*[41] (577, 15–578, 11).
   c) Tadel, daß gerade die Evangelischen ihre Kinder „ynn des Mammon dienst" stoßen (578, 17–579, 5).
4. *Peroratio*, aufgebaut wie oben unter II:I, 3, doch ausführlicher; nach der Regel *eius duplex ratio est, posita aut in rebus aut in affectibus*[42], wobei *in rebus* den Zweck der Gedächtnisauffrischung hat, lassen sich zwei Teile unterscheiden:
   a) *In rebus:* zusammenfassende Aufzählung *(recapitulatio)* aller Vorzüge der gelehrten Berufe, in drei Abschnitten ausgeführt, in denen sich die *loci utile, honestum, facile* wiedererkennen lassen:
      1. *utile:* Das Schulmeisteramt ist „nehest dem predig ampt das aller nutzlichst, grossest und beste"; *auctoritas:* der „heide Aristoteles"[43], der gesagt habe, ein treuer Schulmeister sei mit keinem Geld zu bezahlen; ihm als *contrarium* gegenübergestellt: „Noch ists bey uns so schendlich

[41] *Sine quo aliquid fieri non potest,* LHB I § 391. In den unter 3. behandelten Argumenten geht Luther wieder von der Person aus, wie in I:II: „Dein Kind wird Nahrung und Ehre haben"; im Vordergrund steht jetzt jedoch die Ernährung während der Studien: das „nach Brot gehen" werde zu Unrecht als wenig ehrenvoll angesehen.

[42] Quintilian: Inst. or. 6, 1, 1.

[43] Zur Heranziehung anderer Autoritäten als der biblischen in der Predigt vgl. D. Roth: Die mittelalterliche Predigttheorie und das Manuale des Johann Ulrich Surgant, Diss. Basel 1956, S. 90f.; es war in der moralischen Unterweisung erlaubt.

veracht, als sey es gar nichts, und wollen dennoch Christen sein ..." (579, 6–580, 8).

2. *necessarium und honestum:* „Du solt den artzt ehren, denn man kan sein nicht geraten", Bibelzitat (Sir. 38, 1–8), und biblisches Beispiel (Moses, S. 580, 9–581, 9).
3. *facile:* Gott gibt dir alle deine Güter umsonst, „nicht allein on dein verdienst Sondern auch on deine kost und muhe, Denn du darffest itzt weder schulen noch pfarhen erneeren ..." (581, 10ff.), Pflicht zur Dankbarkeit, leitet über zum affektischen Teil:

b) *In affectibus*[44]: dreiteilig ausgeführt:
1. Androhung und plastische Ausmalung von Gottes Zorn, pathetisch (582, 4–583, 4).
2. Schilderung der Opfer, die Christus, die Märtyrer und auch Luther um Evangelium und Predigtamt willen gebracht haben, wobei die *commiseratio* bei der pathetischen Schilderung der Opfer Christi zur Sprache kommt („Ach herr Gott, wie hertzlich bitter und saur ists yhm worden!"); dagegen wird dann die Undankbarkeit um so krasser geschildert, mit ausgiebiger Verwendung der *indignatio.*[45]
3. Wenn es so weitergehe, wünsche er, der Papst käme wieder „mit allen seinen greweln", denn unter dem Papsttum „stunden alle beutel offen" jetzt aber „sind alle beutel mit eisern kethen zu geschlossen"[46] (584, 10–585, 12).

[44] Die parteiischen Leitaffekte des *genus deliberativum* sind an sich *spes* und *metus*, LHB I § 437; die Hoffnung wird bei Luther nicht realisiert; die Furcht jedoch wird durch die Androhung von Gottes Zorn erweckt, weswegen hier *metus* und *indignatio* zusammenschmelzen; *indignatio* und *conquestio (commiseratio)* gehören dem *genus iudiciale* an.

[45] Die Schilderung der Opfer dient nicht nur der *commiseratio*, sondern auch dazu, die Größe des Gegenstandes zu amplifizieren, vgl. LHB I § 405. – Die Undankbarkeit wird hyperbolisch mit Überbietungs- und Unsagbarkeitstopos geschildert: „solche hellische und mehr denn hellische undanckbarkeit und viel unaussprechliche sunde und laster", S. 584. Zum Unsagbarkeitstopos s. Fußn. 9; zum „Überbietungstopos" Curtius: Europäische Literatur ..., S. 171–175; in den Hymnen: Szövérffy, Hymnen, S. 176ff.

[46] Übertreibende Metapher.

Schluß; wieder in drei Abschnitten:

1. Klage über Deutschland, mit überbietendem Vergleich (vgl. o.): „wenn zehen Mose stunden und fur uns betten, so würden sie nichts ausrichten“ (585, 13–586, 6).
2. Empfiehlt Schulpflicht; der Teufel hält die Eltern davon ab, die Kinder zur Schule zu schicken; wo der Türke jedes dritte Kind zwangsläufig erzieht, „wie viel mehr solten unser herrn doch ettliche knaben nemen zur Schulen“[47] (586, 7–587, 7).
3. Ermahnt zur Stiftung von Stipendien. Abschlußformeln.

Der Überblick zeigt eine genaue Parallelität zwischen den beiden Hauptteilen auf. Außerdem wird deutlich, daß die Zweiteilung in „Nutz“ und „Schaden“ innerhalb der Hauptteile und das Gleichgewicht dieser Teile untereinander rein äußerlich sind. Den größten Umfang der Schaden-Teile beansprucht die *probatio*, in der auch gegnerische Argumente widerlegt werden *(refutatio)*.

[. . .]

Textanalyse

Exordium und Exordialtopik (526–527)

Die Aufgabe der Einleitung *(exordium, prooemium)* ist die Sympathie- und Aufmerksamkeitserregung beim Publikum. Es gilt, den Richter oder das Publikum *benevolum, docilem, attentum* zu machen.[48]

Um das persönliche Wohlwollen zu erwerben, weist Luther darauf hin, daß er das Wort „aus moralisch wertvollen Motiven“ ergreift, also nicht gewerbsmäßig, sondern als Zeuge der Wahrheit und im Interesse des Allgemeinwohls,[49] daß er also eine hohe Pflicht erfüllt[50]:

[47] *Locus a comparatione, a minore ad maius,* vgl. Quintilian: Inst. or. 8, 4, 9–12 und 5, 11, 9.

[48] Quintilian: Inst. or. 4, 1, 5; Cicero: De inventione 1, 15, 20; Ad Herennium 1, 4, 6.

[49] *Ab nostra persona*, vgl. Ad. Her. 1, 5, 8.

[50] Vgl. Quintilian: Inst. or. 4, 1, 7: *ut ad agendum magna atque honesta ratione aut etiam necessitate accessisse videantur* („um den Eindruck zu

> Lieben freünde, Weil ich sehe, das sich der gmein man frembd stellet gegen die schulen zu erhalten ... Und daneben nicht wollen odder mugen bedencken welch ein grewlich unchristlich ding sie damit für nemen, und wie grossen mordlichen schaden, dem teuffel zu dienst, sie ynn aller welt thun, hab ich mir furgenomen, diese vermanung an euch zu thun.

Nachdem Luther so sich selbst als *vir bonus* ausgewiesen hat, ist das Publikum an der Reihe; die Suchformel *ab auditorum persona* „besteht im Lob des Publikums (besonders seiner berühmten Urteilsfähigkeit)",[51] woran Luther sogleich antithetisch den Tadel der Gegenpartei (Suchformel *ab adversariorum persona)*[52] anschließt; dieser Tadel war auch bereits in der einleitenden Begründung *ab nostra persona* mit ausgedrückt:

> ... ob villeicht noch ettliche leute weren, die noch ein wenig gleubten, das ein Gott ym himel und eine helle fur die ungleubigen bereit sey (Denn es stellet sich schier alle wellt, als were widder Gott ym himel noch teuffel ynn der helle) und sich an diese vermanung kereten.

Daran schließt sich eine kurze Aufzählung der zu behandelnden Gegenstände an, was das Hauptmittel zum *docilem parare* war.[53] Darauf wird geschickt ein *locus adiuncta personis et causis* verwendet,[54] wodurch der Leser zum Einstimmen in das folgende genötigt wird: „Ich hoffe ia das die gleubigen und was Christen heissen wil, fast wol wissen, das der geistliche stand sey von Gott eingesetzt ...". (statt einfach festzustellen: „der geistliche Stand ist ..."). Darauf geht Luther daran, dem Lesepublikum nachdrücklich klarzumachen, daß es sich um keine Bagatellsache *(genus humile)* handelt. Die Größe des zu behandelnden Gegenstandes wird durch die Opfer erwiesen, die Christus darum gebracht hat[55]: „... von Gott eingesetzt und gestifftet nicht mit gold noch silber, son-

erwecken, daß man zur Behandlung höchst wichtiger Sachen gekommen sei, mit guten Gründen, ja sogar aus Notwendigkeit").

[51] LHB I § 277. 'Suchformel' ist Lausbergs Terminus für *locus.*

[52] Vgl. Ad. Her. 1, 5, 8.

[53] LHB I § 272.

[54] Vgl. Quintilian: Inst. or. 4, 1, 30f.

[55] Zum *attentum parare* durch Gewichtigmachung des Gegenstandes im

dern mit dem theüren blüte und bittern tode seines einigen sons . . . und hatts warlich theur erarnt . . ."

Zur indirekten Gewichtigmachung des Redegegenstandes *(rerum magnitudo)* gehört auch die „proömiale Verwendung umfassender, möglichst weltweiter Gedankeninhalte"[56], und mit solch einem „weltweiten Gedankeninhalt" schließt auch Luther sein Exordium ab: „Und zwar die wellt allzumal stehet und bleibt, allein umb dieses standes willen, sonst were sie lange zu boden gangen."

Wir finden also in diesem Exordium in gedrängter Form die wesentlichsten Ratschläge der Redekunst beachtet. Es ist wichtig, dies einmal festzustellen, da häufig behauptet wird, Luther habe kein Exordium gebraucht. Harnack[57] z. B. behauptet, Luther habe als Exordium und als *finis* in seinen Predigten nur ein paar kurze Sätze und ein Gebet gehabt. Man muß sich hier fragen, ob das nicht an der mangelhaften Überlieferung der Predigten liegt. Und wenn Hirsch[58] schreibt: „So fehlt – und das ist immer höchst bezeichnend für Luther geblieben – schon jetzt [sc. in den Klosterpredigten] das Exordium, er springt mit beiden Füßen in die Sache, indem er Thema, Suppositio und Angabe der Einteilung nacheinander nennt", so läßt er außer acht, daß die Angabe der Einteilung zur Exordialtopik mit der Aufgabe des *docilem parare* gehörte, wie wir oben gesehen haben. In einigen der noch zu Luthers Zeiten gedruckten Textpredigten klingen exordiale Wendungen nach der Textlesung, also als Einleitung der eigentlichen Predigt, an.[59]

Exordium vgl. Inst. or. 4, 1, 33; Ad Her. 1, 4, 7. Zur Schilderung der Opfer: LHB I § 405.

[56] LHB I § 270.

[57] Th. Harnack: Geschichte und Theorie der Predigt und der Seelsorge, Erlangen 1878, S. 115f.

[58] E. Hirsch: Luthers Predigtweise, in: Luther. Mitteilungen der Luthergesellschaft (1954), S. 1–23, Zit. S. 1.

[59] Z. B. WA 41, in der Predigt am 4. Sonntag nach Trinitatis 1535, über das Evangelium, die *brevitas*-Formel (S. 318): „Von diesem Evangelio, lieben freunde, were wol viel zu predigen, aber wir wollens auff dis mal nicht alles fur uns nemen, auff das wir uns nicht uberladen und gar nichts davon behalten . . ." In der Predigt über die Epistel am gleichen Tage findet sich nach der Textlesung ein *attentum parare* durch Gewichtigmachung des

Abgesehen von der Sympathie- und Aufmerksamkeitserregung beim Publikum hat dieses Exordium geleistet, was Luther in TR 2216 so ausdrückt: *Docturus autem de aliquo themate distinguat illud primo.* Programmgemäß kommt nun das *deinde definiat* an die Reihe, womit der eigentliche Text beginnt.

Docere im 'niedrigen Stil'

Luther „definiert", was der geistliche Stand sei, indem er zunächst negative, dann positive Beispiele gibt; es handelt sich um ein *dupliciter pronuntiare, vel sine rationibus vel cum rationibus*[60], das der gedanklichen *expolitio* angehört. Dabei wird dem vorangehenden negativen Glied eine *ratio* beigefügt, während die folgende positive Formulierung mit einer definitorischen Exemplifizierung durch die Aufzählung der verschiedenen Ämter verdeutlicht wird *(divisio)*;[61] daran schließen sich die *loci scripturae*, die Luther unter *tertio* empfohlen hatte (528):

[duplex a:] Ich meine aber nicht den itzigen geistlichen stand ynn klostern und stifften mit seinem ehelosen wesen, [*ratio*:] Denn der selbige ist lengest von seiner ersten loblichen stifftung gefallen ... [folgt Kritik] ... Denn sie achten des worts und predigampts nichts ... [duplex b:] Sondern den stand meine ich der das predig amt und dienst des worts und der sacrament hat ... [*divisio*:] als da ist, das pfarr ampt, Lerer prediger leser priester (die man Capplan nennet) küster, Schülmeister, Und was zü solchen emptern und personen mehr gehoret. [*Loci script.*:] Welchen stand, die schrifft

---

Gegenstandes und ein *tua res agitur* (vgl. LHB I § 271, γ); WA 41, 301: „Der Heilige Paulus füret hie eine sonderliche rede fur allen andern Aposteln, und lauten seine wort ... gleich wünderlich und seltsam, Darumb wollen sie mit vleis gestudirt ... werden ... Darumb ein Christ, der solche erfarung nicht hat, wird gar ein geringen geschmack oder geruch aus solchen worten Pauli haben, ja sie werden jm gar undeudsch sein." – Der Traktat ›Von der Freiheit eines Christenmenschen‹ hat Gewichtigmachung, Bescheidenheits- und Begründungsformeln nur in der lateinischen Fassung, während die deutsche nur eine Einteilung des Stoffes gibt.

60 Ad Her. 4, 43, 56ff. Vgl. U. Gaier: Studien zu Sebastian Brants Narrenschiff, Tübingen 1966, S. 26ff. Laut der Herennius-Rhetorik sollte das negative Glied voranstehen. – Es handelt sich in diesem Luther-Beispiel um keine vollständige *expolitio*.

61 Quintilian: Inst. or. 5, 10, 63ff.

warlich hoch rhumet und lobet . . . [folgen: 2. Kor. 5, 20; Joel 2, 23; Ps. 68, 13; Hag. 1, 13; Mal. 2, 7].

Quarto illustret illud exemplis scripturae vel aliunde: Im folgenden werden *exemplis aliunde*, nämlich „die alten" angeführt: „Dar ümb haben die allten solchen stand seer gemidden und gescheucht anzünemen umb seiner grossen wirde und höhe willen . . ." Dieses-Beispiel gilt für duplex b. Dann wird auch duplex a illustriert: wie hoch man den Priesterstand nur um des Messehaltens willen geschätzt habe:

> so hoch, das sie das priesterlich ampt und stand (messe zu opfern) uber Maria und Engel gesetzt haben, weil die Engel und Maria[62] nicht sollen mess halten konnen, das doch ein priester konne, und ist ein herrlich ding gewest umb einen newen priester und erste messe, Und selig war die frawe die einen priester getragen hatte.

Dies letztere erweist sich als ein *exemplum ex minore ad maius ductum*[63], obwohl das „Wieviel mehr . . ." hier nicht direkt ausgesprochen wird. Die sich daran gliedernde *conclusio* sollte eigentlich die beiden gegensätzlichen Gedanken (falsches und rechtes Priesteramt) sammeln und die Herrlichkeit des rechten mittels der „*quanto-magis*-Formel" schlagkräftig ausdrücken. Luther bleibt jedoch vorwiegend im Tadel stecken:

> So doch das wort und predig ampt das aller hohest und furnemest ist,[64] das man nicht so hoch geacht hat, Und ynn Summa, Ein priester hat geheissen, der messe halten konne, ob er gleich nicht ein wort hat wissen zu predigen und ein ungelerter esel gewest ist, Das ist fast der itzige geistliche stand noch heutigs tages.

[62] Chiasmus.

[63] Quintilian: Inst. or. 5, 11, 9.

[64] Bereits Humbertus de Romanis hatte in seinem Werk ›De eruditione praedicatorum‹ die Predigt über alle anderen Verrichtungen der Geistlichen gestellt, vgl. Roth: Die mittelalterliche Predigttheorie . . ., S. 58; in dem 1502 zum erstenmal gedruckten ›Manuale curatorum‹ des J. U. Surgant wird ebenfalls die Unterweisung des Volkes durch die Predigt als die wichtigste Aufgabe angesehen (Roth: Die mittelalterliche Predigttheorie . . ., S. 150, 196). Luther führt hier also bereits bestehende Ansätze konsequent durch.

Daran schließt sich etwas unvermittelt der nächste Gedanke: daß Gott den geistlichen Stand erhalten wird.

Bisher war der Stil schlicht und beinahe trocken. An stilistischen Figuren zur *delectatio* finden wir etwas Wortwiederholung: „stifften – stifftung – gestifftet", etwas Synonymenhäufung[65]: „eusserlich, zeitlich, vergenglich geprenge", das Hauptwort später im Reim wieder aufgenommen: „gesenge noch geprenge". Auf den Chiasmus „Maria und Engel – die Engel und Maria" ist bereits hingewiesen. Die Hyperbel wird vorsichtig im Tadel benutzt: „... nicht ein wort hat wissen zu predigen", wie auch der Tier-Vergleich. Eine verhüllende Periphrase kommt vor, die hier sowohl dem *ornatus* als auch der *necessitas* (dem gesellschaftlichen *aptum*)[66] dienen kann: „... das sie nicht ehlich sind, des sie auch nicht bedurffen, haben wol ein anders dafur" (528, 5).

Bis auf den Schluß-Tadel ist der Textabschnitt frei von Affekt und enthält keine einzige „Figur der Publikumszugewandtheit". Die Regel Ciceros, der Stil sei *subtile in probando, modicum in delectando, vehemens in flectendo*[67] wird sorgfältig beobachtet. [...] Mit dem nächsten Abschnitt jedoch beginnt das *exhortari*, und der Stil wandelt sich. Diese Wandlung soll an den „Figuren der Publikumszugewandheit" illustriert werden.

Frage und Anrede (*quaesitum, interrogatio*[68] und *apostrophe*).

Der schrittweise Übergang vom *docere* zum *exhortari* läßt sich an der Verwendung verschiedener Varianten der Frage ablesen. Zur Erleichterung der Interpretation werden sie hier numeriert (530):

[65] Quintilian: Inst. or. 8, 4, 26f. *(congeries)*; es ist eine Breitenamplifizierung.

[66] Quintilian: Inst. or. 8, 6, 59f. und 8, 2, 1–2.

[67] Cicero: Orator 21, 69; „Für die elegantere Auffassung des niederen Stils ist charakteristisch das Wort *subtilis*", meint E. Auerbach: Literatursprache und Publikum in der lateinischen Spätantike und im Mittelalter, Bern 1958, S. 32f., Anm. 10.

[68] Das *quaesitum* erfordert spezielle Antworten, während auf die *interrogatio* nur die Antwort „ja" oder „nein" möglich ist; vgl. LHB I §§ 767 bis 770.

1. Durch wen, sol er aber erhalten werden? ochsen und pferde, hunde und sew werdens nicht thun, Holtz und steine auch nicht? Es werden wir menschen thun mussen, Denn es ist ia solch ampt nicht ochsen noch pferden befolhen, Sondern uns menschen,

2 a. Wo sol man aber menschen dazu nemen, on bey denen die kinder haben?

2 b. Wenn du nicht wilt dein kind dazu zihen, ihener auch nicht, und so fort an, . . . Wo wil denn das geistlich ampt und stand bleiben? . . .

2 c. Was wird Gott zu letzt dazu sagen?

3. Meinstu, er werde des ein gefallen haben, das wir sein gottlich gestifft ampt . . . so theur erworben, so schendlich verachten und mit solchem undanck lassen fallen und untergehen?

Die erste Frage ist noch allgemein gehalten. Luther führt in seiner schrittweisen Beantwortung die Hörer zwingend auf die bezweckte Antwort zu, indem er erst offenbar unmögliche Antworten gibt;[69] diese sind in drei Paaren geordnet, von denen die beiden ersten dem Tierreich, das letzte Paar unbelebten Dingen entnommen sind; es handelt sich offensichtlich um den *locus a bestiis et inanimalibus*[70]. In der endgültigen Beantwortung, die auch begründet wird, wird der behandelte Gegenstand auf Sprecher und Hörer (Leser) persönlich bezogen und gleichzeitig der Kontakt zwischen ihnen hergestellt durch das doppelte: „wir menschen“, „uns menschen“. Dabei bildet das zweite, vereindringlichend wiederholte „uns menschen“ den Schlußstein.

In den unter 2. zusammengeführten Fragen überläßt Luther die Antwort dem Hörer selbst.[71] „Menschen“ wird jetzt spezifiziert zu: „Menschen, die Kinder haben“ – „du“. Mit der direkten Anrede in 2 b. ist auch das *tua res agitur* ausgesprochen.[72] Die dritte und letzte Frage dieses Abschnitts, wieder mit dringlicher Anrede, hat einen deutlichen affektischen Anstrich, wenn er auch noch maßvoll bleibt. Er wird hervorgerufen durch die antithetische Gegenüberstellung von: durch Gott „so theur erworben“ mit „verachten“

[69] Vgl. die *argumenta ab impossibili*, LHB I § 1123.

[70] LHB I § 257, S. 144; er taucht wieder auf in II: I, 2, vgl. o. S. 420.

[71] Es sind in die Form der Frage eingekleidete Aussagen, deren Antwort im Parteisinne sich aus dem Zusammenhang ergibt; vgl. LHB I § 770.

[72] LHB I § 271, γ.

und „Undank“, noch unterstrichen durch das Epitheton „schendlich“.[73] Dieser maßvolle Ton unterscheidet sich deutlich von der *vituperatio* in der *peroratio*. Was ihm jedoch trotzdem eine besondere Kraft verleiht, und darin befindet sich Luther dem römischen Rhetor gegenüber in einer bevorzugten Lage, ist die implizit mitgesetzte Möglichkeit ewiger Strafen. Die letzte Frage kann nur mit „nein“ beantwortet werden, wodurch sie sich von den vorangehenden unterscheidet.[74] Der direkte Appell an die Urteilsfähigkeit der Hörer gehört zum *modus argumentandi* und war bereits in mittelalterlichen *artes praedicandi* empfohlen.[75] Dieses „nein“ eröffnet bedrohliche Perspektiven, die Luther in den beiden folgenden Abschnitten amplifiziert, ehe er zum Hauptteil übergeht.

Auch in diesen folgenden beiden Abschnitten finden sich zwei Fragen gleicher Art wie oben unter 2.[76] Doch gibt es auch eine Spezialform der Frage, in der das aufrüttelnde Moment besonders ausgeprägt ist. Luther hat festgestellt: „Und deine schuld ist“, wenn der geistliche Stand ausstirbt. Nun hämmert er es noch einmal ein (531, 8):

> Denn wo du es thun kanst, und dein kind dazu tuchtig ist odder lust hat, Und du thust es nicht sondern hinderst es, horestu es wol? So bistu schuldig an dem schaden.

„Als Peitschenhieb wirkt die parenthetische Apostrophe“[77], die hier die Form einer Frage angenommen hat. Diese Frage unterschei-

[73] Zum Epitheton mit der Funktion parteiischer Vereindringlichung s. Quintilian: Inst. or. 8, 6, 40.

[74] *Interrogatio* im Gegensatz zum *quaesitum*.

[75] Z. B. im Bonaventura-Traktat, vgl. Roth: Die mittelalterliche Predigttheorie . . ., S. 72f.; Roth weist auf das Gleichnis vom Weingärtner (Mt. 21, 40) hin, wo die Schriftgelehrten durch die Frage: *Cum ergo venerit Dominus vineae quid faciet agricolis illis*? veranlaßt wurden, „ihr eigenes Verdammungsurteil auszusprechen“.

[76] WA 30, 531, 6: „Wo wiltu si aber zu Gottes dienst zihen, wenn das predigampt . . . gefallen ist?“ 532, 1: „Wo krieget Gott . . . leute zu seinem geistlichen ampt? Du hast die person und kanst sie geben, aber du willts nicht thun . . .“

[77] LHB I § 763.

det sich von den vorangehenden, indem der Zweck nicht in einer Antwort im Sinne der *utilitas* liegt, die der Hörer/Leser meistens selbst geben muß, sondern im reinen *attentum parare*, zur Aufrüttelung und Vereindringlichung.

Die hier analysierten Fragen finden sich in den gesamten *exhortari*-Partien des Textes wieder. Die Fragen „Wie willtu bestehen", und „Wie meinstu" leiten z. B. die Abschnitte I: II, b und c ein (542, 543), und in den damit parallel gebauten II: II, a–c finden wir sie mit einem gesteigerten affektischen Ton wieder (562ff.). II: II a fängt mit einer Apostrophe und gedoppelter Frage an: „Hore aber weiter zu, Wie? Wenns Gott von dir haben will und foddert dein kind zu solchem ampt?" Abschnitt b macht von der Frage weniger Gebrauch und kleidet nur einen ironischen Ausspruch in diese Form (zur Ironie s. u.): „Bistu nicht ein feiner nützer man jnn der wellt?" Abschnitt c jedoch, der letzte Abschnitt des *exhortatio*-Teils, bevor Luther zur *confutatio* übergeht, macht von der Frage gehäuften Gebrauch. Wie I: II c fängt II: II c mit einer „meinestu"-Frage an (563f.):

> Was meinestu, das du hie mit verdienest? Bistu auch werd, das du bey menschen wonen solltest? Was wird Gott aber dazu sagen, der dir kind und gut dazu gegeben hat, das du solt yhm da mit dienen ...? Ists aber nicht Gott gedienet, So man seine ordnung und welltlich regiment hilfft erhalten?

Hier wechseln *quaesitum* und *interrogatio* miteinander ab, indem die erste und dritte Frage differenzierte Antworten, die zweite und letzte „nein" bzw. „ja" als zwingende Antwort erheischen. „Die ungeduldig-pathetische Einkleidung der Aussage geschieht mit dem Ziel der Demütigung der Gegenpartei." [78] Abschließend wird dann auch der Tadel in eine *interrogatio* gekleidet, wobei die Apostrophe mit dem seelsorgerlichen „Lieber" ausgedrückt wird:

> Lieber, erschrickt dein hertz nicht fur solchen grewlichen grewel,[79] deiner abgotterey, gotts verachtung, undanckbarkeit, verstorunge, aller beider Gottes stifft und ordnung, ia aller menschen schaden und verderbung?

[78] LHB I § 767.

[79] Etymologische Figur; sie dient dem *ornatus*, hier außerdem dem Affekt.

In der *confutatio* spielt die Frage eine besondere Rolle.[80] In den *docere*- und *exhortari*-Teilen der Argumentation hat sie lehrhaften Charakter und ist ihrer Antwort wegen gestellt. Hierher gehört vor allem die Frage im *locus ex minore ad maius*: „Wie viel mehr?" I: I, 1, a–c enthält eine solche argumentatorische Frage im darstellenden Abschnitt. In den drei darauf folgenden kann man die schrittweise Veränderung vom lehrhaften über den suggerierend-ermahnenden bis zum pathetischen Charakter verfolgen (534 ff.). Die hohen Werke des Predigers werden amplifiziert. In Abschnitt a werden sie in Frageform durch Aufzählung von Einzelheiten sinnfällig gemacht:

Denn wo her kompts, das die Christen am iungsten tage . . . aufferstehen werden . . . kompts nicht da her, das . . .? Wer hilfft nu den menschen, . . . on das predig ampt und wort Gottes, das dein son furet?

Nachdem Luther so selbst die Antworten in Frageform gegeben hat, ist es Zeit für die rhetorische Frage im *movere*, wo das Gefühlsmoment im Vordergrund steht und keine Antwort mehr erwartet wird (Abschnitt b):

Ist nu das nicht ein um messlich, grosser herrlicher werck und wünder . . . soltestu nicht billich mit allen freuden, dein gut dran wogen, . . .? und fur grossen freuden springen . . .?

Noch einen Schritt weiter in der Rhetorisierung der Frage geht Luther dann in Abschnitt c, der die *amplificatio* abschließt, bevor die „weltlichen Werke" an die Reihe kommen. Hier geht die Frage in die *exclamatio* über (vgl. u.) und drückt Ironie aus:

Ey wie hubsch hatt mich denn die wellt sampt dem teuffel geteusscht mit yhrem lestern und schmehen? Ey wie gros hat sie an mir gewonnen? Wie grossen schaden hat sie mir gethan? die liebe trawte.

Außer der Gedankenfigur der Ironie[81] finden wir hier auch die stilistische Figur der Dreigliedrigkeit mit anaphorischem Ausruf

[80] Vgl. u. unter „Fingierter Dialog".

[81] Zur Ironie vgl. B. Stolt: Rhetorik und Gefühl im Ackermann aus Böhmen, in: dies.: Wortkampf. Frühneuhochdeutsche Beispiele zur rhetorischen Praxis, Frankfurt a. M. 1974, S. 27 f.

„Ey!" und eine Umkehrung des „Gesetzes der wachsenden Glieder" zum Decrescendo.[82]

Schrittweise haben wir verfolgen können, wie die Frage zunächst im *docere* und *exhortari*, dann mit *delectatio*-Funktion im *exhortari* und *movere* und schließlich im reinen *movere* eingesetzt und abgewandelt wird. Mit dem letzten Beispiel berührt sich ihre Verwendung in der *peroratio*.

In der *peroratio* berührt sich die Frage bei Luther stets mit der *exclamatio*.[83] Während in den *exhortari*-Fragen, die im vorangehenden behandelt wurden, die Antwort im Sinne der *utilitas* von Gewicht war, gleichgültig, ob Luther sie selbst gab oder ob sie als evident nicht ausgesprochen zu werden brauchte, liegt in den folgenden Fragen der Schwerpunkt in der Frage selbst, und eine Antwort ist unwesentlich. Die hyperbolische Lobpreisung des Predigtamtes auf S. 539f. kleidet sich in rhetorische Fragen, die gedoppelt werden.[84]

> Und wer kundte dieser itzt gesagten stucke eines ymer mehr gnugsam preisen? Und was ist davon noch zu sagen? wie viel er damit thut, das er . . . so viel streit erhellt, so viel sieg davon bringet, so viel yrthum nidderschlegt, so viel ketzereyen weret, . . . Das sind alles unzelige und unaussprechliche werck und wunder des predig ampts.

Im nächsten Abschnitt kleidet sich der Überbietungstopos in die Frageform. Um den hyperbolischen Charakter sowie die Funktion der Frage im Textzusammenhang zu beleuchten, ist es notwendig, hier auch den vorangehenden und den folgenden Satz anzuführen:

> Wenn du nu gleich ein konig werest, so soltestu doch dich nicht werd lassen duncken, Das du deinen son mit allem deinem gut dran gewagt zu solchem ampt und werck, geben und ziehen mochtest. Ist nicht hie dein pfennig odder erbeit . . . alzu hoch geehret, allzu herrlich gesegenet, allzu kostlich angelegt und besser denn kein konigreich noch keiserthum ist fur Gottes augen gerechent? Auff den knien sollt einer solchen pfennig an der wellt ende tragen.

[82] Vgl. K. F. v. Nägelsbach: Lateinische Stilistik, Nürnberg 1905, S. 711f.
[83] Vgl. Quintilian: Inst. or. 9, 2, 26.
[84] Zum Unsagbarkeitstopos vgl. o. Fußn. 9.

In beiden Beispielen wird die Hyperbel durch anaphorische Wiederholung („so viel", „allzu") in der Isokolie vereindringlichend unterstrichen. Man kann hier mit Händen greifen, wie der *ornatus* zugleich *delectatio*- und *persuasio*-Funktion hat.

Während in diesen Fragen die Häufung in der Isokolie auftrat, finden sich in den tadelnden *peroratio*-Abschnitten gehäufte Fragen. [. . .]. Nachdem auf diese Weise die *indignatio* zu ihrem Recht gekommen ist, ist nun die *commiseratio* an der Reihe.[85] Eingeleitet durch eine *exclamatio* wird die Frage nach den Opfern, die um des Predigtamtes willen gebracht worden sind, gestellt. Die fließende Grenze zwischen Frage und Ausruf wird dadurch illustriert, daß Luther viermal ein Fragezeichen, das letztemal ein Komma setzt; der Schirlentzsche Druck hat lauter Ausrufzeichen, wie es auch moderner Brauch wäre:

> Denn das wir das Evangelion und predigampt haben, was ists anders, denn blut und schweis unsers herrn? . . .Ach herr Gott, wie hertzlich bitter und saur ists yhm worden? Wie freundlich und gern hat ers dennoch gethan? Wie viel haben die lieben Apostel und alle heiligen druber gelitten, auff das es bis auff uns komen mochte? Wie viel sind zu unser zeit druber getodtet? Und das ich mich auch rhume, wie manch mal hab ich den tod druber mussen leiden.

[. . .]

Fingierter Dialog *(subiectio)*.[86] In der *confutatio* entwickelt sich mitunter ein Frage- und Antwortspiel. Die fingierten Einwürfe sind inhaltlich bereits oben behandelt (S. 415 unter 4; S. 419 unter 2;

[85] LHB I § 409. „Die *certae rei amplificatio* ist rein pathetisch . . . Zwei Affekte kommen hauptsächlich in Frage: *indignatio* und *misericordia* . . . Der Hauptanwendungsbereich ist die *peroratio* . . . Ausdrucksmittel ist das *genus grande*."

[86] Vgl. Ad. Her. 4, 23, 33. Er dient zur Belebung der Gedankenfolge. In den Predigten der Mystiker war er beliebt, vgl. I. Weithase: Zur Geschichte der gesprochenen deutschen Sprache, Tübingen 1961, S. 21 ff., zu Berthold v. Regensburg; S. 28 f. zu Meister Eckhart; dialogisierte Predigten ebd. S. 13 ff. – Bei Tauler s. A. Korn: Tauler als Redner (= Forschungen und Funde 21), Münster 1928, S. 96 ff. In der ›Theologia Deutsch‹ s. W. Uhl: Beiträge zur stilistischen Kunst der ›Theologia Deutsch‹, Diss. Greifswald

S. 424 unter 3 b). Das erste Gegenargument ist in die Form einer Behauptung gekleidet; Luther widerlegt mit einer Frage: „Wo krieget Gott die weil leute zu seinem geistlichen ampt?" (532). Nächstesmal ist das Gegenargument eine Frage: „Wie, wenn es ubel gerett?" Luther antwortet: „Wolan, das muste wogen", kleidet jedoch darauf die „beweisenden" Bibelstellen in Frageform: „Wie giengs dem lieben Abraham . . ." Im folgenden wird die „schmückende" Funktion des biblischen Beispiels neben der beweisenden innerhalb der Fragen deutlich. Es folgt ein ganzes System von Zwei- und Dreigliedrigkeiten:

Wie giengs dem lieben Abraham dem sein son Ismael auch nicht geriet, Isaac sein son Esau auch nicht, Adam sein son Cain auch nicht?[87] Solte Abraham dar umb haben abgelassen, seinen son Isaac, und Isaac seinen son Jacob, Und Adam seinen son Habel, zu Gottes dienst zu ziehen?[88]

Wie viel sind boser konige und leute gewest ynn . . . Israel . . . Solten drumb die Priester Levi das gantze volck haben lassen faren und niemand mehr zum Gottes dienst zihen?

Wie viel waren boser priester und Leviten unter dem stam Levi . . .? Wie viel hatt Gott leute auff erden, die aller seiner güte und Creatur missebraüchen? Solt er darümb seine guete lassen . . .?[89]

Hier soll mittels der *argumentatio* überredet werden. Doch nicht der Inhalt allein dient der Überredung, sondern in hohem Maße die sorgfältige sprachliche Form, die Rhetorik. *Ea ornat et suadet.* 'Dialektik' (im intellektuellen Inhalt des Induktionsbeweises) und 'Rhetorik' durchdringen sich gegenseitig.

Aber nicht nur dem Hörer/Leser werden Reden in den Mund gelegt. Wo es gilt, das *tua res agitur* recht eindringlich zu betonen, wird in einem Abschnitt Gott als redend eingeführt (Abschnitt

1912, S. 104. Ferner R. Cruel: Geschichte der deutschen Predigt, Detmold 1879, S. 605–607.

87 Dreigliedrigkeit mit Epipher.

88 Isokolie nach dem Muster (a_1 b_1/ a_2 b_2/ a_3 b_3) q, vgl. LHB I § 737.

89 Außer Anapher (dreimaliges „Wie viel") Epipher in den beiden ersten Nachsätzen: „Zum Gottesdienst ziehen"; durch Kombination der Anapher und Epipher entsteht in den beiden ersten Nachsatzpaaren die Figur der *complexio*, vgl. Ad. Her. 4, 14, 20 und LHB I § 633.

I:II b). Dabei erfindet Luther nicht völlig frei, sondern schließt sich paraphrasierend an Mt. 25, 42ff. an (543):

Wie willtu bestehen? wenn dich Gott am tod bette, odder iungsten gericht hie mit wird ansprechen und sagen, Ich bin hungerig, dürstig, gast, nacket, kranck, gefangen gewest, und du hast mir nicht gedienet ... Ich hatte dir auch kind und güt dazu gegeben, aber du hast mutwilliglich mich und mein reich und alle seelen lassen not leiden und verschmachten ... Dem teuffel aber hastu seine helle helffen bawen und mehren. So wone auch nu ynn dem hause, das du dir gebawet hast,

wo das von Luther dem Bibeltext hinzugefügte: „Ich hatte dir auch kind und güt dazu gegeben ...“ den Text im Sinne der *utilitas* zuspitzt. Und dem Angeredeten wird die Antwort in den Mund gelegt (544):

das dein hertz[90] denn schreien mus, deiner sunde seien mehr denn laub und gras, dazu größer denn himel und erden, und wirst mit Manasse, dem könige Juda, sagen: „Meiner sunde ist mehr denn des sands am meer, und meine missethat ist gros.“

Fictio personae[91]. Ein Beispiel für die fingierte Rede, die in den Mund nichtsprechender Wesen oder Dinge gelegt wird, findet sich in Abschnitt II:I, 1. Hier lehnt sich Luther nicht an Bibelstellen an, sondern erfindet frei. Diese erfundene Rede bildet den Höhepunkt eines epideiktischen Abschnittes, in dem das weltliche Regiment gelobt wird. Dessen Größe wird durch die antithetische Gegenüberstellung des „Tierwesens“ beleuchtet. Ohne weltliches Regiment „muste einer den andern fressen, wie die unvernunfftigen thier unternander thun“ (555). Darauf folgt, in fünf parallelen, in sich zweigliedrig-antithetischen Sätzen, mit der Wortfigur der *complexio* die Aufzählung dessen, was das weltliche Regiment leistet,[92] worauf das Tiermotiv wieder aufgegriffen wird.[93]

[90] In der Bibel vorgebildete Synekdoche, vgl. Quintilian: Inst. or. 8, 6, 19; 8, 6, 28.

[91] Vgl. o. Fußn. 25.

[92] Im Personenlob würde die Aufzählung der *res gestae* entsprechen, vgl. LHB I § 245, II ac.

[93] Damit ist das *afferre simile* für das *contrarium* abgeschlossen. Man beachte, wie in dem abschließenden Satz die beiden antithetischen Glieder

Welchs alles unter den thieren nicht ist Und wurde auch unter den menschen nicht sein, wo welltlich regiment nicht were, Sondern wurden gewislich aus menschen eitel thiere werden.

So weit hat es sich um *docere* und *delectare* gehandelt. Wort- und Satzfiguren wie auch die *similitudo* aus dem Naturleben vereindringlichen und schmücken. Darauf signalisiert eine Frage, daß es zum *movere* übergeht: „Meinstu nicht . . .:", wo die Antwort bereits durch die Frage suggeriert wird; Luther fragt, *quod negari non possit*[94]:

Meinstu nicht, wenn die vogel und thiere reden kondten, und das welltliche regiment unter den menschen sehen solten, Sie wurden sagen, O yhr lieben menschen, yhr seid nicht menschen sondern eitel Gotter gegen uns, wie gar sicher sitzt, lebt und habt yhr alle ding Wir aber so gar keins fur dem andern eine stunde sicher ist, weder lebens, haüses noch narung, Wehe ewr undanckbarkeit, das yhr nicht sehet, wie ein herrlich leben eüch unser aller Gott fur uns thieren gegeben hat.

In diesem kurzen Textabschnitt tritt der Affekt geballt auf. Schon die *fictio personae* ist eine affektische Figur; zweimal kommt die *exclamatio* mit Apostrophe vor, einmal im hyperbolischen Lob („O . . . yhr seid . . . eitel Gotter gegen uns"), einmal im Tadel („Wehe . . ."). Neben der *indignatio* klingt auch der andere vorgeschriebene Affekt, die *commiseratio*, an: Mitleid mit den armen Tieren, die „keins fur dem andern eine stunde sicher" sind; wie in der Schlußperoratio dient das Mitleid dazu, die Undankbarkeit um so schärfer herauszuarbeiten und der *indignatio* einen realen Hintergrund zu geben.[95]

Fingierte Aussprüche und Einwürfe unbestimmter Personen.[96]

„Tiere-Menschen" in chiastischer Folge gesammelt werden. – Dieser *locus a bestiis* war im Mittelalter dagegen in der Form „selbst die Tiere haben einen König" beliebt, vgl. Walthers Spruch ›Ich hôrte ein wazzer diezen‹, und H. Walther: Das Streitgedicht in der lateinischen Literatur des Mittelalters, München 1920, S. 157.

[94] Quintilian: Inst. or. 9, 2, 8.

[95] In der Fußn. 59 genannten Predigt am 4. Sonntag nach Trinitatis wird die Sonne als redend eingeführt: „Wenn die Sonne solte reden . . . was fur iamer und elend sie erlebt und gesehen hette . . ." (WA 41, 311).

[96] Als „Grenzfall der *sermocinatio*" bezeichnet Lausberg in LHB I § 824

Statt daß Luther einen Einwand aus dem Publikum kommen läßt, kann er ihn auch einer anonymen Person in den Mund legen. Dabei erlangt er den Vorteil, daß er diese im Sinne der *utilitas* mit negativen Epitheta versehen kann, ohne die Benevolenz des Lesepublikums zu strapazieren. Dieses wird gegen den Vertreter der gegenteiligen Ansicht und gegen dessen Auffassung voreingenommen. So legt er den Einwurf, der Sohn solle Kaufmann werden und brauche deshalb nur lesen, schreiben und rechnen zu lernen, einem „geitz wanst" in den mund (577):

> Und kere dich nichts dran, das itzt der gemeine geitz wanst, die kunst so hoch veracht, und sprechen Ha, wenn mein son deudsch schreiben, lesen und rechen kan, so kan er genug, Ich will yhn zum kauffmann thun,

und diese Worte werden dann als „ungeschliffen unchristliche wort" bezeichnet (578, 12) und mit einem Argument der Wirkung widerlegt: Ohne den durch Theologen und Juristen aufrechterhaltenen Frieden kann kein Kaufmann bestehen.[97]

Da der Stand des Kaufmanns an sich nichts Tadelnswertes enthält, muß dieser Einwand der Eltern negativ gefärbt werden,[98] was durch die unterschobene Intention „Geiz" geschieht; in dem paral-

„die Unbestimmtheit und Auflösung der redenden Person" durch *dicat aliquis* etc. Doch dient die *sermocinatio* der Charakterisierung, während die hier fingierten Aussprüche der *utilitas* dienen.

[97] „Wo die Theologen wenden, da wendet Gottes wort, und bleiben eitel heiden, ia eitel teuffel, Wo die Juristen wenden, da wendet das Recht sampt dem friede und bleibt eitel raub, mord, frevel und gewallt ia eitel wilde thiere, Was aber der kauffman werben und gewinnen wird, wo der friede wendet ..." *Argumentum ab effectis.* Vgl. Quintilian: Inst. or. 5, 10, 80 ff.; LHB I § 381; zweigliedriger Satzparallelismus mit Wortwiederholung und Steigerung, Häufung, Alliteration (w), Tier-Topos. Der Redeschmuck *ornat et suadet.*

[98] Die parteiische Nuancierung des wahren Sachverhaltes hieß *color*, vgl. Quintilian: Inst. or. 4, 2, 88. Luther selbst bezeichnet gelegentlich die Abwesenheit von *signa irae* als *color*, vgl. TR 11 (zu Mt. 3, 16): „... Qualitas, wie gar lieblich und freundlich es ist zugangen. Nulla significatio irae, non arma, non tonitrua etc., das ist Color." – In den hier angeführten Belegen liegt eine Färbung im ungünstigen Sinne vor, die zugleich affekthaltig ist.

lel zu diesem Abschnitt stehenden Abschnitt I:II, 2 der ersten Texthälfte wird ein „ehrliches“ Gegenargument dem Leser in den Mund gelegt („sprichstu“) und mit der „Reinheit der Intention“ widerlegt. Das Bild des „Geizwanstes“ ist den ganzen Text hindurch zielstrebig aufgebaut und die Intention der Eltern, die ihr Kind „vom geistlichen Stand abziehen“, einseitig schwarzgefärbt worden, was durch affekthaltige Epitheta und ausführliche Tiervergleiche geschieht:

Es ist ye eine schendliche verachtung Gottes, das man solche herrliche Gottliche werck unsern kindern nicht gonnen und stecken sie allein ynn des Bauchs und geitzs dienst, lassen sie nichts lernen, denn narung suchen gleich wie eine sew mit der nasen ymer ym kot wulen . . . (561 f.). . . . gibst ursach, das aus allen menschen eitel thier werden, und fresse zu letzt eins das ander, . . . wo du wissentlich dein kind von solchem heilsamen stand umb des bauchs willen zeuchst . . . (563, 8). . . opfferst sie alle frey dahin auff die fleisch bank“ (563, 7 etc; vgl. 564, 566 f. u. a. m.).

Dieser unreinen Intention einerseits steht nur die reine Intention frommer Eltern gegenüber, die ihr Kind zur Schule schicken; dies, obwohl Luther ausführlich von dem hohen Gut und den Ehren spricht, die dem gelehrten Stand folgen (bes. S. 566). Nirgendwo wird unterstellt, daß Eltern auch aus Ehrgeiz ihren Sohn zum Studium schicken könnten.

Auf die gleiche Weise „färbt“ Luther die Ehre des Schreiberamts, indem er es durch „Scharrhansen“ verachten läßt (vgl. u. unter „Ethos“), was ihm dann Gelegenheit gibt, kräftig gegen diese zu Felde zu ziehen. Ein ähnliches Argument wird anonym eingeführt (573):

Es meinen wol ettliche, das Schreiberampt sei ein leicht geringe ampt, Aber ym harnissch reiten hitz frost, staub, dürst und ander ungemach leiden, das sey eine erbeit.

Diese Ansicht wird mit Aussprüchen teils von dem „loblichen theuren keiser Maximilan“ [99], teils aber auch dem (fingierten) Ausspruch eines „feinen Eddel mannes“ widerlegt [100]:

[99] Ausspruch-Chria als konkrete Autoritätsstütze, vgl. LHB I § 1117; hierher gehört auch der Ausspruch des „Heiden Aristoteles“ vgl. Fußn. 43.

[100] Hier ließe sich wohl von einem „Grenzfall der *auctoritas*“ sprechen, vgl. Fußn. 96.

So hab ich auch von einem feinen Eddel man gehoret das er sagt, Ich wil meinen son lassen studiern Es ist nicht grosse kunst, zwey beyn uber ein ros hengen und reüter werden das hat er mir bald gelernt[101], und ist fein und wol geredt.

Ein für Luthers Sache günstiger Gesichtspunkt wird sehr vorsichtig angeführt (549):

Da ich ein Junger student war, horet ich sagen das ym furstenthum zusachen (ist mir recht) bey achtzehen hundert pfarhen werden, Wo das war ist . . .

Während Luther sich hier gegen Vorwürfe der Übertreibung abgesichert hat („Wo das war ist . . .“), so bürgt er ein andermal für die Richtigkeit einer anonym angeführten Redensart: „Man spricht und ist die warheit, der Bapst ist auch ein schuler gewest“ (576). Hier dient ein allgemeiner Weisheitsspruch aus dem Volke als *auctoritas.*[102]

Diese Beispiele, die sich leicht vervielfältigen ließen, müssen hier genügen. Alle diese fingierten Aussprüche, die teils in direkter, teils in indirekter Rede angeführt werden, dienen der Belebung der Argumentation sowie der Stärkung bzw. Schwächung der *causa.* Dadurch, daß Gründe und Gegengründe verschiedenen Menschen, ja auch Tieren und unbelebten Gegenständen in den Mund gelegt werden können, ergeben sich unerschöpfbare Möglichkeiten der Variation. Die *varietas* wirkt der Langeweile entgegen und bildet den gedanklichen *ornatus.*[103] Der *causa* wird dadurch in mehrfacher Weise gedient: Durch die *delectatio* wurde nicht nur gespannte Aufmerksamkeit erreicht, es entstand auch eine größere Bereitschaft, den Inhalt zu glauben und sich von der Rede fortreißen zu lassen.[104]

[101] Man beachte die abschätzige Definition des Kriegertums als „zwei Beine über ein Roß hängen“, die hier vorsichtigerweise aus dem Mund des „Edelmanns“ kommt; auf S. 575 wiederholt Luther sie, diesmal als seine eigene Meinung: „. . . die losen scharrhansen, die . . . harnissch füren und zwey bein uber ein roß hengen“.

[102] Vgl. Quintilian: Inst. or. 5, 11, 36.

[103] Vgl. LHB I §§ 257, 142, 2 b.

[104] Wenn Hirsch, ohne Belege anzuführen, meint, daß bei Luther „das

Ethos

Luthers Zorn, sein beißender Tadel, seine groben Schimpfwörter sind allgemein bekannt. Der pathoshaltige Tadel im *movere*-Abschnitt ist bereits mehrmals zur Sprache gekommen. Nicht behandelt dagegen ist bisher, wie Luther den dem *delectare* zugeordneten Affekt, das Ethos, handhabt.[105] Mit „Ethos" werden die sanften Affektstufen bezeichnet, die der Sympathiegewinnung dienen, in der Interpretation Dockhorns: „Quintilian bestimmt das Ethos als das Schmeichelnd-Menschliche, Liebenswert-Angenehme, Ruhig-Gelassene."[106] Zu diesem *medius affectus*, der dem „mittleren Stil" zugeordnet ist und vorwiegend dem demonstrativen Genus angehört, gehört auch „das schmunzelnde Belächeln – im Gegensatz zum verächtlich-bitteren Sichlustigmachen – fremder Eigenart und Sonderlichkeit"[107]. Durch das *delectare* und die Sympathiegewinnung dient das Ethos der *utilitas*. Während dem Pathos die Affekte Liebe, Haß, Zorn, Neid, Mitleid, Hoffnung, Freude, Furcht, Angst zugeordnet sind, gehören zum Ethos die „sanfteren" Eigenschaften Zugänglichkeit, Freimut, Milde, Frömmigkeit, Liebenswürdigkeit.[108] Wir greifen ein Stück heraus, in dem das „schmunzelnde Belächeln" besonders deutlich zum Ausdruck kommt: Abschnitt II:II, 2 c a (570f.), in dem die Größe des Schreiberamtes demonstriert wird[109]:

1. Widderumb findet man auch ettliche Scharrhansen, die sich lassen duncken, der name Schreiber sey kaum werd, das sie yhn nennen odder horen sollen,

2. Wolan, da kere dich nicht an, dencke also, die guten gesellen mussen auch ettwa eine kurtzweile und lust haben. So laß doch diese lust sein, Du

---

exhortari das gesteigerte *docere* selber" sei (Predigtweise 13), so muß man sich fragen, was ein „gesteigertes *docere*" eigentlich ist.

105 Ausführlich zu Ethos und Pathos s. K. Dockhorn: Macht und Wirkung der Rhetorik. Vier Aufsätze zur Ideengeschichte der Vormoderne, Berlin/Zürich 1968.

106 Dockhorn: Macht und Wirkung . . ., S. 66.

107 Dockhorn: Macht und Wirkung . . ., ebd.

108 Vgl. Cicero: De orat. 2, 185–216 bzw. 178–184.

109 Hier zur Erleichterung der Interpretation unterteilt.

bleibst dennoch wol ein schreiber fur Gott und der wellt, wenn sie lange scharren,[110] so sihestu dennoch das sie die fedder auffs aller hohest dagegen ehren,

3. setzen sie oben auff hut und hellm, als sollen sie mit der that bekennen, das die fedder sey das oberst ynn der wellt, on welche sie auch nicht gerust zum streit noch ym friden daher gehen kündten, viel weniger so sicher scharren . . .

4. Darumb so sihestu, das sie unsers handwergs zeug die lieben fedder zu oberst setzen (und billich) da sie yhrs handwergks zeug, das schwert umb die lenden gurten, da hengets auch fein und wol zu yhrem werck,

5. Auff den kopff stund es nicht wol, da mus die fedder schweben, haben sie gesundigt an dir, wolan so bussen sie hie mit und sollts yhn vergeben.

In 1. steht die gegnerische Ansicht, die es zu widerlegen gilt; in 2., in der äußeren Form der *exhortatio* mit Apostrophe, Luthers Gegenbehauptung, gehalten im gutmütig-ironischen Ton sicherer Überlegenheit. Punkte 3.–5. bringen Beweis und Amplifikation. Als „Beweis" dient die allegorische Ausdeutung der kriegerischen Tracht[111] im Sinne der *utilitas*, wobei die Feder auf Hut und Helm mit der Schreibfeder identifiziert wird und als *signum*[112] dient; das *signum* gehört zu den künstlichen Beweisen *(genus artificiale probationum)* und muß in diesem Falle argumentatorisch behandelt werden, da es sich um ein *signum non necessarium*[113] handelt, das nicht zwingend auf einen Sachverhalt rückschließen läßt. Dadurch entsteht hier ein Spannungs- und Überraschungsmoment, gepaart mit Ironie, indem die allegorische Interpretation der gegnerischen Tracht das völlige Gegenteil der gegnerischen Meinung ergibt.[114] In Punkt 4. wird die Anbringung des Schwertes damit negativ verglichen *(amplificatio a comparatione)*, und das schmunzelnde Belächeln, von Schadenfreude begleitet, steigert sich in Punkt 5. zu

[110] = Laut prahlen, vgl. DWB 8, Sp. 2216f.

[111] Die Formel „Feder und Schwert" für den Topos *sapientia et fortitudo* war geläufig; Beispiele aus der romanischen Literatur bei Curtius: Europäische Literatur . . ., S. 186f. Dort weitere Literatur.

[112] Vgl. Quintilian: Inst. or. 5, 9, „De signis".

[113] Quintilian: Inst. or. 5, 9, 8.

[114] Ad Her. 4, 34, 46: . . . *quod ex contrario sumitur . . . per translationem argumento poterimus uti*. Vgl. LHB I §§ 583f. zur Ironie.

lautem Lachen in der grotesken Begründung *ex consequentibus*: wie sich wohl ein Schwert auf dem Kopf ausnähme, womit die „Scharrhansen" der Lächerlichkeit *(ridiculum)*[115] preisgegeben werden. Das Bild in Punkt 5. ist ein Beispiel für die *picturae quae incurrunt in oculos*, denen Melanchthon große Bedeutung zumaß.[116]

Außer dem Humor und der Ironie wirkt auch der Wortschatz im Sinne des Ethos: „die guten gesellen, kurtzweile und lust, ehren, die lieben fedder, fein und wol." Im folgenden werden die Tugenden vornehmer Leute als Vorbilder heraufbeschworen:

> Las sie faren, und sihe dich umb nach feinen frumen eddel leuten, als grave Gorge von Werdheim seliger, Herr Hans von schwartzenberg Herr George von fronsberg und der gleichen seligen . . . An den selbigen labe und troste dich

worauf nach dem dreifachen weltlichen Beispiel drei biblische *exempla* angeführt werden:

> und dencke, Gott ehret umb eines mannes Lot willen die gantze stad zoar und umb eines Naaman willen das gantz land Syria und umb eines Jossephs willen das gantz konigreich Egypten,[117] Warum woltestu nicht auch den gantzen adel ehren umb vieler redlicher eddel leute willen . . . Wie keme der schone baum der liebe Adel dazu . . .

Der ganze Abschnitt könnte als Schulbeispiel für das Ethos dienen, wie es Quintilian definiert. Es ist ein heiter-affektischer Exkurs mit der *maledictorum refutatio*[118]. Die Rolle, die die Affekte bei Luther

[115] Zum *ridiculum* vgl. Quintilian: Inst. or. 6, 3, 1–112. Bes. 22–23.

[116] Melanchthon: Corpus Reformatorum (im folgenden abgek. CR) XVI, 734 und XIII, 491: „Aus den Umständen und Zeichen. Die meisten Amplifikationen entstehen hier aus den Beschreibungen von Ort, Zeit, Person, Körperbau, Haltung und Bewegung. Man unterscheidet zwischen *signa praecedentia* und *signa consequentia* etc." *(Ex circumstantiis et signis. Hinc vero plurimae oriuntur amplificationes ex descriptionibus locorum, temporum, personarum, habitus corporis, et gestuum. Et alia sunt signa praecedentia, alia consequentia etc.)* Vgl. K. Bullemer: Quellenkritische Untersuchungen zum I. Buche der Rhetorik Melanchthons, Diss. Würzburg 1902, S. 72.

[117] Steigerung, vgl. Quintilian: Inst. or. 8, 4, 27 und Inst. or. 9, 4, 23.

[118] Vgl. Quintilian: Inst. or. 4, 3, 15–16.

spielen, bedarf noch einer gründlichen Einzeluntersuchung. Es dürfte jetzt klargeworden sein, daß Luther sie nicht in spontaner Gemütsaufwallung zu Papier brachte. Was vor uns liegt, ist eine beratende Schrift. Gerade für das *genus deliberativum* betrachtete die Rhetorik die Verwendung von Affekten als notwendig.[119] Aus dem deliberativen Genus leitet auch Melanchthon die Affekte ab[120]:

> Die Art, die Affekte zu handhaben, entnehmen wir zum großen Teil den *loci* der deliberativen Gattung, nämlich den *loci ex honesto et utili*; das Ehrliche und Nützliche nämlich lieben wir, während wir dagegen das Schändliche und Schädliche verabscheuen und fliehen. Jedoch sind diese Gründe der Ehrlichkeit und des Nützlichen einzukleiden in die Umstände *(circumstantiis)*, unter welchen die wertvollsten Bilder sind, die anschaulich vor Augen führen und, wie Quintilian sagt, den Blick schärfen.

Mit den antiken Autoren empfiehlt er für das deliberative Genus das *varie spargere in tota oratione* der Affekte,[121] was sich in unserem Luthertext mit großer Sorgfalt befolgt findet. Mittelalterliche *artes praedicandi* hatten die Affekte anempfohlen und bei ihrer Begründung auf die Bibel verwiesen.[122]

[119] Vgl. Quintilian: Inst. or. 3, 8, 12; Cicero: De or. 2, 82, 337 empfiehlt die Gefühlserregung für den größten Teil einer Beratungsrede: *maximaque pars orationis admovenda est ad animorum motus . . . concitandos.*

[120] Melanchthon: CR XVI, 734: *De affectibus. Ratio tractandorum affectuum magna ex parte sumitur ex locis generis deliberativi, scilicet ex honesto et utili, honesta enim et utilia amamus, turpia ac damnosa odio habemus ac fugimus. Sed haec ipsa ratio honestorum et utilium vestienda est circumstantiis, in quibus plurimum valent picturae, quae incurrunt in oculos, et, ut Fabius ait, vim oculis afferunt* (zu Cicero: De oratore 2, 42, 78). Vgl. Bullemer: Quellenkritische Untersuchungen . . ., S. 70.

[121] Melanchthon: CR XIII, 447.

[122] Guillaume d'Auvergne empfiehlt die Affekte u. a. mit dem Hinweis auf Luk. 19, 41 ff., und auf Paulus: „Denn eine Predigt, die auf das Gefühl wirkt und einfach ist, nicht ausgefeilt oder geschmückt, rührt und erbaut am besten, wie das Beispiel des Apostels Paulus lehrt, der das Wort Gottes nicht in hochtrabender Rede vortrug" *(Affectuosus enim sermo et simplex non politus vel subornatus, amplius movet et edificat, exempli Apostoli Pauli qui non in sublimitate sermonis verbum Dei loquebatur)*; Roth: Die mittelalterliche Predigtheorie . . ., S. 50f.

Jahrbuch für Internationale Germanistik VIII/2; Peter Lang Verlag, Bern 1976, S. 49–76. Hier: Auszug S. 56–73 sowie Vorwort u. Nachschrift des Autors.

NATURZAUBER, WARENWIRTSCHAFTLICH UND POETISCH

Prospekt der Analyse eines Stücks aktueller Topik

Von Ludwig Fischer

Vorbemerkung

Begrifflichkeit, Erkenntnisinteresse und Verfahren einer 'Toposforschung' entfernen sich im folgenden weit von Ernst Robert Curtius' Entwurf der 'Topik' [1] und beziehen entscheidende Impulse aus dem von Heinrich Popitz skizzierten und von Oskar Negt ein Stück weit fortgeführten Ansatz einer 'sozialen Topik'. Die 'Topoi' werden dort als schichten- oder klassenspezifische Denkmuster, als durch die Sozialisation tradierte Argumentationsklischees verstanden. [2] Unvereinbar mit einem Topos-Verständnis in Curtius' Nachfolge ist die Notwendigkeit, bei der 'sozialen Topik' einen geschichtlichen 'Erfahrungskern' der gruppenbezogen verfügbaren Denkmuster anzusetzen, um ihre Leistungsfähigkeit erklären und über ihre wirkliche Funktion im einzelnen Fall überhaupt ent-

[1] Ernst Robert Curtius: Europäische Literatur und lateinisches Mittelalter, Bern 1948 u. ö. Zur Entstehung des Konzepts bei Curtius s. Peter Jehn: Ernst Robert Curtius: Toposforschung als Restauration, in: Peter Jehn (Hrsg.): Toposforschung. Eine Dokumentation, Frankfurt a. M. 1972, S. VII ff.

[2] Vgl. Heinrich Popitz u. a.: Das Gesellschaftsbild des Arbeiters. Soziologische Untersuchungen in der Hüttenindustrie, Tübingen 1957 (Soziale Forschung und Praxis Bd. 17), S. 82 ff.; s. dazu Ludwig Fischer: Des Käufers Stellvertreter und sein Konterfei, in: Sprache im technischen Zeitalter 51 (1974), S. 261–293; hier S. 283 f. Oskar Negt: Soziologische Phantasie und exemplarisches Lernen. Zur Theorie und Praxis der Arbeiterbildung, Frankfurt a. M. 1972.

scheiden zu können. Nicht der Konstanz der so genannten 'Topoi' gilt dann die analytische Anstrengung, sondern dem jeweils zu ermittelnden „Ausdruck der geschichtlichen Erfahrungen und der objektiven Lebensbedingungen der betreffenden Gruppe" [3]. Damit fordert die Untersuchung 'sozialer Topik', zwischen dem gruppenspezifisch kristallisierten Argumentationsklischee, das an der Oberfläche individuellen und kollektiven Handelns und Kommunizierens wahrnehmbar wird, und den objektiven gesellschaftlichen Bedingungen dieser Denkmuster zu unterscheiden, um beides miteinander vermitteln zu können.

Eine Toposforschung aber hat, so meine ich, die Konsequenzen zu ziehen, daß einzelne, mehr oder weniger verfestigte Oberflächenelemente der Kommunikation – sie seien hier vorläufig, um ihren intentionalen Charakter festzumachen, trotz aller terminologischen Problematik als 'Argumente' bezeichnet – daraufhin untersucht werden, wie sich in ihnen objektive gesellschaftliche Sachverhalte und deren dialektische Aneignung im Bewußtsein ausdrücken. Das wirft sehr schwierige methologische Probleme der Identifikation objektivierter Bewußtseinsgehalte und der Vermittlung zu sozioökonomischen Bewegungen auf. Die manifesten, einzugrenzenden Oberflächenelemente sprachlicher und auch bildlicher Kommunikation, die – zumeist ungewußt aus objektiven Momenten der gesellschaftlichen Entwicklung als ihren 'Prämissen' abgeleitet – 'Argumente' genannt werden sollen, weil sie stets Bestandteil zu ermittelnder persuasiver Strategien sind, können nicht einfach mit Ideologemen gleichgesetzt werden. Wie Negt für das Feld der 'sozialen Topik' angeführt hat, können die verfestigten, ja manchmal zur Chiffre geronnenen Äußerungsstandards durchaus die geschichtlichen Erfahrungen und Lebensbedingungen von Gruppen, Schichten, Klassen auch adäquat, das heißt: der wahren gesellschaftlichen Lage der betreffenden Gruppe, Schicht, Klasse entsprechend und ihr historisch notwendiges Bewußtsein mit bestimmend, ausdrücken.

Ob ein beobachtetes und auf seinen 'Ort' in den objektiven gesellschaftlichen Bewegungen bezogenes Argument ein Ideologem

[3] Negt: Soziologische Phantasie . . ., S. 64.

bildet, kann also nur die Untersuchung des jeweiligen Verwendungszusammenhanges ergeben: in welchem Bereich der Totalität gesellschaftlichen Lebens es erscheint, wer es in welchem Medium wem gegenüber gebraucht, welche formalen und inhaltlichen Standards oder tradierten Mittel aufgegriffen werden, und so fort. Differierende Argumentationen unterschiedlicher Gruppen, Schichten, Klassen oder in verschiedenen gesellschaftlichen Sphären lassen sich daher unter Umständen auf den gleichen 'Topos', auf den gleichen 'Ort' als Moment in der geschichtlichen Entfaltung der Gesamtgesellschaft beziehen. Was in einer abstrakten rhetorischen Systematik ins Technizistische gewendet ist, nämlich daß aus dem gleichen Topos Argumente für und gegen eine Sache gewonnen werden können, wird somit – außerhalb vordergründig-parteilicher, weil identifikationsloser Argumentationen, etwa in der Regel bei bestellten Plädoyers oder rhetorischen Schulübungen – als Erscheinungsform gesellschaftlicher Widersprüche erklärbar. – Zum Beispiel besteht die warenwirtschaftliche Werbung fast nur aus wiederkehrenden, bis zu rudimentären optischen Chiffren verkürzten Argumenten, deren penetrante Häufigkeit und Variationsarmut erst einsichtig wird, wenn man sie als Aktualisierung zentraler Topoi in der bürgerlichen Gesellschaft aufschlüsselt.

Staffage aus Natur

Das Farbfoto einer Mischwaldpartie mit einem Stück Bachlauf oder Teichufer im Vordergrund füllt fast die ganze einseitige Illustriertenanzeige. Vom rechten Rand her langt eine Hand in das Bild und hält eine Flasche am Hals, die nach vorn und seitlich rechts geneigt ist, als ob sie von der Hand gerade aus dem Bildfond geholt würde. Die aufrechte Silhouette der Flasche ist weiß in dem Waldstück ausgespart, so daß der optische Eindruck entsteht, die Flasche sei mitten aus der Szenerie von Bäumen, Sträuchern und Gräsern gegriffen. Links neben dem Hals der Silhouette in fetter weißer Grotesk-Type der Slogan „Ein Stück Natur . . .“; am rechten unteren Bildrand im Vordergrund ein gefülltes Likörglas, vor einem Moosflecken stehend, aus dem eine kleine, geöffnete Flasche des gleichen Getränks 'Sechsämtertropfen' wie hervorgewachsen erscheint. Auf dem weißen Streifen am unteren Ende der Anzeige der Text „... Ein Stück Natur – denn Sechsämtertropfen kommt aus dem Fichtelgebirge. Dort, wo die Natur noch Natur ist. Sechsämtertropfen schmeckt, wie er soll: nicht bitter und erst recht nicht süß. Sechsämtertropfen wird seit 1895 nach unverändertem Rezept im Sechsämtergäßchen zu Wunsiedel hergestellt." Darunter noch einmal das Warenzeichen – wie auf den Etiketten der beiden Flaschen und den Deckeln – mit dem Zusatz „der Kräuter zum Trinken"[4].

Die Aufmerksamkeit soll sich hier auf das zentrale Argument der Anzeige konzentrieren, das sprachlich wie bildlich präsentiert ist: Das Produkt, als Ware angeboten, stelle auch als Resultat menschlicher Arbeit noch einen Bestandteil der unbearbeiteten Natur dar. Allzu offenkundig scheint der innere Widerspruch, den dieses Argument mit sich selbst setzt. Er präsentiert sich in der Anzeige unmittelbar als optische Unstimmigkeit: Nicht nur stehen die Abbildungsmaßstäbe von Waldstück und daraus 'entnommener' Flasche in einem krassen Mißverhältnis – die Flaschensilhouette erreicht, mit der Un-realistik der Montage gesprochen, nahezu Baumhöhe. Sondern der – übrigens in Anlehnung an die Klappbilder in Kinderbüchern gestaltete – charakteristisch flaschenförmige Ausschnitt des Waldfotos ist eben nur seinem Umriß nach Bestandteil der Naturszenerie, die bildliche Ausfüllung mit dem schräg nach vorn geneigten Glaskörper bleibt dem Fond, aus dem sie herausgelöst zu sein vorgibt, ganz und gar fremd. Jedes Kind weiß, daß Flaschen voller Kräuterlikör nicht wie Bäume im Walde wachsen. Jeder Betrachter, so darf man annehmen, erkennt augenblicklich die übertragene Redeweise der ganzen Anzeige; wollte man die Kategorien einer abstrakt-analogisch verfahrenden visuellen Rhetorik anlegen, ließe sich der dominierende Teil des Bildes als visueller Tropus der Ironie deklarieren.[5] So könnte man denn vermuten wollen, die

[4] Z. B. in Stern Nr. 42/1973.

[5] Vgl. Eco: Einführung in die Semiotik, München 1972, S. 274; zuvor bereits Gui Bonsiepe: Visuell/verbale Rhetorik, in: Ulm 14/15/16. Dez. 1965, S. 23–40.

Reklamemacher hätten es mit ihrem Argument so ernst gar nicht gemeint, es solle durch eine bewußt und augenzwinkernd übertriebene Darstellung lediglich mitgeteilt werden, daß durch die Rohstoffe des Kräuterlikörs 'Sechsämtertropfen' reine, von ökologischen Schadfaktoren unberührte Natursubstanzen mit dem Getränk genossen würden. Auf dem Flaschenetikett heißt es denn auch, in der Anzeige kaum noch zu entziffern: „Wurzeln und Beeren des Fichtelgebirges verleihen diesem würzigen Halbbitter seine wohltuende Kraft."

Eine solche Deutung macht es sich jedoch zu leicht. Denn daß überhaupt das Argument, eine Ware sei mit unbearbeiteter Natur identisch, in Werbekampagnen – nicht nur der einen schon zitierten – entfaltet wird, muß als hinreichendes Indiz dafür gelten, daß die Werber eine Wirkung dieses Arguments voraussetzen. Es soll damit gar nichts über die tatsächliche, mehr oder weniger genau feststellbare Wirkung der Kampagnen auf Meinung und Verhalten der Rezipienten ausgesagt sein. Vielmehr ist die sozialpsychologische These herauszustreichen, daß gerade das stereotype, gehäufte Auftreten bestimmter Aussagen in der breit streuenden Konsumwerbung auf Dispositionen des allgemeinen Bewußtseins verweist, die einerseits ausgenützt und damit als vorhandene, objektivierte vorausgesetzt, andererseits durch die Werbung massig geformt und mit produziert werden.[6] Mit einem solchen dialektischen Verständnis der historischen Modellierung des allgemeinen Bewußtseins wird sowohl die Vorstellung von der totalen Manipulation der Konsumenten durch die Werbung als auch der apologetische Verweis abgewehrt, Werbung und öffentliche Beeinflussung allgemein beruhten im sogenannten marktwirtschaftlichen System bloß auf der Spiegelung und Vervielfältigung dessen, was alle eh schon wünschten und wollten.[7]

[6] Dazu auch Wolfgang Fritz Haug: Kritik der Warenästhetik, Frankfurt a. M. 1971, S. 55ff., 65ff. Vgl. weiterhin Klaus Holzkamp: Sinnliche Erkenntnis. Historischer Ursprung und gesellschaftliche Funktion der Wahrnehmung. Frankfurt a. M. 1973.

[7] Derartige Rechtfertigungen finden sich in den meisten der einschlägigen 'Lehrbücher' über Werbung, z. B. Georg Bergeler: Werbung und Gesellschaft, Essen 1965 (Grundriß der Werbung. Bd. 9), S. 18ff. u. ö.; vgl. Fischer: Des Käufers Stellvertreter . . ., S. 261.

Wenn nun Bewußtsein generell, auch in der Erscheinungsform der Ideologie, als durchaus dialektisch aufgefaßtes Produkt der gesellschaftlichen Lebenspraxis zu gelten hat, führt die in den Kommunikationsphänomenen – etwa in der Werbung – zutage tretende Ausformung bestimmter zentraler Bewußtseinsgehalte zu der Frage, welche konkreten, womöglich grundlegenden Bewegungen in der Totalität einer Gesellschaftsform dadurch repräsentiert werden.

Die beigebrachte Anzeige weist ziemlich direkt, besonders durch ihr Textstück, auf den objektiven Grund, aus dem – als der 'Prämisse' – sich die Argumentation speist und ihre bezeugende wie prägende Kraft erhält: Es ist von der 'Herstellung' des Produkts aus 'Natur' die Rede. Zwar bezieht sich dies im vorliegenden Fall auf die industrielle Aufbereitung natürlicher Stoffe für die unmittelbare – wenn auch mit dieser Ware luxurierende – Reproduktion der menschlichen Physis. Aber zurückgegriffen wird letztlich auf die menschliche Aneignung der vorfindlichen Natur durch Arbeit, also auf das Konstituens aller Lebenspraxis, den 'Stoffwechsel des Menschen mit der Natur'[8]. Marx hat Arbeit in diesem Sinne, nämlich die allgemeine Form der Reproduktion menschlichen und damit gesellschaftlichen Lebens schlechthin, als „eine von allen Gesellschaftsformen unabhängige Existenzbedingung des Menschen, ewige Naturnotwendigkeit" bezeichnet.[9] Sie scheint damit eine meta-historische Größe zu werden, zur ontologischen Kategorie zu erstarren. Aber der reale Prozeß des 'Stoffwechsels des Menschen mit der Natur' durch Arbeit findet in jeweils historisch bestimmten, durch die gesellschaftliche Organisation definierten Formen statt. Arbeit nicht als abstrakte, sondern als konkrete Verwirklichung der Menschen bleibt keineswegs unabhängig von den historischen Stadien gesellschaftlicher Entwicklung, eben die Art und Weise der Organisation des Arbeitsprozesses im sozialen Gefüge bildet die Basis der Gesellschaftsform.[10] Das heißt zum einen:

[8] Vgl. Alfred Schmidt: Der Begriff der Natur in der Lehre von Karl Marx, Frankfurt a. M. [2]1974, 74 ff.

[9] Karl Marx: Das Kapital. Bd. I. Marx/Engels Werke. Bd. 23, Berlin (DDR) 1972, S. 57.

[10] Über die Abwehr eines ontologischen Mißverständnisses des Arbeits-

Durch die Bearbeitung der Natur verändert der Mensch sich selbst – stets vorausgesetzt: in und mit der Form gesellschaftlichen Lebens –, der seinerseits Bestandteil der Natur ist, verändert sich, indem er die Bedingungen seiner Selbstverwirklichung durch Arbeit verändert.[11] Zum anderen wandelt sich durch die Bearbeitung die von ihm getrennt existierende Natur, und zwar nicht nur dort, wo die Naturstoffe durch die direkte Bearbeitung umgeformt, aufbereitet, verfügbar gemacht oder wo die organische Natur durch gezielte menschliche Tätigkeit umgestaltet wurden. Sondern Natur hat generell, auch in ihren unbearbeiteten Partien, „gesellschaftlich vermittelten Charakter", ist eine historische Größe.[12] „Natur ist eine gesellschaftliche Kategorie. D. h., was auf einer bestimmten Stufe der gesellschaftlichen Entwicklung als Natur gilt, wie die Beziehung dieser Natur zum Menschen beschaffen ist und in welcher Form seine Auseinandersetzung mit ihr stattfindet, also was die Natur der Form und dem Inhalt, dem Umfang und der Gegenständlichkeit nach zu bedeuten hat, ist stets gesellschaftlich bedingt."[13]

Der Sachverhalt läßt sich in der behandelten Anzeige selbst fassen. Dort hieß es im Text: „... Ein Stück Natur – denn Sechsämtertropfen kommt aus dem Fichtelgebirge. Dort, wo die Natur noch Natur ist." In dem letzten Satz reflektiert sich oberflächlich der Tatbestand, daß auf dem inzwischen erreichten Stadium der Naturbeherrschung die Umwelt des Menschen kaum noch unbearbeitete oder von menschlicher Tätigkeit unbeeinflußte Naturbestandteile aufweist. Dem allgemeinen Bewußtsein ist dies zumindest in seinen extremen Auswirkungen als Bedrohung durch die 'ökologische Krise' gegenwärtig; das wiederum setzen die Werbungsschreiber mit ihrer Argumentation voraus. Die zitierte Formulierung bedingt des weiteren, daß unter den gegebenen Verhältnissen nur noch die

begriffes von Marx und die historische Dialektik des 'Stoffwechsels zwischen Mensch und Natur' vgl. Schmidt: Der Begriff der Natur ..., S. 81 ff.

[11] Dazu Schmidt: Der Begriff der Natur ..., S. 75 f.

[12] Schmidt: Der Begriff der Natur ..., S. 204.

[13] Georg Lukács: Geschichte und Klassenbewußtsein. Studien über marxistische Dialektik, Neuwied/Berlin 1970, S. 372; vgl. Schmidt: Der Begriff der Natur ..., S. 178.

unbearbeitete Natur als Natur im eigentlichen Sinne gilt; es braucht hier überhaupt nicht zu beschäftigen, daß in Wahrheit auch das Fichtelgebirge keinen solchen Naturbezirk mehr bildet, schon weil es durchgehend Kulturlandschaft ist, aber auch, weil es keineswegs frei von den Produkten, sei es nur von den Abfallprodukten vor allem der Industrie, bleibt. Vielmehr hat sich das Augenmerk darauf zu richten, daß in dem herangezogenen Satz der Charakter der Aneignung von Natur in der bürgerlichen Gesellschaft aufscheint: Da die kapitalistische Produktionsweise sich, wenn auch im Detail mit technologischer Rationalität, so doch im ganzen bewußtlos fortentwickelt, ist der Prozeß der Naturbeherrschung in ihr selbst wieder ein unbeherrschter Prozeß, der den Menschen wie von unberechenbaren Naturkräften gelenkt erscheint.[14] Die Aneignung der Natur durch den Menschen wird so folgerichtig als Bedrohung oder Gefährdung auch der menschlichen Existenz erfahren, als ein Unterworfensein unter die naturgeschichtlichen Bedingungen in bezug auf die Totalität der Lebenswirklichkeit, je weiter die Aneignung der gegenständlichen Natur im einzelnen fortschreitet.[15] Deshalb enthält die positive Wertung eines postulierten Bezirks unbearbeiteter Natur, auch in der vorliegenden ideologischen Fassung wie in der Anzeige, ein Moment des historisch Richtigen: den Hinweis auf einen zwar noch nicht angeeigneten, aber eben deswegen durch die anarchisch strukturierte Bearbeitung auch noch nicht destruierten oder blind verwerteten Naturbestandteil. Seinen unbegriffenen, geschichtlich hoffnungslosen Ausdruck findet dies in den spätkapitalistischen Gesellschaften mit Erscheinungen der Zivilisationsflucht, der Naturschwärmerei, bis zu einem beträchtlichen Anteil an den Formen des Tourismus.[16] Auch solche Bewußtseinsgehalte greift die Reklame auf – der Slogan einer Anzeige für 'Eden'-Margarine lautet „Zurück zur gesunden Natur!“

[14] Vgl. Schmidt: Der Begriff der Natur . . ., S. 136.

[15] Vgl. Schmidt: Der Begriff der Natur . . ., S. 142.

[16] Vgl. Hans Magnus Enzensberger: Eine Theorie des Tourismus, in: ders.: Einzelheiten I, Frankfurt a. M. 1962, S. 179–205; Ludwig Fischer: Die vorgefertigte Freiheit. Glosse zur Werbung westdeutscher Tourismus-Konzerne, in: Impulse. Dank an Gustav Korlén zu seinem 60. Geburtstag. Hrsg. v. Helmut Müssener und Hans Rossipal, Stockholm 1975, S. 378–415.

Aber noch genauer ist die Argumentation in der Anzeige für den Kräuterlikör auf die Form der Naturaneignung in der bürgerlichen Gesellschaft zu beziehen. Fortschreitende Beherrschung der vorfindlichen, in ihrer Widerständigkeit nie ganz aufhebbaren Natur [17] bedeutet gewiß deren weiter und weiter getriebene Anverwandlung an die Bedürfnisse der Menschen. Nicht notwendig aber muß solche Anverwandlung den Charakter annehmen, den sie durch die kapitalistische Produktionsweise erhält: den zunehmender Fremdheit gegenüber den objektiven Reproduktionsbedingungen des Naturzusammenhanges insgesamt. Die Entwicklung von Wissenschaft und Technik, Mittel und Manifestation beschleunigter „Abstoßung vom gegeben Naturhaften" [18], kann nicht abstrakt, als gesellschaftlich unabhängige Form der sich ausweitenden Naturbeherrschung begriffen werden. Als Teil der Entfaltung der bürgerlichen Gesellschaft trägt auch der wissenschaftlich-technische Zugriff auf die Natur das Signum der historischen Epoche: Er teilt „die übrige Abstraktheit (Fremdheit) der bürgerlichen Materialbeziehung" [19]. Die Naturstoffe sind den produzierenden Menschen im genauen Sinne gleichgültig, die Anstrengung der Aneignung wendet sich ihnen nur insofern zu, als sie Produktionsmittel in dem Arbeits- und Verwertungsprozeß sind, den sein Veranstalter letztlich nur vom Tauschwertstandpunkt aus, im Interesse der Verwertung des Werts betreibt; nur notgedrungen, aufgrund der Dialektik des Warencharakters, muß er die Tauschwertproduktion als Herstellung von Gebrauchswerten und damit als Verarbeitung des Naturmaterials vollziehen. Wenn auch die menschliche Aneignung der Natur allgemein bedeutet, daß diese Natur unter dem Aspekt ihrer Nützlichkeit für die praktische Befriedigung der menschlichen Bedürfnisse betrachtet und behandelt werden muß, so wird eben diese Nützlichkeit in der bürgerlichen Organisation der Arbeit eine

[17] Zum Problem des Fortbestehens eines 'Reichs der Notwendigkeit', d. h. der Aneignung der widerständigen Natur, auch in einer rational organisierten Gesellschaft vgl. Schmidt: Der Begriff der Natur . . ., S. 137 ff.

[18] Ernst Bloch: Das Prinzip Hoffnung. Bd. 2, Frankfurt a. M. 1973, S. 773.

[19] Bloch: Das Prinzip Hoffnung. Bd. 2, S. 776 (Original teilweise kursiv).

abstrakte für die Produzenten.[20] So wird die angeeignete Natur den Menschen desto fremder, je intensiver die Naturbeherrschung vorangetrieben wird. Diese Fremdheit schlägt nun nicht nur in der Notwendigkeit der zunehmenden Triebunterdrückung auf das Naturwesen Mensch zurück, sondern wird auch ganz konkret als Gefährdung der Basis der physischen Reproduktion erfahren: Die Abstraktheit des bürgerlichen Naturverhältnisses kehrt sich auch gegen die eigene Leiblichkeit des Menschen. Dabei geht diese Gefährdung nicht von der zunehmenden Künstlichkeit der physischen Reproduktionsbasis aus, der immer stärker technisch vermittelten Aufbereitung und dem zunehmenden Ersatz von Naturstoffen schon, sondern von der gesellschaftlich irrationalen, ihrerseits unbeherrschten Entwicklung dieser Künstlichkeit. Daß Natur für den Lebensprozeß notwendige Materialbasis bleibt – trotz aller Umgestaltung der primären Stoffe –[21], daß durch die Abstraktheit des bürgerlichen Verhältnisses zu der Materialbasis diese selbst und mit ihr der sie bearbeitende Mensch von wachsender Fremdheit ganz konkret betroffen wird – trotz der immer weiter reichenden Verfügbarkeit der stofflichen Basis –, diese generelle Tendenz der bürgerlichen Epoche kommt also im Bereich der unmittelbaren kreatürlichen Reproduktionsbedingungen den Menschen nur am schärfsten, bedrängendsten zu Bewußtsein. Dies spiegelt sich getreulich in den Strategien der Warenwerbung: Die Reklame in den Produktsekto-

[20] Dies wird, scheint mir, von Schmidt nicht hinreichend bedacht, wo er die 'technisch vermittelte Beziehung zur Natur' (Der Begriff der Natur . . ., S. 162) allgemein mit der bürgerlichen Form dieser Vermittlung gleichsetzt. Es geht nicht um die übergeschichtliche Antithese technische gegen a-technische Beherrschung der Natur, sondern um die Art der Rationalität einer historisch bestimmten Technik im Bezug auf Natur. Zur Auseinandersetzung Schmidts mit Bloch in diesem Punkt vgl. S. 160ff. Zum Problem der spezifischen Form der vom Bürgertum entwickelten Technik und Wissenschaft vgl. nur Alfred Sohn-Rethel: Geistige und körperliche Arbeit. Zur Theorie der gesellschaftlichen Synthesis, Frankfurt a. M. [2]1972, bes. S. 146ff.

[21] Siehe Bloch: Das Prinzip Hoffnung. Bd. 2, S. 779f.; Schmidt: Der Begriff der Natur . . ., S. 89f., auch S. 139f. (die Differenz zu Bloch ist gerade hier geringer, als Schmidt meint – vgl. S. 93ff.).

ren der Nahrungs- und Genußmittel, der Körperpflegeartikel, der Heil- und Arzneimittel, aber auch in abgewandelter Weise die Tourismuswerbung wiederholen geradezu monoton das Versprechen, die Ware bilde oder vermittle unentfremdete, nicht 'verfälschte' Natur. Aber nicht jedes Argument der Werber, in dem 'Natur' angeführt wird, ist auf die hier behandelte gesellschaftliche Prämisse zu beziehen, und nicht alle zu Recht darauf zurückgeführten Argumente aktualisieren diese Prämisse in der gleichen Weise; das will im weiteren noch angedeutet sein.

Der vorläufig in dem zentralen Argument der einen Anzeige erkannte Topos ist jetzt, bevor weitere Beispiele herangezogen werden, noch einmal zusammenfassend zu umreißen: Die sprachliche und bildliche Behauptung, der Kräuterlikör 'Sechsämtertropfen' sei 'ein Stück Natur', und zwar vorgeblich unbearbeiteter Natur, bezieht sich letztlich auf den objektiven historischen Tatbestand, daß wohl die Naturstoffe die unaufhebbare, notwendige Materialbasis der gesellschaftlichen Reproduktion durch Arbeit bilden, und gerade der physischen Reproduktion des Naturwesens Mensch, daß aber die anarchistisch entfaltete Form der Aneignung von Natur in der bürgerlichen Gesellschaft durch die zunehmende Abstraktheit des Naturverhältnisses gefährdend auf die natürlichen Reproduktionsbedingungen zurückwirft, in die dabei die gesellschaftlichen einzuschließen sind.[22] In der Anzeige tritt die Argumentation, die von dieser Grundlage ausgeht, als ideologische auf: Es wird der Anschein erweckt, als sei die bestehende Form des zwanghaften 'Stoffwechsels zwischen Mensch und Natur' durch Arbeit, durch Produktion doch zu befreien von der in und mit ihr wachsenden Fremdheit gegenüber der anzueignenden Natur. Es gelte nur, ein besonders unbearbeitetes, 'unberührtes' Stück Natur zu ergreifen – in der gewissen Ware. Das Widersprüchliche der Anzeige, das oben besprochen wurde, erfährt hier seine gehörige Begründung. Das ideologische Argument ist zumindest optisch in der Anzeige bereits zur Chiffre verkürzt: auf das dargestellte Überspringen des ganzen

[22] Zu „Natur als der höheren Einheit von Gesellschaft und jeweils angeeignetem Natursegment" s. Schmidt: Der Begriff der Natur. . ., S. 88, auch S. 77f.

Produktionsprozesses von dem Naturstoff zur fertigen, verpackten Ware. Die vielleicht mitgemeinte, subtile 'visuelle Ironie' schwächt das argumentative Gewicht, den Ernst in der Ausnutzung eines zentralen Bewußtseinsgehaltes in unserer Gesellschaft, dabei an dem reduzierten Ideologem nicht ab.

Die optische Chiffre vom Überspringen des industriellen Produktionsprozesses, die in den Werbebildern erscheint, stellt also eine versimpelte, zusammengezogene Form jenes Ideologems von der in einer Ware überwundenen Fremdheit der gegenständlichen Natur dar. Solche Chiffren treten in der Werbung für die aufgezählten Produktbereiche in mancherlei Variationen auf; manchmal werden sie, bei ganz unterschiedlichen Waren, nahezu identisch: Auf der Mittelrippe eines regelmäßig gewachsenen, flächig von oben abgebildeten Tabakblattes liegt ein Cigarillo. Der Slogan darunter: „Clubmaster. Eine Cigarillolänge Naturgeschmack." Im kleingedruckten Text wird die Bildchiffre wieder ein Stück weit zurückgenommen: „Das Naturdeckblatt gibt Clubmaster den unnachahmlichen Naturgeschmack . . .[23] Durch das 'gibt' tritt die im Foto negierte Differenz zwischen Rohstoff und fertigem Produkt wieder zutage. Die Parallele: Ein saftig grünes, mit perlenden Tropfen behaftetes Blatt – vielleicht das einer Calla –, die Diagonale der Anzeige füllend; in die leichte Wölbung des Blattes geschmiegt, liegt vor der Mittelrippe eine schmale, gelbe Plastikflasche mit dem Warenzeichen 'badedas'. Fettgedruckt dazu nur ein Wort: „Natürlich." Auch hier löst das Kleingedruckte den visuellen Kürzel tendenziell wieder auf: „Roßkastanien-Extrakt, Vitamine, Chlorophyll, Lanolin und andere Naturöle. Erst diese einzigartige Komposition natürlicher Wirkstoffe macht dieses Schaumbad zu dem, was es ist: badedas."[24] In beiden zitierten Textpassagen setzt sich übrigens der Kampf um Marktanteile in seinem Zusammenhang mit dem Bemühen um ein Erscheinungsmonopol unmittelbar in die sprachliche Formulierung um;[25] das kann hier lediglich angemerkt

[23] Z. B. Stern Nr. 45 (1974).

[24] Z. B. Brigitte Nr. 23 (1973).

[25] Über Fragen des 'Erscheinungsmonopols' s. Haug: Kritik . . ., S. 26ff.

bleiben. Daß die Anzeigen sich in ihrem Bildteil so völlig gleichen, beruht weder auf bloßem Zufall, noch kann man es einfach auf die Phantasielosigkeit oder gar die gegenseitige Anleihe der Werbetüftler abschieben. Es dokumentiert sich darin der Zwang für die Werber, auf verhältnismäßig wenige, zentrale gesellschaftliche Prämissen möglicher Argumente zurückzugreifen, so daß sie mit der Ausnutzung der entsprechenden wesentlichen Bewußtseinsdispositionen auf Wirkung ihrer Argumentationen hoffen können. Die Reduktion auf Chiffren muß dann häufig zu sich ähnelnden sprachlichen und bildlichen Formeln führen. Damit soll keineswegs bestritten sein, daß bestimmte solcher Kürzel außerordentlich rasch nach ihrer Einführung von verschiedenen Werbern aufgegriffen werden und bald stereotype Bestandteile der Reklame in ganzen Warensektoren bilden.[26]

Ein weiteres Beispiel für die Gleichartigkeit der Erscheinungsformen des hier behandelten Arguments in seiner bildlichen Reduktion: Unter dem Slogan „Große Früchte – großer Geschmack Danone" ein seitlich aufgenommener, charakteristisch geformter Joghurt-Becher, in dessen Öffnung eine überproportional große Erdbeere steckt, die nur zu einem Bruchteil ihres Volumens in den 'Danone'-Becher hineingeht.[27] Und: Schräg von oben fotografiert, eine geöffnete Dose 'Knorr Tomaten-Cremesuppe', vor hochgeklapptem Blechdeckel bis über den Rand gefüllt mit einem Berg makellos roter, schimmernder, gleichmäßig großer Tomaten. Die Überschrift lautet: „Das soll Knorr mal einer nachmachen. Eine Dose Tomaten-Cremesuppe für 98 Pfennig."[28] An diesen Fällen wird kenntlich, daß ein bestimmtes, beobachtetes Argument, wie das hier erörterte von der angeblichen Unmittelbarkeit 'unverfälschter', aber angeeigneter Natur in einer Ware, durchaus nicht jeweils das Zentrum eines Werbekommunikates bilden muß. Die Isolie-

[26] Ein Beispiel aus letzter Zeit liefert die optische und sprachliche Formel von der 'Zitronenfrische', die sich in kürzester Zeit in der Werbung für Getränke, Seifen, Reinigungsmittel und manches andere breitmachte. Vgl. dazu den Artikel: Die 'Fa'-Story, in: Werben und Verkaufen Nr. 23 (1972) u. Nr. 24 (1972).

[27] Z. B. Stern Nr. 40 (1973).

[28] Z. B. Bild und Funk Nr. 23 (1973).

rung des Arguments oder seiner chiffrenartigen Reduktion kann nicht mit formalen Mitteln geschehen, wo es als Aktualisierung eines Topos, einer objektiven gesellschaftlichen Prämisse untersucht wird. Nur der stringente Nachweis, daß eben dieses Element des Kommunikats sich auf einen bestimmten Topos bezieht, erlaubt die – im Hinblick auf die Gesamtinterpretation immer vorläufige – Ausgrenzung. Identifikation von Topos und manifestem Argument bedingen so einander, unbeschadet der notwendig vorgängigen, vermutenden Wahrnehmung an der Oberfläche der Phänomene wie auch des ebenso notwendigen begrifflichen Vorwissens.[29]

Argumente aus dem besprochenen Topos erstarren nun auch zu sprachlichen Chiffren. Die eingangs analysierte Anzeige lieferte mit dem elliptischen Slogan „Ein Stück Natur . . .“ schon ein Exempel dafür. Weitere seien beigebracht: Über dem Brustbild einer idealtypischen jungen Frau, die sich, in einem ovalen Spiegel fotografiert, offenbar mit Creme aus einer ‘inka’-Dose das Gesicht betupft, zweizeilig in großer, aber magerer weißer Schrift: „Inka für Eva. Haut will Natur.“[30] In eine derbere Formel gebracht ist die gleiche Aussage in einer Anzeige der ‘Centralen Marketinggesellschaft der Deutschen Agrarwirtschaft mbH’ unter der Überschrift ‘Die Woche des Brotes’; da heißt der Slogan: „Brot ist gebackene Natur.“[31] Und eine textreiche, zweiseitige Werbung der gleichen Gesellschaft enthält einen fiktiven Dialogausschnitt der picknickenden Musterfamilie, der fett gedruckt wird: „Kirsten: ‘Pappi, bitte ein großes Stück Käse!’ Herr Neuhoff: ‘Klar Kirsten, am besten schmeckts in der freien Natur. Und der deutsche Käse ist ein Stück freie Natur. Echt und unverfälscht.’“[32] Auch in diesem Fall bricht der in die Chiffre eingeschlossene Widerspruch – jener zwischen behaupteter Unmittelbarkeit des Naturbestandteils in der Ware und der not-

[29] Ohne ein solches ‘Vorwissen’, das nichts vom Kantischen Apriori an sich hat, sondern aus akkumulierter methodischer Erfahrung und der auf einer historischen Stufe verfügbaren Erkenntnis entspringt, wäre das vorwissenschaftliche ‘Aufmerksamwerden’ auf bestimmte Phänomene gar nicht möglich.

[30] Z. B. Brigitte Nr. 20 (1973).

[31] Ebd.

[32] Z. B. Stern Nr. 45 (1974).

wendig verwandelnden Aneignung der Natur durch hochtechnisierte Arbeit – noch innerhalb der Anzeige selbst auf: Eine Serie von Bildern und Textblöcken soll die Sorgfalt der industrialisierten Herstellung des Käses dokumentieren. Das Ideologem von der Identität der fertigen Ware mit der 'freien Natur', suggeriert durch Textschwerpunkt und Großfoto – junge Familie bei Käseschlemmerei auf grüner Wiese –, bezeugt durch seine Spannung zu dem angeführten erläuternden Teil der Anzeige das Vertrauen, das die Werber auf seine Kraft im öffentlichen Bewußtsein setzen; man geht offenbar davon aus, daß der Widerspruch gar nicht wahrgenommen wird.

Das in der Werbung sterotyp gewordene Argument, mit einer bestimmten Ware sei die Fremdheit der beherrschten Natur, die gefährdende Abstraktheit des Naturverhältnisses in der bürgerlichen Gesellschaft zurückgenommen, kann bis auf die stellvertretende Nennung eines abgebildeten Natursegments schrumpfen: des Meers. Besonders auffällig dokumentiert sich dies in der schon kurz erwähnten Anzeige für 'Eden'-Margarine: Auf dem etwas unscharf gehaltenen Bildfond eines Meeressaumes und der stillen See – ein leicht bewölkter Himmel mit jenem Slogan „Zurück zur gesunden Natur!" in grünen, fetten Großbuchstaben – schwebt eine Art Stilleben aus einer Margarineschachtel der angepriesenen Sorte, darum ein Kranz von Nahrungsmitteln, ein Brötchen, zwei Ähren, angeschnittenes Schwarzbrot, Radieschen auf einem Salatblatt, Petersilienbüschel, Paprikaschoten, ein Champignon, eine zerteilte Tomate. Aus dem Verhältnis des kleingedruckten Textes zu dem Bilduntergrund, auf den er direkt aufgedruckt ist, geht klar hervor, daß die Abbildung des Meeres hier die bloße Chiffre für die behauptete wiedergewonnene Unmittelbarkeit des Naturverhältnisses durch die Ware darstellt. Der Textteil beginnt: „Wandern in der freien Natur und gesunde Ernährung gehören zusammen. Nichts ist gesünder als die Natur selbst. Die neue Eden enthält biologisch wertvolles Sonnenblumenöl, naturbelassenes Weizenkeimöl mit viel Vitamin E. Nach der neuen Eden-Gesundheitsformel."[33] Das Meer als Bildfond hat nichts mit dem Textteil zu tun. Kommentar-

[33] Z. B. Bunte Illustrierte Nr. 21 (1973).

los der Anzeige unterlegt, dient seine schlichte visuelle Anführung der Signalisierung des Arguments, in der Ware sei die Fremdheit der bearbeiteten materialen Existenzbasis Natur überwunden. Die Aktualisierung des bisher analysierten Topos verschränkt sich dabei mit der eines weiteren; denn wo in dieser Weise das Meer als Chiffre erscheint, bezieht sich die Argumentation auf den objektiven Sachverhalt, daß die Meere bisher zu den am wenigsten bearbeiteten, mit relativ geringer Intensität angeeigneten Naturkomplexen gehören. Dieser Topos liegt einer Fülle von Oberflächenelementen in der Werbung zugrunde. Es muß hier unterbleiben, das auszuführen. Aber der methodische Hinweis bleibt festzuhalten, daß ein manifestes Argument keineswegs stets 'rein' auf einen einzigen Topos zurückzuführen sein muß, ja daß jede Isolierung eines Topos gegenüber dem Gesamtzusammenhang der gesellschaftlichen Totalität eine unvermeidliche begriffliche Abstraktion ist.

Nur ein weiteres Beispiel für die besprochene Chiffrenfunktion des Meeres in der Warenwerbung: das bläulich getönte Bild einer sich gerade brechenden Brandungswoge, aus deren gischtigem Kamm schräg nach vorn auf den Beschauer zu eine angerissene Packung 'atemgold'-Dragees ragt.[34] Der weiß eingedruckte Slogan am Fuß der Woge „wellenfrischer Atem" weist auf die andere in die Argumentation eingeschmolzene Komponente der sprachlichen und bildlichen Kürzel: die Koppelung von 'Meer' und 'Frische', die wiederum stereotyp in der Werbung weiter Produktbereiche auftritt. Die topische Analyse des Elements scheint simpel, sie ist es nicht. An dieser Stelle muß auf sie verzichtet werden.

Beseelung

Für den bisher analysierten Topos ließen sich eine ganze Reihe von Aktualisierungsformen in Chiffren der Werbung aufführen, die unter Umständen eine Abfolge von Reduktionsstufen ergeben.[35]

[34] Z. B. Bunte Illustrierte Nr. 31 (1973).

[35] Vgl. die Untersuchung einer solchen Reduktionskette in Fischer: Des Käufers Stellvertreter . . .

Auf eine geradezu penetrant häufige Darstellungsart sei noch hingewiesen, die vor allem bei Waren mit behaupteter oder tatsächlicher organischer Rohstoffbasis immer wieder benutzt wird: Die fertige Ware in ihrer Verpackung ist inmitten oder direkt neben den Naturprodukten abgebildet, die angeblich die wesentlichen Substanzen der Ware ergeben oder bilden – und die in Wahrheit ja durchaus nicht Bestandteil 'unberührter Natur' sind, wie es den Anschein haben soll. So steht die Konservendose mit dem Etikett 'Knorr Jägersuppe' vor einer Auswahl 'tropfenfrischen Gemüses': Champignons, eine Zwiebel, eine Knoblauchknolle, Petersilie, eine Tomate, eine Paprikaschote.[36] Oder um eine gelbe 'badedas'-Flasche sind Blumen und Kräuter arrangiert; beiden gemeinsam wiederum die perlenden Tropfen, die längst in der Werbung aller in Frage kommenden Warenbereiche zur obligaten Signalisierung von 'Frische' geworden sind.[37] Ganz ähnlich steht hinter jeder Kosmetikflasche auf einer Anzeige von 'L'Oreal Paris' die auf dem Etikett genannte Pflanze[38]. Und die Werbemacher für 'algemarin' - „Einzigartiges Meeresalgen-Wirkstoffbad" – präsentieren Verpackungsschachtel und Flasche vor der Brandungswelle des abgebildeten Meeres.[39]

Oberflächlich fast gleichartig der bislang untersuchten Argumentation mit ihren Verkürzungen erscheint eine ebenfalls weit verbreitete Nennung von 'Natur' in der Konsumwerbung, besonders für Körperpflegeartikel und bestimmte Heil- und Arzneimittel, gelegentlich auch für Nahrungs- und Genußmittel. Da schwebt zum Beispiel eine geöffnete Flasche des Magenbitters 'Underberg' in einem dunkel gehaltenen, dem Betrachter nahe vorgezeigten Wiesenstück; unscharfe Grashalme im Vordergrund – technisch vermutlich Retuschen – sind vor der Flasche zu sehen, die solchermaßen schwerelos zwischen den Halmen stillzustehen scheint. Bis dahin geht die Montage den eben angeführten Fällen ganz konform, der Sprung vom 'unberührten' Naturstoff zur fertigen Ware präsen-

[36] Z. B. Stern Nr. 48 (1974).
[37] Z. B. Stern Nr. 21 (1975).
[38] Z. B. Stern Nr. 47 (1974).
[39] Z. B. Für Sie Nr. 20 (1973).

tiert sich in der nun schon bekannten Chiffre. Der Text aber verschiebt das Zentrum der Argumentation in bedeutsamer Weise. Auf dem oberen Bildviertel steht in kräftigen Lettern „Der Underberg wirkt durch die Kraft edler Kräuter aus 43 Ländern."[40] Das Verb 'wirkt' ist in mehrfach vergrößerter Type gesetzt und hebt sich auch durch rote Farbe von dem übrigen, weißen Text ab. Berufung auf die 'Kräfte der Natur' und ihre Wirkung finden sich in nur notdürftig variierender Fülle. Für das Schaumbad-Mittel 'Silva Kur' etwa wird mit dem Slogan geworben: „Wer mehr leistet, braucht das Bad mit der Kraft der Natur." In verschiedenen Anzeigen der Kampagne, immer unterm Bild badender 'Mehr-Leister', bleibt sich auch der übrige Text fast völlig gleich. Dessen erster Passus lautet: „Der natürlichste Kraft-Spender ist die Natur. Deshalb haben wir unser Schaumbad Silva Kur mit Natur gemacht. Silva Kur hat viele naturkräftige Kräuter-Wirkstoffe. Das wirkt sich natürlich aus. Auf Ihre Leistung. Auf Ihr Wohlbefinden."[41] Wenn auch jenes Ideologem von der postulierten Überwindung der Fremdheit im Naturverhältnis noch mitklingt – als sei der 'Kraftspender Natur' unmittelbar im Produkt verfügbar, als wüßte nicht jeder einigermaßen Informierte von der synthetischen Herstellung vieler der verwendeten Essenzen –, so unterscheiden sich doch manifestes Argument und zugrundeliegende gesellschaftliche Prämisse definierbar von dem oben erörterten Topos und seiner Aktualisierung, der als die wachsende Abstraktheit des Naturverhältnisses in der fortschreitenden Naturbeherrschung, durch die Organisationsform gesellschaftlicher Arbeit in der bürgerlichen Epoche, umrissen wurde. Denn hier nun drückt sich der Sachverhalt aus, daß in dieser Epoche – mit der Differenz eines qualitativen Sprungs zu den vorbürgerlichen Epochen – Natur zum „bloßen Material menschlicher Zwecke" herabgewürdigt ist,[42] diese Art der Naturbeziehung jedoch gleichzeitig den Verlust der lebensbedingenden Dimension des Natursubjekts bedeutet. Natur gilt – zumindest für ihre Aneignung durch Arbeit, damit aber prinzipiell auch für die Art des theoretischen Bezugs –

[40] Z. B. Stern Nr. 12 (1974).
[41] Z. B. Brigitte Nr. 20 (1973); Stern Nr. 24 (1973).
[42] Schmidt: Der Begriff der Natur . . ., S. 141.

ausschließlich als 'entqualifiziertes Objekt'[43], das angemessen nur mit rein quantifizierenden Methoden für seine Beherrschung aufzuschlüsseln sei.[44] Auch Marx hält sich, Alfred Schmidt zufolge, wesentlich an diesen Naturbegriff, in dem das bloß Materialhafte der vorfindlichen Natur dominiert.[45] Marcuse behauptet sogar, weiterinterpretierend: „Auch im Marxismus ist die Natur vorwiegend ein Objekt, der Widersacher in der 'Auseinandersetzung' des Menschen mit der Natur, das Feld für die immer rationalere Entwicklung der Produktivkräfte. Unter dieser Form aber erscheint Natur als das, was der Kapitalismus aus ihr *gemacht* hat: Materie, Rohmaterial für die anwachsende und ausbeuterische Verwaltung von Menschen und Dingen."[46] In emphatischer Proklamation hat Ernst Bloch „der naiven Übertragung des Ausbeuter- und Tierbändigerstandpunkts auf die Natur"[47] eine „konkrete Allianztechnik" entgegengestellt,[48] die auf der Überwindung der bürgerlichen Naturfremdheit beruhe, indem sie „das Herstellende auch in der Natur" aufspüre.[49] Nicht also um Animismus oder Naturmystik geht es mit dem 'hypothetischen Begriff des Subjekts der Natur'[50], sondern um das praktische Erreichen einer wirklichen Subjekt-Objekt-Beziehung im 'Stoffwechsel des Menschen mit der Natur'.[51] Dies bedeutet gerade das Anerkennen, ja das Erkennen der immanenten Gesetze der Natur, nicht deren Überspringen, deren Verge-

[43] Vgl. Schmidt, Der Begriff der Natur . . ., S. 165.

[44] Dazu ausführlich Bloch: Das Prinzip Hoffnung. Bd. 2, S. 776 ff.

[45] Vgl. aber die Differenzierung, die Schmidt: Der Begriff der Natur . . ., S. 166, vornimmt, daß Marx nämlich auf der – freilich für seine Analyse zurücktretenden – Seite der Produktion von Gebrauchswerten durch menschliche Arbeit Natur sehr wohl als 'qualitativ Bestimmtes' gesehen habe, als ein 'Potential' für die angemessene 'Fortführung des natürlichen Schöpfungsprozesses'.

[46] Herbert Marcuse: Konterrevolution und Revolte. Frankfurt a. M. 1973, S. 75.

[47] Bloch: Das Prinzip Hoffnung. Bd. 2, S. 813.

[48] Bloch: Das Prinzip Hoffnung. Bd. 2, S. 802 u. ö.

[49] Bloch: Das Prinzip Hoffnung. Bd. 2, S. 783.

[50] Bloch: Das Prinzip Hoffnung. Bd. 2, S. 777.

[51] Vgl. Bloch: Das Prinzip Hoffnung. Bd. 2, S. 777.

waltigen, nicht das gewaltsame, weil unvermittelte Aufzwingen der – selbst undurchschauten – Prämissen der historisch ausgeformten Produktionsweise.[52] Für Bloch ist „der Unterschied zwischen bürgerlich-technischer Naturfremdheit, gar Weltlosigkeit und wahlverwandter Natureinwohnung sonnenklar: Natura naturans läßt sich auf die Füße stellen, der physikalische Nihilismus durchaus nicht. So wird das Problem eines zentral vermittelten Bezugs zur Natur das dringendste; die Tage des bloßen Ausbeuters, des Überlisters, des bloßen Wahrnehmers von Chancen sind auch technisch gezählt. Die bürgerliche Technik war insgesamt ein Überlister-Typ, und die sogenannte Ausbeutung der Natur war genausowenig wie die der Menschen primär aufs konkrete Material des Ausgebeuteten bezogen oder daran interessiert, in ihm einheimisch zu sein. Gerade Aktivität übers Gewordene hinaus, dieser in der Technik so wunderbar starke Impuls, braucht aber Anschluß an die objektiv-konkreten Kräfte und Tendenzen; es ist die technisch intendierte 'Übernaturierung' der Natur selber, welche Einwohnerschaft in der Natur verlangt."[53] Nicht zuletzt die inzwischen erkannte, aber

[52] Vgl. Bloch: Das Prinzip Hoffnung. Bd. 2, S. 781.

[53] Bloch: Das Prinzip Hoffnung. Bd. 2, S. 783f. (im Original Schlußsatz kursiv). Alfred Schmidt wehrt Blochs Naturbegriff als Ausdruck 'mystischer Kosmologie', als 'Identitätsphilosophie' ab, die nichts mehr mit dialektischem Materialismus zu tun habe (Schmidt: Der Begriff der Natur . . ., S. 203; vgl. auch S. 160ff., bes. S. 163). Sosehr damit eine Tendenz der Blochschen Argumentation getroffen sein mag, so sehr verkennt Schmidt, scheint mir, die Übereinstimmungen in der Entfaltung eines Verständnisses von Naturbeherrschung bei Bloch und bei ihm selbst. Auch Bloch geht es um Aneignung der Natur durch Erkenntnis ihrer Gesetze (vgl. Das Prinzip Hoffnung. Bd. 2, S. 766f., und Schmidt: Der Begriff der Natur . . ., S. 93ff. – beide führen Bacon an!), aber um eine wahre, nicht eine abstrakte Erkenntnis: „Dergestalt, daß das Subjekt mit dem Naturobjekt, das Naturobjekt mit dem Subjekt vermittelt werden und beide sich nicht mehr zueinander verhalten als zu einem Fremden" (Das Prinzip Hoffnung. Bd., 2, S. 777). Auch für Bloch löst sich Natur als Objekt also nicht einfach in der Vermittlung auf (dagegen Schmidt: Der Begriff der Natur . . ., S. 163f.), es gibt das „identitätsphilosophische Verschwinden der Grenze" zwischen Mensch und Natur (ebd. S. 164) auch bei Blochs 'Mitproduktion der Natur' nicht (Das Prinzip Hoffnung. Bd. 2, S. 805).

nicht beherrschbare Gefährdung der natürlichen Reproduktionsbasis der Gesamtwirklichkeit – beredet mit den zumeist hilflosen oder zynischen Auslassungen über die 'Umweltkrise' – weist auf die Grenzen der herrschenden Art der Naturaneignung, die bei Bloch angedeuteten, konkret hin. Die relative 'Gleichgültigkeit' von Wissenschaft und Technik gegenüber ihrer gesellschaftlichen Organisation,[54] die Schmidt einem materialistischen Naturverständnis unterstellt, reflektiert nur die notwendig geringe Entfaltung der qualitativen Seite der bürgerlichen Naturbeherrschung in der Kritik der politischen Ökonomie.[55] Die Form der 'Aggressivität' in der Bearbeitung der Natur als einer 'wertfreien Materie' charakterisiert die bürgerliche Epoche. „Diese Einstellung zur Natur ist ein *historisches Apriori*, das einer spezifischen Gesellschaftsform angehört."[56]

Daß die Natur dann in ideologischen Aussagen von unbestimmten 'Kräften' beseelt erscheint, bildet nur die Kehrseite des skizzierten Naturverhältnisses – und steht zugleich, in verkehrter Form, für die Notwendigkeit der Anerkennung und Erkenntnis der immanenten Naturqualitäten, als der Bedingung der wirklichen Anverwandlung der Natur durch den Menschen. Je fremder die Naturnotwendigkeit den Menschen mit der fortenwickelten technischen Beherrschung von Natursegmenten wird, desto krasser sucht sich die Tendenz, eine Beseelung durch subjekthafte Kräfte anzunehmen, ihren Ausdruck. Derart verweist auch hier Ideologie, als das notwendig falsche Bewußtsein, dennoch auf objektiv richtige gesellschaftliche Sachverhalte. Und gerade wo sie Mängel der Realität zu überspringen, aufzuheben vorgibt, enthält sie – in wie pervertierter Form auch immer – einen Verweis auf das gesellschaftlich Aufgegebene, das Einzulösende.

[54] So Schmidt: Der Begriff der Natur . . ., S. 162.

[55] Vgl. dazu die umfangreiche Diskussion über 'technologische Rationalität'. Hingewiesen sei nur auf Jürgen Habermas: Technik und Wissenschaft als 'Ideologie' in dem gleichnamigen Band (Frankfurt a. M. 1968), S. 48 bis 103, sowie auf Leo Kofler: Technologische Rationalität im Spätkapitalismus, Frankfurt a. M. 1971, und Hans-Dieter Bahr: Kritik der 'Politischen Technologie'. Eine Auseinandersetzung mit Herbert Marcuse und Jürgen Habermas, Frankfurt a. M. 1970.

[56] Marcuse: Konterrevolution . . ., S. 74.

Das Argument der Werbung, in einer Ware seien die 'Kräfte' einer Subjektcharakter besitzenden Natur – wobei diese Subjekthaftigkeit ihrerseits eine den Menschen schlecht vermittelte, weil von ihnen hineingedachte ist – für die Konsumenten wirksam, wird allerdings meistens gebremst durch den Reflex des abstrakten Naturverhältnisses, das es erst hervorbringt: Wo die menschenunabhängige, menschengleichwertige, ja in ihrer Ungebrochenheit überlegene Eigenkraft einer vorgeblich unbearbeiteten Natur angeführt ist, kann doch der Widerspruch dazu im konkreten Naturbezug, dem der Aneignung durch gesellschaftlich organisierte Arbeit, nicht ausgelöscht werden, weil jene 'Kräfte' ja als eingegangen eben in ein Produkt menschlicher Arbeit, die angepriesene Ware, erscheinen müssen. So kann es an der Oberfläche der Werbeargumentationen zur bloßen Addition der beiden unvermittelten Komponenten kommen, wie zum Beispiel in einer Anzeige der Firma 'Dr. Dralle': Großformatiges Portrait eines zähnezeigend-lächelnden 'dressman' vom Naturburschen-Typ; darunter in fetter, großer Groteske der Slogan „Kräfte der Natur. Kräfte für Ihr Haar. Birkin." Am rechten Rand der Anzeigenseite ein Streifen mit zwei kleinen Abbildungen, zunächst Glasflaschen an Zapfstellen in Birkenstämmen, mit dem zugehörigen Text: „Natur. Birkin hat das Rezept. Wachstumskraft aus der Natur. Aus frühlingsfrischem Birkensaft voll Vitalität und Leben." Und dann ein kreisrundes Mikrofoto, offenbar von einer Haarwurzel, mit dem Text: „Forschung. Aus der Dralle-Forschung kommen hochaktive Pflegekomponenten hinzu. Und alles ist in erfrischend reinem Weingeist verquickt. Es gibt nichts Besseres für Ihr Haar."[57] 'Vitalität und Leben' gehen angeblich direkt, durch die unverarbeiteten Naturstoffe, in die Ware ein; 'Forschung', so wird behauptet, tut nur etwas 'hinzu', soll nicht als das entscheidende Mittel der Aneignung des Naturmaterials gelten. So bleibt der Markenspruch des Unternehmens ein lediglich addierendes 'Natur und Forschung', worin sich die ganze Abstraktheit der Naturbeziehung noch einmal spiegelt.

So viel ist offenkundig: Derjenige Topos, der den zuletzt betrachteten Werbeargumentationen zugrunde liegt, ist dem oben erörter-

[57] Z. B. Quick Nr. 7 (1974).

ten benachbart und verbunden. Ging es zunächst um die Prämisse, daß die Fremdheit in der menschlichen Naturbeziehung mit der wachsenden Naturbeherrschung in der bürgerlichen Epoche auf charakteristische Weise zunimmt und gegenständliche Natur dennoch die materiale Basis der gesellschaftlichen Reproduktion bleibt, daß also die Spannung zwischen intensivierter Aneignung und historisch definierter Abstraktheit des Bezuges sich erhöht, so bedeutet der zweite Topos, daß diese Abstraktheit qualitativ bestimmbar ist: Die geschichtliche Zäsur im Übergang zur bürgerlichen Epoche liegt – was das Naturverhältnis angeht – in dem Heraustreten aus einer 'Naturverfallenheit' einerseits,[58] dem Verlust einer wirklichen Subjekt-Objekt-Vermittlung mit 'Stoffwechsel des Menschen mit der Natur' andererseits. Beherrschung der Natur erfolgt durch Überlisten eines in Wahrheit, trotz aller potenziert anwachsenden wissenschaftlichen Kenntnisse, noch Unerkannten, dessen prinzipiell unaufhebbare immanente Gesetzlichkeit nicht anerkannt, sondern nur unverständig benutzt wird.[59] Daraus genau entspringt Gefährdung der Reproduktion von Natur als Gesamtwirklichkeit überhaupt, weil die 'innere Notwendigkeit' der nach wie vor gegenüberstehenden Natur mit ihren Prozessen sich auch durch die raffinierteste, partielle Momente der Naturvorgänge ausschlachtende Negierung der Gesetzlichkeit des Naturganzen nicht aufheben läßt. Letztlich kehrt der Mensch mit dieser Form der selbst zwanghaft erfahrenen Naturbeherrschung das Gewalttätige, das Unvermittelte daran gegen sich selbst – und erfährt dies in Smogalarm oder Quecksilbervergiftung durch Fischgenuß wie in typischen 'Zivilisationskrankheiten' oder sozial- und individualpsychologischer Destruktion. Kommt diese Gefährdung noch als unbegriffene und, wenn's darauf ankommt, schließlich doch folgenlose Angst, als Erfahrung der 'Krise'[60] zu Bewußtsein, so wird sie

[58] Vgl. Schmidt: Der Begriff der Natur . . ., S. 100: „An die Stelle des naiven Gebrauchs der Natur, vermittelt einzig durch die Leibesorgane, tritt die bewußte und zweckgerichtete Produktion."

[59] Vgl. die unterschiedliche Interpretation der Komponente der 'List' im Naturverhältnis bei Schmidt: Der Begriff der Natur . . ., S. 102f., und bei Bloch: Das Prinzip Hoffnung. Bd. 2, S. 781ff.

[60] Auch hier muß ein dürftiger Verweis auf einschlägige Literatur ge-

damit gleich wieder benutzbar für die Versprechen im Gebrauchswertschein bestimmter Waren.

Die 'soziale Gewißheit', als welche Kopperschmidt den aristotelischen Topos, die 'Prämisse', bezeichnet hatte, stellt bereits eine erste Stufe der Aktualisierung des objektiven historischen Sachverhaltes dar, nämlich in der bestimmten Disposition des allgemeinen Bewußtseins in einer Gesellschaft. Die oberflächlichen, manifesten Argumente – also etwa in der Werbung – beziehen sich sozusagen durch generelle Bewußtseinsgehalte, die aufgrund der Struktur bürgerlicher Öffentlichkeit weithin ideologischen Charakter annehmen müssen, durch benutzte Ideologeme etwa hindurch auf fundamentale gesellschaftliche Bewegungen. Mag es oft schon schwierig sein, die geschichtliche Form der 'sozialen Gewißheiten' zu ermitteln und zu fassen, so wird gewiß die Anstrengung, ihre letztendliche Begründung in objektiven Prozessen der gesellschaftlichen Wirklichkeit zu erkennen, noch weit größer sein, denn sie ist, abgesehen von den Fragen der Überlieferung und Rekonstruktion geschichtlichen Materials, mit fundamentalen methodischen Problemen belastet; die ganze Debatte um 'Basis' und 'Überbau' im dialektischen Materialismus drängt hier herein.[61] Es sei an dieser Stelle nur angemerkt, daß mit dem eben umrissenen Verständnis von 'Topos' nicht gesagt sein soll, Bewußtseinsgehalte – zum Beispiel auch Erscheinungsformen der Ideologie – bildeten nicht Bestandteile der objektiven gesellschaftlichen Realität. Sie tun dies, unter anderem, indem sie konkretes Erfahren und Handeln bestimmen, sehr wohl. Auch sie sind Produkte der gesellschaftlichen Praxis, aber ihr Charakter als Formen der gedanklichen Aneignung von Wirklichkeit definiert sie als bezogen auf die Formen der materiellen Aneignung – bezogen auf sie, nicht einfach aus ihnen

nügen: Jürgen Habermas: Legitimationsprobleme im Spätkapitalismus, Frankfurt a. M. 1973, bes. S. 12f.; Wolf-Dieter Narr: Zur Genesis und Funktion von Krisen – einige systemanalytische Marginalien, in: Martin Jänicke (Hrsg.): Herrschaft und Krise, Opladen 1973, S. 224–236, bes. S. 226f.

[61] Es bedarf kaum des vorbeugenden Hinweises, daß an dieser Stelle auch nicht die Andeutung der Problematik geliefert werden kann.

deduziert und schematisch abgeleitet.[62] Dem liegt allerdings der in seiner Abstraktheit mißbräuchliche Fundamentalsatz des historischen Materialismus zugrunde, das Sein der Menschen – geschichtliche Organisation und Vollzug ihrer Lebenspraxis – bestimme ihr Bewußtsein 'in letzter Instanz'[63]. Eine Toposforschung wie die hier entworfene wird diese 'letzte Instanz', deren konkreter Inhalt jeweils noch zu erforschen ist, häufig genug in den hochentwickelten, auf weitgehend verselbständigten Traditionen aufliegenden Dispositionen des Bewußtseins und der Sinnlichkeit nicht ausmachen können. Das ist kein prinzipielles methodisches Defizit, sondern die Aufforderung, über das Identifizieren bestimmter 'sozialer Gewißheiten' in den Gesellschaftsformen hinaus die Topoi als 'objektive geschichtliche Prämissen' anzusetzen und ihre Analyse im einzelnen Fall wenigstens zu beginnen.

Mehr als ein solcher erster Anlauf konnte hier mit der Untersuchung von Argumentationen in der Werbung, aus denen 'Natur' in prägnanten Chiffren entgegentritt, nicht unternommen werden. Es erwies sich, daß die Unterscheidung zweier Topoi, die sich in oberflächlich zunächst sehr ähnlichen Argumenten aktualisieren, durchaus umstritten sein kann. Daraus folgt, daß der 'Topos' eine Kategorie der Vermittlung ist: Ihn zu identifizieren, heißt nicht, aus der Analyse manifester Kommunikationselemente quasi induktiv auf darin ausgedrückte, fundamentale gesellschaftliche Vorgänge zu schließen, diese gewissermaßen ein zweites Mal einzugrenzen und begrifflich zu durchdringen. Derart könnte Toposforschung nur die dilettantische Usurpation aller Gesellschaftswissenschaften insgesamt darstellen. Sondern die Identifikation von Topoi setzt die

[62] Vgl. nur Karel Kosik: Dialektik des Konkreten, Frankfurt a. M. 1970.

[63] Damit wird auf die berühmte Formulierung Engels in seinem Brief an J. Bloch vom 22. September 1890 angespielt (Marx/Engels, Studienausgabe. Bd. I. Frankfurt a. M. 1966, S. 226), die sich als Erläuterung zu dem Vorwort von Marx ›Kritik der politischen Ökonomie‹ (Marx/Engels Werke, Bd. 13, Berlin [DDR] 1972, S. 8f.) lesen läßt. Der späte Engels wird nicht müde, einen Schematismus in materialistischer Geschichtsbetrachtung abzuwehren (vgl. die Briefe an C. Schmidt vom 5. 8. 1890 [Studienausgabe. Bd. I, S. 225f.] und vom 27. 10. 1890 [ebd. S. 228ff.] sowie an F. Mehring vom 14. 7. 1893 [ebd. S. 335]).

Erkenntnis der Politischen Ökonomie, der Soziologie, der Anthropologie und so fort voraus und fordert allerdings, diese Erkenntnisse in die Arbeit einzubeziehen. Es versteht sich von selbst, daß diese Aufgabe nicht einem einzelnen als sozusagen universalem Integrator gestellt ist, sowenig Toposforschung eine neue Universaldisziplin sein soll. Es kommt vielmehr darauf an, die oberflächlich erscheinende Fülle der Argumente zu durchstoßen und damit durchschaubar zu machen. Der Topos ist dabei eine begriffliche Größe, die streng auf die Analyse der Erscheinungen bezogen bleibt: Es sollen nicht Sachverhalte, die in den Gesellschaftswissenschaften mit deren methodologischen Grundlagen erarbeitet worden sind, nachträglich den Begriff 'Topos' lediglich übergestülpt erhalten. Daß eine wesentliche gesellschaftliche Bewegung, die analytisch bis zu dem im Einzelfall jeweils erreichten Grade aufgeschlossen ist, als 'Topos' bezeichnet werden kann, bedeutet notwendig, daß sie als 'Prämisse' manifester Argumentation identifiziert worden ist. Der Topos meint also nicht 'den objektiven Sachverhalt schlechthin', sondern diesen grundlegenden Sachverhalt in bezug auf durchdrungene Oberflächenphänomene der vorliegenden Argumentationen. Er gehört daher in den Bereich derjenigen Wissenschaften, die die Manifestationen der menschlichen Kommunikation zum Gegenstand haben. Dort vermag er nicht mehr und nicht weniger zu leisten als die analytischen Kategorien generell: die begriffliche Durchdringung von Realität mit zu ermöglichen.

Eine Skizze wie die vorliegende kann die Probe aufs Exempel nur fordern, nicht bieten. Ein paar Andeutungen seien aber noch gewagt. 'Natur' erscheint in der Werbung ja beileibe nicht nur nach dem Muster der angeführten Argumente und ihrer Reduktionen, für die auch bloß einige wenige Belege vorgeführt wurden. Zum Beispiel wird für den Körper-Spray 'La Fram' mit dem Slogan „Natürlich wie ein kühler Schatten" geworben; der Text steht weiß auf dem grünen Grund einer abgebildeten Laubpartie, in die eine junge Frau mit ihrer Hand greift, so daß der Betrachter auf dem seitlich aufgenommenen Brustbild in die – selbstverständlich rasierte – Achselhöhle sehen kann.[64] Diese Chiffre könnte sich auf die 'Prämisse'

[64] Z. B. Brigitte Nr. 20 (1973).

der zunehmenden Künstlichkeit der Lebenswelt des Menschen beziehen; Erscheinungen der organischen, wiederum als unbearbeitet unterstellten Natur dienen lediglich als – positiv besetzter – Vergleichsmaßstab für die Produkte einer fortgeschrittenen Technologie. Das 'Wie' drückt die objektive Entfernung des vergegenständlichten Resultats der Arbeit zur Materialbasis Natur aus und reflektiert gleichzeitig die Eingebundenheit der Kreatur Mensch in die organischen Naturprozesse. Eine ähnliche Vergleichs-Chiffre findet sich in der Reklame für 'creme in': Der Slogan „Kennen Sie *creme in*, die erste und einzige Wald- und Wiesencreme?" wird erläutert unter der Überschrift „*creme in* speichert Feuchtigkeit wie eine Wiese am Bach *und* filtert das Licht wie ein Blätterdach".[65] Anders dient der Ausschnitt vorgeblich unberührter, unbearbeiteter Natur in der Kampagne für die Zigarette 'Camel' als Fond: Ein Mann geht durch eine unwirtliche Karststeppe oder, silhouettenhaft vor der untergehenden Sonne, auf einem Plateau einer Felswüste, oder er watet, seine Kleidung als Bündel auf dem Kopf haltend, durch einen Urwaldbach, dessen Wasser ihm bis zur Brust reicht. Immer lautet der Slogan, einziger Text der Anzeigen, „Ich geh' meilenweit ..."[66] Hier ist, aufs äußerste reduziert und deformiert, ein Rest des – abstrakt genommen sogar metahistorischen – Sachverhalts als Topos aufzuspüren, daß Natur für den Menschen zunächst einmal Widerständiges ist, das durch Arbeit angeeignet werden muß, ja daß der unverwandelte Lebensraum Natur sogar Momente der Lebensfeindlichkeit enthält. Dem widerspricht nicht, daß der Mann auf den Reklamebildern nichts von Aneignung des Natursegments durch Arbeit signalisiert; aber er schreitet aus, um das unbearbeitete Stück Natur zu überwinden – sei es auch, um zu seiner Zigarette zu kommen. Schließlich noch ein Hinweis: Der Chemiekonzern BASF warb vor einigen Jahren in einer Serie von Anzeigen für seine Produkte unter dem Aspekt ihrer Nützlichkeit bei der Bearbeitung der organischen Natur, etwa zwischen Bildchen eines Rothirsches, eines Sprühmittelflugzeuges, eines Holzstapelplatzes, einer kleinen Sägerei und eines Sprühwagens in einer Schonung mit dem Text:

[65] Z. B. Stern Nr. 12 (1974).
[66] Z. B. Stern Nr. 45 (1974); Nr. 41 (1974); Außenwerbung Mai 1975.